# USA
# Der Nordwesten

Mit einem Ausflug nach Vancouver

Susanne Satzer

Richtig Reisen

# Inhalt

## Wissenswertes über den Nordwesten der USA

**Jeden Tag aufs Neue staunen – Natur im Urzustand**   12
Steckbrief zum Nordwesten der USA   14

**Natur und Umwelt**   16
Landschaftsformen   16
Flora und Fauna   21
Abwechslungsreiche Tierwelt   22

**Wirtschaft, Soziales und aktuelle Politik**   26
Wachstumsphasen   26
Abbau der Bodenschätze und Folgeprobleme   26
Gas- und Erdölfelder   27
Holzindustrie   27
Landwirtschaft   29
Tourismus – eine wachsende Industrie   30
Lieblingsbeschäftigung Shoppen   31

**Geschichte**   32
Die Ureinwohner   32
Die Einwanderer   34
Zeittafel   36

**Gesellschaft und Alltagskultur**   38
Bevölkerung und Lebensweise   38
Religion und Kulte   44
Feste und Feiern   45

**Kunst und Kultur**   46
Filme über den Nordwesten   46
Autoren aus dem Nordwesten   47
Science Fiction, Comics   49
Architektur   49
Musik des Nordwestens   52
Theaterfestivals   53
Bildende Kunst   54

**Essen und Trinken**   56
Entwicklung der neuen amerikanischen Küche   56
Getränke   61
Kulinarisches Lexikon   62

# Wissenswertes für die Reise

Informationsquellen 66
Reise- und Routenplanung 70
Anreise und Verkehr 74
Unterkunft 78
Sport und Aktivurlaub 82
Einkaufen 87
Ausgehen 88
Gut zu wissen 89
Reisekasse und Reisebudget 91
Reisezeit und Reiseausrüstung 92
Gesundheit und Sicherheit 95
Kommunikation 96
Sprachführer 98

# Unterwegs im Nordwesten der USA

## Kapitel 1 Washington

**Auf einen Blick: Washington** 104
**Seattle und Umgebung** 106
Geschichte 107
Downtown 110
Richtig Reisen-Tipp: Musik machen im Experience Music
    Project im Seattle Center 114
Außerhalb von Downtown 118
Außerhalb von Seattle 119
Östlich von Seattle 125
Puget Sound 126
San Juan Islands 127
Richtig Reisen-Tipp: Wale beobachten 129
Bellingham an der Bellingham Bay 133
Mount Baker 134
Tacoma 136
Olympia 137
Mount Rainier 138
Mount St. Helens 140
Richtig Reisen-Tipp: Wanderung durch den längsten
    Lava-Tunnel der USA 142

# Inhalt

**Olympic National Park und Umgebung**    144
Port Townsend    144
Sequim    145
Dungeness Bay und Olympic Game Farm    146
Port Angeles    147
Olympic National Park    148
Long Beach    150

**North Cascades**    151
North Cascades National Park und Cascade Loop    151
Columbia-Plateau und Grand Coulee Dam    156
Lake Roosevelt National Recreation Area    156

**Spokane und südliches Columbia-Plateau**    158
Spokane    158
Columbia-Plateau    164
Yakima Valley    167
Ellenburg    170

**Vancouver und Umgebung**    172
Stadtgeschichte    173
Downtown    176
Granville Island    177
Yaletown    178
Chinatown    179
Gastown    180
Waterfront Station und Canada Place    180
Stanley Park und Aquarium    181
Richtig Reisen-Tipp: Biken im Stanley Park    182
Außerhalb des Zentrums    183
Die Umgebung von Vancouver    188
Whistler    192
Victoria    193

# Kapitel 2   Oregon und Nordkalifornien

**Auf einen Blick: Oregon und Nordkalifornien**    198
**Portland und Umgebung**    200
Geschichte    201
Downtown    205
Pearl District    208
Westlich der Interstate 405    208
Östlich vom Willamette River – Eastside    209
Am Columbia River entlang nach Osten    214
Richtig Reisen-Tipp: Windsurfen auf dem
    Columbia bei Hood River    218
Nach The Dalles    219
Der Mount Hood    219
Das Willamette Valley    220

**Oregons Küste**    228
Die Nordküste    228
Central Coast    233
Die Südküste    235

**Nordkalifornien**    240
Die nördliche Küste    240
Rund um den Mount Shasta    244
Richtig Reisen-Tipp: Hausbootfahren auf dem Shasta Lake    246

**San Francisco und Umgebung (Manfred Braunger)**    250
Geschichte    250
Das Stadtzentrum    251
Außerhalb des Zentrums    261

**Oregon Cascade Range**    272
Klamath Falls    272
Crater Lake National Park    273
Ashland    275
Rogue-Umpqua Scenic Byway    276
Central Oregon    277
Richtig Reisen-Tipp: Oregon Caves National Monument    278

**Das östliche Oregon**    282
Journey Through Time Scenic Byway    282
Der Nordosten    287

# Inhalt

**Kapitel 3** **Idaho**

| | |
|---|---|
| **Auf einen Blick: Idaho** | 292 |
| **Idahos Norden** | 294 |
| Coeur d'Alene | 294 |
| Sandpoint und Lake Pend Oreille | 297 |
| Schweitzer Mountain Resort | 299 |
| Bonners Ferry | 300 |
| Auf dem Weg ins Silver Valley nach Wallace | 300 |
| Cataldo Mission | 301 |
| Das Silver Valley | 302 |
| | |
| **Idahos Mitte** | 304 |
| Von Coeur d'Alene nach Moscow und Lewiston | 304 |
| Abstecher nach Osten | 306 |
| Lewiston | 307 |
| Hells Canyon | 308 |
| Hells Canyon Dam | 310 |
| Northwest Passage Scenic Byway | 311 |
| Richtig Reisen-Tipp: Fliegenfischen | 312 |
| Abstecher zum Gold Rush Historic Byway | 314 |
| Payette River Scenic Byway | 315 |

| | |
|---|---|
| **Boise und der Südwesten Idahos** | 320 |
| Stadtgeschiche | 320 |
| Downtown | 321 |
| Richtig Reisen-Tipp: Im baskischen Viertel essen | 327 |
| Von Boise nach Ketchum im Sun Valley | 329 |
| Salmon River Scenic Byway | 331 |
| Sawtooth Scenic Byway | 332 |
| Richtig Reisen-Tipp: Die Seele baumeln lassen in der Redfish Lodge am Redfish Lake | 332 |
| Twin Falls | 337 |
| Abstecher von der Interstate 84 | 338 |
| | |
| **Idahos Südosten** | 340 |
| Craters of the Moon National Monument | 340 |
| Von Arco nach Idaho Falls | 342 |
| Idaho Falls | 343 |
| Auf dem Highway 20 zum Yellowstone N. P. | 344 |
| Auf der Interstate 15 nach Süden | 345 |
| Pocatello | 345 |
| Nach Utah und Wyoming | 348 |

## Kapitel 4 Montanas Westen

| | |
|---|---|
| **Auf einen Blick: Montanas Westen** | 352 |
| **Der Norden bis nach Great Falls** | 354 |
| Missoula | 354 |
| Abstecher nach Süden | 356 |
| Weiter nach Norden | 357 |
| Richtig Reisen-Tipp: Als Cowboy auf der Cheff Ranch | 358 |
| Am Fuß des Glacier Park | 359 |
| Glacier National Park | 362 |
| Russell Country | 367 |
| | |
| **Der Südwesten Montanas** | 372 |
| Helena | 372 |
| Deer Lodge | 374 |
| Richtig Reisen-Tipp: Western Dining – Abendessen nach Montana-Art | 375 |
| Butte | 376 |
| Von Butte zum Big Hole National Battlefield | 380 |
| Virginia City und Nevada City | 381 |
| Bozeman | 383 |
| Auf dem Highway 191 zum Yellowstone Park | 385 |
| Richtig Reisen-Tipp: Wandern im Gallatin National Forest | 388 |
| Auf dem Highway 89 zum Yellowstone Park | 389 |

## Kapitel 5 Wyomings Nordwesten

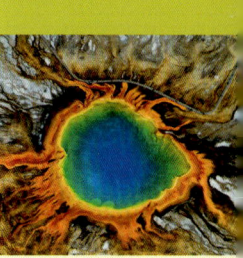

| | |
|---|---|
| **Auf einen Blick: Wyomings Nordwesten** | 396 |
| **Der Yellowstone Natonal Park** | 398 |
| Heiße Quellen | 398 |
| Tierwelt | 399 |
| Der südliche Rundweg – Lower Grand Loop | 403 |
| Richtig Reisen-Tipp: Picknicken im Freien und Besuch vom Picknick-Bird | 406 |
| Richtig Reisen-Tipp: Empfehlungen für eine Bärenbegegnung | 408 |
| Der nördliche Rundweg – Upper Grand Loop | 416 |
| | |
| **Der Grand Teton National Park** | 420 |
| Geschichte | 420 |
| Rundtour durch den Park | 421 |
| Der Rockefeller Parkway von Moose nach Moran | 426 |
| Teton Village | 427 |
| Auf dem Highway 89 von Moose nach Jackson | 430 |
| Jackson | 430 |

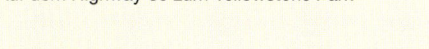

# Inhalt

## Themen

Pazifiklachse, Ökologie und Tourismus     24
Umweltschutz auf amerikanische Art     28
Die amerikanischen Ureinwohner im Nordwesten der USA     40
Pike Place Fish Market     113
Seattle und Microsoft     116
Verhandlungen statt Krieg – Chief Joseph     157
Kulturelle Missverständnisse     166
Herausforderung Winterolympiade 2010     187
Der Oregon Trail – die Besiedlung des Westens     222
Bhagwan Shree Rajneesh und The Big Muddy Ranch     286
Mormonentempel im südlichen Idaho     328
Ernest Hemingway und das Sun Valley     334
Rodeo und Cowboys     346
Charles Marion Russell – Indianer- und Cowboymaler     370
Mächtig durch Bodenschätze – die Kupferkönige von Butte     378
Geschichte des Yellowstone National Park     414

## Das Klima im Blick

Reisen bereichert und verbindet Menschen und Kulturen. Wer reist, erzeugt auch $CO_2$. Der Flugverkehr trägt mit einem Anteil von bis zu 10 % zur globalen Erwärmung bei. Wer das Klima schützen will, sollte sich für eine schonendere Reiseform (z. B. die Bahn) entscheiden – oder die Projekte von *atmosfair* unterstützen. *Atmosfair* ist eine gemeinnützige Klimaschutzorganisation. Die Idee: Flugpassagiere spenden einen kilometerabhängigen Beitrag für die von ihnen verursachten Emissionen und finanzieren damit Projekte in Entwicklungsländern, die dort den Ausstoß von Klimagasen verringern helfen. Dazu berechnet man mit dem Emissionsrechner auf *www.atmosfair.de*, wie viel $CO_2$ der Flug produziert und was es kostet, eine vergleichbare Menge Klimagase einzusparen (z. B. Berlin – London – Berlin 13 €).
*Atmosfair* garantiert die sorgfältige Verwendung Ihres Beitrags. Klar – auch der DuMont Reiseverlag fliegt mit *atmosfair*!

nachdenken • klimabewusst reisen

**atmosfair**

# Alle Karten auf einen Blick

| | |
|---|---|
| **Washington: Überblick** | 104 |
| Seattle: Cityplan | 108 |
| Der Puget Sound | 130 |
| Olympic National Park und Umgebung | 146 |
| Cascade Loop und Mountain Loop Highway | 152 |
| Spokane: Cityplan | 160 |
| Vancouver Downtown: Cityplan | 174 |
| Vancouver: Umgebung | 190 |
| | |
| **Oregon und Nordkalifornien: Überblick** | 198 |
| Portland: Cityplan | 202 |
| San Francisco Downtown: Cityplan | 252 |
| San Francisco: Cityplan | 262 |
| Crater Lake NP und Rogue-Umpqua Scenic Byway | 277 |
| | |
| **Idaho: Überblick** | 292 |
| Hells Canyon | 310 |
| Boise: Cityplan | 324 |
| | |
| **Montanas Westen: Überblick** | 352 |
| | |
| **Wyomings Nordwesten: Überblick** | 396 |
| Yellowstone National Park | 402 |
| Grand Teton National Park | 423 |
| | |
| **Register** | 432 |
| | |
| **Abbildungsnachweis/Impressum** | 440 |

▶ Dieses Symbol im Buch verweist auf die
Extra-Reisekarte USA – Der Nordwesten

Die Küste von Oregon entlang des legendären Highway 101

# Wissenswertes über den Nordwesten der USA

# Jeden Tag aufs Neue staunen – Natur im Urzustand

**Der Nordwesten der USA umfasst eine Region von beeindruckender Vielfalt mit zahlreichen Gegensätzen: pulsierende Metropolen mit hohem kulturellem Standard an der Küste und riesige, nahezu menschenleere Hochebenen mit dem berühmten Big Sky zwischen den Gebirgszügen der Rocky Mountains und der Coastal Range. Als Dorado für alle sportlichen Outdoor-Aktivitäten ist der Nordwesten auch immer noch Cowboy- und Indianerland.**

Der legendäre Highway 101, die längste Straße Amerikas von Kanada nach Chile, durchzieht den Nordwesten. Meist in Küstennähe verläuft die Nord-Süd-Achse und ermöglicht wunderbare Erlebnisse beim Beobachten der mächtigen Grauwale, der Seeadler oder der verspielten Seelöwen und Robben. Auf der anderen Seite begrenzen die schneebedeckten Kegel der noch längst nicht erloschenen Vulkane des Ring of Fire die Küste, der 1980 eruptierte Mount St. Helens rumort weiter. Aber auch die endlos weiten Hochebenen des Columbia und des Snake River und die Prärielandschaften in Montana bieten spektakuläre Naturerlebnisse. Einst Stammland vieler Indianer, die sich von den riesigen Büffelherden ernährten, wird dort heute noch die Tradition der Cowboys und des Pionierlebens hochgehalten.

Vor noch gar nicht so langer Zeit interessierte sich kaum jemand für die Gebiete hinter dem gewaltigen Bergmassiv der Rocky Mountains, die zivilisierte Welt war dort zu Ende. Erst die politischen Konflikte um die Grenzen der Neuen Welt zwischen Briten, Russen, Spaniern und Amerikanern trieb die Erkundung des unbekannten Landes voran und kurz danach die Besiedlung. Der Wilde Westen wurde urbar gemacht, die Ureinwohner dezimiert und vertrieben. Zahlreiche Goldfunde trugen zum Reichtum in der kargen Bergregion bei, und am Pazifik entstanden neue Städte für die Handelsbeziehungen nach Asien. Auch heute noch ist manches anders im Nordwesten, ein Lebensgefühl von Pioniergeist wird kultiviert und mit Traditionen wie beispielsweise dem Rodeo hochgehalten. Viele Beschlüsse aus dem fernen Washington D. C. erreichen die jungen Bundesstaaten erst spät, oft dauern den Verantwortlichen die komplexen verwaltungstechnischen Prozesse auch zu lange, sodass sie ihre eigenen Initiativen entwickeln. Der Umweltschutz ist ein prägnantes Beispiel dafür: Nicht nur Kalifornien ist ein Vorreiter im Emissionsschutz, auch in Oregon und Washington haben sich schon lange vor den Entscheidungen der neuen US-Regierung Städte zu Klimaschutzbündnissen zusammengetan.

Der Nordwesten ist Indianerland. Zwar wurden die Stammesgebiete der Nez Perce, der Flathead, der Kootenai oder anderer Stämme erheblich reduziert, aber sie haben neue Wege beschritten, um aus der Abhängigkeit vom Staat zu entkommen und die Lebensgrundlagen ihrer Mitglieder zu sichern. Casinobetriebe mit Hotels bilden eine wirtschaftliche Basis in einigen Reservationen. Aber auch das wachsende Interesse weißer Amerikaner und auch Europäer an der naturnahen Kultur und Tradition der *Native Americans* tragen dazu bei, die Schranken abzubauen und einander kennenzulernen. Indianische Künstler bereichern die kulturelle

Vielfalt Nordamerikas mit ihren Bildern, ihrer Musik und ihrem Kunsthandwerk. Pow Wows, die Feste der Indianer, sind heutzutage ein unterhaltsames Treffen der Stämme, ihrer Freunde und Förderer geworden, sie ziehen zunehmend Gäste aus anderen kulturellen Kreisen in ihren Bann.

Die größte Faszination, auch auf die Amerikaner selbst, üben die zahlreichen Nationalparks des Nordwestens aus. Yellowstone als der älteste und berühmteste unter ihnen lockt natürlich ganzjährig die Fans von heißen Quellen und brodelnden Geysiren an, aber auch die Gletscherlandschaft im Glacier Park in Montana und die uralten Regenwälder im Olympic National Park an Washingtons Küste oder die Mammutbäume im Redwood National Park in Nordkalifornien vermögen Naturliebhaber zu faszinieren. In diesen Schutzgebieten ist es möglich, die vielen unterschiedlichen Pflanzen und Tiere der nördlichen Hemisphäre in ihrem natürlichen Umfeld zu erleben, zu beobachten und respektieren zu lernen. Dabei helfen die ausgezeichnete Infrastruktur an Wegen und die Informationen der Parkranger, sich selbst als Stadtmensch in der Wildnis zurechtzufinden und sich einen Zugang zu den Geheimnissen nicht kultivierter Natur zu erschließen. Dazu kann auch die Begegnung mit Bären gehören. Der Nordwesten ist Bärenland, Schwarz- und Braunbären leben in den dichten Wäldern am Fuß der Gebirge, es sind ihre Reviere, die die Wanderer, Mountainbiker oder Kajakfahrer durchstreifen. Aber mit der richtigen Ausrüstung und Sorgfalt kommen sportlich Aktive im Reisegebiet voll auf ihre Kosten, die Möglichkeiten an Outdoor-Aktivitäten sind schier unbegrenzt. Besonders beliebt ist das *fly-fishing* in den zahllosen Flüssen in Idaho und West-Montana, ein Nationalsport, den schon die Kinder von ihren Vätern lernen. Wildwasser-Rafting und Kajaken sind andere Sommervergnügungen, denen die Amerikaner mit Leidenschaft nachgehen. Im Winter aber sind sie alle auf den Skipisten, fahren Snowboard, Nordic Ski oder düsen auf Skidos durch menschenleere Märchenlandschaften.

**Ursprüngliche Natur im Regenwaldbiotop des Hoh Rain Forest in Washington**

# Steckbrief zum Nordwesten der USA

## Daten und Fakten

**Name:** USA Nordwesten
**Fläche:** ca. 1,3 Mio. km² (Washington 172 349 km², Oregon 248 332 km², Nordkalifornien 68 197 km², Idaho 214 315 km², Montana insgesamt 376 981 km², Wyoming insgesamt 251 490 km²)

**Hauptstädte:** Idaho: Boise; Kalifornien: Sacramento; Montana: Helena; Oregon: Salem; Washington: Olympia; Wyoming: Cheyenne

**Amtssprache:** amerikanisches Englisch
**Einwohner:** ca. 14,7 Mio. (Idaho 1 523 816, Montana 967 440, Nordkalifornien (7 Landkreise) 744 041 und San Francisco ca. 744 000, Oregon 3 790 060, Washington 6 549 224, Wyoming 532 668)

**Bevölkerungswachstum:** Zunahme zwischen 2000 und 2008 in Prozent: Idaho 17,8 %, Kalifornien 8,5 %, Montana 7,2 %, Oregon 10,8 %, Washington 11,1 %, Wyoming 7,9 %

**Lebenserwartung:** Frauen 80,82, Männer 75,02 Jahre

**Währung:** US-Dollar ($). Ein Dollar sind hundert Cents. Banknoten gibt es über die Beträge von 1 $, 2 $, 5 $, 10 $, 20 $, 50 $ und 100 $.

**Zeitzonen:** Pacific Time (alle Küstenstaaten –9 Stunden hinter MEZ) und Mountain Time (–8 Stunden)

**Landesvorwahl:** 001
**Internetkennung:** .us

**Landesflagge:** USA: Sternenbanner (Stars & Stripes). Weiße und rote Streifen stehen für die 13 Gründungsstaaten. Die 50 Sterne im blauen Feld symbolisieren die 50 Bundesstaaten.

## Geografie

Die Bezeichnung Nordwesten der USA kann sich auf die beiden am Pazifik gelegenen Bundesstaaten Washington und Oregon beziehen oder auch eine Region kennzeichnen, die im Westen vom Pazifischen Gebirgssystem, in der Mitte vom Columbia-Plateau und im Osten von den Rocky Mountains begrenzt wird. Die Berge der Coastal Range erheben sich an vielen Stellen steil aus dem Meer bis auf Höhen von 1500 m. Das Wachstum der Cascade Range, die sich wie eine zweite Wand vor der Küste von Norden nach Süden zieht, ist noch nicht abgeschlossen. Die zum Ring of Fire gehörenden Vulkanberge Mount St. Helens und Mount Rainier sind immer noch aktiv, die Plattentektonik der pazifischen Erdplatte und der nordamerikanischen sorgen für ständige Verschiebungen.

Als Columbia-Plateau wird die Hochebene vom Westen Washingtons und Oregons bis in den Süden Idahos bezeichnet; dieses relativ flache, aber hoch liegende Gebiet wird vom Columbia River und vom Snake River begrenzt. Die Rocky Mountains ziehen sich in den USA auf einer Länge von ca. 2250 km von NNW nach SSO. Hier liegen an der kanadischen Grenze der Glacier National Park in Montana und der Yellowstone Park im Nordwesten von Wyoming.

## Geschichte

Schon vor mehr als 10 000 Jahren sind Menschen in diese Region gewandert, haben sie durchstreift oder sind hier sesshaft geworden. Mit den beginnenden Siedlertrecks Anfang des 19. Jh. wurden die Ureinwohner verdrängt. Auf dem sogenannten Oregon Trail zogen zwischen 1830 und 1870 ca. 350 000 Siedler in den Nordwesten. Weitere große Siedlerbewegungen waren der Mormon Trail 1847 nach Utah und der California Trail der 1850er-Jahre. Gemeinsam ist den Staaten des Nordwestens ihre Jugend. 1776 hatten die ersten dreizehn Staaten die USA gegründet. Die westlichen Regionen wurden erst spät aufgenommen, da ein Gesetz vorschrieb, dass ein Bundesstaat mindestens 60 000 Einwohner nachweisen musste: Kalifornien 1850 (31.), Oregon 1859 (33.), Montana 1889 (41.), Washington 1889 (42.), Idaho 1890 (43.) und Wyoming 1890 (44. Staat).

## Staat und Politik

Die USA umfassen 50 gleichberechtigte Bundesstaaten, jeweils mit einer eigenen Verfassung. An der Spitze steht ein für vier Jahre gewählter Gouverneur, dessen Amtszeit auf zwei Legislaturperioden beschränkt ist. Die Landespolitik wird über zwei Kammern gesteuert: den Senat und das Repräsentantenhaus. Höchste Instanz der Rechtsprechung ist der Oberste Gerichtshof *(Supreme Court)* unter Vorsitz eines vom Gouverneur ernannten Richters. Die Bundesstaaten haben eigene Polizeieinheiten sowie eigene Streitkräfte in Form von Milizen und Nationalgarden.

## Wirtschaft und Tourismus

Landwirtschaft und seit einigen Jahren der Tourismus sind die beiden wichtigsten Stützpfeiler im Nordwesten. In Washington und Oregon gehört auch die Holzwirtschaft zu den bedeutenden Industriezweigen. Der Raum Seattle hat mit dem Hafen, dem Flugzeughersteller Boeing sowie den Zentralen von Microsoft, Amazon und Starbucks fünf führende Arbeitgeber. Portland, die größte Stadt in Oregon, ist als Hafenstadt Umschlagsplatz für Waren aus Asien, das zweite Standbein der Wirtschaft ist die Computerindustrie. Für die Förderung der Erdöl- und Erdgasvorkommen in Montana und Wyoming wartet man noch auf innovative Fördermethoden, bisher werden die Kosten als zu hoch erachtet.

## Bevölkerung und Religion

Nur durchschnittlich 10 Einwohner teilen sich einen km², es ist eine sehr dünn besiedelte Region der USA. In den Ballungsgebieten von Seattle (ca. 1,8 Mio.) und Portland (ca. 1,7 Mio.) leben die meisten Menschen. Mit fast 90 % stellen die Weißen den größten Bevölkerungsanteil, mit lateinamerikanischem Hintergrund leben hier ca. 5 %, die meisten Menschen mit asiatischen Wurzeln sind im Bundesstaat Washington (6,6 %) zu finden und den höchsten Bevölkerungsanteil an Indianern hat Montana mit 6,4 %.

Im Nordwesten der USA gibt es eine Vielfalt von mehr als 250 vorwiegend christlich-protestantischen und -katholischen, aber auch zahlreichen anderen Glaubensgemeinschaften unterschiedlichster Provenienz.

# Natur und Umwelt

**Uralte Regenwälder, bizarre Gletscherlandschaften, endlose Gras-ebenen (die Prärie) und die majestätischen Kegel der Vulkane im Ring of Fire – der Nordwesten der USA ist von einer schier unglaublichen Vielfalt an Naturformen geprägt. Nicht minder eindrucksvoll ist die variantenreiche Pazifikküste: Auf fast 1800 km von der Grenze zu Kanada bis San Francisco wechseln sich unterschiedlichste Sandstrände und Felsformationen ab.**

Manche Tierarten wie der Bison, der Grizzly oder der Weißkopfseeadler wären ebenso wie die Redwood- bzw. die Mammut-Bäume sicher schon ausgestorben, hätte man sie nicht unter Naturschutz gestellt. Im Nordwesten der USA wurde die Idee vom Natur- und Landschaftsschutz geboren und hat weiterhin einen hohen Stellenwert; mithilfe von National und State Parks werden einmalige Landschaften in ihrer Ursprünglichkeit bewahrt und gleichzeitig für Interessierte zugänglich gemacht. Die als Nationalparks ausgewiesenen Gebiete schützen alle Arten von Pflanzen und Tieren. Je nach Region sind unterschiedliche Vegetationsformen, Reviere wild lebender Tiere, Gesteinsformationen oder auch für die Geschichte des Landes bedeutende Gebiete zu Parks erklärt worden.

Tatsächlich sind die 41 National Parks und Monuments (Natur- und Kulturdenkmäler) im Reisegebiet auch wichtige Elemente im Wettbewerb um Gäste. Zwar obliegt ihnen in erster Linie die Erhaltung der Naturlandschaft, aber sie bieten mit ihrer Infrastruktur an gekennzeichneten Wegen, Schutzhütten, Campingplätzen und Rangerstationen die beste Möglichkeit, einigermaßen gefahrlos die ursprüngliche Natur zu erkunden. Die Parks und Monuments, die hauptsächlich aufgrund ihrer landschaftlichen Schönheit oder ungewöhnlichen Oberflächenformen ausgewählt wurden, unterstehen einer nationalen Be-

hörde. Diese Behörde beaufsichtigt auch zahlreiche historische Gedenkstätten und Erholungsgebiete, wie die nationalen Meeresküsten und Seeufer (www.nps.gov).

Erholungsaktivitäten werden gefördert, solange die Menschen ihre Umgebung nicht stören und ihr keinen Schaden zufügen. In den letzten Jahren beschränkt sich der National Park Service darauf, die Natur sich selbst zu überlassen. Die Tierpopulationen sollen unbeeinflusst ihr Gleichgewicht finden und abgestorbene Bäume werden nicht entfernt – die verwitternden Stämme sind komplexe Ökosysteme für zahlreiche Kleinlebewesen. Einen Streitpunkt bildet jedoch das Verhalten bei Bränden. Nicht alle teilen die Ansicht der Botaniker, dass die Feuer für die Erneuerung des pflanzlichen Lebens unbedingt notwendig seien.

## Landschaftsformen

### Die Küste

Mal honiggelber Sand, mal grauer oder schwarzer, dann wieder schroffe Felsen, Unmengen von angeschwemmten Baumstämmen und Ästen in allen Größen, einzelne Steinmonumente, wie von Riesenhand an den Strand geschleudert, Wald bis dicht ans Wasser – die fast 1800 km an Küstenlandschaften von Port Townsend im Norden Washingtons bis nach San Francisco in Kalifornien sind so abwechslungsreich wie vielfältig. Das Coastal-Range-Gebirge zieht sich nahezu parallel zur Küste von Norden nach Süden. An seinen Höhenzügen regnen sich die Wolken vom Pazifik kommend erstmals aus, sodass die Küste eine fruchtbare und artenreiche Vegetation bietet. Da der Ozean überwiegend relativ kühl ist, liegt die Küste häufig in dichtem Nebel.

Mit welch gewaltigen Kräften die Wellen und der Wind die riesigen Baumstämme und Wurzeln der z. T. bis an die Küste reichenden Wälder an die felsige Küste der Olympic Halbinsel im Nordwesten Washingtons werfen, lässt sich nur erahnen, denn bei Sturm sollte man diese Bereiche besser meiden. Die wenigen Straßen führen auch nicht direkt an der Wasserkante entlang; erst südlich von Aberdeen nähert sich die Route dem Meer. Aber es gibt immer wieder Strandzugänge (bei Mora, La Push, Ruby Beach und Kalaloch) und dort beeindrucken die dunklen, schroffen Felsformationen und kilometerlang aufgetürmten Holzberge. Auf der Halbinsel befindet sich auch der Olympic National Park. Seine Besonderheit ist der *temperate rain forest* (Regenwald), der beinahe eine Rarität auf dem nordamerikanischen Kontinent geworden ist. Sonst findet man ihn nur noch an der Küste von British Columbia.

Die unmittelbare Nachbarschaft zum Meer und zum Gebirge sowie intensive Regenfälle und nicht zu starke Klimaschwankungen zwischen Sommer und Winter kennzeichnen die Bedingungen, unter denen sich diese Vegetation entwickelt. Sitka-Fichten, Rot-Zedern, Küsten-Douglasien und Redwoods sind typische Vertreter dieses Waldes, der darüber hinaus auch noch mit wie Vorhänge wirkenden Moosen *(Spanish moss)* und Flechten bedeckt ist. Unter dem recht häufig tropfenden Dach der Baumriesen lässt sich im Unterholz ein breites Spektrum unterschiedlicher Pflanzen ausmachen: Dazu gehören Stauden und Büsche wie Heidelbeeren und Lachsbeeren, Leberblümchen, Farne und Orchideen. Seit 1981 zählt der Olympic National Park zum UNESCO Welterbe.

## Sandstrände und die Oregon Dunes

Um die große Willapa Bay herum beginnen die endlosen Sandstrände mit gelbem Sand und dahinterliegenden Dünenlandschaften. Oregons Küste bietet kilometerlange Sandstrände, die in kurzen Abschnitten entlang des Highway 101 von zahlreichen Klippen und Felsen unterbrochen werden.

Besonders eindrucksvoll ist die Region der berühmten Oregon Dunes. Zwischen Coos Bay und Florence erstreckt sich ein 50 km langes Dünengebiet, dessen höchste Sandberge bis zu 150 m messen. Sanft hügelig, von Wald und Tümpeln durchbrochen, ist diese Oregon Dunes National Recreation Area ein Paradies für Camper. »OHVs«, Geländemotorräder, dürfen hier auf ausgewiesenen Strecken durch den Sand donnern, was die sanften Geräusche von Wasser, Wind und Vogelgezwitscher mitunter nachhaltig verdrängt. Südlich von Bandon wird es immer menschenleerer und die Küste wird wieder von Klippen und Felsen geprägt, in Nordkalifornien erreichen manche von ihnen Höhen von über 100 m.

## Tsunami-Warnungen

Immer wieder tauchen am Straßenrand des Highway 101 Schilder mit Tsunami-Warnungen auf. Sie kennzeichnen tief liegende Gebiete, die von den gefürchteten Flutwellen betroffen werden können. Auch enthalten sind Hinweise, wie man sich bei einem Erdbeben und den sich möglicherweise anschließenden Wellen verhalten sollte, nämlich so schnell wie möglich höher gelegenes Gelände aufsuchen. Ausgelöst werden die Erdbeben vor der Küste durch die Spannungen zwischen der Pazifikplatte, der Juan-de-Fuca- und der nordamerikanischen Platte.

Die Bruchkante der sogenannten Subduktionszone befindet sich nur 52 bis 112 km westlich der Küstenlinie und so können sich nach einem Beben zuweilen relativ schnell Flutwellen entwickeln. Mehr Informationen erhält man über www.oregongeology.com. 1964 traf das letzte Mal ein Tsunami die Strände Oregons und Kaliforniens; der war allerdings durch ein Erdbeben in Alaska ausgelöst worden.

### Cascade-Range-Gebirge

Fast parallel zur Küste und dem Coastal-Range-Gebirge hat sich vor Jahrmillionen ein zweiter Gebirgszug aufgebaut, in dem die meisten noch aktiven Vulkane zu finden sind, das Cascade-Range-Gebirge. Wie weiße Perlen auf einer Schnur sind die kegelförmigen Berge von Norden nach Süden aufgereiht und mit ihren bis in den Sommer schneedeckten Gipfeln weithin sichtbar.

### Mount St. Helens National Vulcanic Monument

Auch wenn man den Nordwesten nicht kennt, die Bilder vom Vulkanausbruch des Mount St. Helens 1980 gingen damals um die Welt. Seitdem sind der Berg und die von Lavaströmen durchzogene Landschaft ein National Vulcanic Monument in Washington. Hier lässt sich erleben, wie die Natur sich die vom Feuersturm zerstörten Berghänge zurückerobert. Manche der jungen Wälder sind durch Aufforstungsprogramme entstanden, aber die bodendeckende Vegetation, der typische Ginster und andere Sträucher haben ihren Lebensraum allein gefunden. Der Vulkan ist seitdem aktiv geblieben und Betätigungs- bzw. Studienfeld für Forscher und Seismologen aus aller Welt geworden. Es bleibt zu hoffen, dass die dort gewonnenen Erkenntnisse dazu beitragen, die Vorwarnzeiten für Vulkanausbrüche und Erdbeben zu verbessern, damit in diesem geologisch unruhigen Gebiet des Ring of Fire keine Menschen mehr zu Schaden kommen.

### Crater Lake National Park

Eine wieder ganz andere Art von Nationalpark ist der im Süden Oregons gelegene Crater Lake National Park. Der tiefblaue See füllt das Innere eines erloschenen Vulkans und hat weder Zu- noch Abfluss, zudem ist er mit 592 m der tiefste See in den USA. Gespeist wird er ausschließlich von Regenwasser und Schnee, in der Höhe von 2500 m kann es bis zu acht Monate lang schneien. Bis vor etwa

7700 Jahren befand sich an der Stelle des heutigen Kratersees der 3600 m hohe Vulkan Mount Mazama. Nach mehreren starken Ausbrüchen hatte sich die Magmakammer entleert und der Vulkan stürzte in sich zusammen. Der so entstandene Krater, die *Caldera*, hat einen Durchmesser von 9 km. Der Nationalpark, der um den Krater herum ausgewiesen worden ist, schützt eine ca. 20–30 km$^2$ große, bewaldete Bimssteinlandschaft. Die extrem unterschiedlichen Niederschlagsmengen auf der Ost- und der Westseite des

**Die alpinen Landschaften des Mount Rainier National Park dominiert der schneebedeckte Vulkankegel des gleichnamigen Bergmassivs**

Parks, die langen Winter sowie großen Höhenunterschiede haben die Pflanzenwelt stark beeinflusst. Die niederschlagsreiche Westseite prägen sumpfige Grasflächen, die trockenere Ostseite besteht aus Halbwüste. Mit zunehmender Höhe findet man auch wildblumenübersäte Alpwiesen vor. 1902 wurde das Gebiet zum Nationalpark erklärt.

## Rocky Mountains

Von Nordwesten nach Südosten ziehen sich die verschiedenen Gebirgslandschaften der Rocky Mountains durch das Reisegebiet. Zwei berühmte Nationalparks sind dort ausgewiesen, der Glacier National Park an der Grenze zu Kanada und der älteste Nationalpark der Welt, der Yellowstone.

## Glacier National Park

Schroffe Berggipfel, unberührte Wälder und tiefblaue Seen sind die landschaftlichen Highlights des amerikanisch-kanadischen Doppelparks Waterton-Glacier International Peace Park. Mit den Gletschern, denen das

# Vulkanismus und der Ring of Fire

## Thema

**In erdgeschichtlich jüngerer Zeit, vor ca. 150 Mio. Jahren, begann die Auftürmung der westlichen Gebirge. Die Bewegung der Juan-de-Fuca-Platte auf die sich westwärts bewegende nordamerikanische Kontinentalplatte hin hat die gewaltigen Kräfte freigesetzt, durch die die Vulkane der Cascade Range entstanden sind. Sie gehören einem Ring rund um den Pazifik an, dem berühmten Ring of Fire.**

Der jüngste große Vulkanausbruch war 1980 am Mount St. Helens (Washington), damals entstand der Krater am Gipfel. Eine kleinere Eruption im März 2005 blieb zwar weit hinter dem erwarteten Ausbruch zurück, aber der Vulkan ist in Bewegung, relativ geringfügige Stöße werden beinahe täglich verzeichnet. Ungefähr vor 3 oder 4 Mio. Jahren bewegten sich die Vulkane der Cascade Range ca. 48 bis 80 km nach Osten, dabei entstanden neue Berge, die High Cascades.

Zu den höchsten Gipfeln gehören der Mount Rainier (Washington) mit 4392 m und der Mount Shasta (Nordkalifornien) mit 4316 m. Fast alle Vulkane dieser Region sind sogenannte Strato- oder Schichtvulkane; sie entstanden durch explosionsartige Ausbrüche, die starr werdendes Gestein und Lava relativ gleichmäßig um den Berg herum verteilten und die typische, fast dreieckige Kegelform bildeten.

Ein Beispiel für eine andere Erscheinungsform von Vulkanen ist der Lassen Peak in Nordkalifornien. Beim Ausbruch des Urvulkans Mount Tehama entstand ein gigantischer Kessel, eine Caldera. Weitere Eruptionen verursachten neue Vulkankegel in dieser *Caldera*. Durch einen dieser Kegel kam vor fast 11 000 Jahren verhältnismäßig kühle Magmamasse an die Oberfläche und setzte sich wie ein Pfropfen auf den vorhandenen Vulkan.

Der Lassen Peak ist ein imposantes Beispiel eines Plug-Vulcano (oder Lavadom-Vulkans) und mit einer Höhe von 3189 m der höchste der Erde. Ein Aschepilz von 11 km Höhe bescherte der Umgebung am 22. Mai 1915 einen Asche- und Bimssteinregen. Bis zu 300 Mal war der Vulkan in den Jahren zwischen 1914 und 1921 aktiv, aufgrund dieser Tätigkeiten wurde das Gebiet 1916 zum Nationalpark erklärt. In der Gegend rund um den Lassen Peak in Nordkalifornien ist die Erde immer noch unruhig, was sich in kochenden Schlammlöchern, heißen Quellen und sogenannten Fumarolen (Stellen, an denen Dampf austritt) zeigt. Lassen Volcanic N. P. ist eines der wenigen Gebiete weltweit, in dem alle Hauptformen von Vulkanen (Schicht-, Schild-, Schlacken- und Supervulkane) vorkommen.

Vor der Auftürmung der Gebirge vor ca. 150 Mio. Jahren war der Nordwesten von Wasser bedeckt, Fossilienfunde geben Auskunft darüber. Inzwischen darf spekuliert werden, wann Amerika wieder im Meer versinkt. Forscher der Universität von Utah haben die Bedeutung der Hitze im Erdinneren in Korrelation zur jeweiligen Höhe einer Landschaft untersucht. Würde die Erdkruste infolge sinkender Temperaturen im Erdinneren auf den kältesten Wert abkühlen, der jemals gemessen wurde, lägen viele Regionen der USA unter Wasser: Der Kontinent sinkt tatsächlich, denn die Erde kühlt sich langsam ab.

1910 zum Nationalpark erhobene Gebiet seinen Namen verdankt, wird allerdings keine Reklame mehr gemacht, sie sind auf dem Rückzug. Es wird geschätzt, dass 2030 kein Gletscher mehr vorhanden sein wird. 1850 gab es auf dem Gebiet des heutigen Parks noch etwa 150 Gletscher, aber die Größe der heute noch existierenden Eiszungen ist auf etwa ein Drittel des damaligen Umfangs geschrumpft. Doch die Parkverwaltungen des 1932 zu einem »Internationalen Friedenspark« ernannten und 1995 zum Welterbe erklärten Schutzgebiets machten aus der Not eine Tugend und unterstützen seit einigen Jahren Forschungen zum Klimawandel.

Die Vegetation dieser Bergregion ist zweigeteilt; das eher feuchte, aber gemäßigte Klima auf der Westseite ermöglicht den riesigen Zedern und Hemlocktannen von der Pazifikküste, auch hier zu wachsen. Mitten durch die Rockys verläuft die Wasserscheide des Kontinents. Auf ihrer Ostseite fällt nur sehr wenig Regen, aber entscheidend für die Flora sind die ausdörrenden Chinook-Winde. Hier gedeihen Drehkiefern und Douglas-Tannen am besten, auch Espen und Alpenlärchen bereichern die Vielfalt von immerhin über 1000 verschiedenen Pflanzen.

## Yellowstone National Park

1807 stieß der Pelztierjäger John Colter auf seinem Weg durch das nördliche Wyoming auf einen märchenhaften Landstrich mit steil abfallenden Schluchten und tosenden Wasserfällen. Bei der weiteren Erkundung offenbarte sich ihm eine erstaunliche Landschaft mit kochend heißen Quellen, blubbernden Schlammlöchern und Geysiren, die in regelmäßigen Abständen hohe, heiße Wasserfontänen in die Luft schleuderten. Colter hatte das heute berühmte Gebiet am Yellowstone entdeckt.

Als Colter drei Jahre später nach St. Louis zurückkehrte, wurde der Beschreibung seiner Entdeckung zunächst kein Glaube geschenkt. Da jedoch in den folgenden Jahren andere Trapper seine Geschichte bestätigten, wurden 1870 und 1871 zwei offizielle Expeditionen entsandt, die die Wunder dieser Gegend dokumentierten. 1872 veranlasste ihr Bericht den Kongress der Vereinigten Staaten, Yellowstone zum ersten Nationalpark der Erde zu erklären. Nadelwald aus Drehkiefern, Tannen und Fichten bedeckten bis zum Sommer 1988 den größten Teil des Parks. Der Wald war nach fast 300 brandfreien Jahren stark überaltert und zudem durch die zu geringen Niederschläge in den vorangegangenen Jahren ausgetrocknet. Als dann im Juni 1988 an mehreren Stellen durch Blitzeinschlag Brände ausbrachen, entschied die Parkverwaltung, der Natur so weit als möglich ihren Lauf zu lassen; Mitte September setzte Regen ein, sodass die meisten Brände gelöscht werden konnten. Vollständig zum Erliegen kam das Feuer erst am 13. November, als das Gebiet eingeschneit wurde. Es stellte sich heraus, dass ein Drittel der Waldbestände abgebrannt war. Der Brand veränderte das Erscheinungsbild des Nationalparks. Wo das Feuer gewütet hat, wächst heute ein kräftiger, gesunder Wald nach. Versuche zeigen, dass der Wald sich dort am besten und vielfältigsten entwickelt, wo sich der Mensch nicht einmischt. Wegen der Höhenlage und der schneereichen Winter gedeiht der junge Wald nur langsam, so dürfte es 50 bis 60 Jahre dauern, ehe die Spuren des Brandes verschwunden sein werden.

# Flora und Fauna

Nicht von ungefähr nennt sich Washington *Evergreen State:* Mit seinen riesigen Nadel- und Laubwäldern und den fruchtbaren grünen Landschaften an der Küste des Puget Sound macht der Bundesstaat seinem Beinamen besonders im Westen und Norden alle Ehre. Das eher feuchte Pazifikklima der Küstenstaaten hat zu einer großen Vielfalt der Vegetation beigetragen, dazu gehören zahlreichen Tannenarten wie die Hemlock- und die Weißtanne.

Beinahe der Abholzung zum Opfer gefallen sind die höchsten Bäume der Welt, die Redwoods. Unter Naturschutz gestellt, finden sich die letzten Exemplare im Norden

Kaliforniens unweit der Küste. Ebenso hätte der für Nordamerika typische *temperate rain forest* nicht überlebt, wenn man nicht im Olympic National Park ein Refugium geschaffen hätte.

Ganz anders präsentiert sich das Columbia Basin (oder Plateau) im Osten Washingtons und Oregons. Wenig Regen bekommt dort insbesondere der Salbei, eine Pflanze, die sich auch außerhalb der riesigen Farmen ausgebreitet hat. Viele Laubbäume, z. B. Birken, sind in den Rocky Mountains zu finden, dazu Eichen und Ahorn, sodass man auch in Idaho, im Westen Montanas und im Nordwesten Wyomings den Indian Summer erleben kann.

# Abwechslungsreiche Tierwelt

Nicht nur in den geschützten Parks leben Bären, Luchse, Bisons und Elche. Auch in der Nähe bewohnter Gegenden kann man durchaus auf wilde Tiere treffen und sollte dann die entsprechende Vorsicht walten lassen. Wale, Adler, Seeotter und -löwen an der Küste, Lachse und Welse in den Flüssen, Bergschafe und Murmeltiere im Gebirge und verschiedenste Hirscharten und Bisons im Grasland: Die Tierwelt des Nordwestens ist ebenso abwechslungsreich wie seine Landschaften.

## Bären

Beinahe wäre der kleine Reisebus gekippt, als alle Insassen plötzlich auf die rechte Seite drängten. »Bären!« hatte jemand gerufen und schon wurden die Kameras gezückt und das Blitzlichtgewitter begann. Der Busfahrer konnte gerade noch sein Gefährt auf der Standspur zum Halten bringen – andernfalls hätten ihn die Gäste wohl ziemlich unfreundlich behandelt, denn auf einer Lichtung neben dem Highway 2 an den Ausläufern des Glacier National Park in Montana war eine Grizzlymutter mit zwei Jungen zu sehen.

Auf ca. 300 Exemplare dieser größten **Braunbären** wird der Bestand im Gletscher-

Park geschätzt. Eine kleinere Anzahl verbringt den Sommer auf den Alpenwiesen an der Ostseite des Parks, für den Winterschlaf ziehen sie sich dann in die höheren Lagen zurück. Grizzlys ernähren sich sowohl von Pflanzen als auch von Tieren, und beim Näherrücken des Menschen an ihre Reviere haben sie gelernt, dass auch Abfälle Fressbares enthalten können.

Deshalb wird an allen Campingplätzen vor Bären, nicht nur vor Grizzlys, gewarnt, verbunden mit der Aufforderung, Vorräte und Abfälle nur in geruchssicheren Behältern aufzubewahren. In den USA und Kanada werden Bären, die an Abfälle herangekommen oder sogar gefüttert worden sind, erschossen. Die Gefahr ist zu groß, dass sie die Nähe der Menschen wegen dieser guten Erfahrung suchen und dann aggressiv werden. Auch im Yellowstone Park sind Grizzlys zu Hause, dort inzwischen wieder in so großer Population, dass sie von der Liste der gefährdeten Tiere gestrichen worden sind.

Sehr verbreitet in den Bergregionen des Nordwestens sind auch die etwas kleineren **Schwarzbären**. Wie die meisten ihrer Artgenossen sind amerikanische Schwarzbären Allesfresser. Allerdings machen Pflanzen mehr als 75 % ihrer Nahrung aus, darunter Früchte, Beeren, Nüsse, Gräser und Wurzeln. Wenn sie tierische Nahrung zu sich nehmen, dann besteht diese meistens aus Insekten wie Ameisen, Kurzkopfwespen, Bienen oder Termiten sowie Insektenlarven, daneben auch Aas. Kleine Säugetiere, Vögel und Echsen ergänzen den Speiseplan.

## Bisons

Einst haben Herden dieser gewaltigen Kolosse den Boden unter ihren Hufen erzittern lassen, dann wurden sie zur Fleischversorgung für den transkontinentalen Eisenbahnbau und als Lederlieferanten für Militärstiefel millionenfach abgeschossen. Dank der Gründung des Yellowstone National Park 1872 erhielten die **Bisons** noch rechtzeitig vor ihrer vollständigen Ausrottung ein Rückzugsgebiet. Inzwischen ist der Bestand im Park auf fast 3500 Tiere angewachsen und für Nord-

**Keine Chance für Fische: Die Grizzlys sind hervorragende Jäger**

amerika werden 350 000 Bisons angegeben. Farmer in Montana und Wyoming haben sich auf die Zucht von Bisons spezialisiert, denn das Fleisch dieses schwergewichtigen Wildrinds ist fettarm und gilt als sehr gesund, zumal die Tiere nur auf offenen Weiden gehalten werden können.

## Hirsche

Nicht nur für Bären, auch für einen stattlichen **Wapitihirsch** bremsen Touristen mitunter sehr überraschend. Wapitis leben als eine der größten nordamerikanischen Wildtierarten in offenen Wäldern oder in Waldnähe, sodass man sie im Frühjahr oder Herbst oft am Stra-

ßenrand sehen kann. Im Sommer steigen sie in Bergregionen in große Höhen auf, im Winter bevorzugen sie geschützter und tiefer gelegene Gegenden. Mit immerhin fast 2 m Höhe ohne Geweih können ärgerliche Wapitis durchaus eine Gefahr darstellen, insbesondere in der Brunftzeit im Herbst, wenn die kapitalen Hirsche um die Gunst bei den weiblichen Rudeln kämpfen.

Nicht *elk,* sondern *moose* heißt der größte Vertreter der Hirsche im Englischen, der **Elch.** Die Tiere ernähren sich vorwiegend von jungen Erlen- und Birkentrieben sowie Sumpf- und Wasserpflanzen, und so ist ihr Vorkommen auf eher sumpfige und seenreiche Ge-

# Pazifiklachse, Ökologie und Tourismus

## Thema

**Der Lebenszyklus von Lachsen ist faszinierend: Er beginnt in Flüssen, führt dann in die Ozeane und schließlich nach ein paar Jahren zurück zum Geburtsort. Wir Menschen mögen ihren wunderbaren Geschmack. Allerdings tragen gerade auch wir durch Umweltschäden und die stetig wachsende Nachfrage zu ihrer Gefährdung maßgeblich bei.**

Lachse legen bei ihrer Wanderung zu den Laichplätzen enorme Strecken zurück. So hat beispielsweise der Bau des Coulee-Damms im Norden von Washington die Bestände des pazifischen Silberlachses *(Coho)* erheblich reduziert, obwohl dieser Damm gut 1000 km von der Flussmündung des Columbia River bei Astoria entfernt liegt. Kommerzieller Lachsfischfang ist sowohl in Kanada als auch den USA schon seit Längerem reglementiert, aber seit 2008 wurden die Quoten und die Fangzeiten für die Fischerei im Pazifik nochmals reduziert. Insbesondere die Fischer der Küstengebiete von Kalifornien und Oregon sind vom Rückgang der Lachsmengen im Sacramento River betroffen.

Die Lösung des Problems besteht schon seit Jahren im Aufbau von Lachsfarmen. Insbesondere auf Vancouver Island in British Columbia ist dieser Industriezweig in den letzten beiden Jahrzehnten auf mehr als 140 Betriebe angewachsen. Im Durchschnitt produzieren sie 600 000 Lachse pro Saison, davon gehen 85 % als Export in die USA. Interessanterweise gehören 90 % dieser Farmen drei norwegischen Firmen. Umweltschützer warnen seit geraumer Zeit vor den ökologischen Auswirkungen dieser Fischzucht: Die Lachse fressen doppelt so viel wie in der freien Natur, sie werden mit Farbpigmenten gefüttert, Wasserläuse und Krankheitserreger gelangen in freie Gewässer, wo sie den Wildlachs befallen können.

Auf offizieller Seite meint man dagegen, nur durch gezielte Zucht könne die enorme Nachfrage bedient werden. Meeresbiologen haben Zusammenhänge zwischen entwichenen Zuchtlachsen und geschwächten Tieren im offenen Wasser gefunden. Nach intensiven Protesten der Umweltschützer wurde bereits eine Maßnahme umgesetzt: Um den Wildlachs vor Beeinträchtigungen durch die Zuchtfarmen zu schützen, dürfen Farmen nicht mehr in der Nähe der Lachs-Wanderwege angelegt werden.

Der Schutz der Wildlachse hat aber nicht nur ökologische Motive. Die Küstenstaaten setzen bei ihrem Tourismusmarketing auf Natur, Erlebnisse mit Wildnis, Wasser und Fischen. Ein zu starker Rückgang der Lachse hätte durchaus auch Auswirkungen auf diesen Wirtschaftszweig. Lachse sind Nahrungsgrundlage für Braunbären, Adler und Orcas. Und sogar als Kadaver nach dem Ablaichen oder nachdem die Bären die Reste ihrer Mahlzeit ans Ufer gebracht haben, sind sie noch nützlich: Das Eiweiß der Fische gerät über die Maden in den Boden und beim Verwesen entsteht Stickstoff, von beidem profitiert die Flussufervegetation. Und nicht zu vergessen: Bei den *First Nations/Native Americans* der Küste ist Lachs nicht nur Nahrungsbestandteil, sondern auch tief in der Kultur und Mythologie verankert. Die Sportfischerei wurde aber bislang von den Restriktionen ausgenommen.

biete beschränkt. Im Yellowstone Park wurden die Bestände durch das Feuer von 1988 sowie durch die Grizzlys erheblich reduziert, aber in British Columbia leben offiziellen Angaben zufolge fast 170 000 der imposanten Tiere. Männliche Elche erneuern ihr Geweih jedes Jahr gegen Ende des Winters, im Herbst – zur Brunft- und Kampfzeit – ist es am größten und eindrucksvollsten.

## Wale

Immer mal wieder diskutieren Umweltschützer entlang der Pazifikküste die Auswirkungen des bei Touristen sehr beliebten *whale watching*. Die lautstarken Jetboote könnten das empfindliche Sonarsystem der großen Säugetiere stören. Aber diese riesigen Tiere einmal aus unmittelbarer Nähe schwimmen oder sogar springen zu sehen entbehrt nicht der Faszination und Anbieter für diese Fahrten gibt es insbesondere an Washingtons Küsten in großer Anzahl. Empfehlenswert sind Fahrten mit Anbietern, die der Organisation *Responsible Whale Watching – Whale Watch Operators Association – North West* angehören: Diese achten besonders auf die Bedürfnisse der Tiere (http://pacificwhalewatch.org).

Von den **Orcas,** den schwarz-weißen Raubtieren unter den Walen, auch Schwert- oder Killerwal genannt, leben ca. 100 Tiere als *residents* dauerhaft in der Juan de Fuca Strait vor Vancouver Island. Die Orcas bilden sogenannte Schulen, die von einem älteren Weibchen angeführt werden. Die Jungen bleiben möglichst ein Leben lang bei ihrer Familie, sowohl die Männchen als auch die Weibchen, deren eigener Nachwuchs ebenfalls bei der Gruppe bleibt. Anders als die **Grauwale** unternehmen Orcas aber keine weiten Wanderungen durch den Ozean, sie folgen vielmehr zumeist den Robben- oder Lachsschwärmen bei ihrer Nahrungssuche. Die grauen Ozeanriesen dagegen legen die längste Strecke zurück, die man bisher bei einem Säugetier beobachten konnte: von den ›Gebärstuben‹ in mexikanischen und kalifornischen Lagunen ziehen sie im April und Mai bis zu den nördlichen Küsten Alaskas, also ca. 16 000 km. Im Herbst geht es dann wieder zurück.

Grauwale kommen nur im Pazifik vor und der westpazifische Bestand ist inzwischen fast ausgerottet. Nachdem die Grauwale auch an der nordamerikanischen Küste Anfang des 20. Jh. durch intensiven Walfang drastisch reduziert waren, hat sich diese Population in den letzten Jahrzehnten, dank strenger Schutzbestimmungen, wieder erholt. Mittlerweile wird die Zahl der vor der Nordwestküste lebenden Tiere auf 26 000 geschätzt.

Die bis zu 15 m langen Wale ernähren sich hauptsächlich von Floh- und Ruderfußkrebsen und kleinen Fischen. Als einziger Wal geht der Grauwal auch am Meeresgrund auf Nahrungssuche, allerdings wird während der langen Reise nicht gefressen. Nahrung nehmen die riesigen Säugetiere nur in ihren Jagdgründen in der Bering-, Chukchi- und westlichen Beaufort-See auf.

## Weißkopfseeadler und Kolibris

Seit 1782 ist der nur in Nordamerika vorkommende **Weißkopfseeadler** das Wappentier der USA. Ursprünglich war der größte Greifvogel des Kontinents über das ganze Festland verbreitet. Wegen seiner Federn vom Menschen beinahe ausgerottet, stand er bis 2007 unter strengem Naturschutz. An der Westküste sowie in Alaska und weiten Teilen Kanadas finden sich heute wieder zahlreiche Paare, die pro Jahr ein bis drei Junge großziehen. Die beeindruckend großen Nester baut der eurasische *bold eagle* aus dicken Ästen auf alten Bäumen oder in Felswänden, die Mulde wird mit Moos und Gras ausgepolstert. Die Nester werden vom gleichen Paar oft über Jahre genutzt und alte Horste können bis zu 450 kg schwer sein.

Es gibt sie nur in Nord- und Südamerika, die **Kolibris.** Einer der kleineren Vertreter dieser generell sehr kleinen Vogelart kommt in den Halbwüsten des Nordwestens der USA und von British Columbia vor, der Schwarzkinnkolibri *(Black-chinned Hummingbird)*. Die Obstplantagen am Rand des Columbia-Plateaus bieten reichlich Nahrung für den Flugkünstler, der außerdem noch beim Bestäuben der Blüten hilft.

**Traditionelle Wirtschaftsbereiche wie die Holzindustrie, die Landwirtschaft oder der Bergbau spielen im Nordwesten der USA immer noch eine wesentliche Rolle. Der Tourismus ist auf dem Vormarsch, steckt aber insbesondere auf dem Land noch in den Kinderschuhen. Die Förderung von Gas und Erdöl im Norden unterliegt strengen Umweltschutzauflagen.**

## Wachstumsphasen

Die beiden Weltkriege brachten dem Nordwesten einen Wachstumsschub: Der Flugzeughersteller Boeing in Seattle wuchs mit den Regierungsaufträgen für Jagdbomber, im Hafen von Portland wurden Kriegsschiffe gebaut und die Stauseekraftwerke am Columbia River lieferten genügend Energie für die Aluminiumproduktion.

Holzindustrie und Landwirtschaft waren und sind in den nordwestlichen Staaten wichtige Säulen der Ökonomie, Fischfang dagegen verliert wegen der Überfischung an Bedeutung. Als neuere Entwicklung sind positive Zahlen in der Tourismuswirtschaft zu verzeichnen, wobei Idaho mit ca. 20 Mio. Touristen pro Jahr nach eigenen Angaben weit vorn liegt. Der Pfannenstiel-Staat hat sich zudem ein Profil in der Kartoffelproduktion aufgebaut: Immerhin ein Viertel der amerikanischen Ernte wächst dort.

Auch Montana lebt in erster Linie von der Landwirtschaft. Im Norden überwiegt der Getreideanbau und im Süden die Viehwirtschaft. Zudem reich an Bodenschätzen, werden hier z. B. Talkum, Tonerden, Antimon, Kalkstein, Gips, Sand, Vermiculit, Phosphat sowie Kupfer, Edelsteine und ein wenig Gold und Silber abgebaut.

Für die Förderung der Erdöl- und Gasvorkommen wartet man z. T. noch auf kostengünstige Verfahren. Der Tourismus in diesem Bundesstaat konzentriert sich auf die beiden Nationalparks, Yellowstone im Süden und Glacier im Norden.

Portland, Seattle und Vancouver als größte Städte im Nordwesten haben den Handel mit asiatischen Partnern massiv ausgebaut; die Märkte in China, Japan, Korea und Indien werden von hier aus bedient. Portlands und Vancouvers Häfen entwickelten sich den letzten Jahren zu bedeutenden Umschlagszentren für Waren aus Asien. Auch die IT-Branche ist für die Metropolen zum Wachstumsfaktor geworden. Fachkräftemangel wie bei Microsoft (in Seattle) kann aber auch dazu führen, dass neue Entwicklungscenter ausgelagert werden. Die nach dem 11. September 2001 (9/11) restriktivere Einwanderungspolitik der USA hat beispielsweise den IT-Giganten veranlasst, eine neue Niederlassung in Richmond, im benachbarten Kanada, zu eröffnen; die Kanadier vergeben Aufenthaltserlaubnisse und Arbeitsgenehmigungen leichter als die Amerikaner.

## Abbau der Bodenschätze und Folgeprobleme

Montana ist nicht nur reich an Bodenschätzen, sondern verfügt auch über große Vorkommen an Erdöl, Erdgas und Kohle. 1863 wurde erstmals bei Bannack Gold gefunden und seitdem war der Tagebergbau neben der

Landwirtschaft der wichtigste Erwerbssektor des Bundesstaats. Seit die Gold- und Silber-Förderung weitgehend zum Erliegen gekommen ist, leidet die Region unter einem Arbeitsplatzmangel und viele Menschen verlassen das Land, um anderswo Arbeit zu finden.

Die Bevölkerung von Montana hat keine guten Erfahrungen mit dem Abbau der Bodenschätze gemacht. Einstmals gab es ca. 20 000 Minen. Obwohl die meisten von ihnen heute geschlossen sind, kostet die Beseitigung der Folgeprobleme des Bergbaus immer noch Milliarden. Zudem ist eine gewisse gesundheitliche Belastung der Menschen, die von Viehzucht, Ackerbau und Forstwirtschaft leben, nicht auszuschließen. Die Umweltschutzgesetze sind deshalb in Montana verbessert und verschärft worden.

Umweltschützer bedienen sich zunehmend dieser Gesetze; mit Klagen versuchen sie beispielsweise seit Jahren, eine Silber- und Kupfermine in der Wildnis (Rock Creek) zu verhindern und berufen sich dabei auf verschiedenste Umweltgesetze des Bundesstaats. Insbesondere der Schutz der Gewässer und der gefährdeten *bull trout* (eine auf die Liste der bedrohten Arten aufgenommene Forellenart) stehen im Zentrum der Aufmerksamkeit und bilden die Grundlage jener Rechtsstreitigkeiten, mit denen der Mine der Betrieb untersagt werden soll.

## Gas- und Erdölfelder

Für neue Investitionen in Probebohrungen nach Gas oder Erdöl bedeutet das gesteigerte Umweltbewusstsein meist eine längere Anlaufzeit und aufwendige Genehmigungsverfahren. Aber nur so kann sichergestellt werden, dass der Abbau keine weiteren Gefährdungen nach sich zieht. In Wyoming fanden sich riesige Gasfelder, 4500 neue Gasbohrungen wurden in jüngster Zeit genehmigt. Eigentlich sind Montana und Wyoming ziemlich menschenleer, aber umweltbewusste Bürger begannen 2008 mit Protesten gegen die Methoden der Bohrungen. Freigesetzte giftige Flüssigkeiten waren als Tümpel sichtbar und belasteten das Grundwasser und die Brunnen. Die Proteste richteten sich nicht grundsätzlich gegen die Förderung, sondern verlangten bessere Technologien zum Schutz der Umwelt. Wenn nicht gerade Wahlkampf herrscht wie im Sommer 2008 – als es um die Ölförderung vor der Pazifikküste und die Aufhebung des Moratoriums dagegen ging –, sind Themen wie Umweltschutz und Aktionen dafür aber kaum in der überregionalen Presse zu finden. Im Williston Basin am Südostrand von Montana gibt es große Erdölvorkommen, die aber erst seit 2000 mit entsprechenden Bohrtechniken effektiv gefördert werden können. Zudem spielt hier eine Rolle, dass die Vorkommen unter dem Gebiet der Fort Berthold Indian Reservation liegen. Die Verhandlungen sind 2008 zu einem erfolgreichen Abschluss geführt worden. Auch nach Gas wird seit einigen Jahren wieder intensiver gebohrt: Im Norden (Hills County) sind Prospektierungen im Gange.

## Holzindustrie

Manchmal will der Wald gar nicht aufhören. Stunde um Stunde winden sich kurvige Straßen oder auch das gerade graue Band eines Highways durch die schier unendlichen Bestände an Bäumen, die den Nordwesten Nordamerikas bedecken. Ein nahezu unermesslicher Rohstoff, den die Siedler vorfanden, und so wundert es nicht, dass sich die Holzwirtschaft als eine der ersten und einträglichsten Industriezweige etabliert hat.

»Holzbarone« wurden die reichen Magnaten genannt, die aus dem Abbau der Ressource ihren Reichtum begründeten. Seit den Pionierjahren hat sich aber doch einiges geändert: Das Umweltbewusstsein ist gewachsen und die Forstwirtschaft hat als Erste den Begriff Nachhaltigkeit *(sustainability)* geprägt. Allerdings drohen den Wäldern neue Gefahren: Der *Mountain Pine Beetle*, ein Borkenkäfer, richtet verheerende Schäden an.

Geradezu gigantische Ausmaße haben die Kahlschlagflächen *(clear cut)* der großen Holzfirmen, die teilweise von den Straßen aus

# Umweltschutz auf amerikanische Art

## Thema

**Auch wenn es beim Blick auf die Politik der vergangenen Jahre so aussah, als sei die Regierung in Washington D. C. eher der Verhinderer umweltpolitischer Veränderungen, so zeigte doch eine Reihe von Initiativen und Bündnissen, dass Umweltschutzmaßnahmen auch unabhängig von der Zentralregierung realisiert werden können.**

Die Zeit der Plastiktüte scheint abgelaufen. Auch in nordwestamerikanischen Supermärkten ist der Stoffbeutel auf dem Vormarsch. Als Anreiz, einen solchen zu benutzen, gibt es einige Cent Rabatt und das zieht bei preisbewussten Shoppern immer.

Von Seattle ging 2005 eine Initiative zu einem Klimabündnis von Kommunen aus. Binnen kurzer Zeit unterstützten über 700 Bürgermeister die Idee und verpflichteten sich bei einem ›Gipfeltreffen‹ 2007 auf kurzfristige Ziele zur Reduzierung von $CO_2$ und weiterer *greenhouse gases.* Sie wollten nicht auf die Ratifizierung des Kyoto-Protokolls durch den Kongress warten, sondern durch eigene Initiative den Aufbau von umweltschonenden Technologien fördern und Menschen in ihren Kommunen auf die Notwendigkeit des Handelns hinweisen.

Mit einem direkten politischen Appell ging der Zusammenschluss großer Unternehmen und Umweltorganisationen namens »Climate Action Partnership« 2007 an die Öffentlichkeit (www.us-cap.org). Getragen von der Überzeugung, dass Maßnahmen und neue Technologien Profitchance und Grundlage für den nächsten Boom sein können, wurde die Regierung aufgefordert, verbindliche Rahmenbedingungen gegen die Erderwärmung zu schaffen. Das könnte nach Einschätzung vieler Ökonomen der Hebel sein, mit dem die USA die Kehrtwende zu mehr Umweltschutz realisieren: der unmittelbare Nutzen für die Wirtschaft und die Schaffung neuer Arbeitsplätze. Mit der Berufung des Physik-Nobelpreisträgers Steven Chu zum Umweltminister setzte Präsident Obama 2009 ein wichtiges Zeichen für den Paradigmenwechsel in den USA. Ein weiteres Beispiel ist die Solarindustrie im kalifornischen Silicon Valley. Dort gründeten einige Firmen den Verband »SolarTech«, um die Region zum globalen Innovationszentrum für Sonnenenergie auszubauen – genauso wie dies einst für die Computer- und Biotechnologie geschah. Die Kombination aus Unternehmergeist, exzellenten Universitäten und Risikokapital könnte, so der Plan, aus Silicon Valley ein Solar Valley machen.

Kalifornien und British Columbia (Kanada) haben beide schon lange den Ruf, besonders umweltfreundlich zu sein. Aufgrund der Initiative des Gouverneurs Arnold Schwarzenegger kam es 2007 zu einem Klimapakt zwischen dem US-Bundesstaat und British Columbia, dem sich auch die kanadischen Provinzen Manitoba und Ontario anschlossen. Auch hierbei stand der Entschluss Pate, die Koyoto-Klimaziele umzusetzen und nicht auf die Beschlüsse der Zentralregierung zu warten. Längerfristig wird sicher aber noch eine andere Gruppierung für mehr Umweltbewusstsein in der amerikanischen Bevölkerung und den politisch Verantwortlichen sorgen. Evangelikale Christen, ansonsten treuer Teil der republikanischen Parteibasis, haben sich den Kampf gegen die Erderwärmung auf die Fahnen geschrieben und sehen darin den biblischen Auftrag zur »Bewahrung der Schöpfung«.

gut einsehbar sind. Mitunter sind als eine Art Sichtschutz auch einige Baumreihen stehen gelassen worden, aber das ist etwa entlang des Highway 101 in Washington eher die Ausnahme. Natürlich wird aufgeforstet, zum Teil schon seit mehr als 80 Jahren, wie sich den Schildern am Straßenrand entnehmen lässt. Hauptsächlich rasch wachsende Bäume wie Douglasien und Edeltannen werden angepflanzt, da sie schon nach 30–40 Jahren wieder ›geerntet‹ werden können.

Die Proteste von Umweltschutzgruppen wie z. B. »Earth First« richteten sich bereits in den 1990er-Jahren gegen das weitere Abholzen der gigantischen Redwood-Nadelbäume, die entlang der nordamerikanischen Pazifikküste von San Francisco bis hinauf in den Bundesstaat Washington wachsen. Zum Teil waren diese und ähnliche Aktionen von Erfolg gekrönt, Riesen-Sequoias (Mammutbäume) sind inzwischen unter Naturschutz gestellt. Aber beim Holzfällen mit modernen Maschinen können auch die flachen Wurzeln benachbarter Bäume in Mitleidenschaft gezogen werden, was auch in jüngster Zeit wieder Menschen dazu brachte, aufs Neue gegen die Holzindustrie zu protestieren.

## Waldschäden

Nicht die Industrie, sondern ein Käfer ruiniert seit einigen Jahren den Wald in West-Kanada. Man schätzt, dass bis 2013 ca. 80 % der Kiefernbestände vernichtet sein werden. Wohl aufgrund zu milder Winter hat sich der Borkenkäfer immer mehr ausgebreitet, sodass 2006 ein »Action Plan« verabschiedet wurde. Dieser umfangreiche Maßnahmenkatalog soll nicht nur die ökologischen, sondern auch die ökonomischen Folgen des Baumsterbens mildern. Zum Programm gehören u. a. die Verhinderung der Ausbreitung der Epidemie, der Schutz anderer Baumarten und der Schutz der vom Abholzen oder Abbrennen betroffenen Tiere (www.for.gov.bc.ca/hfp/mountain_pine_beetle). Das Holz der toten Bäume kann noch verwendet werden, z. B. ist das Dach des für die Olympischen Winterspiele 2010 gebauten Eisstadions in Richmond aus solchem Holz gebaut worden.

# Landwirtschaft

Vor langer Zeit mögen die Regionen des Columbia-Plateaus zwischen Cascade-Gebirge an der Küste und den Rocky Mountains bewaldet gewesen sein. Doch bei ihrer Suche nach fruchtbarem Land rodeten die ersten Siedler systematisch alles. Die Folgen waren erodierte Böden, die zwar als ehemaliges Lavagestein nach wie vor fruchtbar sind, aber für jede Art von Ackerbau auch Bewässerung brauchen. Ohne Wasser entwickeln sich über riesige Flächen die sogenannten *tumble weeds* (Russische Distel), eine an die Trockenheit angepasste Pflanze, deren oberer Teil im Herbst abbricht und durch den Wind über das Land geweht wird. Dabei verteilt sie ihren Samen.

Offenbar hat es im 19. Jh. in diesem Gebiet eine Phase günstiger Niederschläge gegeben, sodass die Siedler Hoffnungen hatten, sich von diesem fruchtbaren Land ernähren zu können. Indes mussten die Farmer erfahren, dass jahrelangen Dürreperioden nur mit systematischer Bewässerung zu begegnen ist. Der Bau von Staudämmen wie beispielsweise der Grand Coulee Dam (1933–39) am Oberlauf des Columbia River oder des Chelan Dam (1926) oberhalb der Apfelregion Wenatchee im Bundesstaat Washington zeigte den Weg, wie das vorhandene Wasser zur Energiegewinnung und für die Landwirtschaft eingesetzt werden konnte.

Dennoch war intensive Landwirtschaft nur durch das sogenannte *dry farming* möglich. Dabei wurde zwischen zwei Anbaujahren immer ein Brachejahr eingeschaltet. Während des Brachejahrs wurde der Boden tiefgründig gepflügt, damit er möglichst viel Wasser aufnehmen und dann vor Beginn der trockenen Periode zur Dezimierung der Verdunstung geeggt werden konnte. Das so im Boden gespeicherte Wasser sollte den Anbau im folgenden Jahr ermöglichen. Das *dry farming,* die Überweidung der Grasflächen und der großflächige Anbau von Monokulturen führten in Dürrejahren jedoch zu Katastrophen: Die in den baumlosen Plains auftretenden hohen Windgeschwindigkeiten *(black blizzards)* wirbelten den Boden auf und nachfolgende starke Niederschläge schwemmten ihn fort. Infolge dieser Bodenerosion verloren allein zwischen 1931 und 1936 650 000 Farmer mit 400 000 km² Landbesitz ihre Existenz. Inzwischen sind viele Farmen im Besitz großer Nahrungskonzerne *(agrobusiness)*, die das Land verpachten und mit modernster Technologie, in der Regel auf eine Frucht spezialisiert, bewirtschaften lassen.

Der Anteil an in der Landwirtschaft Beschäftigten ist auf weniger als 2 % aller Arbeitnehmer in den USA gefallen, die Produktivität der Farmen ist dagegen, Publikationen des US Department of Agriculture zufolge, erheblich gestiegen. 396 m lange Bewässerungsrohre als Sprinkleranlage auf Rädern wirken auf den ersten Blick beeindruckend, für die durchschnittliche Größe von 28 ha Fläche einer Farm braucht man allerdings mehrere solcher Anlagen. Die seit Jahrzehnten andauernde Bewässerung hat zu einer starken Versalzung der Böden geführt, die wiederum mit Chemikalien bekämpft wird. Pestizideinsatz auf den großen Anbauflächen für Weizen, Zwiebeln, Soja oder Alfalfa trug ebenfalls zur Verschlechterung der Bodenqualität bei. Ein Problem, dem sich die Staaten mit Programmen für sauberes Grundwasser stellen wollen, das aber auf keinen Fall kurzfristig zu lösen ist.

# Tourismus – eine wachsende Industrie

Nach wie vor sind im Nordwesten die Holz- und die Landwirtschaft die tragenden Säulen der Wirtschaft, aber allmählich wächst auch die Bedeutung von Tourismus als Einkommensquelle. Kalifornien ist hierbei die Ausnahme: Der Sonnenstaat steht bei den Zielen für Touristen, die von außerhalb in die USA kommen, an zweiter Stelle nach New York. Die nördlichen Küstenstaaten und das Landesinnere gilt es noch zu entdecken, Washington verzeichnet bisher nur einen Anteil von 1,8 % am Auslandstourismus. Oregon und Washington profitieren von ihren Flughä-

fen: Es gibt viele Direktflüge aus Europa und Asien, damit wird der Zugang in diese Staaten erheblich erleichtert.

Bisher wird der nördliche Nordwesten bevorzugt von Amerikanern besucht, lediglich Vancouver, Seattle und Portland verzeichnen einen nennenswerten Anteil an Touristen aus Europa und Asien. Die Tourismusverantwortlichen in den attraktiven Regionen außerhalb dieser Metropolen arbeiten daran, mit mehr und besseren Marketingaktionen Aufmerksamkeit und Interesse zu erzeugen. So erhöhte Oregon seine Ausgaben für Werbung von 3 Mio. $ in den 1990er-Jahren auf 12,5 Mio. $ im Jahr 2006, was immerhin zu einer sechsprozentigen Steigerung der Bettenbelegung führte. Die Professionalisierung im Tourismusgeschäft kam voran. Im nächsten Schritt wurden spezifische Regionen wie die Küste, das Willamette-Tal oder Mount Hood und Columbia Gorge beworben. Inzwischen gibt es auch Angebote für Outdoor-Aktivitäten und kulinarische Thementouren (z. B. in Oregon). Da amerikanische Arbeitnehmer im Durchschnitt nur zwei Wochen Urlaub haben, gilt es als Herausforderung für Tourismusexperten, die Gäste so lange wie möglich an einem Ort zu halten. Neben dem Ferientourismus spielen die Reisen der Geschäftsleute eine nicht unerhebliche Rolle in diesem Industriezweig, hinzu kommen Großveranstaltungen und Tagungen.

Die Viehwirtschaft in Montana, Idaho und Wyoming hat in den vergangenen Jahren wegen der anhaltenden Dürre sehr gelitten. Geringer werdende Niederschläge haben darüber hinaus die Waldbrandgefahr drastisch erhöht und die herrschende Wasserknappheit noch einmal verschärft. Schließlich können Fleisch- und Milchprodukte in anderen Regionen preiswerter produziert werden, sodass viele Rancher aufgegeben bzw. umstrukturiert haben und nun auf Tourismus setzen. Gäste-Ranches sind ein neuer Trend geworden, der sich reger Nachfrage erfreut und verhindert, dass die Bergregionen verlassen werden. In Montana blüht bereits seit den 1990er-Jahren ein Rentnertourismus, der reiche Kalifornier ins Land bringt. Allerdings

**Das Zentrum von Vancouver bietet neben Shopping auch viel Nightlife**

›profitiert‹ der Staat nur bedingt von ihnen, weil sie meist weniger als 180 Tage im Land verbringen und deshalb keine Steuern zu zahlen brauchen.

Nicht zuletzt sind es die zahlreichen National und State Parks im gesamten Reisegebiet, die das Ihrige dazu beitragen, dass sich zunehmend mehr Touristen im Nordwesten der USA einfinden. Im nahezu menschenleeren Wyoming hat sich die Tourismusbranche mittlerweile zum zweitwichtigsten Arbeitgeber entwickelt, immerhin fast 38 000 Arbeitsplätze sind nach offiziellen Angaben dort entstanden.

## Lieblingsbeschäftigung Shoppen

Wenn man Nordamerikaner nach ihrer Lieblingsbeschäftigung fragt, nimmt mit überwältigender Mehrheit Einkaufen den ersten Platz ein. Oft gemeinsam mit der Familie werden an den Wochenenden die Einkaufszentren bevölkert. Einkaufssender bei diversen Fernsehstationen beflügeln dieses Verhalten noch.

Seit Jahren sorgt der private Konsum für das Wirtschaftswachstum, ca. 70 % des Bruttosozialprodukts werden durch die Einkaufsleidenschaft generiert. Der amerikanische Hunger nach Konsumgütern hält auch die Weltwirtschaft auf Trab, 19 % des Sozialprodukts der Welt werden von amerikanischen Privatkonsumenten umgesetzt.

Die Kehrseite der Medaille ist die enorme Verschuldung privater Haushalte. Beim Einsatz mehrerer Kreditkarten und im Verhältnis zum Einkommen oft zu hohen Hypotheklasten ist die Schuldenfalle schnell erreicht. Die Immobilienkrise der vergangenen Jahre stürzte zusätzlich viele Menschen in Not, weil sie weder ihre Raten zahlen, noch ihr Haus verkaufen konnten. Doch nicht nur die Lust am Konsum oder die Überzeugung, zum typisch amerikanischen Leben gehöre ein eigenes Haus/Apartment, bringt Probleme mit sich. Gemessen am Lohn eines Durchschnittsamerikaners vor 30 Jahren ist das Einkommen um 12 % gesunken. Immer mehr Arbeitnehmer haben zusätzliche Jobs, um die Raten von Krediten bezahlen und die Schul- bzw. Universitätsausbildung ihrer Kinder finanzieren zu können.

# Geschichte

Die Geschichte des Nordwestens ist geprägt von den europäischen und asiatischen Einwanderern und der im Verhältnis zur Ostküste späten Besiedlung der Region. Neu erwachtes Interesse an den Ureinwohnern und deren Kulturen eröffnen langsam den Blick auf eine Vergangenheit, die nicht erst mit Christoph Kolumbus begann.

## Die Ureinwohner

Die Vorfahren der Indianer im Nordwesten der USA wanderten vor ca. 14 000 Jahren aus dem nordasiatischen Raum ein. 2008 veröffentlichten Archäologen Forschungsergebnisse über Funde aus Höhlen im südlichen Oregon. Sie hatten menschliche DNA ausfindig gemacht, die sie auf ein Alter von 14 300 Jahren datierten. Es gilt als sicher, dass der nordamerikanische Kontinent von Eis bedeckt und der Meeresspiegel niedriger als heute war, sodass eine Verbindung zwischen den Kontinenten im Bereich der Beringstraße existierte. Die jagenden Nomaden haben kaum Spuren hinterlassen; Funde von Speerspitzen aus Stein veranlassten die Anthropologen, diese ersten Einwanderer in Anlehnung an die geriffelte Oberfläche dieser Waffen als *Fluted Point People* zu bezeichnen.

### Verschiedene Kulturen

Vielleicht 150 000 Menschen siedelten entlang der Pazifischen Küste. Sie gehörten verschiedenen Stämmen an und hatten unterschiedliche Sprachen. Die wichtigsten waren die »Plateau Panutian«, dazu gehörten Stämme wie die Chinook, Tsimshian, Siuslaw, Coos, Klamath und Cayuse sowie die Salishan, Namen, die auch heute noch gültig sind. Die Indianerkulturen des Nordwestens lassen sich grob in drei Gruppen einteilen: Die Indianer der Küstengebiete, Salish, Chinook, Squamish und Makah (in Kanada: Haida); sie lebten vom Fischfang mit Kanus, dem Handel mit Fisch und der Jagd; im Winter zogen sie in feste Quartiere. Die Wälder der Coastal Range boten genügend Holz für den Bau großer, meist fensterloser Häuser.

Nur die Küstenindianer haben *totempoles* (Totempfähle) geschnitzt; die auf ihnen dargestellten mythologischen Figuren symbolisieren die Ahnengeschichte der jeweiligen Familie, mit dem eigenen Totemtier an der Spitze des Pfahls. Diese Stämme waren relativ wohlhabend und so bildete sich die Kultur des Potlatch heraus, ein großes, meist mehrtägiges Fest, bei dem der jeweilige Gastgeber alle Gäste freihielt. Geburten oder Hochzeiten waren ebenso Anlass für ein Potlatch wie Beerdigungen oder die Übernahme eines wichtigen Amts innerhalb des Stamms. Die Ausprägung dieses Festes variierte zwischen den Stämmen, aber die Bedeutung für das Ansehen des gastgebenden Stamms oder der Familie blieb über die Jahrhunderte gewahrt. Mitunter ruinierten sich ganze Stämme, um die Gastfreundschaft erwidern zu können. Dies nahm z. B. die kanadische Regierung 1885 zum Anlass, Potlatch-Feste zu verbieten (*Indian Act* von 1880), kurze Zeit später zogen die USA nach. Erst 1934 in den USA und 1951 in Kanada wurde das Verbot aufgehoben.

Eine andere Gruppe bildeten die Prärie-Indianer in den Hochlagen Montanas und Wyomings sowie in der Beckenlandschaft zwischen Küstengebirge und den Rocky Mountains.

Die Büffeljagd und der Ackerbau bildeten ihre Lebensgrundlage. Auch für die Plains-Indianer war der Büffel die Lebensgrundlage, jeder Teil dieses Tieres wurde sinnvoll verwendet. Man unterscheidet bei den Plains-Indianern zwei verschiedene Kulturen: die nomadisch lebenden, den Büffelherden folgenden Stämme wie Blackfoot, Cheyenne, Lakota einerseits und die mehr sesshaften, in Dörfern lebenden Omaha, Pawnee oder Wichita andererseits. Erst im späten 17. Jh. fanden Pferde bei den Indianern Verwendung für die Jagd. Aus Mexiko kamen die Tiere, die einst die spanischen Konquistadoren mitgebracht hatten, nach Nordamerika.

Die meisten Indianerstämme lebten relativ autonom. Zwischen ihnen kam es zu kriegerischen Auseinandersetzungen in der Regel um Jagdrechte, sodass die Männer gut mit Waffen umgehen können mussten. Die Kleidung dieser Krieger war entsprechend der Ehre, die sie im Kampf erworben hatten, mit Haaren oder Federn geschmückt. Innerhalb eines Stammes herrschte eine strenge Hierarchie und ein festes Regelsystem, das auf bestimmten Vorstellungen von Ehre beruhte und bei schweren Vergehen den Ausschluss aus dem Stamm nach sich zog. Einige Stämme der Küstenindianer hielten Kriegsgefangene als Sklaven, wobei eine Vermischung mit diesen den sozialen Abstieg nach sich zog.

## Berührung mit den Weißen

Die Tauschgeschäfte mit den weißen Pelzhändlern brachten den Indianern zunächst einen gewissen Wohlstand. Sie erhielten Metallwaren wie Messer, Äxte, Beile und Kessel, später auch Waffen. Die Zunahme der Potlatch-Feste war – aus indianischer Sicht – ein Zeichen für die gut gehenden Geschäfte. Gleichzeitig verursachte die Begegnung mit den weißen Einwanderern eine Gefährdung des traditionellen Lebensstils, zudem wurde die einheimische Bevölkerung durch ihnen bisher unbekannte Krankheiten und Epidemien stark geschwächt.

Die Regierungslösung für das »Indianerproblem« in den USA bestand im 19. Jh. darin, die Indianer in bestimmte Gebiete, die Reservate bzw. Reservationen, zu zwingen. Meist handelte es sich dabei um Land, das die Indianer als ihr Eigentum betrachteten. Nachdem in den USA die Regierung 1871 dazu übergegangen war, mit den Indianern keine Verträge mehr abzuschließen, wurde ihnen jegliches Mitspracherecht entzogen. Einige Stämme kämpften, um ihr angestammtes Territorium nicht aufgeben zu müssen. Nun bestimmte die US-Regierung die Neuschaffung, Verkleinerung oder Vergrößerung von Reservationen (»Erlassreservationen«) und siedelte auch ganze Stämme um. Dabei handelte es sich um von der Regierung bereitgestelltes Land, über das sie jederzeit wieder verfügen konnte. Zwar wurden den Indianern 1924 volle Bürgerrechte zugestanden, aber bis in die 1930er-Jahre durften sie nicht außerhalb der Reservate leben.

## Neue Rechte und ökonomische Erfolge durch Kasinos

Mit dem *Indian Self Determination Act* von 1975 (USA) erhielten die Indianer ihre Landrechte zurück. Die verschiedenen Stämme nutzten diese Änderung unterschiedlich. Etliche versuchen, ihr Leben nach Möglichkeit auf ihre Traditionen auszurichten. Diese *tribes* leben vielfach in großer Armut, da es neben der Pferde- und Büffelzucht kaum traditionelle Erwerbsquellen gibt. Mit der Armut einher gehen oft auch Alkoholprobleme. Manche Indianerreservationen nutzen ihren Sonderstatus, um dank einer stabileren wirtschaftlichen Situation ihre traditionellen Stammesstrukturen zu stärken. Mittlerweile verfügen viele Stämme auch über eigene Kasinos. Da Glücksspiele in vielen Bundesstaaten außerhalb der Reservationen verboten sind, werfen diese Unternehmen in Gebieten ohne Konkurrenz Millionengewinne ab. Mit den Gewinnen verbessern die jeweiligen Stämme ihre soziale Situation und kaufen Land zurück.

1960 durften Indianer in Kanada erstmals an Parlamentswahlen teilnehmen, ein Recht, das die US-Indianer bereits seit fast 40 Jahren besaßen. Mit Ausnahme einiger Stämme auf Vancouver Island hat in British Columbia kein

## Geschichte

*tribe* vertraglich Land abgetreten. Sie verwalten es selbst und bauen inzwischen auch ein eigenes Schulsystem auf. Damit soll der Diskrepanz zwischen weißen und indianischen Lebensverhältnissen entgegengewirkt werden: Noch immer haben fast 80 % keinen Schulabschluss und die Lebenserwartung liegt ca. 10 Jahre unter der der übrigen Bevölkerung. Eine neue Entwicklung bringen der Tourismus und das wachsende Interesse an indianischer Kultur, sowohl vonseiten der Indianer selbst als auch der meist weißen Nordamerikaner.

# Die Einwanderer

Trapper, Jäger, Holzfäller und Landvermesser waren die Ersten, die sich Ende des 18. Jh. auf den Weg über die Appalachen Richtung Westen machten. Ihnen folgten die ersten Siedler, viele aus den europäischen Staaten, die dort vor Revolution, Kriegen, Hunger und Elend flohen. Der Aufbruch der Pioniere war unterschiedlich motiviert. Den meisten fehlte für eine Ansiedlung in den Staaten des Ostens das Geld oder anderer Besitz. Im Westen gab es demgegenüber weite Landstriche, in denen sich die Siedler billiges Land erhofften, um dort als Farmer (Ackerbauern) oder Rancher (Viehzüchter mit Weidewirtschaft) zu leben. Wieder andere suchten den schnellen Reichtum und hofften, Edelmetalle wie Gold, Silber oder andere Bodenschätze zu finden.

### Oregon Trail

Oft wird die Besiedlung des Westens bzw. der westwärts ziehenden Menschen als Oregon Trail bezeichnet, geografisch bezieht sich der Begriff auf die Strecke zwischen Independence (Kansas) und Oregon City oder der Mündung des Columbia River (Fort Vancouver, Washington, und Portland, Oregon). Über fast 3200 km galt es, Berge, Flüsse, Halbwüsten und Indianergebiete zu bewältigen. Für die amerikanische Regierung war die Besiedlung ein wichtiges politisches Anliegen bei den Auseinandersetzungen um entsprechende territoriale Ansprüche.

Präsident Thomas Jefferson hatte schon 1804 Meriwether Lewis und William Clark auf eine Expedition nach Westen geschickt, um das Land erkunden und kartografieren zu lassen. Die Entdeckung eines Passes in den Rocky Mountains 1825 brachte es mit sich, dass die Strecke auch für Planwagen befahrbar wurde. 1843 machte sich der erste große Treck mit über 1000 Menschen unter der Führung des Farmers Jesse Applegate auf den Weg (Applegate Trail) und kam nach sechs Monaten in Fort Vancouver an. Mit diesem Erfolg war der Run nach Westen eingeläutet. Als 1848 in der Nähe von Sacramento Gold gefunden wurde, löste dies mit dem kalifornischen Goldrausch das bis dahin größte »Goldfieber« in der Geschichte der USA aus, das die Trecks nach Westen deutlich anschwellen ließ. Viele Bürgerkriegsveteranen erhielten nach 1865 Land im Westen zugesprochen, sodass sich die Zahl der Siedler weiter erhöhte. Ungefähr 350 000 Menschen sollen auf diesem Weg in die nordwestliche Region gezogen sein. Entlang der Strecke war bald alles an fruchtbarem Land vereinnahmt, was sich zur Besiedlung anbot, und alles abgeschossen, was an Großwild dort lebte. Die dort ansässigen Indianerstämme wurden systematisch verdrängt und schließlich in Reservaten angesiedelt.

Ihre Zwangsumsiedlung und einige grausame Massaker, die die US-Kavallerie und Freischärler-Gruppen gegen Indianer verübten, wie etwa das Sand-Creek-Massaker (Colorado, 1864), bildeten den Nährboden eines Hasses, der selbst miteinander verfeindete Indianerstämme zusammenbrachte und sie gemeinsam kämpfen ließ. So wurde beispielsweise in der Schlacht am Little Bighorn im heutigen Montana 1876 das siebte US-amerikanische Kavallerieregiment unter George A. Custer von Indianern der Lakota-Sioux, Arapaho und Cheyenne unter ihren Führern Sitting Bull und Crazy Horse vernichtend geschlagen. Es war einer der ganz wenigen größeren indianischen Siege gegen die amerikanischen Siedler. Eine weitere Ursache dieses Zusammenschlusses einiger Präriestämme war die massenhafte Abschlachtung der Bisons durch professionelle weiße Jäger, die vor allem die Eisenbahnarbeiter, welche bis 1869 die erste transkontinentale Eisenbahn der Western Union durch die USA bauten, mit Fleisch versorgten. Andere Jäger arbeiteten im Auftrag der Regierung, da diese versuchte, den Indianern ihre Nahrungsgrundlage zu entziehen. Später wurden die Bisons auch von vergnügungssüchtigen Weißen von Zügen aus erschossen und liegen gelassen. Die Bisons, die vor der Besiedlung des Westens oft in Herden mit mehreren 10 000 Tieren über die Prärie gezogen waren, wurden in den Jahren zwischen 1860 und 1890 durch diese hemmungslosen Jagden fast ausgerottet. Mit dem Aussterben der Bisons fiel auch eine der wichtigsten Nahrungs- und Lebensgrundlagen der nomadisierenden Prärie-Indianer weg.

## Erste wirtschaftliche Blüte

Der Bau der ersten transkontinentalen Eisenbahnstrecke von Omaha (Nebraska) bis Sacramento (Kalifornien) 1869 beendete schließlich die Zeit der Trecks; nunmehr wurde das Land mithilfe der Eisenbahn erschlossen: Die Verbindung Chicago – Los Angeles war 1882 fertig, 1888 war Seattle mit Minneapolis (Minnesota) verbunden und seit 1887 verkehrte die Pacific Railway zwischen Montreal und Vancouver. Zu einer wirtschaftlichen Blüte für die jungen nordwestlichen Staaten führte die Entdeckung von Gold im Yukon Territory in Kanada. Um zu den Feldern am Klondike zu gelangen, deckten sich viele Goldsucher in Seattle oder Vancouver mit Gerätschaften ein und stachen von dort aus in See nach Alaska, denn nur über den Hafen von Skagway waren die Minen im Norden zu erreichen. Als Drehscheibe aller Aktivitäten, die mit dem Goldrausch zusammenhingen, etablierte sich vor allem Seattle als wichtigstes Wirtschafts- und Handelszentrum im Nordwesten.

Die Zeit des Wilden Westens ist zwar vorbei, aber das heute ist eine Mentalität erhalten geblieben, die jede staatliche Einmischung in die Privatsphäre ablehnt und von einem schier unerschütterlichen Fortschrittsglauben geprägt ist.

## Entwicklung im 20. und 21. Jh.

Ausgehend von den studentischen Protesten in Kalifornien in den 1960er-Jahren haben sich auch in Oregon und Washington die gesellschaftlichen und politischen Verhältnisse deutlich liberalisiert. Viele alternativ Denkende haben der zwar inspirierenden, aber auch hektischen Atmosphäre der kalifornischen Großstädte den Rücken gekehrt und sind Richtung Norden gezogen.

Die Umweltaktivitäten von Seattle und Portland, beispielsweise die gut ausgebauten Radwege oder Nachhaltigkeit beim Bau öffentlicher Gebäude, sind auch auf die Initiativen der ›Ex-Kalifornier‹ zurückzuführen. Die Toleranz gegenüber Andersdenkenden und Minderheiten hat in den letzten Jahrzehnten deutlich zugenommen, und zwar nicht nur gegenüber asiatischen Gesundheitspraktiken oder kosmischen Kulten, sondern beispielsweise auch gegenüber den Homosexuellen. Die großen *Gay-pride* Paraden in Seattle, Portland, Vancouver, San Francisco, Spokane und Boise im Sommer erfreuen sich regen Zulaufs und die teilweise schrägen Kostümierungen machen nicht nur den *gay people* Spaß.

Auf dem Land finden diese Entwicklungen allerdings (wenn überhaupt) deutlich langsamer ihren Niederschlag. Manche neuen Tendenzen oder Moden brauchen einige Jahre, bis sie – trotz TV und Internet – auch in den hintersten Winkeln von Idaho, Montana oder Wyoming angekommen sind. Diese vorwiegend von der Farm- und Ranchwirtschaft geprägten Regionen halten trotz modernster Technik bei der Bewirtschaftung der riesigen Anbauflächen von Kartoffeln, Zwiebeln oder Getreide an einem eher traditionellen Gesellschaftsbild fest und stehen Neuem erst einmal reserviert, zuweilen auch misstrauisch und ablehnend gegenüber.

Der Tourismus ist in allen Bundesstaaten eine wachsende Säule der Wirtschaft, aber bislang sind es vorwiegend die Amerikaner selbst, die im Sommer die Feriengebiete an der Küste, in den Nationalparks und an den vielen Seen und Flüssen und im Winter die zahlreichen Skigebiete bevölkern.

# Zeittafel

| | |
|---|---|
| **Um 14000 v. Chr.** | Einwanderung asiatischer Völker über eine Kontinentalverbindung im Bereich der Beringstraße. |
| **1492** | Entdeckung Amerikas durch Christoph Kolumbus und Gründung eines spanischen Kolonialreichs. |
| **1542** | Eine spanische Schiffsexpedition ankert am Rogue River (Oregon). |
| **1579** | Der Entdeckungsreisende Sir Francis Drake kartografiert die Küste Oregons auf der Suche nach der legendären Nordwest-Passage. |
| **1791** | George Vancouver, britischer Kapitän, kartografiert die Inseln vor Vancouver und die Mündung des Fraser River. |
| **1792** | Der amerikanische Kapitän Robert Gray kartografiert die Mündung des Columbia River. |
| **1803** | Die USA kaufen Frankreich die Kolonie Louisiana ab: Das Gebiet der heutigen Bundesstaaten Arkansas, Nebraska, Missouri, Iowa, South Dakota sowie Teile von Oklahoma, Kansas, North Dakota, Montana, Wyoming, Colorado, Minnesota und Louisiana kommen unter den Herrschaftsbereich der USA. Damit wird der Zugang nach Westen frei. |
| **1804–06** | Lewis-und-Clark-Expedition im Auftrag von Präsident Thomas Jefferson, um den Nordwesten zu kartografieren. |
| **1830–70er** | Besiedlung des Nordwestens über den Oregon Trail. |
| **1848** | Goldfunde in Kalifornien, Fort Sutter. Beginn des Goldrauschs. |
| **1850** | Kalifornien wird als 31. Bundesstaat in die USA aufgenommen. Der *Indian Appropriation Act* schafft die Grundlage für die Zuweisungen von Reservationen an die Indianer. |
| **1851** | Erste Ansiedlung im heutigen Seattle; Stadtgründung von Portland. |
| **1859** | Oregon wird 33. Bundesstaat. |
| **1861–65** | Amerikanischer Bürgerkrieg. |
| **1863** | Bedeutende Goldfunde am Alder Gulch bei Virginia City (Montana). |

36

| | |
|---|---|
| Gründung des Yellowstone National Park. | **1872** |
| Schlacht am Little Bighorn (Montana), Niederlage des 7. US-Kavallerieregiments unter General George Custer gegen mehrere Indianerstämme unter Führung von Sitting Bull und Crazy Horse. | **1876** |
| Bedeutende Gold-, Silber-, Blei- und Zinkfunde im Silver Valley (Idaho). | **1878** |
| Die *Northern Pacific Railroad* führt von Minneapolis bis Seattle. | **1888** |
| Montana, Washington, Idaho und Wyoming werden Bundesstaaten. | **1889–90** |
| Goldfunde bei Klondike bringen Seattle und Vancouver wirtschaftliche Blüte. | **1897** |
| Ein Erdbeben mit nachfolgenden Großbränden zerstört große Teile von San Francisco. | **1906** |
| In Wyoming wird Nellie Tayloe Ross die erste Gouverneurin der USA. Wahl- und Bürgerrechte für US-amerikanische Indianer. | **1924** |
| Beginn der Bauarbeiten für den Coulee-Damm, der größten Staumauer der USA. | **1933** |
| Weltausstellung in Seattle. | **1962** |
| Die Indianerbewegung *American Indian Movement* wird gegründet und tritt mit zahlreichen Protestbewegungen an die Öffentlichkeit. | **1968** |
| Weltausstellung in Spokane, Washington. | **1974** |
| Der *Indian Self-Determination and Education Assistance Act* (USA) schafft die gesetzliche Grundlage für die Selbstverwaltung in den Reservationen. | **1975** |
| Arnold Schwarzenegger wird Gouverneur von Kalifornien. | **2003** |
| Barack Obama wird der erste farbige Präsident der USA; Washington, Oregon und Kalifornien haben demokratisch gewählt. | **2009** |
| Olympische Winterspiele in Vancouver/Whistler | **2010** |

# Gesellschaft und Alltagskultur

**So heterogen wie die aus vielen Kulturen und Ethnien gebildete Gesellschaft Nordamerikas stellt sich auch das Alltagsleben dar. Verbindende Elemente sind heutzutage die zunehmende Religiosität, die ehrenamtliche Arbeit für wohltätige und kulturelle Organisationen und nach wie vor die Leidenschaft fürs Auto.**

## Bevölkerung und Lebensweise

In Portland, der drittgrößten Stadt im Reisegebiet, war vor einigen Jahren ein wilder Medienkampf um die Umbenennung einer Straße ausgebrochen: Die hispanische Bevölkerung setzte sich mit Vehemenz dafür ein, den Gewerkschaftsführer und Menschenrechtsaktivisten César Estrada Chávez zu ehren. Chavez (1927–1993) war Amerikaner aus Arizona mit mexikanischem Hintergrund und ist für viele Latinos zum Symbol für ihre Bemühungen um Gleichbehandlung geworden. Sie waren nicht erfolgreich. Dennoch werden z. B. die Ansagen in städtischen Bussen und Straßenbahnen auch in Spanisch durchgegeben.

Die Anzahl der Menschen mit ›hispanischem‹ Hintergrund wächst nicht nur in Oregon stetig. Dies liegt sowohl an der stärkeren Einwanderung als auch an der im Vergleich zu anderen ethnischen Gruppen höheren Geburtenrate. Viele Hispancs fanden in den Obstplantagen, Weinfeldern und in der Holzindustrie Washingtons, Oregons und Kaliforniens Arbeit. Mit ca. 300 Mio. Menschen wurde nach der letzten Volkszählung 2006 die Einwohnerzahl der USA angegeben. Ohne Nordkalifornien mit dem Großraum San Francisco (ca. 17 Mio.) leben im Nordwesten des Landes nur 13 Mio. Menschen, wobei die Ballungsräume Seattle (Washington) und Portland (Oregon) mit je ca. 2 Mio. schon 30,7 % der Bevölkerung beheimaten. Auch die Altersstruktur der US-Bevölkerung verändert sich. Der Anteil an älteren Menschen wird größer, die Gesellschaft altert. Derzeit sind 12,2 % der Bevölkerung über 65 Jahre alt (1967: 9,6 %; 1915: 4,4 %). Dieser Anteil wird verschiedenen Prognosen zufolge weiter zunehmen.

Im Zuge des Wachstums verändert sich zudem die ethnische Zusammensetzung, da die verschiedenen Bevölkerungsgruppen unterschiedlich schnell wachsen. Auch für Amerikaner asiatischer Herkunft wird eine Verdoppelung auf 8 % prognostiziert. Die Zahl schwarzer Amerikaner dürfte mit etwa 14 % stabil bleiben. Der Anteil weißer und europäisch-stämmiger US-Bürger wird voraussichtlich von 70 % auf 50 % zurückgehen.

## Immigranten aus Asien

In West-Kanadas größter Metropole Vancouver ist der Bevölkerungsanteil an Menschen mit asiatischem Hintergrund inzwischen auf 56 % angewachsen. Während viele Familien schon seit Generationen dort leben, weil ihre Vorfahren beim Eisenbahnbau oder in der Fischerei gearbeitet haben, hat die Beendigung des britischen Mandats über Hongkong eine weitere Zunahme der asiatischstämmigen Bevölkerung mit sich gebracht. Inzwischen finden die Immigranten aus China und Indien gut etablierte Sozialstrukturen vor, dazu gehören auch Firmen, Banken, Restaurants und Supermärkte sowie Ärzte und Schulen.

## Nachwuchs und Kinderfreundlichkeit

Im Lauf der letzten Jahre hat die Presse mit wachsender Faszination über die angeblich steigende Anzahl von Frauen in gehobenen Positionen berichtet, die ihre glanzvolle Karriere aufgeben, um ausschließlich die Freuden der Mutterschaft zu genießen. Gründlichere Untersuchungen legen allerdings nahe, dass die Aufgabe ihres Arbeitsplatzes für die meisten dieser Frauen keine freiwillige Entscheidung war, sondern dass ihnen diese aufgezwungen wurde. Probleme, die Mütter am Arbeitsplatz erleben – lange Arbeitstage und fehlende Flexibilität –, führen oft zur Beendigung der Karriere. Allerdings verdeutlicht der öffentliche Diskurs mittlerweile zunehmend das Ausmaß der auch in den USA bestehenden Schwierigkeit, Arbeit und Familie miteinander in Einklang zu bringen.

Traditionelle Haushalte, in denen der Mann einer Vollzeitbeschäftigung nachgeht und die Frau Haushalt und Kinder versorgt, umfassen derzeit nur ein Viertel aller Haushalte mit minderjährigen Kindern. Bei fast zwei Dritteln der Ehepaare mit Kindern sind beide Eltern berufstätig. Die Anzahl dieser Haushalte, in denen Kinder mit zwei Erwachsenen leben, ist jedoch stetig gefallen. Mehr als 20 % aller Haushalte mit Kindern werden von alleinerziehenden Müttern geführt, 8 % von alleinerziehenden Vätern. Und dennoch ist die Geburtenrate in den USA höher als beispielsweise in Deutschland: Im Gegensatz zu fast allen anderen OECD-Ländern halten sich in den USA Geburtenrate und Sterblichkeitsziffer die Waage.

An der guten Kinderbetreuung kann es nicht liegen, denn es gibt so gut wie keine staatlichen oder kommunalen Einrichtungen für kleine Kinder. Die Eltern sind in der Regel auf kirchliche oder private Einrichtungen angewiesen. Es besteht auch kein gesetzlicher Anspruch auf bezahlte Elternzeit. Vor einigen Jahren wurde durch den *Family and Medical Leave Act* (FMLA) unbezahlter Schwangerschaftsurlaub und Elternzeit bis zu 12 Wochen pro Jahr eingeführt. Dies kommt aber aufgrund der Einschränkungen und der Begrenzung auf größere Arbeitgeber nur für knapp die Hälfte aller Arbeitnehmer infrage. Ebenso wenig besteht ein gesetzlicher Anspruch auf Urlaub oder bezahlte Krankentage, auch nicht im Falle der Erkrankung eines Kindes (ausgenommen für den Fall einer schweren Erkrankung, der unter dem FMLA unbezahlten Urlaub gestattet).

Also, woran liegt es, dass Kinder in die Welt gesetzt werden und insgesamt ein kinderfreundliches Klima herrscht? Eltern sein hat ein hohes Sozialprestige und zu einer glücklichen Ehe gehören für die meisten Amerikaner immer noch Kinder. Im alltäglichen Leben wird es Eltern/Müttern verhältnismäßig leicht gemacht, ihre Kinder überall hin mitzunehmen. Geschäfte haben in der Regel Toiletten, oft auch mit Wickeltisch. Im Restaurant gibt es Hochstühle, Malstifte und Papier, und das Personal reagiert freundlich und gelassen, wenn Familien kommen.

## Volunteering – ehrenamtlich tätig sein

»Könntest Du uns bei dieser Veranstaltung helfen? Wir suchen Freiwillige für unser Fest, der Erlös soll unserer Schule zugutekommen. Wir benötigen Unterstützung bei der Organisation eines Benefizlaufs gegen Krebs«, die Liste ließe sich fortsetzen. Jeder wird einmal gefragt, ob er oder sie nicht ehrenamtlich tätig werden möchte, bei einem Verein, einer sozialen Einrichtung, einer Kirche, der Kommune oder auch bei der eigenen Firma, um eine Veranstaltung auf die Beine zu stellen.

Es gehört zu den Selbstverständlichkeiten Nordamerikas, solche Anfragen positiv zu beantworten, seine Zeit und sein Können freiwillig in den Dienst einer guten Sache zu stellen. »Gib der Gesellschaft etwas von dem zurück, was Du von ihr erhalten hast« lautet eines der Grundprinzipien der nordamerikanischen Gesellschaft.

Diese Überzeugung ist tief verinnerlicht und hat beispielsweise ihren Ausdruck in dem berühmten Ausspruch von John F. Kennedy gefunden: »Ask not what your country can do for you – ask what you can do for your country.« Mehr als ein Drittel der Arbeit in den

# Die amerikanischen Ureinwohner im Nordwesten der USA

**Seit den Protestbewegungen in den 1970er-Jahren ist das Interesse an den alten und traditionsreichen Kulturen gewachsen. Auch Ureinwohner, die schon lange im modernen Amerika assimiliert sind, begeben sich wieder auf die Suche nach ihren Wurzeln. Die verschiedenen gesellschaftlichen Modelle, nach denen sie heute leben, und das breite Spektrum ihrer Kultur kennenzulernen, ist eine Herausforderung.**

Die Entscheidung der amerikanischen Regierung, den Indianern Reservate zuzuweisen und ihnen lange nicht zu gestatten, sich frei im Land zu bewegen, hat zur Entfremdung zwischen den Weißen und den *Native Americans* beigetragen. Zudem unterlagen die Reservationen strengen Reglementierungen, die die Freiheit der dort lebenden Menschen nochmals einschränkten.

Industriebetriebe sind in Reservationen kaum anzutreffen. Dies ist Ausdruck des Kollektivbewusstseins, das den Alltag der Indianer noch immer bestimmt. Das Interesse, sich durch gut bezahlte Jobs Geldreserven und/oder materielle Güter anzuschaffen, wie dies in der westlichen Lebensvorstellung der Fall ist, ist sehr gering. Darüber hinaus fehlt ihnen ein hartes Konkurrenzdenken. Gegen den Industriestandort Indianerreservation sprechen des Weiteren die oft isolierte Lage, die einkommensschwachen und somit kaufkraftarmen Bewohner, der Mangel an Infrastruktur, fehlende Reparatur- und Servicebetriebe, Bankfilialen, Kommunikationsmittel und Energieträger, Eisenbahnanschlüsse, öffentliche Verkehrsmittel sowie mangelhafter Zustand und Dichte des Straßennetzes insgesamt.

Ein wichtiges Hemmnis stellt auch der Kapitalmangel dar. Vonseiten der Indianer können kaum Industrieunternehmen finanziert werden. Zudem werden die Reservationen und deren Bewohner meist als nicht kreditwürdig eingestuft. Die kanadische Regierung erlaubt nicht, dass Grundstücke innerhalb der Reservate an Nicht-Ureinwohner verkauft werden können; deshalb sind Hypotheken und Kredite darauf nicht handelbar und es gibt wenig Investitionstätigkeit. Mitunter gelingt es den Stämmen, ihr Land zu verpachten und dadurch Einnahmen zu erzielen.

Der erfolgreichste indianische Geschäftszweig in den USA und Kanada sind die Casinos. Das organisierte Glücksspiel ist in den meisten Staaten verboten; die quasi autonomen Reservate stehen jedoch außerhalb der staatlichen Gesetze. So können sie eine hochrentable Glücksspielindustrie aufziehen. Die Gewinne werden indianischen Traditionen folgend auf die Gemeinden der Reservation aufgeteilt. Einige Stämme ziehen es vor, ihre Einkünfte auf einer Pro-Kopf-Basis zu verteilen; andere setzen auf langfristige Konzepte und verwenden die Fonds, um die Stammesinfrastruktur zu verbessern. So werden ganz selbstverständlich Krankenhäuser, Gesundheitsdienste, Schulen und Bedürftige aus den Einnahmen der Casinos finanziert. Für Amerikas neoliberale Wirtschaft, in der solches Versorgungs- und Gleichheitsdenken als Bremse allen Wachstums gilt, wirkt stammesverbundenes Indianer-Business wie eine Nachricht aus einer fremden Welt.

Nicht einmal die Hälfte der Stämme hat allerdings Anteil an dem Erfolg. Die Mehrheit lebt entweder geografisch zu abgelegen oder

## Thema

sie kann Casinobetriebe mit ihren Traditionen nicht vereinbaren. Wieder andere Stämme sind in der Frage tief zerstritten. Aber selbst jene Indianer, die von Glücksspiel und Steuerbefreiung profitieren, sehen darin nur ein Mittel zum Zweck für eine gerechtere Zukunft. Sie betrachten die Roulette- und Bingomillionen als Werkzeug, mit dem sie in einer Welt des Geldes die Dinge für sich und ihre Stämme ins Positive lenken können.

Obwohl zwischen den 562 amerikanischen und den über 600 kanadischen Indianer-Stämmen die Unterschiede oft viel deutlicher sind als die Gemeinsamkeiten – außerhalb des Englischen zum Beispiel gibt es aufgrund der unendlichen Vielfalt der Indianersprachen kaum Verständigungsmöglichkeiten –, hat sich in jüngerer Zeit ein neues »Wir«-Gefühl entwickelt. Besonders deutlich wird dies bei Traditionen und Ritualen, wie sie etwa auf den großen Pow-Wow-Veranstaltungen kreuz und quer durch die USA und Kanada gepflegt werden. Ursprünglich waren Pow Wows Tanzfeste der Prärie-Indianer. Heute entwickeln auch jene Stämme eigene Pow-Wow-Traditionen, in denen solche Tänze traditionell keine Rolle spielten. Pow Wows sind zum kulturellen Treffpunkt der *Native Americans* geworden – hier wird die Minderheit unversehens zur Mehrheit.

Die Feste haben aber noch eine weiterreichende Bedeutung. Musik ist für Indianer die erweiterte Form der gesprochenen Sprache. So dienen die während des vielstündigen Tanzes dargebotenen Sprechgesänge dem Lob und Tadel von Stammesmitgliedern, sind Begleitung von Zeremonien und Ritualen und sollen Kontaktaufnahmen zu den Geistern ermöglichen. Nicht zuletzt enthalten sie auch wichtige Informationen für die Gemeinschaft. Auf diese Weise verbindet Pow-Wow-Musik die unterschiedlichsten kulturellen Aspekte und hat eine bedeutende soziale Funktion.

**Weit mehr als Indianerfolklore: Pow Wows spiegeln die gesellschaftliche Identität**

## Gesellschaft und Alltagskultur

Bereichen Religion, Soziales, Kultur, Gesundheit und Bildung wird von *volunteers* geleistet. Sie schließen eine Lücke, die nicht vom Staat abgedeckt wird.

Inzwischen hat sich in den USA das *volunteering* stärker professionalisiert. Dies macht sich nicht nur in der systematischen Rekrutierung von Freiwilligen, sondern auch institutionell bemerkbar. Anders als etwa in Deutschland gibt es in den USA auf lokaler, regionaler und nationaler Ebene eigene *volunteer bureaus*. Diese Büros betreiben selbst Marktforschung und bemühen sich darum, dass Ressourcen und Kompetenzen im Hinblick auf die Durchführung bestimmter Aufgaben möglichst sinnvoll genutzt werden. Zugleich organisieren und finanzieren Firmen und Arbeitnehmer das *volunteering* mit. Die Beschäftigten stellen beispielsweise einen Teil ihres Gehalts für gemeinnützige Aufgaben zur Verfügung, die die Firma im Rahmen ihrer *corporate identity* unterstützt. Oder aber ganze Belegschaften werden freigestellt, um einen Kindergarten zu bauen oder einen Park anzulegen; solche Aktionen für das Gemeinwohl werden veröffentlicht und tragen zur Reputation der Firma bei. In Bewerbungen der Arbeitnehmer finden sich ebenfalls Angaben zu ehrenamtlichen Tätigkeiten: Sie geben nach Einschätzung amerikanischer Personalverantwortlicher mehr Einsicht in die Persönlichkeit des Aspiranten als Hobbys.

Bei einem Theater- oder Konzertbesuch, bei einer Sportveranstaltung oder Messe kommt man auch als Reisender mit *volunteers* in Kontakt. Sie sind dann vielleicht nicht ganz so professionell, wie man es von den dienstbaren Geistern in Hotels oder Restaurants gewohnt ist, aber der Enthusiasmus für die gute Sache ist meist deutlich spürbar.

### Ambivalenzen: Was ist erlaubt?

In erfolgreichen amerikanischen Filmen werden so viele Menschen umgebracht, dass man gar nicht erst zu zählen beginnt. Jeder dritte Haushalt der USA hat Schusswaffen, aber im Fernsehen wird das Wort *fuck* durch einen Piepston gelöscht. Vor jedem Film im Fernsehen liest eine freundliche Stimme die

Warnung vor unanständiger Sprache, Gewalt und/oder Sex und Nacktheit vor. Fluchen ist offiziell verpönt, auch wenn es jeder tut. Natürlich sollen in erster Linie Kinder geschützt werden, aber wenn man dann im Bus oder in Parks die Erwachsenen reden hört, taucht schon mal die Frage auf, ob die ›Erziehungsmaßnahme‹ des TV überhaupt wahrgenommen wird.

Ähnliches gilt für Sex. Die Freizügigkeit europäischer Filme ist in Nordamerika nicht denkbar. Schon ein wenig Busen wird als *nudety* gegeißelt und ggf. mit einem schwarzen Balken unkenntlich gemacht. Andererseits boomt das Geschäft mit Pornografie. Hollywood hat besonders in Südkalifornien Konkurrenz bekommen; dort hat sich die Produktion von sogenannter Erwachsenenunterhaltung etabliert.

Zehn bis 15 Mrd. $ werden in den USA jedes Jahr für Pornografie ausgegeben, mehr als für Kinokarten, Musik-CDs oder Videospiele. Sogar mehr als für die Eintrittskarten zu den Nationalsportarten Football, Baseball und Basketball zusammen. Sex ist ein Tabuthema, Aufklärungsunterricht in Schulen, besonders auf dem Land, beschränkt sich leicht auf Bienen und Blumen, häufige Abtreibungen bei Teenagern und die höchste Teenager-Mutterschaftsrate in der industrialisierten Welt sind hier zu finden. Seit 1990 sinkt die Rate etwas, wobei sie bei Hispanics und schwarzen Amerikanern höher bleibt als bei weißen und asiatischen Amerikanern.

Vielleicht ist dies ein Relikt aus den frühen Zeiten der Puritaner, aber auch in der Sprache über die intimen Bereiche des Lebens wird deutlich, dass man in Nordamerika die Dinge nicht beim Namen nennt: Eine Toilette ist ein *rest-*, *wash-* oder *bathroom* (in einem Privathaus), in gut situierten Häusern wird auch gern vom *powderroom* gesprochen. Diese Verhaltensweise macht sich auch in den Ferien bemerkbar. Selbst kleinste Kinder laufen am Strand nicht unbekleidet herum. Die amerikanischen Herrenbadehosen haben sich ja auch schon in Europa durchgesetzt: Männer gehen in längeren Schlabbershorts an den Strand oder ins Wasser. »Oben ohne«

**Trotz Autobesessenheit weiß man auch in San Francisco die öffentlichen Verkehrsmittel zu schätzen**

bei Damen ist ziemlich verpönt, es sei denn an ausgewiesenen FKK-Stränden, und die sind Mangelware (s. S. 89).

## Auto und Führerschein

Steigende Benzinpreise und wachsendes Umweltbewusstsein lassen natürlich auch im Nordwesten der USA manche Menschen überlegen, ob es Alternativen für das Autofahren geben könnte. Öffentlicher Nahverkehr wird in den Großstädten bezuschusst und ausgebaut oder wie in Portland sogar ganz umsonst angeboten. Aber die tief sitzende Leidenschaft für Autos, für jederzeit verfügbare Mobilität lässt sich nur schwer verändern, allen Widrigkeiten zum Trotz. Was steckt dahinter?

In den USA und in Kanada dürfen Jugendliche ihren Führerschein mit 16 Jahren machen. Es gibt zwar bestimmte Stufen der Einschränkungen bis zur Volljährigkeit, aber Fakt ist, dass dieses Recht in der Wahrnehmung amerikanischer Teenager die erste Stufe zum Erwachsenenleben darstellt. Zudem dient der Führerschein als Ausweis, auch zur Kontoeröffnung bei der Bank oder beim Bezahlen höherer Beträge mit der Kreditkarte wird nach einer ID gefragt und damit ist der Führerschein gemeint. Erst mit der Plastikkarte ist man in Nordamerika ein ganzer Mensch. Für diejenigen, die keinen brauchen, weil sie nicht autofahren, gibt es sogar eine »Nicht-Fahrer-ID«. Für junge Menschen unter 21, die also noch nicht volljährig sind und somit keinen Zutritt zu Kneipen etc. haben, in denen Alkohol ausgeschenkt wird, ist zudem das Auto die »rettende« Lösung. Man bittet ältere Geschwister oder Freunde um den Einkauf der Spirituosen und fährt dann mit Autos zu entfernter liegenden Treffpunkten. Das erste intensivere Kennenlernen unter Mädchen und Jungen findet trotz eigener Zimmer nicht selten im Auto statt. Die wilden Partys und der Ärger mit Polizei oder Eltern

## Gesellschaft und Alltagskultur

tragen das Ihre dazu bei, eine Art romantischer Verklärung entstehen zu lassen – Autos als »Schatztruhe intensiver Jugenderinnerungen«.

# Religion und Kulte

Der hohe Prozentsatz an Kirchenmitgliedschaften und die Anzahl der Gottesdienstbesuche bestätigen, dass die USA das religiöseste Land der westlichen Industriestaaten sind. Befragungen zufolge räumt die Mehrheit der Bevölkerung der Religion einen wichtigen Stellenwert in ihrem Leben ein. Die Zugehörigkeit zu einer der mehr als 250 Religionsgemeinschaften bildet die Basis des in den Kirchengemeinden organisierten sozialen Lebens; dies gilt für fast 62 % der amerikanischen Bevölkerung.

Etwa 27,5 % der Amerikaner bezeichnen sich selbst als evangelikal, ca. 26 % gehören der römisch-katholischen Kirche an. Anderen Statistiken zufolge ist die katholische Kirche inzwischen die größte des Landes. Einwanderer aus Mexiko, Puerto Rico, Kuba, den Philippinen und den Staaten Südamerikas bilden heute die Mehrheit in vielen katholischen Gemeinden. Baptisten, Methodisten, Pfingstgemeinden, Lutheraner, Presbyterianer und Mormonen zählen zu den protestantisch ausgerichteten christlichen Kirchen. Zudem gibt es noch die anglikanische und die reformierte Kirche, die Episcopal Church und die orthodoxen Kirchen. Weitere bedeutende Religionsgemeinschaften sind die Churches of Christ, die Zeugen Jehovas, die Christian Church, die Adventisten, die Church of Nazarene, die Heilsarmee (Salvation Army), die Christian & Mission Alliance, die Churches of God, die Full Gospel Fellowship of Churches and Ministers International und die Community Churches sowie zahlreiche andere kleinere Gemeinschaften.

Ein wichtiger Grund für die tiefe Verwurzelung der Kirchen in der amerikanischen Gesellschaft ist deren immense soziale Bedeutung. Da der Staat in diesem Bereich weniger Verantwortung übernimmt als in den meisten europäischen Ländern, werden Kindergärten, Schulen, Krankenhäuser und soziale Dienste oft von den religiösen Gemeinden unterhalten. Die Trennung zwischen Staat und Kirche ist fest in der Verfassung verankert. Bei Volkszählungen etwa gibt es keine Fragen zur religiösen Orientierung; den Staat interessiert es nicht, was seine Bürger glauben. Und er erkennt auch keine Religionsgemeinschaften an, sodass jeder, der will, seine eigene Kirche gründen kann. Ein negatives Beispiel ist die rassistische Aryan Nations – Church of Jesus Christ Christian bei Coeur d'Alene (Idaho), die in ihren Schriften zum Hass gegenüber Juden aufrufen darf. Bürgerrechtler haben gegen diese Kirche rechtliche Schritte unternommen und einen Peace Park zur Aufklärung gegründet.

Andererseits sind führende Politiker der letzten Jahre zunehmend »religiöser« geworden, haben ihre Wertvorstellungen in Übereinstimmung mit ihrem christlichen Hintergrund gebracht. Insgesamt lässt sich wohl sagen, dass die USA wertkonservativer sind als beispielsweise Deutschland, wobei sich diese Werte in erster Linie auf Familie und inzwischen auch auf bestimmte Vorstellungen von Tugendhaftigkeit beziehen.

## Evangelikale und der Hang zum Konservativen

Seit einigen Jahren wird die Bewegung der *evangelicals* immer bedeutender. Sie sind nicht konfessionsgebunden, ihnen geht es um eine persönliche Beziehung zu Jesus. Klare spirituelle Botschaften, verbunden mit konkreten Handlungsanweisungen für alle Lebensbereiche, das ist das Erfolgsrezept einer neuen Generation christlicher Großgemeinden, die sich *Megachurches* nennen. Als »Megakirchen« werden in den USA all jene Glaubensgemeinschaften bezeichnet, in deren Gotteshäusern sich am Wochenende mehr als 2000 Gläubige versammeln. Innerhalb von nur 20 Jahren sind die neuen Gemeinden von einem Randphänomen zur bestimmenden Kraft des religiösen Lebens in den USA geworden – und zu einem gesellschaftlichen Machtfaktor. Die meisten Gläu-

44

bigen der *Megachurches* halten die biblischen Texte für historische Wahrheiten, die Evolutionslehre für einen teuflischen Irrtum, Abtreibung für Mord und die Seele allen Nicht-Evangelikalen für verloren. Mit modernen Methoden des Marketings, der Organisation von Großveranstaltungen, eigenen TV-Stationen und natürlich dem Internet werden die Überzeugungen verbreitet.

### Vorsichtiges Miteinander

Anschaulich zeigt sich die breit gefächerte Vielfalt der religiösen Überzeugungen in den USA in den Schreibwarenabteilungen der Supermärkte und Drogerien. Zum Jahresende beispielsweise finden sich Karten mit *Merry Christmas* für die Christen, *Happy Hanukkah* für das jüdische Fest oder *Happy Kwanzaa* als Referenz an eine Feier, die seit den 1960er-Jahren von Afroamerikanern begangen wird. Am meisten verbreitet ist aber der Gruß *Happy Holidays* oder *Seasons Greeting,* denn damit kann man nichts falsch machen und schont die Gefühle Andersgläubiger.

Diese Vorsicht oder Toleranz findet auch in einer Grundregel des täglichen Miteinanders ihren Niederschlag: Zwei Themen sind für den Small Talk zu vermeiden – Religion und Politik. Amerikaner oder Kanadier fragen zwar sehr schnell nach, wie viel jemand verdient oder was das Auto oder Haus gekostet hat, aber niemals, welcher Religion ihr Gesprächspartner sich zugehörig fühlt.

# Feste und Feiern

Nahezu jede Stadt oder Gemeinde im Nordwesten wartet mit eigenen Festen oder Festivals auf, die vorzugsweise im Sommer stattfinden. Landesweit gibt es wenige Feste, die einen überregionalen Charakter haben und zur gleichen Zeit gefeiert werden, ein Umstand, der der multiethnischen Bevölkerung Rechnung trägt. **Halloween** ist dagegen eine Art Fest, das sich bei allen zunehmender Beliebtheit erfreut und mit vielen Partys und Kürbissen Ende Oktober gefeiert wird. Mit zahlreichen patriotischen Umzügen wird am

## Feiertage

**New Year's Day –** 1. Januar (Neujahr)
**Martin Luther King jr. Day –** 3. Mo im Januar (Geburtstag von M. L. King)
**Presidents' Day –** dritter Montag im Februar (Geburtstag von George Washington)
**Memorial Day –** letzter Mo im Mai (Totengedenktag; Beginn der Urlaubssaison)
**Independence Day –** 4. Juli (Unabhängigkeitstag)
**Labor Day –** 1. Mo im September (Tag der Arbeit; Ende der Urlaubssaison)
**Columbus Day –** 2. Mo im Oktober (Erinnerung an die Landung von Christoph Kolumbus in Amerika)
**Veterans Day –** 11. November (Gedenktag an Kriegsveteranen)
**Thanksgiving Day –** 4. Do im November (Erntedankfest)
**Christmas Day –** 25. Dezember (Weihnachten)

**4. Juli,** dem Unabhängigkeitstag, der wichtigste Feiertag in den USA, zelebriert. Es ist ein Tag der Picknicks, gefolgt von einer Nacht der Konzerte und Feuerwerke.

Vielleicht weil sie so bunt und ungewöhnlich sind, erfreuen sich die Umzüge, Tanzdarbietungen und Feuerwerke des **Chinese New Year** zunehmenden Interesses. Vom zweiten Neumond nach der Wintersonnenwende ist der Beginn des neuen Jahres abhängig, also in der Zeit zwischen Ende Januar und Anfang Februar. In Städten mit großen chinesischstämmigen Bevölkerungsanteilen wie Vancouver, Seattle, Portland und San Francisco wird das Chinese New Year in den Chinatowns äußerst farbenprächtig öffentlich gefeiert. Drachentänze, um die bösen Geister zu vertreiben, bestimmte Gerichte, die nur zu dieser Zeit gegessen werden, oder das Austauschen roter Umschläge mit Geld sind Rituale, die immer mehr Nicht-Asiaten interessieren. Das Ausklingen des alten und der Beginn eines neuen Jahres sind wie in allen Religionen Phasen der Besinnung und der Familienbesuche, die sich teilweise über zwei Wochen hinziehen.

# Kunst und Kultur

Unberührte Natur, Cowboys, Indianer und menschenleeres Land prägen nach wie vor die Vorstellungen über den Nordwesten. Sie sind nicht falsch, und interessant ist zu sehen, was Künstler an Inspirationen aus dieser Umgebung aufgenommen haben. Die Schriftstellerin Annie Proulx setzte beispielsweise ihrer Wahlheimat Wyoming mit »Brokeback Mountain« ein Denkmal oder ihr Kollege David Guterson mit »Schnee, der auf Zedern fällt« den Puget-Sound-Inseln vor Seattle.

## Filme über den Nordwesten

Neben literarischen Darstellungen beeinflussen insbesondere Bilder die Vorstellungen, die man sich von der Welt macht. Einen nicht unerheblichen Anteil an solchen Bildern haben heutzutage Filme, die unsere Wahrnehmung von Landschaften, Städten und den Menschen dort prägen. Beispielsweise ist Seattle als verregnete Stadt ins Bewusstsein eingegangen, seit die New Yorkerin Meg Ryan in »Schlaflos in Seattle« behauptete, dort regne es ja nur, wie könne man hier bloß leben. Das Tourismusbüro der Stadt freut sich zwar immer noch über die Publizität, die der Film für Seattle gebracht hat, bemüht sich aber gleichermaßen, mit Statistiken und Tabellen gegen den schlechten Ruf als Regenstadt anzugehen. Immerhin gibt es schönes Wetter, als die beiden Hauptdarsteller sich auf der Terrasse des Hausboots am Union Lake näherkommen.

»Firewall«, ein Thriller mit Harrison Ford, schüttete dann noch einmal Öl ins Feuer. Viele Aktivitäten der Bösewichter geschehen im strömenden Regen in der Innenstadt und bestätigen so das Vorurteil. Es geht auch anders: Das geradezu flirrende Licht und die Spiegelungen in den Glaspalästen der City nahm Bernardo Bertolucci in seinem Film »Little Buddha« als Hintergrund für die Geschichte über einen Jungen aus Seattle, der die Reinkarnation eines Lama sein soll. Die kleine Stadt Astoria im Norden von Oregon ist Schauplatz der Geschichte um den Orca-Wal »Free Willy«, auch »Kindergarten Cop« und »Die Goonies« wurden dort gedreht; im Visitor Center erhält man eine Broschüre zu allen Drehorten und kann sie besichtigen.

Der deutsche Regisseur **Wim Wenders** hat der ehemaligen Kupferstadt Butte im Südwesten von Montana ein ambivalentes Denkmal gesetzt. 2004 drehte er hier den Film »Don't come knocking« mit Sam Shepard und Jessica Lange; allerdings benutzte Wenders die eher triste Atmosphäre des Ortes als Hintergrund für seine filmische Interpretation von Verlorenheit und vergebenen Chancen.

Viele Filme, deren Handlung im Nordwesten spielt, wurden dagegen im benachbarten Kanada gedreht. Selbst »Brokeback Mountain«, die Geschichte zweier homosexueller Cowboys in Wyoming, entstand in den kanadischen Rockys. Auch die Außenaufnahmen zum »Fluss ohne Wiederkehr« mit Marilyn Monroe wurden in Kanada gedreht; offenbar fand Regisseur Oskar Preminger es dort schon in den 1950er-Jahren preiswerter. Vancouver selbst lieferte bisher nur die Kulisse für Filme oder stellte sogar andere Städte dar. Der zweite Akte-X-Film »I want to believe« wurde z. B. in Vancouver gedreht. Obwohl in den letzten Jahren zum »Hollywood North« avanciert, weil dort die Film- und Fernseh-produktionen sehr viel günstiger waren als in den USA, hat selbst der kanadische Film die Stadt noch nicht richtig als Schauplatz für eine Geschichte entdeckt. Einzig Douglas Coupland, der Autor von Werken wie »Generation X« oder »Shampoo Planet«, hat als Drehbuchschreiber für den Film »Everything's Gone Green« (2007) seine Heimatstadt in den Mittelpunkt der Geschichte gestellt.

# Autoren aus dem Nordwesten

Noch sind viele Autoren aus dem Nordwesten nicht so bekannt wie manche Schriftsteller aus Kalifornien, die wie Jack London, John Steinbeck oder T. C. Boyle auch im deutschsprachigen Raum hohe Auflagen erzielen. Aber einige erobern durch ihren interessanten Stil und die Kunst, einfach gute Geschichten zu erzählen, doch allmählich eine feste Leserschaft.

Seine Romane sind alle ins Deutsche übersetzt worden: **Chuck Palahniuk** (geb. 1962 in Pasco, Washington) hat nicht nur in Nordamerika eine Art Kultstatus erreicht. Auf seiner Website bietet Palahniuk »Premium-Usern« unter anderem Schreibseminare an und beantwortet einen großen Teil der Leser-E-Mails persönlich. Seine Seite gilt als eine der größten zentralen Anlaufstellen für einen einzelnen Autor. Der im kleinen Städtchen Vancouver (in Washington) lebende Autor arbeitet auch für die Filmindustrie, seine Bücher »Fight Club« (mit Brad Pitt) und »Der Simulant/Choke« (mit Sam Rockwell, Anjelica Huston) sind 1999 und 2007 verfilmt worden. Die dunkleren Seiten menschlichen Verhaltens stehen im Mittelpunkt seiner Geschichten, die Erkundung der Nachtseite des amerikanischen Strebens nach Happiness, wie manche Rezensenten meinen.

Nicht minder kritisch beschäftigt sich die inzwischen in Wyoming lebende Autorin **Annie Proulx** (geb. 1935 in Norwich, Connecticut) mit den Lebensverhältnissen auf dem Land. Für den Roman »Postkarten« (1992), erhielt sie den Faulkner Award, für »Schiffsmeldungen« (1993) den Pulitzer-Preis und für die Kurzgeschichte »Brokeback Mountain« (1997) den National Magazine Award; alle Bücher wurden erfolgreich verfilmt. In Interviews gibt Annie Proulx zu verstehen, dass sie nicht an den *American Dream* glaubt. Für sie ist er irreal, Menschen seien in ihrer Lebenssituation gefangen, könnten ihr nicht entfliehen. Ihre Figuren werden im Laufe der Geschichte abgebrüht und zäh oder resignieren, bewahren sich aber eine Art Unschuld, die sie wiederum sympathisch macht. Zunächst begann Proulx als Journalistin und Sachbuchautorin zu arbeiten. Erst spät, mit über 50 Jahren, wandte sie sich der Belletristik zu. Sie lebte mehr als 30 Jahre in Vermont, war dreimal verheiratet und hat drei Söhne und eine Tochter. In ihrem sechzigsten Lebensjahr zog sie nach Wyoming, wo sie heute ihre Bücher schreibt.

Eine Krimireihe aus dem »Redneck Land« Wyoming hat den indianischen Autor **C. J. Box** bekannt gemacht. Mit der Figur des Jagdaufsehers Joe Pickett hat Box einen Mann mit Prinzipien geschaffen, der auch nach Abschluss einer Untersuchung durch den Sheriff der Kleinstadt Saddlestring noch Fragen stellt. Neun Krimis hat Box bisher veröffentlicht, allerdings gibt es bisher nur »Open Season« (Keine Schonzeit, 2001) und »Blue Heaven« (Stumme Zeugen, 2008) auf Deutsch. C. J. Box stammt aus Wyoming und lebt mit seiner Familie in der Nähe von Cheyenne, dort betreibt er zudem eine Firma für Tourismus und Marketing. Seine Kenntnisse über die Region sind auch in den englischsprachigen Reiseführer »Montana, Wyoming, & Idaho: Travel Smart« eingeflossen.

Weltweit erfolgreich ist **David Guterson** (geb. 1956 in Seattle), der den pazifischen Nordwesten zum atmosphärisch prägenden Bestandteil seiner Geschichten gemacht hat. Für seinen persönlichen und schriftstellerischen Werdegang hat sich Guterson den väterlichen Rat zu Herzen genommen, einen Beruf zu wählen, den er liebt und den er als konstruktiven Beitrag für die Belange unseres Planeten und seiner Bewohner versteht. 1989 erschien sein erster Erzählband »Das Land vor uns, das Land hinter uns«.

Der endgültige Durchbruch kam 1995 mit dem sensationellen Erfolg des Romans »Schnee, der auf Zedern fällt«, für den Guterson den PEN/Faulkner-Preis erhielt. Der Roman wurde 1999 von Scott Hicks mit Ethan Hawke, Sam Shepard, Max von Sydow und Yuki Kudoh in den Hauptrollen verfilmt. In seinen Büchern widmet sich der Preisträger mit einem unverwechselbar lyrischen Erzählstil und mit psychologischer Treffsicherheit moralischen Fragen. Die magische Natur des amerikanischen Nordwestens dient den eindringlich beschriebenen Charakteren dabei oftmals als emotionaler Rückzugsort. David Guterson lebt mit seiner Frau und den gemeinsamen vier Kindern auf Bainbridge Island in der Nähe von Seattle.

Auch nicht weit entfernt von der Pazifikmetropole wohnt **Tom Robbins** (geb. 1936 in Blowing Rock, North Carolina), der sich mit skurrilen Romanen wie »Ein Platz für Hot Dogs« (1971), »Halbschlaf im Froschpyjama« (1994) oder »Völker dieser Welt, relaxt!« (2000) auch im deutschsprachigen Raum eine Leserschaft erobert hat. Die Geschichte »Even Cowgirls get the Blues« (1976, deutsch: »Sissy, Schicksalsjahre einer Tramperin«) wurde 1993 vom Portlander Regisseur Gus Van Sant mit Uma Thurman in der Hauptrolle verfilmt. Robbins ging 1956 nach New York, »um ein Poet zu werden«. 1957, zur Zeit des Koreakriegs, verpflichtete er sich als Soldat bei der United States Air Force und diente in der Folge drei Jahre lang in Korea, wo er als Meteorologe tätig war. 1962 zog Robbins nach Seattle und arbeitete dort als Redakteur und Kunstkritiker für die Seattle Times. Im Juli 1963 machte er seine erste Erfahrung mit LSD. Zwei Jahre später zog er nach New York, nahm dort u. a. mit Allen Ginsberg an einer Kampagne zur Legalisierung von Marihuana teil, besuchte Vorlesungen von Timothy Leary und wurde mit diesem auch persönlich bekannt. Nur kurz hielt es ihn an der Ostküste, seit 1965 lebt Robbins wieder in der Nähe von Seattle. Er

ist zum fünften Mal verheiratet und hat zwei Söhne.

Wie so viele seiner Generation hat auch **Ken Kesey** (geb. 1935 in La Junta, Colorado, gest. 2001 in Eugene, Oregon) nach wilden Zeiten in Kalifornien das ruhigere Leben in Oregon vorgezogen. Der Autor von »Einer flog über das Kuckucksnest« (1962) hatte sich zur Finanzierung seines Studiums für medizinische Experimente zur Verfügung gestellt, bei denen die Wirkung von damals weitgehend unbekannten Drogen erforscht werden sollte: Die US-Regierung hatte Studien in Auftrag gegeben, um die Wirkung von LSD, Meskalin und von psilocybinhaltigen Pilzen untersuchen zu lassen. Keseys LSD-Partys in La Honda waren berühmt, er nahm die Drogen nicht nur für wissenschaftliche Zwecke. Sein Credo hieß, »ein neues Bewusstsein verkörpern, eine völlig neue Art, die Welt zu sehen«. Sein zweites Buch »Sometimes a great notion« (»Manchmal ein großes Verlangen«) von 1964 ist eine Familiensage über eine Holzfällersippe in Oregon und beschäftigt sich mit dem Niedergang der dortigen Holzindustrie.

Durch den kanadischen Schriftsteller **Douglas Coupland** (geb. 1961 in einem kanadischen NATO-Stützpunkt in Söllingen (Rheinmünster) ist der Begriff »Generation X« für die in den 1960er- und 1970er-Jahren Geborenen geprägt worden. Kennzeichen sind die gemeinsame Erfahrung von weniger Wohlstand und ökonomischer Sicherheit, als dies die Elterngeneration noch erlebt hat. Der Roman erzählt »Geschichten von der Katerstimmung im Amerika nach der auf Pump veranstalteten letzten großen Sause unter Reagan und Bush«, »Geschichten über eine Generation mit zu vielen Fernsehern und zu wenig Arbeit. Coupland kritisiert mit seinem Schlüsselroman die Wohlstandsgesellschaft der Vorgänger-Generation, die »mit 30 stirbt, um mit 70 begraben zu werden«. In den späten 1980er-Jahren begann er für lokale Magazine zu schreiben. Zahlreiche weitere Bücher wie »Shampoo Planet« (1992), »Life after God« (1993) oder »Microsklaven« (1996) untermauerten den Status des Kultautors. Daneben arbeitet er an Skulpturen und Installationen: 2004 schuf er das »Canada House«, eine Installation, die sich mit Stereotypen kanadischer Identität anhand von Alltagsgegenständen auseinandersetzt. Außerdem schrieb er 2005 das Drehbuch zu dem Film »Everything's Gone Green«, der das typische Lebensgefühl eines Mittzwanzigers in Vancouver widerspiegelt.

## Science Fiction, Comics

In Oregon lebte und starb **Damon Knight** (1922–2002), der Gründer des Verbands der Science Fiction and Writers of America Inc., kurz SFWA, einer Vereinigung der professionellen Science-Fiction-Autoren Nordamerikas, und Herausgeber zahlreicher Anthologien. Auch als Autor machte er sich einen Namen: Von Knights Werk innerhalb des Genres ist die Kurzgeschichte »To Serve Man« (1950) eine der bekanntesten, da sie als Vorlage für eine Folge der Fernsehserie »Twilight Zone« diente. Ebenso gilt seine Sammlung von Literaturbesprechungen in »Search of Wonder«, die 1956 zuerst und dann 1967 und 1996 jeweils in erweiterter Form erschien, als das erste ernstzunehmende Werk der modernen Science-Fiction-Kritik.

Vielleicht von den gewaltigen Dünenlandschaften an der Nordwest-Pazifikküste beeinflusst war **Frank Herbert** (geb. 1920 in Tacoma, Washington, gest. 1986 in Madison, Wisconsin), der den Wüstenplanet-Zyklus »Dune« schuf. Dessen erster Band (1965) wurde mit dem Nebula Award ausgezeichnet und erstmals 1984 von David Lynch verfilmt, 2000 durch John Harrison ein weiteres Mal. Dieses Weltenepos entwirft ein interstellares Reich, in dem die Menschen gegeneinander und ums Überleben kämpfen und in dem Neuerungen technischer und biologischer Art von politischen und religiösen Kräften manipuliert werden.

Ein ganz anderes Genre bedient der Musiker und Journalist **Matt Groening** (geb. 1954 in Portland, Oregon) – er ist der Erfinder der Comicreihe »The Simpsons«. Bevor Groening für das Fernsehen arbeitete, schuf er die Comicreihe »Life in Hell« (»Leben in der Hölle«), die bis heute in ca. 250 Zeitungen abgedruckt worden ist. 1985 bekam Groening den Auftrag, etwas für die Tracey-Ullman-Show zu zeichnen. Schon im Gebäude, während er auf das Vorstellungsgespräch wartete, erfuhr Groening, dass er etwas Neues und Außergewöhnliches hätte vorbereiten sollen. So zeichnete er in 15 Minuten die Figuren zur Serie. Hierbei soll ihm die Idee gekommen sein, dass Homer in einem Atomkraftwerk arbeitet. Für die Vornamen der Familie Simpson verwendete er die seiner eigenen Familie, eigenen Angaben zufolge fühlte er sich an diesem Tag nicht sehr kreativ. Zunächst wurden ab 1988 in der Tracy-Ullman-Show 30–60 Sekunden lange Kurzfilme der »Simpsons« ausgestrahlt. Diese stießen auf so große Resonanz, dass 20th Century Fox und die Filmgesellschaft Gracie Films die Produktion und Ausstrahlung einer 30-minütigen Sendung in Auftrag gaben. Am 17. Dezember 1989 lief die erste Folge der Serie beim US-amerikanischen TV-Sender Fox. Groenings bekanntestes Werk neben den »Simpsons« ist die Comicserie »Futurama«.

## Architektur

Im Reisegebiet finden sich in vielen Städten Stein- oder Holzhäuser aus dem späten 19. und dem frühen 20 Jh., die oft als **viktorianisch** bezeichnet werden. Dies gilt als übergreifende Bezeichnung der vorherrschenden Architekturstile im Viktorianischen Zeitalter (Regentschaft der britischen Königin Victoria von 1837 bis 1901) und umfasst eine große Bandbreite an damals modernen Baustilen. Man bediente sich völlig ungeniert bei allen Stilen aller Zeiten und so entstanden Variationen wie neoklassizistisch, *Gothic* und *Romanesque Revival*, *Italianate* oder der *Queen Anne Style*. Schöne Beispiele für den *Romanesque-Revival*-Stil finden sich am Pioneer Square in Seattle: Die Architekten orientierten sich – allerdings eher *free style* – an romanischen Bauten in Frankreich und Italien.

# Kunst und Kultur

Eher schlicht wirken daneben die mehr neo-klassizistisch inspirierten roten Backsteinbauten, deren auffälligstes Kennzeichen die außen verlaufenden Feuertreppen sind. Port Townsend im Norden Washingtons und Eureka in Nordkalifornien streiten beide um den Ruf, die Stadt mit den meisten gut erhaltenen viktorianischen Holzhäusern zu sein. Eureka gebührt dabei zumindest die Ehre, eines der spektakulärsten Gebäude vorweisen zu können. Das palastartige grünweiße Anwesen »Carson Mansion« ließ ein Holzbaron 1886 bauen. Mit seinen vielen Türmchen, Balkonen und Gauben gilt es als herausragendes Beispiel viktorianischer Bauweise.

Weltberühmte Architekten wie Rem Koolhaas, Frank Gehry, Arthur Erickson oder Moshe Safdie haben im amerikanischen Nordwesten ihre städtebaulichen Akzente gesetzt. Die Gegensätze zwischen diesen Vertretern des Dekonstruktivismus und dem immer noch vorherrschenden postmodernen Stil beim privaten Hausbau könnten nicht größer sein. Aber die Solitäre dieser weltweit tätigen Künstler sind Anziehungspunkte für Besucher und möglicherweise Inspiration für heimische Architekten. Das normale Einfamilien- oder Stadthaus wird nach wie vor aus Holz gebaut und je nach Geldbeutel mit Klinker und Ziersteinen verkleidet oder einfach angestrichen. Beton oder Ziegel als Baustoff finden sich in der Regel nur bei Hochhäusern, die an der Küste des Nordwestens alle erdbebensicher konstruiert werden müssen.

## Rem Koolhaas

Ein typisches Merkmal seiner Bauten ist häufig die collagenartige und labyrinthische Konzeption. So ist ihnen eigen, dass sich in ihnen verschiedene ästhetische Vorstellungen und Funktionen verbinden oder aufeinanderprallen. Koolhaas geht es dabei um die Funktion des Bauwerks als »sozialen Katalysator«, also um die bewusste und oft auch provokative Beeinflussung sozialen Verhaltens durch Architektur. Unter 29 Angeboten wurde Koolhaas Entwurf für die Bibliothek in Seattle ausgewählt (s. S. 123), übrigens der erste größere Bau des aus Rotterdam stammenden

Architekten in den USA. »Die Form folgt aus der Funktion«, lautete das Credo für die Bibliothek, die 2004 eingeweiht werden konnte. Verkaufsräume für die Modefirma Prada in Beverly Hills und San Francisco und ein Museum für die Guggenheim-Stiftung in einem Kasinohotel in Las Vegas folgten dem Auftrag aus Seattle. 2000 erhielt Koolhaas den Pritzker-Preis, eine Art Nobelpreis für Architektur, der seit 1979 vergeben wird.

## Frank Gehry

Ebenfalls Pritzker-Preisträger ist der 1929 in Toronto geborene und heute in Santa Monica, Kalifornien, lebende Stararchitekt, der für das Experience Music Project Museum in Seattle verantwortlich zeichnet. Sponsor Paul Allen hatte Gehry wegen dessen unkonventioneller Formensprache engagiert, die oft nicht an der Funktion des Gebäudes orientiert ist. Beim EMP lässt sich eine Assoziation von den geschwungenen Dachaufbauten zur Musik und den Instrumenten des Museums herstellen, allerdings kritisieren Gegner nach wie vor die fehlende Harmonie zur Umgebung und die eigenwillige Farbgebung (s. S. 114, 117). Gehrys Bauten führen immer wieder zu Kontroversen, unberührt lässt seine Architektur niemanden.

## Moshe Safdie

Safdie stammt aus Haifa, Israel, im Alter von 15 Jahren kam er 1953 nach Kanada. Nach seinem Studium in Montreal eröffnete er 1964 dort ein Architekturbüro und reüssierte mit seinem Entwurf für die »Habitat Flats«, einen Terrassenwohnblock, der 1967 auf der Expo in Montreal verwirklicht wurde. Der Wohnkomplex besteht aus abgestuften, vorgefertigten Betonwürfeln, von denen jeder eine Wohneinheit umschließt und die nach einem flexiblen Plan miteinander verbunden sind. Später folgten ähnliche Großprojekte u. a. in Puerto Rico und Israel, wo er ab 1975 als Leiter der Abteilung für Wüstenarchitektur an der

**Tom Wesselmanns »Seattle Tulip« in Downtown Seattle an der Ecke 3rd Avenue und Madison Street**

## Kunst und Kultur

Universität von Beerscheba tätig war. In Kanada ist er berühmt für die National Gallery of Canada (1988) in Ottawa und das Musée de la Civilisation (1988) in Québec sowie die städtische Bibliothek (1995) in Vancouver.

Zu seinen zahlreichen Bauten für jüdische Einrichtungen gehören das Skirball Cultural Center for American Jewish Life (1996), ein Konferenz- und Ausstellungszentrum in Santa Monica (Kalifornien), und das im März 2005 eröffnete Holocaust-Museum in Yad Vashem, eine nationale Gedenkstätte in Jerusalem, die den Völkermord an den Juden zur Zeit des Nationalsozialismus dokumentiert.

### Arthur Erickson

Der 1924 in Vancouver geborene und 2009 gestorbene Architekt gilt als einer der bekanntesten Kanadas. Sein Baumaterial ist Beton, den er in Formen zeigt, die sein Verständnis von Natur widerspiegeln sollen. Der Einklang mit der Umgebung und der Funktion seiner Bauten steht bei Erickson im Vorder-

grund. Beim Museum für Anthropologie in Vancouver hat er sich z. B. von der Bauweise mit Querbalken der Haida-Indianer inspirieren lassen. Andere bekannte Gebäude von ihm sind die Simon-Fraser-Universität in Burnaby oder der Robson Square in Vancouver. In den USA hat er z. B. die kanadische Botschaft in Washington D. C., das Rathaus in Fresno, Kalifornien, und das Museum of Glass in Tacoma, Washington, gebaut.

## Musik des Nordwestens

### Western Music

»Cowboy-« oder »Westernmusic« ist ein Genre, das sich im Nordwesten der USA immer noch großer Beliebtheit erfreut. Zwar neigen die Jüngeren ebenfalls zunehmend dem alles vereinheitlichenden Mainstream der Musikindustrie und de Radiosender zu, aber besonders in den ländlichen Gemeinden wird die alte Tradition hochgehalten. Als Westernmusic wird eine Musikrichtung bezeichnet,

**Kurt Cobain und seine Band Nirwana schrieben in den 1980ern Musikgeschichte**

die, romantisch verklärt, die Eroberung des amerikanischen Westens und das Leben der Cowboys zum Inhalt hat. Sie hatte ihren Höhepunkt während der 1930er- und 1940er-Jahre, wichtige Vertreter waren **Roy Rogers, Gene Autry, Tex Ritter, Tex Fletcher** und die **Sons of the Pioneers.** Typisch für die Westernmusic ist neben Gitarre und Fidel auch das Akkordeon, daneben oft mehrstimmiger Gesang.

In der Cowboymusic werden die Weite der Landschaft und der Alltag in der Prärie, insbesondere die Bindung an die Pferde, besungen. Die melodiösen, oft schmachtenden Balladen färbten stilistisch stark auf den Westernswing ab. Eine Spezialität der Cowboymusik ist das »Yodeling«, eine amerikanische Variante des Jodelns. Einige der wichtigsten zeitgenössischen Interpreten sind **Michael Martin Murphey, Riders in the Sky** oder **Sons of the San Joaquin.**

Die Westernmusic hat immer auch auf andere Stilrichtungen abgefärbt: So war etwa die Musik von Interpreten wie Jimmie Rodgers und später auch Marty Robbins teilweise stark von der Cowboymusic inspiriert. Das Image der Countrymusic wurde wesentlich von der Westernmusic geprägt: Selbst Vertreter der New-Country-Generation, die inhaltlich wenig mit dem Thema zu tun haben, treten bis heute im Cowboy-Outfit auf. Oft auch als Jazz Festivals bezeichnet, finden im Lauf des Sommers in vielen ländlichen Orten Konzerte mit Countrymusic, Bluegrass sowie keltischer oder schottischer Musik statt. Die Einwanderer früherer Zeiten haben ihre Musik bewahrt, pflegen sie und haben sie zu einem Teil der Kultur im Nordwesten der USA gemacht.

## Modern Native American Music

Neben den vielen Künstlern, die inzwischen aufgrund der international agierenden Musikbranche auch in Europa sehr bekannt sind, wie z. B. **Jimi Hendrix** aus Seattle oder **Kurt Cobain/Nirwana** aus Aberdeen sowie die Bands **Soundgarden** und **Pearl Jam,** ebenfalls aus Seattle, **Nelly Fortado** aus Victoria (Kanada) oder **Michael Bubble** aus Burnaby

bei Vancouver (Kanada), haben sich auch einige Künstler indianischer Abstammung auf den Weg gemacht, ihre Musik einem breiteren Publikum vorzustellen.

**Mary Youngblood** beispielsweise, die mit ihrer Familie in Nordkalifornien lebt, hat 2003 und 2007 den begehrten Grammy in der Kategorie »Best Native American Music« gewonnen. Sie hat die indianische Flöte wieder zum Leben erweckt und nutzt die über 250 handgeschnitzten Exemplare ihrer Sammlung für ihre teilweise melancholische und stets vielschichtige Musik.

Inspiriert wurden viele der Künstler, die heute Vertreter der *Native American Music* sind, von **R. Carlos Nakai** aus Arizona. Ihm wird attestiert, eine gelungene Verbindung zwischen traditioneller und moderner Musik geknüpft zu haben. Seit seinem Debüt 1983 hat er 35 Alben veröffentlicht, darunter viele gemeinsam mit anderen Musikern, die seine Bereitschaft, Neues auszuprobieren, schätzen und unterstützen.

Auch die sogenannte Pow-Wow-Musik beginnt immer mehr Menschen zu interessieren. Musik ist für Indianer die erweiterte Form der gesprochenen Sprache. So wird in den vielstündigen Pow Wows nicht nur getanzt. Die Sprechgesänge dienen auch dem Lob und Tadel von Stammesmitgliedern, sie sind Begleitung von Zeremonien und Ritualen, sie enthalten Informationen an die Gemeinschaft oder sollen Kontaktaufnahmen zu den Geistern ermöglichen. Pow-Wow-Musik verbindet die unterschiedlichsten kulturellen Aspekte und führt innerhalb und über die Stämme hinaus zusammen. Die aus Kanada stammende Gruppe **Big River Cree** hat sich mit dieser Musikrichtung einen Namen gemacht.

# Theaterfestivals

Die privat geführten Theater im Nordwesten haben eher selten ein festes Ensemble, meist werden Produktionen eingekauft. Thematisch stehen in den Städten oft moderne Autoren auf dem Programm. Für Europäer ein wenig ungewöhnlich mutet dagegen die Vielzahl an **Shakespeare-Festivals** im Reisegebiet an. Den Sommer über geben sich »Romeo und Julia«, »Heinrich VIII.« oder »Macbeth« die Ehre bei den Shakespeare-Festivals in Ashland (Oregon), in Boise und Ketchum (Idaho), in Helena (Montana) und Vancouver (Kanada). Gespielt wird im Freien oder in Zelten, das Ambiente ist eher leger, die Beschäftigung mit der Hochkultur des britischen Erbes wird so leicht gemacht. Angesichts der vielen ethnischen Einflüsse in der amerikanischen Kultur ist die Besinnung auf den großen englischen Dramatiker offenbar identitätsstiftend, führt sie doch Migranten unterschiedlichster Kulturkreise zusammen.

# Bildende Kunst

### Der Wilde Westen und die Indianer: Paul Kane

Land urbar machen, Kommunen und Infrastruktur aufbauen, sich mit Indianern auseinandersetzen, das waren während der frühen Besiedlung des Nordwestens die wichtigsten Herausforderungen für die Menschen. Für Kunst blieb da nicht viel Zeit, und so wundert es nicht, dass einer der ersten Künstler, der die Landschaft und die Ureinwohner zum Gegenstand seiner Bilder machte, ein abenteuerlustiger junger Mann aus Toronto war. Der ursprünglich aus Irland stammende **Paul Kane** (1810–1871) unternahm 1846–48 eine Reise in den Westen bis nach Fort Vancouver (Washington). Sein Interesse galt in erster Linie dem Leben und dem Alltag der Ureinwohner. Unterstützt von der Hudson Bay Company, konnte er sich längere Zeit auch auf Vancouver Island, in Walla Walla, in Grand Coulee und in Fort Pitt (Saskatchewan/Kanada) aufhalten. Paul Kane zeichnete Büffeljagden, Indianercamps, Frauen beim Fellschaben und Männer mit Kriegsbemalung. Mit mehr als 700 Skizzen kehrte er nach Toronto zurück und fertigte dort teilweise nach diesen Vorlagen, teilweise frei über 100 Ölgemälde an. Es sind naturalistische Werke, ganz im europäischen Stil der Zeit, denn Paul

Kane wollte von seiner Malerei leben und richtete sich nach dem Geschmack seiner Kunden. Man findet seine Bilder heute in der National Gallery of Canada (Ottawa), im Royal Ontario Museum und in der Art Gallery of Ontario in Toronto. 2002 erzielte die Versteigerung eines seiner Bilder bei Sotheby's einen Erlös von 5 Mio. CAD.

Ebenfalls einen Ruf als »Indianermaler« hat **Charles Russell** (1864–1926), der den größten Teil seines Lebens in Montana verbrachte (s. S. 370). Seine Darstellungen beschränkten sich aber nicht nur auf die Ureinwohner, er verstand es auch meisterhaft, das karge Leben der Cowboys, die wilden Landschaften des Westens und sogar die Lewis-&-Clark-Expedition auf die Leinwand zu bannen. Die meisten seiner insgesamt ca. 4000 Werke sind im Russell Museum in Great Falls in Montana ausgestellt.

### Totempfähle und Bäume: Emily Carr

Es wäre sicher in ihrem Sinne, dass es zu ihrem Leben und Werk eine Website gibt. **Emily Carr,** eine der bedeutendsten westkanadischen Malerinnen des vergangenen Jahrhunderts, war eine ihrer Zeit vorausdenkende Frau (www.emilycarr.com). Nicht nur Schulen und die Kunsthochschule auf Granville Island in Vancouver sind nach ihr benannt, auch die Vancouver Art Gallery ist stolz auf die größte Sammlung an Zeichnungen und Ölgemälden dieser zunächst impressionistisch malenden, dann expressionistisch arbeitenden Künstlerin. 1871 in Victoria geboren, bildete sie sich in San Francisco sowie in England und Frankreich aus. Ihre Inspirationen erhielt sie durch Reisen in British Columbia und nach Alaska. Sie besuchte viele Indianerstämme, nahm an deren Alltag teil und begann, sich mit den Totempfählen sowie mit der sie umgebenden Natur zu beschäftigen. Ihre Gemälde von Ureinwohnern waren für die damalige Zeit ungewöhnlich, die Kritik lehnte ihre erste Ausstellung 1913 heftig ab.

Emily Carr zog sich daraufhin erst einmal vom Kunstbetrieb zurück und fand ihr Auskommen als Vermieterin, Kunstlehrerin und

Töpferin in Victoria. Durch ihre Kontakte mit der »Group of Seven«, den bedeutendsten Landschaftsmalern der 1920er-Jahre, fand sie wieder Zugang zur Malerei. In ihren Bildern aus den 1930er-Jahren wendete sich zunehmend der Natur, insbesondere den Bäumen zu. Ihre Ölgemälde vom Regenwald oder einzelnen Stämmen sind einzigartig. In ihren letzten Lebensjahren verfasste sie mehrere Bücher über ihre Reiseerlebnisse bei den *First Nations*. Sie starb 1945.

## Indianische Traditionen und Kunst: Bill Reid

Auf der Rückseite des kanadischen 20-$-Scheins ist sein wichtigstes Werk abgebildet: die Skulptur »The Raven and The First Man«. Damit ehrt der Staat einen Künstler, der wesentlich dazu beigetragen hat, indianische Kunst und Kultur bekannt zu machen, verloren geglaubte Traditionen wieder ans Tageslicht zu holen und sie weiterzuentwickeln. **Bill Raid** wurde 1920 in Victoria als Sohn einer Haida-Indianerin und eines Weißen geboren, und er war einer der ersten, der sich 1985, als der *Indian Act* die Zugehörigkeit zu den *First Nations* genauer regelte, als Indianer eintragen ließ. Er begann seine künstlerische Laufbahn zunächst als Juwelier, traute sich aber schon bald an kleine Skulpturen aus Holz und Bronze. Seine Motive waren Tiere, Menschen und mythologische Figuren, wie z. B. der Rabe, der nach der Tradition der Haida einer der Schöpfer der Welt und der Menschheit ist. 1958 wurde am Museum of Anthropology in Vancouver damit begonnen, eine Ausstellung von Häusern und Totempfählen aufzubauen, und Bill Reid bekam hier den Auftrag, als Holzbildhauer mitzuwirken. Die Ausstellung »Arts of the Raven« 1967 trug wesentlich dazu bei, indianische Kunstwerke als Kunst anzusehen und nicht mehr nur als ethnologische Zeugnisse, und Reid nutzte die Gelegenheit als Berater für die Schau, einige seiner Werke zu präsentieren. Für das Museum of Anthropology schnitzte Reid eine riesige Version von »The Raven and The First Man«, die nun exponiert den ihm gewidmeten Ausstellungsraum dominiert. Im Auftrag

des Staats schuf er für die kanadische Botschaft in Washington D. C. 1991 die Skulptur »Spirit of Haida Gwaii – the Black Canoe«, die als »Jade Canoe« auch die internationale Abflughalle des Flughafens von Vancouver ziert. Reid starb 1998 in Vancouver.

## Ein Virtuose moderner Glaskunst: Dale Chihuly

Vielleicht verbindet man Kunstgegenstände aus Glas nicht auf Anhieb mit Kunst, sondern eher mit Kunsthandwerk, aber die farbigen Objekte des in Tacoma lebenden **Dale Chihuly** sind in den Sammlungen von 225 Museen weltweit sowie zahlreichen Galerien in den USA und einigen Ländern Europas zu finden. Zuweilen arbeitete er bewusst als Kunsthandwerker und fertigte auch Auftragsarbeiten an, z. B. Kronleuchter, Installationen für Hotels oder Fenster für eine Universität. Seine Heimatstadt Tacoma hat ein Glasmuseum gebaut, das Museum of Glass, wo sich u. a. seine berühmte Glasbrücke befindet. Der 1941 geborene Chihuly wird oft als Glas-Bildhauer bezeichnet, der englische Begriff »sculptor« trifft es eher. Er hat eine Ausbildung als Glasbläser, aber auch Innenarchitektur und Architektur studiert. Die Natur und der Garten seiner Mutter seien sein Vorbild, behauptet er oft; doch hat er in seiner Formensprache ein so hohes Abstraktionsniveau gefunden, dass eigentlich nur noch die Farben an Pflanzen erinnern. 1976 verlor er bei einem Autounfall ein Auge und lässt seine Objekte seitdem von Assistenten ausführen.

## Moderne indianische Kunst und Kunsthandwerk

Beispielhaft für das wachsende Selbstbewusstsein und das erstarkende Interesse an indianischer Kunst arbeitet die Lodgepole Gallery in Browning/Montana. Sie vertritt ca. 15 Künstler der Blackfoot-Indianer, die insgesamt ein breites Spektrum traditioneller und moderner Malerei abdecken. Das Besondere hier ist nicht zuletzt die Nutzung des Internets zum Verkauf der Werke; die Seite gibt es auch auf Deutsch: www.blackfeetculturecamp.com/german.

# Essen und Trinken

Appetit auf gedünsteten Lachs mit Wasabi-Zabaione oder eine Bouillon aus Pfifferlingen mit pochiertem Wachtelei? Kein Problem, der Nordwesten hat heutzutage eine imposante Bandbreite an Küchenkulturen auf hohem Niveau zu bieten. Die Zeiten von Hamburgern, Pizzen und Steaks sind zwar nicht vorbei, aber die *Pacific Northwest Cuisine* kann sich durchaus an den kulinarischen Hochleistungen Europas messen lassen.

## Entwicklung der neuen amerikanischen Küche

Als *foodies* werden Freizeitköche und Gourmets bezeichnet, die mit Leidenschaft auf der Suche nach ungewöhnlichen Rezepten und Zutaten für ihre Kreationen sind. Kochen steht an der Westküste hoch im Kurs, Tageszeitungen veröffentlichen regelmäßig Rezeptseiten und ein eigener Fernsehkanal »Food« versucht die Kochkultur zu unterstützen. Wettbewerbe unter den professionellen Köchen werden zu prominenter Sendezeit auf populären Kanälen ausgestrahlt, und man könnte meinen, im Land der Gourmets angekommen zu sein.

Ganz anders dagegen der Eindruck, wenn man an den großen Malls (Einkaufszentren) oder den Einfallstraßen der Städte entlangfährt, denn hier dominieren die bekannten Fast-Food-Ketten das Bild und werden nach wie vor gut besucht. Zudem suggeriert die Werbung auf allen Fernsehkanälen, wie einfach doch die Familie zufriedenzustellen sei, wenn die Hausfrau das gemeinsame Dinner ins Haus liefern lässt.

Die Wahrheit liegt wie immer irgendwo dazwischen. Es gibt eine hochentwickelte Restaurant- und Kochkultur, die mit Selbstbewusstsein als *Pacific Northwest Cuisine* firmiert. Aber die Amerikaner mögen es auch immer noch schnell und einfach in der Zubereitung, also erfreuen sich standardisierte Kettenrestaurants und Fertiggerichte nach wie vor großer Beliebtheit.

## Ethnische Küchen

Bei den authentischen nationalen Küchen wie den verschiedenen chinesischen, den japanischen oder mexikanischen, spielt für die Qualität und Authentizität immer eine Rolle, ob sich das Restaurant in einer Gegend befindet, in der eine größere Zahl von Menschen aus dem jeweiligen Land leben. In Städten wie Seattle, Portland oder Vancouver sind die größten Gemeinschaften von Einwohnern mit asiatischen Wurzeln zu finden. Authentische mexikanische Küchen beispielsweise bieten die Regionen des Yakima oder des Willamette Valley, weil die Arbeitskräfte beim Weinbau meist aus Mittelamerika stammen.

Restaurantempfehlungen in Touristenbroschüren werden inzwischen nach ethnischen Küchen gegliedert, und die Vielfalt umfasst Küchen aus Europa ebenso wie aus Japan, Vietnam, Malaysia, Mexiko, der Karibik, den verschiedenen chinesischen Varianten, Thailand und zuweilen noch zahlreichen anderen mehr. *Northwest Cuisine* und Amerikanische Küche sind als eigene Kategorie inzwischen ebenfalls zu finden, und zudem gibt es dank der Nähe des Meeres auch eine beachtliche Anzahl hervorragender Fischrestaurants.

## Kochen und genießen lernen

Diese Entwicklung ist noch relativ jung. Erst mit den weniger strengen Einwanderungsbestimmungen von 1965 sind mehr Immigranten aus Asien in den Westen der USA gekommen, und sie fanden anders als frühere Einwanderer eine größere Bereitschaft der Einheimischen vor, sich auf die neuen Kochkulturen einzulassen.

Seit 1960 bemühte sich Julia Child, die Frau eines ehemaligen Diplomaten, ihren Landsleuten im Fernsehen die Vorzüge der französischen Küche nahezubringen und, anstatt ein Fertiggericht in die Mikrowelle zu schieben, wieder eine aus mehreren Teilen bestehende Mahlzeit zu kochen. Unterhaltsam setzte ihr Nora Ephrons Film »Julie & Julia« (2009) mit Meryl Streep in der Rolle der Julia Child ein Denkmal. Essen war im Bewusstsein der Amerikaner etwas sehr Funktionales geworden, Kalorien und Brennwerte wurden gemessen, die Praktikabilität der Zubereitung stand im Vordergrund. Industriell erzeugte bzw. verarbeitete Lebensmittel wurden im Labor mit dem passenden künstlich kreierten Geschmack ausgestattet. Küchen anderer Nationen stand man eher skeptisch gegenüber: Das Einwanderungsland USA hatte die Kochkulturen der ersten Einwanderer entweder integriert, wie die deutschen Frikadellen oder die italienische Pizza, oder fand die ungewöhnlichen Zutaten etwa der mexikanischen oder der chinesischen Küchen zunächst eher befremdlich.

Die französische Küche wurde seit den 1960er-Jahren das große Vorbild für viele amerikanische Köche: Frische, regionale Zutaten, neue Arten der Zubereitung und neue Gewürze stießen auf reges Interesse einer wachsenden mittelständischen Gesellschaft, die zu reisen begann und sich für andere Kulturen interessierte. In Kalifornien entwickelte sich in dieser Zeit eine neue Richtung der Kochkunst (California Cuisine), die beispielsweise grüne Salate mit gegrilltem Fleisch kombinierte oder die Verwendung von Olivenöl, Rosmarin und Basilikum für traditionelle Fischgerichte einführte. Diese neue Küche hat nach Auffassung vieler amerikanischer Kochbuchautoren die amerikanische Küche revolutioniert

## Der Reiz regionaler Kochkunst

Trotz aller Einflüsse der Kettenrestaurants oder der ›Einwandererküchen‹ gibt es ursprüngliche regionale Küchen zu entdecken. Die Landschaften, was dort wächst und angebaut wird, haben den unterschiedlichen Charakter geprägt, und davon inspirierte Speisen sind keinesfalls nur am Familientisch zu finden, auch gute Köche haben den Reiz traditioneller Rezepte neu belebt.

An den Küsten von Oregon, Washington und British Columbia dominiert Fisch, insbesondere Lachs und Heilbutt in allen Varianten, die Speisekarte. Aus der Küche der Indianer hat man geräucherten Lachs auf Zedernholz (cedar plank) wiederentdeckt. Eine besondere Spezialität ist Taschenkrebs (dungeness crab), die nur an der Westküste vorkommt, den crab cake gibt es in allen Seafood-Restaurants. Fangfrische Muscheln und Austern aus heimischen Gewässern serviert man fast überall, während die Garnelen oder prawns meist aus asiatischen Zuchtfarmen stammen. In Washington wird nur sechs Wochen lang im späten Frühjahr eine besondere Delikatesse angeboten: amerikanische Schwertmuscheln (razor clams), die noch von Hand aus dem Meer geerntet werden.

Im Norden Washingtons darf der Apfelkuchen zum Nachtisch nicht fehlen: Gedeckt, mit Streuseln, mit Frischkäse oder als Tarte, denn der Evergreen State ist der Apfellieferant des Westens. Kein Wunder, dass hier die Kunst, Äpfel in zahlreichen Varianten zu verarbeiten, weit verbreitet ist.

An allen Sorten von Beeren kann man sich in Oregon satt essen: Nirgendwo werden so viele Blaubeeren, Brombeeren oder Cranberrys angebaut. Idaho ist berühmt für Kartoffelgerichte und Sandwiches mit viel Fleisch, auch in Montana isst man traditionell gern Rindfleisch und Büffel. In Wyoming werden seit einigen Jahren wieder Büffelherden gezüchtet. Das Fleisch ist zwar teurer als Rindfleisch, aber unter ernährungswissenschaftlichen Aspekten auch gesünder: Es ist

**Kreativität und Gesundheit sind wichtige Elemente der Pacific Northwest Cuisine**

fettärmer, enthält weniger Kalorien, ist cholesterinarm und aufgrund der Aufzucht in der freien Natur weitgehend hormon- oder medikamentenfrei. Truthahn ist als amerikanisches Nationalgericht in der Zeit um Thanksgiving in vielen Restaurants zu finden, wird in Familien aber auch häufig zu anderen Festtagen wie Weihnachten oder Ostern zubereitet.

## Pacific Northwest Cuisine

Die führenden amerikanischen Köche kopieren inzwischen nicht mehr andere Küchen, sondern lassen sich von ihnen inspirieren. Von *Fusion*-Küche spricht man hier seit den 1970er-Jahren und so haben sich bereits verschiedene Ansätze herausgebildet. *Fusion* kann bedeuten, dass ein Gericht eine andere als die gewohnte Zubereitung erfährt, etwa anstelle von Anbraten und Garen in der Pfanne das Kurzbraten *(stir fry)* im Wok oder das Dämpfen im Bambuskorb, oder aber es werden Zutaten aus verschiedenen Küchen kombiniert.

An der Westküste existieren z. B. viele *Asian-Fusion*-Restaurants, die Elemente aus der indischen, der ostasiatischen und der südostasiatischen Küche miteinander kombinieren und so neue Gerichte kreieren, etwa Satay-Spieße vom Berglamm mit Erdnusssoße, Reiskuchen und in Ingwer marinierte Salatgurken, in japanischer Ponzusoße, Sake und Pampelmusensaft eingelegte Sardinen, dazu Wermutsoße mit Kohlrabi oder Lachs mit Wasabi-Zabaione. Aber auch die ursprüngliche amerikanische Küche lässt sich vom *Fusion*-Gedanken inspirieren, z. B. Ente mit Foie Gras, Aprikosen-Chutney an einer Schweinefleischsoße mit Rosmarin oder Mies- und andere Muscheln in einer Zitronengras-Kokosnuss-Brühe. Mitunter treibt diese Entwicklung recht absonderliche Blüten, aber eine gewisse Neugierde der Restaurantbesucher auf neue Kreationen animiert die Köche oder inzwischen vielleicht besser ›Menü-Designer‹.

## Wachsendes Gesundheitsbewusstsein

Natürlich wird auch im Nordwesten der Zusammenhang zwischen Übergewicht und ungesunder Ernährung gesehen. Statistiken in

# Entwicklung der neuen amerikanischen Küche

Tageszeitungen zeigen auf, wie sehr sich Übergewicht auf Lebensqualität und die Entstehung von Krankheiten auswirken kann. Hinweise auf gesunde Ernährung sind mittlerweile sogar in der Werbung selbstverständlich.

In ruhigeren Geschäftszeiten kann man in den Supermärkten Leute beobachten, die mit Akribie die gesetzlich vorgeschriebenen Auflistungen der Inhaltsstoffe in den Lebensmitteln studieren. Eine Sendereihe mit einem ambitionierten Programm zum Abnehmen (»The last 10 Pounds«) wird sogar vom kanadischen Gesundheitsministerium gesponsert: Zusätzlich zu einem intensiven Sportprogramm hat man dabei auch die Ernährung der Teilnehmer umgestellt und ihre Vorratsschränke einer rigorosen Kontrolle unterzogen.

Ein eigener *Food*-Kanal im Fernsehen sowie zahlreiche Wettbewerbe zwischen bekannten und weniger bekannten Köchen bieten zusätzliche Anreize, sich mit dem Thema Essen und Gesundheit zu befassen. Kochbücher in Buchhandlungen und Bibliotheken lassen sich nur noch in Metern zählen, nicht zu vergessen die Vielfalt an Zeitschriften. Aber dennoch: Knapp 90 % aller Amerikaner sind übergewichtig (58 Mio.), fettleibig (40 Mio.) und krankhaft fettleibig (3 Mio.). Transfette stehen im Verdacht, besonders ungesund zu sein, und so hat beispielsweise die Stadt New York schon 2006 den Gebrauch von Transfetten in Restaurants oder bei der Herstellung von Lebensmitteln untersagt. Die Diskussion läuft mittlerweile bundesweit. Viele Fast-Food-Ketten haben auf die Forderungen nach gesünderen Lebensmitteln ebenfalls reagiert und bieten kalorien-, fett- und zuckerreduzierte Gerichte an.

## Selbstversorger

Farmermärkte mit Produkten aus der näheren Umgebung erfreuen sich zunehmender Beliebtheit. Der berühmte, über 100 Jahre alte Pike Market in Seattle gilt als Vorbild für einen Markt mit Zulieferern aus der näheren Umgebung. Solche Märkte unterstützen einen neuen Trend im Norden: die sogenannte 100-Meilen-Diät. Den Verbrauchern wird empfohlen, nur solche Lebensmittel zu kaufen, die im näheren Umfeld wachsen bzw. produziert werden. Nicht nur das wachsende Gesundheitsbewusstsein, sondern auch die sich entwickelnde ›grüne‹ Bewegung trägt zur Verbreitung dieser Idee bei. Der Kunde macht seinen Einfluss geltend, damit sich die Transporte aus weit entlegenen Ländern reduzieren, wenn er vermehrt regionale Produkte kauft. Aber auch in Supermärkten mit Qualitätsanspruch (wie Safeway, Fred Meyer, Whoole Foods oder in Kanada Save-on-Food) ist die Angebotspalette an frischen Lebensmitteln gewachsen. Die Obst- und Gemüseauswahl ist beeindruckend, ebenso die Brote aus aller Herren Länder. Von Pita über Baguette und Mehrkornbroten in allen Varianten bis hin zu Pumpernickel ist eigentlich alles zu finden.

Auch beim Käse hat sich einiges getan. Industriell gefertigte Pfundblöcke an Cheddar oder Mozzarella sind zwar nach wie vor beliebt, aber die Vielfalt an Käsesorten ist groß. Es hat eine Weile gedauert, bis die Zutaten der frühen Gourmetküche Eingang in die Regale der Supermärkte gefunden haben, nun findet sich eine gute Auswahl an Ölen, Essigsorten oder Gewürzen eigentlich überall. Supermärkte bieten häufig auch warme und kalte Gerichte an der Deli-Theke an. Man nimmt sich sein Essen mit und sucht sich einen attraktiven Picknickplatz in der Nähe. Picknicken oder sich mit einer *lunch box* auf eine Parkbank zu setzen, ist durchaus üblich im Nordwesten.

Alkohol wird in den USA in Supermärkten verkauft (nicht in Kanada), aber häufig muss man eine *identification* (Führerschein mit Lichtbild) vorzeigen, da die Altersgrenze für den Verkauf von Spirituosen bei 21 Jahren liegt und die Kassen einen Ausweis verlangen.

## Restaurantbesuche

Für die USA gilt grundsätzlich, dass man am Eingang von einem *waiter* bzw. einer *waitress* begrüßt und zu einem freien Tisch geführt wird, niemand sucht sich seinen Platz selbst. An Wochenenden ist es ratsam, einen Tisch vorzubestellen, zur Dinnerzeit gegen 18 bis

## Essen und Trinken

19 Uhr sind gute Restaurants oft ausgebucht. Auch wenn es hierzulande legerer zugeht in Bezug auf Kleidung, in den Städten kleidet man sich zum Essengehen durchaus etwas besser. Mit Jackett ist der Herr nicht *overdressed* (zu gut angezogen). In Restaurants mit angeschlossener Bar sieht man häufig Frauen im kleinen Cocktailkleid.

Ein Glas Wasser eröffnet den Abend, die Speisekarte und die besonderen Angebote des Hauses werden von der Bedienung vorgestellt. Ein Getränk/Aperitif überbrückt die Wartezeit nach der Entscheidung für das Menü. In vielen Restaurants ist es üblich, dass verschiedene Soßen für Salat angeboten werden: *French, Italian, Thousand Islands, Blue Cheese, Ranch* oder *Oil and Vinegar.* Steak wird *medium, rare* oder *well done* zubereitet und auch bei den Beilagen hat man mitunter die Wahl zwischen *french fries* (Pommes frites), *rice* (Reis), *baked potato* (Ofenkartoffel) oder *vegetables* (Gemüse).

Außer in ausgewiesenen französischen Lokalen sind die Abstände zwischen den Gängen ziemlich kurz und unmittelbar nach dem Dessert oder der letzten Getränkebestellung kommt auch schon die Rechnung. Längeres Sitzenbleiben nach dem Dinner ist nicht üblich, ein weiteres Glas Wein oder ein Digestif wird an der Restaurant-Bar oder in einem Pub eingenommen. Das Trinkgeld *(tip, graduity)* gehört in den USA und Kanada zur Haupteinnahmequelle der Bedienung (außer in Fast-Food-Restaurants). In der Regel sind es 15 % der Rechnung, die dazu gerechnet werden sollten. Falls bar bezahlt wird, ist es nicht üblich, Münzen als Trinkgeld zu benutzen.

### Frühstück

Die Frühstückskultur in Nordamerika unterscheidet sich sehr von der deutschen. *American breakfast* ist eine Kalorienbombe und besteht aus Eiern, meist Omelette, Speck *(bacon),* Bratkartoffeln *(hush browns)* und einem süßen Gebäck *(muffin).* Nicht alle Hotels bieten Frühstück inklusive an, manche kleinere haben auch gar keinen Frühstücksraum. Man geht dann in einen benachbarten Coffeeshop, wo es meist Kuchen und Sandwiches zu kaufen gibt. *Continental breakfast* ist inzwischen sehr verbreitet, es beinhaltet süßes Gebäck, Waffeln, Croissants, manchmal auch einen Bagel, Cornflakes und Obst. Größere Hotels haben mitunter ein Frühstücksbüffet oder bieten am Wochenende einen üppigen Brunch mit großer Auswahl an, der Cornflakes, Müsli, Pancakes mit Sirup bis hin zu Lachs und *hash browns* umfasst.

# Getränke

## Neue Kaffeekultur

Starbucks wurde 1971 in Seattle gegründet und hat von dort seinen Siegeszug um die Welt angetreten: Ca. 12 000 Filialen sind auf dem Globus zu finden (davon 26 in Seattle, 23 in Portland, allerdings noch keiner im Yellowstone Park). Diese neue Kaffeekultur hat viele Nachahmer gefunden, Dutzende kleinerer und größerer Kaffeeröstereien bieten in gemütlichen »Bistros« eine Vielfalt von Kaffeesorten und -zubereitungen an. Espresso erfreut sich zunehmender Beliebtheit, selbst in kleinsten Orten wird in Coffeeshops dieser starke Kaffee angeboten. Ebenso wie mit dem Styroporbecher voll Kaffee laufen viele Nordamerikaner auch mit einer Wasserflasche in der Hand herum. Letzteres ist in dieser Region umso sinnvoller, als das Pazifikküstenklima sehr trocken ist.

## Amerikanischer Wein

Auch die Weinkultur hat sich in den letzten Jahren erheblich verändert. Die Produkte der Weinbauern im Yakima Valley (Washington), Willamette Valley (Oregon), Napa Valley und Sonoma Valley (Kalifornien) oder aus dem Okanagan (Kanada) erfreuen sich reger Nachfrage. Die Angebote aus Europa, Südamerika oder Neuseeland und Australien sind mitunter allerdings etwas preiswerter als die heimischen Erzeugnisse. Überzeugte Weintrinker stellen ihren Wein auch selbst her. Gebrauchsanweisungen, Grundausrüstungen und die nötige Menge Rebensaft kann man im Supermarkt kaufen. Eine Flasche Wein als Gastgeschenk bei einer privaten Einladung

**Kaffeebars sprießen im gesamten Nordwesten der USA wie Pilze aus dem Boden**

mitzubringen ist längst kein Wagnis mehr. Laut www.winespectator.com verzeichneten die Amerikaner 2007 einen Weinkonsum von 9 l pro Kopf. Damit liegen sie zwar immer noch weit hinter den europäischen Verbrauchern, aber insbesondere im Westen wächst die Zahl der Weinfreunde.

## Das Land der Biertrinker

Bier ist ein traditionelles Getränk in den USA. Mit inzwischen 114,7 l pro Kopf wurde der Durchschnittsverbrauch für 2006 angegeben, wobei Montana im Bundesstaatenvergleich Rang 4 einnahm (www.usatoday.com). Bei den weit verbreiteten Leichtbieren liegt der Alkoholgehalt unter 0,5 %, aber auch dieses wird nicht an Personen unter 21 Jahren verkauft. Sogenannte Microbreweries (sehr kleine Brauereien) haben in den letzten Jahren die Angebotspalette erweitert, und oft ist ein Pub angeschlossen, in dem man das frische Bier genießen kann.

## Trends

Lebensmittel mit weniger Pestiziden oder weniger künstlichen Inhaltsstoffen spielen auch im Nordwesten und in Kanada eine zunehmend wichtigere Rolle. Bioprodukte bzw. *organic food* sind ein Wachstumsmarkt, den auch die großen Supermarktketten mittlerweile für sich entdeckt haben; Zuwächse von 20 % im Jahr zeugen vom Interesse der Konsumenten.

Das Problem ist allerdings, dass zahlreiche Hersteller ihre eigenen »Bio-/Natur-/Öko«-Linien aufgebaut haben und zudem neue Produzenten, die als unabhängig gelten, ebenfalls eigene Label für ihre Bioprodukte anbieten. Dementsprechend sieht sich der Verbraucher einem äußerst unübersichtlichen Markt gegenüber, dessen Erzeugnisse er ohne Hilfe kaum beurteilen kann. Ein wenig Orientierung schafft in British Columbia die Organisation »International Federation of Organic Agriculture Movements« (IFOAM), die seit 1972 das Label »British Columbia Certified Organic« (www.certifiedorganic.bc.ca) vergibt. In den USA stellt das »National Organic Program« ähnliche Anforderungen; das hier vergebene Prüfzertifikat heißt USDA, weitere Informationen findet man auf www.ams.usda.gov/nop.

## Im Restaurant

| | |
|---|---|
| Ich möchte einen Tisch reservieren. | I would like to book a table. |
| Bitte warten Sie, bis Ihnen ein Tisch zugewiesen wird. | Please wait to be seated. |
| Essen nach Belieben zum Einheitspreis | all you can eat |
| Die Speisekarte, bitte. | The menu, please. |
| Weinkarte | wine list |
| Die Rechnung, bitte. | My check, please. |
| Vorspeise | appetizer |
| Suppe | soup |
| Hauptgericht | main course |
| Nachspeise | dessert |
| Beilagen | trimmings |
| Tagesgericht | meal of the day |
| Gedeck | cover |
| Messer | knife |
| Gabel | fork |
| Löffel | spoon |
| Glas | glass |
| Flasche | bottle |
| Salz/Pfeffer | salt/pepper |
| Zucker/Süßstoff | sugar/sweetener |
| Kellner/Kellnerin | waiter/waitress |

## Zubereitung/Spezialitäten

| | |
|---|---|
| boiled egg | hart gekochtes Ei |
| broiled | gegrillt |
| burrito | mit Hack, Bohnen u. a. gefüllteTortilla |
| caesar's salad | Salat mit Anchovis-filets und Parmesan |
| chef salad | Eissalat mit Schinken |
| chili relleno | mit Käse gefüllte Pfefferschoten |
| cole slaw | Kohl-Karotten-Salat |
| deep fried | frittiert (meist paniert) |
| eggs (sunny side up/ over easy) | Spiegeleier (Eigelb nach oben/beid-seitig gebraten) |
| enchiladas | gerollte Tortillas mit Chili und Fleisch |

| | |
|---|---|
| farci/-e | gefüllt |
| fried | in Fett gebacken, oft paniert |
| guacamole | Avocadopaste |
| onion rings | frittierte Zwiebelringe |
| rare/medium rare | blutig/rosa |
| scrambled eggs | Rühreier |
| stuffed | gefüllt |
| well done | durch |

## Fisch und Meeresfrüchte

| | |
|---|---|
| bass | Barsch |
| clam chowder | Venusmuschelsuppe |
| crab | Krebs/Krabbe |
| dungeness crab | |
| flounder | Flunder |
| gilthead | Dorade |
| haddock | Schellfisch |
| halibut | Heilbutt |
| gamba | Garnele |
| lobster | Hummer |
| lox | gebeizter Lachs |
| mussel | Miesmuschel |
| oyster | Auster |
| prawn | Riesengarnele |
| razor clams | amerikanische Schwertmuschel |
| salmon | Lachs |
| scallop | Jakobsmuschel |
| shellfish | Schalentiere |
| shrimp | Krabbe |
| sole | Seezunge |
| swordfish | Schwertfisch |
| trout | Forelle |
| tuna | Thunfisch |

## Fleisch und Geflügel

| | |
|---|---|
| bacon | Frühstücksspeck |
| beef | Rindfleisch |
| chicken | Hähnchen |
| drumstick | Hähnchenkeule |
| duck | Ente |
| ground beef | Hackfleisch vom Rind |
| ham | Schinken |
| meatloaf | Hackbraten |

| | |
|---|---|
| porc chop | Schweinekotelett |
| prime rib | saftige Rinderbraten-scheibe |
| rabbit | Kaninchen |
| roast goose | Gänsebraten |
| sausage | Würstchen |
| spare ribs | Rippchen |
| turkey | Truthahn |
| veal | Kalbfleisch |
| venison | Reh bzw. Hirsch |
| wild boar | Wildschwein |

## Gemüse und Beilagen

| | |
|---|---|
| asparagus | Spargel, meist grüner |
| bean | Bohne |
| cabbage | Kohl |
| carrot | Karotte |
| cauliflower | Blumenkohl |
| cilantro | Koriander (als Kraut) |
| cucumber | Gurke |
| eggplant | Aubergine |
| french fries | Pommes frites |
| garlic | Knoblauch |
| hash browns | Bratkartoffeln |
| lentil | Linse |
| lettuce | Kopfsalat |
| mushroom | Pilz |
| onion | Zwiebel |
| pepper | Paprikaschote |
| peas | Erbsen |
| potatoe | Kartoffel |
| pickle | Essiggurke |
| radish | Radieschen |
| snow peas | Zuckererbsen |
| squash/pumpkin | Kürbis |
| sweet corn | Mais |
| yam | Süßkartoffel |

## Obst

| | |
|---|---|
| apple | Apfel |
| apricot | Aprikose |
| blackberry | Brombeere |
| cantaloup | Zuckermelone |
| cherry | Kirsche |
| fig | Feige |
| grape | Weintraube |
| lemon | Zitrone |
| melon | Honigmelone |
| orange | Orange |
| peach | Pfirsich |
| pear | Birne |
| pineapple | Ananas |
| plum | Pflaume |
| rasberry | Himbeere |
| rhubarb | Rhabarber |
| strawberry | Erdbeere |

## Käse

| | |
|---|---|
| cheddar | kräftiger Käse |
| cottage cheese | Hüttenkäse |
| goat's cheese | Ziegenkäse |
| curd | Quark |

## Nachspeisen und Gebäck

| | |
|---|---|
| brownie | Schokoplätzchen |
| cinnamon roll | Zimtschnecke |
| french toast | Toast in Ei gebacken |
| maple sirup | Ahornsirup |
| muffin | Rührteiggebäck |
| pancake | Pfannkuchen |
| pastries | Gebäck |
| sundae | Eisbecher |
| waffle | Waffel |
| whipped cream | Schlagsahne |

## Getränke

| | |
|---|---|
| beer (on tap/draught) | Bier (vom Fass) |
| decaffeinated coffee | koffeinfreier Kaffee |
| lemonade | Limonade |
| icecube | Eiswürfel |
| iced tea | gekühlter Tee |
| juice | Saft |
| light beer | alkoholarmes Bier |
| liquor | Spirituosen |
| mineral water | Mineralwasser |
| red/white wine | Rot-/Weißwein |
| root beer | dunkle Limonade |
| soda water | Selterswasser |
| sparkling wine | Sekt |
| water from tab | Leitungswasser |

Lake McDonald: größter See des Glacier National Park

# Wissenswertes
# für die Reise

## Der Nordwesten der USA im Internet

**Der Nordwesten und die USA im Überblick**
**www.gowest-reisen.de:** Das Infoportal bietet Informationen zu den Regionen, Empfehlungen zu Attraktionen, sportlichen und kulturellen Aktivitäten, Links zu Hotels, Restaurants und Veranstaltern.
**www.magazinusa.com/us/states:** Zahlreiche Links und Infos zu Kultur, Lifestyle, Geschichte, Politik, Städten, Attraktionen und Veranstaltungen.

### British Columbia/Kanada
**www.gov.bc.ca:** Portal der Regierung mit Infos zur Politik, Links zu Portalen für Reisende.
**www.helloobc.com:** Offizielle Seite für den Tourismus, Beschreibung der Regionen, Attraktionen und Hotels.
**www.urlaub-reisen.gobc.ca:** Deutschsprachiges Portal, Hintergrundinformationen, viele Hinweise zu Galerien und Künstlern sowie Unterkünften (auch online buchbar).
**www.env.gov.bc.ca/bcparks:** Offizielles Portal zu allen State Parks, Hinweise für Camping, Gebühren.

### Idaho
**www.idaho.gov:** Portal der Regierung, Link zu Straßenzustandsberichten.
**www.visitidaho.org:** Seite des Wirtschaftsministeriums, Beschreibungen aller Regionen, Attraktionen, Hotels und Campingplätze.
**http://parksandrecreation.idaho.gov:** Regierungsseite zu allen State Parks, Infos zu Campingplätzen, Buchungen möglich.
**http://fishandgame.idaho.gov:** Offizielles Portal der Regierung zum Fischen und Jagen, Hinweise zu Genehmigungen und Vorschriften.

### Kalifornien
**www.ca.gov:** Portal der Regierung.
**www.visitcalifornia.com:** Offizielles Portal der California Travel & Tourism Commission

mit Informationen und Tipps zu 12 Reiseregionen, Hotelbuchungen möglich.
**www.nps.gov/state/ca:** Seite des National Park Service zu allen Nationalparks.

### Oregon
**www.oregon.gov:** Offizielle Seite der Regierung von Oregon mit vielen Hinweisen für Reisende sowie zu Geschichte, Politik, Wirtschaft und Verkehr.
**www.traveloregon.com:** Offizielles Portal der Tourism Association, alle Reiseregionen sind ausführlich beschrieben; neben Angaben zu Hotels und Aktivitäten gibt es Bestellmöglichkeiten für Prospekte. Das Portal umfasst auch einige deutsche Seiten.
**www.oregonstateparks.org:** Regierungsseite zu allen State Parks, Infos zu Campingplätzen, Buchungen möglich, Gebühren.

### Montana
**http://mt.gov:** Portal der Regierung, mit Links zu Straßen- und Wetterberichten.
**http://visitmt.com:** Offizielle Seite für den Tourismus in Montana, Infos zu den Städten, Attraktionen, Hotels, Restaurants.
**http://fwp.mt.gov/parks:** Regierungsseite zu den State Parks, Campingplätzen, möglichen Aktivitäten, Gebühren.
**www.mdt.mt.gov/travinfo:** Regierungsportal mit Hinweisen zu Straßen, öffentlichem Nahverkehr sowie aktuellen Wetterberichten.

### Washington
**www.experiencewa.com:** Offizielle Seite der Regierung für Washingtons Tourismus. Hotellisten für alle Orte, Hinweise auf Sonderangebote und Verkehrswege, außerdem Karten sowie Adressen für Bestellmöglichkeiten von Prospekten.
**http://access.wa.gov:** Offizielles Portal des Bundesstaats Washington mit Informationen über Politik sowie Weblinks zum Wohnen, Arbeiten und Reisen dort.
**www.parks.wa.gov:** Regierungsseite zu allen

Washington State Parks, Gebühren und Pässen, Wetterbedingungen, Campingplätzen.
**www.nps.gov/state/wa:** Internetportal des National Park Service (NPS), der für die Pflege und Verwaltung der Nationalparks und National Monuments zuständig ist.
**www.wrh.noaa.gov/sew:** Das Wetter im Bundesstaat, nach Regionen ausgewiesen, mit Vorhersagen.

**Wyoming**
**www.wyomingtourism.org:** Die offizielle Seite des Staats für Reisende, mit Beschreibungen der Regionen, Hinweisen zu den Attraktionen und Adressen für Bestellmöglichkeiten von Broschüren.
**http://wyoming.gov:** Internetseite des Bundesstaats, dort findet man Hinweise zum Jagen und Fischen sowie zu den State Parks.
**www.nps.gov/grte:** Seite der Nationalparkverwaltung zum Grand Teton National Park mit Hinweisen zu Camping, Hotels, Attraktionen und sportlichen Aktivitäten.
**Yellowstone Park**
**www.yellowstonepark.com:** Seite der Parkverwaltung, Infos zu den Attraktionen, Reisezeit, Unterkünften, Straßenzustand.
**www.nps.gov/yell:** Seite des National Park Service (NPS) mit zahlreichen Tipps für die Reiseplanung und Sicherheitsbestimmungen etc., Infos zum Angeln und zu den Campgrounds.
**www.yellowstone.net:** Seite der Hotelbetreiber, Onlinereservierungen, viele informative Links zu den Orten und Attraktionen.
**www.yellowstonereservation.com:** Seite einer Buchungsorganisation, viele Hotels, Aktivitäten und Pakete für Sommer und Winter.
**www.westyellowstoneres.com:** Ebenfalls Seite einer Buchungsorganisation für Hotels, Ausflüge sowie Urlaubspakete.
**www.hunnmedia.de:** Zur Einstimmung in die landschaftlichen Schönheiten des Yellowstone National Park bietet Komplett-Media einen 40-minütigen Film in der Reihe »Welt weit – Lust auf Reisen«, USA Nationalparks 1–3.

# Diplomatische Vertretungen der USA

### ... in Deutschland
**Botschaft der USA**
Pariser Platz 2
10117 Berlin
Tel. 030 238 51 74, Fax 030 831 49 26
**Konsularabteilung:**
Clayallee 170
14195 Berlin
Tel. 0900-185-0055, www.usembassy.de

### ... in der Schweiz
**Botschaft der USA**
Sulgeneckstrasse 19
3007 Bern
Tel. 041 357 70 11, Fax 031 357 73 44
http://bern.usembassy.gov

### ... in Österreich
**Botschaft der USA**
Boltzmanngasse 16
1090 Wien
Tel. 043 1 313 39-0, Fax 043 1 310 06 82
**Konsularabteilung:**
Parkring 12
A-1010 Wien
nur Fax 043 1 512 58 35
http://vienna.usembassy.gov

# Diplomatische Vertretungen in den USA

**Botschaft der Bundesrepublik Deutschland**
4645 Reservoir Rd., NW
Washington D.C., 20007-1998
Tel. 202-298-8140, Fax 202-298-4249
www.germany-info.org
**Deutsche Generalkonsulate**
6222 Wilshire Blvd., Suite No. 500
Los Angeles, CA 90048

Tel. 323-930-2703, Fax 323-930-2805
www.germany.info
1960 Jackson St.
San Francisco, CA 94109
Tel. 415-775-1061, Fax 415-775-0187
www.germany.info

**Schweizer Botschaft**
2900 Cathedral Ave. N.W.
Washington D. C., 20008
Tel. 202-745-7900, Fax 202-387-2564
www.eda.admin.ch

**Österreichische Botschaft**
3524 International Court N.W.
Washington D. C., 20008
Tel. 202-895-6700, Fax 202-895-6750
www.austria.org

# Informationsstellen

### ... in Deutschland
Urlaubsinformationen über die nordwestlichen Staaten der USA erteilt die Firma Wiechmann Tourism Service, Scheidswaldstraße 73, 60385 Frankfurt, Tel. 069 25 53 82 40; sie ist das offizielle Fremdenverkehrsamt der nordwestlichen Bundesstaaten.

Informationen zu Reisen in den USA bieten auch die deutsch-amerikanischen Kulturinstitute in Kiel, Hamburg, Nürnberg, München, Stuttgart, Tübingen, Heidelberg, Freiburg und Saarbrücken.

### ... in den USA
Nahezu jeder Ort hat ein Visitor Center oder ein Chamber of Commerce, wo man Broschüren und Prospekte zum Ort oder der Region bekommen kann. Manchmal sind sie auch bei der Hotelsuche behilflich bzw. vermitteln günstige Unterkünfte. Das Gleiche gilt auch für West-Kanada. Broschüren bestellen kann man außerdem bei den Tourismuswebseiten der Bundesstaaten, s. S. 66.

# Karten und Stadtpläne

Zur Routenvorbereitung ist der auch in Deutschland erhältliche Autoatlas »USA« von Rand McNally empfehlenswert. Karten und Stadtpläne finden sich meist in den Broschüren der Touristencenter, sie werden oft kostenlos abgegeben. Karten zu den Wander- oder Fahrradwegen sind bei den Parkverwaltungen erhältlich oder bei Outdoor-Ausstattern. Für einige Städte im Reisegebiet gibt es topografische Karten mit eingezeichneten Geschäften und Sehenswürdigkeiten. Man kann sie sich unter www.DiscoveryMap.com auch online ansehen. Diese Karten liegen meist in den Hotels oder im Visitor Center aus.

ADAC-Mitglieder (ACS Schweiz, ÖAMTC Österreich) erhalten bei Vorlage ihres Ausweises in den Filialen der AAA *(American Automobile Association)* kostenlos Straßenkarten und Infomaterial (www.aaa.com). Bei einer Fahrt über Land oder in kleinen Orten kann man sich im Nordwesten nicht immer auf die Ausschilderung verlassen, deshalb ist es gut, sich vor Antritt einer Etappe oder einer Tour mithilfe einer Karte über den geplanten Weg Klarheit zu verschaffen, dann findet man die Abfahrten oder Ausschilderungen leichter. Oder aber man mietet sich ein Auto mit GPS.

# Lesetipps

### Romane und Erzählungen
**Babendererde, Antje:** Der Walfänger, Gifkendorf 2006. Ein auf einer wahren Begebenheit basierender Roman über den Walfang der Makah-Indianer im Norden Washingtons.
**Box, C. J.:** Stumme Zeugen, München 2007. In Idaho spielt der Krimi um zwei verschwundene Kinder, die unfreiwilig Zeugen eines Mordes wurden.
**Boyle, T. C.:** America, München 2000. Saturierte Mittelständler und arme mexikanische

Illegale treffen in Kalifornien aufeinander, Umweltschutz spielt auch eine Rolle und das Ganze kumuliert in einem gewaltigen Chaos.
**Calonego, Bernadette:** Unter dunklen Wassern, Berlin 2007. Der Krimi spielt im heutigen West-Kanada und beschäftigt sich gleichzeitig mit dem Leben einer Einwanderin der 1920er-Jahre.
**Herbert, Frank:** Der Wüstenplanet, Neuauflage 2001 (Original 1965). Der erste Roman des SCI-FI-Autors schuf die komplexe Welt auf dem Planeten Arakis und war ein Meilenstein dieser Literaturgattung. Fortsetzungen folgten, heute schreiben sie seine Söhne.
**Guterson, David:** Schnee, der auf Zedern fällt, Berlin 1995. Die Geschichte schildert das Gerichtsverfahren gegen einen amerikanischen Japaner auf einer Insel bei Seattle; im Mittelpunkt stehen die Vorurteile gegenüber asiatischen Einwanderern.
**Ders.:** Östlich der Berge, Berlin 1999. Schauplatz des Romans über einen krebskranken Seattler Arzt ist die Landschaft in der Mitte Washingtons, endlos, menschenleer, grandios.
**Ders.:** Unsere liebe Frau vom Wald, München 2004. Eine ehemalige Holzfällerstadt im Nordwesten von Washington wird zum Zentrum einer religiösen Bewegung. Die Jungfrau Maria erscheint einer Pilzsammlerin und im Zeitalter von Internet und der Suche nach Lebenssinn wird der kleine Ort zum Wallfahrtsort. Eine kritische und auch spannende Auseinandersetzung mit Spiritualität und schnellem Business, gleichzeitig eine gelungene Beschreibung des Lebens in einer von ökonomischen Umwälzungen betroffenen Region.
**Proulx, Annie:** Brokeback Mountain, dt. München 2001. Cowboyleben in Wyoming und Angst vor Gefühlen, ein düsteres Bild aus dem Nordweststaat.
**Dies. u. a.:** Hinterland: Neue Geschichten aus Wyoming, München 2005.
**Robbins, Tom:** Halbschlaf im Froschpyjama, Reinbek 1994. Schon in den 1990ern gab das Thema Börsencrash etwas her und so ist die

irrwitzige Geschichte um die ehrgeizige Börsianerin in Seattle beinahe aktuell.
**Ders.:** Chop Suey, Reinbek 2007. Kurzgeschichten, Gedichte und Gedanken des amerikanischen Kultautors zu dem üblichen Wahnwitz des alltäglichen Lebens.

## Sachbücher und Reportagen

**Brenner, Leslie:** American Appetite, New York 1999. Die Autorin gibt einen lebendigen Überblick über die Entwicklung amerikanischer Kochkultur der letzten 100 Jahre (engl.).
**Buhrow, Tom und Stamer, Sabine:** Mein Amerika, Dein Amerika, Berlin 2008. Die beiden Journalisten berichten aus eigener Erfahrung über den Alltag, die Sitten und ungeschriebenen Gesetze im heutigen Amerika.
**Engel, Elmar:** Chief Joseph, Häuptling der Nez Percé, Göttingen 1998. Ein Sachbuch über den Indianerführer, der die Weißen mit seinem Verhandlungsgeschick beeindruckte.
**Kane, Paul:** Wanderungen eines Künstlers unter den Indianern Nordamerikas, Leipzig 1862 (Nachdruck: Wyk auf Föhr 1992). Kanes Reisebeschreibung führt den Leser von Kanada nach Vancouver Island und Oregon, schließlich durch das Gebiet der Hudson-Bay-Gesellschaft und zurück.
**Klohn, Werner/Windhorst, Hans W.:** Die Landwirtschaft der USA, Vechta 2007. Bewässerungs- und Versalzungsprobleme sowie die Agroindustrie sind Themen im kenntnisreichen Werk der beiden Agrargeografen.
**Kramer, Ramon:** Ich weißer Mann, Du Indianer gut, Reinbek 2008. Der Autor schildert höchst anschaulich sein Jahr bei Indianern in Montana und versteht es, die kulturellen Unterschiede zu Europäern zu verdeutlichen.
**Shepard, Lucius:** Hobo Nation, 2008. Ein Erfahrungsbericht über die Vagabunden und Obdachlosen, die auch heute noch auf Eisenbahnzüge aufspringen und in Güterwaggons mitfahren. Auch Rucksacktouristen sind mit von der gefährlichen Partie und verklären diese Art zu Reisen als Freizeitspaß.

## Der Nordwesten als Reiseland

Es sind die Gegensätze, die die Landschaften des Nordwestens so interessant machen. Von kilometerlangen Stränden, schneebedeckten Vulkan- und anderen Berggipfeln, auf denen ganzjährig Skifahren möglich ist, über tiefblaue, kristallklare Seen und Flüsse sowie endlose Weiten von Halbwüsten mit markanten Felsformationen bis hin zu großen und kleinsten Inseln ist in diesem Gebiet eigentlich alles zu finden, was sich unter unberührter Natur vorstellen lässt. Auch wenn viele Gegenden ziemlich menschenleer sind, so haben sich an anderen Stellen lebendige und pulsierende Städte entwickelt, jede anders, jede mit eigenem Flair.

Man kann tagelang auf den zahllosen Wanderwegen der National oder State Parks unterwegs sein und nur wenigen Menschen begegnen, ebensogut aber auch in die quirlige Kultur von Weltstädten wie Seattle, Portland oder Vancouver und San Francisco eintauchen, und wer nicht nur die ›offiziellen‹ Highlights abhaken, sondern auch ein wenig Lebensgefühl und Atmosphäre erleben möchte, sollte sich dort jeweils 2–3 Tage gönnen und auch einmal Downtown verlassen.

Selbst wenn die Verbindungen über zahlreiche kleine Flughäfen sehr gut ausgebaut sind, eine Reise durch die abwechslungsreichen Landschaften mit dem Auto, dem Bus oder sogar mit der Eisenbahn verschafft doch einen besseren Zugang zu Land und Menschen. In den ländlichen Regionen, wo noch nicht die großen Touristenströme anzutreffen sind, wirkt die typisch amerikanische Dienstleistungsfreundlichkeit bis heute ein wenig echter, unmittelbarer. Auch wenn manches nicht so perfekt ist wie bei den routinierten Gastgebern im Sonnenstaat Kalifornien, gibt es unterwegs einen großen Spielraum für Begegnungen, Geschichten und Interesse am ferngereisten Touristen.

## Was ist sehenswert?

### Naturparks

Der Yellowstone Park als ältester Nationalpark Amerikas mit seinen spektakulären Geysiren, heißen Quellen und dem unvergleichlichen Bestand an Tieren liegt am östlichen Rand des Reisegebiets. Zusammen mit dem angrenzenden Grand Teton National Park ist dieses Gebiet ungefähr viermal so groß wie das Saarland, ein wenig Zeit für die Naturschönheiten sollte man also mitbringen.

Das gilt eigentlich für alle Parks, denn ihre Eigenheiten offenbaren sie erst beim Wandern auf den Trails, beim Verweilen an den Seen oder Flüssen oder beim Campen oder Picknicken auf den vielen ausgewiesenen Plätzen. Eine Fahrt hinauf zum Informationszentrum am Krater des 1980 ausgebrochenen Vulkans Mount St. Helens in Washington lässt noch heute erahnen, wie Naturgewalten, einmal freigesetzt, den Menschen vorstellbare Kräfte und Grenzen sprengen.

Ehrfurcht kommt auf angesichts der uralten Riesen unter den Bäumen, den Redwoods in Nordkalifornien oder den moosbewachsenen Sitka-Fichten der letzten Regenwälder im Olympic National Park im äußersten Nordwesten Washingtons. Wie auf dem Mond kann man sich im Gebiet der Craters of the Moon in Idaho fühlen: Nur Flechten und vereinzelt kleine Bäume schaffen es, in dieser schwarzen Wüstenei zu überleben.

### Stadtleben und Kultur

Die bevölkerungsreichen Metropolen des Westens wie San Francisco in Kalifornien, Seattle in Washington, Portland in Oregon oder Vancouver in Kanada bestechen durch ihre fantastische Lage, dem durchaus mit den Städten des Ostens vergleichbaren kulturellen Angebot, einer vielseitigen gastronomischen Szene und ihrer Lebensqualität durch die zahlreichen Ethnien. Gemeinsam ist ihnen ihre Jugend und das stetig steigende Umweltbewusstsein ihrer Bewohner; Seattle hat beispielsweise schon 2007 eine Initiative von Bürgermeistern zur Verbesserung der Umweltstandards ins Leben gerufen und Portland bietet die kostenlose Nutzung der öffentlichen Verkehrsmittel in der Stadt. Bedeutende Architekten aus aller Welt haben Marksteine an modernem Design in diesen Städten gesetzt, aber gleichzeitig wird die relativ kurze Vergangenheit in Ehren gehalten und das Geschichtsbewusstsein gefördert.

Aber auch im Landesinneren sind lebendige und abwechslungsreiche Städte wie Boise oder Coeur d'Alene in Idaho oder Missoula und Bozeman in Montana einen Besuch wert. Dort verläuft das Leben noch etwas gemächlicher und ursprünglicher als in den Küstenmetropolen, auch kulturell mag der Mainstream ein wenig später aktuell sein, aber dafür lässt man sich etwas mehr Zeit, es fühlt sich dort weniger hektisch an.

## Vorschläge für Rundreisen

### 2–3 Wochen: durch Berge und Prärie zum Yellowstone N. P.

Von **Vancouver** oder von **Seattle** führt die ca. 4500 m lange Strecke zunächst in die ursprüngliche Natur des **North Cascades National Park.** Nach **Winthorp** erreicht man den gewaltigen **Grand Coulee Damm** mit dem **Lake Roosevelt.** Riesige bewässerte Gemüse- und Getreidefelder sind Kennzeichen der trockenen Landschaft des **Columbia-Plateau** bis nach **Spokane.** Schon in Idaho liegt das schöne **Coeur d'Alene** am gleichnamigen See. Durch das bergige **Silver Valley** führt die Interstate 90 nach **Missoula,** der Universitätsstadt in Montana. Jetzt weiter nach Deer Lodge und Butte zu fahren hieße die alpine Wildnis des **Glacier National Park** im Norden zu versäumen. Der Highway **Going-to-the-Sun** quer durch die 3000er-Berge ist kurvenreich und aufregend, hier gibt

es vielfältige Wandermöglichkeiten und historische Lodges. Montana ist sehr dünn besiedelt, zwischen **Great Falls, Helena** und **Butte** streckt sich nur der endlose Big Sky. Nach einem Abstecher zur Geisterstadt **Virginia City** wird in **West Yellowstone** der älteste Nationalpark der Welt erreicht. Südlich liegt der kleinere **Grand Teton,** eine Hochebene am Fuß des imposanten Teton-Gebirges. Im ›Kartoffelgürtel‹ von Idaho sollte man die schwarze Mondlandschaft der **Craters of the Moon** nicht versäumen und anschließend im **Sun Valley** auf den Spuren von Hemingway wandeln. Die boomende Region um **Boise** bietet Kultur und Shopping, der Ferienort **McCall** Wassersport und schöne Wanderwege. Für die Wildnis am **Hells Canyon** braucht man Zeit, nicht alle Straßen sind geteert. **Walla Walla** und **Yakima** sind die Weinbauregionen Washingtons und in **Leavenworth** wird's bayrisch. Zum Schluss gebühren der Pazifik-Perle **Seattle** einige Tage, um einzutauchen in die angesagte Kulturszene.

### 1–2 Wochen: Metropolen, Meer und Mount St. Helens

**Seattle** und **Portland** als anregende Großstädte, der Olympic National Park mit seinen moosigen Regenwäldern, die endlosen Strände an Oregons Küste und der immer noch aktive Vulkan Mount St. Helens sind Höhepunkte dieser ca. 1500 km langen Strecke. Mit der Autofähre von Seattle geht es nach **Bainbridge Island,** dann auf dem **Highway 101** nach **Port Angeles.** Von dort aus lässt sich der **Olympic National Park** erkunden. Nicht immer entlang der sturmumtosten Küste führt der 101 nach **Astoria,** einer der ältesten Siedlungen im Westen. Cannon Beach, Tillamook, Newport und Florence sind **schöne Badeorte,** dann schließen sich 50 km Sanddünen der **Oregon Dunes** an.

Quer über die Höhenzüge der **Coastal Range** geht es ins Weinanbaugebiet **Willamette Valley** mit Eugene und Salem bis zur

Brückenstadt Portland. Von dort sind es 180 km zum Infocenter am Krater des **Mount St. Helens. Olympia** am Puget Sound ist beschaulich, eine Erholung vor dem Trubel der wachsenden Region um Tacoma und Seattle.

# Tipps für die Reiseorganisation

## Mietwagen oder öffentliche Transportmittel?

Der öffentliche Fernverkehr ist im Nordwesten der USA unterschiedlich ausgebaut. Mit der **Eisenbahn** kommt man bequem von Vancouver über Seattle, Portland bis nach San Francisco (www.armtrak.com). Andere Ziele lassen sich mit dem relativ dichten Netz der **Greyhoundbusse** erreichen: Ungefähr 150 Stationen gibt es in Washington, Oregon, Idaho und Montana (www.greyhound.com – Tickets bequem online oder per Telefon).

In den USA wird gern geflogen, beinahe jede Kleinstadt hat einen Flughafen für den Inlandverkehr. Am unabhängigsten ist man natürlich mit dem eigenen **Mietwagen** oder **Wohnmobil,** Autovermietungen gibt es in jeder größeren Stadt. Ein internationaler Führerschein ist erforderlich.

## Im Voraus oder erst unterwegs buchen?

In der Regel wird empfohlen, einen Mietwagen schon vorab zu buchen, dann kann man sicher sein, auch das Gewünschte zu erhalten und bei einem Anbieter in Deutschland ist die Versicherung bereits enthalten. Gerade das Kleingedruckte enthält manchmal Überraschendes und so sollte man sich vorab etwas Zeit nehmen und den Mietvertrag genau lesen. Ein Hotelbett zumindest für die erste Nacht ist dringend empfehlenswert nach dem mindestens 10-stündigen Flug und den auch Zeit beanspruchenden Einreise- und Zollformalitäten. Zudem wird bei der Einreise in die USA eine Zieladresse erfragt, eine Hotelanschrift mit ZIP-Code (eine Art Postleitzahl) ist dann hilfreich.

Ob weitere Unterkünfte im Voraus gebucht werden, hängt von den Zielorten ab. In den Metropolen ist das Bettenangebot eigentlich so umfangreich, dass man auch in letzter Minute noch etwas findet, allerdings können im Frühjahr und Herbst Kongresse, Messen, Hochzeiten und die Abschlussfeiern der Collegestudenten von Mai bis Juni das gewünschte Hotel ausgebucht sein lassen. An den Feiertagswochenenden um den 4. Juli oder Memorial Day (letzter Mo im Mai) sind Vorausbuchungen unbedingt zu empfehlen, insbesondere an der Küste, in den Nationalparks oder anderen attraktiven Feriengebieten. Im Voraus reservieren sollte man unbedingt auch die schönen Lodges und die rustikalen Hütten *(cabins)* in den National- parks, besonders für den Yellowstone, den Grand Teton und den Glacier.

## Reiseveranstalter

Alle großen Reiseveranstalter führen den Westen der USA und Kanadas im Programm. Nicht immer ist damit auch der Nordwesten abgedeckt, die Ziele beschränken sich oft auf Kalifornien und Nevada. Der Nordwesten ist nach wie vor ein Reisegebiet für Individualreisen, nur wenige kleinere Spezialveranstalter bieten Touren in diesem Gebiet an. Im virtuellen Reisebüro Travel World Online wird eine Rundreise vorgeschlagen, deren Verlauf man auch nach eigenen Vorlieben abändern kann (www.travelworldon line.com).

## Indianertourismus

*Native Americans* und *First Nations* in Kanada reagieren mit touristischen Angeboten auf das wachsende Interesse an ihrer Kultur, ihrer Geschichte und Kunst (http://500nations.com). Das wird auch das bisher sehr kleine Repertoire der Anbieter im deutschsprachigen Raum erweitern: Aus der Zusammenarbeit mit

**Wild-romantische Küsten für Wanderer und Entdecker jeden Alters –
hier bei Lincoln Beach im Norden Oregons**

Indianerstämmen in Montana, Wyoming oder British Columbia und Kalifornien werden neue Reiseangebote entwickelt werden.

## Reisen mit Handicap

Viele Hotels und Motelketten verfügen über behindertengerechte Räume mit größeren Badezimmern und breiteren Türen. Rollstühle und Rampen für diese sind bei Kultureinrichtungen, Parks und auch Supermärkten eine Selbstverständlichkeit, ebenso wie die Hilfeleistung, die das Personal gern gibt. Informationen finden Behinderte auf der englischsprachigen Internetseite der Society for Accessible Travel & Hospitality (SATH – www. sath.org). Bei den Tourismusorganisationen der Städte erhält man auf Anfrage und nach Vorlage eines medizinischen Attests (in Englisch) eine Genehmigung zum Parken auf Behindertenparkplätzen. Mietwagenfirmen stellen bei entsprechender Vorausbuchung speziell ausgerüstete Fahrzeuge zur Verfügung.

## Reisen mit Kindern

Im Reisegebiet sind Hotels ausgesprochen kinderfreundlich, nur einige wenige Wellness-Anbieter untersagen die Anwesenheit von unter 18-Jährigen. Viele Hotels bieten umsonst Kinderbetten an. Die Anbieter von Outdoor-Aktivitäten haben in der Regel kindergerechte Vergnügungen im Programm, Einschränkungen können aufgrund von Größe oder Gewicht der Teilnehmer bei Kletterpartien, Ausritten oder Wildwasserfahrten gelten. Restaurants in den USA und Kanada lieben die kleinen Gäste. Es gibt immer ein Kindermenü und entsprechende Stühle.

Die Ranger in den Nationalparks bieten spezielle Kinderprogramme zur Erkundung der Tier- und Pflanzenwelt an, bei denen Kinder zugleich spielerisch den pfleglichen Umgang mit der Natur lernen. Ebenso sind die Museen stets auch auf Kinder und Jugendliche eingerichtet und ihre didaktischen Konzepte berücksichtigen deren Erlebniswünsche.

## Einreisebestimmungen

Für einen Aufenthalt bis zu drei Monaten benötigen Deutsche, Schweizer und Österreicher einen eigenen maschinenlesbaren, noch für die Dauer des Aufenthalts gültigen Reisepass. Von jedem Reisenden, d. h. auch von den nicht visapflichtigen Besuchern, werden am Einreiseflughafen/Seehafen die Fingerabdrücke digital eingescannt und ein digitales Porträtfoto erstellt. Seit 2003 sind die europäischen Fluggesellschaften gesetzlich verpflichtet, den Zollbehörden der USA Flug- und Reservierungsangaben von Passagieren zur Verfügung zu stellen. Zusätzlich zu diesen Reservierungsdaten wird seit 2005 eine Adresse (Straßenname und Hausnummer, Stadt, Bundesstaat, Postleitzahl) verlangt, an der sich der Passagier während seiner Reise in den USA aufhalten wird. Reisenden, die keine Adressenangaben machen, kann die Einreise verweigert werden. Am besten nimmt man die Adresse des ersten Hotels, wenn man eine lange Tour plant.

Seit 2009 müssen Reisende bis spätestens 72 Std. vor Flugantritt eine Genehmigung im Internet beantragen: http://esta-usa.de. Man muss dabei die gleichen Fragen beantworten wie bisher auf dem grünen Formular im Flugzeug. Die Genehmigung gilt für zwei Jahre und berechtigt zum Aufenthalt ohne Visum für maximal 90 Tage. Auch bei einem Transitflug z. B. nach Kanada braucht man diese Genehmigung.

Kinderreisepässe werden zur visumfreien Einreise nur dann anerkannt, wenn sie vor dem 26. Oktober 2006 ausgestellt und ab diesem Datum nicht verlängert wurden und ein Foto enthalten. Falls das Kind einen ab dem 26. Oktober 2006 ausgestellten oder verlängerten Kinderreisepass oder gar noch einen Kinderausweis besitzt, sollte rechtzeitig vor der Reise ein regulärer Reisepass für das Kind beantragt werden, anderenfalls ist ein Visum erforderlich.

### Handgepäck

Die TSA (Transportation Security Administration) ist die U.S.-Behörde, die u. a. zuständig für die Gepäck- und Personen-Sicherheitskontrollen an amerikanischen Flughäfen ist. Am besten informiert man sich unmittelbar vor der Abreise auf deren Website, um den neuesten Bestimmungen nachkommen zu können (www.tsa.gov). Flüssigkeiten und/oder Gels sollten nicht ins Handgepäck, sondern ins aufzugebende Gepäck.

Für den Reisebedarf benötigte Flüssigkeiten müssen in einem Klarsichtplastikbeutel mit Reißverschluss und einem Fassungsvermögen von knapp 1 l verstaut werden. Dieser Klarsichtbeutel wiederum darf nur Flüssigkeits- oder Gelbehälter mit einem Fassungsvermögen von jeweils höchstens 100 ml enthalten. Jeder Reisende darf nur einen solchen Beutel mit sich führen. Ausgenommen sind: Säuglingsnahrung, Muttermilch und Babynahrung, wenn Sie mit einem Kleinkind reisen, Medikamente, Flüssigkeiten (einschließlich Wasser, Säfte oder Flüssignahrung) oder Gelees für Diabetiker sowie für andere medizinische Bedürfnisse. Mitgeführte, unter die Ausnahmeregelung zugelassene Gegenstände müssen einem Sicherheitsbeamten gegenüber deklariert und zur Überprüfung vorgelegt werden.

### Mit Haustieren reisen

**Hunde** müssen mindestens 30 Tage vor der Einreise gegen Tollwut geimpft worden sein. Zusätzlich muss eine gültige Bescheinigung über die Impfung vorgelegt werden, in der neben einer genauen Beschreibung des Tiers auch die Dauer des Impfschutzes angegeben wird. Ausgenommen sind Welpen, die unter drei Monaten alt sind, und Tiere, die aus tollwutfreien Gebieten stammen oder sich dort länger als sechs Monate aufgehalten haben. Alle **Katzen** benötigen einen Nachweis, dass sie keine auf den Menschen übertragbare Krankheit haben, wenn sie am Ort der Einreise untersucht werden. Wenn das Tier nicht in offensichtlich gutem Gesundheitszustand ist, können weitere Untersuchungen von einem zugelassenen Tierarzt auf Kosten des Besitzers erforderlich werden.

## Wareneinfuhr

Bestimmungen des amerikanischen Landwirtschaftsministeriums verbieten die Einfuhr von frischem, getrocknetem oder in Dosen eingemachtem Fleisch und Fleischprodukten durch Touristen aus praktisch allen Ländern. Wenn Fleisch zur Zubereitung eines Produkts verwendet wird, ist dieses verboten. Bäckereiprodukte und haltbar gemachter Käse sind erlaubt. Eingeführte Lebensmittel unterliegen ferner den Bestimmungen der amerikanischen Lebensmittelbehörde und können nach eingehender Prüfung beschlagnahmt werden, wenn sie nach Ansicht der Lebensmittelbehörde ein Gesundheitsrisiko darstellen.

Erwachsene, die mindestens 21 Jahre alt sind, dürfen zoll- und steuerfrei nicht mehr als 1 l Alkohol – Bier, Wein, Schnaps – für den persönlichen Gebrauch einführen. Es gibt keine Obergrenze für die Gesamtmenge an Geld oder Zahlungsmitteln, die in die Vereinigten Staaten ein- oder ausgeführt werden dürfen. Wenn Sie jedoch Zahlungsmittel im Wert von über 10 000 $ in die Vereinigten Staaten ein- oder ausführen oder dies veranlassen oder wenn Sie einen höheren Betrag für jemand anderen in Empfang nehmen und dann bei sich führen, müssen Sie das Zollformular 4790 bei der amerikanischen Zollbehörde ausfüllen.

# Anreise mit dem Flugzeug

Nur Direktflüge: Die Lufthansa bedient Seattle, Vancouver (Kanada) und San Francisco (USA) von Frankfurt/Main aus. Von Wien kommt man mit British Airways, Air Canada und Austrian Airlines direkt nach Vancouver und mit KLM nach Seattle. Von Zürich fliegen die SAS nach Seattle, die KLM nach San Francisco und Vancouver. Ab Frühjahr bis Mitte Oktober bedient AirBerlin Vancouver mit Direktflügen ab Düsseldorf und Condor fliegt dreimal wöchentlich im Sommer von Frankfurt/Main nach Vancouver.

# Verkehrsmittel im Land

## Mietwagen

Bei Mietwagen für die USA und für Kanada herrscht großer Konkurrenzkampf und so sollte man mehrere Anbieter vergleichen, da es immer wieder Sonderangebote gibt. Man kann bei den Autovermietern ebenfalls selbst nach dem Preis schauen, aber oft sind die Online-Reisebüros billiger. Eine weitere Sparmöglichkeit kann sein, nach Buchungspaketen Ausschau zu halten, bei denen man Flug und Mietwagen kombinieren kann.

Autos können zwar ab 18 Jahren gemietet werden, allerdings nicht bei jedem Vermieter und nicht in jedem Staat! Unter 25-Jährige müssen i. d. R. einen Aufschlag auf den Mietpreis zahlen. Zur Übernahme des Fahrzeugs reichen der internationale Führerschein und eine gängige Kreditkarte. Letztere ist auch bei Vorauszahlung des Wagens notwendig, da mit ihr die Kaution bezahlt wird, z. B. falls der Wagen unsachgemäß behandelt wurde oder ohne Benzin wieder abgegeben wird. Ohne Karte wird eine hohe Bargeldkaution verlangt.

Bei der Größe des Fahrzeugs sollte man bedenken, dass amerikanische Fahrzeuge verhältnismäßig kleine Kofferräume besitzen. Zudem sind Mietwagen in der Regel Automatikfahrzeuge, ein Schaltwagen kostet einen Aufpreis. Übrigens: Es lohnt sich nicht, die geringen Zusatzkosten für einen zweiten Fahrer zu sparen. Käme es zu einem Unfall und der Mieter des Wagens sitzt nicht am Steuer, entfällt die Vollkaskoversicherung und

**Versicherungen**
**Loss Damage Weaver (LDW) oder Collision Damage Weaver (CDW):** Vollkaskoversicherung mit Haftungsbefreiung für Schäden am Mietwagen, auch bei Diebstahl. Abschluss dringend empfohlen.
**Additional Liability Insurance (ALI):** Pauschale Erhöhung der Haftpflichtsumme.
**Liability Insurance Suplement (LIS):** Analog zu ALI, zusätzliche Deckung für Personenschäden bei unterversicherten Unfallgegnern.
**Uninsured Motorist Protection (UMP):** Zusatzversicherung bei unterversicherten Unfallgegnern im Fall von Verletzungen oder Tod.
**Personal Accident Insurance (PAI):** Insassenversicherung bei Verletzung oder Tod.
**Personal Effects Protection (PEP) oder Personal Effects Coverage (PEC):** Gepäckversicherung. Mitunter geht dies aber nur mit Selbstbeteiligung.

die Reparaturkosten werden direkt vom Kreditkartenkonto abgebucht.

Die gängigen Mietwagenfirmen sind Alamo (www.alamo.com), Avis (www.avis.com), Budget (www.budget.com), Dollar (www.dollar.com), Hertz (www.hertz.com) und National (www.national.com), sie sind auf allen Flughäfen und in größeren Städten vertreten. Bei Billiger Mietwagen (www.billiger-mietwagen.de) ist ein Kleinwagen inkl. Vollkasko- und Diebstahlversicherung ohne Selbstbeteiligung, unbegrenzte Kilometer sowie mit allen Steuern und Gebühren wöchentlich um 140 $ ab Seattle zu bekommen.

Autofahren in Nordamerika ist wesentlich entspannter als in Deutschland, die Geschwindigkeitsbeschränkungen sind rigoroser und werden oft kontrolliert. Maximal darf 120 km/h (75 mph) gefahren werden, das aber nur auf den vierspurigen Interstates.

## Camper/Wohnmobile

Die Vorausbuchung lohnt sich auch für Wohnmobile/Camper *(RV = Recreational Vehicle)*, insbesondere in den Sommermonaten. Das North America Travelhouse (www.crd.de) bietet beispielsweise ein C Class Motorhome 29 ft vom Verleiher MOTURIS RV inkl. aller Versicherungen für 70 € pro Tag an. Als Mindestalter des Mieters wird i. d. R. 21 Jahre verlangt. Reisende, die mit dem Camper auch in Städten unterwegs sein wollen, sollten erwägen, einen Fifth Wheel Trailer oder einen Travel Trailer zu mieten. Der Wohnteil ist getrennt vom Fahrzeug, in der Regel ein Pickup-Truck, sodass man den Wagen für separate Fahrten nutzen kann (www.roadtripamerica.com/rv/Comparing-Types-of-RVs). Es spart im Übrigen auch Benzin, wenn nicht immer das gesamte Wohnmobil mitgezogen wird.

## Motorrad

Auf den langen, einsamen Strecken durch das Columbia-Plateau oder den Süden Idahos ebenso wie auf dem Küstenhighway 101 entlang des Pazifik kann das Motorradfahren viel Spaß machen. Erfahrener Anbieter von Touren sowie dem Verleih von Maschinen ist das Tui TRAVELStar Reisebüro Kefalas, Postfach 37, 91339 Röttenbach, Tel. 091 95 87 60, www.motorradtouren-usa.de. Nicht alle Firmen unterhalten Zweigstellen im gesamten Nordwesten, viele beschränken sich auf Kalifornien. Aber GS-Sportreisen GmbH, Arnulfstraße 300, 80639 München, Tel. 089 27 81 84 84, www.gs-sportreisen.de, vermietet Harleys ab Seattle und Vancouver.

## Tanken und Verkehrsregeln

Inzwischen verkaufen die nordamerikanischen Tankstellen nur bleifreies Benzin *(unleaded gasoline, gas)* und Diesel *(diesel)*, die meisten Zapfsäulen funktionieren mit den gängigen Kreditkarten. Anders als in Kanada und Europa wird in den USA das Benzin in

Gallonen gemessen, 1 gal entspricht 3,785 l. Mit leerem Tank auf einer einsamen Strecke liegenzubleiben ist keine angenehme Erfahrung, deshalb sollte jede Gelegenheit zum Auffüllen von Treibstoff genutzt werden, besonders bevor man zu Touren durch einsame Gegenden aufbricht. Das Tankstellennetz ist längst nicht so ausgebaut wie in Mitteleuropa. Ein bedeutender Unterschied ist zudem, dass sich Tankstellen nicht an den Highways oder Interstate-Routen befinden, sondern an den Ortsrändern. Hinweisschilder weisen aber rechtzeitig vor einer Ausfahrt auf die *Services* wie z. B. Tankstellen, Restaurants oder Hotels hin.

Manche Verkehrsregeln unterscheiden sich von den deutschen. So darf an roten Ampeln grundsätzlich rechts abgebogen werden, falls es nicht ausdrücklich durch ein anderes Zeichen verboten ist. An ampelfreien Kreuzungen fährt zuerst, wer als Erster zum Halten kam. Die gelben Schulbusse dürfen weder überholt noch aus der Gegenrichtung passiert werden, wenn sie blinkend am Straßenrand stehen. Auf manchen Interstates oder Highways besonders in Großstadtnähe sind Fahrstreifen für Car-Pools ausgewiesen, d. h., nur solche Autos dürfen sie benutzen, die mindestens zwei oder mehr Fahrgäste befördern. Und das strikte Alkoholverbot in USA und Kanada sollte beim Autofahren unbedingt beachtet werden, die Polizei ahndet Verstöße rigoros.

## Bahn

Um die großartigen Landschaften des Nordwestens mal ganz anders genießen zu können, lohnt es sich auch, eine Bahnfahrt ins Auge zu fassen. Die Bahngesellschaft Amtrak bietet online Ticketkauf und Reservierungen an sowie Rabatte und Sondertarife. Ein USA-Ticket für 15 Tage beispielsweise kostete 2009 für einen Erwachsenen 389 $, darin sind acht Strecken enthalten. Für Kalifornien gibt es einen eigenen Rail Pass zum Preis von 159 $, www.amtrak.com.

Die Strecken bzw. Züge haben hier Namen, sie dienen zur Orientierung bei der Buchung: **Amtrak Cascades:** Vancouver, BC – Seattle – Tacoma – Portland – Salem – Eugene. **Coast Starlight:** Seattle – Portland – Salem – Eugene – Klamath Falls – Redding – Sacramento – Los Angeles. **Empire Builder:** Seattle oder Portland – Spokane – Sandpoint – Whitefish – West Glacier – Browning – Chicago.

## Bus

Mit den Überlandbussen der **Greyhound Lines** lassen sich weite Strecken zurücklegen, sowohl in den USA als auch in Kanada. Es gibt 2300 Stationen in ganz Nordamerika, möglich sind auch Kombinationen zwischen einem Bahnticket von Amtrak und einer Fahrkarte für den Bus. Tickets sind auch online zu buchen. Für ausländische Reisende besteht die Möglichkeit, günstigere Tarife zu bekommen, Auskunft über Tel. 214-849-8100. Greyhound Lines, Inc., P. O. Box 660362, Dallas, TX 75266-0362, www.greyhound.com. In Kanada erhalten Reisende mit einem internationalen Jugendherbergsausweis 25 % Rabatt bei Einzeltickets, www.greyhound.ca. Lokale und regionale Bustouren werden in vielen Orten von einer Vielzahl von Gesellschaften angeboten, nach denen man sich im jeweiligen Visitor Center erkundigen kann. In den Großstädten wie Vancouver, Seattle, Portland und San Francisco gibt es öffentlichen Nahverkehr: Tagespässe oder Touristentickets sind günstiger als Einzeltickets und die Busnutzung erspart das oft mühselige Parkplatzsuchen. Zudem ist das Parken nicht billig.

## Flugzeug

Selbst kleinste Orte in den USA haben einen Flugplatz, der von JetBlue, Delta oder einem der vielen Billigflieger bedient wird. Über das Webportal www.cheapflights.com lassen sich leicht günstige Flüge innerhalb des Kontinents finden.

## Hotels und Motels

Ob es günstiger ist, von Europa aus eine Unterkunft zu buchen oder besser erst im Land, hängt nicht nur von der Spontanität des Reisenden, sondern auch von den künftigen Preisentwicklungen ab. Der Online-Vergleich am heimischen PC lohnt sich sicher, insbesondere zwischen großen Reiseveranstaltern (wie z. B. Expedia), Hotelketten wie Holiday Inn und den Angeboten der Hotels direkt. Individuellere Häuser, die nicht in begehrten touristischen Zentren liegen, geben auf telefonische Nachfrage meist Rabatte. Außerhalb der zentralen Ferienzeit Nordamerikas (Mitte Juni bis Anfang September) ist eigentlich überall Spielraum für Preisnachlässe vorhanden, nur in den Großstädten muss man mit Messen, Kongressen oder Veranstaltungen rechnen. Oft sind dann aber die Wochenenden billiger als die Werktage. Mitglieder des ADAC (ACS, Schweiz; ÖAMTC, Österreich) sollten ihren Ausweis dabei haben, viele Hotels geben auf die Mitgliedschaft Rabatt. Auch über 55-Jährige haben als Senior gute Chancen auf Preisnachlässe, ebenso werden Kinderbetten oft unentgeltlich im Zimmer aufgestellt.

An Unterkünften verschiedenster Komfortklassen mangelt es in den USA und in Kanada nicht, selbst im einfachsten Haus gehören ein Fernseher, Bad/Dusche, Telefon und meist ein Queen-Size-Bett (ca. 1,50 m Breite) zum Standard. Die Preise sind immer Netto-Zimmerpreise, je nach Staat und Stadt kommen unterschiedliche Steuern hinzu. Frühstück ist meist nicht inbegriffen, allerdings ist dieser

### Übliche Bettengrößen
**King Size**: 190 x 200 cm
**Queen Size:** 150 x 200 cm
**Full oder Double Bed**: 137 x 190 cm
**Twin oder Single Bed:** 99 x 190 (sind eher selten zu finden)

### Preisnachlass
Viele der im Reiseführer angegebenen Kosten für Unterkünfte erscheinen auf den ersten Blick recht teuer. Es lassen sich aber immer wieder günstigere Preise für das jeweilige Haus finden, dafür gibt es mehrere Möglichkeiten: direkt im Hotel nachfragen und sich nach einem Rabatt (besonders für Automobilclub-Mitglieder und Senioren) und Paketen erkundigen. Mitunter sind auch über www.expedia.com oder www.hrs.com günstigere Angebote für das gleiche Hotel zu finden.

Service im Kommen (complementary breakfast), besteht aber in der Regel aus Gebäck, abgepacktem Müsli, mit Glück etwas Obst. Viele Hotels, insbesondere die Ketten der Mittelklasse wie Best Western, Red Lion, Holiday Inn Express, La Quinta, Ramada oder Travellodge, bieten Kaffeemaschinen, Minikühlschränke, Mikrowelle, Bügeleisen und -brett und meist auch kostenlosen Internetanschluss im Zimmer an, zudem haben sie oft an zentraler Stelle Waschmaschinen und Trockner für die Gäste. Der amerikanische **Automobilclub AAA** (American Automobile Association Inc.) vergibt Bewertungen und Empfehlungen für Hotels in Form von Diamanten. Über deren Portal kann man auch Zimmer buchen: www.aaa.com. Im Westen Kanadas heißt der Automobilclub BCAA (British Columbia Automobile Association), dort werden die gleichen Vergünstigungen angeboten: www.bcaa.com.

Besonders preisgünstig sind große Motelketten wie Motel 6, Super 8, Econo Lodge, Days Inn, Comfort Inn oder Quality Inn, die in der Regel kleinere Standardzimmer ohne viel Komfort anbieten. Diese Hotels befinden sich meist an den Ein- bzw. Ausfallstraßen der Städte, während es die teureren Ketten wie Holiday Inn, Best Western, Red Lion und La Quinta auch in den Innenstädten gibt.

# Bed & Breakfast

Auch im Nordwesten der USA und im Westen Kanadas haben sich viele Privatleute darauf eingelassen, in ihrem Haus Zimmer und Frühstück für Reisende anzubieten. In Washington, Oregon oder Nordkalifornien beispielsweise sind es oft die viktorianischen Villen, die, liebevoll ausgestattet mit alten Möbeln, eine reizvolle Alternative zum Hotel bieten. Ein Gespräch über die eigene Reise, die Erfahrungen anderer Touristen oder über Ausgeh- und Besichtigungstipps kommt leicht zustande und am morgendlichen Frühstückstisch lernt man auch schnell die anderen Hausgäste kennen. Bed-&-Breakfast-Angebote umfassen alle Preiskategorien. In den schönen Lagen der Innenstädte und in den restaurierten Gründerzeitvillen sind sie meist teurer als Hotels. Dafür schläft man manchmal in plüschigen Himmelbetten, kann die Dekorationskünste der Hausfrau bewundern und sich in den Geist des alten Hauses versenken. Vermeiden sollte man Häuser mit rigiden Vorschriften wie z. B. die Schließung der Haustür um 22 Uhr, das ist meist ein Zeichen für pedantische Gastgeber. Zur Vorabinformation: www.bnbfinder.com, www.bb online.com oder www.bbcanada.com.

# Apartments/Ferienhäuser

Ein riesiges Angebot an Ferienhäusern im Nordwesten der USA macht es nicht einfach, sich für das richtige zu entscheiden. In den ländlichen Regionen werden mehr Cottages und Cabins (Holzhäuser und -hütten) während des Sommers vermietet. In den Städten bieten Apart-Hotels ganzjährig kleine Wohnungen an, ebenso existiert ein Anbietermarkt von oft privaten Wohnungsbesitzern (www. vrbo.com – *vacation rentals by owner*). Wenn man sich eine Woche oder länger an einem Ort aufhalten will, ist ein Apartment oder ein Cabin sicher eine preiswerte Alternative zu einem Hotel. Einen Überblick geben: www.va cation-apartments.com, www.secondcasa. com, empfehlenswert für Montana ist die Website www.mountain-home.com. Viele Campgrounds haben einfache Cabins auf ihrem Gelände, z. B. im Yellowstone National Park bestehen die »Villages« gut zur Hälfte aus solchen Siedlungen, www.nps.gov/yell.

# Ranches

Urlaub auf einer Ranch – hautnah den Wilden Westen erleben –, das ist Aktivurlaub in Reinkultur. Ranchurlaub in seiner authentischsten Form, auf sogenannten *Working Ranches,* ist gewöhnlich gleichbedeutend mit körperlicher Arbeit und vielen Stunden im Sattel.

Die Rinder müssen geholt oder von abgegrasten Weiden zu frischen Futterquellen getrieben werden. Je nachdem, wie groß die Herde ist, kann man dazu auch einmal ein paar Tage unterwegs sein, denn die Herde, oft 1000 und mehr Tiere, verteilt sich über große Gebiete. Zäune bauen oder ausbessern, Wege instandhalten, das Füttern der Tiere oder das Verteilen von Salzlecksteinen sind weitere Arbeiten, die im Alltag eines Urlaubscowboys anfallen.

Trotz aller Mithilfe und körperlichem Einsatz, den man den Ranchern zur Verfügung stellt, ist ein solcher Urlaub kein billiges Vergnügen. Je nach Komfort und Unterbringungsvariante liegt der Wochenpreis zwischen 1000 und 3000 $. Natürlich ist nichts ein Muss, wer einfach nur Ruhe und Entspannung sucht, ist ebenso willkommen. Auf manchen Ranches werden darüber hinaus auch Aktivitäten wie Rodeos, Lasso werfen, Lagerfeuer, Barbecues, Angeln, Wandern, Hufeisenwerfen, Reitkurse u. v. m. angeboten. Die Angebote unterscheiden sich gemäß der unterschiedlichen Ausstattung der Ranches.

## Dude & Guest Ranch

Diese Art von Ranches hat sich völlig auf die Unterbringung von Gästen in Cowboyatmosphäre eingestellt, d. h., die Viehzucht spielt keine Rolle mehr für den Betrieb. Dafür stehen Pferde im Mittelpunkt und mit ihnen kürzere oder längere Ausritte zu attraktiven Zielen der Umgebung. Oft liegen die Ranches auch an Flüssen, sodass Angeln und Fischen zum Angebot gehören. Sie sind zur Erholung gedacht, nicht, um ›Hand anzulegen‹. Der Gast erlebt das Flair des Cowboylebens, ohne vom Arbeiten Schwielen an den Händen zu bekommen, und kann zugleich entspannen; diese Ranches sind bei Familien besonders beliebt.

## Working Cattle Ranch

Demgegenüber stehen die *Working Cattle Ranches,* die noch vollen Vieh- oder Pferdezuchtbetrieb haben, d. h., hier wird tatsächlich hart gearbeitet. Die Unterbringung und Verpflegung von Gästen ist zu einem immer interessanter werdenden Nebenerwerb geworden, denn die Nachfrage nach Ranchurlaub steigt. Ein Gast darf hier aber nicht mit dem Komfort rechnen, der auf *Dude* oder *Resort Ranches* geboten wird. Auch wird die Zahl der aufzunehmenden Gäste stärker limitiert, denn zu viele Besucher würden den Betrieb stören. Man kann an Viehtrieben *(cattle drives)* und Arbeitsausritten teilnehmen. Zu bedenken bleibt dabei, dass diese Art Ausritt nicht erstrangig zum Vergnügen des Gastes gemacht wird, sondern um Arbeit zu verrichten, in die der Gast sozusagen hinein- schnuppern darf. Wer *cattle drives* mitmachen möchte, sollte reiterfahren sein.

## Resort/Lodge Ranch

Der Begriff Resort zeigt schon die Verwandtschaft mit einem Hotel an. Im Prinzip handelt es sich dabei um die Umwandlung einer Ranch in eine komfortable Hotelanlage mit Westernumgebung. Pferde sind fester Bestandteil der Ranch. Und alles ist auf familienfreundliche Unterbringung und Unterhaltung der Gäste ausgelegt, man muss nicht auf Sauna, Pool, Tennis oder Golf verzichten.

# Hausboote

Ferien auf dem Wasser sind ein vergleichsweise teures Vergnügen, denn die Hausboote bieten meist Platz für mindestens sechs Personen, und so muss man für eine dreitägige Anmietung beispielsweise auf dem Shasta Lake in Nordkalifornien im Frühsommer mit gut 1000 $ rechnen. Noch etwas mehr muss man bei Island Houseboats auf Vancouver Island hinlegen: Sieben Tage auf dem Cowichan Lake sind nicht unter 1500 $ (CAD) zu bekommen. Aber es kann sich lohnen, einmal ein paar Tage die Ruhe eines Sees zu genießen, nur einige Wasservögel um sich herum zu haben und die Seele einfach baumeln zu lassen. Im Hochsommer sollte ein Boot allerdings unbedingt im Voraus gebucht werden. Die Nachfrage ist besonders in Nordkalifornien groß, und es hat wenig Aussicht auf Erfolg, einfach in eine Marina zu fahren.

# Jugendherbergen

Recht preiswert übernachtet man als Mitglied des Jugendherbergsverbands in amerikanischen und kanadischen Jugendherbergen. In der Regel werden Betten in Schlafsälen angeboten, manchmal auch etwas teurere Privatzimmer. Listen der Jugendherbergen finden sich unter www.hihostels.ca für Kanada (Hostelling Association International Canada, 400-205 Catherine St., Ottawa, Ontario K2P 1C3, Tel. 1-800-663-5777) und unter www.hiusa.org für die USA (Hostelling International USA, National Administrative Office, 8401 Colesville Road, Suite 600, Silver Spring, MD 20910, Tel. 301-495-1240).

# Camping

Der größte Anbieter von Campgrounds/RV Parks in Nordamerika ist KOA. Ungefähr 500 Plätze werden von dieser Gesellschaft mit Sitz in Billings (Montana) betrieben. Online-Buchungen sind möglich und im Sommer auch ratsam, www.koa.com, Tel. 1-406-248-7444.

Die meisten dieser Plätze haben saubere Sanitäreinrichtungen, warme Duschen, Wäscheautomaten und Geschäfte, wo man für den täglichen Grundbedarf einkaufen kann. In den Nationalparks im Nordwesten unterstehen die Campgrounds zum Teil der Parkverwaltung, im Yellowstone N. P. sind einige in der Hand privater Anbieter.

Jährlich werden mehrere aktuelle Verzeichnisse der Camping- und Zeltplätze veröffentlicht. Sowohl die Luxusplätze als auch die einfachen Plätze werden detailliert mit Angaben der zur Verfügung stehenden Ausstattung angeführt. Diese Verzeichnisse sind in jeder guten Bücherei oder in jedem Ausrüstungsgeschäft für Outdoor-Aktivitäten zu erhalten. Der amerikanische Automobilclub

(AAA) verkauft ebenfalls eine Liste von Campingplätzen/RV-Parks. Broschüren zu RV-Plätzen sind erhältlich für Idaho, www.rvidaho.org, für Washington, www.washingtonrvparks.com, für Montana, www.montanarvparks.com, für die anderen Bundesstaaten lohnt sich auch www.rvparkhunter.com. Nicht für alle Plätze sind Vorausbuchungen möglich, besonders die-jenigen in den National oder Regional Parks behandeln die Reisenden nach der Devise: Wer zuerst kommt, wird zuerst bedient *(first come, first served)*. Erst nachmittags an einem solchen Platz anzukommen kann besonders im Sommer bedeuten, keinen freien Fleck mehr vorzufinden.

**Idyllische Lage direkt am Fluss: die Stanley River Lodge**

# Sport und Aktivurlaub

So vielfältig und abwechslungsreich wie die Landschaften im Nordwesten von Nordamerika sind auch die Möglichkeiten, sich sportlich zu betätigen. Das Reisegebiet ist ein wahres Dorado für Abenteuerlustige, Naturfreunde und Sportbegeisterte. Mit ausgedehnten Wanderungen lassen sich die zahlreichen ursprünglichen Naturparks erschließen, jede Form von Herausforderung ist in der Wildnis der Rocky Mountains oder der Cascade Range zu finden. Auch Bergsteiger haben vielerorts Möglichkeiten, ihrem Hobby nachzugehen. Immer mehr Anbieter von Marathon- oder anderen Langstreckenläufen quer durchs Land weisen interessante Strecken aus, wenn man nicht in den Städten wie Vancouver den Wettbewerb sucht. Ebenso finden Radfahrer eine breite Palette von abwechslungsreichen Touren. Eine der schönsten ist mit Sicherheit die Küstenstraße Highway 101 in Oregon und Nordkalifornien. Alle Arten von Wassersport wie Segeln, Kiten, Surfen oder Kajaken und Wildwasser-Rafting können am Pazifik, auf den zahllosen Seen und auf Flüssen ausgeübt werden, die Infrastruktur der Anbieter ist gut ausgebaut. Montana, Idaho und Wyoming sind ein Paradies für Angler, dort ist Fliegenfischen zur Perfektion gebracht worden. Immer mehr Anhänger findet das Golfen in Nordamerika. Rund um größere Ansiedlungen sind meist mehrere Plätze in schönsten Lagen zu finden. Der ehemalige Wilde Westen ist natürlich auch Pferdeland. Reiter kommen hier auf jeden Fall auf ihre Kosten und finden vor allem in Montana, Wyoming und West-Kanada zahlreiche Gelegenheiten, die Natur vom Rücken ihres Reittieres aus zu erleben.

Viele der wunderschönen Wintersportorte im Nordwesten sind bei Weitem noch nicht so überlaufen wie die in den Alpen. Big Sky in Montana, die Snow King Mountain Ski Area bei Jackson am Rand des Grand Teton National Park oder das Sun Valley in Idaho bieten ebenso wie der Mount Hood bei Portland in Oregon oder der Mount Baker in Washington schneesichere Skigebiete. Vancouver/Whistler in Kanada waren 2010 Austragungsort der Winterolympiade. Dort sind für alle Wintersportarten beste Voraussetzungen geschaffen worden.

## Angeln

Angeln bzw. Fischen ist eine sehr beliebte Freizeitbeschäftigung der Nordamerikaner und daher entsprechend gut organisiert. In allen Orten an Flüssen und Seen gibt es günstig alles an notwendigem Zubehör zu kaufen. Um diesen Sport ausüben zu können, benötigt man allerdings eine **Genehmigung.** Diese Lizenzen gibt es in den Parks bei der Parkverwaltung oder der Rangerstation, sonst beim Visitor Center oder in ganz kleinen Orten auch im General Store oder an einer Tankstelle. Für den Yellowstone National Park beispielsweise kostet eine 3-Tages-Lizenz 15 $ und man muss dafür nur eine ID (*identification,* also Pass oder Führerschein mit Bild) vorzeigen. Über die Websites der Bundesstaaten kann man sich im Vorfeld über die jeweiligen Bedingungen und Preise informieren, sie differieren zum Teil erheblich. In Montana braucht man z. B. zwei Genehmigungen für das sportliche Vergnügen und in allen Bundesstaaten wird auch nach Einwohnern und Nicht-Einheimischen unterschieden. In British Columbia (Kanada) gibt es eine 8-Tages-Lizenz für Ausländer für 50 CAD (www.env.gov.bc.ca/fw/fish/licences/#Basic), die online über www.fishbc.com zu beziehen ist.

## Golfen

Nicht nur die Rentner in Florida tun es, auf den unzähligen grünen Wiesen im Nordwesten sind vielmehr alle Altersgruppen unterwegs. Golfen ist Nationalsport geworden, beinahe jede Stadt verfügt über mindestens einen Platz. Alteingesessene elitäre Clubs mit zum Teil beeindruckenden Vereinshäusern finden sich darunter ebenso wie funktionale Hallen mit einem Trainingsgelände für Anfänger, die von jedermann gegen eine Gebühr zu nutzen sind.

Mitglieder eines Golfclubs in Europa können über ihre Organisation günstige Plätze finden, für interessierte Gelegenheitsgolfer bietet die Website http://search.golf.com/golf-courses/us einen Überblick über alle Bundesstaaten der USA und deren verfügbare Golf-Courses. Die Seite www.canada golfguide.com hilft bei der Suche in Kanada und www.golfguide.com listet seit 25 Jahren alle Plätze in ganz Nordamerika auf. Eine Golfausrüstung ist inzwischen auch in Europa erschwinglich geworden, die Preise in den USA sind nicht mehr günstiger.

## Mountainbiking

Trotz der großen Entfernungen gewinnt das Mountainbiken im Nordwesten immer mehr Anhänger. In Städten wie Portland, Seattle oder Boise gehören Fahrräder inzwischen zum Straßenbild dazu und in den National ebenso wie in den State Parks setzen Umweltfreunde ihre Naturbegeisterung ganz konkret ohne $CO_2$-Belastung um, allerdings ist Radfahren nicht überall auf den Wanderwegen erlaubt. Die **Adventure Cycling Association** gibt eine Menge Tipps zu interessanten Routen und stellt Karten zur Verfügung: 150 East Pine Street, Missoula, MT 59807, www.adventurecycling.org. Fahrradverleiher gibt es in allen größeren Städten des Reisegebiets, sie sind am besten über die gelben Seiten in den Telefonbüchern zu finden. Für die Küste von Oregon liegt eine eigene Radwanderkarte vor, die »Oregon Coast Bike Route«, sie ist im jeweiligen örtlichen Visitor Center erhältlich.

## Reiten

Eine wunderbare Gelegenheit, die vielfältige Natur zu erleben, sind organisierte Reittouren (horseback riding), die von vielen Veranstaltern und von verschiedenen Ranches angeboten werden. Im Yellowstone National Park gibt es im Canyon Village und in Tower-Roosevelt Ställe für Pferdeverleih und geführte Touren und im Grand Teton National Park hält die Flagg Ranch friedliche Tiere für Ausritte bereit. Auch Anfänger können sich hier im Sattel erproben, aber besser ist es, schon einmal auf einem Pferd gesessen zu haben. Wer gezielt Reiterferien in den USA buchen möchte, sollte die Dude-Ranches in Erwägung ziehen (www.guestranches.com), s. S. 80. Auch deutsche Reiseanbieter arbeiten in den USA mit Ranches zusammen.

## Wandern

Egal ob man nur spazieren gehen will oder ausgedehnte Wanderungen unternehmen möchte, in den zahllosen Naturgebieten findet jeder genügend Möglichkeiten, seine Beine zu bewegen. Fast alle ausgewiesenen Wege sind gut ausgebaut und befestigt und zudem beschildert, sodass man auch wieder zurückfindet. Eigene Routen sollte man sich allerdings nicht suchen, die Nationalparks sind Wildnisgebiete und für den Neuling nicht ungefährlich. Zudem würden die Ranger bei Unfällen oder sonstigen Problemen Schwierigkeiten haben, Hilfsbedürftige zu finden, da in den Parks fernab der Straßen kein Mobilfunk funktioniert. Deshalb sollte man bei einer größeren Tour bei den Parkrangern Bescheid sagen oder am Informationsbrett am trailhead einen Zettel mit der Route hinterlassen. Abzuraten ist auch von Wanderungen in den scheinbar menschenleeren Gebieten im Nordwesten, man stößt immer wieder auf Zäune, d. h., nicht zugänglichen Privatbesitz.

Die Website www.cooltrails.com verschafft einen Überblick über die schier unbegrenzten Angebote an ausgewiesenen Wanderwegen, dazu gibt es detaillierte Informationen zu Länge, Schwierigkeitsgrad und den Attraktionen der Strecken. Die **American Hiking Society** hat sich auf die Fahnen geschrieben, Wanderer für Umweltschutz zu sensibilisieren und Wanderwege instand zu halten. Sie geben auch nützliche Tipps zur Vorbereitung einer Wanderung (www.americanhiking.org).

Als einer der berühmtesten Trails im Nordwesten gilt der **Pacific Crest Trail,** der von der kanadischen Grenze durch Washington, Oregon und Kalifornien bis nach Mexico ausgewiesen ist, insgesamt 4265 km. Über die Website www.pcta.org kann man Karten, diverse Führer und eine CD-Rom erwerben.

Der Name ist mit der Geschichte der USA dicht verwoben, die Erschließung des wilden Landes westlich der Rocky Mountains an diese Route gebunden, an den sagenhaften **Oregon Trail** (s. S. 222). Er führt von Independence in Missouri über Nebraska, Wyoming und Idaho nach Oregon City bei Portland. Viele Teilstücke sind als Straßen ausgewiesen, in der Nähe verlaufen dann die Wanderwege bzw. liegen die historisch bedeutsamen Stätten, zu denen man laufen kann (www.nps.gov/oreg/planyourvisit/maps.htm).

**Vorbereitungen für einen Reitausflug in die Berge der North Cascades bei Mazama**

Ebenso häufig stößt man auf Schilder zum **Lewis & Clark Historic Trail.** Ohne die Expedition der von Präsident Thomas Jefferson beauftragten Offiziere William Clark und Meriwether Lewis wäre es nicht um 1804/06 zur Erschließung des Wilden Westens jenseits der Rocky Mountains gekommen (s. S. 222). Der Weg beginnt in Washington D. C. und durchquert elf Bundesstaaten, u. a. Montana, Idaho, Washington und Oregon, wo die Expedition südlich von Astoria in Fort Clatsop 1805/06 überwinterte. Entlang der Strecke gibt es immer wieder Erläuterungsschilder und Info-Center, denn an diesem Wanderweg sind die verschiedensten Organisationen beteiligt und nur ein kleiner Teil wird vom National Park Service betreut (www.nps.gov/lecl/index.htm). Für den 5955 km langen Wanderweg durch die USA existiert auch eine eigene Website: www.lewisandclarktrail.com.

Seit den 1960er-Jahren wird der **Continental Divide Trail** (www.cdtrail.org) ausgebaut, ein Wanderweg entlang der kontinentalen Wasserscheide, der von der kanadischen Grenze aus durch Montana, Wyoming, Colorado und New Mexico bis zur mexikanischen Grenze verläuft. Noch sind nicht alle Teilstücke fertig, die Website gibt Aufschluss über den aktuellen Stand.

# Wassersport

Endlos scheinende Wasserstraßen wie der Columbia River und der Snake River sowie unzählige kürzere Flüsse und eine kaum zu zählende Anzahl kleinerer und größerer Seen sowie die über 1000 km lange Pazifikküste machen das Reisegebiet zu einem Paradies für Wassersportler. Hier wird alles angeboten, was im, auf oder mit Wasser an sportlichen Betätigungen möglich ist. Insbesondere Wildwasser-Rafting erfreut sich zunehmender Beliebtheit, was im Sommer naturgemäß zu Wartezeiten an den Abfahrtstellen führen kann. Erfahrene Kajakfahrer werden aber genügend Strecken finden, die noch nicht überlaufen sind und wo sich die Herausforderungen eines wilden Flusses ebenso wie die Naturschönheiten noch relativ allein genießen lassen. Die Website www.paddling.net bietet eine Zusammenstellung der vielen Anbieter von Kajaktrips und jede Menge Tipps für interessante Strecken – sortiert nach Bundesstaaten sowie Adressen von Geschäften für Ausrüstungsbedarf etc.

An jedem größeren See findet man eine Marina, wo auch Segelboote oder Kanus verliehen werden. Als schönes Segelgebiet gilt der Lake Coeur d'Alene in Nord-Idaho. Nicht nur die Winde sind dort selbst für Anfänger nicht zu stark, sondern auch die abwechslungsreiche Landschaft um den See herum lässt einen Segeltörn zu einem Erlebnis werden. Einen Segelschein braucht man in der Regel nicht, der Verleiher will auf jeden Fall aber eine Kreditkarte sehen.

Starkwindsurfer zieht es seit einiger Zeit nach Hood River am Columbia River im nördlichen Oregon. Der Fluss ist in dieser Gegend breit wie ein See und die einfallenden Winde lassen die Surfsegel und die Wellen tanzen.

Viele der Bergseen im Norden sind recht kalt und erwärmen sich auch im Hochsommer nicht unbedingt auf Badewannentemperaturen. Auch der Pazifik ist ein eher kaltes Gewässer. Da es aber an seiner Küste wunderschöne Strände gibt, wo man sich im Hochsommer gut aufheizen kann, wird die Abkühlung in den Fluten sicher als angenehm empfunden.

# Wellness & Fitness

Nahezu alle Hotels der Mittelklasse bieten inzwischen mindestens einen kleinen Fitnessraum mit Trainingsgeräten wie einem Laufband oder einem Fahrrad an, oft gibt es auch einen Swimmingpool. Ausgesprochene Wellness-Hotels sind für eine einmalige Übernachtung oft recht teuer, dort sollte man eher nach mehrtägigen Paketen Ausschau halten. Fitnesscenter existieren in jeder größeren Stadt und sind am besten über die gelben Seiten der Telefonbücher zu finden.

# Wintersport

Auch wenn die Gletscher im Glacier National Park im Norden Montanas auf dem Rückzug sind, genügend Schnee für alle Arten von Wintersport fällt in den Rocky Mountains und den North Cascades immer noch. Besonders in den Rockys kommt der Schnee früh und bildet eine solide Grundlage für die gut ausgebauten Pisten der vielen Skigebiete im Reisegebiet. Das Wetter in den Bergen ist allerdings sehr unterschiedlich. Es kann an einem Tag zu Sonnenschein, einem Schneesturm und heftigen Schneefällen kommen, sodass sich die Sportler mit ihrer Kleidung auf die klimatischen Veränderungen einstellen und am besten vor Beginn ihrer Tagesplanung den örtlichen Wetterbericht zur Kenntnis nehmen sollten.

## Beliebte Skigebiete

**In Washington:** Crystal Mountains bei Seattle (www.skicrystal.com), Mount Baker bei Bellingham (www.mtbaker.us), Mount Spokane State Park bei Spokane (www.mtspokane.com).

**In Oregon:** Mount Hood bei Portland (www.skihood.com), Mount Bachelor bei Bend (www.mtbachelor.com).

**In Nordkalifornien:** Mount Shasta bei Redding (www.skipark.com).

**In Idaho:** Schweitzer Mountain bei Sandpoint (www.schweitzer.com), Silver Mountain bei Kellog (www.silvermt.com), Bogus Basin bei Boise (www.bogusbasin.org), Sun Valley/Ketchum (www.sunvalley.com), Pebble Creek bei Pocatello (www.pebblecreekskiarea.com).

**In Montana:** Big Mountain bei Whitefish (www.skiwhitefish.com), Big Sky bei Bozeman (www.bigskyresort.com), Lone Mountain Ranch bei Bozeman (www.lonemountainranch.com)

**In West Wyoming:** Snow King Mountain Area bei Jackson (www.snowking.com), Jackson Hole Mountain Resort bei Teton Village (www.jacksonhole.com).

**In Kanada/Vancouver:** Grouse Mountain (www.grousemountain.com), Cypress Mountain (www.cypressmountain.com), Mount Seymour (www.mountseymour.com) sowie Whistler Blackcomb Mountains (www.whistlerblackcomb.com).

Es kann sich lohnen, bei Einkäufen auf den jeweiligen Bundesstaat zu achten: Oregon und Montana haben z. B. keine *sales tax*, d. h., auf Lebensmittel und andere Waren fällt keine Steuer an. Als Tourist in Kanada kann man sich vor der Ausreise die gezahlten Steuern zurückzahlen lassen, dafür muss man aber alle Belege gesammelt haben.

Einkaufen gehört zu den Lieblingsbeschäftigungen der Nordamerikaner. Sogar junge Leute verabreden sich in den Malls und wenn es nur zum *window shopping* ist. Niemand kauft dort etwas zum regulären Preis, denn es gibt immer irgendwo einen Sonderverkauf *(sale)*. Die Suche nach dem besten Schnäppchen hat auch schon vor der Krise 2008/09 wettbewerbsartige Züge angenommen.

Es gibt nahezu keine Gelegenheit, die nicht für eine Herabsetzung der Preise genutzt wird: Besonders um die langen Wochenenden mit Feiertagen locken die Geschäfte mit erdrutschartigen Rabatten. Für Europäer zunächst ungewohnt ist die Tatsache, dass immer noch die jeweilige Landessteuer zu dem ausgewiesenen Preis hinzugerechnet werden muss; das hat schon manches Erschrecken an der Ladenkasse ausgelöst; 8,25 % muss man i. d. R. beispielsweise in Kalifornien zum Preis dazurechnen, in Washington 6,25 %.

Um den Missbrauch von Kreditkarten vorzubeugen, wird häufig verlangt, dass man an der Kasse beim Bezahlen mit der Kreditkarte ein Ausweisdokument mit Lichtbild vorzeigt. Als Tourist sollte man deshalb z. B. den Führerschein dabei haben, das reicht.

## Souvenirs

Es gibt nicht mehr viele Waren, die als typisch amerikanisch oder kanadisch bezeichnet werden können und nicht in Europa zu kaufen sind. Am ehesten kommen noch Kunstwerke der Indianer infrage, wie Masken, Puppen, Zeichnungen und Lithografien oder Schmuck. Stetsonhüte, Westernstiefel und Gürtel sind vor Ort in Idaho oder Montana sicher preiswerter zu kaufen als in der Heimat. Bisonfleisch oder Lachs können luftdicht verpackt als Souvenir mitgenommen werden.

## Öffnungszeiten

Ladenschlusszeiten existieren nicht. Jedes Geschäft entscheidet selbst, wie lange es geöffnet hat. Manche Supermarktketten wie Safeway oder Save-on-Food bieten bis Mitternacht ihre Dienste an, andere Läden schließen pünktlich um 18 Uhr. Die Malls haben in der Regel auch sonntags geöffnet, dann haben schließlich die meisten Leute Zeit, einkaufen zu gehen.

## Factory Outlets

Schnäppchenjagd gehört auch in Nordamerika zu den beliebten ›Sportarten‹, und so wundert es nicht, wenn diese Fabrikverkaufsstellen mancher Markenhersteller größere Parkplätze als manche herkömmliche Mall aufweisen. Nicht immer erhält man dort die neueste Mode, doch teilweise erhebliche Preissenkungen bei Stücken aus den Kollektionen der vergangenen Saison. Deshalb kann es sich lohnen, beispielsweise bei Tualip nördlich von Seattle einzukaufen. Die Kette Chelse Premium Outlets hat dort sowie in North Bend und in Troutdale bei Portland jeweils riesige Einkaufszentren errichtet, wo die gängigen amerikanischen und auch europäische Marken zu Sonderpreisen angeboten werden (www.premiumoutlets.com).

Einen Überblick zu allen Fabrikverkäufen in den USA gibt die Website www.outletbound.com/usa50.html; dort kann man gezielt nach den Centern in den Bundesstaaten suchen. In Montana und Wyoming existierten 2009 allerdings noch keine Factory Outlets.

# Ausgehen

Das Nachtleben in Großstädten wie Vancouver, Seattle, Portland oder San Francisco ist genauso an- und aufregend wie in den europäischen Metropolen und bietet auch ähnliche Vergnügungen wie Theater, Kinos, Kabarett, Musicals, Konzerte. Die Sinfonieorchester pausieren allerdings in den Sommermonaten (meist Juli und August), dann werden wie beispielsweise in Seattle in der Benaroya Hall andere Musikveranstaltungen angeboten. Im Nordwesten sind die Menschen im Sommer gern draußen und so gibt es in den Städten jede Menge Festivals und Unterhaltungsprogramme im Freien.

Auch in den ländlichen Gebieten wird in den Sommermonaten einiges für Gäste getan: Beinahe an jedem Wochenende findet ein Fest statt. Mal steht der Bezug zur Geschichte im Mittelpunkt wie z. B. in Virginia City in Montana oder auf San Juan Island in Washington. Aber auch Musik-Festivals, Open-Air-Theater mit zahlreichen Shakespeare-Aufführungen im gesamten Reisegebiet oder Rodeos und Pow Wows bieten viele Gelegenheiten, abendlichen Vergnügungen nachzugehen.

Bars oder Discos wird man auf dem Land eher selten finden. Außer in den ausgewiesenen Touristengebieten an der Küste nehmen die Chancen auf ausgedehnte Nachtschwärmereien deutlich ab. Beim Restaurantbesuch sollte darauf geachtet werden, dass die Dinnerzeit oft schon um 17 Uhr beginnt. Viele Restaurants schließen die Küche in der Woche gegen 21 Uhr, dann hat man eventuell in einem Pub oder einer Brewery noch eine Chance auf ein Abendessen, wenn es kein Fast-Food-Restaurant sein soll.

## Casinos

In einigen Gebieten der Indianerreservate haben sich Casinos angesiedelt und locken mit allen Arten von Unterhaltung zahlungswillige Gäste an. Nicht nur in den Hallen mit Spielautomaten, Karten- oder Roulettetischen kann man sich meist bis weit nach Mitternacht vergnügen, in den großen Casinos werden auch Shows und Auftritte bekannter Musikstars und Bands angeboten. Gesäumt von kleineren Spielhallen ist z. B. Great Falls in Montana, viele Familien kommen an Wochenenden vom Land in die Stadt und vergnügen sich an den Einarmigen Banditen.

**Countrymusic und Cowgirls garantieren in Montanas Bars für gute Stimmung**

## Maße, Gewichte und Temperaturen

Für Europäer eher ungewohnt sind die in den USA gebräuchlichen Maßeinheiten und Gewichte. Das gilt auch für Kanada, nur die Entfernungen und die Geschwindigkeitsregelungen werden dort in Kilometer angegeben statt in Meilen.

### Längenmaße

1 mile (mi) = 1,609 km
1 yard (yd) = 0,915 m
1 foot (ft) = 30,48 cm
1 inch (in) = 2,54 cm

### Hohlmaße

1 gallon (gal) = 3,785 l
1 barrel (bbl) = 119,228 l
1 quart (qt) = 0,94 l
1 pint (pt) = 0,47 l
1 fluid ounce (fl. oz.) = 0,03 l

### Gewichte

1 grain (gr) = 0,065 g
1 pound (lb) = 0,454 kg
1 ounce (oz) = 28,35 g
1 quarter (qt) = 12,701 kg
1 ton (t)  = 907,185 kg
1 stone = 6,35 kg

### Kleider- und Schuhgrößen

Die Maßangaben sind in den USA nicht so standardisiert wie in Europa, man sollte deswegen alles nach Möglichkeit anprobieren.

### Umrechnungstabellen

**Damenkleidung**

| D | 34 | 36 | 38 | 40 | 42 | 44 | 46 |
|---|----|----|----|----|----|----|----|
| US | 8 | 10 | 12 | 14 | 16 | 18 | 20 |

**Damenschuhe**

| D | 36 | 37 | 38 | 39 | 40 | 41 | 42 |
|---|----|----|----|----|----|----|----|
| US | 5 | 6 | 7 | 8 | 9 | 10 | 11 |

**Herrenkleidung**

| D | 44 | 46 | 48 | 50 | 52 | 54 | 56 | 58 |
|---|----|----|----|----|----|----|----|----|
| US | 34 | 36 | 38 | 40 | 42 | 44 | 46 | 48 |

**Herrenhemden**

| D | 36 | 38 | 39 | 40 | 41 | 42 | 43 | 44 |
|---|----|----|----|----|----|----|----|----|
| US | 14 | 15 | 15½ | 16 | 16½ | 17 | 17½ | 18 |

**Herrenschuhe**

| D | 39 | 40 | 41 | 42 | 43 | 44 | 45 | 46 |
|---|----|----|----|----|----|----|----|----|
| US | 7 | 7½ | 8 | 8½ | 9½ | 10½ | 11 | 11½ |

**Kinderkleidung**

| D (Alter) | 2–3 | 4–5 | 6–7 | 8–9 | 10–11 | 12 | 14 | 14+ |
|---|---|---|---|---|---|---|---|---|
| US (Größe) | 2–3 | 4–5 | 6–6x | 7–8 | 10 | 12 | 14 | 16 |

**Kinderschuhe**

| D | 24 | 26 | 27 | 28 | 29 | 30 | 32 | 33 | 34 |
|---|----|----|----|----|----|----|----|----|----|
| US | 7½ | 8½ | 9½ | 10½ | 11½ | 12½ | 13½ | 1½ | 2½ |

### Temperaturen

Temperaturen werden in Fahrenheit (°F) gemessen. Für die Umrechnung gilt die Formel: Fahrenheit minus 32 dividiert durch 1,8 ergibt Celsius. Umgekehrt: Celsius multipliziert mit 1,8 plus 32 ergibt Fahrenheit.

| ° Fahrenheit | ° Celsius |
|---|---|
| 1 | −17,2 |
| 10 | −12,2 |
| 20 | − 6,7 |
| 30 | − 1,1 |
| 40 | − 4,4 |
| 50 | 10,0 |
| 60 | 15,6 |
| 70 | 21,1 |
| 80 | 26,7 |
| 90 | 32,2 |

## FKK

Grundsätzlich ist Nacktbaden und Oben ohne in den USA illegal. Ausnahmen bestätigen aber auch hier die Regel: In Kalifornien gibt es einige FKK-Strandabschnitte, z. B. in San Franciscos National Recreation Area. Der einzige FFK-Strand in Oregon soll sich auf Sauvie Island befinden, einer kleinen Insel nordwestlich von Portland zwischen Columbia und Willamette River. Auch kleine Kinder laufen in der Regel nicht unbekleidet am Strand herum, es könnte die Empfindsamkeit anderer stören.

In Vancouver sieht man topless nicht ganz so eng, aber gänzlich unbekleidet flaniert niemand an den Hauptstränden.

## Frauen allein unterwegs

Nordamerikareisen stellen alleinreisende Frauen i. d. R. vor keine besonderen Probleme. Selbstverständlich sollten sie wie in jedem anderen Land übliche Sicherheitshinweise beherzigen. Allein zu trampen ist ebenso wenig ratsam wie nachts ohne Begleitung unterwegs zu sein. In den ländlichen Regionen kann man als alleinreisende Frau schon einmal Irritationen auslösen und zugunsten der reisenden Paare übersehen werden, was aber nicht persönlich gemeint ist.

## Rauchen

In Supermärkten und Tankstellen meist hinter Sichtschutz versteckt sind inzwischen die Zigaretten, man muss gezielt danach fragen. In allen öffentlichen Gebäuden, Restaurants, Bars und Hoteleingängen ist Rauchen verboten, selbst auf der Straße ist es nicht gern gesehen. Nicht alle Hotels haben noch Raucherzimmer, am besten vorab danach fragen.

## Strafzettel

Nach Erhalt eines Strafzettels *(ticket)* für falsches Parken, überhöhte Geschwindigkeit usw. sollte man am besten sofort bezahlen. In Einzelfällen kann es sonst bei künftigen Einreisen oder Aufenthalten Unannehmlichkeiten geben. Für Auskünfte sind die US-Behörden zuständig. Bei Einwänden wendet man sich direkt an die Stelle, die das Ticket ausgestellt hat. Dies gilt auch dann, wenn man die USA verlassen hat, ohne zu zahlen. Die deutschen Auslandsvertretungen in den USA haben keine

Möglichkeit, in diesen Fällen behilflich zu sein. Amerikanische Polizisten erwarten, dass Autofahrer, die sie zum Anhalten auffordern, im Fahrzeug sitzen bleiben, das Fenster öffnen und beide Hände sichtbar auf das Lenkrad legen. Aussteigen oder Ähnliches empfinden sie als Bedrohung und reagieren ggf. mit Selbstverteidigungsmaßnahmen.

## Trinkgeld

In den USA und Kanada sind Bedienungsentgelte nicht im Preis inbegriffen. Es ist üblich, in Restaurants, bei Taxifahrern und Friseuren ca. 15 % des Rechnungsbetrags als Trinkgeld zu geben. Für das Tragen eines Gepäckstücks gibt man gewöhnlich 1 $ und dem Zimmermädchen je nach Aufenthaltsdauer und Übernachtungspreis ca. 3–10 $. Aber nicht in kleinen Münzen, das gilt in Nordamerika als Beleidigung.

## Zeitzonen

Im Nordwesten gibt es folgende Zeitzonen: **Pacific Time:** Sie gilt für Kalifornien, Oregon, Washington, den Norden von Idaho und British Columbia. Dort ist die Uhrzeit 9 Std. hinter der MEZ zurück. Die **Mountain Time** in Montana, Wyoming und dem Süden Idahos liegt 8 Std. hinter der MEZ. Schilder an den Straßen weisen auf die neue Zeitzone hin. Die Uhrzeit ist in zweimal 12 Std. unterteilt. Zwischen Mitternacht und 12 Uhr mittags wird der Uhrzeit ein am (vor Mittag), danach ein pm (nach Mittag) hinzugefügt. Wichtig ist auch die unterschiedliche Schreibweise beim Datum. In Nordamerika wird zuerst der Monat, dann der Tag und zuletzt das Jahr genannt. Der 10. Juli 2010 wird also 07/10/2010 geschrieben. Das sollte unbedingt bei Online-Reservierungen für Hotels oder Veranstaltungen und Aktivitäten beachtet werden.

## Geld/Währung

An Bargeld sollten nur kleine Noten mitgenommen werden, also 1-, 5-, 10- und 20-$-Noten. Empfehlenswert sind Traveler Cheques; mit ihnen kann man überall wie mit Bargeld bezahlen und man ist bei Verlust zudem versichert. In den USA wird der gesamte Zahlungsverkehr fast ausschließlich über Kreditkarten abgewickelt. Die gängigsten Kreditkarten sind Visa, Mastercard/Eurocard, American Express und Diners Club. Es wird dringend empfohlen, eine dieser Karten mitzunehmen. So erspart man sich Ärger und hohe Depotkosten, z. B. bei Anmietung eines Autos. Bargeld wird in geringen Mengen in Banken getauscht, was allerdings Geduld erfordert und manchmal auch abgelehnt wird. Am bequemsten ist die Benutzung der ATU-Maschinen, die in der gesamten Region zu finden sind. Manche deutsche Bank hat ein Abkommen mit einer der nordamerikanischen Banken, wodurch man Gebühren spart.

## Pässe für Nationalparks

Im Nordwesten der USA sind große Flächen der vielfältigen Naturlandschaften als Nationalparks unter Schutz gestellt worden. Die Eintrittsgebühren zwischen 5 und 20 $ pro Pkw können sich rasch summieren. Wer plant, mehrere Parks zu besuchen, kauft am besten einen Jahrespass für 80 $ am Eingang des ersten Parks. Dieser **America the Beautiful Pass** gilt für National Parks, National Forests und auch Monuments (http://store. usgs.gov/pass). Private Campgrounds in Parks erheben eigene Gebühren, und auch viele der State Parks in den einzelnen Bundesstaaten; z. B. gibt es für die Oregon-Küste einen 5-Tages-Pass (10 $), der die Gebühr für einige Leuchttürme, Wanderwege und mehr abdeckt (www.fs.fed.us/r6/siuslaw/passes/oregoncoast).

## Coupons für Hotels

Im Visitor Center und in Imbissketten liegen häufig Rabattbroschüren aus und bieten Ermäßigungen bis zu 30 %. Der »Traveler Discount Guide« enthält Coupons für ca. 6000 Unterkünfte (www.travelerdiscountguide.com). Ähnliche Broschüren sind »Motel Coupons« (www. motel-coupons.com), »Room Saver« (www. roomsaver.com) und »Destination Coupons« (www.destinationcoupons.com).

## Preisniveau

Das Preisniveau im Reisegebiet ist in etwa mit Deutschland zu vergleichen, nur Benzin war 2009 noch deutlich preiswerter. In Outlets einzukaufen kann sich lohnen. Ein Frühstück mit normalem Kaffee, Gebäck oder Sandwich in einem Coffeeshop ist mit ca. 5–7 $ zu veranschlagen, in einem Hotel kann es leicht das Doppelte sein. Preiswert zu Mittag essen kann man in den Food Courts, die in vielen Einkaufszentren zu finden sind. Reisende Senioren, meist ab 55 Jahren, erhalten oft z. B. in Hotels, Museen, bei Veranstaltungen oder auch der Bahn Rabatte von 10–50 %.

**Sperrung von EC-und Kreditkarten**

**01149-116 116**

oder 011 49 30 40  50 40 50
(* gilt nur, wenn das ausstellende Geldinstitut angeschlossen ist, Übersicht: www.sperrnotruf.eu)
Weitere Sperrnummern:
– Mastercard: 011 49 69 79 33 19 10
– VISA: 011 49 69 79 33 19 10
– American Express: 011 49 69 97 97 20 00
– Diners Club: 011 49 69 66 16 61 23
Bitte halten Sie Ihre Kreditkartennummer, Kontonummer und Bankleitzahl bereit!

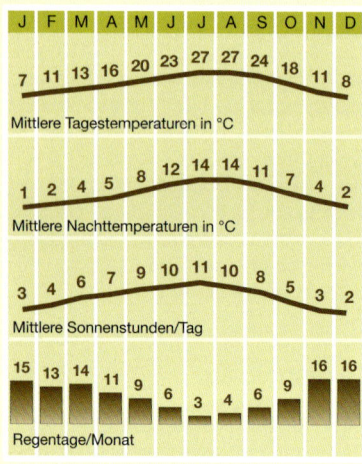

| J | F | M | A | M | J | J | A | S | O | N | D |
|---|---|---|---|---|---|---|---|---|---|---|---|
| 7 | 11 | 13 | 16 | 20 | 23 | 27 | 27 | 24 | 18 | 11 | 8 |

Mittlere Tagestemperaturen in °C

| 1 | 2 | 4 | 5 | 8 | 12 | 14 | 14 | 11 | 7 | 4 | 2 |

Mittlere Nachttemperaturen in °C

| 3 | 4 | 6 | 7 | 9 | 10 | 11 | 10 | 8 | 5 | 3 | 2 |

Mittlere Sonnenstunden/Tag

| 15 | 13 | 14 | 11 | 9 | 6 | 3 | 4 | 6 | 9 | 16 | 16 |

Regentage/Monat

**Klimadaten Portland (OR)**

## Reisezeit und Klima

Der Nordwesten der USA und der Südwesten Kanadas umfassen mehrere Klimazonen: Das Wetter am Pazifik ist völlig anders als das in den trockenen Hochebenen des Columbia-Plateaus oder dem Grasland östlich der Rocky Mountains. Und die Bergwelt der Cascades oder der Rockys hat wettermäßig auch ihre eigenen Gesetze. Alles was mit den Nationalparks im Südwesten und den Rocky Mountains im Allgemeinen zusammenhängt, bedeutet: Zwischen Oktober und bis Anfang Mai muss mit Schnee und Schneestürmen gerechnet werden.

Richtig warm wird es in den Bergen erst spät im Juni oder Anfang Juli, nachts kann das Thermometer aber auch dann noch auf unter 10 °C fallen. Der Herbst beginnt in Idaho, Montana und Wyoming schon im September. Meist ist es um die Mitte des Monats ziemlich wechselhaft und dann folgt eine Phase von frostigen Nächten und warmen Tagen. Dies sind die richtigen Bedingungen, damit der Indian Summer ausbrechen kann. Das

leuchtende Farbenmeer der Laub- und Mischwälder hält sich so über gut sechs Wochen. Die Hochplateaus sind trocken, d. h. es regnet wenig und es kann im Sommer sehr heiß werden: Helena, die Hauptstadt Montanas, oder Salem, die von Oregon, weisen beispielsweise Durchschnittstemperaturen von 28 °C für Juli und August aus.

Auch Süd-Idaho um Boise und die Snake River Plains sind im Sommer heiß und trocken, die Quecksilbersäule steigt hier gern auf über 30 °C und es regnet äußerst selten.

**Der Schein trügt zuweilen: Auch im Sommer kann sich das Wetter in den Gebirgsregionen des Nordwestens schlagartig ändern**

Selbst im September bewegt sich das Thermometer meist in den 20ern, erst im November fällt es auf ca. 10 °C. Für Fahrten entlang der Westküste, insbesondere des Highway 101 gilt: An Vormittagen kann es oft neblig sein und man sieht wenig.

## Wettervorhersagen

Rund um die Uhr senden die Weather Channels im Fernsehen in den USA und Kanada ausführliche Wetternachrichten. Auf einer nicht festgelegten Reiseroute bietet dies die Chance, etwaigen Schlechtwetterfronten, Stürmen oder Dauerregen frühzeitig ausweichen zu können.

Warnungen sollte man in jedem Fall unbedingt ernst nehmen, insbesondere in den bergigen Regionen, wo das Wetter in kürzester Zeit umschlagen kann. Schon einmal vorab einen Eindruck gewinnen lässt sich über die Website www.wetteronline.de/Nordamerika.htm.

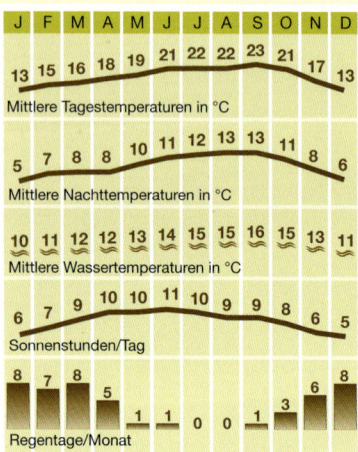

Klimadaten San Francisco (CA)

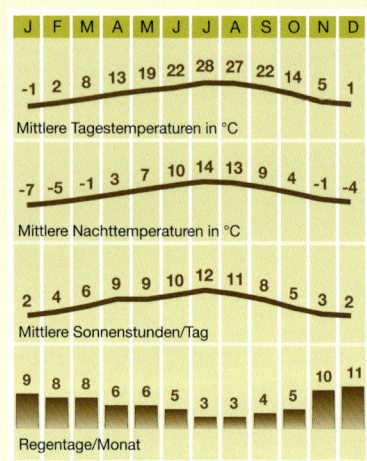

Klimadaten Spokane (WA)

# Kleidung und Ausrüstung

Da das Reisegebiet so groß ist und so viele unterschiedliche Klimazonen aufweist, hier nur einige generelle Tipps für den Sommer. Lockere und luftige Kleidung sowie eine Kopfbedeckung sind für Spaziergänge in den Städten und für Wanderungen in den Parks empfehlenswert, entsprechende Schuhe eingeschlossen.

Für die Küstenregionen ist auch im Sommer Regenschutz unabdingbar, sowie wärmende Kleidung für den Abend. In der Regel ziehen sich Nordamerikaner ziemlich leger an, die Berufstätigen aus den Büros dagegen erkennt man leicht an der Businesskleidung Anzug oder Kostüm. Regenschirme tragen die Menschen selten, wenn sie bei schlechtem Wetter unterwegs sind, dann sind eher Regenjacken mit Kapuzen angesagt.

Kulturelle Veranstaltungen wie etwa Konzerte oder Theateraufführungen sollte man auch im unkonventionellen Amerika nicht ohne adäquate Kleidung besuchen.

Einer der größten Outdoor-Ausstatter ist die Kaufhauskette **Recreational Equipment Inc.** REI, www.rei.com. Zu finden u. a. in **Seattle:** Hauptgeschäft, 222 Yale Ave. N, Tel. 206-223-1944.
**Portland:** 1405 NW Johnson St., Tel. 503- 221-1938.
**Spokane:** 1125 N Monroe St., Tel. 509-328-9900.
**Boise:** 8300 W Emerald St., Tel. 208-322-1141.
**Missoula:** 2230 N Reserve St. 300, Tel. 406-829-0432.

# Elektrogeräte

Die Stromspannung in USA und Kanada beträgt 110 Volt, daher sind Geräte aus Europa nur zu benutzen, wenn sie von 220 Volt umgestellt werden können. Ein Adapter aus dem Fachhandel ist für den Rasierer z. B. auf jeden Fall notwendig, da deutsche Stecker nicht in die nordamerikanischen Steckdosen passen.

## Apotheken

In vielen Supermarktketten und »Drug Markets« befinden sich *pharmacies,* die Apotheken, in denen verschreibungspflichtige Medikamente verkauft werden. Dort gibt es auch eine riesige Auswahl an freien Medikamenten, die zum größten Teil erheblich preiswerter sind als in Deutschland.

Schmerztabletten, pflanzliche »Medikamente« und Mückenschutzmittel beispielsweise sollte man nicht mitnehmen, sondern vor Ort einkaufen. Bei der Einnahme besonderer Medikamente, die in den USA ggf. als drogenbedenklich gelten könnten, empfiehlt es sich, ein in Englisch ausgestelltes ärztliches Attest dabei zu haben.

In den USA von einem europäischen Arzt ausgestellte Rezepte in dortigen Apotheken einzulösen ist nicht unproblematisch, weil die amerikanischen Arzneimittelbezeichnungen nicht unbedingt den hiesigen entsprechen.

## Ärztliche Versorgung

Ärzte und Zahnärzte sind in jeder Stadt mit mehr als 2000 Einwohnern zu finden, sie sind in den gelben Seiten des Telefonbuchs unter *medical doctors* bzw. *dentists* aufgelistet. Zudem gibt es die *health clinics,* manchmal auch *medical ambulance* genannt, in den Städten. In Kanada wird medizinische Hilfe auch in den *walk-in-clinics* angeboten. Auch bei einer vorhandenen Reisekrankenversicherung muss jeder Patient erst einmal bezahlen (bar oder mit der Kreditkarte), die Abrechnung erfolgt dann im Heimatland.

## Gesundheitsrisiken

Seit einiger Zeit ist bekannt, dass das West-Nil-Virus durch Stechmücken auf den Menschen übertragen werden kann, deshalb ist Mückenschutz insbesondere bei Wanderungen empfehlenswert. Oft unterschätzt wird der Flüssigkeitsbedarf bei der extrem trockenen Luft im Nordwesten. Nicht nur bei Aktivitäten sollte man Wasser dabei haben und viel trinken, auch bei längeren Autofahrten ist es angeraten, gegen die Dehydrierung mit Getränken vorzubeugen.

## Tipps zur Sicherheit

Das Reisen im Nordwesten der USA und im Westen Kanadas ist verhältnismäßig sicher, wenn man sich nicht nachts in dunklen Parks auf Spaziergänge begibt und jene Viertel meidet, die einem vom Hotelpersonal als *no-go-areas* genannt werden. Natürlich sind – wie überall in der Welt – in touristischen Hochzeiten und Zentren Taschendiebe unterwegs, deshalb sollte man seine Wertsachen (auch Dokumente wie Pässe und Flugtickets) am besten im Hotelsafe einschließen lassen.

Auf gar keinen Fall sind Papiere und Geld im Handschuhfach oder Kofferraum eines Autos gut aufgehoben. Bei Besichtigungen unterwegs empfiehlt es sich, alles Wichtige am Körper zu tragen. Die Kommunikation mit Einheimischen kann hilfreich sein, wenn man wissen will, wo man sich irgendwo besonders vorsehen muss.

### Notruf- und Servicenummern

Die landesweite Notrufnummer in USA und Kanada ist **911.**

Bei Pannen mit dem Auto zeigt die hochgeklappte Kühlerhaube, dass Hilfe benötigt wird. Notrufsäulen sind in den USA eher selten, dafür sind auf den Straßen mehr Polizisten unterwegs.

**511:** Dies ist die neue einheitliche Rufnummer für Verkehrsinformationen in den USA.

# Kommunikation

## Laptop und Internet

Sei es für die Recherche über das nächste Reiseziel oder die berufliche/private Kommunikation, ohne Internet geht fast gar nichts mehr. Internetcafés gibt es in jeder größeren Stadt und viele Hotels und Motels bieten freien Zugang (für den eigenen Laptop, sonst auch häufig im Office-Bereich) kostenlos an. Auch Bibliotheken sind inzwischen fast immer mit Terminals ausgerüstet, die gegen Gebühr oder kostenlos genutzt werden können.

## Medien

Jeder größere Ort hat seine eigene Lokalzeitung, die die Events vor Ort bewirbt und Kalender für Theater, Kinos und andere Veranstaltungen führt. Veranstaltungshinweise findet man auch in kostenlosen Anzeigenblättern, die häufig in Boxen am Straßenrand stehen oder in Hotels, Cafés und im Visitor Center ausliegen. In Kanada ist eine überregionale Tageszeitung mit Niveau die Globe and Mail (www.theglobeandmail.com), die in Toronto produziert wird. Überregionale Tageszeitungen in den USA sind die Washington Post (www.washingtonpost.com), die New York Times (www.nytimes.com) oder die USA Today (www.usatoday.com). Deutschsprachige Zeitungen und Magazine sucht man meist vergebens; eine kleine Chance hat man an den internationalen Flughäfen.

## Mobil telefonieren

Auch in den USA gibt es inzwischen recht gut ausgebaute GSM-Mobilfunknetze. Dennoch ist die Handy-Telefonie jenseits des Atlantiks noch nicht mit den Gepflogenheiten in Europa vergleichbar. Zum einen werden in erster Linie nur die großen Ballungsgebiete und wichtige Interstate-Highways abgedeckt, nicht jedoch das Land dazwischen. Zum anderen funken die amerikanischen GSM-Netze in den Frequenzbereichen um 850 und 1900 MHz. Wer in Nordamerika telefonieren möchte, benötigt daher entweder ein separates Handy, das die dort üblichen Frequenzbereiche abdeckt, oder ein sogenanntes Triband- oder Quadband-Handy, das sowohl die in Europa üblichen Frequenzbänder um 900 und 1800 MHz, als auch die amerikanischen Bereiche unterstützt. Auch für *mobiles* oder *cell phones* gibt es *prepaid cards*, die u. a. in Computergeschäften, Supermärkten, Drugstores und natürlich Telefonläden zu kaufen sind. Bei längeren Aufenthalten kann sich auch der Kauf eines *prepaid phone* ohne Vertrag rechnen, also eines Telefons mit Gesprächsguthaben ab 30 Minuten. Über eine Codenummer kann man die Geräte nachladen, dafür kauft man eine neue Guthabenkarte.

## Post

Der Hauptanbieter in den USA ist die staatliche U.S. Post *(USPS = United States Postal Services)*. Daneben gibt es die Privaten wie UPS, Fedex und Airborne. Bei allen Postämtern kann man sämtliches Verpackungsmaterial wie Umschläge oder Kartons kaufen. Ein Standardbrief sowie eine Postkarte aus Kanada nach Europa kostete 2009 1,65 CAD, aus USA 0,94 $. Die Postämter in USA und Kanada vermitteln keine Telegramme, dafür sind in den USA Western Union und in Kanada CN/CP Telegraph zuständig.

## Telefonieren

Um aus den USA in Richtung Europa zu telefonieren, wählt man:
**nach Deutschland:** 011 49
**nach Österreich:** 011 43
**in die Schweiz:** 011 41

danach jeweils die Ortsvorwahl ohne Null und dann die Anschlussnummer. Wer den Lieben daheim erzählen möchte, was er den Tag über alles erlebt hat, greift in der Regel einfach zum Telefon auf seinem Zimmer. Doch ein Anruf kann in den USA sehr teuer werden, weil Hotels zuweilen hohe Entgelte berechnen.

Eine günstige Variante kann dagegen die Nutzung einer sogenannten **Callingcard** (oder auch *prepaid phone card* genannt) sein. Man verwendet dazu einfach eine kostenlose Einwahlnummer, identifiziert sich mit seiner Kundenkennung und wählt dann die eigentliche Rufnummer. Das klingt zwar ein wenig umständlich, hilft jedoch ganz erheblich zu sparen und lohnt sich auch, wenn man nur wenig reist. Eine weitere Variante ist **Callback:** Hier wird zunächst eine spezielle Rufnummer angerufen und gleich wieder aufgelegt. Der Telefoncomputer ruft zurück, anschließend wird dann die Zielnummer gewählt. Für beide Verfahren wird ein tonwahlfähiges Telefon benötigt, für *callback* muss das genutzte Telefon zudem direkt über eine Durchwahl erreichbar sein.

Fast alle Hotels sowie alle öffentlichen Einrichtungen und Dienstleister haben die gebührenfreie 800 (auch 888, 866, 877, 801) als Telefonnummer, sodass es nichts kostet, Auskünfte über Öffnungszeiten von Museen und Parks einzuholen oder Tickets für Shows und Sitzplätze in einem Restaurant zu buchen. Von Europa aus sollte man vor dem Anwählen von amerikanischen 800- oder 888-Nummern erst prüfen, ob die Telefongesellschaft dies unterstützt und wie teuer dies werden kann. Bei den heutigen günstigen USA-Tarifen ist eine ›normale‹ Rufnummer (z. B. über Call-by-Call) vermutlich billiger als eine 800er/888er. Oft funktioniert die Anwahl von gebührenfreien U.S.-Nummern aus Europa gar nicht.

## Fragen im Hotel

Haben Sie ein DZ frei?

Do you have a room with a Queen- or King-size bed available for tonight?

Welchen Rabatt geben Sie, ich bin ADAC-Mitglied? Hier ist mein Mitgliedsausweis.

Do you offer AAA discount? I'm a member of the ADAC, the German equivalent to AAA. Here is my membership-card.

Ich möchte bitte ein Zimmer, das nicht zur Straße liegt.

I would prefer a quiet room not facing the main street. Do you have one available?

Wir werden später als 18 Uhr eintreffen, bitte halten Sie das Zimmer frei.

I'm sorry but we will arrive later than 6 pm (late arrival). Please hold the room.

Haben Sie eine weitere Decke/ein Kopfkissen/ein Handtuch für mich?

If you don't mind, I need an additional blanket/pillow/towel.

Die Kaffeemaschine funktioniert nicht, können Sie bitte eine andere bringen lassen?

The coffeemaker is broken; can you please help me with a replacement?

Im Bad fehlt ein Föhn/die Seife.

The hairdryer/the soap is missing.

Wo kann ich meine Wäsche waschen? Wo sind die Waschmaschinen? Kann ich die Waschmaschine mit Münzen bedienen? Können Sie mir etwas Münzgeld geben?

Where can I find a coin-laundry? What coins are required? Could I get some change?

Wo kann ich frühstücken? Können Sie mir bitte ein Café in der Nähe empfehlen?

Where can I get breakfast? Could you recommend a place nearby?

# Sprachführer

## Allgemeines

| | |
|---|---|
| guten Morgen | good morning |
| guten Tag | good afternoon |
| guten Abend | good evening |
| auf Wiedersehen | good bye |
| Entschuldigung | excuse me |
| hallo/grüß dich | hello |
| bitte | you're welcome/ please |
| danke | thank you |
| ja/nein | yes/no |
| Wie bitte? | Pardon? |
| Wann? | When? |
| Wie? | How? |

## Unterwegs

| | |
|---|---|
| Haltestelle | stop |
| Bus | bus |
| Auto | car |
| Ausfahrt/-gang | exit |
| Tankstelle | petrol station |
| Benzin | petrol |
| rechts | right |
| links | left |
| geradeaus | straight ahead/ straight on |
| Auskunft | information |
| Telefon | telephone |
| Postamt | post office |
| Bahnhof | railway station |
| Flughafen | airport |
| Stadtplan | city map |
| alle Richtungen | all directions |
| Einbahnstraße | one-way street |
| Eingang | entrance |
| geöffnet | open |
| geschlossen | closed |
| Kirche | church |
| Museum | museum |
| Strand | beach |
| Brücke | bridge |
| Platz | place/square |
| Schnellstraße | dual carriageway |
| Autobahn | motorway |
| einspurige Straße | single track road |

## Zeit

| | |
|---|---|
| 3 Uhr (morgens) | 3 a.m. |
| 15 Uhr (nachmittags) | 3 p.m. |
| Stunde | hour |
| Tag/Woche | day/week |
| Monat | month |
| Jahr | year |
| heute | today |
| gestern | yesterday |
| morgen | tomorrow |
| morgens | in the morning |
| mittags | at noon time |
| abends | in the evening |
| früh | early |
| spät | late |
| Montag | Monday |
| Dienstag | Tuesday |
| Mittwoch | Wednesday |
| Donnerstag | Thursday |
| Freitag | Friday |
| Samstag | Saturday |
| Sonntag | Sunday |
| Feiertag | public holiday |
| Winter | winter |
| Frühling | spring |
| Sommer | summer |
| Herbst | autumn |

## Notfall

| | |
|---|---|
| Hilfe! | Help! |
| Polizei | police |
| Arzt | doctor |
| Zahnarzt | dentist |
| Apotheke | pharmacy |
| Krankenhaus | hospital |
| Unfall | accident |
| Schmerzen | pain |
| Panne | breakdown |
| Rettungswagen | ambulance |
| Notfall | emergency |

## Übernachten

| | |
|---|---|
| Hotel | hotel |
| Pension | guesthouse |
| Einzelzimmer | single room |

| Doppelzimmer | double room | billig | cheap |
|---|---|---|---|
| mit zwei Betten | with two beds | Größe | size |
| mit/ohne Bad | with/without bathroom | bezahlen | to pay |
| mit WC | ensuite | | |

## Zahlen

| mit WC | ensuite | 1 | one | 17 | seventeen |
|---|---|---|---|---|---|
| Toilette | toilet | 2 | two | 18 | eighteen |
| Dusche | shower | 3 | three | 19 | nineteen |
| mit Frühstück | with breakfast | 4 | four | 20 | twenty |
| Halbpension | half board | 5 | five | 21 | twenty-one |
| Gepäck | luggage | 6 | six | 30 | thirty |
| Rechnung | bill | 7 | seven | 40 | fourty |
| | | 8 | eight | 50 | fifty |

## Einkaufen

| Geschäft | shop | 9 | nine | 60 | sixty |
|---|---|---|---|---|---|
| Markt | market | 10 | ten | 70 | seventy |
| Kreditkarte | credit card | 11 | eleven | 80 | eighty |
| Geld | money | 12 | twelve | 90 | ninety |
| Geldautomat | cash machine | 13 | thirteen | 100 | one hundred |
| Bäckerei | bakery | 14 | fourteen | 150 | one hundred and fifty |
| Lebensmittel | foodstuffs | 15 | fifteen | | |
| teuer | expensive | 16 | sixteen | 1000 | a thousand |

## Die wichtigsten Sätze

**Allgemeines**

| Sprechen Sie Deutsch? | Do you speak German? |
|---|---|
| Ich verstehe nicht. | I do not understand. |
| Ich spreche kein Englisch. | I do not speak English. |
| Ich heiße … | My name is … |
| Wie heißt Du/ heißen Sie? | What's your name? |
| Wie geht's? | How are you? |
| Danke, gut. | Thanks, fine. |
| Wie viel Uhr ist es? | What's the time? |
| Bis bald (später). | See you soon (later). |

**Unterwegs**

| Wie komme ich zu/nach …? | How do I get to …? |
|---|---|
| Wo ist bitte … | Sorry, where is …? |
| Könnten Sie mir bitte … zeigen? | Could you please show me …? |

**Notfall**

| Können Sie mir bitte helfen? | Could you please help me? |
|---|---|
| Ich brauche einen Arzt. | I need a doctor. |
| Hier tut es weh. | Here I feel pain. |

**Übernachten**

| Haben Sie ein freies Zimmer? | Do you have any vacancies? |
|---|---|
| Wie viel kostet das Zimmer pro Nacht? | How much is a room per night? |
| Ich habe ein Zimmer bestellt. | I have booked a room. |

**Einkaufen**

| Wie viel kostet …? | How much is …? |
|---|---|
| Ich brauche … | I need … |
| Wann öffnet/ schließt …? | When does … open/close …? |

Sonnenuntergang am Crater Lake National Park

# Unterwegs im Nord-
# westen der USA

Noch bedecken Gletscher den Gipfel des Mount Rainier

# Washington

Vancouver

Seattle

Cascade Range

Pazifischer Ozean

# Auf einen Blick: Washington

## Der Evergreen State

Im äußersten Nordwesten der USA gelegen, ist in Washington alles zu finden, was die Natur zu bieten hat: Die Bandbreite reicht von Sandstränden und Felsklippen an der Pazifikküste über die Inselwelt im **Puget Sound** bis hin zu den schneebedeckten Vulkankegeln des Gebirgszugs der **Cascade Ranges.** Im Osten schließen sich die schier endlosen Weiten des **Columbia-Plateaus** an. Aber damit nicht genug: Riesige Flächen an Wäldern in staatlichen Naturschutzgebieten sowie Seen, Flüsse und die sanft geschwungenen Hügel im Yakima Valley erhöhen die Reize dieser Region.

Seattle als kommerzielle und kulturelle Boomtown hat eine traumhafte Lage in einer geschützten Bucht des Pazifiks, kein Wunder, dass die Metropole schon mehrfach zu einer der lebenswertesten der USA gekürt wurde. Anders als in Kalifornien steckt in Washington der Tourismus noch in den Kinderschuhen; gerade auf dem Land ist nicht alles organisiert. Bisher von europäischen Touristen noch verhältnismäßig wenig besucht, ver-

bringen überwiegend Amerikaner ihre Sommerferien hier. Von den amerikanischen und europäischen Siedlern erst in der Mitte des 19. Jh. ›entdeckt‹, ist in diesem jungen Bundesstaat noch etwas von der Aufbruchsstimmung der Einwanderer zu spüren. Für Naturliebhaber hat die Region eine unglaubliche Vielfalt an Erlebnissen zu bieten und in den meisten der 79 staatlichen Parks ist Zelten oder Campen erlaubt.

Sportliche Aktivitäten aller Art können hier ausgeübt werden. Golf gehört zu den beliebtesten Sportarten, gefolgt von Fischen und Wandern. Aber auch Segeln, Biken, Bergsteigen, Reiten, Ski- oder Kajakfahren – an manchen Orten ist Letzteres sogar am gleichen Tag möglich.

Selbst Freunde guten Weins kommen auf ihre Kosten. Im **Yakima Valley** hat sich in den letzten Jahrzehnten durch ca. 150 Weinbauern eine hohe Weinkultur entwickelt und das ausgeglichene Klima im Landesinnern mit gut 300 Tagen Sonnenschein begünstigt diesen Zweig der Landwirtschaft. Von Seattle aus ist es ein Katzensprung zur nächsten Pa-

Biken im Stanley Park  **4  Vancouver (Kanada)**

K A N A D A

Pacific Ocean

Neah Bay

Bellingham

Wale beobachten

Ross Dam

Cascade Loop

Von Sequim nach Kalaloch

Sequim

Omak

Puget Sound

Everett

Kalaloch

**Seattle  1**

Experience Music Project

Wenatchee

Spokane

**WASHINGTON**

Aberdeen

Olympia

Tacoma

Long Beach

Columbia-Plateau

**Mount St. Helens**

Cascade Range

Castle Rock

**2**

Ape Cave ■

**3  Yakima Valley**

Snake

104

zifikperle, Vancouver in Kanada. Obwohl oft als Zwillingsstädte bezeichnet, lohnt sich der Besuch in beiden Orten, die durchaus ihre unterschiedlichen Besonderheiten haben.

## Highlights

**1 Seattle:** In der traumhaft im Puget Sound gelegenen Metropole des Nordens sind Großstadtleben und Naturerlebnisse gleichermaßen möglich (s. S. 106).

**2 Mount Saint Helens:** Der Vulkan ist immer noch aktiv, der letzte große Ausbruch, der den Kegel wegsprengte, war 1980 (s. S. 140).

**3 Yakima Valley:** Das Tal gilt als Geburtsort des Weinanbaus im Staat Washington (s. S. 167).

**4 Vancouver (Kanada):** Die Stadt gilt neben San Fransisco als schönste Stadt der Westküste und war Austragungsort der Winterolympiade 2010 (s. S. 172).

## Empfehlenswerte Routen

**Von Sequim nach Kalaloch:** Auf dem Highway 101 führt die Route durch die Wälder des Olympic Mountains National Park und entlang der felsigen Westküste (s. S. 145).
**Cascade Loop:** 563 km Natur pur und viel Abwechslung bietet der berühmte Loop im North Cascades National Park (s. S. 151).

## Reise- und Zeitplanung

Der Bundesstaat Washington ist ungefähr halb so groß wie die Bundesrepublik. Allein für Seattle sollte man sich mindestens 3 Tage Zeit lassen, zumal die Anpassung an die Zeitumstellung von 9 Std. auch berücksichtigt werden sollte.

Die Straßen sind zwar meist gut ausgebaut, aber gerade auf den Scenic Ways wie etwa dem wunderschönen Cascade Loop gibt es viele interessante Punkte zum Aussteigen und Fotografieren, sodass die Entfernungsangaben nur ein ungefährer Anhaltspunkt sein sollten.

## Richtig Reisen-Tipps

**Experience Music Project in Seattle:** Das einzigartige Musik-Museum zur Rockgeschichte hat nicht nur die größte Sammlung an E-Gitarren von Jimi Hendrix, sondern bietet auch die Möglichkeit, im Sound Lab selbst zu spielen (s. S. 114).

**Wale beobachten:** Die größte Chance, Orcas zu sehen, besteht in der Juan de Fucca Strait vor San Juan Island und Victoria/Vancouver Island (s. S. 129).

**Ape Cave:** Der geheimnisvolle Tunnel liegt am Fuß des Mount St Helens, Besucher können ihn auf eigene Faust erkunden (s. S. 142).

**Biken im Stanley Park in Vancouver:** Im grünen Herzen der Großstadt kann man wunderbar Rad fahren: Der größte Stadtpark Nordamerikas bietet Strände, Seen, dichte Wälder und gut ausgebaute Radwege (s. S. 182).

Bei einer Tour rund um den Olympic Mountains National Park – die Strecke umfasst von Seattle nach Aberdeen nur ca. 400 km (248 mi) – sind wegen der vielen interessanten Ziele auf dem Weg mehrere Tage vorzusehen. Vancouver und Umgebung lohnen einen Besuch von mindestens 3 Tagen, reist man über Victoria, sollten nochmals 2 Tage eingeplant werden.

In die Küstenstädte kann man zu jeder Jahreszeit reisen, dort herrscht ein ähnliches Klima wie in Mitteleuropa. Im Winter regnet es etwas mehr als im Sommer. In den Bergen sind bis Mai manche Straßen wegen Schnee gesperrt, ansonsten werden im Winter für diese Regionen Ketten empfohlen. Im Juli und August sind die Amerikaner auf Reisen, das bedeutet höhere Preise und oft ausgebuchte Hotels und Zeltplätze.

**Seattle als die kommerzielle und kulturelle Metropole Washingtons ist trotz aller Prosperität eine Stadt mit Flair. In der abwechslungsreichen Inselwelt im Puget Sound und den San Juan Islands finden sich traumhafte Strände und Naturparks, die Vulkanberge der Cascade Range liegen in unmittelbarer Nähe. Und so bietet sich dem Reisenden hier ein Kontrastprogramm an Flora und Fauna, das seinesgleichen sucht.**

Seattle ist ein Anziehungspunkt für Touristen aus aller Welt geworden, den größten Teil der Gäste stellen aber immer noch Amerikaner aus anderen Teilen des Landes. Im um Wettbewerb nicht gerade armen Nordamerika gewinnt Seattle in den letzten Jahren immer häufiger den Titel »beliebtester Wohnort« oder »lebenswerteste Stadt«. Die reizvolle Mischung aus moderner Metropole mit gläsernen Büro- und Hoteltürmen, bodenständiger Provinzialität und der Lage zwischen Meer, Seen und nahezu unberührt wirkender Bergwelt macht die junge Stadt zu einem interessanten Ziel.

Dabei ist Seattle immer noch ein wenig gemächlich geblieben, die Kaffeehauskultur von Starbucks mit gemütlichen Sesseln ist nicht von ungefähr hier entstanden. Gleichzeitig hat die Stadt auch einen guten Ruf bei Fahrradfahrern, Spaziergängern und Gesundheitsbewussten. Der Freizeitwert Seattles sucht seinesgleichen: In der geschützten Elliott Bay und auf dem im Osten liegenden Lake Washington gibt es zahlreiche Sportmöglichkeiten, wobei Aktivitäten wie Segeln, Kanu- und Kajakfahren besonders hoch im Kurs stehen.

Nein, in Seattle regnet es nicht jeden Tag in Strömen. Auch wenn Filme wie »Schlaflos in Seattle« oder »Firewall« dem Betrachter diesen Eindruck vermitteln; die Stadt am Pazifik steht nur an 45. Stelle in der offiziellen Regenstatistik der USA. Aber etwas Wahres ist schon dran. In der größten und vitalsten Stadt des *Evergreen State* gehen die Be-

wohner daher gelassen mit den eher leichten Niederschlägen um und Regenschirme sieht man selten.

Die Stadt wächst schnell. In den letzten 20 Jahren kamen rund 70 000 Menschen hierher, inzwischen sind es fast 600 000. Da die Fläche aufgrund der natürlichen Grenzen durch Meer und See begrenzt ist, expandieren die Vororte. Der Landkreis King County ist Heimat für ca. 1,8 Mio. Menschen. Der Anteil der Asiaten liegt bei ca. 15 %, eine andere große Gruppe an Einwanderern bilden die Latinos mit 6,5 %. Schwarze Amerikaner *(African Americans)* sind in Seattle zu ca. 8 % vertreten; auffällig ist dabei, dass sie zum ärmeren Bevölkerungsteil gehören. Durch die Vielzahl an großen Firmen, die in der Stadt ihren Hauptsitz haben, ist das Einkommensniveau vergleichsweise hoch, ebenso das Preisgefüge. Die Stadt kümmert sich um die Hilfsbedürftigen und Obdachlosen, lässt ihnen aber auch die Freiheit, beispielsweise im Sommer draußen zu schlafen.

Neben der überwältigenden Natur bietet Seattle auch für kulturell Interessierte einiges, u. a. allein 13 Museen. Das Wing Luke Museum ist berühmt für seine Sammlung japanischer Exponate aus vielen Jahrhunderten und das Seattle Art Museum lohnt einen Besuch wegen der Bandbreite seiner Sammlungen: Von altägyptischer Kunst über Indianerkultur bis hin zu modernen amerikanischen Videoinstallationen ist hier alles vertreten. Goldgräberromantik wird im Klondike

Gold Rush Park Museum vermittelt. Die Goldfunde im Yukon Territory (Kanada) trugen zum wirtschaftlichen Aufschwung von Seattle bei. Etwas Einzigartiges stellt das Experience Music Project/Science Fiction Museum and Hall of Fame dar. Microsoft-Mitgründer Paul G. Allen hat ein Museum finanziert, das der Musikgeschichte der letzten 50 Jahre gewidmet ist. Ein anderer berühmter Sohn der Stadt bzw. der Region war Kurt Cobain, der Gründer der Grunge-Band Nirwana. Noch heute ist in den vielen kleinen Clubs etwas von der Experimentierfreude und dem Aufbruch in neue musikalische Dimensionen zu spüren.

Begreift man Essen und Trinken als Teil der Kultur einer Gesellschaft, ist in Seattle eine Hochkultur zu entdecken. Die *Pacific Northwest Cuisine*, auch *Pacific Rim Cuisine* genannt, hat sich in den letzten Jahren hervorragend entwickelt. Die wichtigste Zutat in der Stadt am Meer ist natürlich Fisch, in der Regel fangfrisch. Aber auch authentische chinesische, japanische oder vietnamesische Küche wird geboten und für Vegetarier gibt es ausgezeichnete Lokale.

# Geschichte

Da Seattle geschützt durch die St.-Juan-Inseln im Puget Sound liegt, begannen weiße Siedler 1851 den Aufbau der Ansiedlung als Versorgungsstation für vorbeifahrende Seefahrer. Dem Duwamish-Häuptling Seathl kauften sie das Recht ab, seinen Namen für die junge Stadt zu nutzen, danach wurde allerdings den Indianern der Aufenthalt in Seattle verboten. Die Anbindung an die Eisenbahnlinie der *Northern Pacific Railroad* im Jahr 1884 bedeutete einen weiteren Schub für die junge Kommune. 1889 zerstörte ein großer Brand fast die gesamte Stadt, daraufhin wurden die Häuser neu errichtet, diesmal aus Stein und auf einem Bodenniveau, das ca. 10 m höher war als das jemals gemessene Flutstand. Aber erst die Entdeckung von Gold am Klondike River bescherte eine wirkliche Blüte. Seattle wuchs stetig, nachdem 1897 der erste Dampfer aus Alaska mit einer Tonne Gold im Hafen

## Mit der Autorin unterwegs

### Seattle von oben
Üblich ist es, zur **Space Needle** hinaufzufahren. Preiswerter sind die Aussichten vom **Columbia Center** und dem **Smith Tower,** zudem ist das Columbia Center höher (s. S. 111, 117).

### Nicht immer nur Starbucks
Frisch gerösteten Kaffee testen und den Profis bei der Auswahl zusehen kann man im **Victrola Café** auf dem Capitol Hill (s. S. 118).

### Seattle Guide
Die Wochenzeitung liegt in Hotels gratis aus. Freitags gibt es eine Beilage in der Seattle Times, die ebenfalls ausführlich informiert.

### Eintauchen in Indianerkultur
Bei einer abendlichen Fahrt mit dem Schiff nach **Blake Island** erhält der Reisende eine ausführliche Einführung in das Leben und die Kultur der Indianer. Außerdem werden traditionelle Tänze gezeigt. Kulinarischer Höhepunkt ist das Lachsbuffet (s. S.124).

### Den Überblick genießen
**Mount Constitution** auf **Orcas Island** bietet auf 733 m Höhe einen wunderbaren Rundblick bis in die North Cascades, nach Vancouver Island und die Olympic Mountains (s. S. 131).

### Weinprobe in Lopez
Die Winery auf **Lopez l**iegt an der Fisherman Bay auf **San Juan,** der Familienbetrieb produziert neben Chardonnay, Cabernet Sauvignon und Merlot auch einige Obstweine. Die Weinproben von San Juans einzigem Weinbetrieb finden in einem alten Schulhaus statt (s. S. 132).

### Wanderung am Mount Rainier
Bei einem Ausflug mit einem Ranger wandert man über die alpinen Bergmatten am **Mount Rainier** und lernt die Pflanzen- und Tierwelt dieses Ökosystems kennen und respektieren (s. S. 138).

Seattle: Cityplan

QUEEN ANNE

Aloha St.
Valley St.
Roy St.
Mercer St.
Republican St.
Thomas St.
John St.
Denny Way

99

Aloha St.
Roy St.
Broad St.
Mercer St.
Republican St.
Harrison St.
Thomas St.
John St.
Denny Park
Denny Way

SOUTH-LAKE UNION

Valley St.
Mercer St.
Republican St.
Harrison St.
Thomas St.
John St.
Denny Way

12 15 16 5 7 10

Aloha St.

5

DENNY REGRADE

BELLTOWN

Puget Sound

DOWNTOWN

PIONEER SQUARE

Westlake Center Monorail Station

Freeway Park

Boren Pike Pine Park

Seahawks Stadium

0   200   400 m

## Sehenswürdigkeiten

1 Pike Place Market
2 Seattle Art Museum (SAM)
3 Seattle Public Library
4 Columbia Center
5 Chinatown
6 Pioneer Square
7 Piers am Alaskan Way
8 Seattle Aquarium
9 Olympic Sculpture Park
10 Seattle Center mit Space Needle
11 Hausbootsiedlung am Lake Union
12 Washington University
13 Capitol Hill
14 Washington Park Arboretum
15 Bellevue Arts Museum
16 Boeing-Werke in Everett
17 Museum of Flight in Süd-Seattle
18 Alki Beach in West-Seattle

## Übernachten

1 Edgewater Hotel
2 Hotel Alexis
3 Hotel Vintage Park
4 Hotel Andra
5 Hotel Deca
6 Inn at Harbor Steps
7 Watertown Hotel
8 Homestead Studio – Suites
   Seattle-Bellevue
9 B & B Salisbury House
10 University Inn
11 B & B Bacon Mansion
12 ACE Hotel

## Essen und Trinken

13 Rovers
14 Earth & Ocean
15 El Gaucho
16 Wild Ginger
17 Ray's Boathouse
18 Elliott's Oyster House
19 Shucker's
20 Place Pigalle
21 The Fisherman's
22 The Islander
23 Coastal Kitchen
24 Virginia Inn

109

# Seattle und Umgebung

angelegt hatte. Zwischen 1880 und 1910 stieg die Bevölkerungszahl von 3500 auf 230 000 Einwohner und die Stadt breitete sich bis an den Lake Washington im Osten aus. 1916 wurde der Flugzeughersteller Boeing gegründet und die Nachfrage nach Bombern während des Zweiten Weltkriegs brachte die Firma zur Blüte. In den 1950er-Jahren war die Hälfte aller Erwerbstätigen in und um Seattle bei Boeing beschäftigt. So blieb es nicht aus, dass die Krise der Firma in den frühen 1970er-Jahren auch die Bevölkerung hart traf. Um dieser zu homogenen Struktur entgegenzuwirken, versuchte die Stadt, mit der Weltausstellung 1962 neue Akzente zu setzen – die berühmte Space Needle stammt aus dieser Zeit –, und langfristig zahlte sich diese Strategie aus.

In jüngerer Vergangenheit ist Seattle zu einem der Zentren der IT-Branche geworden, was der Stadt einerseits einen Wachstumsimpuls gab, andererseits allerdings stark die Auswirkungen des Endes der New-Economy-Blase spüren ließ. Die Wichtigste der IT-Firmen mit Sitz in Redmond bei Seattle ist der Software-Hersteller Microsoft. Aber auch andere bekannte IT- und Telekommunikationsfirmen wie Amazon, RealNetworks und T-Mobile USA haben ihren Sitz in und um Seattle.

# Downtown ▶ D 4

Cityplan: S. 108

## Pike Place Market

Normalerweise sind Innenstädte sonntagmorgens eher unbelebt. Zwar haben in Nordamerika viele Geschäfte auch sonntags geöffnet, aber die kleineren Boutiquen fangen meist erst gegen Mittag an. In der Umgebung von Seattles Herzstück, dem **Pike Place Market** ❶, ist von sonntäglicher Ruhe selten etwas zu spüren. Hunderte und im Sommer Tausende von Besuchern und Einheimischen zieht es zu diesem »Großvater aller Bauernmärkte« im Zentrum der Stadt. Pike Place Market ist zur Hauptattraktion geworden, alle Hotels beziehen sich bei ihrer Standortbeschreibung darauf. Ca. 300 kleine Läden und Verkaufsstände befinden sich innerhalb des mehrstöckigen Komplexes direkt oberhalb der Piers. Der älteste Starbucks-Shop der USA liegt dem Markt gegenüber.

## Seattle Art Museum

In unmittelbarer Nähe stößt man unweigerlich auf die riesige Figur des »Hammering Man« von Jonathan Borofsky, der vor dem Eingang des **Seattle Art Museum** ❷ steht. Die 15 m hohe, den Arm schwingende Stahlfigur ist eine Ehrung für die Arbeiter dieser Welt, unabhängig von einer Profession. Weltweit gibt es mehrere dieser Figuren, auch in Frankfurt am Main vor dem Messeturm steht ein Exemplar. Mit wechselnden Ausstellungen und Sammlungen von Kunst aus aller Welt hat sich das Museum einen Namen gemacht. Dauerhaft sind mehr als 20 000 Objekte ausgestellt, von antiken ägyptischen Reliefskulpturen bis hin zu Werken Alter Meister und moderner amerikanischer Kunst sowie einer Sammlung mit Exponaten der Ureinwohner (1300 First Ave., Tel. 206-654-3100,

**Im Skyscraper-Dschungel von Downtown ähnelt die Space Needle einem Hochsitz**

www.se attleartmuseum.org, Di, Mi, Sa 10–17, Do–Fr 10–21 Uhr, Erw. 20 $, Jugendl. 13–17 J. 14 $, Kin. unter 12 J. frei. Zum SAM gehört seit 2007 der Olmypic Sculpture Park, s. S. 114).

## Washington Mutual Tower und Seattle Public Library

Zwischen der 2nd und der 7th Avenue liegt der Business-Distrikt von Seattle. Dort finden sich die modernen Glaspaläste, die die Skyline der Stadt prägen. Der **Washington Mutual Tower** (1201 3rd Ave.) mit 55 Stockwerken ist eines der schönsten Hochhäuser der Stadt. 1988 konnte Architekt Kohn Pederson Fox das Gebäude übergeben; das Atrium ist öffentlich.

Erst 2004 bezogen ca. 2 Mio. Bücher und Medien das preisgekrönte neue Gebäude der **Seattle Public Library** **3** (1000 4th Ave., Tel. 206-386-4636, Mo–Do 10–20, Fr, Sa 10–18, So 12–18 Uhr, www.spl.org). Architekt Rem Koolhaas hat ein äußerst sehenswertes elfstöckiges gläsernes Unikat geschaffen, das schon von der Straße aus beeindruckt und

auch im Inneren durch einige ungewöhnliche Gestaltungselemente überzeugt; Kunstinteressierte können sich u. a. eine Videoinstallation von Gary Hill ansehen. Zahlreiche Computerarbeitsplätze stehen in den lichtdurchfluteten Bibliotheksräumen zur Verfügung und zwischen den Bücherregalen finden sich Sitzplätze zum Schmökern (s. S. 123). Im 10. Stock gibt es einen großen Leseraum, der neben bequemen Sesseln auch einen fantastischen Blick über die Stadt bietet.

## Columbia Center und Smith Tower

Wer hoch hinaus will, sollte zur 5th Avenue weitergehen, denn dort steht das höchste und gleichzeitig schmalste Gebäude der Stadt. Das 1985 eröffnete **Columbia Center** **4** (heute Bank of America Tower) hat insgesamt 76 Stockwerke (295 m) und auf der 73. Etage eine Aussichtsterrasse (701 5th Ave., Mo–Fr 8.30–16.30 Uhr, Erw. 5 $), von der aus man auf die Space Needle herabblicken kann. Ein paar Schritte entfernt, an der Ecke Yesler Way und 2nd Avenue, gibt es

**Das Verkaufen von Fisch auf dem Pike Place Market ist Unterhaltung pur**

eine weitere Gelegenheit, die Altstadt aus der Vogelperspektive zu entdecken. Im **Smith Tower** von 1914 befindet sich im 35. Stock ein Aussichtsraum, der von einem schmalen Balkon umgeben ist. Die Fahrt dort hinauf legt man in den ältesten Fahrstühlen der Westküste zurück. Die Fahrstuhlführer erzählen gern etwas über das Haus, das lange Zeit das höchste Gebäude westlich der Rockys war (Tel. 206-622-4004, www.smithtower.com, April–Okt. 10 Uhr bis Sonnenuntergang, Erw. 7,50 $, Kin. 6–12 J. 5 $).

## Chinatown/International District

Ein Abstecher lohnt sich den Berg hinauf nach **Chinatown** 5 . Früher wurde dieser Stadtteil nordöstlich von Pioneer Square zwischen 2nd und 8th Avenue zwar nach den chinesischen Einwanderern benannt, aber der Zuzug von Immigranten aus Vietnam, Korea, Japan und den Philippinen ließ die Stadtverwaltung den neuen Namen International District wählen.

Das **Wing Luke Asian Museum** (719 S King St., Tel. 206-623-5124, www.wingluke.

org) verschafft einen guten Überblick über die Geschichte der Einwanderer, oft dargestellt anhand der Dokumentation individueller Biografien sowie Fotos. Nach einer der Partnerstädte von Seattle benannt, ist der **Kobe Terrace Park** eine Oase der Ruhe (221 6th Ave. S), am schönsten im Frühling bei der Kirschbaumblüte.

Anstatt viele kleine Läden abzugehen, lohnt sich der Besuch des **Uwajimaya-Supermarkts**. Er ist Treffpunkt für die hier lebenden Menschen und neben den asiatischen Lebensmitteln gibt es Souvenirs für jeden Geschmack. Nicht versäumen sollte man den **Klondike Gold Rush Historical Park,** der den Goldsuchern im kalten Norden gewidmet ist. Das dazugehörende Visitor Center zeigt Fotos und einen Film über die harte Arbeit und die damaligen Lebensbedingungen. Seattle profitierte u. a., weil sich die Goldsucher erst Proviant und Ausrüstung beschaffen mussten, bevor sie auf die Schiffe nach Alaska durften (319 Second Ave. S, Tel. 206-220-4240, tgl. 9–17 Uhr, www.nps.gov/klse, Eintritt frei).

# Der Pike Place Fish Market  Thema

**»FISH!« nannte sich ein Motivationskonzept in den 1990er-Jahren. In vielen Unternehmen diente das Beispiel des Markts in Seattle als Vorbild für erfolgreiche und dynamische Selbstmotivation enthusiastischer Mitarbeiter. Neue Ideen der Unternehmensberater mögen FISH! oder, wie es offiziell heißt, »bizFutures' Technology of Being« verdrängt haben, aber den Markt in Seattle gibt es noch immer.**

»Wir haben den tollsten Job der Welt«, sagen die Fischhändler, und das führt zu einer ungewöhnlich heiteren und angenehmen – zuweilen sogar ausgesprochen lustigen – Atmosphäre in den meist sehr gut besuchten Markthallen (9 Mio. Besucher jährlich). Die fliegenden Fische sind eine der Attraktionen: Die Verkäufer von Sol Amon's Pure Food Fish beispielsweise werfen sich die frischen Kabeljaus, Rotbarben oder Lachse über den gesamten Stand zu, was geübt sein will, denn Fisch ist glitschig. Manchmal landet auch ein Hering im Ausschnitt einer Touristin – Zufall?

Der Fischmarkt ist nur ein Teil des großen, überdachten Public Market mit immerhin 300 festen Ständen und Geschäften. Der Pike Place liegt im historischen Teil von Seattle und der Markt ist in Stufen in die Anhöhe oberhalb der Piers gebaut. Direkt vom Erzeuger kaufen hat in Seattle Tradition. Am 17. August 1907 hielten gerade einmal zehn Bauern den ersten Markttag am Pike Place ab. Ende des Jahres war die Halle fertig und die Einwohner der Stadt konnten jeden Tag frisches Gemüse, Fleisch und Fisch einkaufen.

Der Markt hat eine wechselvolle Geschichte hinter sich: Bis Anfang der 1940er-Jahre waren die meisten Bauern im Umland von Seattle japanischer Abstammung. Aber die Bombardierung von Pearl Harbour änderte das Leben dieser Menschen. 1942 wurden die japanischen Amerikaner in Lager geschickt, ihre Farmen und auch ihre Stände auf dem Markt konfisziert und verkauft. Es dauerte eine Weile, bis sich das Marktleben wieder stabilisierte, zumal Dosen- oder Fertiggerichte die moderne Hausfrau im Amerika der 1950- und 1960er-Jahre mehr animierten als frisches Gemüse oder Fisch. Anstelle der alten Markthalle sollten Bürogebäude für die pulsierende Stadt errichtet werden, doch eine Bürgerinitiative hielt dagegen.

Der Pike Place wurde unter Denkmalschutz gestellt *(historic preservation zone)* und die Hallen nach den originalen Plänen restauriert. Dennoch gingen die Geschäfte nicht gut, und so hatte 1986 ein findiger Unternehmer die Idee, etwas für die Verbesserung des Verkaufsklimas zu tun. Mithilfe einer Unternehmensberatung wurden neue Ziele gesetzt, die Motivation gesteigert, die Mitarbeiter »empowered«.

Die Vision ist Realität geworden: Pike Place Fish Market wurde weltberühmt, nicht nur als Touristenattraktion, sondern als Idee des respektvollen und freundlichen Umgangs der Mitarbeiter untereinander und mit ihren Kunden. Zusätzlich zum Marktgeschehen finden immer wieder Veranstaltungen statt, z. B. das »Pike Place Market Street Festival« Ende Mai oder das »Sunset Supper« am 17. August (Marktgeburtstag, s. S. 122 f.) mit Spezialmenüs in über 70 Restaurants rund um den Pike Place, www.pikeplacemarket.com.

## Richtig Reisen-Tipp: Musik machen im Experience Music Project im Seattle Center

Handgeschriebene Nirwana-Songtexte, Jimi-Hendrix-Gitarren oder eine Zeitreise durch Musikstile, im **Experience Music Project (EMP)**, einem von Microsoft-Gründer Paul Allen gesponserten Museum zur Rockmusik, finden sich Devotionalien, Informationen, jede Menge Technik und überraschende Musikerlebnisse (s. a. S. 117).

Das EMP umfasst eine **Sammlung von ca. 80 000 Exponaten** zur Geschichte der Rockmusik, darunter eine Gitarrensammlung mit dem Instrument, auf dem Jimi Hendrix beim Woodstock-Festival spielte. Paul Allen hat übrigens der Familie von Hendrix geholfen, in einem Gerichtsverfahren die Rechte an dessen Musik zurückzubekommen. Die Abteilung »Northwest Passage« verfolgt die musikalische Entwicklung der lokalen Szene von den Anfängen von The Ventures über die Grunge-Bands bis zur heutigen Zeit. Im großen **Sound Lab** oder in den *jam areas* können die Besucher selbst zu Instrumenten greifen und ihre musikalischen Vorlieben ausleben. Gitarren, Keyboards und Trommeln stehen zur Verfügung für freie Improvisation,

man kann aber auch mithilfe der Soundtechnik vorprogrammierte Stücke erlernen und nachspielen. Auf jeden Fall sollte man für dieses Vergnügen Zeit mitbringen, denn das Sound Lab ist oft von Schulklassen oder Jugendgruppen besucht. Auch als **Veranstaltungsort** ist das EMP beliebt, die Bühne hat die beste Akustik der Stadt.

Dieses Museum ist einmalig. Der Fokus Rockmusikgeschichte mag zwar für Musikliebhaber etwas eng gewählt erscheinen, trägt aber der Tatsache Rechnung, dass diese Musikrichtung Millionen Menschen inspiriert und in ihrem Leben begleitet. Jeden dritten Samstag eines Monats ist übrigens Familientag im EMP, dann werden Workshops, Spezialführungen und kleine Konzerte angeboten. Für Kinder unter 10 Jahren sind diese Tage kostenlos.

> ℹ **Experience Music Project (EMP)** und **Science Fiction Museum and the Hall of Fame:** 325 5th Ave., Tel. 206-367-54 83, www.emplive.org und www.empsfm.org, tgl. 10–19 Uhr, Erw. 15 $, Kin. 5–17 J. 12 $.

### Pioneer Square

Sozusagen der Geburtsort von Seattle ist der Stadtteil **Pioneer Square** 6 (www.pioneersquare.org) zwischen 1st Street, Occidental Avenue und King Street, Center/Union Station. Die Sägemühle von Henry Yesler befand sich hier, die natürlich auch wie alles andere dem großen Feuer von 1889 zum Opfer fiel. Das älteste erhaltene Gebäude der Stadt, das **Pioneer Building** am Pioneer Square Park, ist im damals typischen viktorianisch-italienischen Backsteinstil erbaut. Die Metall-Glaskonstruktion der Pergola von 1905 steht unter Denkmalschutz. Ursprünglich diente die Halle als Warteraum für die Fahrgäste der Straßenbahn. Zum Einkaufen lohnt sich die gläserne **Grand Central Arcade,** die Bäckerei darin ist für ihre Mandel-Croissants be-

rühmt. Hinter dem Gebäude liegt der **Occidental Park,** ein von Bäumen umstandener Platz mit Totempfählen und dem Denkmal für die Feuerwehrleute des Brands von 1889. Allerdings ist er auch ein beliebter Aufenthaltsort für viele Obdachlose.

Ideal für eine kleine Pause ist der **Waterfall Garden** zwischen S Washington Street und S Main Street auf der 2nd Avenue. Zur Lunch-Zeit bringen viele Angestellte der benachbarten Büros und Läden ihre Sandwiches mit und essen in der kleinen Arkade am Fuß des mehrstufigen künstlichen Wasserfalls. An der Ecke Main Street und Occidental Avenue befindet

**Diese Gitarrenskulptur enthält u. a. Instrumente von Jimi Hendrix: Blick ins Innere des Experience Music Projects**

## Seattle und Microsoft Thema

**Anders als in Deutschland gibt es in Nordamerika keine staatlich geförderte Kultur. Kunstmuseen, Theater, Opern oder auch Bibliotheken sind in der Regel mithilfe von privaten Stiftungen oder Schenkungen aufgebaut worden und bleiben Zeit ihres Bestehens von Sponsorengeldern abhängig. Die Mäzene der Kultur verewigen sich mit ihren Schenkungen, und die jeweilige Stadt profitiert, indem sie ihr kulturelles Angebot erweitern kann.**

Auch Seattle ist stolz auf den Sponsor Paul Allen, den Mitbegründer von Microsoft. Er gründete 1986 die Paul G. Allen Family Foundation, diese verwaltet den Großteil seiner Zuwendungen. Über die Stiftung spendet er jährlich fast 30 Mio. $, die zum größten Teil (etwa 75 % der Gesamtsumme) gemeinnützigen Organisationen in Seattle und im Staat Washington zugute kommen. Die verbleibenden 25 % verteilen sich auf Organisationen in Portland (Oregon) und anderen Städten im Nordwesten der USA. Allen verließ das operative Geschäft von Microsoft 1983, 2000 trat er auch von seiner Position im Aufsichtsrat zurück, ist aber weiterhin als strategischer Berater für das Unternehmen tätig. Er ist an etwa 140 Unternehmen in der IT-Branche beteiligt und engagiert sich in Sportvereinen, kulturellen Einrichtungen und humanitären Initiativen. So ist er z. B. Besitzer der US-Profisportteams Seattle Seahawks und Portland Trail Blazers. Außerdem ist er Teilhaber am Fußballverein Seattle Sounders FC. Zu den kulturellen Highlights in Seattle gehören die von Allen finanzierten Museen The Experience Music Projekt und das Science Fiction Museum and the Hall of Fame.

Vom ebenfalls in Seattle geborenen Bill Gates profitiert die Stadt nicht so sehr. Er hat gemeinsam mit seiner Frau eine Stiftung gegründet, die zwar ihren Sitz in der Stadt hat, deren Ziele aber im Bereich der Entwicklungshilfe und Krankheitsbekämpfung in der ganzen Welt angesiedelt sind. Weiterhin engagiert sie sich in der Forschung nach Impfstoffen gegen Aids, Tuberkulose und Malaria sowie der Bereitstellung von Impfstoffen gegen Kinderlähmung, Diphtherie, Keuchhusten, Masern und Gelbfieber. Die Stiftung fördert außerdem Bibliotheken sowie Studenten aus Bevölkerungsminderheiten und vergibt international Postgraduierten-Stipendien für die University of Cambridge in England (Gates Scholarship).

Das Seattle Convention Center lebt überwiegend von der engen Partnerschaft mit Microsoft, zahlreiche Symposien und große Workshops des IT-Giganten werden dort ausgerichtet. Auch die Stadtbibliothek hat den Sponsor Microsoft mit einem Vortragssaal geehrt. Hotels, Restaurants und Caterer profitieren von den Geschäftsreisenden. Eine Folge ist aber auch, dass das Preisniveau der Stadt insgesamt relativ hoch ist.

»Gib der Gesellschaft etwas von dem zurück, was Du von ihr erhalten hast« lautet eines der Grundprinzipien der nordamerikanischen Gesellschaft, und diese Regel wird von Vermögenden häufig so umgesetzt, dass sie großzügig spenden oder Stiftungen einrichten. Eine Win-win-Situation, so jedenfalls der common sense in Nordamerika.

sich ein Informationskiosk der Pioneer Square Community Association, dort kann man MP3-Player für einen Spaziergang entlang der wichtigen Sehenswürdigkeiten ausleihen (www.pioneersquare.org/audiotour.html).

## Die Piers

Am **Alaskan Way** liegen die **Piers** der Fähren, Fischkutter und Ausflugsschiffe **7** . An warmen Sommertagen ist der Abschnitt zwischen Pier 54 und 59 nur mit viel Gelassenheit zu bewältigen, denn dort ist das Treiben am lebhaftesten. Viele Restaurants, Souvenirläden und einige Fischräuchereien ziehen die Besucher an, zudem legen an Pier 67 die Kreuzfahrtschiffe an.

## Seattle Aquarium

Das **Seattle Aquarium** **8** lohnt einen Besuch wegen seiner bunten und abwechslungsreich gestalteten Unterwasserwelten. Ein Glastunnel führt durch Fischschwärme, die normalerweise ein tropisches Korallenriff bewohnen. Aber auch die Vertreter der im Puget Sound heimischen Tierwelt sind von Auge zu Auge zu besichtigen. Hier kommt beispielsweise der Seehase *(lumpsucker)* vor, aus dessen Rogen »Deutscher Kaviar« gemacht wird (1483 Alaskan Way, Pier 59, Tel. 206-386-4300, www.seattleaquarium.org, tgl. 9.30–17 Uhr, Erw. 15 $, Kin. 4–12 J. 10 $.)

## Belltown

Zum Stadtteil **Belltown** gehört der 2007 eröffnete **Olympic Sculpture Park** **9** , die neueste Ausstellungsplattform des **Seattle Art Museum** (s. S. 110). Direkt am Wasser gelegen, war dieses Gelände vorher von einer Ölfirma industriell genutzt worden. Das innovative Design dieses Skulpturenparks beinhaltet insbesondere auch die Wiederherstellung der ursprünglich hier vorzufindenden Natur. Dazu gehört etwa eine Schutzzone *(habitat)* für Fische sowie die Anpflanzung heimischer Pflanzen (2901 Western Ave., Eintritt frei, www.seattleartmuseum.org).

Belltown macht seit einigen Jahren eine Entwicklung zur bevorzugten Wohnlage für junge Besserverdiener durch. Viele der alten Backsteingebäude werden restauriert und zahlreiche Neubauten füllen die Lücken, die früher oft als Parkplätze genutzt wurden. Besonders in sind die drei Blocks auf der 2nd Avenue zwischen Lenora und Battery Street. in den kleinen Galerien dort sind mitunter gute Arbeiten junger einheimischer Künstler zu finden. In Belltown war der Plattenverlag Sub Pop Records zu Hause, das führende Label für die Grunge-Musik in den 1980er-Jahren; Bands wie Green River, Mudhoney, Soundgarden und Nirwana haben Grunge berühmt gemacht. Sich ein wenig in diese Zeiten zurückversetzen lassen kann man im **Crocodile Cafe,** ein Livemusik-Theater-Zirkus-Club, der mitunter sehr ungewöhnlichen, meist lokalen Künstlern ein Forum bietet (s. S. 122).

## Seattle Center

Das **Seattle Center** **10** , eine ca. 300 000 m$^2$ große Parkanlage mit bedeutenden Museen, diversen Restaurants, der Oper, drei Theatern und dem Pacific Science Center, ist unbedingt einen Besuch wert. Es liegt zwischen 1st Avenue N, Broad Street, 5th Avenue N und Mercer Street (www.seattlecenter.com). Die meisten der großen Feste und Events finden im Center statt, z. B. auch Bumbershoot im September oder das Internationale Kinder-Festival im Mai (s. S. 124).

Die Weltausstellung von 1962 bescherte der Stadt den Park und ihr Wahrzeichen, die **Space Needle.** Der schlanke Turm ist 184 m hoch und vom Deck in 158 m Höhe lässt sich die Aussicht bis hin zum Mount Rainier genießen (Observation Deck ganzjährig offen, So–Do 9–22, Fr, Sa 9–24 Uhr, Erw. 16 $, Kin. 3–14 J. 8 $; SkyCity Restaurant Lunch Mo–Fr 11–15, Dinner ab 17 Uhr).

Im Seattle Center in einem von Frank Gehry entworfenen Gebäude befinden sich auch das **Experience Music Project (EMP)** und das **Science Fiction Museum and the Hall of Fame,** beide von Paul Allen gesponsert. Die ungewöhnliche Architektur mit der schimmernden Aluminiumoberfläche ist nicht ganz unumstritten. Manche sehen eine Art zertrümmerte Gitarre in dem Gebäude, andere bezeichnen es als »Klumpen«, ein amerikanischer Kritiker wiederum beschrieb es als »ein Ding, das aus dem Ozean kroch, sich auf den Rücken rollte und starb«.

Das EMP ist v. a. ein Museum zur Pop- und Rockmusik, wobei zahlreiche, oft auch interaktiv aufbereitete Informationen Einblicke in die Entwicklung moderner Unterhaltungsmusik bieten (www.empsfm.org).

Vielleicht eine etwas kleinere Zielgruppe spricht das ebenfalls sehenswerte Science Fiction Museum an, in dem die Autoren und Regisseure der SiFi-Welt geehrt werden.

### Am Lake Union

Neben der Space Needle befindet sich der **Bahnhof der Monorail,** mit der man bequem zu den Einkaufszentren an der 5th Avenue gelangen kann. Vom Bahnhof am Westlake Center geht auch der Lake Union Trolley ab, der bis zum South Lake Union Park fährt. Fast 13 km lang ist der um 1900 gebaute Lake Washington Ship Canal, der die Innenstadt von den nördlichen Stadtteilen abtrennt und die Elliott Bay mit dem im Osten liegenden Lake Washington verbindet.

Eine Ausbuchtung dieses Kanals ist der **Lake Union,** berühmt für seine **Hausbootsiedlung** 11 am östlichen Ufer. Im Film »Schlaflos in Seattle« wohnt übrigens Tom Hanks mit seinem Sohn dort. Leider nur sonntags gibt es die *Ice Cream Cruise* mit der kleinen Fähre Fremont Avenue, die ca. 45 Minuten u. a. an den Hausbooten vorbeifährt (Dock an der Terry St., Tel. 206-284-2828, www.seattleferryservice.com, stdl. ab 11 Uhr, Erw. 11 $, Kin. 5–13 J. 7 $).

An der Mündung des Kanals liegen die **Chittenden-** oder **Ballard-Schleusen,** die sich von der Aussichtsplattform des dortigen Visitor Center gut einsehen lassen. Wer sich für die Lachswanderungen interessiert, sollte zwischen Juli und September einen Blick auf die *fish ladder* werfen. 21 Stufen müssen Sockeye-, Chinook-, Coho- und Steelhead-Lachse überwinden, um zu ihren Laichplätzen im Lake Washington zu gelangen (3015 NW 54th St., Tel. 206-783-7059, www.nws. usace.army.mil, Mai–Sept. tgl. 10–18, sonst 10–16 Uhr, Okt.–April Di, Mi geschl.).

# Außerhalb von Downtown

▶ D 4

**Cityplan:** S. 108

### University District

Öststlich von der Interstate 5, die die Innenstadt von den anderen Stadtbezirken abtrennt, liegt der University District. Den 260 ha großen Campus der **Washington University** 12 zu besuchen lohnt sich wegen der zahlreichen historischen Gebäude und schön angelegten Parks. Mit 17 Schulen und Colleges ist die Ausbildungsstätte eine der größten im Nordwesten, ca. 40 000 Studenten sind dort eingeschrieben. Von Studenten werden kostenlose Führungen durch das Gelände angeboten, die am Visitor Information Center beginnen (022 Odegaard, Tel. 206-543-9198, www.washington.edu, in den Universitätsferien geschlossen). Außerdem befinden sich dort die **Henry Art Gallery** (www. henryart.org) und das **Burke Memorial Museum,** ein naturkundliches und -historisches Museum, das u. a. auch die Entwicklungsgeschichte vieler Indianerstämme Washingtons nachzeichnet (17th Ave. NE, Tel. 206-543-5590, www.washington.edu/burkemuseum, tgl. 10–17 Uhr, Erw. 8 $, Kin. 5 $).

### Capitol Hill und Washington Park Arboretum

Bei den Einheimischen wird **Capitol Hill** 13 inzwischen ›Pill Hill‹ genannt, weil sich hier eine große Zahl an Kliniken und Arztpraxen niedergelassen hat. Patienten aus kleineren Städten oder vom Land kommen zur Behandlung nach Seattle, deshalb können die umliegenden Hotels besonders während des Winterhalbjahrs oft ausgebucht sein.

Der zwischen der Interstate 5 und dem Lake Washington liegende Capitol Hill gilt als besonders lebendig und liberal und erfreut sich regen Zuzugs. Zudem ist er die Hochburg der homosexuellen Szene von Seattle. Im Juni ist die jährliche Gay Parade auf dem Broadway ein beliebtes Fest. Zu Ehren des legendären Musikers Jimi Hendrix, eines Sohns der Stadt, steht an der Ecke Broadway und Pike Street eine Bronzestatue des Künstlers. Der Broadway lohnt einen Bummel wegen seiner zahlreichen Geschäfte, Boutiquen und, nicht zu übersehen, Coffeeshops.

Eine kleine Privatrösterei steht hinter dem **Victrola Coffee & Art.** Dort lassen sich nicht nur vorzüglich verschiedene Kaffeesorten probieren, sondern auch abends Livemusik erleben oder Kunstausstellungen besuchen. Mittwochvormittags veranstaltet der Besitzer Chris Sharp in der Victrola Café & Roastery Probierrunden für Kaffee-Gourmets, bei denen erlesene Kaffeesorten verkostet werden können (310 E Pike St., Tel. 206-624-1725, www.victrolacoffee.com, Mo–Fr 6.30–20, Sa, So ab 7.30 Uhr).

Für Liebhaber von Bäumen ist ein Spaziergang im **Washington Park Arboretum** 14 zu empfehlen. 93 ha umfasst der im östlichen Teil von Capitol Hill gelegene Park, ca. 5000 verschiedene Bäume und Pflanzen sind im Park sowie im **Japanese Garden** vertreten (Graham Visitors Center, Arboretum Dr., Tel. 206-543-8800, http://depts.washington.edu/wpa, tgl. 10–16 Uhr, Eintritt in den Park frei).

# Außerhalb von Seattle

▶ D/E 4

**Cityplan:** S. 108

## Bellevue

Das Städtchen **Bellevue,** zwischen dem Ostufer des Lake Washington und Lake Sammamish gelegen, hat sich zu einem der begehrtesten Wohnorte im Landkreis King County entwickelt. Die Villen am Ufer des Sees, meist mit eigenem Anlegeplatz für die familieneigene Yacht, sind in Größe und Architektur beeindruckend. Leider gibt es nur nördlich des Highway 520 ein längeres Stück Uferpromenade, das auch für Fahrradfahrer geeignet ist. Ende Juli jedes Jahrs veranstaltet das **Bellevue Arts Museum** 15 einen Kunstmarkt, der sich in den letzten Jahren zu einem Besuchermagneten entwickelt hat. Das kubistische Museumsgebäude ist schon

einen Blick wert, und die wechselnden Ausstellungen moderner Kunst, oft von aktuell interessanten Künstlern des Nordwestens, geben einen guten Überblick über neue Trends (510 Bellevue Way NE, Tel. 425-519-0770, www.bellevuearts.org, Di–Sa 10–17.30, Fr bis 21, So 11–17.30 Uhr, Erw. 7 $, Schüler 5 $, Kin. unter 6 J. frei).

## Redmond

Als Vorort von Seattle hat sich Redmond einen Namen gemacht, weil hier die Zentrale von **Microsoft** und die amerikanische Niederlassung von Nintendo zu Hause sind. Microsoft hat die Bürogebäude auf einem großzügigen Campus angelegt, dort befindet sich auch ein Besucherzentrum (4420 148th Ave. NE, Building 127, Tel. 425-703-6214, www.microsoft.com/about/companyinformation/visitorcenter, Mo–Fr 9–19 Uhr).

### Everett, Boeing und Future of Flight Aviation Center

Obwohl **Everett** etwa 50 km nördlich von Seattle liegt, haben die meisten Sightseeing-Anbieter die Tour zu den dort befindlichen **Boeing-Werken** 16 im Angebot. Insbesondere für Flugzeugfans ist die Besichtigung des Geländes ein Erlebnis. Das **Future of Flight Aviation Center** zeigt auf 28 000 m$^2$ Ausstellungen zum Thema. Besucher können sich nicht nur in einen Flugsimulator setzen, sondern auch an einem der zahlreichen Computer selbst ein eigenes Flugzeug entwerfen. Die Besichtigung des Geländes erfolgt mit dem Bus, denn allein die größte Fertigungshalle von Boeing bedeckt eine Fläche von 39 ha. Ginge man einmal um die Halle herum, legte man beachtliche 4 km zurück. In dieser Halle werden die Jets 747, 767, 777 und 787 montiert, ein Film im großen Kinosaal zeigt die Abläufe. Naturgemäß ist der Besucherandrang zwischen Juli und September am größten; besonders an den Wochenenden ist es zuweilen sehr voll. Es ist nicht erlaubt, dort zu fotografieren oder zu filmen (8415 Paine Field Blvd., Mukilteo, Tel. 425-438-8100, www.futureofflight.org, tgl. 8.30–17.30 Uhr, Erw. 15 $, Kin. unter 15 J. 8 $).

**Sonnenuntergang am Alki Beach mit Blick über den Puget Sound**

### Seattles Süden

Boeing hat Seattle geprägt – die ersten Montagehallen befanden sich im Süden der Stadt. Nicht von ungefähr ist das größte aller Museen von Seattle das **Museum of Flight 17**, etwa 20 Minuten Autofahrt südlich von der Innenstadt. In der Roten Scheune *(red barn)* war die erste Montagehalle von Boeing, nun sind dort und auf dem fast 5 ha großen Museumsgelände Flugzeuge wie z. B. Jagdbomber aus dem Zweiten Weltkrieg oder die Concorde ausgestellt. Insgesamt umfasst die Sammlung 150 Maschinen (9404 E Marginal Way S (Boeing Field), Tel. 206-764-5720, www.museumofflight.org, tgl. 10–17 Uhr, Erw. 14 $, Kin. 5–17 J. 7,50 $).

### West-Seattle und Alki Beach

Im Westen Seattles, von der Innenstadt abgetrennt durch Harbor Island und den Duvamish Waterway, befindet sich der beliebteste Badestrand der Region, **Alki Beach 18**. West-Seattle ist durch ein Wassertaxi mit Downtown verbunden (Abfahrt zwischen Pier 55 und Spring Street, www.transit.metrokc.gov). Von der Anlegestelle in Seacrest Park kommt man am besten mit dem Bus weiter zum Strand.

**i** **Seattles Convention and Visitors Bureau:** One Convention Place, 701 Pike St., Tel. 206-461-5840, www.visitseattle.org, Mo–Fr 9–17 Uhr.

Seattle bietet mit über 200 Hotels eine große Auswahl. Insgesamt ist das Niveau eher hochpreisig und besonders im Sommer steigen die Preise noch einmal deutlich an. Es empfiehlt sich, schon von zu Hause aus zu buchen, denn die Stadt ist im Sommer gut besucht. Die Hotels der großen Ketten findet man am besten über www.expedia.com und für die individuelleren Boutique-Hotels liefern die städtische Vermittlung www.seattlesupersaver.com oder www.seattle.com Angebote. Viele Hotels haben sich von den Online-Diensten getrennt und bieten auf Nachfrage günstigere Preise und Pakete an.

**Edgewater Hotel 1**: 2411 Alaskan Way, Pier 67, Tel. 206-728-7000, www.edgewater.com. Seattles einziges Hotel direkt am Wasser, mit viel Holz eingerichtete gemütliche 223 Zimmer. DZ ab 370 $.

**Hotel Alexis 2**: 1007 First Ave., Tel. 206-624-4844, www.alexishotel.com und **Hotel**

**Vintage Park** ③: 1100 Fifth Ave., Tel. 206-624-8000, www.hotelvintagepark.com. Die beiden Hotels der Kimpton-Kette bieten hohen Komfort, sehr guten Service und individuell gestaltete Zimmer, außerdem ist man hier besonders tierfreundlich, d. h., man kann schon einmal über einen Hund oder eine Katze stolpern. Im Sommer ab 250 $.

**Hotel Andra** ④: 2000 4th Ave., Tel. 877-448-8600, www.hotelandra.com. Wer den neuen nordamerikanischen Designstil kennenlernen möchte, ist hier genau richtig. Oft als *European* bezeichnet, ist dieser Einrichtungsstil von klaren Formen, dunklem Holz und Stahlelementen gekennzeichnet. Die Ergänzung durch mitunter recht aufregende Farbmuster der Kissen oder Vorhänge gehört zum Stil, das Setzen von Akzenten ist in diesem Hotel mit blauen Badezimmern geglückt. Im Sommer ab 189 $.

**Hotel Deca** ⑤: 4507 Brooklyn Ave., Tel. 206-634-2000, www.hoteldeca.com, 158 Zimmer. Die Innenausstattung ist angelehnt an Art déco, den Stil der Zeit, als das Hotel 1931 eröffnet wurde. 2007 wurde es vollständig renoviert und modern möbliert. Über www.seattle.com im Sommer ab 169 $.

**Inn at Harbor Steps** ⑥: 1221 First Ave., Tel. 206-748-0973, www.innatharborsteps.com. Gegenüber dem Seattle Art Museum und nur wenige Schritte entfernt vom Pike Place Market, bietet das 28-Zimmer-Hotel einen hohen Standard. Alle Räume haben einen gasbetriebenen Kamin, Kühlschrank und Internet. Das Hotel gehört zu einem Apartmentkomplex, die Gäste können die Fitnessräume, Sauna, Schwimmbad und sogar einen Basketballplatz (innen) unentgeltlich nutzen. Am Nachmittag werden in der Bibliothek Weinproben und Snacks angeboten. DZ ab 165 $.

**Watertown Hotel** ⑦: 4242 Roosevelt Way NE, Tel. 206-826-4242, www.watertownseattle.com. Die Zimmer sind geräumig, modern eingerichtet und unentgeltliche Annehmlichkeiten wie täglich eine Weinprobe, Fahrradverleih, Parkplatz und Shuttle-Service sowie ein überdurchschnittlich freundliches und professionelles Personal kennzeichnen dieses Haus. Zimmer ab 145 $ inkl. Frühstück.

**Homestead Studio – Suites Seattle-Bellevue** ⑧: 3700 132nd Ave. SE, Bellevue, Tel. 800-252-6304, www.homesteadhotels.com. 150 Studios. Bellevue liegt östlich von Seattle am Lake Washington, vom Hotel sind es ca. 16 km zu den Piers von Seattle. Die Homesteadkette bietet geräumige Studios mit Küche, geeignet für einen mehrtägigen Aufenthalt. Im Sommer ab 140 $.

**B & B Salisbury House** ⑨: 750 16th Ave., Tel. 206-328-8682, www.salisburyhouse.com. 4 DZ und 1 Suite in einem schönen Haus in ruhiger Lage. Der »Blaue Raum« mit Morgensonne hat einen kleinen Balkon. DZ ab 139 $.

**University Inn** ⑩: 4140 Roosevelt Way NE, Tel. 800-733-3855, www.universityinnseattle.com. Individuelle, eher schlichte Zimmer. Das 100-Zimmer-Hotel bietet einen kostenlosen Shuttle-Service zu den Sehenswürdigkeiten und zum nächsten Einkaufscenter. Hier wird die Tierfreundlichkeit besonders betont. Zimmer ab 138 $ inkl. Frühstücksbar.

**B & B Bacon Mansion** ⑪: 959 Broadway E, Tel. 206-329-1864, www.baconmansion.com. 11 elegante, in verschiedenen Stilen eingerichtete Zimmer in einem im Tudor-Stil renovierten Haus von 1909, am Wochenende mind. 2 Nächte. Ab 124 $.

**ACE Hotel** ⑫: 2423 First Ave., Tel. 206-448-4721, www.acehotel.com. Ein ungewöhnliches Designer-Hotel in einem alten roten Backsteingebäude ist das 1999 eröffnete Haus mit 28 Zimmern im Stadtteil Belltown, allerdings ohne Fahrstuhl. Bislang haben nur 14 Zimmer ein eigenes Bad. Ab 115 $ inkl. Frühstück.

**Rovers** ⑬: 2808 E Madison St., Tel. 206-325-7442, www.rovers-seattle.com, Di–Do ab 18, Fr, Sa ab 17.30 Uhr. Seit Jahren Seattles bestes Restaurant, *Pacific Northwest Cuisine* mit französischem Einschlag. 3-Gänge-Menü ab 95 $.

**Earth & Ocean** ⑭: 1112 Fourth Ave., Tel. 206-264-6060, www.earthocean.net, Frühstück Mo–Fr 6.30–10, Lunch Mo–Fr 11.30–14, Dinner tgl. ab 17 Uhr. Mehrfach ausgezeichnete *Fusion*-Küche, modernes Styling der Räume. 4-Gänge-Menü 60 $.

## Seattle und Umgebung

**El Gaucho** [15]: 2505 First Ave., Tel. 206-728-1337, www.elgaucho.com, tgl. ab 17 Uhr. Wer ein gutes Steak schätzt, kommt hier auf seine Kosten. Dabei fehlen auch Gerichte mit Fisch nicht. Das Restaurant ist sehr elegant eingerichtet, zwei der drei kleineren abgetrennten Räume dienen auch als ›Weinkeller‹. New-York-Steak ab 48 $; es gibt auch Straußenfilet für 38 $.

**Wild Ginger** [16]: 1401 Third Ave., Tel. 206-623-4450, www.wildginger.net, Lunch Mo–Sa 11.30–15, Dinner Mo–Fr ab 17, Sa, So ab 16 Uhr. *Pacific-Northwest-Fusion*-Küche in Reinkultur, z. B. heimisches Lamm aus dem Wok mit Knoblauch, Ingwer, Zimt und Kreuzkümmel. Hauptgerichte um 30 $.

**Ray's Boathouse** [17]: 6049 Seaview Ave., Tel. 206-781-1960, www.rays.com. Wechselnde Menüs mit saisonalen Zutaten; Terrasse zur Bay, Dinner ab 17 Uhr, Fischgerichte ab 26 $. Lunch im separaten Café tgl. ab 11.30 Uhr, Tel. 206-782-0094, Hauptgänge ab 18 $.

**Elliott's Oyster House** [18]: 1201 Alaskan Way, Pier 56, Tel. 206-623-4340, www.elliottsoysterhouse.com. Obwohl am Pier gelegen, kommen nicht nur Touristen hierher. Frische ist garantiert. Lachs ab 28 $.

**Shucker's** [19]: 411 University St., Tel. 206-621-1700, www.fairmont.com/seattle. Lunch Mo–Fr 11.30–17, Dinner tgl. ab 17 Uhr. 13 verschiedene Sorten werden in dieser ältesten Austernbar der Stadt angeboten – gemütlich, alt-amerikanisch. Gebackene Austern 24 $.

**Place Pigalle** [20]: 81 Pike St. (im Pike Place Market), Tel. 206-624-1756, www.place-pigalle-seattle.com, tgl. 11–21 Uhr. Einrichtung wie im frz. Bistro, guter Blick auf die Piers, frische *Fusion*-Küche, exquisite Weinkarte, sehr gut besucht. Fischgerichte ab 24 $.

**The Fisherman's Restaurant** [21]: 1301 Alaskan Way, Tel. 206-623-3500. Sehr große Terrasse zur Bay, ab 11 Uhr. Einfaches Essen, aber große Portionen. Hauptgerichte ca. 20 $.

**The Islander** [22]: 96 Union St., Tel. 206-344-8088, www.theislanderseattle.com, Lunch Mo–Fr 11.30–14.30, Sa, So 12.30–16, Dinner tgl. ab 16 Uhr. Eine Art polynesisches Restaurant mit Ideen aus anderen asiatischen Küchen, z. B. Wildlachs mit Mango-Aioli und Ananas-Reis. Fischgerichte ab 20 $.

**Coastal Kitchen** [23]: 429 15th Ave. E, Tel. 206-322-1145, www.chowfoods.com/coastal. Frühstück 8–15, Lunch 11–17, Sa, So bis 15, Dinner ab 17 Uhr. Einfachere amerikanische Küche, etwas *Fusion,* gute Qualität. Fischgerichte ab 15 $.

**Virginia Inn & Tavern** [24]: 1937 First Ave., Tel. 206-728-1937, www.virginiainnseattle.com, tgl. 11.30 bis Mitternacht. Gemütliches Restaurant von 1903, abends oft Künstlerauftritte. Preiswerter Lunch, z. B. Ceasar Salad 8 $, Dinner ab 15 $.

**Recreational Equipment Inc. REI:** 222 Yale Ave. N, Tel. 206-223-1944, www.rei.com. Das Hauptgeschäft der Kaufhauskette für jede Art von Ausstattung für Outdoor-Aktivitäten.

**Niketown:** 1500 6th Ave., Tel. 206-447-6453, www.nike.com. Alles von Nike.

**Ye olde curiosity shop:** 1001 Alaskan Way an Pier 54, Tel. 206-682-5844, tgl. 9–21.30 Uhr, www.yeoldecuriosityshop.com. Der urige und vollgestopfte Laden besteht schon seit 1899 und hat allerhand Merkwürdiges wie nachgemachte Schrumpfköpfe, Harry-Potter-Dollarnoten oder beschriftete Reiskörner im Angebot.

**Grand Central Arcade:** 214 First Ave., am Pioneer Square. In dieser kleinen Mall gibt es eine hervorragende Bäckerei, die für ihre Mandelhörnchen bekannt ist.

**Fremont Sunday Market:** N 34th St., www.fremontmarket.com/fremont. Jeden So 10–17 Uhr, großer Bauern- und Flohmarkt.

**Crocodile Cafe:** 2200 Second Ave., Tel. 206-441-5611, www.thecrocodile.com, Club ab 18, Café Di–Fr 11–15, Sa, So 9–15 Uhr. Ein Livemusik-Theater-Zirkus-Club, der auch ungewöhnlichen Künstlern ein Forum bietet.

**Victrola Coffee & Art,** 411 15th Ave. E, Tel. 206-325-6520, tgl. 5.30–23 Uhr. Gleichermaßen zum Kaffeetrinken wie für kleine Livekonzerte, ist dieses angesagte Bistro immer gut besucht, die Bilder und Fotos lokaler

Künstler an den Wänden werden auch verkauft.

**Brauereien:** In Seattle wird gern Bier getrunken, am besten in einer der zahlreichen Microbrewerys.

**Two Bells Tavern:** 2313 4th Ave., Tel. 206-441-3050, www.thetwobells.com. Hier kann man auch essen, am besten Burger und Sandwiches. Die Bier-Palette umfasst sogar Hefeweizen. Mo–Fr ab 11, Sa ab 13, So ab 11.30 Uhr bis Mitternacht.

**Pike Pub & Brewery:** 1415 First Ave., Tel. 206-622-6044, www.pikebrewing.com, tgl. ab 11 Uhr. Es gibt auch Fisch, Pizza und Nachos, aber das Beste sind die vielen Biersorten, selbst gebraut und aus der Flasche.

**Tractor Tavern:** 5213 Ballard Ave. NW, Tel. 206-789-3599, http://tractortavern.ypguides. net. Livemusik von lokalen und überregionalen Gruppen, alle Stilrichtungen, im Ganzen besser als ähnliche Angebote um den Pioneer Square.

**Dimitrious Jazz Alley:** 2033 6th Ave., Tel. 206-441-9729, www.jazzalley.com. Seit Jahren der beste Jazz-Club der Stadt, meist Künstler von außerhalb.

 **Seattle Symphony, Benaroya Hall:** 200 University St., Tel. 206-215-4747, www.seattlesymphony.org. Die Akustik der Halle gilt als besonders herausragend.

**Fifth Avenue Theatre:** 1308 5th Ave., Tel. 206-625-1418, www.5thavenuetheatre.org. Überwiegend Musical-Aufführungen in einem Vaudevillle-Gebäude von 1926, der Saal ist dem Thronsaal aus Pekings Verbotener Stadt nachgebildet.

**Feste/Veranstaltungen**
**International Children's Festival:** Mitte Mai,

Koolhaas' äußerst sehenswerter Bibliotheksbau ist ein Paradebeispiel innovativer Architektur in Seattle – und auch die Besichtigung der Innengestaltung lohnt

ca. 5 Tage im Seattle Center. Das Fest bietet eine bunte Mischung von Aufführungen internationaler Künstler und Shows und ist nicht nur für Kinder interessant, www.seattleinternational.org.

**Pike Place Market Street Festival:** 31. Mai bis 1. Juni. Straßenfest mit vielfältigem Rahmenprogramm.

**Seattle International Film Festival:** Mai/Juni, verschiedene Spielorte, Tel. 206-324-9997, www.seattlefilm.org.

**Seafair Festival:** Juli/August, Tel. 206-728-0123, www.seafair.com. Seit 60 Jahren der Höhepunkt des Sommers, umfasst Seafair einen Triathlon, Feuerwerke, Schnellboot- und Wasserflugzeugrennen u. v. a. m.

**Bellevue Artsfair:** Ende Juli. Alljährlicher großer Kunstmarkt des Bellevue Arts Museum mit zusätzlichen Veranstaltungen, www.bellevuefest.org.

**Sunset Supper:** 17. Aug. ›Marktgeburtstag‹ mit Spezialmenüs in über 70 Restaurants rund um den Pike Place, www.pikeplacemarket.com.

**Bumbershoot, Seattles Music & Arts Festival:** Anfang Sept., inkl. Labor Day, im Seattle Center unterhalb der Space Needle, www.bumbershoot.org. Livemusik, Filme, Tanz, Comedy. Dieses Festival mit ungefähr 500 Aufführungen ist das letzte große Fest des Sommers, bevor der harte Alltag wieder beginnt.

 **Stadtführungen**

**Seattle Architecture Tours:** 1333 5th Ave., Suite 300, Tel. 206-667-9184, www.seattlearchitecture.org. Die Spaziergänge werden von Freiwilligen der Stiftung Seattle Architecture kostenlos durchgeführt; erhellende Informationen zur Geschichte und Entstehung bekannter und unbekannter Bauten.

**Underground Tour:** 608 First Ave. (Pioneer Square), Tel. 206-682-4646, www.undergroundtour.com. Bei der zu Fuß unternommenen Stadtführung werden die Katakomben von Seattle besichtigt, zu sehen sind die Überreste nach dem Feuer von 1889. Erw. 14 $.

**Chinatown Discovery:** 719 South King St., Tel. 206-623-5124, www.seattlechinatown

tour.com. Geführter Spaziergang durch das chinesische Viertel, Erw. 17 $, 1,5 Std.

**Ride the Ducks:** 516 Broad St., Tel. 206-441-3825, www.ridetheducksofseattle.com. Ungewöhnliche Stadtbesichtigungen in einem Amphibienfahrzeug, zu Land und zu Wasser, Erw. 23 $, Kin. 13 $.

**Rafting und Kajakfahren:** Seattle Raft and Kayak, Magnoson Park und Lake Washington, Tel. 206-931-6800, www.seattleraftandkayak.com. Seattle vom Wasser aus, mit dem Kajak vom Lake Washington über Lake Union bis zu den Chittenden Locks (100 $), auch Touren in anderen Gegenden.

**Segeln, Rudern, Windsurfen:** Mt. Baker Rowing & Sailing Center, 3800 Lake Wash Blvd. S, Tel. 206-386-1913, www.cityofseattle.net/parks/boats. Besonders schön sind Ausflüge auf dem Lake Washington.

**Radverleih:** Montlake Bicycle Shop, 2223 24th Ave. E, Tel. 206-329-7333, www.montlake.com. Verleih nur pro Tag, ab 35 $.

**Ausflug zum Indianerdorf Tillicum Village auf Blake Island:** Argosy Cruises, 1101 Alaskan Way, Pier 55, Tel. 206-622-8687 oder 888-623-1445, www.tillicumvillage.com. Nur 13 km von Seattle entfernt liegt die kleine Insel mit einem Marine State Park und dem alten indianischen Fischerdorf. Tour mit Lachs-Dinner und Tanzvorführungen Erw. 80 $, Kin. bis 12 J. 30 $.

**Flüge:** Seattle-Tacoma International Airport (Sea-Tac), Tel. 206-433-5388, www.portseattle.org/seatac liegt ca. 28 km südlich von Seattle in Richtung Tacoma. Der Flughafen wird von Lufthansa ab Frankfurt direkt angeflogen, ca. 10 Std. Flugzeit. In die Stadt fährt die Sound Transit Rail (Stadtbahn), alle 6 Min. ab Bahnhof am Hauptgebäude, bis in die Innenstadt benötigt der Zug ca. 33 Min.; Metro Transit, Bus 174 in die Innenstadt/Ecke Pike St., 2 $. Taxis nach Downtown kosten ca. 40 $.

**Bahn:** Amtrak, Hauptbahnhof 303 S Jackson St., Tel. 206-382-4125, www.amtrakcascades.com/Seattle.htm, von hier aus tgl. nach Tacoma, Portland, Spokane, Oakland und Vancouver. In ca. 24 Std. gelangt auch nach San Francisco (Coast Starlight nach Los Angeles, Umsteigen in Emeryville).

**Busse:** Greyhound, 811 Stewart St., Tel. 206-628-5526, www.greyhound.com. Mit diesen Überlandbussen kommt man überall hin, nach San Francisco dauert es ca. 23 Std., bei Vorauszahlung 72 $.

**Fähren:** Washington State Ferries, 801 Alaskan Way, Pier 52, Tel. 206-464-6400, www.wsdot.wa.gov/ferries. Nach Bremerton (Kitsap Peninsula) 14 x tgl., 7 $ Hin- u. Rückfahrt, nach Bainbridge Island 23 Fahrten tgl., 7 $ Hin- und Rückfahrt, nach Vashon Island nur 3 x tgl. Mo–Fr, 9 $ Hin- u. Rückfahrt.

**Mietwagen:** Alle nationalen und internationalen Verleihfirmen sind am Flughafen vertreten. Besonders günstig: Dollar und Alamo. Es kann günstiger sein, von Europa aus zu buchen. Für Infos zu den Straßenverhältnissen lohnt www.wsdot.wa.gov/traffic.

### Fortbewegung in der Stadt

**Metro-Busse:** www.transit.metrokc.gov, Tagespass 6 $ (s. S. 124).

**South Lake Union Streetcar:** www.seattlestreetcar.org, Straßenbahn zwischen Lake Union und Downtown/Westlake Center, Metro-Tagespass ist gültig.

**Monorail:** Die Magnetbahn verkehrt zwischen Westlake Center und Seattle Center/Space Needle, www.seattlemonorail.com, Rückfahrtticket 4 $.

# Östlich von Seattle ▶ E 4

## Snoqualmie Falls

40 bis 50 Autominuten östlich in den Bergen liegt die kleine Stadt Snoqualmie und noch einmal 10 Minuten weiter gibt es 82 m hohe Wasserfälle zu entdecken, die **Snoqualmie Falls**.

Wer es einmal richtig luxuriös haben möchte und es sich darüber hinaus leisten kann, dem sei ein Aufenthalt in einem spektakulär direkt über dem Wasserfall gelegenen Hotel empfohlen, auch die Küche *(West Coast)* wird dem sehr gehobenen Niveau gerecht (Salish Lodge & Spa, 6501 Railroad Ave. SE).

## Woodinville

Auch wenn man in Seattle sehr gut essen gehen kann, für Gourmets lohnt sich ein Abstecher zu **The Herb Farm** im kleinen Woodinville. Es ist ein Familienrestaurant, hervorgegangen aus einer Kräuterfarm, das heute zu den besten des Nordwestens gehört. Der Chef bringt Erfahrungen aus 3-Sterne-Restaurants in Frankreich und Italien mit. Da die 9-Gänge-Menüs mehrere Stunden dauern und der Weinkeller gut bestückt ist, sollte man an eine Übernachtungsmöglichkeit denken.

In unmittelbarer Nachbarschaft zur Herb Farm befindet sich Washingtons ältestes Weingut, das **Chateau Ste. Michelle** von 1934. Vorbild für das Gebäude war das klassische Weingut der Bordeaux-Anbaugebiete, eine ungewöhnliche Architektur für die Region. Kellerbesichtigungen mit Weinproben werden täglich angeboten (s. u.), im Sommer finden im wunderschönen Garten Konzerte statt, beispielsweise traten 2008 Mark Knopfler, Crosby, Stils & Nash und Ringo Starr im Weingut auf.

**Willows Lodge Washington State Resort:** 14580 NE 145th St., Tel. 425-424-39, www.willowslodge.com. Rustikal im gehobenen Stil, bietet das Resort 84 luxuriöse Räume, allerdings keinen Fahrstuhl. DZ um 200 $.

**The Herb Farm:** 14590 NE 145th St., Tel. 425-485-5300, www.theherbfarm.com. Gourmetküche vom Feinsten, es gibt zwei Suiten zum Übernachten (ab 250 $). Menü um 200 $.

**Weingutbesichtigung:** Chateau Ste. Michelle, 4111 NE 145th St., Tel. 425-488-1133 oder 1-800-267-6793, tgl. 10–17 Uhr, www.ste-michelle.com. Die Columbia Valley Wine Tour ist kostenlos, sonst 10 $ pro Person. Eintrittskarten für Konzerte über www.ticketmaster.com.

### Federal Way und Weyerhaeuser

Die Firma Weyerhaeuser hat ihren Hauptsitz im kleinen Städtchen **Federal Way,** zwischen Seattle und Tacoma gelegen. **Weyerhaeuser** ist einer der weltweit größten holzverarbeitenden Konzerne, der um 1900 mit einem Büro in Tacoma begann. Das Firmengelände kann besichtigt werden, es gibt Spazierwege, einen See und jede Menge Bäume (www.weyerhaeuser.com).

# Puget Sound ▶ D 3–5

**Karte:** S. 130
Die Inseln und die Halbinsel im Puget Sound sind sehr gut von Seattle aus mit Fähren zu erreichen; diese Anbindung trug mit dazu bei, dass sich viele Seattler Häuser und Apartments in dieser Region gekauft haben und die Wochenenden in der Natur verbringen.

### Vashon und Maury Island

**Vashon Island** **1** und das kleinere **Maury Island** sind an freien Tagen von Radfahrern und Spaziergängern bevölkert, aber auch zahlreiche kleine Galerien mit einem breiten Spektrum moderner Kunst werden gern besucht. Mitte Juli findet in Vashon ein Erdbeer-Festival statt, das eine bunte Palette an Paraden und Livemusik offeriert.

### Bainbridge Island

Ebenfalls gut mit der Fähre zu erreichen ist **Bainbridge Island** **2**, eine ursprünglich gebliebene kleine Insel, zu deren Hauptattraktionen der fantastische Blick auf die Skyline von Seattle und die Parklandschaft der Bloedel Reserve gehören. Auf 61 ha finden sich Gärten, auch ein japanischer fehlt nicht, Wie-

sen und Teiche mit über 300 verschiedenen Baumarten (Bloedel Reserve, 7571 NE Dolphin Drive, Ausfahrt Agatewood Road vom Hwy 305, geöffnet Mi–So 10–16 Uhr, Eintritt $ 10, www.bloedelreserve.org).

### Bremerton und Whidbey Island

**Bremerton** **3** ist der größte Ort auf der Kitsap Peninsula; die Fähre von Seattle fährt regelmäßig dorthin (s. S. 125). Besonders hübsch mit den vielen restaurierten Gebäuden aus dem 19. Jh. präsentiert sich Port Gamble an der Nordspitze, von dort aus führt auch eine Brücke über den Hood Canal auf die Olympic Peninsula.

Weniger touristisch, und auch deutlich ruhiger stellt sich **Whidbey Island** **4** dem Besucher dar. Gut 80 km in der Länge, ist die Insel über die Fähre von Mukilteo oder die Brücke über den Deception Pass Gorge zu erreichen. Keine spektakulären Eindrücke sind hier zu finden, sondern kleine, beschauliche Fischerorte und im Deception Pass State Park einige Campgrounds sowie ungefähr 64 km an Wander- und Fahrradwegen (www.parks.wa.gov). Fahrradfahrer lieben diese sanft hügelige Landschaft und für Austern- und Muschelfreunde (speziell die *Penn Cove Mussels*) wird in der Bay vor Coupeville frisch geerntet.

Die Insel hat nur wenige Unterkünfte zu bieten; einige finden sich in **Oak Harbor** **5** oder in Coupeville, der zweitältesten Stadt des Bundesstaats. Die Besiedlung durch weiße Siedler ab der Mitte des 19. Jh. hat ihre Spuren in den viktorianischen Häusern hinterlassen. Oft sind sie liebevoll restauriert und bunt bemalt; aus Stein konnten sich diesen Baustil nur die reicheren Bewohner leisten. Von Keystone in der Mitte der Insel geht eine regelmäßige Autofähre nach Port Townsend ab.

**i** **Vashon und Maury Island:** Vashon-Maury Chamber of Commerce, P. O. Box 1035, Vashon, Tel. 206-463-6217, www.vashonchamber.com.
**Bainbridge Island:** Visitor Center, Winslow, 590 Winslow Way E, Tel. 206-842-3700, www.bainbridgechamber.com.

**Kajaktouren im Puget Sound: Nach einer kurzen Einführung geht's los**

**Whidbey Island:** Visitor Center in Coupeville, 107 S Main St., Mo–Fr 10–17 Uhr, Tel. 360-678-5434, www.centralwhidbeychamber.com.

 **The Oystercatcher:** 901 Grace St., Coupeville, Whidbey Island, Tel. 360-678-0683, www.oystercatcherwhidbey.com. Di–So 17–20 Uhr. Es gibt frisch geerntete *Penn Cove Mussels*, zudem Fisch und Fleisch. Muscheln als Vorspeise 12 $.

**Tyee Restaurant:** 405 S Main St., Coupeville, Whidbey Island, Tel. 360-678-6616, www.tyeehotel.com, tgl. 11.30–16 Uhr Lunch, Dinner ab 16 Uhr. Gute Sandwiches, *Penn Cove Mussels* als Vorspeise 9 $.

**Feste und Veranstaltungen**
**Erdbeer-Festival:** Wochenende Mitte Juli. Seit 1909 wird an 3 Tagen auf Vashon Island der süßen Frucht gehuldigt, mit Musik, Tanz in den Straßen und vielen Marktständen.

 **Radfahren:** Fahrradverleih Vashon Island Bicycles, 9925 SW 178th St., Tel.

206-463-6225, 5 $/Std., 20 $/Tag, immer wieder schöne Ausblicke auf Seattle.

**Autofähren:** Von Keystone auf Whidbey Island nach Port Townsend: 10 Fahrten tgl. 6.30–20.30 Uhr, Pkw/11 $ ein Weg.
**Busse:** Auf Whidbey Island, Island Transit, Tel. Mo–Sa 360-678-7771, www.islandtransit.org, kann man kostenlos den Bus benutzen.

# San Juan Islands ▶ D 3

**Karte:** S. 130
Der Archipel der **San Juan Islands** mit 743 Inseln ist eine ganz eigene Welt für sich. Nur bei Ebbe sind 170 Inseln davon sichtbar und nur 60 sind bewohnt. Die Suche nach der Nordwest-Passage zwischen Pazifik und Atlantik hat auch zur Entdeckung dieser Inselwelt geführt. Schon 1592 verzeichnete der Seefahrer Juan de Fuca – nach dem die Meerenge zwischen der Olympic Halbinsel im Nordwesten Washingtons und dem zu Ka-

nada gehörenden Vancouver Island benannt ist – einige der Inseln. Aber erst 1790 reklamierte der spanisch-mexikanische Kapitän Manuel Quimper das Archipel für die Spanier, daher kommt der Name San Juan. Die einheimischen Salish-Indianer wurden rasch von den eingeschleppten Pocken dezimiert und so konnten sich die weißen Einwanderer auf den bewohnbaren Inseln ausbreiten.

Die Inseln waren von Briten und Amerikanern bewohnt, und obwohl die Grenzziehung zwischen Kanada und den USA 1846 auf den 49. Längengrad festgelegt wurde, war die Zugehörigkeit der Inseln unklar geblieben. Der sogenannte »Pig War« um ein von einem Amerikaner erschossenes englisches Schwein eskalierte bis zur Stationierung von Truppen auf San Juan. Der deutsche Kaiser Wilhelm soll um Vermittlung gebeten worden sein, und er entschied zugunsten der Amerikaner, sodass die Inseln seit 1872 zum Bundesstaat Washington gehören. Für Besucher sind die vier größten Inseln geeignet: San Juan, Orcas, Shaw und Lopez Island.

Nach wie vor bewohnen Fischer und Bauern die Inseln sowie viele ›Stadtflüchter‹, Letztere schätzen besonders die Ruhe und abwechslungsreiche Landschaft. Im Sommer ist es mit der Abgeschiedenheit allerdings vorbei, denn mehr Besucher als Einwohner tummeln sich zwischen Juli und Anfang September in der Region, und da nur San Juan, Orcas und Lopez Island Unterkünfte bieten, sind Reservierungen im Voraus unbedingt zu empfehlen. Von allen Inseln aus wird *whale watching* angeboten, da sich immer Gruppen der Grauwale oder der Orcas in der Meerenge aufhalten. Das Klima des Archipels ist ausgesprochen gemäßigt, die Temperaturen steigen im Sommer selten über 27 °C. Da die Inseln sehr geschützt liegen, wird auch der Regen abgehalten, sodass die Insulaner stolz auf ihre im Durchschnitt 247 Sonnentage verweisen. Die Wassertemperatur ist mit ca. 7 °C allerdings wenig für Schwimmer geeignet, Kalt-Wasser-Taucher in dicken Neoprenanzügen sind hier eher anzutreffen sowie Kajakfahrer, die die wilde Romantik und Abgeschiedenheit der Inselwelt schätzen.

**San Juan Islands Visitor Bureau:** Tel. 888-468-3701, *ext.* 1, 640 Mullis St., Bldg. A, Suites 210 & 215, Friday Harbor, San Juan Island, www.VisitSanJuans.com. Dort erhält man eine Übersichtsbroschüre für alle Inseln.

**Autofähren:** Von Anacortes auf Fidalgo Island zu den Inseln, www.wsdot.wa.gov/ferries oder Tel. 888-808-79 77. In der Sommerzeit sind für Überfahrten mit dem Auto Reservierungen ratsam, Anacortes–Friday Harbor auf San Juan Island mit Auto einfache Fahrt 51,20 $, nach Orcas Village 43,10 $ (plus Steuern). Die Fähre Victoria Clipper vom Pier 69 in Seattle bringt ihre Passagiere in 3,5 Std. zum Friday Harbor auf San Juan Island, Tel. 360-448-5000 oder 1-800-888-2535, www.victoriaclipper.com, ca. 47 $ pro Strecke und Pers.

**Busse:** Nach Anacortes verkehren 12 x tgl. Busse (Airporter Shuttle) vom Flughafen Sea-Tac und von Seattle aus, www.airporter.com, ca. 3 Std., einfache Fahrt 33 $.

## Lopez Island

**Lopez Island** 6 ist die flachste der Inseln und daher ein Dorado für Fahrradfahrer. Neben Viehzucht und Obstanbau setzen die 2500 Insulaner zunehmend auf Tourismus, Bed & Breakfast sowie Motels mit Cabins und mehrere Campgrounds laden zum Übernachten ein. Das einzige Hotel mit 30 Zimmern befindet sich in Lopez.

**Chamber of Commerce:** Lopez Rd., Tel. 360-468-4664, www.lopezisland.com.

**Lopez Islander:** 2847 Fisherman Bay Road, Tel. 360-468-2233, Reservierung 800-736-3434, www.lopezislander.com.

**Weinprobe:** Lopez Island Vineyards, 724 Fisherman Bay, Tel. 360-468-36 44, www.lopezislandvineyards.com, geöffnet Mai, Juni Fr und Sa 12–17 Uhr. Der Familienbetrieb produziert Chardonnay, Cabernet Sauvignon und Merlot sowie einige Obstweine.

# Richtig Reisen-Tipp: Wale beobachten

Nahezu jeder Ort an der Nordwestküste Nordamerikas wirbt mit *whale watching,* und sicher gehört es zu den attraktiven Höhepunkten einer Reise in diese Region, einmal die schwarz-weißen Orcas oder die mächtigen Grauwale aus unmittelbarer Nähe zu beobachten. Besonders erfolgreich ist man dabei im **Lime Kiln Point State Park** auf **San Juan Island,** dem ersten offiziellen Walbeobachtungspark der USA.

Bootstouren starten von den Inseln, von Port Townsend, Port Angeles oder von Victoria (Kanada); in der Regel sind dies zwei- bis vierstündige Fahrten aufs Meer. Vermeiden sollte man die Angebote von Vancouver aus, denn allein die Hinfahrt dauert 3 Std.; und da die Jetboote sehr laute Motoren haben und es auf dem Meer auch im Sommer recht kühl ist, kann die Reise ziemlich anstrengend sein.

Tierschützer diskutieren jedes Jahr aufs Neue, ob der Lärm der Boote nicht doch das empfindliche **Sonarsystem der Tiere** stört, und verlangen zumindest eine Einschränkung der Fahrten. Es ist wie so oft eine Abwägung der Interessen, die in diesem Fall eigentlich nur der Reisende selbst vornehmen kann. Hilfestellung bei dieser Entscheidung kann sein, sich für einen Anbieter zu entscheiden, der sich dem **Responsible Whale Watching** verpflichtet fühlt.

Inzwischen gibt es viele Veranstalter, die das Logo des WDCS führen. WDCS steht für die »Whale & Dolphin Conservation Society«, eine **Umweltschutzorganisation,** die 1987 in England gegründet wurde und inzwischen auch ein Büro in Deutschland hat. Sie entwickelte Kriterien, die den Touranbietern ermöglichen, ihre Beobachtungstripps ohne weiterreichende Schäden für die Tiere durchzuführen, dazu gehört besonders genügend Abstand. Mehr Infos über www.wdcs.org.

**Maya's Westside Charter:** 1997 Mitchell Bay Road, Friday Harbor, San Juan Island, Tel. 360-378-7996, www.mayas whalewatch.biz/Index.html. Die Firma verwendet kleine Boote (6 Pers.) und gehört der Organisation »Responsible Whale Watching« an. 3-Std.-Tour Erw. 75 $, Kin. unter 12 J. 65 $.

**Orcas Island Eclipse Charter:** Orcas Village, neben dem Ferry Dock, Tel. 360-376-6566 oder 800-376-6566, www.orcasislandwhales. com, 3,5 Std. Erw. 68 $, Kin. bis 12 J. 42 $.

**Wale sieht man am ehesten im Frühjahr vor den Küsten Oregons und Washingtons**

## Der Puget Sound

## Orcas Island

**Orcas Island** `7` ist die größte Insel und auch die abwechslungsreichste, dort befindet sich mit dem 733 m hohen **Mount Constitution** der höchste Berg der Inselgruppe. Ein Aussichtsturm auf der Spitze erlaubt bei klarem Wetter einen wunderbaren Blick auf den Mount Baker (im Osten), die Olympic Mountains (im Südwesten) und auf Vancouver Island (im Westen), die Auffahrt mit dem Auto ist möglich.

Der Berg liegt im **Moran State Park.** Dort gibt es zahlreiche Wanderwege und das luxuriöse Rosario Resort, ein 116-Zimmer-Haus der gehobenen Preisklasse, das als historisches Hotel unter Denkmalschutz steht. Der ehemalige Bürgermeister von Seattle und erfolgreiche Schiffsbauer Robert Moran hatte das Gebäude 1909 als Wohnhaus errichten lassen, die Hotelzimmer sind allerdings nicht darin untergebracht. Obwohl Orcas nur ca. 5000 Einwohner zählt, gibt es viele Unterkünfte, im Sommer sind Vorausbuchungen dennoch ratsam.

**Visitor Center der Chamber of Commerce:** P. O. Box 252 Eastsound, WA 98245, Tel. 360-376-2273, www.orcasislandchamber.com.

**Rosario Resort & Spa:** 1400 Rosario Rd., Eastsound, Tel. 1-800-562-8820, www.rosarioresort.com, im Sommer um 250 $.

**Orcas Hotel:** 8 Orcas Hill Rd., Tel. 1-888-672-2792 oder 360-376-4300, www.orcashotel. com. 11 unterschiedliche Zimmer in einer viktorianischen Villa, gemütlich eingerichtet, mit Frühstück. Ab 96 $ im Sommer.

**Octavia's Bistro:** im Orcas Hotel s. o., Tel. 1-888-672-2792 oder 360-376-4300. Mit Blick aufs Wasser lassen sich gut frischer Fisch oder Steaks genießen. Heilbutt um 20 $.

**Boardwalk on the Water:** 8292 Orcas Rd., Tel. 360-376-2240, www.orcasislandboardwalk. com, tgl. ab 8 Uhr. Einfaches Essen, frischer Fisch und Muscheln. Kabeljau um 9 $.

**Golf:** Orcas Island Country Golf Club, Eastsound Village, Tel. 360-376-4400, www.orcasgolf.com. Für 22 $ kann auf diesem wunderschönen Gelände am Meer jeder spielen, Equipment ist zu leihen.

**Kajaken:** Orcas Outdoors Kayak Adventure Tours, an der Fähre, Orcas Village,Tel. 360-376-4611, www.orcasoutdoors.com. 1-stündige geführte Tour 30 $.

## San Juan Island

San Juan bietet mit der Hafenstadt **Friday Harbor** `8` die größte Ortschaft der Inseln. Dort gibt es zahlreiche Geschäfte, Restaurants und Galerien. Mitte Juli findet dort auch das viele Besucher anlockende Lavendelfest auf der Pelindaba-Farm statt. Der Rest der Insel ist nur dünn besiedelt; Roche Harbor und South Beach bieten weitere Unterkünfte, wobei auf der Insel die Angebote an Bed & Breakfast überwiegen.

Selbst wer sich weniger für Geschichte interessiert, kommt kaum an den Besiedlungsursprüngen vorbei. Im **San Juan National Historical Park** `9`, der sich zweigeteilt über die Westseite der Insel erstreckt, wird im English Camp (im Norden) und im American Camp (im Süden) der Auseinandersetzungen um die Vorherrschaft in diesem Gebiet gedacht. Vom amerikanischen Camp aus lohnt sich ein Spaziergang zur Südspitze der Insel zum Cattle Point; im britischen sind die historischen Gebäude eindrucksvoller. Dort werden auch jeden Samstag (Ende Mai–Anfang Sept.) das Siedlerleben und der ›Beinahekrieg‹ um ein erschossenes Schwein in historischen Kostümen wiederbelebt. Zudem werden im Visitor Center ein Kurzfilm über den Pig War und eine Fotoausstellung über das Camp gezeigt (31. Mai–6. Sept., tgl. 9–17 Uhr, www.nps.gov/sajh).

**San Juan Island Chamber of Commerce & Visitor Information Center:** 135 Spring St., Friday Harbor, Tel. 360-378-5240, www.sanjuanisland.org, tgl. ab 10 Uhr.

**B & B Wildwood Manor:** 5335 Roche Harbor Rd., Roche Harbor, Tel. 360-

# Seattle und Umgebung

**Im Hafen von Bellingham finden sich neben Jachten die Kutter der Krabbenfischer**

378-3447 oder 1-877-298-1144, www.wild woodmanor.com. Ein viktorianisches Haus mit 4 hell und freundlich eingerichteten Zimmern. Im Sommer ab 200 $.

**Roche Harbor Resort:** 248 Reuben Memorial Dr., Roche Harbor, Tel. 360-378-2155 oder 800-451-8910, www.rocheharbor.com. Das Resort besteht aus mehreren Teilen, dazu gehören das Hotel de Haro in einem alten Haus von 1886 sowie Apartments und Cottages mit Blick auf die Marina. Im Resort befinden sich des Weiteren auch 3 Restaurants. im Lime Kiln Cafe schmeckt der Lamb-Burger (11 $) zum Lunch besonders gut. Insgesamt gibt es 75 sehr unterschiedlich gestaltete Räume. Einfaches DZ ab 100 $.

**Downriggers:** 10 Front St., Friday Harbor, Tel. 360-378-2700, www. downriggerssanjuan.com, tgl. 9–21 Uhr. Bekannt für gute Fischgerichte, bietet das oberhalb des Fährenablegers gelegene Restaurant auch Ausgefallenes, wie z. B. *Crab Burger* (12 $) oder Lachs-Sandwich mit Sauerkraut (10 $) zum Lunch.

**Westcott Bay Sea Farms:** 904 Westcott Dr., an der Westcott Bay bei Roche Harbor, Tel. 360-378-2489, www.west cottbay.com. Austern (12 ab 10 $) und Muscheln werden hier gezüchtet und verkauft.

**Feste und Veranstaltungen**
**Lavendelfest:** Mitte Juli. Auf der Pelindaba-Farm (33 Hawthorne Ln., Friday Harbor, www.pelindaba.com) findet alljährlich ein großes Sommerfest statt.

**Weinprobe:** San Juan Vineyards, 3136 Roche Harbor Road, Friday Harbor, Tel. 360-378-9463, www.sanjuanvineyards. com, tgl. 11–17 Uhr. Der einzige Weinbetrieb auf der Insel hat einen Probierraum, der in einem alten Schulhaus untergebracht ist. Das Weingut baut neue Sorten wie Siegerrebe und Madeleine Angevine an.

# Bellingham an der Bellingham Bay ▶ D 2/3

Ursprünglich aus vier verschiedenen Orten zusammengewachsen, präsentiert sich **Bellingham** 10 heute als eine moderne, geschäftige Stadt mittlerer Größe, die sich besonders in den Stadtteilen Fairhaven und Old Town den Charme des späten 19. Jh. erhalten hat. Wie viele Orte dieser Region, hat schon 1792 Kapitän George Vancouver die Bellingham Bay kartografiert, aber die ersten Siedler kamen erst in den 1850er-Jahren und profitierten von den umliegenden dichten Wäldern und den Kohlevorkommen. Daniel Jefferson Harris (›Dirty Dan‹) gilt als der Gründer der Stadt.

1853 hat er am Strand von Fairhaven ein erstes Camp aufgebaut, bald folgten die ersten Sägemühlen. Auch Bellingham partizipierte am Goldrausch am Klondike River, sogar Mark Twain soll hier gewesen sein, bevor er sich den Goldsuchern anschloss. Auch ohne die damals versprochene Eisenbahnanbindung gelangte die Stadt zu Wohlstand, der sich in den heute noch erhaltenen viktorianischen Gebäuden widerspiegelt. In dieser großflächigen Community zwischen Bay und Lake Whatcomtwa leben ca. 72 000 Einwohner, darunter 13 000 Studierende an der Western Washington University.

## Downtown
In den Cafés und schicken Boutiquen zwischen der 10th und 12th Street lässt es sich entspannt sitzen oder einkaufen. Die Einheimischen kommen an lauen Sommerabenden hierher, um die neuesten Filme im Open-Air-Kino zu genießen. In Downtown ist das alte Rathaus ein touristisches Muss. Das eindrucksvolle Gebäude von 1892 beherbergt heute das **Whatcom County Museum of History and Art** (121 Prospect St., Di–So 12–17 Uhr, Eintritt frei, www.whatcommuseum. org). Anhand von Fotos – die Sammlung umfasst 15 000 Bilder – wird hier die Geschichte der Region nacherzählt. Ein besonderes Angebot des Museums sind im Sommer die *history cruises* – Dampferfahrten entlang der Küste, auf denen allerhand Wissenswertes zur Historie der Stadt zur Sprache kommt (Tel. 360-778-8963, 1 x pro Woche, 18.30–21 Uhr, Erw. 25 $).

Das einzigartige **American Museum of Radio and Electricity** bietet für Technikfans eine Unmenge an alten Radioapparaten und Telefonen. Man kann dort in einem nachgestellten Wohnraum sitzen und den Programmen aus den 1930er-Jahren lauschen (1312 Bay St., Tel. 360-738-3886, Mi–Sa 11–16 Uhr, Erw. 5 $, www.americanradiomuseum.org).

Träumt nicht jeder Junge einmal davon, Lokomotivführer zu werden? Im Zug-Simulator des **Bellingham Railway Museum** lässt sich dieser Traum verwirklichen. Die Initiative örtlicher Modelleisenbahnsammler hat 2003 zu diesem Museum geführt, allerdings sind die Exponate vorerst in einem Ladenlokal im Parkhaus 1320 Commercial Street untergebracht (www.bellinghamrailwaymuseum.org).

Wer sich für zeitgenössisches Kunsthandwerk und Design im Nordwesten der USA interessiert, sollte die privat geführte Galerie **Chuckanut Bay Gallery & Sculpture Garden** aufsuchen, sie vertritt über 300 Künstler (700 Chuckanut Drive, Tel. 360-734-4885, www.chuckanutbaygallery.com, tgl. 10–17.30, So ab 12 Uhr).

ℹ️ **Visitor Information Center:** 904 Potter St., Tel. 360-671-3990, www.bellingham.org, tgl. 9–17 Uhr.

🛏️ **Fairhaven Village Inn:** 1200 10th St., Tel. 360-733-1311, www.fairhavenvillageinn.com. 22 gemütliche DZ, mit Balkon zur Bay. 220 $.

**Hotel Bellwether:** One Bellwether Way (Downtown, direkt am Wasser), Tel. 360-392-3100 oder 877-411-1200, www.hotelbellwether.com. 66 gepflegte Zimmer, mit Balkon zum Wasser, ab 180 $. Etwas Besonderes ist die dreistöckige 850-m$^2$-Suite im Leuchtturm.

**Bennett Guest House:** 1109 Bennett Ave., Tel. 360-961-8925, www.boardwalkpm.com. Nur 3 einfache Zimmer, gemeinsame Küchennutzung, Sauna und Blick zur Bay. Im Sommer ab 159 $.

## Seattle und Umgebung

### … in Ferdale:
**Silver Reef Casino & Spa:** 4876 Haxton Way at Slater Road, ca. 14 km nördl. von Bellingham, Tel. 360-383-0777 oder 866-383-0777, www.silverreefcasino.com. 105 großzügige DZ. Ab 129 $.

### … in Bow:
**Skagit Valley Casino Resort:** 5984 N Darrk Ln., südl. von Bellingham) Tel. 360-724-7777 oder 1-877-275-2448, www.theskagit.com (Upper Skagit Indian Tribe). Das den Lummi-Indianern gehörende Hotel-Casino verfügt über 103 gut eingerichtete DZ und 3 Restaurants. Ab 100 $.

 **Dirty Dan Harris:** 1211 11th St., Tel. 360-676-1011, www.dirtydanharris.com, tgl. ab 17 Uhr. Steak- und Seafood-Restaurant mit amerikanisch-italienischer Küche, große Portionen. *Prime Rib* um 24 $.
**Giuseppes Italian Restaurant,** 1414 Cornwall Ave. (Downtown), Tel. 360-714-9100, www.giuseppesitalian.com. Mo–Fr 11.30–14 Uhr Lunch, tgl. ab 17 Uhr Dinner, gute und liebevoll zubereitete Küche. Pasta um 15 $.
**Colophon Café,** 1208 11th St., Tel. 360-647-0092, www.colophoncafe.com, Mo–Sa 9–22 Uhr. Legeres Lokal in altem Ziegelgebäude mit guten Suppen, Salaten und tollen Süßspeisen wie *Chocolate Chunk Cake*. *Chicken Burger* 10 $.

**Radverleih:** Fairhaven Bike, 1103 11th St., Tel. 360-733-4433, www.fairhavenbike.com, Tagesmiete ab 30 $.
**Bergsteigen und Klettern im Eis:** geführte Touren speziell am Mount Baker bietet das American Alpine Institute, 1515 12th St., Tel. 360-671-1505, www.mtnguide.com. Ebenso Verkauf von allem, was an Ausrüstung für die Berge nötig ist.

**Fähren:** Nach San Juan und Orcas Island sowie nach Victoria auf Vancouver Island (Kanada) gibt es Fährverbindungen vom Fairhaven Cruise Terminal: Victoria San Juan Cruises/San Juan Islands Commuter, 355 Harris Ave., Tel. 800-443-4552, www.whales.com. Von Mitte Mai bis Anfang Juni nur am Wochenende, bis Anfang Sept. dann tgl. 9.30 Uhr nach San Juan Island, keine Autos, Erw. einfache Fahrt 49 $, Rundtrip 59 $.
**Alaskatrip:** Zudem bietet Alaska Ferry Adventures, Tel. 360-676-8445 oder 800-642-0066, www.dot.state.ak.us/amhsm/index.html eine einwöchige Schiffsreise nach Skagway in Alaska an, mit Auto ab 360 $.

## Mount Baker ► E 2/3

Bei gutem Wetter kann man ihn schon von Weitem sehen, den 3286 m hohen und immer schneebedeckten Gipfel des **Mount Baker** in den North Cascades. Natürlich gibt es auch in Bellingham Straßen mit dem Namen Baker View, denn so wie in Seattle der Mount Rainier als Hausberg gilt, ist es ganz im Norden der bis heute zumeist schwach aktive Vulkan. Die geothermalen Aktivitäten lassen immer wieder einmal Dampf aus den Spalten und Kratern aufsteigen, die letzte größere Entladung fand 1975 statt.

›The Mountain‹, wie der Gipfel von den Einheimischen auch gern genannt wird, hält den – zumindest amerikanischen – Rekord bezüglich des jährlichen Schneefalls: 1999 waren es 29 m. Der Krater im Gipfel ist vollständig mit Eis gefüllt und zwölf Gletscher umgeben den Berg. Insofern ist dieses Gebiet ein Paradies für alle Wintersportler, zumal die lange Saison am Mount Baker von Anfang November bis Mitte Mai dauert. Aber auch im Sommer lockt der Berg mit Möglichkeiten zum Mountainbiken, Wandern und Klettern, die Ausrüstung dazu kann man jedoch nur in Bellingham leihen (www.mtbaker.us).

### National Scenic Byway
Wunderschöne Aus- und Panoramablicke bieten besonders die letzten 39 km vom 100-Seelen-Dorf Glacier zum **Artist Point,** allerdings ist dieser **National Scenic Byway** auch extrem kurvenreich. Auf der State Route (SR)

**Der Mount Baker ist ganzjährig schneebedeckt, zuweilen gibt es hier Rekorde von fast 30 m Höhe**

542 finden sich zudem ein Park, in dem sich Adler beobachten lassen, und eine Fischzuchtanstalt. Zahlreiche Campingplätze sowie Lodges, Hütten und einige B & Bs bieten Übernachtungsmöglichkeiten.

**i** **Glacier Public Service Center:** Glacier, Tel. 360-599-2714, www.fs.fed.us/r6/mbs, Mitte Juni–Okt. tgl. 9–16 Uhr, sonst Sa, So 9–15Uhr. Für den Eintritt in den National Forest ist eine Gebühr von 5 $ zu entrichten.

**Glacier Creek Lodge,** 10036 Mount Baker Hwy, Tel. 360-599-2991 oder 800-719-1414, www.glaciercreeklodge.com. Insgesamt 21 Hütten und Motelzimmer, sehr einfach, aber funktional, mit Kitchenette. Ab 60 $.

# Tacoma ▶ D 5

Die nur 55 km südlich von Seattle liegende zweit- oder, wie manche behaupten, drittgrößte Stadt Washingtons (ca. 200 000 Einw.) – Spokane im Osten beansprucht ebenfalls die Nr. 2 zu sein – hat sich in den letzten Jahren von einem Industriestandort zu einem lohnenden Ziel für kulturell Interessierte entwickelt. International renommierte Museen wie das Museum of Glass, das Tacoma Art Museum und das Washington State History Museum liegen nicht weit voneinander entfernt in der Innenstadt.

## Museum of Glass

2002 eröffnet, bietet das **Museum of Glass** in einem modernen Bau von Architekt Arthur Erickson ungewöhnliche Einblicke in die Herstellung von Glas sowie Kunstgegenstände aus diesem Material. Ursprünglich sollte insbesondere Dale Chihuly einen Ausstellungsort bekommen, hatte der Glaskünstler doch diese Kunstrichtung maßgeblich beeinflusst, u. a. durch die Gründung der Pilchuck Glass School, die er Anfang der 1970er-Jahre gemeinsam mit Anne und John Hauberg aufbaute. Inzwischen hat sich das Museum mit seinen Sammlungen aus aller Welt und Wechselausstellungen international einen Namen gemacht (1801 Dock St., Tel. 253-284-4750, www.museumofglass.org, Mo–Sa 10–17, So 12–17, jeden 3. Do im Monat bis 20 Uhr, dann ab 17 Uhr und Eintritt frei, Erw. 10 $, Kin. 6–12 J. 4 $).

## Tacoma Art Museum

Auch das **Tacoma Art Museum** ist in einem neuen Gebäude (2003) untergebracht, das Architekt Antoine Predock rund um einen Steingarten errichten ließ (1701 Pacific Ave., Tel. 253-272-4258, www.tacomaartmuseum.org, Mo–Sa 10–17, So 12–17, jeden 3. Do im Monat bis 20 Uhr, an diesem Tag Eintritt frei, sonst Erw. 7,50 $, Kin. unter 5 J. frei).

## History Museum

Wer sich für Geschichte interessiert, kommt im **Washington State History Museum** (letzter Bau von Charles Willard Moore, 1993) auf seine Kosten. Die Expedition zur Erkundung des Westens durch Lewis und Clark ist hier ebenso facettenreich dokumentiert wie die Eisenbahngeschichte und das Leben der Ureinwohner (1911 Pacific Ave., Tel. 253-272-3500, www.washingtonhistory.org, Mo–Sa 10–17, So 12–17, Do bis 20 Uhr, ab 17 Uhr Eintritt frei, Erw. 8 $, Kin. 6–17J. 6 $).

## Old Town und Point Defiance Park

Nicht weit vom Visitor Center entfernt, etwas nördlich von der Innenstadt, liegt entlang des Ruston Way die **Old Town,** der ›Geburtsort‹ von Tacoma. Hier an der Commencement Bay kann man gut spazieren gehen, allerdings teilt man die Promenade auch mit Fahrradfahrern und Skatern. Am Ende von Ruston Way liegt der **Point Defiance Park,** mit 283 ha einer der größten städtischen Parks in den USA; es gibt einen Zoo, einen japanischen Garten und einen Yachthafen.

**i** **Tacoma Visitors Center:** 1516 Pacific Ave., Tel. 253-627-2836, es befindet sich im Marriott Hotel, Mo–Sa 9–17, So 12–17 Uhr, www.traveltacoma.com.

**B & B Geiger Victorian:** 912 N I St., Tel. 253-383-3504, www.geigervictorian.com, 3 Zimmer in viktorianischer Villa von 1889, mit originalen Möbeln. Virginia Mason Suite mit handbemalter Decke 179 $.

**B & B The Villa:** 705 N 5th St., Tel. 253-572-1157 oder 1-888-572-1157, www.villabb.com. Italienisches Flair einer Renaissance-Villa, umgeben von einem luxuriösen Garten, 5 Räume, modern restauriert. Ab 135 $.

**B & B Devoe Mansion:** 203 133rd St. E, Tel. 253-539-3991, www.devoemansion.com. Vier stilvolle Zimmer in einem denkmalgeschützten Haus von 1911, südlich der Innenstadt gelegen. Ab 115 $.

**La Quinta Inn & Suites:** 1425 E 27th St., Tel. 253-383-0146, www.laquinta.com. Unweit der Museen bietet dieses Kettenhotel geräumige Zimmer mit Internetzugang, Frühstück, einen Außenpool, einen Fitnessbereich und ein Restaurant im Haus. DZ ab 80 $.

**The Lobster Shop:** 4013 Ruston Way, Tel. 253-759-2165, www.lobstershop.com, Lunch Mo–Fri 11.30–14.30 Uhr, Dinner 16.30–21.30 Uhr. Eines der besten Seafood-Restaurants mit Blick auf den Hafen von Tacoma. *Dungeness Crab Cakes* 26 $.

**Southern Kitchen:** 1716 6th Ave., Tel. 253-627-4282, Mo–Do 10–20, Fr 10–21, Sa 8–21, So 8–18 Uhr. Traditionelle Küche aus dem Süden der USA, sehr freundliche Bedienung. Huhn mit Okra ab 15 $.

**The Spar:** 2121 N 30th St., Tel. 253-627-8251, www.the-spar.com, ältester Pub von Tacoma, Mo–Fr 11–24, Sa, So 9–24 Uhr. Ältester Pub von Tacoma, sonntags Livemusik, gute Sandwiches und Burger. Um 8 $.

**Cutters Point:** 1936 Pacific Ave., Tel. 253-272-7101, www.cutterspoint.com. Café einer neuen lokalen Kette mit eigener Kaffeerösterei, gut für ein Frühstück oder einen kleinen Lunch.

**Freighthouse Square:** E 26th St., www.freighthousesquare.com. Im ehemaligen Bahnhof sind heute ca. 40 kleine Geschäfte zu finden: Kunsthandwerk, Galerien, Geschenkläden und Bistros.

# Olympia ▶ D 5

Über die kleine Hauptstadt des Bundesstaates Washington, Olympia (ca. 44 000 Einw.), gibt es geteilte Meinungen: Einen Kurzbesuch lohne höchstens das **State Capitol,** das Regierungsgebäude unweit des Capitol Lake mit seiner 87 m hohen Kuppel. Andererseits loben manche das **Old Capitol Building** in der Innenstadt, das von 1853 stammt, als die Zollstation zur Hauptstadt erklärt wurde. 1949 zerstörte ein Erdbeben viele der historischen Gebäude der Kleinstadt, weitere wurden bei starken Erdstößen 1965 und 2001 in Mitleidenschaft gezogen. Mittlerweile gibt es etwas frischen Wind, lokale Designer bieten Mode und Accessoires an, und eine bunte Restaurant- und Clubszene beleben den Ort.

Als Ausgangspunkt für den **Cascadia Marine Trail** ist Olympia allerdings seit Langem berühmt. Diese 225 km lange Kajakroute, die sich durch den ganzen Puget Sound bis an die kanadische Grenze hinter den San Juan Islands zieht, ist ein National Recreation Trail mit kleinen Campingplätzen für die Wassersportler (www.wwta.org). Um sich für ein Picknick einzudecken, lohnt ein Besuch des Farmers Market am Capitol Way, der allerdings nur an drei Tagen (Do–Sa 10–15 Uhr) geöffnet ist. Die Ware stammt überwiegend von Bauern aus der Umgebung.

## Ausflug nach Süden

Einen kleinen Umweg von einer halben Stunde nach Süden lohnt der **Schutzpark Wolf Haven** für in Gefangenschaft geborene Wölfe und Wolfshunde. Oft aus Tierhandlungen oder aus nicht artgerechter Haltung bei Privatbesitzern gerettet, haben die zurzeit 50 Tiere hier eine neue Heimat gefunden.

In dem 32 ha großen Gelände werden geführte Touren angeboten. Man sollte sich nicht wundern, wenn der Führer plötzlich in Wolfsgeheul ausbricht, um die Tiere anzulocken (Wolf Haven International, 3111 Offut Lake Rd. SE, Tenino, Tel. 800-448-9653, www.wolfhaven.org, April– Sept. Mo, Mi–Sa 10–15, So 12–15 Uhr, Erw. 8 $, Kin. 3–12 J. 6 $).

## Seattle und Umgebung

**State Capitol Visitor Center:** 14th Ave. und Capitol Way. Tel. 360-586-3460, www.ga.wa.gov/visitor, Mo–Fr 8–17, Sa, So 10–16 Uhr.

**B & B Swantown Inn,** 1431 11th Ave. SE, Tel. 360-753-9123, www.swantowninn.com. Umgebautes viktorianisches Haus von 1889, 4 Zimmer, teilweise mit Antiquitäten. Ab 120 $.
**Phoenix Inn:** 415 Capitol Way, Tel. 360-570-0555, www.phoenixinnsuites.com. Dieses Hotel einer kleinen Kette im Nordwesten bietet einen guten Standard, Zimmer mit Kühlschrank und Mikrowelle. Ab 100 $.

**Spar Café:** 114 4th Ave., Tel. 360-357-6444, www.mcmenamins.com. Dieses alte und sehr amerikanische Restaurant mit Bar, Billardtischen und alten Fotos der Stadt an den Wänden bietet ab 7 Uhr durchgehend bis Mitternacht Mahlzeiten, Burger, Steaks und Fisch. 8–16 $.

 **Kajak- und Segelbootverleih:** Boston Harbor Marina, 312 73rd Ave. N E, Tel. 360-357-5670, www.bostonharbormarina.com. Hier werden Kajaks und Segelboote verliehen, 1er-Kajak 2 Std./20 $, Segelboot Catalina 90 $/Tag.

# Mount Rainier ► E 5

Bei schönem Wetter wirkt er schon von Seattle aus zum Greifen nah: der 4392 m hohe Gipfel des **Mount Rainier.** Ganzjährig schneebedeckt, unterscheidet sich dieser Vulkan von den anderen des Ring of Fire durch seine Form. Das Bergmassiv ist nicht kegelförmig, sondern fällt durch seine runde Spitze und die zerfurchten Hänge auf. Zwar gab es kleinere Eruptionen zuletzt vor 150 Jahren, aber gelegentlich austretende, kleine Rauchsäulen zeigen an, dass der Vulkan noch nicht erloschen ist. Seine Form hat er im Laufe der Zeit durch verschiedene Ausbrüche und Lavaströme entwickelt. Vor etwa 5700 Jahren ist die nordöstliche Seite infolge

---

**Umweltbewusst wandern**

Mehr als 1,2 Mio. Besucher hat der Mount Rainier National Park jedes Jahr, fast 50 000 davon gehen auf lange Wanderungen oder besteigen die Berge. Abfall und Unrat dieser Gäste belaufen sich jährlich auf 350 Tonnen. Um dieser Mengen Herr zu werden, hat die Parkverwaltung zwei Maßnahmen auf den Weg gebracht: Für Wanderer und Camper, die höher als 3300 m steigen wollen, gibt es Toilettenutensilien und Mülltüten an den Rangerstationen. Recycling ist für Glas, Aluminium und Plastik vorgesehen, die entsprechenden Behälter sind an den Campingplätzen und Infoständen aufgestellt. Sehr höflich wird darauf hingewiesen, man solle seinen Müll am besten wieder mit nach Hause nehmen.

---

einer Eruption zusammengebrochen, die Felsbrocken bedeckten eine Fläche von 324 km² bis hin zum Puget Sound.

Der Berg gehört zum 1899 gegründeten **Mount Rainier National Park,** dessen Besonderheit die 26 Gletscher sind, die insgesamt eine Fläche von fast 83 km² bedecken, mehr noch als im Glacier National Park im Norden von Montana. Insgesamt umfasst der Park eine Fläche von 958 km² und bietet 386 km an Wanderwegen aller Längen und Schwierigkeitsgrade.

Die Höhe des Mount Rainier schafft ein eigenes Klima um den Berg herum. Oft ist der Gipfel aus der Ferne zu sehen, der Mittelteil ist allerdings häufig in Wolken gehüllt, sodass man auf den dort befindlichen Wanderwegen selten Sicht auf den Gipfel hat. Es regnet und schneit viel in diesem Gebiet, doch die Niederschläge im November 2006 erreichten neue Rekordmengen und zerstörten den Campingplatz Sunshine Point, die Zugangsstraße Nisqually Road und angrenzendes Gelände im Südwesten des Parks. Die Aufräumarbeiten mithilfe Hunderter von Freiwilligen dauerten mehr als zwei Jahre, der Schaden wurde mit 40 Mio. $ beziffert.

Rund 58 % des Parks sind von Wald bedeckt, die Bäume sind teilweise über 1000

Jahre alt. Die Vegetation in den baumfreien Gebieten weist Heidekraut auf, das schon seit über 10 000 Jahren dort vorkommen soll. Mehr als 800 verschiedene Pflanzenarten haben die Botaniker in dieser vielfältigen Landschaft entdeckt, die wiederum Lebensraum darstellt für Schwarzbären, Hirsche, Bergziegen, Weißkopfseeadler und zahllose Eichhörnchen. Auch wenn Grizzlys und Wölfe hin und wieder gesehen werden, ist der Park keine typische Region für diese Tiere. Als Teil eines komplexen Ökosystems umfasst er im Übrigen auch 382 Seen sowie 470 Flüsse und Bäche, in denen außer Chinook-Lachsen und einer Forellenart (*bull trout)* alles geangelt werden darf.

## Paradise und Longmire

Der Mount Rainier ist ein ausgesprochen beliebtes Bergsteigergebiet. Viele amerikanische Gebirgsexpeditionen trainieren dort, bevor sie sich in höhere Gefilde auf anderen Kontinenten begeben. Allerdings benötigt man neben einer guten Kondition und Ausrüstung für Höhen über 3300 m und für die Gletscher auch eine Bergsteiger-Erlaubnis *(climbing permit or pass)*, die man online beantragen oder bei einer der Rangerstationen erwerben kann (30 $/Pers.).

Für Wintersportler ist im Süden des Parks das Gebiet um **Paradise** und **Longmire** herum ausgebaut. Langlaufski und Snowshoe erfreuen sich großer Beliebtheit, allerdings gibt es keinen Verleih von Skiern. Da es oft bis in den April hinein schneit, dauert die Saison mitunter bis in den Mai. Der lange Schneefall hat auch zur Folge, dass manche Straßen noch bis zum Sommeranfang gesperrt sind. Dies gilt auch für die Wanderwege, besonders wenn sie bis an den Rand der Gletscher führen.

## Trails

Der **Wonderland Trail** ist der Längste der ausgewiesenen Wege. Der etwa 150 km lange, als anspruchsvoll zu bezeichnende Rundweg führt durch Wälder, subalpine Wiesen, über Gletscherzungen und Bergpässe; der höchste Punkt erreicht 2300 m. Um diesen Trail zu wandern, empfehlen die Ranger, eine Dauer von 10 bis 14 Tagen vorzusehen. Für die Übernachtung auf den vier Campgrounds im Park muss man sich bei einer Rangerstation eine Genehmigung holen.

Entschieden kürzer und weniger anspruchsvoll sind der **Trail of the Shadows** – eine halbe Stunde zu den Mineralquellen – und der **Rampart Ridge Trail** mit 8 km Länge, die beide einen ersten Eindruck von dem abwechslungsreichen Gebiet vermitteln. Alle beginnen bei Longmire, der Ranger-Station mit Museum, Restaurant und Shop am südwestlichen Parkeingang. Von Paradise, 18 km von Longmire entfernt, geht der gut 9,5 km lange **Skyline Trail** ab. Der als anstrengend klassifizierte Weg führt hinauf zum Panorama Point, der – gutes Wetter vorausgesetzt – fantastische Blicke über die schneebepackten Gletscher bietet.

## Zugänge

Der National Park hat **vier Zugänge,** von Seattle ist der einzige ganzjährig Geöffnete, der Nisqually Entrance bei Elbe/Ashford (Hwy 706), nur ca. 140 km entfernt. Ohanapecosh/ Stevens Canyon im Süden, White River im Norden und Carbon River im Nordwesten sind je nach Wetterbedingungen zuweilen geschlossen. Die beste Reisezeit ist von Mitte Juni bis Anfang September, das Wetter ist dann am stabilsten. Allerdings wissen das auch die amerikanischen Touristen und so ist man besonders an den Wochenenden nicht allein auf den leichteren Trails.

> **i** **Mount Rainier National Park:** 55210 238th Ave. E, Ashford, Tel. Hauptgeschäftstelle 360-569-2211, www.nps.gov/ mora oder www.ohranger.com/mt-rainier, Eintritt mit Auto 15 $.
> **Longmire Ranger Station & Museum:** am Nisqually-Eingang, Tel. 360-569-2211 *ext.* 3314, 3. Mai–Ende Sept. tgl. 9–17 Uhr. Daneben das Wilderness Information Center, speziell zu den Trails.
> **Jackson Visitor Center:** in Paradise, Tel. 360-569-2211 *ext.* 2328, 3. Mai–6. Juni tgl. 10–18, 7. Juni–28. Sept. bis 19 Uhr.

Im Park gibt es zwei Lodges, das Paradise Inn und das National Park Inn, beide stehen unter Denkmalschutz.

**Paradise Inn**: in Paradise, für beide Lodges Tel. 360-569-2275, www.guestservices.com/rainier, Paradise Inn nur 16. Mai–6. Okt. Die Lodge wurde bei den unwetterartigen Regenfällen im November 2006 zerstört und ist danach restauriert worden. DZ ab 149 $.

**National Park Inn**: in Longmire, Tel. s. o., ganzjährig geöffnet. DZ ab 143 $.

**… in Ashford:**

**Mounthaven Resort:** 38210 State Route 706 E, Tel. 360-569-2594 oder 800-456-9380, www.mounthaven.com. 9 Hütten mit Kitchenette, auch Plätze für Camper/RVs, mind. 2 Nächte. Ab 110 $.

**Whittaker's Bunkhouse,** 30205 State Route 706 East, Tel. 360-569-2439, www.whitta kersbunkhouse.com. 18 Zimmer und Schlafsaal, beliebt bei Bergsteigern, mind. 2 Nächte. Ab 100 $.

**Bergsteigen:** Rainier Mountaineering Inc., 30027 SR 706 East, Ashford, Tel. 360-569-2227 oder 888-892-5462, www.rmi guides.com/rainier. Angeboten werden Kurzausbildungen zum Bergsteigen. Tageskurs 172 $, 4 Tage Gipfelsturm 883 $.

**Wandern:** Die Ranger bieten im Sommer geführte Touren an, die sich z. T. an Themen orientieren, z. B. Flora der subalpinen Wiesen oder Vielfalt der Vogelwelt. Das kann sich lohnen, denn die kundigen Erläuterungen öffnen die Augen für Neues und Unbekanntes und man kann jede Menge Fragen stellen.

 ## Mount St. Helens ▶ D 6

Erstmals im März 1980 begann der **Mount St. Helens** nach 123 Jahren Ruhe wieder aktiv zu werden und zog nicht zuletzt das Interesse vieler Journalisten und Schaulustiger auf sich. Straßen wurden gesperrt und Anwohner evakuiert, Wandern und Fischen verboten. Im April setzten sich die Aktivitäten fort, kleinere Erschütterungen und Dampfaustritte sowie das allmähliche Anschwellen der Nordflanke waren deutliche Anzeichen, dass ein Vulkanausbruch bevorstand. Dennoch nahmen manche Bewohner und Touristen die Warnungen nicht ernst. Als dann am frühen Morgen des 18. Mai tatsächlich ein Erdbeben der Stärke 5,1 den Vulkan erschütterte und eine gewaltige Explosion die Nordflanke und den Gipfel wegriss, zerstörte eine Glutwolke aus Asche und Gas die gesamte nähere Umgebung; auch 57 Menschen kamen in dem Inferno ums Leben.

**Auch 30 Jahre nach dem letzten großen Ausbruch hat sich die Natur um den Mount St. Helens noch längst nicht regeneriert**

Der Lodgebesitzer Henry Truman gelangte zu trauriger Berühmtheit, weil er sich weigerte, evakuiert zu werden, und ein Opfer der Lavamassen wurde, die den Spirit Lake erreichten. Bis in den August setzten sich die Zerstörungen fort, Lavaströme bahnten sich breite Schneisen durch den ehemaligen Wald, Ascheregen bedeckte die ehemals üppige Vegetation mit todbringendem Grau. Millionen von Fischen verendeten in den kochenden Flüssen und auch die großen Tiere

wie Hirsche, Bären und Kojoten zahlten ihren Tribut an die Natur.

Erloschen ist der Vulkan bis heute nicht: Kleinere Erschütterungen werden kontinuierlich gemessen und 2006 schien er wieder kurz vor einem Ausbruch zu stehen. 1982 hat der US-Kongress beschlossen, das Gebiet um den Mount St. Helens zu einem **National Volcanic Monument** zu erklären. Die Region wird seitdem renaturiert, Hirsche werden wieder angesiedelt, Straßen neu gebaut, und es

## Richtig Reisen-Tipp: Wanderung durch den längsten Lava-Tunnel der USA

Er mag nur eines der vielen Naturwunder im Gebiet des Mount St. Helens National Volcanic Monument sein, aber der zusätzliche Weg zu der im Süden des Vulkans gelegenen **Ape Cave** lohnt sich. Ape Cave ist ein etwa 4 km langer Lavatunnel, der vor ca. 2000 Jahren geformt wurde. Ursprünglich befand sich hier ein Flussbett. Ein Vulkanausbruch füllte es mit Lava, die nicht gleichmäßig erkaltete. Die äußeren Schichten kühlten zwar ab, aber die inneren flossen noch mindestens sechs Monate weiter und höhlten so eine Röhre aus. Wie mit dicken Seilen sind die Tunnelwände geformt, ein bizarrer Abdruck der erloschenen Lava. Der Name ›Affenhöhle‹ hat nichts mit den Tieren zu tun, sondern wurde gewählt, weil Harry Reese, der 1951 den Tunnel erforschte, der Leiter einer Pfadfindergruppe namens The Apes war.

Die Besichtigung erfolgt auf zwei Routen, einer kürzeren von 1,2 km Länge und einer etwas schwieriger begehbaren von knapp 2,5 km Länge. Besucher sollten ihre eigene Taschenlampe mitbringen (auch zu leihen) und festes Schuhwerk, denn auf den Wegen kann Geröll liegen. Zudem ist es meist recht kühl, die Temperaturen steigen selten über 6 °C. Zu erreichen sind die Ape Caves über Cougar, dann die Forest Road 8303, ca. 5 km nördlich von der Abzweigung der Roads 83 und 90. Am Eingang befindet sich ein Visitor Center. Von dort aus werden im Juli/August auch kostenlose Führungen angeboten. Ein Tagespass für das Auto im Gifford Pinchot National Forest kostet 5 $, damit ist der Besuch im Tunnel abgegolten.

**Visitor Center:** Forest Road 8303, www.fs.fed.us/gpnf/04mshnvm/attractions/south.shtml, Mitte Juni–Anfang Sept. tgl. 10–17 Uhr. Die Höhlen können aber ganzjährig besichtigt werden.

gibt Geld für wissenschaftliche Projekte, um den Vulkan weiter zu erforschen.

Die Natur hat sich inzwischen weite Teile zurückerobert. Zwischen den wie mit Sandstrahlgebläse blank geputzten Stümpfen der alten Baumriesen wachsen junge Bäume und Sträucher nach. Dennoch wirkt die Landschaft immer noch ›verwundet‹ und auch 30 Jahre nach dem Vulkanausbruch sind die Spuren deutlich zu sehen, zu gewaltig waren die freigesetzten Kräfte aus dem Inneren der Erde und zu groß die Verwüstungen.

### Johnston Ridge Observatory und Windy Ridge View Point

Es gibt zwei Aussichtspunkte, von denen aus man den Krater und die zerstörte Umgebung ganz besonders gut einsehen kann: das **Johnston Ridge Observatory** und den **Windy Ridge View Point.** Zum Johnston fährt man von Seattle über die Interstate 5 bis Castle Rock, dort geht der Highway 504 ab und führt in ca. 70 km zum Observatory. Diese Route ist am besten ausgebaut und ganzjährig befahrbar, sie wird daher auch in den meisten Broschüren empfohlen.

Ebenfalls von der Interstate 5 zweigt bei Woodland der Highway 503 nach Cougar ab, landschaftlich schön entlang an Lake Mervin und Yale Lake. Von dort gelangt man auf den Straßen 90, 25 und 99 zum Spirit Lake und dem dort befindlichen Windy Ridge View Point. Diese Wege sind im Winter geschlossen, und es hängt vom Wetter ab, wann sie im Frühjahr für befahrbar erklärt werden. Am besten vorher auf der Website nachsehen oder in der Pine Creek Information Station (SR 90) nachfragen.

**Mount St. Helens Silver Lake Visitor Center:** State Route 504/3029 Spirit Lake Hwy, Tel. 360-274-0962, www.visitMtStHelens.com oder www.fs.fed.us/gpnf/mshnvm, 1. Mai–30. Sept. tgl. 9–17 Uhr.

›Gipfelbesucher‹ in bequemer Entfernung zum 2549 m hohen Mount St. Helens

**Johnston Ridge Observatory:** SR 504/24000 Spirit Lake Hwy, Tel. 360-274-2140 Mai–Sept. tgl. 9–17 Uhr, Erw. 8 $.

Zwischen Castle Rock und Woodland liegen an der Interstate 5 mehrere kleinere Orte, die eine größere Auswahl von Motels und Inns bieten.

**Blue Heron Inn:** 2846 Spirit Lake Hwy, Castle Rock, Tel. 360-274-9595, www.blueheroninn.com. 6 kleine, stilvoll eingerichtete Zimmer und 1 Suite, inkl. Frühstück. Ab 160 $.

**Red Lion Hotel:** 510 Kelso Drive, Kelso, Tel. 360-636-4400, www.redlion.rdln.com. 161 große Zimmer, Restaurant im Haus. Ab 115 $.

**Silver Lake Resort:** 3201 Spirit Lake Hwy, Silver Lake, Tel. 360-274-6141, www.silverlake-resort.com, direkt am See, rustikal eingerichtet mit Kitchenette, DZ ab 100 $ sowie 5 Hütten. Ab 100 $.

**Best Western Aladdin Motor Inn:** 310 Long Ave., Kelso, Tel. 360-425-9660, www.bestwesternwashington.com/hotels/best-western-aladdin-motor-inn-kelso. 78 Zimmer, 20 davon mit Kitchenette. Ab 90 $.

**Lone Fir Resort:** 16806 Lewis River Rd. (Hwy 503), Cougar, Tel. 360-238-5210, www.lonefirresort.com. 10 einfache, saubere Hütten, verschiedene Größen, und 34 RV–Stellplätze. Ab 55 $.

**Bergsteigen:** Vom 1. April bis 31. Okt. dürfen tgl. 100 Bergsteiger auf den Mount St. Helens. Man benötigt eine Genehmigung, die über das Mount St. Helens Institute, www.mshinstitute.org, zu erwerben ist (22 $), am besten online buchen, da es viele Interessenten gibt.

**Geführte Touren:** Oregon Peak Adventures, P. O. Box 25576, Portland, OR 97298, Tel. 503-297-5100 oder 1-877-965-5100, www.oregonpeakadventures.com. Der einzige Anbieter für Touren auf den Berg. Um 300 $ pro Tag/Pers. inkl. Versorgung und Ausrüstung.

Eine der letzten Regenwaldregionen prägt die vielfältige Vegetation des National Park um den Olympic Mountain. Ganz im Nordosten der felsigen Halbinsel liegt das Reservat der Makah-Indianer, die wie ihre Vorfahren auf Walfang gehen. Im Süden hat der Pazifik eine wunderbare Dünenlandschaft geschaffen.

## Port Townsend  ▶ D 4

An der Nordspitze der Quimper-Halbinsel gelegen, hat diese kleine Stadt von ca. 9000 Einw. eine wechselvolle Geschichte hinter sich, die sich gut an den viktorianischen Gebäuden aus Holz und Stein ablesen lässt. **Port Townsend** galt einst als das New York des Nordwestens und sollte nach der Vorstellung einiger Investoren und Holzbarone der wichtigste Ort der Region werden. Voraussetzung dafür waren Pläne, die Eisenbahn nach Port Townsend auszubauen, was allerdings nicht in die Tat umgesetzt wurde.

Zeugen dieser hoffnungsvollen Zeit sind beispielsweise das **Jefferson County Courthouse** von 1892, ein gigantisches Gerichtsgebäude, das der aus Seattle stammende Architekt Willis A. Ritchie aus roten Ziegeln in neoromanischem Stil errichtete (1820 Jefferson Street). Aus Ziegeln baute in dieser Zeit nur, wer sehr reich war. Der übliche Baustoff war Holz, was die Umgebung im Übermaß lieferte.

### Water Street

Entlang der **Water Street** reihen sich viele Steinhäuser aneinander, in denen sich heute teilweise Hotels, Restaurants und Geschäfte befinden. Die Stadt liegt an einer Klippe und oberhalb der Felsen wurden die meisten der heute unter Denkmalschutz stehenden viktorianischen Häuser errichtet. Zum Teil liebevoll restauriert und in mitunter recht knalligen Farben bemalt, versetzen diese Gebäude den Betrachter in eine längst vergangene Zeit. Port Townsend teilt sich mit Eureka in Nordkalifornien den Ruf, Hauptstadt des Nordwestens für Bed & Breakfast zu sein, jedenfalls gibt es davon mehr als Hotels.

### Northwest Maritime Center

Lohnenswert ist auch ein Besuch des **Northwest Maritime Center** am Ende der Water Street; es wurde erst im Herbst 2009 fertiggestellt. Im Education Center kann man zusehen, wie Holzboote nach Originalvorlagen gebaut werden. Bevor die Gebäude errichtet werden konnten, mussten erst die Überreste eines Öl-Terminals beseitigt werden. Für die sorgfältige Restauration der benachbarten Seegras-Felder erhielten die Bauherren einen Preis für Umweltbewusstsein. Der gesamte Komplex umfasst einen Sandstrand, Docks für Kajaks und Kanus und einen Aussichtsturm. Anfang September findet dort das Wooden Boat Festival statt, eine stolze Parade meist handgefertigter Holzschiffe (s. S. 145).

### Fire Bell Tower und weitere historische Bauten

Ein anderes Highlight ist der **Fire Bell Tower** am Ende der Tyler Street auf der Steilklippe. Der Turm wurde 1890 errichtet und mit einer 75 kg schweren Glocke versehen. Die Anzahl der Glockenschläge verriet der Feuerwehr, in welchem Stadtteil ein Brand ausgebrochen war. Seit über 80 Jahren ist der Turm nicht mehr in Betrieb, aber als wichtiges historisches Denkmal wurde er 2004 restauriert.

Stadtgeschichte hautnah vermittelt ein Besuch des **Rothschild House** von 1868, das noch mit den originalen Möbeln des deutschen Immigranten David C. H. Rothschild ausgestattet ist (Ecke Taylor St. und Jefferson St., Mai–Sept. tgl. 11–16 Uhr, Tel. 360-385-1003, Eintritt 4 $). Sogar wohnen kann man im **Ann Starrett Mansion** (s. u.), einem besonders aufwendig gestalteten Haus mit einem achteckigen Turm von 1889, das ein Kaufmann für seine Braut bauen ließ.

 **Visitor Center:** 2437 E Sims Way, Tel. 360-385-2722, tgl. 9–17 Uhr, www.pt guide.com.

 **Ann Starrett Mansion:** 744 Clay St., Tel. 360-385-3205 oder 1-800-321-0644, www.starrettmansion.com. Nur 7 Zimmer, sehr stilvoll eingerichtet. Ab 115 $.
**Old Consulate Inn:** 313 Walker St., Tel. 360-385-6753 oder 1-800-300-6753, www.old consulateinn.com. Diese elegante Villa von 1889, deren Name sich aus der Zeit ableitet, als ein deutscher Konsul dort residierte, hat 7 Zimmer, im Stil der Zeit etwas überladen eingerichtet, üppiges Frühstück. Ab 110 $.
**Manresa Castle:** 7th und Sheridan St., etwas außerhalb südlich auf der Anhöhe, Tel. 360-385-5750 oder 1-800-732-1281, www.man resacastle.com. Ursprünglich war das heute unter Denkmalschutz stehende Hotel von 1892 das Wohnhaus des ersten Bürgermeisters der Stadt, Charles Eisenbeis. Seinen Namen hat es aber von den Jesuiten, die es bis 1968 als Ausbildungsstätte nutzten; 30 Zimmer, eigenes Restaurant im Haus mit *West-coast*-Küche. Ab 109 $.

 **Silverwater Café:** 237 Taylor St., Tel. 360-385-6448. Von Einheimischen gut besuchtes Restaurant mit viel Auswahl an Gerichten mit Fisch- und Meeresfrüchten, aber auch Fleisch und Pasta. Lachs ab 25 $.
**Fountain Café:** 920 Washington St., Tel. 360-385-1364. Ein Risotto aus wilden Pilzen oder ein Eintopfgericht *(stew)* aus Austern gehören zu den Angeboten dieser originellen Küche. *Stew* 19 $.

## Mit der Autorin unterwegs

### Unbedingt ansehen
Im **Northwest Maritime Center** in **Port Townsend** kann man beim Bau von Holzbooten zusehen (s. S. 144).

### Wilde Tiere beobachten
Ganz aus der Nähe dürfen Besucher der **Olympic Game Farm** in der Nähe von **Sequim** Bären und Bisons, Luchse und Wölfe beobachten (s. S. 146).

### In heißen Quellen entspannen
Ein Bad in den heißen Quellen beim **Sol Duc Hot Springs Resort** in der Nähe des Lake Crescent bietet Entspannung pur (s. S. 148).

### Reizvolle Entdeckungstour
Zu den gut versteckten **Marymere Falls** am Lake Crescent führt ein besonders schöner Wanderweg (s. S. 149).

 **Wale beobachten:** Puget Sound Express, Point Hudson Marina, 227 Jackson St., Tel. 360-385-5288, www.puget soundexpress.com. 4-Std.-Tour Erw. 75 $, Kin. unter 10 J. 59 $.

 **Feste und Veranstaltungen**
**Wooden Boat Festival:** Anfang Sept., Point Hudson Marina, www.woodenboat.org. Alles dreht sich bei diesem Fest um Holzboote. Seit den 1970er-Jahren tauschen sich Bootsbauer und -besitzer aus und feiern mit Regatten, Livemusik u. v. m.

# Sequim ▶ D 4

**Karte:** S. 146
**Sequim** 1 nennt sich die Hauptstadt des Lavendels von Nordamerika und feiert diesen Ruf seit 1996 mit einem Festival Mitte Juli. Die Lavendelfelder in der Nähe der kleinen Stadt brauchen trotz der nicht wenigen Niederschläge viel Wasser, deshalb findet dort

145

ein weiteres Festival statt, das man in dieser Region eigentlich nicht erwarten würde: das ›Bewässerungsfest‹ Anfang Mai. Seit 1895 wird gefeiert, dass sich die frühen Siedler etwas haben einfallen lassen, um mit Wasser aus dem Dungeness River ihre Felder fruchtbar zu machen.

# Dungeness Bay und Olympic Game Farm ▶ C 3

Wie ein Dreieck zieht sich das Farmland nördlich von Sequim bis zur Küste und mündet dort in eine lang gezogene Sanddüne, den **Dungeness Spit.** Einige Felsen schützen die Formation nach Norden hin und zum Land hin hat sich eine überaus üppige Küstenvegetation entwickelt. Sie bietet Nahrung und Lebensraum für zahlreiche Wasservögel, die die **Dungeness Bay** als Winterquartier nutzen oder wie die Seeadler hier dauerhaft leben. Als **Dungeness National Wildlife Refuge 2** ist die Bucht deshalb ausgewiesen (www.dungeness.com/refuge), es gibt öffentliche Wege bis an die Spitze, wo noch ein Leuchtturm von 1857 steht.

Nicht weit von Sequim können auch größere Tiere bewundert werden: Die **Olympic Game Farm** ist ein Zoo-Freigelände für Wildtiere aller Art. Hier finden sich Büffel, Tiger, Zebras, Wölfe, Kodiakbären und ein Aquarium (1423 Ward Road, Tel. 360-683-4295 oder 1-800-778-4295, mit Auto Pers. ab 13 J. 10 $, zu Fuß 11 $, www.olygamefarm.com).

**i** **Sequim Dungeness Chamber of Commerce:** 1192 E Washington St., Tel. 360-683-6197 oder 1-800-737-8462, www.cityofsequim.com.

**Lost Mountain Lodge:** 303 Sunny View Drive, Tel. 360-683-2431 oder 888-683-2431, www.lostmountainlodge.com, schöne Zimmer und Apartments, ab 185 $ (inkl. Frühstück, Nutzung des Spas).

**Old Mill Café:** 721 Carlsborg Rd, Tel. 360-582-1583. Alle Sorten Fisch und

Pasta zu angemessenen Preisen. Heilbutt um 18 $.

**Feste und Veranstaltungen** **Irrigation – ›Bewässerungsfest‹:** Anfang Mai. Mit Paraden, Picknicks und Ausstellungen feiert die Stadt das Lebenselixier Wasser – außerdem gibt es eine Kunsthandwerksmesse, www.irrigationfestival.com. **Lavendelfest:** Mitte Juli. Während des Festi-

## Olympic National Park und Umgebung

vals können die 8 Lavendelfarmen der Umgebung besichtigt werden, Erw. 15 $.

## Port Angeles ► C 4

**Karte:** S. 146

**Port Angeles 3**, das kleine Handelszentrum der Halbinsel mit Fischereiflotte und Sägemühlen, bietet sich als Stützpunkt für Wan-

derungen im nördlichen National Park an. Obwohl schon 1791 von spanischen Seefahrern gegründet, ist hier wenig an historischer Bausubstanz zu finden. Interessant sind die 35 modernen Skulpturen, die in der Stadt verteilt aufgestellt sind, alle von regionalen Künstlern. Zudem gibt es eine Anzahl von Hotels und Supermärkten sowie Outdoor-Ausstattern, wo sich der Einkauf vor der Umrundung der Halbinsel lohnt. Da die schnee-

## Olympic N. P. und Umgebung

bedeckten Gipfel der Olympic Mountains unmittelbar vor der Haustür stehen, mögen auch Kletter- und Wanderutensilien benötigt werden, die man sich hier besorgen kann. Von der Hafenstadt aus werden Kajaktouren angeboten, Guides zeigen die richtigen Wege auf der vielbefahrenen Juan de Fuca Strait.

**Chamber of Commerce Visitor Center:** 121 E Railroad Ave., Tel. 360-452-2363, www.portangeles.org, im Sommer tgl. 8–18 Uhr.

**Sol Duc Hot Springs Resort:** südlich vom Lake Crescent, 12076 Sol Duc Hot Springs Road, Port Angeles, aber ca. 1 Std. Fahrt westlich der Stadt, Tel. 888-896-3828, www.visitsolduc.com. Das Besondere hier sind die 3 heißen Quellen, in denen man baden kann (38–42 °C). Hütte ab 141 $.
**B & B Domaine Madelaine:** 146 Wildflower Lane, Tel. 360-457-4174, www.domainemadelaine.com. Etwas außerhalb von Port Angeles gelegen, bietet das schön restaurierte Farmhaus 4 Zimmer und einen großen Kamin im Aufenthaltsraum. Ab 195 $.

**Red Lion Hotel:** 221 N Lincoln St., Tel. 1-877-333-2733, www.redlionportangeles.com. Das 187-Zimmer-Hotel liegt in der Nähe des Hafens, die Kette bietet einen angenehmen Standard und verfügt über ein Restaurant im Haus. DZ ab 100 $.

**The Bushwhacker Restaurant:** 1527 E 1st St., Tel. 360-457-4113, www.bushwhackerpa.com, Dinner ab 17 Uhr. Ein rustikales amerikanisches Restaurant mit Steaks und viel Fisch. *Prime Rib* ab 23 $.

**Brown's Outdoor:** 112 W Front St., Tel. 360-457-4150, www.brownsoutdoor.com, hat Kleidung, Schuhe, Zelte und Schlafsäcke im Angebot und verleiht Wanderstöcke und Snowshoes.

**Kajaken oder Radfahren:** Sound Bikes & Kayaks, 120 E Front St., Tel. 360-457-1240, www.soundbikeskayaks. com, Halbtagestour mit Kajak Erw. 70 $.

**Fähre:** Autofähre nach Victoria auf Vancouver Island (Kanada), im Sommer 4 x tgl. Überfahrt mit Auto 50 $ (90 Min.), Passagier 13,50 $, www.cohoferry.com.

# Olympic National Park
▶ B/C 4

**Karte:** S. 146
Einem Luchs oder einem Puma begegnen möchte man vielleicht lieber doch nicht, aber auf den zahlreichen Wanderwegen im **Olympic National Park** ist das durchaus möglich. Ungefähr 370 000 ha umfasst das 1938 zum Park und National Monument erklärte Gelände. Damals galt es die vom Aussterben bedrohten Roosevelt-Hirsche zu schützen – mit Erfolg. Zwar ist er oft von Wolken verhangen, aber der 2428 m hohe Vulkankegel des Mount Olympus prägt das Gebiet. Das Besondere dieses Parks bzw. der Halbinsel sind die extrem unterschiedlichen klimatischen Zonen. In den Flusstälern auf der Westseite haben sich Vegetationsformen ent-

wickelt, die Ähnlichkeit mit einem Dschungel aufweisen: Der dort vorkommende Regenwald u. a. im Gebiet des Hoh Rain Forest findet sich nur noch in Patagonien und Neuseeland. Sitka-Fichten und unzählige Sorten von Flechten und Moosen prägen den Charakter dieses temperate rain forest, in dem sich bis zu 1000 Jahre alte Bäume befinden. Die unterschiedlichen Höhenlagen und entsprechende Niederschläge haben für eine lebendige Mischung der Flora gesorgt und damit auch Voraussetzungen geschaffen, dass sich u. a. Bären, Luchse, Biber, Dammwild und Weißkopfseeadler hier zu Hause fühlen.

## Hurricane Hill Trail und Marymere Waterfalls

Für Besucher stehen fast 1000 km an Wanderwegen zur Verfügung, etliche Campingplätze und mehrere Hotels mit Hütten (Resorts oder Lodges) bieten Übernachtungsmöglichkeiten. Der beliebteste und wohl am meisten frequentierte Wanderweg ist der **Hurricane Hill Trail** **4**, ein ca. 5 km langer Rundweg, der z. T. wunderbare Ausblicke auf die Buchten der Juan de Fuca Strait bietet; er beginnt am **Hurricane Ridge Visitor Center** **5** oberhalb von Port Angeles.

Mehr vom Regenwald sieht man auf einem kürzeren Weg zu den **Marymere-Wasserfällen** **6**, der südlich vom Olympic Park Institute am Lake Crescent seinen Anfang nimmt.

Der moderate Weg zeigt die vielfältigen Formen des Regenwalds, alte, abgestorbene Stämme bilden den Nährboden für neue Bäume und andere Pflanzen. Schier undurchdringlich erscheint z. T. das Unterholz. Zum Prinzip des National Park gehört es, dass keine Rodungen durchgeführt werden.

Der Highway 101 ist die einzige im Westen gelegene Nord-Süd-Verbindung der Halbinsel. Außerhalb des Parks führt die Straße durch große Waldgebiete, die seit über 100 Jahren bewirtschaftet werden und den Betrachter mit riesigen Kahlflächen *(clear cut)* inmitten des dichten Walds erschrecken können. Junger Wald zeigt, dass hier auch immer wieder aufgeforstet wird, denn die Holzwirtschaft ist bis heute der wichtigste ökonomische Stützpfeiler der Region.

> **i** **Olympic National Park Visitor Center:** 600 E Park Ave., Port Angeles, Tel. 360-452-0330, www.nps.gov/olym, 9–18 Uhr.

## Neah Bay und Makah-Indianer

Nur über den Highway 112 von Port Angeles zu erreichen sind die im Norden gelegene **Neah Bay** **7** und der **Ozette Lake.** Dort leben die Makah-Indianer, ein Stamm, der im Jahr 2000 weltweit für Schlagzeilen sorgte, als er die Erlaubnis erhielt, wieder Wale zu jagen. Umweltschützer versuchten dies damals zu verhindern, doch der Stamm argu-

**Bizarre Felsen und jede Menge Treibholz im Westen der Olympic-Halbinsel**

## Olympic N. P. und Umgebung

mentierte mit dem Hinweis auf jahrhundertealte Traditionen, zu denen man zurückkehren wolle. Das **Makah Museum** 8 in der Neah Bay informiert über die Indianer und das Leben in dieser rauen Gegend (www.makah.com, Tel. 360-645-2711, tgl. Ende Mai–15. Sept. 10–17 Uhr, Erw. 4 $).

Die meisten Strände der westlichen Seite der Halbinsel sind nicht mit dem Auto zu erreichen, nur ab Ruby Beach führt der Highway 101 bis Sun Beach direkt an der Küste entlang. Es gibt Parkplätze und sanitäre Anlagen, aber keine Campingplätze oder Restaurants. Auch längere Spaziergänge sind schwierig, da oft gewaltige Felsformationen ins Wasser ragen. Der Abstecher zum **Hoh Rain Forest** 9 und dem dortigen Visitor Center lohnt sich, dort ist das grüne Dickicht des Regenwaldes durch mehrere Lehrpfade am besten zu erleben. Wieder am Meer liegt **Kalaloch** 10, ein kleines Resort mit Cabins und Restaurant. In der Rangerstation dort erhält man mit Karten für Wanderungen.

**Shilo Inn Suites Hotel – Ocean Front Resort:** 707 Ocean Shores Blvd. NW, Ocean Shores, Tel. 360-289-4600 oder 800-222-2244, www.shiloinns.com. 113 Zimmer, viele mit Meerblick. DZ ab 160 $.

**Kalaloch Lodge:** direkt an der Küste, 157151 Hwy 101, Forks, Tel. 866-525-2562, www.visitkalaloch.com. 40 Hütten. Ab 150 $.

**Lake Quinault Lodge:** am südlichen Ufer des Lake Quinault, 345 South Shore Rd., Quinault, Tel. 800-562-6672 oder 360-288-2900, www.visitlakequinault.com. DZ ab 150 $.

# Long Beach ▶ B 6

Nahezu menschenleer zeigt sich auch die Region zwischen Aberdeen im Norden und dem Columbia River im Süden, der die Grenze zum Bundesstaat Oregon bildet. Die Holzwirtschaft ist hier nahezu die einzige Einkommensquelle, und da die Mechanisierung voranschreitet, verlassen viele die Gegend. Leere und verfallende Häuser, heruntergekommene Wohngebiete sind Kennzeichen dieses Wandels. In

Aberdeen wurde übrigens Kurt Cobain geboren. Nicht versäumen sollte man allerdings den langen Sandstrand von **Long Beach:** Fast 45 km gelber Sand ziehen sich von Ilwaco bis zum Fort Columbia State Park.

Die schmale Halbinsel trennt den Pazifik von der **Willapa Bay,** wo es die größte Austernzuchtanlage der USA gibt. Die kleinen Orte entlang des Highway 103 sind schon seit gut 100 Jahren ein Ziel von Ausflüglern und Touristen, es gibt viele Hotels und B & Bs ebenso wie zahlreiche Anbieter für Kitesurfen, Kajaktouren oder Fischen.

Im kleinen **Ilwaco Heritage Museum** (115 SE Lake St.,Tel. 360-642-3446, www.columbiapacificheritagemuseum.org, Mo–So 10–16 Uhr, Erw. 5 $) kann man sich über die berühmte Expedition von Meriwether Lewis und William Clark informieren, aber das gleichnamige Interpretive Center am **Cape Disappointment Lighthouse** ist umfangreicher in der Darstellung (Tel. 360-642-3078, www.parks.wa.gov/lcinterpctr.asp, tgl. 10–17 Uhr). Hier endete die Erkundung des Westens im Auftrag von Präsident Jefferson im November 1805. Der Leuchtturm an dieser südwestlichsten Spitze von Washington steht auf einer Felsnase, von der aus man einen atemberaubenden Blick auf die Mündung des Columbia River und die Berge hat.

**i** **Long Beach Visitors Bureau:** 3914 Pacific Way, Seaview, Tel. 360-642-2400 oder 1-800-451-2542, www.funbeach.com.

**Long Beach, Boreas B & B Inn:** 607 N Ocean Beach Blvd., Tel. 360-642-8069 oder 1-888-642-8069, www.boreasinn.com. 5 Zimmer und 1 Beach House. Ab 160 $.

**Ilwaco, Inn at Harbour Village:** 120 Williams Ave., Tel. 360-642-0087 oder 888-642-0087, www.innatharbourvillage.com, 10 Räume in einer ehemaligen Kirche. Ab 125 $.

**Cedars Ocean View Inn:** 208 Bolstad Ave. West, Tel. 360-642-5400 oder 888-886-9111, http://cedarsoceanviewinn.com, das 42-Zimmer-Haus gehört zu einer kleineren, überwiegend in Washington vertretenen Kette mit einem guten Standard. Ab 115 $.

# North Cascades

**Immer wieder spektakuläre Ausblicke und einsame Wanderwege in einer grandiosen Berglandschaft bieten die North Cascades, eine nahezu unbewohnte Gebirgsregion. Winthrop und Leavenworth locken mit Wildwest- bzw. Alpenromantik und noch beinahe unentdeckt von ausländischen Touristen liegt das riesige Erholungsgebiet des Lake Roosevelt im Nordosten von Washington.**

## North Cascades N. P. und Cascade Loop

**Karte:** S. 152

Nur über den Highway 20 gelangt man im Norden von der Westküste über die Berge zum **Columbia Basin.** Diese Straße gehört zum **Cascade Loop,** einer der schönsten und spektakulärsten Routen im Bundesstaat Washington. Im Frühjahr nach der Schneeschmelze entlang reißender Flüsse, durch dichte Mischwälder und vorbei an steilen, manchmal bedrohlich überragenden Felsen mäandert im nördlichen Teil des Loops die gut ausgebaute Straße durch die Berge bis zum 1700 m hohen **Washington Pass.**

Die umliegenden Berge und Gipfel und die dazwischen schimmernden Gletscherseen wirken wie unberührt, nur die vielen Strommasten zeigen, dass sich der Mensch die Natur nutzbar gemacht hat. Von hier wird der Großraum Seattle mit Energie versorgt. Der gesamte Cascade Loop umfasst 563 km und führt über den Highway 20 nach Twisp, geht dann über die Highways 153 und 97 am Columbia River entlang nach Chelan bis nördlich von Wenatchee. Dort beginnt der Highway 2, der über Leavenworth, Skykomish und Monroe in Everett endet. Einen Überblick bietet die Website www.cascadeloop.com, dort findet man auch nützliche Informationen zu den verschiedenen Teilen dieser Strecke. Starker Schneefall im Winter kommt häufig vor, deshalb ist der Abschnitt zwischen Newhalem und Mazama von Mitte November bis Mitte April geschlossen.

### North Cascades N. P.  ▶ E/F 3

Der **North Cascades National Park** **1** verfügt über ein hervorragendes Netz von insgesamt ca. 600 km ausgewiesener Wanderwege *(trails);* seinen Reiz machen über 300 Gletscher, zahllose Wasserfälle und tiefe Schluchten aus.

### Gorge Dam  ▶ F 3

Unweit von Newhalem liegt der **Gorge Dam** **2**, dort bietet der **Gorge Overlook Trail** eine nicht zu anstrengende einstündige Wanderung mit Ausblicken auf den gestauten Fluss. Der Einstieg *(trailhead)* befindet sich neben der Brücke, die den Wasserfall vom Stausee überquert. Andere empfehlenswerte Trails sind z. B. der **Thunderwoods Nature Trail** (Teil des Thunder Creek Trail), Einstieg am Colonial Creek Campground, der durch eindrucksvolle Zedernwälder führt. Dieses Holz haben die dort heimischen Indianer für den Bau ihrer Kanus verwendet.

Um einen ersten Eindruck zu bekommen, lohnt sich auch ein Tagesausflug von Seattle aus über den **Mountain Loop Highway,** der von Arlington oder Granite Falls (nördlich von Everett) über Silverton, den Barlow Pass, Darrington und Cicero zwar nur ca. 150 km lang ist, aber die schmale Straße und die schönen Aussichtspunkte beanspruchen ihre Zeit.

## Mit der Autorin unterwegs

### Für Wanderfans
In den North Cascades lohnt sich eine Wanderung auf dem **Gorge Dam Overlook Trail** wegen seiner fantastischen Ausblicke über den gestauten Fluss (s. S. 151).

### Geschichte hautnah erleben
In der **Westernstadt Winthrop** kann man sich zurückversetzen lassen in die Zeit des Wilden Westens und im Sattel ein Bier trinken (s. S. 152).

### Für Technikinteressierte
Im Visitor Center am **Grand Coulee Dam,** dem größten Staudamm der USA, lässt sich viel über die Erzeugung von Strom lernen und die abendliche Lasershow ist spektakulär (s. S. 156).

**i** **North Cascades National Park:** Info-Center bei Newhalem, SR 20, neben dem Campground, Tel. 206-386-4495, *ext.* 11, www.nps.gov/noca, im Sommer tgl. 9–17 Uhr. Einen Überblick mit vielen Querverweisen ist www.north.cascades.national-park.com.

**Ross Lake Resort:** bei Diabolo, Tel. 206-386-4437, www.rosslakeresort.com. 12 praktisch eingerichtete, direkt am Wasser gelegene Hütten und 3 Schlafsäle. Das Auto bleibt hinter dem Diabolo Dam stehen und man benutzt ein Boot (Abfahrt 8.30 u. 15 Uhr) zur Überquerung des Diabolo Lake, anschl. Transfer zum Resort. Ab 148 $.
**Freestone Inn:** 31 Early Winters Drive, Mazama, Tel. 509-996-3906 oder 800-639-3809, www.freestoneinn.com. 7 großzügige, gut eingerichtete Hütten/Häuser auf einer Ranch am Hwy 20, alle mit Kamin. Cabins ab 99 $.

### Winthrop ▶ G 3
Man könnte glauben, die Zeit sei seit 100 Jahren stehen geblieben, wenn da nicht die vielen Autos wären. Der kleine Ort **Winthrop** am Highway 20 präsentiert sich als Wes-

ternstadt, sogar die Querbalken für die Zügel der Pferde sind vorhanden. Diese Aufmachung ist dem Ehepaar Kathryn und Otto Wagner zu verdanken, die 1972 nach dem Ausbau des Highway 20 die Einwohner des zur Geisterstadt verkommenen Nestes für die Idee gewinnen konnten, dem Ort das alte Flair der Gründungszeit in den 1880er-Jah-

## Cascade Loop und Mountain Loop Highway

ren wieder zu verschaffen. Der Aufwand hat sich gelohnt, Touristen legen hier gern einen Stopp ein und so sind die vielen kleinen Restaurants und der Beer Garden im Sommer stets gut gefüllt. Natürlich gibt es passend zum Image auch ein Rodeo: Ende August ist die Stadt wieder fest in den Händen von Cowboys und -girls.

**Visitor Center:** 202 Riverside Ave., Tel. 509-996-2125, www.winthropwashing ton.com, April–Sept. tgl. 10–17 Uhr.

Bezogen auf die 350 Einwohner gibt es sehr viele Motels und Lodges.

**Sun Mountain Lodge:** 604 Patterson Lake Road, Tel. 509-996-2211 oder 800-572-0493,

www.sunmountainlodge.com. Gehobener Standard. DZ ab 205 $, auch 4 Häuser am Patterson Lake. Ab 330 $.
**Hotel Rio Vista:** 285 Riverside Ave., Tel. 509-996-3535 oder 800-398-0911, www.hotelriovista.com. Das Haus präsentiert sich ganz im Stil der Westernstadt, 29 moderne Zimmer, alle mit Balkon zum Fluss. Ab 100 $.

 **Langstreckenläufe:** Methow Valley Sport Trail Association, 209 Castle Ave., Tel. 509-996-3287, www.mvsta.com. Unter dem Motto »Run The Methow« werden von April bis August Langstreckenläufe veranstaltet, die durch eine abwechslungsreiche Landschaft mit großartigen Panoramablicken auf schneebedeckte Berge führen.

## Wenatchee ▶ F 5

Auch wenn sie ein paar Kilometer vom Cascade Loop nach Süden liegt, ein Abstecher in diese Kleinstadt (28 000 Einw) lohnt sich, wenn man sich für Obstanbau und dessen Vermarktung interessiert. **Wenatchee** 4 gilt als Apfelhauptstadt von Washington. Die ganze Gegend entlang des Columbia River bis zum Coulee Dam ist Obstland, vorwiegend sieht man Äpfel. In Wenatchee werden sie umgeschlagen, teilweise schon verarbeitet und von hier aus weitertransportiert. Inzwischen hat der Import von Äpfeln aus China zugenommen, aber Granny Smith, Golden und Red Delicious, Cameo oder Gingergold sind die populären Sorten dieses Gebiets und erfreuen sich dank eines gestiegenen ökologischen Bewusstseins auch wieder reger Nachfrage. Wände aus Apfelkisten sind geradezu ein Markenzeichen des Orts und während der Erntezeit im Sommer und Frühherbst scheinen sie beinahe in den Himmel zu wachsen.

Einen intensiven Eindruck von diesem Apfelland vermittelt der **Apple Capital Loop Trail,** der fast 16 km lang ist und durch mehrere City Parks sowie über drei Brücken und zwei Flüsse führt (Columbia River und Wenatchee River) – Beginn am Fußgängerüberweg des Riverwalk in Downtown Wenatchee.

 **Wenatchee Valley Chamber of Commerce:** 300 S Columbia St., Tel. 509-662-2116, www.wenatchee.org.
**Washington Apple Commission Visitor Center:** 2900 Euclid Ave., Tel. 509-663-9600, www.bestapples.com, Mo–Fr 8–17 Uhr. Gute Infos zu ökologischem Anbau und den amerikanischen Qualitätszertifikaten.

 **Red Lion Hotel:** 1225 N Wenatchee Ave., Tel. 509-663-0711, www.redlion.rdln.com. 149 Zimmer, insgesamt guter Standard. Ab 90 $.

## Leavenworth ▶ F 4

Um dem Niedergang einer ehemaligen Holzfällersiedlung etwas entgegenzusetzen, entschlossen sich die Bewohner der Kleinstadt **Leavenworth** 5 am Highway 2 in den 1960er-Jahren, dem Ort mit Alpenarchitektur ein neues Flair zu geben. Damit nicht genug, auch die Speisekarten der Restaurants wurden erweitert; hier kann man nun Wiener Schnitzel oder Sauerkraut finden und dazu sogar ein kühles Hefeweizen bestellen. Der Tanz um den Maibaum fehlt natürlich ebenso wenig wie Akkordeonkonzerte, Bierwagenumzüge oder ein kleines Oktoberfest sowie ein Christkindlmarkt im November (s. S. 155).

Der Plan hat Früchte getragen: Mehr als 1 Mio. Besucher goutieren die Alpenroman-

**Leavenworth bietet nicht nur in der Weihnachtszeit bayerische Alpenromantik**

tik und haben so dazu beigetragen, den Tourismus zur Haupteinnahmequelle des nur 2200 Einwohner zählenden Städtchens werden zu lassen. Sportliche Aktivitäten wie *whitewater rafting* oder Kajaken auf dem Wenatchee River lassen sich hier ebenso gut ausüben wie Wanderungen auf den zahlreichen Trails der Umgebung.

**Leavenworth Chamber of Commerce, Visitor Center:** 940 Hwy 2, Tel. 509-548-5807, www.leavenworth.org.

**Hotel Pension Anna:** 926 Commercial St., Tel. 509-548-6273 oder 800-509-26, wwwpensionanna.com. Handbemalte Schränke, Kuhglocken und Dirndl erwarten den Gast in diesem 16-Zimmer-Haus und seinen 2 Suiten in einer ehemaligen Kapelle (»Pfaffenwinkel-Parrish Nook«). Ab 135 $.
**Enzian Motor Inn:** 590 Hwy 2, Tel. 509-548-5269 oder 800-223-8511, www.enzianinn. com. 104 Zimmer mit anspruchsvoll alpin gestaltetem Interieur; das Frühstück wird von echtem Alphornblasen begleitet; außerdem gibt es einen Swimmingpool und eine Almhütte *(The Hutte)*. Ab 115 $.

**The Tumwater Inn:** 219 9th St., Tel. 509-548-4232, www.tumwaterinn. com. Das *Bavarian breakfast* ist opulent und originell mit *German Wurst*. Um 12 $.

**Kajaken und Whitewater Rafting:** River Rider, P. O. Box 666, Tel. 1-800-448-RAFT, www.riverrider.com. Touren auf dem Wenatchee River im Sommer um 65 $, Online-Reservierung ist ratsam.

**Feste und Veranstaltungen**
**Maifest:** Wochenende Anfang Mai. Mit Tänzen um den Maibaum begeht man hier traditionell ein buntes Fest, und, wer mag, darf natürlich auch ein Dirndl oder eine Lederhose anziehen.
**Oktoberfest:** 3 Wochenenden im Okt. Bayerische Trachten, jede Menge Bier und viele Volkstanzveranstaltungen ziehen Touristen aus ganz Nordamerika an, www.oktoberfest leavenworth.com.
**Christkindlmarkt:** Ende Nov. Laternenumzüge, folkloristische Tanzveranstaltungen und zahlreiche Verkaufsstände für Kunsthandwerkliches rund um das Thema Weihnachten verwandeln das Dorf komplett.

# Columbia-Plateau und Grand Coulee Dam  ▶ H 4

Washingtons Geografie ist durch den Gebirgszug der Cascade Range deutlich zweigeteilt. Das östlich der Berge liegende Gebiet wird als **Columbia-Plateau** oder **Columbia Basin** bezeichnet; es ist aus Vulkangestein und Lava entstanden. Eigentlich gibt es dort kaum Vegetation, aber die Bewässerung mithilfe von Stauseen und vielen Flüssen wie dem Columbia, dem Methow, dem Spokane, dem Snake und dem Yakima River hat es ermöglicht, dass gigantische Felder mit Getreide, Gras (für Heu), Zwiebeln und Erbsen angelegt wurden. Ebenso florieren die vielen Apfelplantagen und seit geraumer Zeit der Weinbau.

Mit dem **Grand Coulee Dam** und dem dadurch aufgestauten Lake Roosevelt hat der 32. Präsident der USA (Franklin D. Roosevelt, 1882–1945) eines von vielen Projekten geschaffen, die das Land aus der Depression der 1930er-Jahre herausholen sollten. Im Rahmen des sogenannten *New Deal* wurden staatliche Aufträge vergeben, die insbesondere in den ländlichen Gebieten für bessere Infrastruktur und Arbeitsplätze sorgten. Neun Jahre (1933–41) dauerte die Aufstauung des Columbia River mit der 1592 m langen Staumauer, sie ist damit die längste der USA. Das Kraftwerk kann bis zu 6809 Megawatt Strom produzieren und der Nordosten Washingtons wird von hier mit Energie und Wasser versorgt. Kritisch betrachtet wird schon seit Längerem, dass die Lachse seitdem nicht mehr zu ihren Laichplätzen fluss- aufwärts gelangen können. Und auch die Schlammmassen, die früher die Felder der westlich des Damms gelegenen Gebiete mit nährstoffreichen Ablagerungen versorgt haben, sind ausgeblieben.

Im staatlichen **Visitor Center** des Kraftwerks finden sich viele Fotos von der Bauzeit und zu technischen Details; außerdem werden kostenlose Führungen auf die Staumauer und zu den Turbinen angeboten. Nicht nur Ingenieure dürften interessant finden, was hier zur Erzeugung von Elektrizität sehr anschaulich erzählt wird. Besonders attraktiv ist zudem die abendliche **Laser Light Show.**

**i** **Visitor Center:** Hwy 155 nördlich vom Damm, tgl. 8.30–22 Uhr im Sommer, www.grandcouleedam.org (Handtaschen und Kameras sind im Gebäude nicht erlaubt).

**Columbia River Inn:** 10 Lincoln Ave., Coulee Dam, Tel. 509-633-2100 oder 1-800-633-6421, www.columbiariverinn.com. 35 Standard-DZ mit Internetzugang. Ab 105 $.

**Triathlon:** Anfang Sept. Seit 2006 findet rund um den Ort Grand Coulee ein Triathlon statt, www.thegrandcolumbian.com.

# Lake Roosevelt National Recreation Area  ▶ H/J 3/4

Im Lake Roosevelt gibt es heute wieder einige Lachse; aber die vielen Angler und Fischer aus dem Umland, die zu diesem beliebten Ausflugsziel pilgern, finden eher Forellen an der Angel. Der Stausee und die ihn umgebende **Lake Roosevelt National Recreation Area** umfassen ein Gebiet von fast 40 000 ha. Im Park gibt es 27 Campingplätze und 22 Bootsverleiher, allerdings führen nur wenige Stichstraßen an den lang gestreckten See mit einer Uferlänge von 965 km. Der Highway 155 führt am See entlang nach Omak, vorbei am kleinen Örtchen Nespalem, wo sich das Grab des Häuptlings **Chief Joseph** befindet (s. S. 157). Er wurde von Zeitungen als »Roter Napoleon« bezeichnet, die von ihm betriebenen zahlreichen Umsiedlungen seines Stammes, der Nez Perce, sollten diesem jedoch lediglich ein besseres Reservatsterritorium sichern.

**i** **Lake Roosevelt National Recreation Area:** 1008 Crest Drive Coulee Dam, Tel. 509-633-9441, www.nps.gov/laro. Über den Park werden auch die 27 **Campgrounds** verwaltet. Sie sind sehr unterschiedlich im Standard, pro Platz 10 $ im Sommer.

**Boot- oder Kajakfahren:** Es gibt in den Buchten des Sees viele Marinas mit diversen Anbietern für Aktivitäten; sie sind über die Parkverwaltung (s. o.) zu finden.

# Verhandlungen statt Krieg – Chief Joseph Thema

**Als ein Beispiel für einen nicht kriegerischen Indianerhäuptling ist Chief Joseph in die Annalen des Westens eingegangen. Sein Ziel war es, seinen Stamm vor Vertreibung und Vernichtung zu bewahren und seine Rechte einzufordern. Letztlich war Chief Joseph nicht erfolgreich, aber sein Verhandlungsgeschick und seine imponierende Persönlichkeit machten ihn berühmt.**

Chief Joseph (Hinmaton-Yalatkit, 1840 bis 21. September 1904) war ein Häuptling der Nez-Perce-Indianer aus dem Wallowa-Flusstal im nordöstlichen Oregon. Die Nez Perce hatten ihre Heimat in dem Gebiet der heutigen US-Bundesstaaten Washington, Oregon und Idaho. Sie lebten lange in Frieden mit den Weißen, freundeten sich mit Pelzjägern an und ließen sogar den Missionar Henry H. Spalding zu sich kommen, sodass einige von ihnen den christlichen Glauben annahmen. So auch Himmaton-Yalatkits Vater Tuekakas, der vor seinem Sohn Häuptling war und den der Missionar auf den Namen Old Joseph taufte.

Während Tuekakas Amtszeit schlossen die Nez Perce 1855 einen Vertrag mit der US-Regierung, der ihnen für die Abtretung des größten Teils ihres Landes eine Reservation in Idaho und Oregon garantierte. Als jedoch 1860 Gold in den Gebieten gefunden wurde und in der Folgezeit immer mehr Goldsucher in die Reservation strömten, verlangte die US-Regierung bereits drei Jahre später von den dort lebenden Indianern, auch dieses Land aufzugeben und in ein noch kleineres Reservat nach Idaho umzusiedeln.

Die Nez Perce wehrten sich lange Jahre mit Verhandlungen gegen die geplante Umsiedlung und flohen dann unter Josephs Leitung Richtung Kanada. Am 6. Juni 1877 brachen sie auf. Unterwegs kam es immer wieder zu Kämpfen mit US-Truppen, die der Armee mehrere Niederlagen einbrachten. Die Flucht zog sich 2600 km quer durch die Bundesstaaten Oregon, Washington, Idaho und Montana, dauerte vier Monate und brachte 123 Soldaten und 55 Zivilisten den Tod. Die Nez Perce wiederum zählten etwa 100–120 Tote. Nur ein bis zwei Tagesritte (ca. 65 km) vor der kanadischen Grenze kapitulierte Chief Joseph am 5. Oktober 1877 am Snake Creek vor Colonel Miles, da seine Leute nur unter Zurücklassung der Verwundeten, alten Frauen und Kinder hätten fliehen können. Etwa 430 Nez Perce gingen in Gefangenschaft. Insgesamt etwa 200 Nez Perce fanden bei der Lakota-Gruppe von Sitting Bull im kanadischen Exil Zuflucht. In den folgenden Jahren kam es zu mehreren behördlichen Teilungen der Gruppe und zur Zusammenführung mit den aus Kanada zurückkehrenden Nez Perce. Vor allem kostete die Ansiedlung im Indianerterritorium von Oklahoma wegen einer Malaria-Epidemie 1878/79 etwa 130 Menschenleben, obwohl Chief Josephs Gruppe dort in einem in dieser Hinsicht unbedenklichen Landstrich angesiedelt worden war. Er trat nun in Verhandlungen, um eine Rückkehr in den Norden zu bewirken. So sprach er z. B. 1879 vor dem Kongress, erreichte aber nichts. Erst 1885 wurde ein Teil der Nez Perce an den Columbia River in Idaho verlegt, der andere Teil ins Colville-Reservat in Washington.

157

Es ist kaum zu glauben, aber Teile der trockenen Landschaft des Columbia-Plateau sind durch Bewässerung in fruchtbare Weinanbaugebiete verwandelt worden. Das Yakima Valley produziert prämierte Spitzenweine. Spokane hat sich zur größten Stadt im Osten entwickelt, setzt auf Kultur und Konsum (es gibt zahlreiche Shopping Malls) und ist ein idealer Standort zur Erkundung der Rocky Mountains.

## Spokane ▶ J/K 4

**Cityplan:** S. 160

Nähert man sich **Spokane**, ist die Umstellung von der ziemlich leeren Autobahn und der noch einsameren Landschaft auf die quirlige Fahrweise der Großstädter und die rasch aufeinanderfolgenden Schilder und Abfahrten beinahe ein Schock, plötzlich schießt wieder Adrenalin durch die Adern. Das Wirtschafts- und Verkehrszentrum am Fuß der nordwestlichen Rocky Mountains ist Heimat für ca. 200 000 Einwohner; die umliegenden Dörfer eingerechnet, leben dort dreimal so viele Menschen. Den Reiz dieser zweitgrößten Metropole Washingtons machen mehrere Dinge aus: die vielen viktorianischen Steinhäuser in Downtown und im Stadtteil Browne's Addition, der Riverside Park mit den berühmten Wasserfällen mitten in der Stadt, die abwechslungsreiche umgebende Natur und nicht zu vergessen, zahlreiche Einkaufszentren für die Lieblingsbeschäftigung vieler Amerikaner, das Shoppen.

## Geschichte

Der Name der Stadt stammt von dem dort seit Jahrhunderten lebenden Spokane-Indianerstamm (www.spokanetribe.com). Die weißen Siedler nannten den Ort 1873 »Spokane Falls«, 1891 wurde der heutige Name festgelegt. Die Koinzidenz mag merkwürdig erscheinen, aber 1889 brannten drei Städte in Washington ab: Seattle, Ellensburg und Spo-

kane. Alle drei beeilten sich mit dem Wiederaufbau, und auch nach Spokane wurden namhafte Architekten geholt, um mit neuen Gebäuden aus Stein die wirtschaftliche Macht der prosperierenden Kommune zu demonstrieren. Fruchtbarer Boden im Flusstal, die Nutzholzwälder östlich der Stadt und die Gewinne aus den Silber- und Goldminen bei Coeur d'Alene im benachbarten Idaho haben den ersten Wohlstand gebracht. Aber die wichtigste Voraussetzung für Prosperität in der damaligen Zeit war der Eisenbahnanschluss. 1881 erreichte die *Pacific Railroad* die Ansiedlung und 1883 war sie transkontinental angebunden. Nur in der Nähe von Spokane war es gelungen, die Eisenbahntrasse durch die Berge zu bauen. Bis zur Weltausstellung 1974 befand sich der Hauptbahnhof mitten in der Stadt. Anlässlich dieser wichtigen internationalen Schau wurde das ca. 7 ha große Gelände in den Riverfront Park verwandelt, nur den Clock Tower hat man zur Erinnerung stehen gelassen.

## Riverfront Park

Der **Riverfront Park** **1** befindet sich auf einer Insel mitten im Spokane River, zahlreiche Brücken führen von Downtown und dem nördlichen Ufer dorthin. Parkbänke laden zum Beobachten der Murmeltiere ein, aber die Wiesen werden auch gern fürs Picknicken oder einfach zum Ausruhen genutzt.

Am Parkeingang des Spokane Falls Boulevard befindet sich das **Looff-Karussell.**

Der aus Deutschland stammende Möbelbauer Charles I. D. Looff (1852–1918) wurde ein berühmter Karussellhersteller. Auf Coney Island (New York) schuf er das erste Karussell mit bunten Holzpferden und in Santa Monica (Kalifornien) entwarf er das nach ihm benannte Looff Hippodrome. Spokanes Karussell war das Hochzeitsgeschenk an seine Tochter Emma im Jahr 1909. Die Musik erklingt immer noch von der um 1900 in Waldkirch (Schwarzwald, Deutschland) hergestellten Orgel; das ganze Ensemble gehört heute zum National Register of Historic Places.

Spokane war die kleinste Stadt, die jemals eine Weltausstellung ausrichtete, und der amerikanische Pavillon machte damals mit seinem Schwerpunkt Umweltschutz und seinen Kosten in Höhe von 11 Mio. $ Schlagzeilen. Heute ist das IMAX-Kino dort untergebracht und man kann Naturfilme im Großformat sehen (www.spokaneriverfrontpark.com/imax.php).

## Flour Mill

Auf der nördlichen Seite des Spokane River liegt die Getreidemühle **Flour Mill** **2** (621 W Mallon Ave.). Sie wurde 1895 gebaut, allerdings nie in Betrieb genommen, weil einer der längsten und teuersten vor Gericht ausgetragenen Prozesse der Stadt um das Gebäude ausgetragen wurde. Inzwischen renoviert, beherbergt es ein Einkaufszentrum mit vielen Boutiquen und einigen Restaurants.

## County Court, Wasserfälle und Montgomery Wards House

Nur ein paar Schritte entfernt leuchtet dem Besucher der Stadt ein Märchenschloss entgegen: das **County Court House** **3**. Es sieht aus wie eine Mischung aus dem Chateau de Chambord und dem Chateaux d'Azay Le Rideau (Frankreich Anfang 16 Jh.), aber das Schloss (1116 W Broadway) ist 1895 als Sitz des Kreisgerichts errichtet worden. Obwohl der Architekt W. A. Ritchie als Seattle Autodidakt und noch nie in Frankreich gewesen war, gewann sein fantasievoller Entwurf den landesweiten Wettbewerb.

## Mit der Autorin unterwegs

### Unbedingt ansehen
Liebhaber moderner Kunst finden auf dem **Centennial Trail** in Washingtons östlichster Großstadt Spokane viele interessante moderne Skulpturen (s. S. 160).

### Weinprobe im Yakima Valley
»Save the Planet. Drink Washington Wine«, lautet die Botschaft der **Bonair Winery in Zillah** für ihre einheimische Kundschaft. Der Vergleich mit Produkten aus Frankreich oder Südamerika lohnt sich (s. S. 169).

### Wandkunst in Toppenish
»Murals« heißen die großen **Wandgemälde** im kleinen Örtchen **Toppenish,** jedes Jahr kommt ein neues Bild von Cowboys, Indianern oder wilden Bären hinzu, ca. 70 Werke kann man schon besichtigen (s.S. 169).

### Den Wilden Westen erleben
Wenn Cowboys während des **Rodeos in Ellensburg** beim Bullriding ihr Bestes geben oder beim dortigen Jazz Festival mit ihren Girls einen Squaredance präsentieren, lässt sich auch heute noch authentisches Wildwest-Lebensgefühl empfinden (s. S. 171).

Auf der Fußgängerbrücke über die berühmten **Wasserfälle** **4** der Stadt kann man bei Hochwasser schon einmal nass werden und laut ist es allemal. Die Falls von oben kann man bei einer Fahrt mit dem Spokane Falls Sky Ride sehen: Die Gondeln starten am westlichen Ende des Riverside Park (Erw. 7 $).

Seit 1981 ist im **Montgomery Wards House** (808 Spokane Falls Blvd.) das Rathaus der Stadt untergebracht. Das Gebäude wurde 1929 für den Postversand gebaut.

## Centennial Trail
Die Läufer aus Bronze an der Ecke Bridge Avenue und Spokane Falls Boulevard sind Teil einer ganzen Reihe von Skulpturen, die entlang des **Centennial Trail** am Ufer des

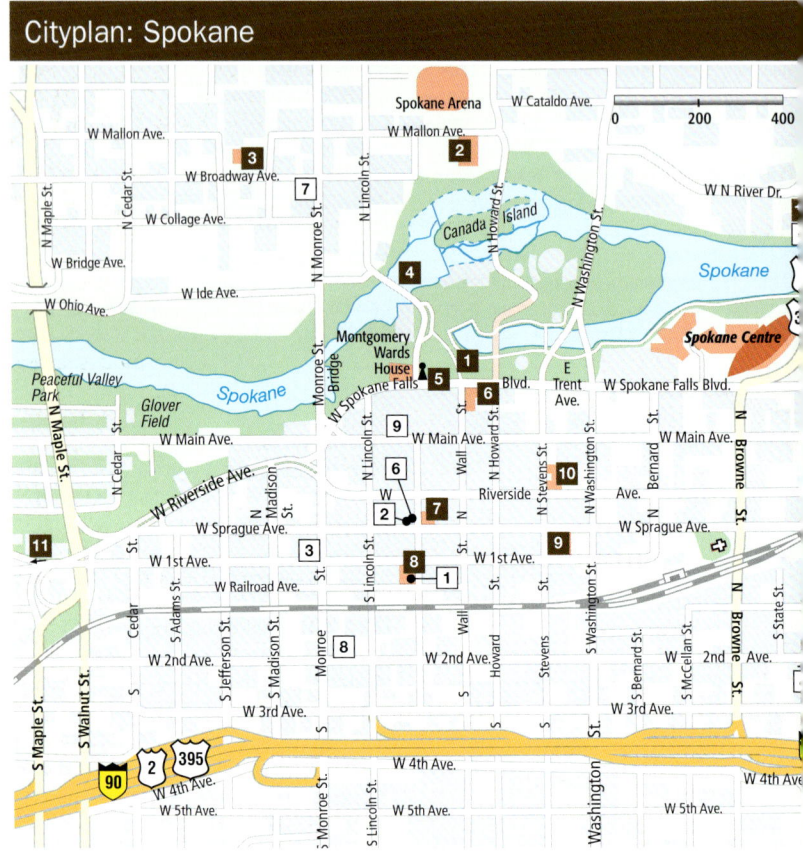

Cityplan: Spokane

Spokane River aufgestellt sind. **The Joy of Running Together** 5 von David Govedare (1984) ist eine Homage an die Teilnehmer des jährlichen »Bloomsday Run« Anfang Mai, der in Spokane seit über 30 Jahren stattfindet.

## Historische Gebäude

An der Ecke Spokane Falls Boulevard und North Wall Street befindet sich ein auf den ersten Blick unscheinbarer roter Ziegelbau. Von 1913 bis 1981/83 waren in diesem Gebäude die **Old City Hall** 6 und die Feuerwehr untergebracht (221 N Wall St.). Zwei Blocks weiter südlich steht eine der ersten großen kommerziell genutzten Immobilien der Stadt, das vom deutschstämmigen Architek-

ten Herman Preuße gebaute **Peyton Building** 7 (722 W Sprague Ave.) von 1898. ›Million dollar corner‹ lautete damals die Bezeichnung für das Filetgrundstück, stilistisch zeigt das Gebäude einen Mix aller Epochen; besonders ins Auge fallen die romanischen Elemente.

Das **Davenport Hotel** 8 an der nächsten Straßenecke (10 S Post St.) ist die Hauptattraktion Spokanes. Louis Davenport war ein Entrepreneur, der nach dem Brand von 1889 zunächst in einem Zelt Waffeln verkaufte. Kurze Zeit später eröffnete er ein Restaurant, und schon 1912 kaufte er das Gelände, um ein Hotel zu bauen. Viele Geschäftsleute der Stadt beteiligten sich an der Investition, die sich zum Anziehungsort der wachsenden

## Sehenswürdigkeiten

1 Riverfront Park mit IMAX-Theater und Looff-Karussell
2 Flour Mill
3 County Court House
4 Wasserfälle/Spokane Falls
5 Centennial Trail/ The Joy of Running Together
6 Old City Hall
7 Peyton Building
8 The Davenport Hotel
9 Feuerwehrhalle
10 Old National Bank Building
11 NW Museum of Arts & Culture
12 Crosby Student Center

## Übernachten

1 The Davenport Hotel
2 Hotel Lusso
3 Hotel Montvale
4 Shilo Inn Hotel
5 B & B Marianna Stoltz House

## Essen und Trinken

6 Fugazzi im Hotel Lusso
7 Milford's Fish House
8 Wild Sage – American Bistro
9 Café Nordstrom

Stadt entwickelte. Seinen hohen Anspruch an großen Komfort und guten Service setzte Davenport zunächst in der beeindruckenden Innenarchitektur um: Viel Holz, Ornamentschmuck und großzügige Galerien geben dem alten, inzwischen restaurierten Haus ein sehr elegantes Flair. Im rauen Nordwesten war es das erste Hotel mit einer Klimaanlage und einem zentralen Müllschlucksystem.

Drei Blocks nach Osten stößt man auf die ehemalige **Feuerwehrhalle** 9. Sie wurde 1890 unmittelbar nach dem großen Brand gebaut und war bis 1938 in Betrieb. In architektonischer Hinsicht ist sie ein typisches Beispiel für den Baustil der zweiten Hälfte des 19. Jh. (418 W First Ave.).

Als eines der architektonisch anspruchsvollsten Hochhäuser gilt das **Old National Bank Buildin** 10; es war das Letzte der großen Gebäude, die während des Baubooms der 1920er-Jahre errichtet wurden. Einer der besten amerikanischen Architekten, Daniel H. Burnham, hatte die nationale Ausschreibung gewonnen und ließ das Hochhaus ganz im Stil der sogenannten *Chicago School* bauen (422 W Riverside Ave.).

### Museen

Nicht nur bei Regenwetter lohnt ein Besuch in zwei Museen der Stadt. Das **Northwest Museum of Arts & Culture** 11 zeichnet sich durch seine Sammlung von Kunsthandwerk und Gebrauchsgegenständen der Indianerstämme des Columbia-Plateaus aus. Zudem gibt es eine bunte Palette an Kunstrichtungen von Modern Art bis zu holländischen Gemälden des 17. Jh. (2316 W First Ave., Tel. 509-456-3931, www.northwestmuseum.org, Di–So 11–17 Uhr, Erw. 7 $.).

Der berühmte Musiker und Schauspieler Bing Crosby (1903–1977) ist in Spokane aufgewachsen und hat dort an der katholischen Universität der Jesuiten studiert. Er erhielt 1937 einen Ehrendoktor und spendete diverse Erinnerungsstücke an seine Alma Mater, die heute im **Bing Crosby Memorabilia Room** des **Crosby Student Center** 12 der Gonzaga University untergebracht und zu besichtigen sind (502 E Boone Ave., Mo–Fr 7.30 Uhr bis Mitternacht, Eintritt frei).

### Außerhalb des Zentrums

Obwohl das Visitor Center die Aufgabe hat, Touristen insbesondere für die Sehenswürdigkeiten der Stadt zu interessieren, weist es – auch in seiner offiziellen Broschüre – doch gern darauf hin, wie geeignet Spokane als Standort für alle sportlichen und sonstigen Ausflüge in die Region ist. Klettern in steilen Felsen im Shields Park, Fischen am und Wildwasser-Rafting auf dem Spokane River, Wandern und Radfahren auf dem Centennial oder Columbia Trail, Skifahren im Mount Spokane State Park und natürlich Golfen sind nur einige Sportarten, die in der näheren Umge-

# Spokane und südliches Columbia-Plateau

Spektakuläre Wasserfälle kann man mitten im Zentrum von Spokane bestaunen

bung in abwechslungsreichen Landschaften ausgeübt werden können.

Die Qual der Wahl hat man bei der Besichtigung der Weinbaubetriebe: 12 Probierstuben stehen zur Auswahl (www.spokane wineries.net). **Latah Creek** beispielsweise ist vom Wine Spectator Magazine als einer der besten Produzenten von Merlot ausgezeichnet worden (13030 East Indiana Ave, Tel. 509-926-0164, www.latahcreek.com, tgl. von 9–17 Uhr geöffnet). Die Region **Green Bluff** nordöstlich von Spokane lockt mit Farmen und Plantagen, von denen ebenfalls viele zu besichtigen sind (www.greenbluffgrowers. com). Einige von ihnen verkaufen ihr frisches Obst und Gemüse auch auf dem gut sortierten Farmers Market in Spokane.

**Visitor Center:** 201 W Main Ave., Tel. 509-747-3230, www.visitspokane. com, tgl. 9–17 Uhr.

 **The Davenport Hotel** 1 : 10 S Post St., Tel. 509-455-8888 oder 800-899-1482, www.thedavenporthotel.com. Luxuriöses Hotel, 283 Zimmer. Im alten Haus ab 230 $, im neuen Tower Suiten ab 250 $.

**Hotel Lusso** 2 : 808 W Sprague Ave., Tel. 509-747-9750, www.hotellusso.com. 48 Zimmer mit sehr hohen Decken, Suiten mit Designermöbeln. Ab 150 $.

**Hotel Montvale** 3 : W 1005 First Ave., Tel. 509-747-1919, www.montvalehotel.com. 36 Zimmer in einem Haus von 1899 (restauriert). Ab 115 $.

**Shilo Inn Hotel** 4 : E 923 Third Ave., Tel. 509-535-9000, www.shiloinns.com/washington/Spokane. Hotel einer kleineren Kette in Washington, gute Standardzimmer mit Kühlschrank, Mikrowelle, freier Internetzugang. Ab 100 $.

**B & B Marianna Stoltz House** 5 : 427 E Indiana Ave., Tel. 509-483-4316 oder 800-978-

6587, www.mariannastoltzhouse.com. Das B & B in einem Haus von 1908 hat 4 Zimmer und den Flair der vergangenen Zeit. Ab 89 $.

**Fugazzi im Hotel Lusso** 6 : N 1 Post St., Tel. 509-624-1133, Mo–Sa 17– 22 Uhr. Gehobene *West-Coast*-Küche. Thunfisch ab 23. *New-York-Steak* ab 33 $.

**Milford's Fish House** 7 : 719 N Monroe St., Tel. 509-326-7251, www.milfordspokane. com, tgl. ab 17 Uhr. Sehr beliebtes Fischrestaurant in altem, stilvoll restauriertem Gastraum. Lachs ab 22 $.

**Wild Sage – American Bistro** 8 : 916 W Second Ave., Tel. 509-456-7575, www.WildSa geBistro.com, Lunch Mo–Fr 11–15 Uhr, Dinner Mo–Sa 17–22 Uhr. Salbei ist die typische Pflanze der Columbia-Halbwüste, kommt aber nur in wenigen Gerichten vor. Gebratene Austern ab 22 $.

**Café Nordstrom** 9 : im Kaufhaus Nordstrom, Einkaufszentrum River Park Square (s. u.), Snacks und Kaffee für zwischendurch.

**Farmers Market:** 2nd Ave. zwischen Browne und Division St., Mi und Sa 8–12 Uhr. Frische regionale Produkte.

**River Park Square Mall:** 828 West Main Ave., www.riverpark square.com, Mo–Sa 10– 21, So 11–18 Uhr. Großes Einkaufszentrum.

**Bing Crosby Theater:** 901 W Sprague Ave., Tel. 509-227-7638, www.bing crosbytheater.com. 1915 als Kino gebaut, bietet das liebevoll restaurierte Theater Platz für 750 Gäste. Da es privat gemietet werden kann, finden nicht jeden Tag öffentliche Konzerte oder Tanzveranstaltungen statt.

**INB Performing Arts Center:** 334 W Spokane Falls Blvd., www.bestofbroadwayspo kane.com. Musicals wie »Das Phantom der Oper« oder »Die Farbe Lila« werden im großen Saal des Convention Center aufgeführt.

**The Martin Woldson Theater at the Fox:** 1001 W Sprague Ave., Tel. 509-624-5992, www.foxtheaterspokane.com. Schönes Artdéco-Theater von 1931, ca. 1630 Plätze; Musicals, Theater und Live-Acts meist nordamerikanischer Künstler.

**Feste und Veranstaltungen**

**Bloomsday Run:** 1. So im Mai., Tel. 509-838-1579, www.bloomsdayrun.org. Fast 50 000 Teilnehmer hat dieser 12-km-Lauf durch die Stadt in den letzten Jahren auf die Beine gebracht, auch Kinder und Rollstuhlfahrer sind mit von der Partie zugunsten einer karitativen Organisation.

**Stadtführungen:** Tel. 509-456-2284, www.spokanecitytours.com, mit Bus Erw. 29 $, Kin. 4–13 J. 11 $, zu Fuß alle 11 $.

**Klettern:** Minnehaha Rocks im Shields Park, nördlich vom Updriver Dam, www.spokane county.org/parks. Die Granitfelsen entlang dem Spokane River bieten sowohl für Anfänger als auch geübte Kletterer viele Möglichkeiten.

**Wandern und Radfahren:** Der 37 km lange Columbia-Plateau-Trail führt durch das Turnbull National Wildlife Refuge, ca. 6 km davon sind asphaltiert, vom Fish Lake zum Cheney Trailhead, www.parks.wa.gov.

**River Rafting:** Auf dem Spokane River mit Pangeae River Rafting, 18 S Fork Nemote Creek Rd., Superior, MT 59872, Tel. 406-239-2392 oder 877-239-2392, www.leaveboring behind.com. Oder mit River City River Runners, Tel. 509-844-5934, www.rivercityriver runners.com.

**Disc Golf:** Anstatt mit dem Ball spielt man hier mit einem Plastikdiskus, der in einen Metallbehälter appliziert werden muss. Der *course* dazu befindet sich im Riverside State Park (www.spokaneoutdoors.com/drdiscgolf.htm. Das Ganze ist nicht so ernst wie Golfen und macht einfach Spaß, dazu ein wunderbarer Wald- und Flussspaziergang. Die Scheiben gibt es bei Nordstrom, REI oder auf dem Parkplatz am Eingang (Verkauf beim Fahrer des kleinen Busses).

**Golf:** Esmeralda Golf Course, 3933 East Courtland, Tel. 509-487-6291, www.spokane golf.org/courses/esmeralda, 18-Loch-Platz, während der Woche 23 $.

**Skilaufen:** Mount Spokane State Park, ca. 40 km nordöstlich von Spokane (nach Norden auf dem Hwy 2 zum Hwy 206, dann 24 km bis zum Parkeingang), dort gibt es ein großes

Skigebiet mit Langlauf, Snowmobil-Wegen und Loipen für Snowshoeing, www.parks.wa. gov/plans/mtspokane.

# Columbia-Plateau
▶ F–H 5–7

Es mag auf den ersten Blick erstaunlich erscheinen, dass ausgerechnet in der Landschaft einer Halbwüste wie dem Columbia-Plateau fruchtbare Weinberge, Apfel-, Kirschen-, Birnen- und Aprikosenplantagen sowie Hopfenfelder angelegt werden konnten. Aber schon die Pioniere wussten um Bewässerungstechniken und holten sich Wasser für die Felder aus dem Columbia und dem Snake River. Erst seit den 1970er-Jahren wird in der Region auch Wein angebaut, aber gleich mit guten Ergebnissen, was dazu führte, dass Washington heute nach Kalifornien der zweitwichtigste Weinproduzent der USA ist. 17,4 Stunden Sonnenschein pro Tag im Sommer sowie richtig kalte Nächte zur Erntezeit, das sind beste Voraussetzungen für die Produktion von hochwertigen Rot- und Weißweinen.

2004 hat die Washington-Wine-Kommission ein neues Markenzeichen kreiert: »Washington State – the Perfect Climate for Wine«. Damit sollen Merlot, Cabernet Sauvignon, Syrah, Chardonnay, Riesling, Sauvignon Blanc und Semillon noch gezielter vermarktet werden. Wer die kalifornischen Anbaugebiete Napa und Sonoma Valley kennt, wird im südöstlichen Washington mit der Herausforderung konfrontiert, die in den Broschüren verzeichneten Weinkellereien und Probierstuben auch zu finden. Sie liegen oft weit voneinander entfernt und die Beschilderung lässt noch etwas zu wünschen übrig.

## Moses Lake
Vorwiegend für den Getreideanbau und als Wiesen zur Heugewinnung genutzt werden die kargen Gebiete entlang der Interstate 90 zwischen Ellensburg und Spokane auf dem Columbia-Plateau. Nur vereinzelt sieht man hier Farmen und die riesigen, silbrig schimmernden Getreidesilos. Als kommerzielles Zentrum hat sich die Kleinstadt **Moses Lake** entwickelt, die für eine Übernachtung auf dem Weg nach Osten oder von Norden nach Süden (Hwy 17) eine große Auswahl an Hotels der gängigen Ketten bietet.

Zu einer gewissen Berühmtheit brachte es Moses Lake, als 2008 die NASA in den südlich gelegenen Sanddünen Übungen mit mobilen Transportplattformen und autonom arbeitenden Robotern durchführte. Die Tests im mit Vulkanasche durchsetzten Gelände sollten der Vorbereitung auf zukünftige Monderforschungen dienen.

Gute Bewässerungstechniken lassen das Land wirtschaftlich florieren

**Moses Lake Chamber of Commerce:** 324 S Pioneer Way, Tel. 509-765-7888 oder 1-800-992-6234, www.moses-lake.com.

## Walla Walla

Eigentlich war das Walla-Walla-Tal berühmt für seine großen und süßen Zwiebeln, aber seit den 1980er-Jahren beschäftigt man sich hier sehr erfolgreich mit dem Weinbau. Die ca. 31 000 Einwohner zählende kleine Stadt **Walla Walla** hat einen indianischen Namen übernommen: Er bedeutet so viel wie »viel Wasser«. Vorwiegend italienische Immigran-

ten haben sich dort angesiedelt und die Landwirtschaft zu einem einträglichen Geschäft entwickelt. Auch der Weinbau am Fuß der Blue Mountains ist von Italienern begonnen worden. Mehr als 100 Güter gibt es inzwischen und 607 ha Fläche stehen unter Reben. Die bevorzugten Trauben hier sind Cabernet Sauvignon, Merlot, Syrah, Chardonnay, Semillon, Cabernet Franc und Sangiovese (www.wallawallawine.com).

Inzwischen hat auch das Bewusstsein für Nachhaltigkeit und Ökologie bei den Weinbauern Einzug gehalten. Der aus der Schweiz stammende Jean-Francois Pellet gründete

# Kulturelle Missverständnisse

## Thema

**In Walla Walla ist man stolz darauf, dass durch dieses Tal 1805 die berühmte Lewis-&-Clark-Expedition gezogen ist. Weniger Stolz zeigt sich allerdings in Bezug auf die Ereignisse, die zum Krieg mit den Cayuse-Indianern und damit zu den jahrelangen kriegerischen Auseinandersetzungen mit den Indianern des Westens geführt haben.**

1836 schlossen sich der Arzt und Missionar Dr. Marcus Whitman und seine Frau Narcissa einigen Pelzhändlern sowie anderen Missionaren an, um nach Westen zu reisen. Auf dem Weg dorthin gründeten sie eine Reihe von Missionen und ließen sich selber nahe dem heutigen Walla Walla nieder. Die Mission lag damit im Siedlungsgebiet der Cayuse- und der Nez-Perce-Indianer. Marcus Whitman widmete sich der Farmarbeit, während Narcissa Whitman eine Schule für indianische Kinder gründete. 1843 reiste Whitman nach Osten und führte auf dem Rückweg einen großen Treck von Planwagen in das Gebiet. Mit dieser Tat, die den Oregon Trail begründete, bewies er, dass es eine verhältnismäßig einfach zu bereisende Route in den Westen des nordamerikanischen Kontinents gab. Die in der Folge ankommenden Siedler brachten allerdings auch eine Reihe von Krankheiten mit, gegen die die lokalen Indianervölker nicht immun waren. Dies führte beispielsweise zu einer Masernepidemie, bei der viele Indianer starben. Aber den kranken weißen Siedlern konnte Whitman helfen, ein Phänomen, das die Cayuse nicht so recht verstanden.

Die Indianer, die ihren kulturellen Traditionen folgend die Medizinmänner und Schamanen für den Tod des Patienten verantwortlich machten, reagierten auf die Epidemie und das mit ihr verknüpfte Leid mit zunehmenden Feindseligkeiten gegenüber den Siedlern. Schließlich führte eine Reihe

weiterer Vorkommnisse 1847 zu einem Überfall der Indianer auf die Missionsstation der Whitmans, der in die Geschichte als Whitman-Massaker eingegangen ist. Dabei kamen neben Marcus Whitman und seiner Frau zwölf weitere weiße Siedler ums Leben. Darüber hinaus nahmen die Indianer 54 Frauen und Kinder als Geiseln, allerdings wurden sie später wieder freigelassen. Das Massaker hatte zur Folge, dass das Parlament sich sehr rasch entschloss, Washington zu einem Bundesstaat der USA zu erklären, damit die Armee in das Gebiet geschickt werden konnte. Den verantwortlichen Indianern wurde in Oregon City, der damaligen Hauptstadt des Territoriums, der Prozess gemacht und die schuldig Gesprochenen hingerichtet.

Der sogenannte Cayuse-Krieg zog sich über sieben Jahre hin und wird heute als Auftakt zu den Indianerkriegen des Westens angesehen. Andere Faktoren, die aus heutiger Sicht zum Massaker beigetragen haben, waren Konflikte zwischen den protestantischen und anderen (freikirchlichen) Missionaren und katholischen Priestern um die richtige Behandlung der Ureinwohner und die Weigerung der Indianer, unter dem Einfluss der Missionare ihren Lebensstil zu ändern.

Die Mission wurde von den Indianern zerstört, heute befindet sich dort eine National Historic Site mit Visitor Center: 328 Whitman Mission Rd., Walla Walla, Tel. 509-529-2761, www.nps.gov/whmi, tgl. 8–18 Uhr.

2003 den Vinea Trust, eine Organisation, deren Mitglieder sich verpflichten, den Boden möglichst chemiefrei zu halten.

Bewässerung spielt in dieser trockenen Region ebenfalls eine wichtige Rolle und deshalb achtet der Trust auch auf den nachhaltigen Umgang mit Wasser. Um Glaubwürdigkeit für Vinea Trust aufzubauen, unterziehen sich die Beteiligten einem Überprüfungsprozess, der von der in Oregon angesiedelten LIVE-Organisation durchgeführt wird (Low Input Viticulture & Enology, www.liveinc.org). Pellet arbeitet in der Pepper Bridge Winery, 1704 J. B. George Rd., Tel. 509-525-6502, www.pepperbridge.com. Der Probierraum ist täglich von 10 bis 16 Uhr geöffnet.

Für historisch Interessierte bietet das **Fort Walla Walla Museum** viel Anschauungsmaterial, z. B. ein 17 Gebäude umfassendes nachgebautes »Pioneer Village«, wo Darsteller in historischen Kostümen jeden Sonntag um 14 Uhr Szenen aus dem Siedlerleben nachspielen und viele Fotos zur Landwirtschaft gezeigt werden (755 Myra Rd., Tel. 509-525-7703, www.fortwallawallamuseum. org, April– Okt. tgl. 10–17 Uhr, Eintritt 7 $).

**Visitor Center:** 29 E Sumach St., Ecke Colville St., Tel. 509-525-0850, www. wwvchamber.com, Mo–Fr 9–17 Uhr.

**B & B Green Gables Inn:** 922 Bonsella St., Tel. 509-525-5501, www.green gablesinn.com. 5 sehr große Räume, viele Antiquitäten. Ab 154 $.
**Marcus Whitman Hotel:** 6 W Rose St., Tel. 509-525-2200 oder 866-826-9422, www. marcuswhitmanhotel.com. Aufwendig restauriertes Boutiquehotel in Downtown, gehobener Standard, 120 Zimmer. Ab 125 $.
**B & B Inn at Blackberry Creek:** 1126 Pleasant St., Tel. 509-520-7372, www.innatblack berrycreek.com. In dem ehemaligen Farmhaus von 1906 gibt es 3 mit Liebe zum Detail dekorierte Zimmer mit Kühlschrank. Ab 90 $.
**… in Dayton:**
**Weinhard Hotel:** 235 E Main St., Dayton, ca. 50 km nordöstlich von Walla Walla, Tel. 509-

382-4032, www.weinhard.com. Zurück in die Vergangenheit versetzt fühlt man sich in diesem 15-Zimmer-Haus von 1890 mit vielen Antiquitäten. Ab 90 $.

**The Marc:** Tel. 509-525-2200, Lunch Mo–Fr 11.30–13.30, Dinner tgl. 18–21 Uhr. *Westcoast*-Küche im Whitman Hotel. Filet Mignon um 34 $.
**Mr. Ed's:** 2555 E Isaacs Ave., Tel. 509-525-8440, Familienrestaurant, gute Sandwiches. Um 8 $.
**Onion World:** 2 S First #100, Tel. 509-522-2541, www.onionworld.com, nur Lunch Di–Fr 11–14, Sa 9–13 Uhr. Berühmte Zwiebelwurst. Ab 4 $.

## The Tri-Cities: Pasco, Richland und Kennewick

Touristisch bieten diese drei Städte am Columbia River nur sehr wenig, aber sie haben eine interessante Vergangenheit. In Richland wurde ab 1943 an der Atombombe gearbeitet und in der Kernforschungsanlage **Hanford Site Plutonium** produziert. Der letzte Reaktor ist 1987 abgeschaltet worden. Es gibt offizielle Dokumente der Regierung, wonach die Anlage bedeutende Mengen an radioaktivem Material in die Luft und in den Columbia River emittiert hat. Die Beseitigung der Umweltschäden hat daher heute neben der wissenschaftlichen Erforschung von Möglichkeiten zur Atommüllbeseitigung Priorität. Die Anlage mit einer Fläche von 1518 km$^2$ darf nur von US-Bürgern besichtigt werden (www.hanford.gov).

**Tri-Cities Visitor & Convention Bureau:** 7130 W Grandridge Blvd., Ste. B, Kennewick, Tel. 509-735-8486 oder 800-254-5824, www.visittri-cities.com.

## 3 Yakima Valley ▶ F 6

In und um den kleinen Ort **Prosser** hat sich eine Konzentration von *wineries* ergeben, deren Probierstuben günstigerweise fast nebeneinander an der Lee Road liegen. Um ei-

**Die Weine des Yakima Valley machen den kalifornischen Produzenten Konkurrenz**

nen Eindruck vom **Yakima Valley** zu bekommen, lohnt es sich, die Interstate 82 zu verlassen (von Süden kommend Exit 73, von Norden Exit 40) und den Yakima Valley Highway zu nehmen. Die meisten Weingüter befinden sich auf der nördlichen Seite der Verkehrsachse in den fruchtbaren Rattlesnake Hills. Sie sind nicht leicht zu finden, die Beschilderung lässt noch zu wünschen übrig, deshalb sollte man sich vorher die Übersichtskarte besorgen (www.wineyakimavalley.org). Ein ganzjährig geöffnetes Gut ist die Bonair Winery in Zillah.

## Yakima

Auch die Kleinstadt **Yakima** hat sich mittlerweile zu einem sehr erfolgreichen Handelszentrum für Wein und Obst entwickelt. Zudem ist der Anbau von Hopfen immer wichtiger geworden: Fast 70% der gesamten Hopfenproduktion der USA kommen aus dieser Region. Seit den 1940er-Jahren sind viele Menschen aus Mexiko zum Pflücken in das Valley gezogen und stellen heute bereits ein Viertel der Bevölkerung. Die Stadt selbst bietet außer einigen Kirchen und nur wenigen historischen Bauten nicht viel Reizvolles, aber aufgrund der zahlreichen Geschäfte, die hier getätigt werden, gibt es eine verhältnismäßig große Anzahl an Hotels. Etwas kurios ist das **Yakima Valley Museum,** wo eine Ansammlung von alten Kutschen ebenso zu finden ist wie ein nachgebautes viktorianisches Esszimmer, ein Art-déco-Soda-»Brunnen«

**Red Lion Hotel Yakima Center:** 607 E Yakima Ave., Tel. 509-248-5900, www.redlion.com, 153 gute Standard-Zimmer mit Internetzugang, 2 Pools. Ab 100 $.

**Cedar Suites Yakima:** 1010 East A St., Tel. 509-452-8101, www.cedarsuites.com, einfaches Motel, aber Zimmer mit Mikrowelle, Kühlschrank und Internetzugang. Ab 60 $.

**Santiago's Gourmet Mexican Restaurant:** 111 E Yakima Ave., Tel. 509-453-1644, www.santiagos.org, Lunch Mo–Fr 11.30–14 Uhr, Dinner Mo–Sa ab 17 Uhr. Authentische mexikanische Küche. Chili um 10 $.

**Valley Mall:** W Valley Mall Blvd., mit Supermarkt, Restaurants sowie vielen Bekleidungsgeschäften wie Macy's, Sears und American Eagle Outfitters.

**Weinprobe:** Bonair Winery, 500 South Bonair Road, Zillah, Tel. 509-829-6027 oder 800-882-8939, www.bonairwine.com, tgl. von 10–17 Uhr. Das Weingut produziert sowohl verschiedene Weiß- als auch Rotweine, u. a. Pinot Noir, Merlot und Gewürztraminer.

## Toppenish

Etwas südlich von Yakima liegt **Toppenish,** ein kleiner Ort, der wegen seiner großen Wandgemälde *(murals)* eine gewisse Bekanntheit erlangt hat. Die meisten von ihnen sind entlang der Toppenish Avenue an den Hauswänden angebracht und erzählen Geschichten von einsamen Cowboys, traurigen Bären, indianischen Tänzen oder Märchen. Vom Visitor Center aus kann man die 70 Gemälde leicht zu Fuß in zwei Stunden besichtigen, einen Führer mit allen Details erhält man kostenlos. Es gibt auch eine Kutschentour durch den Ort. Anfang Juni findet der sogenannte **Mural-in-a-Day** statt, bei dem eine Gruppe von Künstlern an einem einzigen Tag ein neues Gemälde anfertigt.

Zum Stadtgebiet von Toppenish gehört auch das **Yakama-Indianerreservat.** Dort gibt es ein Museum mit einem nachgebauten Wigwam sowie ein *Interpretive Center* in **Fort Simcoe,** wo die Umstände des Yakima-Krie-

und eine Ausstellung von neonbeleuchteten Schildern und Zeichen. Auch Alltagsgegenstände der Yakama-Indianer sind hier ausgestellt (2105 Toeton Drive, Tel. 509-248-0747, www.yakimavalleymuse um.org, Di–Sa 10–17, So 11–17 Uhr, Erw. 5 $) .

**Visitor Center:** 10 N 8th St., Tel. 509-575-3010 oder 1-800-221-0751, www.visityakima.com, tgl. 9–17 Uhr. Hier bekommt man ebenfalls eine Broschüre über die *wineries* im Valley.

**Hilton Garden Inn:** 401 E Yakima Ave., Tel. 509-454-1111, www.hiltongarden inn.hilton.com. Guter Standard, Zimmer mit Mikrowelle, Kühlschrank, Internet. Ab 110 $.

ges und die Vertreibungspolitik erläutert werden (100 Spiel-yi Loop, Tel. 509-865-2800, www.yakamamuseum.org, tgl. 8–17 Uhr, 4 $; Fort Simcoe State Park Heritage Site, Hwy 97, Besichtigung der historischen Gebäude Mi–So 9.30–16.30 Uhr).

**i** **Visitor Center:** 5 A Toppenish Ave., Tel. 509-865-3262, www.toppenish. net, tgl. 10–16 Uhr im Sommer.

**Feste und Veranstaltungen**
**Mural-in-a-Day:** Wochenende Anfang Juni. Alljährlich, 2009 feierte man das 20-jährige Bestehen des Festes, malt eine Gruppe von Künstlern ein neues Wandgemälde.
**Toppenish Pow Wow:** Anfang Juni. Indianisches Fest mit traditionellen Indianertänzen, Gesang und Musik.

**Stadtbesichtigung mit der Kutsche:** Entlang der Wandgemälde mit Erläuterungen, vom Visitor Center aus jede volle Stunde Mai–Sept. Mo–Sa 10–16 Uhr, Tel. 509-697-8995, 12 $/Pers.

# Ellensburg ► F 5

Flussaufwärts am Yakima River liegt die ländlich-urige Kleinstadt **Ellensburg** im Herzen des **Kittitas Valley.** Als erste größere Stadt nach der Überquerung der Cascade Range ist sie Sitz der Central Washington University. Das Besondere aber ist das alljährliche Rodeo am Wochenende vor dem *Labour Day.* Zu diesem seit 1923 veranstalteten Ereignis strömen Reiter und Cowboys bzw. -girls aus der weiten Umgebung zusammen, um einem Vergnügen zu frönen, das schon die Vorfahren genossen haben. Die Tradition des *Wild West* wird hier noch hochgehalten und auch im restlichen Jahr sind Männer mit Stetson und Cowboystiefeln zu sehen.

Um 1860 haben sich in diesem breiten Flusstal die ersten Siedler niedergelassen und schon 1886 erreichte die Eisenbahn den kleinen Ort. Ein verheerendes Feuer machte 1889 zunächst alle Träume zunichte, insbe-

sondere den, die Hauptstadt des neuen Bundesstaats zu werden. Als Olympia den Zuschlag bekam, wurde Ellensburg dennoch wieder aufgebaut, diesmal vorwiegend aus Stein. Die Häuser aus dieser Zeit bilden das **historische Downtown;** anders als in Spokane oder Seattle entsprechen sie eher dem ländlichen Gepräge des Ortes.

Etwas aus dem Rahmen fallen **The Castle,** ein graues Steingebäude im Burgenstil, das in Erwartung der Hauptstadtfunktion für den Gouverneur gebaut worden war (716 E 3rd Ave.) und das Davidson Building (Pearl St Ecke 4th Ave.), bei dem man den viktorianischen Bau durch italienische Stilelemente aufwertete und das Ganze noch mit einem Turm krönte.

Es nennt sich zwar Jazz-Festival, aber es wird auch Blues, Gypsy und Dixieland-Musik geboten. Jedes Jahr Ende Juli füllt sich Ellensburg mit Künstlern des Nordwestens und

die Innenstadt wird zur Kulisse einer lebendigen bunten Kulturszene.

**Visitor Center:** 609 N Main St., Tel. 509-925-3137, www.visitellensburg.com, Mo–Fr 8–17, Sa, So (im Sommer) 10–14 Uhr.

**Best Western Lincoln Inn:** 211 W Umptanum Rd., Tel. 509-925-4244 oder 866-925-4288, www.bestwestern.com. 55 Mini-Suiten, guter Standard mit Mikrowelle und Kühlschrank. Ab 130 $.

**B&B Inn at Goose Creek:** 1720 Canyon Rd., Tel. 509-962-8030 oder 800-533-0822, www.innatgoosecreek.com. 10 nach Themen gestaltete Zimmer, z. B. Rodeo im Western-Stil oder »I love Christmas« mit Santa Claus, alle mit Kühlschrank und Internet. Ab 100 $.

**Pearl's on Pearl – Wine Bar & Bistro:** 311 N Pearl St., Tel. 509-962-8899, www.pearlsonpearl.com, im Sommer ab 16 Uhr. An Wochenenden gibt es oft Livemusik. Pizza, Pasta, Steaks um 18 $.

**Feste und Veranstaltungen**

**Whisky Dick Triathlon:** 3. So im Juli. Der Triathlon umfasst Schwimmen im Columbia River bei Vantage und Fahrradfahren über den Whisky Dick (780 m) bis Ellensburg, wo auch das Laufen stattfindet. Infos bei www.whiskydick.com.

**Jazz Festival:** Ende Juli. 3-Tages-Festival-Pass 35 $, zu erwerben beim Ellensburg Chamber of Commerce/Visitor Center, Tel. 509-925-3137 oder 888-925-2204. Guter Überblick der Musikszene des Nordwestens der USA, www.JazzintheValley.com.

**Ellensburg Rodeo:** 1. Mo im Sept. Rodeo Ticket Office, 609 N Main St., Tel. 509-962-7831 oder 800-637-2444, www.ellensburgrodeo.com.

**Alljährliches Spektakel: das Ellenburg Rodeo Anfang September**

**Seattle und Vancouver werden häufig als Zwillingsstädte bezeichnet. Die Stadt Vancouver gilt dennoch als die attraktivere, sie wird im internationalen Vergleich eine der schönsten Städte der Welt genannt. Im Norden begrenzt durch die schneebedeckten Coast Mountains, umrahmt von Wasser, ist diese Stadt mit Stränden, Parks und nahe gelegenen riesigen Wildnisgebieten der Anziehungspunkt West-Kanadas.**

Die vielfältige Natur färbt auf den Lebensstil der Bewohner ab. Vancouver ist eine stetig wachsende Großstadt und das kommerzielle Zentrum Kanadas am Pazifik. Hier sind quirlige Betriebsamkeit und kontemplativer Lebensgenuss gleichermaßen vertreten. Mal eben in der Mittagspause an den Strand von English Bay gehen oder eine Radtour zum Stanley Park machen gehört für viele zum Stadtleben dazu. Überhaupt ist das Leben sehr von den Outdoor-Aktivitäten geprägt: Mehrere Yachthäfen liegen mitten in der Stadt, großflächige Parks laden zum Spazierengehen ein und in den drei Skigebieten im Norden kann man noch abends die beleuchteten Pisten befahren.

Vancouver und die benachbarten 22 Städte und Kommunen (Metro Vancouver) sind von der Vielfalt ihrer Bewohner geprägt. Menschen aus mehr als hundert verschiedenen Nationen haben hier eine neue Heimat gefunden und die urbane Kultur bereichert. Vollbeschäftigung und in manchen Bereichen Arbeitskräftemangel sind die Triebfedern für den anhaltenden Zuzug von Einwanderern. In den letzten Jahrzehnten wuchs die Anzahl der Immigranten aus China, Indien, Pakistan und Südvietnam um ein Vielfaches. Vancouver hat inzwischen über 600 000 Einwohner, der Großraum umfasst ca. 2,2 Mio. Menschen, in etwa die Hälfte aller Bewohner der Provinz British Columbia. Die Vielfalt der Kulturen hat von jeher das städtische Leben be-

stimmt, so auch die Kultur des Essens und Trinkens, die in ihrer Vielfalt ihresgleichen sucht. In der *West Coast Cuisine* sind die verschiedenen Einflüsse eine homogene Verbindung eingegangen, aber auch wer eher die authentische Nationalitätenküche bevorzugt, findet Restaurants aller Herren und Länder. Spätestens seit der Weltausstellung 1986 ist Vancouver auch kulturell aus dem Dornröschenschlaf erwacht: Es gibt Dutzende erstklassiger Museen, Kunstgalerien, Theater und Kleinkunstbühnen. Besonders das Museum of Anthropology genießt wegen seiner Exponate über die Ureinwohner Weltruf und die Vancouver Art Gallery nimmt inzwischen eine Vorreiterrolle in Sachen Kunst ein. Feste feiern steht in dieser lebendigen Stadt hoch im Kurs, am besten im Freien. Ein besonderer Höhepunkt ist jedes Jahr der Wettbewerb der Feuerwerke, *Celebration of Light*. An vier Abenden im Juli/August wetteifern vier verschiedene Nationen um die Gunst des Publikums, das sich zu Zehntausenden an den Stränden von English Bay versammelt (s. S. 186).

Als Hollywood des Nordens wird Vancouver inzwischen auch bezeichnet. Seit 1989 werden hier zahlreiche Fernsehserien und Filme gedreht. Hollywood hat aus Kostengründen Produktionen hierher verlagert, Straßen oder Häuser spielen dabei oft den Hintergrund, Vancouver selbst ist dann allerdings nicht zu erkennen. Im Film »Everything's

Gone Green« setzte der (Drehbuch-)Autor Douglas Coupland seiner Heimatstadt ein Denkmal und nahm *Hollywood North* auf die Schippe: Man stellt einfach eine Palme auf und schon ist ein Ort irgendwo in Texas im Kasten. Durch die Straßen flanierend, muss man jederzeit damit rechnen, in eine Absperrung für einen Filmdreh oder in das Catering-zelt der Filmcrew zu laufen.

Die Winterolympiade 2010 hat die bereits vorhandenen Sportstätten zu neuem Glanz erwachen lassen und einige Neubauten, wie die Eishalle (Oval) in Richmond oder die neue Eishockey-Arena an der Universität von British Columbia, haben die Möglichkeiten zur sportlichen Betätigung erweitert. Sport spielt eine große Rolle im täglichen Leben: Mountainbiker und Wanderer kommen auf ihre Kosten auf den Trails in den vielen Regional oder Provincial Parks. Die Buchten des Burrad Inlet oder die der English Bay und vor Kitsilano laden zum Kajakfahren oder Rudern ein, Segelboote und Windsurfbretter stehen in vielen Marinas zur Verfügung, nur das Schwimmen im kalten Pazifik erfordert ein gewisses Maß an Abhärtung.

Für Golfer ist der Westen generell ein Paradies, denn der Großraum Vancouver hat 86 Golfplätze in z. T. traumhaften Lagen. Für passionierte Tennisspieler gibt es zahlreiche öffentliche Plätze in den Parks: Allein der Stanley Park bietet 17 Courts.

# Stadtgeschichte

Zwar wird die Entdeckung der Buchten von Vancouver zumeist dem britischen Kapitän George Vancouver zugeschrieben, aber vor ihm waren bereits spanische Seeleute in der Strait of Georgia unterwegs. Erst 1808 reiste der Schotte Simon Fraser auf dem nach ihm benannten Fraser River vom Handelsposten Prince George Richtung Ozean. 1827 wurde ca. 50 km vor Vancouver Fort Langley angelegt, um mit den dort lebenden Indianern mit Pelzen zu handeln.

Die Halbinsel Vancouver war von dichtem Regenwald bewachsen, nur einige Holzfäller

## Mit der Autorin unterwegs

### Stadtrundfahrt
Um einen Überblick zu bekommen, empfiehlt sich eine **Stadtrundfahrt mit dem Big Bus:** An 20 Stationen kann man jederzeit aussteigen und sich auf eigene Faust umsehen und danach weiterfahren, die Tickets sind 2 Tage gültig (www.bigbus.ca).

### Picknick am Granville Public Market
Auf **Granville Island** muss man gewesen sein, aber man sollte sich auch eine Pause gönnen und die am besten mit einem Snack aus dem Market draußen auf der Terrasse davor verbringen. Unbedingt auf die Möwen achten, sie klauen ganz ungeniert (s. S.177).

### Dinner Cruise auf einem Schaufelraddampfer
Im **Coal Harbour** startet am frühen Abend im Sommer der ansprechend restaurierte **Schaufelraddampfer** und fährt unter der Lions Bridge hinaus aufs Meer, Sonnenuntergang beim Dinner, das hat was (s. S. 183).

### Lynn Valley Suspension Bridge
Die Capilano River Suspension Bridge ist ein touristisches Muss, kostet aber auch Eintritt. Die benachbarte **Brücke im Lynn Valley** ist zwar kleiner, aber weniger besucht und umsonst (s. S. 188).

### Tipps für Sparer
**Smart visit card,** für 50 Attraktionen und Touranbieter von Vancouver, Victoria und Whistler, 2-, 3- oder 5-Tages-Pässe, ab 120 CAD plus Steuern, www.seavancouvercard.com. Der **Shuttle Bus im Stanley Park** ist von Mitte Juni bis Ende September kostenlos, er hält an 15 Stationen im Park.

### Aktuelle Veranstaltungen
Donnerstags erscheint der **Georgia Straight,** ein kostenloses Magazin für alle kulturellen Veranstaltungen; online: www.straight.com.

# Vancouver und Umgebung

## Vancouver Downtown: Cityplan

### Sehenswürdigkeiten

1. Vancouver Art Gallery
2. Robson Square
3. Robson Street
4. Statue des Inukshuk
5. Granville Island
6. Roundhouse Community Centre
7. Homer, Hamilton und Mainland Street
8. BC Place Stadium
9. Vancouver Library/Bibliothek
10. Chinatown und Dr Sun Yat Sen Garden
11. Gastown: Waterstreet
12. Waterfront Station
13. Canada-Place-Gebäude
14. Coal Harbour
15. Stanley Park
16. Museum of Anthropology

### Übernachten

1. Granville Island Hotel
2. B & B English Bay Inn
3. Listel Hotel
4. Sunset Inn and Suites
5. The Manor Guest House
6. YWCA Hotel
7. Bosman's Hotel
8. Pacific Spirit Hostel at UBC

### Essen und Trinken

9. Lumière Restaurant
10. Raincity Grill
11. Sequoia Grill at the Teahouse
12. A Kettle of Fish
13. Pacific Institute of Culinary Art
14. Cardero's Restaurant & Marine Pub
15. Steamworks Brewing Company
16. Cactus-Club, Earl's und Milesstones
17. Fiddlehead Joe's Eatery

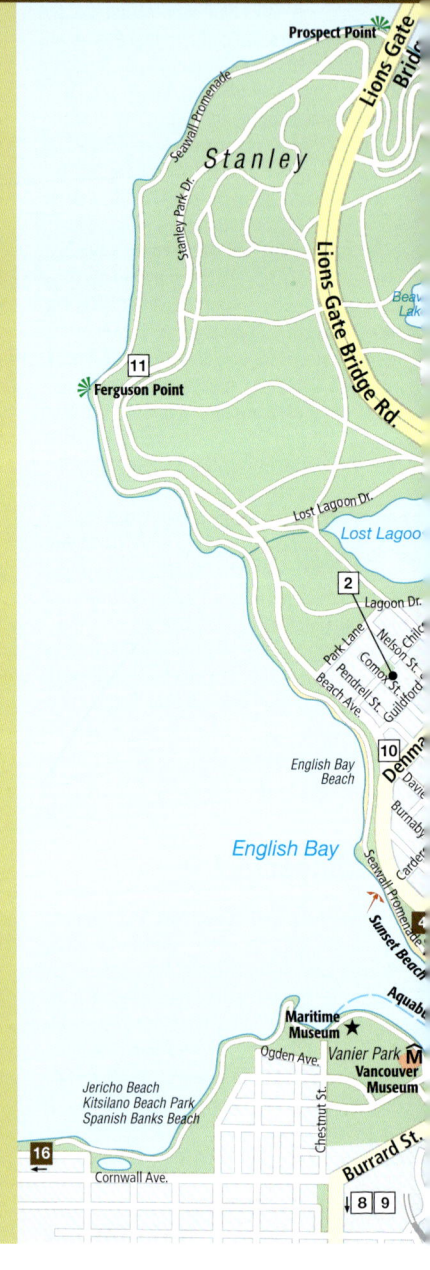

0    250    500 m

Stanley Park Dr.

Seawall Promenade

Pipeline Rd.

**15**

**Brockton Point**

**Vancouver Aquarium**
**Marine Science Center**

Park

Brockton Pt. Trail

...derzoo

**Totempfähle** ★

Seawall

**Yacht Club**

*Deadman´s Island*

*Burrard Inlet*

SeaBus Route (nach Lonsdale Quay & North Vancouver)

Bayshore Dr.

STEND **Georgia St.**

Albern...St.

Robson St.

St.

Cardero St.

Nicola St.

Broughton St.

**3**

**W Pender St.**

**14** Coal Harbour Rd.

**14**

Jervis St.

**Melville St.**

**Georgia St.**

Alberni St.

Bute St.

Haro St.

**Burrard St.**

Hornby St.

**W Hastings**

**Vancouver Travel Info Centre**
**1**

**13**

W Cordova St.

**12**

**Fährterminal**

*Portside Park*

**GASTOWN**

Alexander St.

**DOWNTOWN**

St.

Penrell... St.

Jervis St.

Nelson St.

Barclay St.

Thurlow St.

*Nelson Park*

**3**

**Howe St.**

St.

**15**

Cambie St.

E. Cordova St.

**11** Maple Tree Square

Carrall St.

Powell St.

Main St.

Comox St.

**16**

**Dunsmuir St.**

Richards St.

W Pender

St.

E. **Hastings** St.

**Chinese**
**Cultural**
**Centre**

**CHINATOWN**

Burnaby St.

Bute St.

Nelson St.

**2** **1**

**Court House**

Granville St.

**Seymour St.**

E. Pender St.

**Sam Kee**
**Building**

**10**

Columbia St.

**Ten Ren Tea &**
**Ginseng Co.**

Harwood St.

**4**

Thurlow St.

**9**

*Larwill Park*

**Pacific St.**

Beach Ave.

**Burrard St.**

Hornby St.

**Howe St.**

Helmcken St.

Granville St.

**7**

**Smithe St.**

Nelson St.

Mainland St.

Cambie St.

*Library Square*

**6**

Robson St.

Expo Blvd.

**Dunsmuir Viaduct**
**Georgia Viaduct**

**BC Place**

Main St.

**17**

Beach Ave.

**12**

Drake St.

**Seymour St.**

Davie St.

Richards St.

Homer St.

Hamilton

**7**

St.

St.

**8**

**Plaza of**
**Nations**

**TELUS**
**World of Science**

**Pacific Central**
**Station**

rard
...dge

**Granville Bridge**

**YALETOWN**

**Pacific Blvd.**

**6**

*David Lam Park*

Drake St.

Marinaside Cr.

Cambie Bridge

**5**

**5**

**1**

**13**

ließen sich dort nieder. Mit Jack Deighton (»Gassy Jack«) änderte sich das: Der Brite brachte 1867 ein Whisky-Fass mit und gründete im heutigen Gastown einen Pub. 1886 erhielt die kleine Siedlung Stadtrechte und ihren Namen, wurde aber gleich wieder durch ein Feuer zerstört. Im folgenden Jahr erfolgte der Eisenbahnanschluss *(Canadian Pacific Railway)* und damit begann das Wachstum. Der Hafen wurde ausgebaut und entwickelte sich zu einem der bedeutendsten der amerikanischen Westküste. Auch Vancouver profitierte vom Goldrausch im Yukon Territory 1898; er bescherte der Stadt einen Aufschwung, Geld und neue Mitbürger. Um 1910 zählte die Stadt bereits 100 000 Einwohner. Nicht nur europäische Siedler ließen sich hier nieder. Viele Chinesen, die an der Eisenbahn mit gebaut hatten, gehörten zu den ersten Einwohnern, desgleichen japanische Fischer, die Arbeit fanden, als man in Richmond die ersten fischverarbeitenden Fabriken baute.

# Downtown ▶ D 2

**Cityplan:** S. 174

Ein zentraler Platz inmitten der Stadt befindet sich vor der **Vancouver Art Gallery (VAG)** **1** an der Georgia Street. Konzerte und Feste beleben die Szenerie ebenso wie Straßenmusikanten und jede Menge junger Leute, die die Rasenflächen zum Picknicken nutzen. Die andere Seite des ehemaligen Justizpalastes wird vom Robson Square begrenzt. **Robson** und **Granville Street** bilden das Zentrum des Einkaufslebens, nördlich Richtung West Pender schließt sich das Geschäftsviertel mit seinen Glaspalästen an.

Die Sammlungen der VAG umfassen Werke von Emily Carr und der *Group of Seven,* die bekanntesten Künstler West-Kanadas sowie Arbeiten der modernen Avantgarde. Schwerpunkte der 1931 gegründeten Galerie sind zudem moderne Fotografie der sogenannten *Vancouver School,* zu der u. a. etwa Roy Arden und Jeff Wall zählen. Auch deutsche Künstler wie Andreas Gursky und Thomas Struth sind mit ihren Werken in der international anerkannten Fotosammlung vertreten. Landschaftsmalerei aus British Columbia und von indianischer Kunst inspirierte Gemälde und Skulpturen bilden einen weiteren Schwerpunkt der Sammlung. Zudem locken jährlich mehrere hochkarätig bestückte Ausstellungen aus anderen Museen der Welt zahlreiche Besucher in das historische Gebäude (750 Hornby St., www.vanartgallery.bc.ca, Tel. 604-662-4719, tgl. 10–17.30, Di, Do 10–21 Uhr, Erw. 15 $, Kin. 5–12 J. 6 $).

**Robson Square 2** wurde ebenso wie das benachbarte Justizgebäude 1972 von Arthur Erickson erbaut, einem der berühmtesten kanadischen Architekten, der auch für das ungewöhnliche Gebäude des Museum of Anthropology an der University of British Columbia (UBC) verantwortlich zeichnet.

Granville Street Downtown zehrt von ihrem Ruf aus den 1970er/1980er-Jahren. Viele kleine Bars und kleinere Geschäfte ziehen vor allem junge Leute an. **Robson Street 3** dagegen ist die Einkaufsmeile von Vancouver, alle großen Desinger und Labels sowie viele Boutiquen der höheren Preisklasse sind dort vertreten. Nach dem Zweiten Weltkrieg war die Straße übrigens fest in deutscher Hand, wurde sogar »Robson-Straße« genannt und war beliebt als Ort, wo man deutschen Apfelstrudel und andere Leckereien servierte (www.robsonstreet.ca).

## Westend

Im nordwestlichen Teil der Robson Street kommt der Magen auch heute auf seine Kosten. Das Listel Hotel mit dem *West Coast Cuisine* anbietenden Restaurant O'Doul's wirkt beinahe wie eine exotische Insel inmitten all der asiatischen Gaststätten. Für einen Lunch bietet sich der Capers-Markt mit seiner Außenterrasse an (1675 Robson, 8–22 Uhr). Die Kette verkauft lokale sowie *Fair-Trade*-Produkte. Auch die **Denman Street** ist eine Flaniermeile mit einem bunten Mix aus Boutiquen, Lebensmittelgeschäften und kleinen Restaurants. Kurz bevor man die English Bay erreicht, weht schon eine frische Brise vom Meer herüber und macht die vom dichten Autoverkehr ein wenig irritierte Nase frei.

**Downtown Vancouver – eine der schönsten Innenstädte des Nordwestens**

1960 begann der Bauboom für die Hochhäuser, die nun die Silhouette der Bucht bilden. Folgt man der Promenade Richtung Südosten, stößt man unweigerlich auf die sechs Meter hohe **Statue des Inukshuk** 4. Dabei handelt es sich um eine traditionelle Figur der Inuit, die »Willkommen« oder »Jemand war hier« signalisiert und in früheren Zeiten als Wegmarke benutzt wurde. Für die Winterolympiade 2010 hatte Vancouver den Inukshuk als offizielles Emblem eingesetzt, um damit »Hoffnung, Freundschaft und Gastfreundschaft« zum Ausdruck zu bringen.

Der **Sunset Beach Park** ist inzwischen zum Dorado der Jogger, Skater, Radfahrer und Sonnenanbeter geworden. Vancouver hat zudem den Ruf, eine tolerante Stadt für Homosexuelle zu sein, Heiraten unter Gleichgeschlechtlichen ist erlaubt, mit *gay friendly* wird für die Stadt geworben. Die Kehrseite der Medaille ist jedoch, dass unter ihnen immer noch die meisten Opfer von Aids zu finden sind, und so ist eine 2005 errichtete Skulptur im Sunset Beach Park dem Andenken der Toten dieser Krankheit gewidmet.

# Granville Island ▶ D 2

**Cityplan:** S. 174

Eigentlich ist die kleine Halbinsel **Granville Island** 5 im False Creek eine Welt für sich. Ursprünglich nur aus zwei Sandbänken bestehend, die den hier heimischen Squamish-Indianern im Winter als Basis zum Fischen dienten, wurde 1916 das Gelände aufgeschüttet, damit Fabriken errichtet werden konnten. Übrig geblieben ist davon nur noch die Zementfabrik. Alles andere ist im Rahmen von mehreren Stadtsanierungsprogrammen in Märkte, Boutiquen, Restaurants, Theater und viele kleinere Kunsthandwerksbetriebe umgewandelt worden. Zudem sind Bootsverleiher, Bootsbauer und einige Anbieter von Ausflugsschiffen hier zu finden.

Der **Granville Public Market** lädt zum längeren Verweilen ein, wenn es auch im Sommer manchmal ziemlich eng wird. Aber die Auswahl an frischem Obst, Gemüse und allen Arten von Fisch und Meeresfrüchten sucht ihresgleichen. Im überschaubaren *Food Court* mit seinen diversen kleineren Imbissständen kann man sich ein Frühstück oder Mittagessen kaufen und auf dem Dock draußen verzehren. Nur vor den Möwen und Tauben sollte man Respekt haben, sie holen sich das Essen gern direkt von den Tellern (www. granvilleisland.com).

# Yaletown ▶ D 2

**Cityplan:** S. 174

Viele kleine Wassertaxis oder -busse fahren nach Bedarf zwischen Granville Island und dem gegenüberliegenden Stadtteil **Yaletown** hin und her. Im David Lam Park am Pacific Boulevard befindet sich das **Roundhouse Community Centre** 6 und dort wiederum der Pavillon mit der ersten Eisenbahn, die am 23. Mai 1887 Vancouver erreichte (181 Roundhouse Mews, Tel. 604-713-1800, Mo–Fr 9–22, Sa, So 9–17 Uhr, Eisenbahn Eintritt frei). Jedes Jahr im März ist das Roundhouse einer der Veranstaltungsorte für das International Dance Festival. Dann treten Künstler aus aller Welt hier auf; außerdem werden zahlreiche Workshops angeboten (s. S. 185).

Besonders *hip* und *up to date* präsentieren sich die vielen Boutiquen, Bars und Restaurants in **Homer, Hamilton und Mainland Street** 7, dem Herzen von Yaletown. Sehen und gesehen werden ist hier angesagt, im Sommer sitzt man draußen. Kein Wunder, in dem begehrten Stadtteil steigen die Immobilienpreise stetig. Damit sich selbst DINKS *(double income, no kids)* die Apartments noch leisten können, werden diese immer kleiner. Und damit das traditionelle Sofa als wesentlicher Bestandteil kanadischer Wohnkultur noch in die Wohnung passt, wurde eigens das »Yaletown-Sofa« entwickelt. Ursprünglich war Yaletown Heimat für Hersteller von Textilien, die roten Backsteingebäude sind Zeugen dieser Zeit. Seit den 1980er-Jahren entstanden die vielen Hochhäuser an False Creek und haben dem Stadtteil einen völlig neuen Charakter gegeben.

Schon von Weitem leuchtet das weiße Runddach der größten Sportarena in Vancouver. Das 1983 eröffnete **BC Place Stadium** 8 verfügt über 60 000 Sitzplätze. 2007 hat ein Wintersturm das Dach teilweise zerstört, was zu heftigen Diskussionen in der Stadt führte, denn ein solcher Fall war für ausgeschlossen gehalten worden. Da die Winterolympiade 2010 vor der Tür stand und die Football-Spieler der BC Lions ihren Austragungsort für die Champions League (Juni bis November) benötigten, hat man das Dach repariert und nicht komplett erneuert. Das Stadium wird auch für Messen, Konzerte und andere Großveranstaltungen genutzt (777 Pacific Blvd., Tel. 604-669-2300, www.bcplacestadium.com).

Unmittelbar vor dem Stadium Place an der Robson Street erinnert ein **Denkmal an Terry Fox.** Der junge Mann war mit 18 Jahren an Krebs erkrankt, sein rechtes Bein wurde amputiert. Er machte sich 1980 mit seiner Prothese daran, quer durch Kanada zu laufen, um Geld für die Krebsforschung aufzubringen. Nach 143 Tagen, an denen er jeweils eine Marathonstrecke zurücklegte, besiegte ihn der Krebs und er musste aufgeben. Aber diese ungewöhnliche Aufgabe, die er sich selbst gestellt hatte, ließ ihn so populär werden, dass mithilfe des Senders CTV Millionen Dollars eingenommen werden konnten. Der in Vancouver aufgewachsene und im Juni 1981 in Port Coquitlam gestorbene Terry Fox gilt als ein kanadischer Held des 20. Jh.

Nur wenige Schritte die Robson Street bergauf ist der kolosseumähnliche Bau der städtischen **Bibliothek** 9 nicht zu übersehen. Der kanadisch-israelische Architekt Moshe Safdie soll zwar behaupten, nicht vom römischen Vorbild inspiriert worden zu sein, doch die Ähnlichkeit ist unbestritten. Im überdachten Innenhof des Gebäudes finden sich zahlreiche kleine Bistros, ein geeigneter Ort für eine Pause bei der Stadterkundung. Die siebenstöckige Bibliothek wurde 1995 eröffnet und umfasst ca. 1,3 Mio. Bücher, Zeitschriften und Medien; u. a. gibt es im Erdgeschoss auch eine kleine Abteilung mit deutschen Büchern, die vom aufgelösten Goethe-Institut übernommen wurden. Das begrünte Dach ist nicht öffentlich zugänglich; der 2600 m$^2$ große Dachgarten wurde unter ökologischen Gesichtspunkten von der Landschaftsarchitektin Cornelia Hahn Oberländer angelegt, einer engagierten Verfechterin umweltbewussten Städtebaus (Vancouver Library, 350 West Georgia St., Eingang auch von der Robson St., Tel. 604-331-3603, www.vpl.ca, Mo–Do 10–21, Fr, Sa 10–18, So 12–17 Uhr).

# Chinatown   ▶ D 2

**Cityplan:** S. 174

Vancouvers **Chinatown** 10 ist das älteste Viertel seiner Art in Kanada. Bereits um 1855 lebten hier die ersten Einwanderer aus dem Reich der Mitte. Sie waren auf Goldsuche im Landesinneren und sahen die kleine Siedlung als Durchgangsstation an. Um 1880 kamen dann jene Chinesen, deren Arbeitskraft beim Bau der Eisenbahn benötigt wurde; sie erhielten 60 ha Land, um es urbar zu machen.

Nach 1900 setzte für Jahrzehnte eine Diskriminierungsphase ein, die u. a. eine Kopfsteuer für Asiaten beinhaltete. Mittlerweile ist Kanada sehr offen gegenüber Einwanderern aus Asien, auch Vancouver profitiert von den Verbindungen seiner Einwohner mit deren Herkunftsländern. Heute gilt eigentlich das Zentrum der Stadt Richmond südlich von Vancouver als »Chinatown«. Doch auch die malerische Vielfalt in den Straßenzügen zwischen Pender, Carrall und Gore Street und der ›Eingang‹ durch das Millennium-Tor auf der Taylor Street vermittelt einen Eindruck vom Leben der Chinesen und Asiaten. Dabei wirkt das Viertel keinesfalls museal oder lediglich für Touristen hergerichtet, sondern wie ein lebendiger Teil des Alltags.

Inmitten des quirligen Treibens in den bunten und exotischen Lebensmittelgeschäften liegt eine Oase der Ruhe: der 1986 eröffnete **Dr Sun Yat-Sen Classical Chinese Garden & Park.** Ein Teil davon ist kostenlos zugänglich; für den einer Anlage aus der Ming-Zeit nachgebauten Bereich mit verschiedenen Gebäuden bezahlt man Eintritt (578 Carrall St., Tel. 604-662-3207, www.van couverchinesegarden.com, im Sommer tgl. 9.30–19 Uhr, Erw. $ 10, Kin. unter 5 J. frei).

**Die Geschäfte in Vancouvers Chinatown bieten reichlich Auswahl an Exotischem**

## Vancouver und Umgebung

# Gastown ▶ D 2

**Cityplan:** S. 174
Am Maple Street Square befand sich der Globe Saloon von »Gassy« Jack Deighton, um den herum sich die erste Siedlung entwickelte. Bis Vancouver 1886 offiziell seinen Namen erhielt, nannte man die Kommune **Gastown** **11**. Die aus roten Ziegeln errichteten Häuser sind ebenso typisch für diesen ältesten Stadtteil wie das Kopfsteinpflaster, die alten Straßenlaternen und die berühmte **Steam Clock** an der **Water Street.** Sie sieht zwar alt aus, wurde aber erst 1977 gebaut und ist die einzige Dampfuhr weltweit. Gastown war in den vergangenen Jahrzehnten ziemlich heruntergekommen, viele der alten Häuser wurden von Obdachlosen genutzt und die Gegend hatte keinen guten Ruf. Inzwischen hat sich die Stadtverwaltung besonnen. Es gibt keine Abrissgenehmigungen mehr, stattdessen wird fachgerecht restauriert. So finden sich schicke Souvenirshops, Bars, Galerien und Boutiquen in den zum Teil entkernten alten Gebäuden.

Eine Bürgerinitiative hatte in den 1970er-Jahren verhindert, dass die Planierraupe zugunsten einer Stadtautobahn alles niederriss, heute ist man froh um die Anziehungskraft dieses ›Geburtsortes‹ der Stadt. Im Sommer gibt es kostenlose Führungen mit Erzählern in historischen Kostümen (Gastown Business Improvement Society, s. S. 186). Lohnenswert ist auch die abendliche Führung durch »Ghostly Gastown«, bei der ein Hauch von Wildwest in einem von der Zivilisation weit entfernt liegenden Städtchen wieder heraufbeschworen wird.

# Waterfront Station und Canada Place ▶ D 2

**Cityplan:** S. 174
Das imposante Säulengebäude am Burrard Inlet (Cordova Street) ist ein wichtiger Verkehrsknotenpunkt für Vancouver. 1915 wurde es als bereits vierter Neubau für die *Canadian Pacific Railway* eröffnet. Heute ist **Waterfront**

**Station** **12** Umsteigebahnhof für Pendler aus den nördlich und westlich liegenden Städten von Metro Vancouver. Die Fähre *Seabus* aus North Vancouver legt hier an und alle Linien des *Skytrain* münden in diesen Bahnhof. In nur 12 Minuten ist man mit dem *Seabus* am anderen Ufer und hat einen wunderbaren Blick auf den Hafen und die im Inlet liegenden Frachter. Mit dem *Skytrain* lohnt sich die Fahrt zum Flughafen, nach Richmond, Surrey oder New Westminster (www.translink.bc.ca).

Gegenüber, an der Ecke Hastings und Seymour Street, befindet sich das **Harbour Centre** mit einem 167 m hohen Aussichtsturm (Vancouver Lookout, 555 West Hastings St., Tel. 604-689-0421, www.lookout.com, April–Okt. tgl. 8.30–22.30 Uhr, Erw. 13 $, Jugendl. 13–18 J. 9 $, Kin. 6 $, unter 6 J. frei, Restaurant www.topofvancouver.com, im Souterrain ein guter *Food Court*).

Der deutschstämmige Architekt Ed Zeidler entwarf für die Expo von 1986 das **Canada-Place-Gebäude** **13** mit seiner wie

**Downtown Vancouver – eine Stadt in wunderschöner Lage direkt am Pazifik**

weiße Segel wirkenden Dachkonstruktion. Die Segel symbolisieren die kanadische Pazifikflotte von 1891, die der Stadt den wirtschaftlichen Aufschwung brachte. Hier legen im Sommer die riesigen Kreuzfahrtschiffe an, das Gebäude beherbergt ein IMAX-Kino und das Pan Pacific Hotel. Bis zur Fertigstellung des neuen Glaspalastes (nebenan) war auch das Vancouver Convention & Exhibtion Centre dort zu Hause (www.canadaplace.ca). Der Platz davor trägt den gleichen Namen; er ist am Nationalfeiertag (Canada Day) am 1. Juli Tribüne und Festplatz für die Feierlichkeiten.

Vom Canada Place Richtung Stanley Park schließt sich das Business-Viertel von Vancouver an. Direkt davor war früher der **Coal Harbour** 14, der heute einen großen Yachthafen sowie die Anlegeplätze vieler Ausflugsschiffe umfasst. Ein besonderes Erlebnis kann eine abendliche *Dinner Cruise* sein. Die Schiffe fahren unter der Lions Gate Bridge vorbei am Stanley Park in den Sonnenuntergang, dazu gibt's frische westkanadische Küche

vom Buffet, fantastische Ausblicke auf das bewaldete Nordufer und etwas Seegang.

Auch der Flughafen für die Wasserflugzeuge nach Victoria oder Nanaimo auf Vancouver Island befindet sich dort. Eine großzügig angelegte Promenade *(Seawalk)* an diesem Hafengebiet lädt zum Spaziergang ein. Das Westin Bayshore Hotel war 1960 das erste höhere Gebäude in diesem Bereich, die jetzt die Skyline bildenden Hochhäuser sind alle erst in den letzten Jahren entstanden und haben mit dazu beigetragen, dass Vancouver den Beinamen City of Glass trägt.

## Stanley Park und Aquarium ▶ D 2

**Cityplan:** S. 174

Gleichzeitig mit der Stadtgründung 1886 legte die Verwaltung fest, dass 400 ha Wald an der nordwestlichen Spitze der Halbinsel ein Park sein sollten, eine Entscheidung, über

## Richtig Reisen-Tipp: Biken im Stanley Park

Früh am Morgen gehört der größte Stadtpark in Nordamerika den ambitionierten Radfahrern. Dann sind sie nicht nur auf den zahlreichen Radwegen und der 8,8 km langen Uferpromenade, dem *Seawall*, unterwegs, sondern nutzen vorwiegend die Autostraßen, um ihr sportliches Pensum zu absolvieren. Biken gehört zu den bevorzugten Beschäftigungen in Vancouver und der Stanley Park bietet dazu optimale Voraussetzungen.

Die meisten Wege sind asphaltiert und auch die Waldpfade sind geglättet und werden von Wurzeln oder Ausschwemmungen freigehalten. Allerdings sind nicht alle Trails für Biker ausgewiesen; im Sommer achten die Parkwächter deutlich mehr auf ›Falschfahrer‹ und machen auf die zu benutzenden Wege aufmerksam. Am Ufer entlang muss man sich die Promenade mit Spaziergängern und Skatern teilen, aber Rücksichtnahme und Freundlichkeit sind hierzulande geradezu ›angeborene‹ Tugenden.

Landschaftlich besonders schön ist der **Bridle Path** vom Second Beach aus bis zum Beaver Lake; man fährt durch dichten Wald von Douglasfichten und Hemlocktannen allmählich hoch bis zu dem kleinen See, der

von zahlreichen Enten und Schwänen ›bewohnt‹ wird. Von dort aus geht es ein kurzes Stück über den **Ravine Trail** zum *Seawall* und nun kann man sich entscheiden, ob man rechts oder links herum zurück in die Stadt fahren will.

Ein Erlebnis der ganz anderen Art ist die **Fahrt über die Lions Gate Bridge,** die den Park mit dem Nordufer verbindet. Beidseitig von der Straße abgetrennte Geh- und Radwege ermöglichen eine gefahrlose Überquerung dieser 500 m langen Brücke über dem Burrad Inlet. Von dort aus hat man wunderbare Ausblicke auf die Stadt, die Berge und die Strait of Georgia. Die Nähe zu Downtown macht diesen 400 ha großen Park so attraktiv. Vom Fahrradverleih an Georgia oder Denman Street sind es nur wenige Hundert Meter bis zum Parkeingang.

**Bayshore Bicycles Ltd.:** 745 Denman St., Tel. 604-688-2453, www.Bayshore Bikerentals.ca. Erw. 6 $/Std., inkl. Helm. **Spokes Bicycle Rental:** 1798 W Georgia St., Tel. 604-688-5141, www.spokesbicyclerentals.com. Ab 10 $ Std., inkl. Helm. Es werden auch Touren angeboten.

die die heutigen Bewohner immer noch glücklich sind. Mit dem **Stanley Park** ⏹, dem größten ›Stadtpark‹ Nordamerikas, ist ein Stück des ursprünglichen Regenwaldes erhalten geblieben, Zedern, Hemlocktannen und Arbutus sind typische Vertreter dafür. Aber nicht nur Baumliebhaber kommen hier auf ihre Kosten: mehrere Sandstrände, ein idyllischer See in der Mitte, eine 8,8 km lange Promenade am Meer und unzählige Wanderwege für Spaziergänger, Jogger und Radfahrer, viele Themengärten, die Totempfähle, Sportplätze (Tennis, Golf, Cricket und Rasen-Bowling) sowie gute Restaurants machen diesen Park zu einem unvergleichlichen Anziehungsort.

Als ein ungewöhnlich heftiger Wintersturm Dezember 2006 den Aussichtspunkt Pro-

spect Point beinahe kahl rasierte und den Wald in ein Chaos von umgestürzten Baumriesen verwandelte, war Stanley Park und seine Restauration für Monate das Dauerthema in der Stadt, viele haben für seine Wiederaufforstung gespendet. Der Park ist durchgehend geöffnet und kann auch mit dem Auto befahren werden. Gemütlicher sind die Kutschfahrten, die alle 20–30 Minuten am Information Centre beginnen; kostenlos ist die Benutzung des von Mitte Juni bis Ende September verkehrenden Shuttle-Busses, der 15 verschiedene Stationen anfährt, an denen man zu- und aussteigen kann (vancouver.ca/parks/parks/stanley/services.htm).

Im Park befindet sich auch das 1956 eröffnete **Aquarium;** das Gelände umfasst

9000 m² und ist berühmt für seine weißen Beluga-Wale (845 Avison Way, Tel. 604-659-3474, Sommer tgl. 9.30–19 Uhr, Erw 19,95 $, Jugendl. 14,95 $, Kin. 4–12 J. 11,95 $, www.vanaqua.org).

# Außerhalb des Zentrums

▶ D 2

**Cityplan:** S. 174

## Universität und Kitsilano

Rund 10 km Strände befinden sich an der Südseite von English Bay und erstrecken sich vom Vanier Park bis zum **Universitätsgelände.** An Wochenenden bevölkern viele Familien die Wiesen, bringen ein Picknick mit oder grillen. Im **Pioneer Park** am Jericho Beach steht das älteste Gebäude der Stadt: der Hastings Mill Store von 1865. Er befand sich ursprünglich am Burrad Inlet und blieb als einziges Haus vom großen Brand verschont. 1929 bewahrten es geschichtsbewusste Bürger vor der Zerstörung und richteten es als Museum ein.

    **Kitsilano** ist als Stadtteil für seine »Hippiekultur« bekannt, zudem siedelte sich dort die größte griechische Gemeinde an. Auf der 4th Avenue und den West Broadway kann man gut einkaufen, zahlreiche Fachgeschäfte, Buchläden und Boutiquen laden zum Stöbern ein. Hier wurde im Übrigen 1971 auch die Umweltorganisation **Greenpeace** ins Leben gerufen.

## Museum of Anthropology

Weltruf genießt das **Museum of Anthropology 16,** der **University of British Columbia.** Beeindruckend ist allein schon das Gebäude aus Glas und Beton von Arthur Erickson, der seine Inspiration aus den aus Baumstämmen gebauten Häusern der Westküsten-Indianer erhielt. Das Museum präsentiert eine umfassende Sammlung an Totempfählen, handgeschnitzten Behältern und Truhen sowie Figuren der Ureinwohner.

    Bill Reid, einer der wichtigsten Künstler der *Native Art,* ist dort mit seiner Skulptur »Ra-

ven« vertreten. Sein Werk »Spirit of Haida Gwai« steht als Bronzeskulptur in der Abflughalle des Flughafens von Vancouver (6393 N W Marine Drive, Tel. 604-822-5087, Sommer tgl. 10–17, Di 10–21 Uhr, Erw. 9 $, Schüler 7 $, Kin. unter 6 J. frei, www.moa.ubc.ca).

> **i** **Tourism Vancouver:** The Greater Vancouver Convention and Visitors Bureau, Suite 210, 200 Burrard St., Vancouver, Tel. 604-682-2222, www.tourismvancouver.com.

**Mehr über die Provinz** gibt es bei www.hellobc. com; eine informative Website **über die Region Vancouver** ist www.gvrd.bc.ca, speziell für die Regional Parks. Informationen über Reiseziele bei Indianerstämmen bietet www.abori ginalbc.com.

> 🛏 Für Hotelreservierungen: Vancouver Touristinfo Centre, Plaza Level, 200 Burrard St., Vancouver, Tel. 604-683-2000, Fax: 604-682-6839, tgl. 8.30–18 Uhr.

**Granville Island Hotel 1:** 1253 Johnston St., Tel. 604-683-7373, www.granvilleislandhotel.com. Dieses am Ende von Granville Island gelegene kleinere Haus ist sehr begehrt, der Blick auf die Marina im False Creek, das Olympische Dorf und das futuristische Gebäude von Science World sucht seinesgleichen. Außerdem gibt es eine hauseigene Brauerei, in der 2008 noch ein deutscher Braumeister arbeitete. DZ ab $ 240.

**B & B English Bay Inn 2:** 1968 Comox St., Tel. 604-683-8002, www.englishbayinn.com. Ein Gefühl für den Lebensstil der Reichen zu Beginn des 20. Jh. bekommt man in dieser Villa und den 7 Zimmer dieses B & B und seinem kleinen Garten, nur für Erw. DZ ab 235 $.

**Listel Hotel 3:** 1300 Robson St., Tel. 604-684-8461, www.thelistelhotel.com. Das Boutiquehotel auf Vancouvers Einkaufsstraße bietet 119 kunstvoll gestaltete Zimmer und, in Zusammenarbeit mit dem Museum of Anthropology, wechselnde Kunstausstellungen auf den Fluren sowie die direkte Nähe zu den Geschäften und Bars von Robson St. und Denman St. DZ ab 219 $.

# Vancouver und Umgebung

**Sunset Inn and Suites** [4]: 1111 Burnaby St., Tel. 604-688-2474, www.sunsetinn.com. Ein kleineres Hotel im quirligen Davie Village nicht weit von der English Bay, das Apartments mit Kitchenette bietet. Sehr geeignet für längere Aufenthalte. DZ ab 189 $.

**The Manor Guest House** [5]: Suite 345, W 13th Ave., Tel. 604-876-8494, www.manor guesthouse.com. Die 9 Zimmer in einer 1902 gebauten Stadtvilla sind gemütlich eingerichtet, das B & B befindet sich in der Nähe von South Granville. DZ ab 155 $.

**YWCA Hotel** [6]: 733 Beatty St., Vancouver, Tel. 604-895-5830, www.ywca.com. Mitten in Downtown gelegen, ist dieses etwas einfachere, familienfreundliche Hotel für längere Aufenthalte geeignet. DZ ab 121 $, Wochenrate ab 104 $/Nacht.

**Bosman's Hotel** [7]: 1060 Howe St., Tel. 604-682-3171, www.bosmanshotel.com. Frisch renovierte 100 DZ, einfache Ausstattung, Restaurant im Haus, an relative lauter Hauptverkehrsachse gelegen, dafür preiswert. DZ ab 70 $.

**Pacific Spirit Hostel at UBC** [8]: Zimmer und Apartments auf dem Campus der University of British Columbia (UBC), 5961 Student Union Boulevard, Tel 604-822-1000, www.ubcconferences.com. Begehrte preiswerte Einzelzimmer, Apartments mit Küche und ein einfacheres Hostel (nur Mai–Sept.) befinden sich ca. 30 Min. entfernt von Downtown in reizvoller Lage. *West Coast Suites* ab 189 $, Hostel-EZ ab 33 $.

**Lumière Restaurant** [9]: 2551 West Broadway, Tel. 604-739-8185, www.lu miere.ca, Di–So ab 17.30 Uhr. Das bereits mehrfach ausgezeichnete Restaurant gilt als das beste Vancouvers, die Menüs bieten eine Mischung aus gehobener französischer Küche und *West Coast Cuisine*. 6-Gänge-Menü 135 $.

**Raincity Grill** [10]: 1193 Denman St., Tel. 604-685-7337, www.raincitygrill.com, tgl. ab 17, Mo–Fr 11.30–14.30 Lunch, Sa, So 10.30–14.30 Uhr Brunch. Zentral an der English Bay gelegen, bietet das Restaurant gute *West-Coast*-Küche. Das Restaurant gehört der Or-

ganisation Green Table an, einem Verband, dessen Mitglieder sich verpflichten, nur frische und lokale Zutaten für ihre Gerichte zu verwenden. Auch auf das Abfallmanagement und den Wasserverbrauch wird bei GreenTable-Mitgliedern geachtet (www.greentable. net). Hauptgerichte ab 30 $.

**Sequoia Grill at the Teahouse** [11]: im Stanley Park, Ferguson Point, 7501 Stanley Park Drive, Tel. 604-669-3281, www.vancouver dine.com/sgrill, tgl. ab 11.30, So 10.30 Uhr Brunch. Hier auf der Terrasse zu sitzen und den Sonnenuntergang zu beobachten ist einzigartig. *West-Coast*-Küche, großes Angebot an Meeresfrüchten. Hauptgang ab 28 $.

**A Kettle of Fish** [12]: 900 Pacific St., Tel. 604-682-6681, www.akettleoffish.net, tgl. ab 17.30 Uhr. Der Kettle gilt seit Jahren als das beste Fischrestaurant der Stadt, auf die Frische kann man sich stets verlassen. Auch hier setzt man auf Nachhaltigkeit, Kettle ist Mitglied bei *Ocean Wise,* einer vom Vancouver Aquarium ins Leben gerufenen Initiative, die das Ziel verfolgt, die Meere vor Überfischung zu schützen (www.oceanwisecana da.org). Lachs ab 23 $.

**Pacific Institute of Culinary Art** [13]: 1505 W Second Ave. (unmittelbar vor Granville Island), Tel. 604-734-4488, www.picachef. com, Mo–Fr 18–21 Dinner, 11.30–14 Uhr Lunch. Hier werden Köche und Patissiers ausgebildet, ihre Kreationen gibt es als Menü oder am Büfett. Da ein strenger Küchenmeister darüber wacht, ist die Qualität ganz ausgezeichnet. Die dazugehörende Bäckerei verkauft leckerste Torten und Gebäck. 3-Gänge-Menü 36 $, Hauptgerichte wie Steak um 22 $.

**Cardero's Restaurant & Marine Pub** [14]: 1583 Coal Harbour Quay, Tel. 604-669-7666, www.vancouverdine.com, tgl. ab 16 Uhr. Mitten im Coal Harbour ist dieses Holzhaus ein beliebter Treff für die erfolgreichen Mitarbeiter der großen Firmen geworden. Im Holzofen werden Lachs und Pizzen zubereitet, Tintenfisch im Wok. Hauptgang um 20 $.

**Steamworks Brewing Company** [15]: 375 Water St., Tel. 604-689-2739, sowie 601 West Cordova St. (im Waterfront-Bahnhof), Tel.

604-678-8000, www.steamworks.com, tgl. ab 11.30 Uhr. Mehr ein Pub als ein Restaurant (mit eigener Brauerei) sind beide Lokale beliebt bei den Einheimischen, es gibt vorwiegend kanadische Gerichte, aber auch Klassiker wie Burger, Steaks und Lachs. Ab 18 $.

**Cactus-Club, Earl's und Milesstones** 16: 588 Burrard St., Tel. 604-714-2025, www. cactusclubcafe.com. Einen guten Standard und ein vernünftiges Preis-Leistungs-Verhältnis bieten die Restaurants dieser kleinen Ketten, überwiegend *West Coast Cuisine*. Hauptgänge um 18 $.

**Fiddlehead Joe's Eatery** 17: 1012 Beach Ave., Tel. 604-688-1969, www.fiddleheadjoes eatery.com, tgl. ab 17 Dinner, 11.30–16 Uhr Lunch. Am nördlichen Ufer des False Creek gelegen, bietet der modern eingerichtete Pub leichte *West-Coast*-Gerichte – am besten auf der Terrasse neben der Marina. Spezialität: Farnkrautgemüse. Hauptgang ab 18 $.

**Robson Street** ist die Einkaufsmeile von Vancouver. Vergleichsweise preiswerter sind Granville Street zwischen West Broadway, 15th Ave. und 4th Ave., West St. und Main St. zwischen King Edward Ave. und 29th Ave.

**Pottery Barn:** South Granville Centre, 2600 Granville St., Tel. 604-678-9897, www.pottery barn.ca. Hier findet man typisch kanadische Dekorationen und Accessoires.

**Vancouver Flea Market:** 703 Terminal Ave., Tel. 604-685-0666, Sa, So 9-17 Uhr, www. vancouverfleamarket.com.

**Urban Fare:** 177 Davie St. und 305 Bute St., Supermarkt der gehobenen Preisklasse mit Waren aus aller Welt, *Organic*- und *Fair-Trade*-Produkte, mit Deli, www.urbanfare.com.

**Railway Club:** 579 Dunsmuir St., Tel. 604-681-1625, www.therailwayclub. com. Livemusik meist von einheimischen Gruppen. Gemütlich *old fashioned,* separater Raum zum Essen und Trinken.

**Richard's on Richards:** 1036 Richards St., Tel. 604-687-6794, www.richardsonrichards. com. Nachtclub mit wechselnden Shows und Disco.

**Cocktail-Geheimrezept!**
Gut gehütetes Geheimnis in Kanada: Cocktail CAESAR. Er gilt als der populärste Cocktail landesweit, aber außerhalb kennt ihn kaum jemand. Dabei ist dieser Drink nicht nur erfrischend und belebend, die stilvoll drapierte Selleriestange macht ihn beinahe zu einem Gemüsesaft. Das klassische Rezept: 1 cl Wodka, Zitronen-/Limettensaft, 2 Tr. Tabasco, 2 Tr. Worcestersauce, mit Tomaten-Gemüse-Saft (in Kanada Clamato) auffüllen. Alle Zutaten im Shaker oder Glas verrühren und über 1–2 Eiswürfel gießen.

**The Roxy:** 932 Granville St., Tel. 604-331-7999, www.roxyvan.com. Angesagter Nachtclub in Downtown, manchmal Livemusik, ab 19 Uhr geöffnet.

**Orpheum Theatre,** 865 Seymour St., Tel. 604-665-3050, www.vancouver. ca/theatres. Alte, schön restaurierte Konzerthalle, in der u. a. viele Aufführungen des Vancouver Symphony Orchestra stattfinden.

**Vancouver Opera:** 5th floor, 845 Cambie St., Tel. 604-683-0222, www.vanopera.bc.ca.

**Queen Elizabeth Theatre:** 649 Cambie St., Tel. 604-665-3050, www.city.vancouver.bc. ca/theatres, kein festes Ensemble, nationale und internationale Theatergruppen spielen hier.

**The Giggle Dam Dinner Theatre:** 2616 Shaugnessy St., Port Coquitlam, Tel. 604-944-4453, www.giggledam.com. Außerhalb von Vancouver gelegen, doch lohnt sich der Besuch. Sehr britisches Kabarett, Touristen werden gern auf die Schippe genommen.

**Feste und Veranstaltungen**

**International Dance Festival:** März, Roundhouse Community and Arts Centre, 181 Roundhouse Mews, Tel. 604-662-4966, www. vidf.ca, Tickets ab 20 $.

**Vancouver Marathon:** 4 Tage im Mai, www. bmovanmarathon.ca.

**Bard on the Beach:** Juni–Sept., Vanier Park, Tel. 604-739-0559, www.bardonthebeach.

## Vancouver und Umgebung

org. Theaterstücke nach Shakespeare, aufgeführt in Zelten am Strand.

**Alcan Dragon Boat Festival:** Juni, False Creek, Tel. 604-688-2382, www.adbf.com, heimische Firmencrews wetteifern beim Rudern durch False Creek, die Boote sind beeindruckend.

**International Jazz Festival:** Juni, verschiedene Orte, www.coastaljazz.ca.

**Canada Day:** 1 Juli. Feiern anlässlich des Nationalfeiertags am Canada Place.

**Celebration of Light:** Juli/Aug., Tel. 604-641-1193, www.celebration-of-light.com. Vier Feuerwerke an der English Bay, für viele *das* Ereignis des Sommers.

**Vancouver International Film Festival:** Sept., Tel. 604-685-0260, www.viff.org. Mit ca. 300 Filmen eines der größten Filmfestivals ganz Nordamerikas.

 **Stadtführungen:**
**Architectural Institute of British Columbia,** Suite 100–440 Cambie St., Tel. 604-683-8588, www.aibc.ca. Nur im Sommer, Touren zur Architekturgeschichte der Stadt.

**Auf-Deutsch-Reisen:** 215–7500 Minoru Blvd., Richmond, Tel. 778-668-2644, www.auf-deutsch-reisen.com. Individuelle Reiseorganisation und -betreuung in Vancouver und Umgebung.

**Ghostly Gastown:** Mark und Julie Thomson, Tel. 604-788-7026, www.vanroutes.com, Di, Do, Sa ab 20 Uhr, 15 $. Abendliche Stadtführung mit Gruseleffekten.

**Gastown Business Improvement Society:** Tel. 604-683-5650, http://gastown.org/history/index.html. Kostenlose Führungen.

**Kutschfahrt im Stanley Park:** Abfahrt vom Information Centre, in der Nähe der östlichen Einfahrt von Georgia Street aus, Tel. 604-681-5115, tgl. 10–16 Uhr, www.stanleyparktours.com, Erw. 27 $, Kinder 15 $.

**Kajak- oder Kanufahren:** Ecomarine Ocean Kayak Centre, Granville Island, 1668 Duranleau St. (auch Jericho Beach, 1500 Discovery St. und English Bay, 1700 Beach Ave.) Tel. 604-689-7575, www.ecomarine.com, 1er-Kajak 2 Std./36 $, geführte Gruppentouren 2,5 Std./55 $.

 **Flüge:** Vancouver International Airport, Richmond, Tel. 604-207-7077, www.yvr.ca. Lufthansa, Air Berlin und Condor (Letztere nur im Sommer) fliegen Airport Vancouver direkt von Frankfurt bzw. Düsseldorf an (Flugzeit ca. 10 Std.).

**In die Stadt:** Die Magnetbahn *Skytrain* fährt direkt vom Flughafen in die Innenstadt, nach Richmond und Burnaby (www.translink.ca, einf. Fahrt ca 4 $). Taxen nach Downtown ca. 30 $, viele Hotels bieten Shuttle-Busse an.

**Züge:** Hauptbahnhof Pacific Central Station, 1150 Station St. Amtrak, tgl. nach Seattle (4 Std.), www.amtrakcascades.com, VIA-Rail für den innerkanadischen Verkehr, www.viarail.ca. Nach Whistler fährt der Mountaineer ab Bahnhof West 1st St. in North Vancouver, www.whistlermountaineer.com.

**Fähren:** Nach Nanaimo und Sunshine Coast ab Horseshoe Bay/West Vancouver; nach Victoria und die Southern Gulf Islands ab Tsawwassen/Delta, ca. 38 km südl. von Vancouver. Im Sommer für die Überfahrt mit Auto unbedingt vorher reservieren www.bcferries.ca, Tel. 250-386-3431.

**Mietwagen:** Alle nationalen und internationalen Leihfirmen sind am Flughafen vertreten. Besonders günstig: Dollar und Alamo. Es kann günstiger sein, von Europa aus zu buchen.

**Fortbewegung in der Stadt**

In Downtown sollte man das Auto stehen lassen, der Verkehr ist dicht und Parken teuer.

**Busse:** Ein dichtes Busnetz durchzieht die Stadt. In die Randgebiete fahren ebenfalls Busse. Eine Tageskarte für das gesamte Gebiet von West Vancouver bis nach Richmond und Burnaby kostet 9 $ (Ermäßigungen für Kinder, Schüler und Senioren), www.translink.ca. Vom Waterfront Bahnhof mit dem *Seabus* (Fähre) nach North Vancouver, von dort verkehren Busse nach Grouse Mountain und Capilano Bridge.

**Magnetbahn:** Drei *Skytrain*-Linien führen weit in die Vororte hinaus.

**Züge:** Die Nahverkehrszüge des *West Coast Express* fahren unter der Woche bis Mission im Lower Mainland, Tageskarten für die Stadt ca. 10 $, www.translink.ca.

# Herausforderung
# Winterolympiade 2010      Thema

**Der Auftrag war einfach: schlichte Holzhäuser für die Athleten in Whist-
ler errichten, nach den Spielen abbauen und sachgemäß entsorgen.
Dan Doyle war das zu wenig »nachhaltig«! Mithilfe eines Sponsors wurden die Häuser aufwendiger und nach der Olympiade in benachbarte
Städte von Vancouver gebracht. Nun wohnen Familien in den 156 Gebäuden – Umweltschutz kanadisch mit sozialer Komponente.**

Der für die Bauten der Olympiade zuständige
Vizepräsident des *Vancouver Olympic Co-
mittee* Dan Doyle hat das Prinzip der Nachhaltigkeit *(sustainability)* tief verinnerlicht und
so sind die Unterkünfte der Athleten, die
Neubauten der Stadien und Sportanlagen
nach neuesten Erkenntnissen im Umweltschutz errichtet worden. Wiederaufbereitung
von Brauchwasser, Einsparung von Energie
für Licht und Heizungen, Weiterverwendung
der Energie für die Kühlung der Eisflächen
zum Heizen der Gebäude, Nutzung des vom
Borkenkäfer zerstörten Holzes für das Dach
des Eisstadions in Richmond – die Liste der
Maßnahmen ließe sich fortsetzen.

Aber das zuständige Komitee für die
Spiele wollte über das traditionelle Verständ-
nis von Umweltschutz hinausgehen und
setzte von Anfang an auf Nachhaltigkeit.
Erstmals wurde so auch einem breiteren Pu-
blikum nahegebracht, was alles unter verant-
wortlichem Handeln zu verstehen ist: Die
Auswirkungen auf das soziale Leben, die
Wirtschaft und die Umwelt sollen nach die-
sem Konzept immer mit berücksichtigt wer-
den. So war es nicht verwunderlich, dass
Doyle für seine Idee von einer langfristigen
Nutzung der Häuser zugunsten mittelloser
Familien Mitstreiter und Sponsoren fand.

Natürlich hat man auch in British Columbia bei der Planung für die Spiele an langfristige Einrichtungen für die Kommunen gedacht. Ende 2009 wurde beispielsweise die

Magnetbahn *(Skytrain)* vom Flughafen in die
Innenstadt und ins südliche Richmond eröffnet. De Stadtbahn bringt täglich mehr als
200 000 Menschen zu ihren Büros und in die
Geschäfte, ganz zu schweigen von der Er-
sparnis an Zeit und Geld für Reisende und
Besucher.

Von solchen Infrastrukturmaßnahmen haben auch andere Olympia-Städte profitiert.
Etwas ungewöhnlicher fiel in Vancouver dagegen die Zusammenarbeit mit den vier Indianerstämmen aus, die die Spiele unterstützten. Die *Four Host First Nations* konnten
ein Programm umsetzen, bei dem es um die
Anfertigung von Grafiken und kunsthandwerklichen Gegenständen ging, und zwar
speziell als Werbematerial und Souvenirs. Zudem haben ca. 1200 Inuit-Schnitzer exklusiv
Exemplare der Symbolfigur »Inukshuk« hergestellt und darüber hinaus wurde Kunsthandwerk der indianischen Kulturen bei der
Ausstattung der Sport- und Begegnungsstät-
ten verwendet. So erzielte man Aufmerksamkeit für die Kultur der westkanadischen Urbevölkerung und baute neue wirtschaftliche Be-
ziehungen und Perspektiven auf. Für die *First
Nations* stand dabei im Vordergrund, die wirtschaftlichen Erlöse aus der Zusammenarbeit
für die Olympiade in die Aus-/Weiterbildung
junger Menschen zu investieren. *Sustainability in Action* wurde dieses Vorgehen genannt,
eine alte indianische Tradition harmonisch mit
einem modernen Label verknüpft.

# Die Umgebung von Vancouver ▶ C/D 2

**Karte:** S. 190

## North Vancouver und West Vancouver

Nur zwei Brücken verbinden Vancouver und das Nordufer: Die **Lions Gate** führt durch den Stanley Park nach West Vancouver und die **Ironworkers Memorial Bridge** im Osten nach North Vancouver, zwei Nadelöhre, die für regelmäßige Staus sorgen. Pendler nutzen deshalb gern den *Seabus,* eine Fähre, die regelmäßig zwischen **Lonsdale Quai** 1 und Waterfront Station (S. 180) verkehrt. Beide Städte sind beliebte Wohnorte, die immer noch wachsen, soweit das die Berge und die Provincial Parks zulassen. Dichte Bebauung ist das Rezept der Stadtverwaltungen für den Zuzug an Bewohnern, und so ersetzen immer mehr Hochhäuser oder mehrstöckige Townhouses die kleineren älteren Gebäude.

Für Sportfans ist das Nordufer aber genau der richtige Ort, denn hier liegen die drei Skigebiete **Mount Seymour** (www.mountseymour.com), **Grouse Mountain** (www.grouse mountain.com) und **Cypress Mountain** 2 (www.cypressmountain.com – Austragungsort der Snowboard- und Freestyle-Skiing-Wettbewerbe bei der Olympiade 2010). Von November bis April dauert in der Regel die Skisaison, im Sommer wird Grouse Mountain gern zum Drachenfliegen genutzt. Eine Gondelfahrt auf den Hausberg von North Van lohnt sich allemal: Der Ausblick auf die Stadt ist atemberaubend.

Die **Capilano Suspension Bridge** 3 gehört zu den touristischen Höhepunkten. Die Hängebrücke spannt sich 137 m lang in einer Höhe von 70 m über die Schlucht des Capilano River (Capilano Rd., Tel. 604-985-7474, tgl. geöffnet, Erw. 27,95 $, Jugendl. 13–16 16,65 $, Kin. 8,75 $, Preise ohne Steuer, unter 6 J. frei, www.capbridge.com).

Etwas ruhiger geht es an der **Suspension Bridge im Lynn Canyon** 4 zu. Sie ist etwas kürzer und nur 50 m über dem Lynn Creek angebracht, aber dafür muss man sie auch nicht mit Hunderten von Menschen teilen und der Eintritt ist frei. Das **Lynn Canyon Ecology Centre** im Park präsentiert Ausstellungen und Filme über den Umweltschutz in dieser Region (www.lynncanyonparkgui de.bc.ca).

**West Vancouver** gehört inzwischen zu den teuersten Wohngegenden im Großraum, die Villen am Marine Drive entlang zum Lighthouse Park auf Point Atkinson (4875 Water Lane, West Vancouver) beeindrucken durch ihre bauliche Vielfalt und Größe. Einen Einblick in die Stadtgeschichte bietet die **Promenade *(Seawalk)*** 5 vom Ambleside Park bis Dundrave Park. Direkt daneben verläuft die Eisenbahn nach Whistler. Als sie gebaut wurde, gab es hier noch keine Häuser.

Gut einkaufen lässt es sich in der **Park Royal Mall** (www.shopparkroyal.com). Beidseitig vom Marine Drive gelegen, bietet diese Mall hochwertige Boutiquen und Geschäfte. Geradezu europäisch gibt sich der neuere Teil im Westen, das Village genannt. Mit der Horseshoe Bay endet West Van, von dort gehen Fähren nach Nanaimo auf Vancouver Island und zur Sunshine Coast. In Horseshoe Cove sollte man den Marine Drive bis zu seinem westlichsten Ende fahren, der Whytecliff Park bietet wunderbare Ausblicke auf den Howe Sound und die vorgelagerten Inseln.

## Richmond

Fragt man Einheimische, wo Chinatown liegt, passiert es des Öfteren, dass die Antwort lautet: »in Richmond«. Die Bevölkerung der Insel-Stadt südlich von Vancouver besteht zu 57% aus Immigranten, davon stammen mehr als die Hälfte aus Asien. Zwei große buddhistische Tempel sowie chinesische und japanische Kaufhäuser und Supermärkte prägen die Atmosphäre. Besonders imposant ist der **International Buddhist Temple** 6, dessen zahlreiche verschiedene goldene Buddha-Statuen in Erstaunen versetzen (9160 Steweston Hwy, www.buddhisttemple.ca).

Eine neue Attraktion ist das **Richmond Oval,** die gigantische Sporthalle am Fraser River. Zwei Eishockeyfelder passen in das Gebäude, das für sportliche Wettbewerbe aller Art genutzt wird und ein riesiges Fitness-

**Die Gondelbahn verkehrt zum Grouse Mountain hoch über der Stadt**

center beherbergt (6111 River Rd., Tel. 778-296-1400, www.richmondoval.ca).

Begonnen hat der Zuzug schon um 1900. Die Fischfabriken in Steveston, einem Stadtteil im Südwesten, boten Arbeitsplätze. Japanische Fischer und Netzflicker fanden hier ein Auskommen. In den Hallen des **Britannia Heritage Shipyard** lässt sich die Fischereigeschichte der Westküste anschaulich nachvollziehen (5180 Westwater Dr., Tel. 604-718-8050, Mai–Sept., Mi–Sa 10–16, So 12–16 Uhr, kostenlose Führungen, www.steveston.bc.ca/online/britannia) ebenso wie im **Museum der Gulf of Georgia Canning Company** (12138 Fourth Ave, Tel. 604-664-9009, Mo–Sa 10–15, So 11–17 Uhr, Erw. 7,15 $, Kin. 3,45 $, unter 6 J. frei, www.richmond.ca/culture/sites/cannery). Steveston hat heute eine kleine Hafenpromenade, an der man direkt vom Boot frischen Fisch kaufen kann. Daneben liegt die größte Fischereiflotte Kanadas.

## Delta

Auf dem Weg zum Hafen von Tsawassen, wo die Autofähren nach Vancouver Island abfahren, liegt die Kommune Delta, ein großflächiger Zusammenschluss mehrerer ehemaliger Dörfer. Hier laden das Vogelschutzgebiet George C. Reifel Bird Sanctuary und der Regional Park Boundary Bay zu Ausflügen ein.

Nicht nur Vogelliebhaber kommen im 1973 eröffneten **Reifel Bird Sanctuary** auf ihre Kosten, auch als Spaziergänger kann man sich in jeder Jahreszeit verzaubern lassen, von der üppigen Vegetation, den sich in den zahlreichen Teichen spiegelnden Wolkenformationen oder dem Geschnatter Tausender Zugvögel. Die Schneegänse aus der russischen Antarktis verbringen hier den Winter; aber selbst ihre lautstarken ›Unterhaltungen‹ bringen die Rieseneulen oder den Weißkopfseeadler nicht aus der Ruhe. Kinder freuen sich über die Möglichkeit, die fast aus der Hand fressenden Enten füttern zu können. Allerdings sind diese Vögel inzwischen so zutraulich, dass man aufpassen muss, nicht auf sie zu treten (5191 Robertson Rd., Westham Island, Tel. 604-946-6980, tgl. 9–16 Uhr, Erw. 4 $, Kin. 2 $, www.reifelbirdsanctuary.com).

Auf der anderen Seite der Halbinsel liegt die weit geschwungene **Boundary Bay** , der gleichnamige **Park** bietet bei klarer Sicht überwältigende Blicke auf die nördlich liegende Stadt und die schneebedeckten Berge

# Vancouver: Umgebungskarte

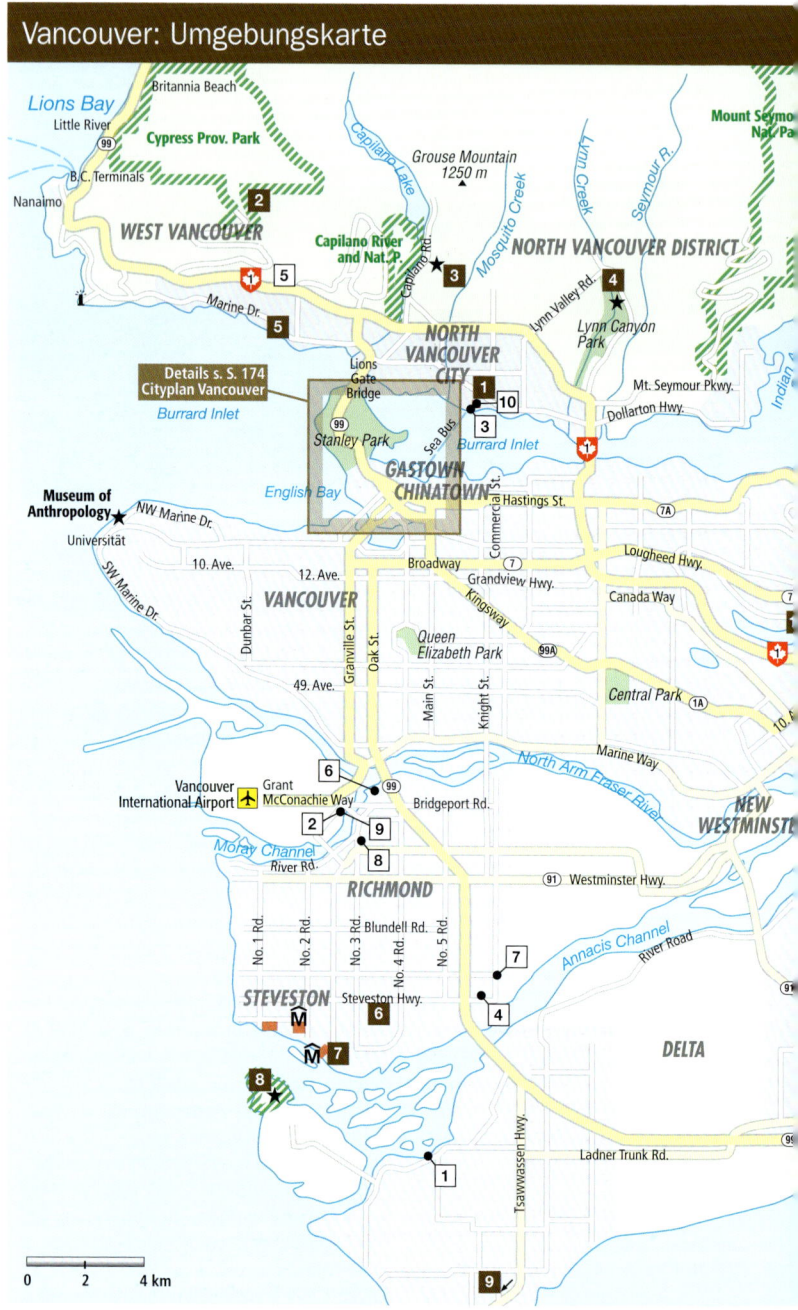

Lions Bay
Little River
Britannia Beach
Cypress Prov. Park
Grouse Mountain
1250 m
Mount Seymo
Nat. Pa
B.C. Terminals
Nanaimo
WEST VANCOUVER
Capilano River
and Nat.P.
NORTH VANCOUVER DISTRICT
Lynn Valley Rd.
Lynn Canyon
Park
Marine Dr.
NORTH
VANCOUVER
CITY
Mt. Seymour Pkwy.
Dollarton Hwy.
Details s. S. 174
Cityplan Vancouver
Lions
Gate
Bridge
Burrard Inlet
Stanley Park
Sea Bus
Burrard Inlet
Museum of
Anthropology
NW Marine Dr.
English Bay
GASTOWN
CHINATOWN
Hastings St.
Universität
10. Ave.
12. Ave.
Broadway
Grandview Hwy.
Lougheed Hwy.
Canada Way
VANCOUVER
Kingsway
Queen
Elizabeth Park
Central Park
49. Ave.
NEW
WESTMINSTE
Vancouver
International Airport
Grant
McConachie Way
Bridgeport Rd.
Moray Channel
River Rd.
RICHMOND
Westminster Hwy.
No. 1 Rd.
No. 2 Rd.
No. 3 Rd.
Blundell Rd.
No. 4 Rd.
No. 5 Rd.
Annacis Channel
River Road
STEVESTON
Steveston Hwy.
DELTA
Marine Way
North Arm Fraser River
Tsawwassen Hwy.
Ladner Trunk Rd.

0    2    4 km

## Sehenswürdigkeiten

**1** Lonsdale Quai
**2** Cypress Mountain
**3** Capilano Suspension Bridge
**4** Suspension Bridge im Lynn Canyon
**5** Promenade *(Seawalk)*
**6** International Buddhist Temple
**7** Britannia Heritage Shipyard
**8** George C. Reifel Bird Sanctuary
**9** Regional Park Boundary Bay
**10** Fort Langley

## Übernachten

**1** River Run Cottages
**2** Delta Vancouver Airport
**3** Lonsdale Quay Hotel
**4** The Doorknocker

## Essen und Trinken

**5** Salmon House On The Hill
**6** Tramonto im River Rock Casino
**7** The Grille/Meadows Golf Course
**8** Sun Sui Wah Seafood Restaurant
**9** Elephant & Castle Pub & Restaurant
**10** The Soupmeister

(Boundary Bay Road, Tsawassen, www.gvrd.bc.ca/parks/BoundaryBay.htm).

## Fort Langley

Die frühe Geschichte von British Columbia handelt von Holzfällern und Pelzhändlern, gut nachvollziehen lässt sich dies im 1827 am Fraser River gegründeten **Fort Langley 10.** Das inzwischen als historisches Dorf nachgebaute Fort war 1858 der Ort, wo Gouverneur James Douglas verkündete, dass British Columbia nun eine britische Kronkolonie sei, um damit den Ansprüchen der amerikanischen Nachbarn entgegenzutreten (23433 Mavis Ave., Langley, Tel. 604-513-4777, tgl. 10–17, Juli– Sept. 10–20 Uhr, Erw. 7,80 $, Kin. 6–16 J. 3,90 $ ohne Steuern, www.pc.gc.ca/fortlangley, im Sommer tgl. *Living-history*-Programm).

**... in Ladner/Delta:**
**River Run Cottages 1:** 4551 River Road West, Tel. 604-946-7778, www.riverruncottages.com. In Ladners Hausbootsiedlung direkt am Fraser River gelegen, bieten die vier Häuschen einen guten Standard und eine absolut einzigartige Lage. Ca. 45 Min. entfernt von Vancouver. Ab 190 $.

**... in Richmond:**
**Delta Vancouver Airport 2:** 3500 Cessna Dr., Tel. 604-278-1241, www.deltahotels.com. 415 Zimmer bietet das in der Nähe des Flughafens gelegene Hotel, die zum Fraser River ausgerichteten Zimmer haben eine wunderbare Aussicht über den Fluss, die Marina und das Zentrum von Richmond. Geeignet für Ausflüge in die südöstliche Umgebung von Vancouver. DZ ab 189 $.

**... in North Vancouver City:**
**Lonsdale Quay Hotel 3:** 123 Carrie Cates Court, Tel. 604-986-6111, www.lonsdalequay.com. Direkt am Fährhafen und dem bunten Lonsdale-Markt gelegen (und doch absolut ruhig), ist dieses mittelständische Hotel der ideale Standort für Ausflüge nach Whistler und die Coast Mountains. DZ ab 179 $.

**... in Richmond:**
**The Doorknocker 4:** 13211 Steveston Hwy, Richmond, Tel. 866-877-8714, www.thedoorknocker.com. Zwar etwas außerhalb gelegen, doch an den Highway nach Vancouver angebunden, ist dieses großzügige, im Tudor-Stil erbaute Haus eine Oase mit Garten und Pool. Die Zimmer sind individuell nach Themen gestaltet. DZ ab 129 $.

**... in West Vancouver:**
**Salmon House On The Hill 5:** 2229 Folkestone Way, West Vancouver, Tel. 604-926-3212, www.salmonhouse.com. Beliebtes Fischrestaurant am Berg mit wunderbarem Blick auf das Meer und den Stanley Park. *West Coast Cuisine* mit Pazifiklachs in allen Variationen, tgl. 17–22 Uhr Dinner, Sa und So Brunch 10.30–14.30 Uhr. Gegrillter *Sockeye Salmon* (Rotlachs) 30 $.

**... in Richmond:**
**Tramonto im River Rock Casino 6:** 8811 River Road, Richmond, Tel. 604-273-1895,

## Vancouver und Umgebung

www.riverrock.com. Das elegantere der beiden Restaurants im Casino, italienische Küche mit Anspruch, Lunch tgl. 11–14 Uhr, Dinner ab 17 Uhr. Hauptgänge 20–30 $.

**The Grille im Country Meadows Golf Course** 7 : 8482 No 6 Rd., Tel. 604-241-4652, www.countrymeadowsgolf course.ca, tgl. ab 11 Uhr. Nicht nur Golfer essen in diesem typisch kanadischen Restaurant mit schweren Ledersesseln und -sofas, auch Außenterrasse, Big Country Burger um 13 $, Lachs in Weißwein um 20 $.

**Sun Sui Wah Seafood Restaurant** 8 : 4920 No 3 Rd., Tel. 604-273-8208, und 3888 Main St., Vancouver, Tel. 604-872-8822, www.sun suiwah.com, tgl. Dinner ab 17, Lunch 10–15 Uhr. Hongkong-Küche, viele Großfamilien essen hier an den typischen runden Tischen mit Aufbau. Hauptgang ab 15 $.

**Elephant & Castle Pub & Restaurant** 9 : neben dem Delta Airport Hotel, 3500 Cessna Dr., Tel. 604-276-1962, www.elephantcastle.com, tgl. ab 11 Uhr. Das Restaurant mit Terrasse liegt direkt oberhalb einer Marina, gut für Lunch im Sonnenschein. Burger ab 11 $.

**… in North Vancouver City:**

**The Soupmeister** 10 : im Lonsdale Quay Market, Shop 103, Tel. 604-983-2774, www.soupmeister.ca, tgl. 9.30–18.30 Uhr. Am hinteren Ende des Marktes befindet sich die offene Küche des deutschen ›Soupmeister‹ Ralf Daun. Hier kann man sowohl traditionelle Erbsensuppe als auch vietnamesische Hühnersuppe essen oder auch mitnehmen, die Bandbreite ist groß. Ab 4 $.

**Aberdeen Centre:** 4151 Hazelbridge Way, Richmond, Tel. 604-273-1234, www.aberdeencentre.com. Die preisgekrönte Glasarchitektur dieser Mall ist sehenswert, die Geschäfte darin sind anspruchsvoll.

**Richmond Night Market:** Vulcan Way, Richmond, Tel. 604-244-8448, www.richmond nightmarket.com, Mai–Okt. Do–So. Ein Sammelsurium an Gebrauchsgegenständen. Die Fressmeile wird von vielen asiatischen Familien und jungen Leuten genutzt.

**The Destination:** 105–1550 Marine Drive, North Vancouver, Tel. 604-984-7191 oder 604-984-4394, www.thedestination.ca. Hier werden auch Ski- und Snowboardausrüstungen ausgeliehen, 1 Tag ab 30 $.

# Whistler ▶ D 2

Rund zwei Stunden nördlich von Vancouver entfernt liegt in den Coast Mountains das Skigebiet **Whistler.** Es war 2010 Austragungsort für alle Ski- und Schlittensportarten der Winterolympiade. Als Partner der Spiele haben vier Indianerstämme gemeinsam eine große Ausstellungs- und Veranstaltungshalle gebaut, in der Besucher Holzschnitzern bei der Arbeit zusehen, Filme über indianische Kultur sehen oder Erzählungen zuhören können. 1966 eröffnet, hat sich Whistler zum ganzjährigen Naherholungsgebiet für die Vancouverities entwickelt. Man hört aber auch viel australisches oder britisches Englisch, denn die 3307 ha große Region genießt einen guten Ruf bei Skiläufern und Snowboardern aus aller Welt. Der Ausbau der Pisten und Schlittenbahnen hat den Run auf Whistler noch einmal erhöht; im Winter vervielfacht sich die Bevölkerung erheblich. Auf dem **Blackcomb-Gletscher** kann man auch im Sommer snowboarden, weiter unten bieten die Trails Herausforderungen für Mountainbiker, auf zwei Flüssen wird River-Rafting angeboten und zwei Golfplätze fehlen auch nicht.

Umweltschutz und Nachhaltigkeit stehen in Whistler schon seit 1998 auf der Agenda: Die Reduzierung des Abfalls, Stromsparprogramme, die Pflege der natürlichen Umwelt für die Tiere sowie die Aufforderung an die Gäste, nicht mit dem Auto anzureisen, haben dem Skigebiet mehrfach Auszeichnungen eingebracht (www.whistlerblackcomb.com).

**Whistler Visitor Centre,** 4230 Gateway Drive, Tel. 604-935-3357, www.whistler.com, tgl. 8–22 Uhr.

**Tourism Whistler:** 4010 Whistler Way, Whistler, BC, V0N 1B4, gebührenfrei von Deutschland Tel. 0-800-944-7853, in Kanada 1-888-869-2777, www.whistler.com.

# Victoria ▶ C 3

Wie ein großer Schutzschild liegt **Vancouver Island** vor Kanadas Südwestküste. Fast 500 km lang und bis zu 140 km breit, ist diese Insel die größte im westlichen Nordamerika. Über 95 % der heutigen Bevölkerung wohnen auf der klimatisch geschützten Ostseite der Insel und ca. 60 % davon im Ballungsraum um **Victoria** (www.tourismvictoria.com). 1843 war der Ort als Handelsposten angelegt worden und die Insel wurde zur Kronkolonie erklärt. In den Verhandlungen mit den Amerikanern um die Grenzziehung am 49. Breitengrad erschien es sinnvoll, Victoria zur Hauptstadt zu machen (1871).

Eine wirtschaftliche Blüte wie in Vancouver blieb aber wegen der fehlenden Anbindung zum Festland bis Ende der 1980er-Jahre aus. Für Hochzeitsreisende, Rentner und zu dicke Leute geeignet, lautete ein Spruch über Victoria (»Newly wed, nearly dead and overfed«). Erst seit den letzten 20 Jahren hat sich Victoria zu dem entwickelt, was heute als charmantes britisches Ambiente wahrgenommen wird und Millionen Besucher anlockt. Da Bauland aber auch hier inzwischen teuer ist, werden bevorzugt Glaspaläste hochgezogen. Viele Wohlhabende z. B. aus Alberta haben sich in dieser warmen Region eingekauft und die rege Bautätigkeit lässt manches Stück Natur verschwinden.

Victoria ist die wärmste Stadt Kanadas, hat ein nahezu mediterranes Klima. Im Februar kann man mitunter Sonnenhungrige am Strand liegen sehen. Wenige Tage Schneefall im Januar 2009 brachten die ganze Stadt zum Erliegen, kein Autofahrer kam mit den verschneiten Straßen zurecht und der einzige Schneepflug im Großraum kapitulierte vor der Natur.

## Inner Harbour

Der **Inner Harbour** ist das Herz der Stadt, dort stehen auch das ehrwürdige Empress Hotel (www.fairmont.com/empress) und das Parlamentsgebäude (1898 erbaut). Das historische, gut restaurierte Einkaufsviertel mit schicken Boutiquen, Kaufhäusern, Galerien und vielen Restaurants schließt sich oberhalb von Wharf Street bis zur Quadra Street an.

Auch wenn es meist nicht regnet, ein Besuch im **Royal British Columbia Museum** ist durchaus empfehlenswert. Naturkundliche Themen, die Kulturen der die Insel bewohnenden Indianer *(First Nations)* ebenso wie die Geschichte der Entdecker sind mit Nachbauten und Inszenierungen hervorragend visualisiert. Wechselausstellungen zu Kunst oder Geschichte ergänzen das lebendige und anschauliche Konzept des großen Museums (675 Belleville St., Tel. 250-356-7226, tgl. 9–17 Uhr, Erw. 14 $, Kin. 6–18 J. 9 $, www.royal bcmuseum.bc.ca).

## Craigdarroch Castle

Noch zu Fuß zu erreichen, aber abseits der Innenstadt liegt im Rockland District mit schönen alten Villen und Gärten das **Craigdarroch Castle,** ein in den 1890er-Jahren im schottischen Burgenstil erbautes Herrenhaus, viktorianisch eingerichtet. Vom Turm des Gebäudes hat man einen guten Blick auf die Stadt und den Hafen (1050 Joan Crescent, Tel. 250-592-5323, tgl. 10–17 Uhr, Erw. 11,75 $, Kin. 6–18 J. 3,75 $, www.craigdar rochcastle.com).

## Butchart Gardens

Bereits in Vancouver wird Werbung gemacht für die berühmten **Butchart Gardens,** eine der schönsten Gartenanlagen Nordamerikas. Noch heute in Familiebesitz, ist der Garten um 1904 von Jennie, der Ehefrau des Zementfabrikanten Robert Butchart, angelegt worden. Das Gelände umfasst derzeit 22 ha und bietet die verschiedensten Gärten, im Sommer schwelgt man in einem Meer aus Farben (800 Benvenuto Ave., Brentwood Bay, 21 km nördlich von Vancouver, Tel. 250-652-4422, Juni– Sept. tgl. 9 Uhr bis zur Dunkelheit, Erw. 26,50 $, Jugendl. 13–17 J. 13,25 $, Kin. 3 $, www.butchartgardens.com).

**i** **Visitor Centre:** 812 Wharf St., Victoria, BC, V8W 1T3, Tel. 250-953-2033, www.tourismvictoria.com, Seite auch auf Deutsch, hier sind Unterkünfte buchbar.

Der Whistler Mountain ist ein Paradies für Wintersportler und war 2010 Austragungsort für alle Ski- und Schlittensportarten

Oregons Küste am Heceta Head Lighthouse

# Oregon und Nordkalifornien

Pazifischer Ozean

Portland

Eureka

San Francisco

## Der Reiz ursprünglicher Landschaftsformen

Wunderbare Dünenlandschaften, schneebedeckte Vulkankegel und riesige menschenleere Halbwüstengebiete, Oregon zwischen Washington im Norden und Kalifornien im Süden ist ein Staat der Kontraste. Keine Verkaufssteuer, freundliche Menschen und eine gemächliche Gangart sind Kennzeichen einer Region, die besonders im Sommer auch ein beliebtes Reiseziel der Amerikaner geworden ist.

Ein Blick auf die Landkarte genügt: Als Erstes hebt sich die Küste hervor. Der berühmte **Highway 101** verbindet malerische kleine Fischerorte, touristische Zentren bis hin nach San Francisco und Naturparks miteinander. Die Küste ist abwechslungsreich, heller oder dunkler Sandstrand, oft gepaart mit steilen Felsen, bilden die natürliche Grenze des **Beaver State.** Ein 50 km langes Dünengebiet, die **Oregon Dunes National Recreation Area,** weist bis zu 150 m hohe, goldgelbe Sandlandschaften auf; es verwundert nicht, dass hier Filme wie der »Wüstenplanet« gedreht wurden. Andererseits ist die Küste fruchtbar, denn an den Höhenzügen der Coast Range regnen sich die Wolken ab.

Am Zusammenfluss von Willamette und Columbia River entstand **Portland,** heute Zentrum einer prosperierenden Region, die sich aber trotz allen Wachstums eine fast gemächlich zu nennende Gangart bewahrt hat. Menschen aus den Metropolen Kaliforniens haben die Stadtkultur bereichert, sich aber auch deren Charakter angepasst. Man ist umweltbewusst in der Brückenstadt, stolz auf deren Liberalität und sehr traditionsbewusst, schließlich sind hier im **Willamette Valley** die ersten Siedler des **Oregon Trail** angekommen und haben das Land urbar gemacht. Gute Böden für den **Weinbau** finden sich entlang des westlichen Ufers des **Willamette River,** der die Landschaft zwischen Roseburg und Portland prägt.

Ein Juwel für Naturliebhaber findet sich im Südwesten: Fernab von größeren Orten liegt inmitten der Berge der tiefblaue **Crater Lake,** ein in einem Krater entstandener See auf über 2000 m Höhe. Je weiter man sich Richtung Südosten bewegt, desto trockener, unwegsamer und unbesiedelter wird es. Fast wie eine Mondlandschaft muten manche Gebiete im Nordosten an. Dort befindet sich das **John Day Fossil Beds National Monument** mit ungewöhnlichen farbigen Felsformationen, zugleich eine Fundgrube für Fossilien aus einer Zeit vor 65 000 Jahren.

Highway 101 · Portland · 5 · Windsurfen auf dem Columbia River bei Hood River · Newport · Salem · John Day Fossil Beds N.M. · Madras · OREGON · 6 · Oregon Dunes National Recreation Area · Roseburg · Crater Lake National Park · 9 · Rogue-Umpqua Scenic Byway · Gold Hill · Rim Drive um den Crater Lake · Lakeview · Oregon Caves National Monument · 7 · Redwood Empire · Eureka · Hausbootfahren auf dem Shasta Lake · Redding · NEVADA · Red Bluff · Susanville · Cummings · CALIFORNIA · Willits · Yuba City · Reno · Ukiah · Sacramento · Santa Rosa · 8 · San Francisco

## Highlights

**5 Portland:** Die Rosenstadt wartet mit zahlreichen historischen Gebäuden auf und ist Hochburg von Umweltschützern. Auch die lebendige Kunst- und Nightlifeszene machen die Stadt interessant (s. S. 200).

**6 Oregon Dunes National Recreation Area:** Das größte Dünengebiet Nordamerikas zieht sich über 50 km entlang der Küste mit bis zu 150 m hohen gelben Sanddünen. Auf Dünenwanderungen oder abenteuerlichen Fahrten mit einem Sandbuggy kann man die Region gut kennenlernen (s. S. 236).

**7 Redwood Empire:** In dem aus dem National Park und drei State Parks bestehenden Reich stehen die letzten Vertreter der Riesen-Sequoias, der größten Bäume der Welt (s. S. 241).

**8 San Francisco:** Kaum eine Metropole in den USA hat eine ähnlich fantastische Lage und ist an drei Seiten von Wasser umgeben. Die weltberühmte Golden Gate Bridge ist das Eingangstor zu einer Stadt der Vielfalt und der Träume (s. S. 250).

**9 Crater Lake National Park:** Der tiefste See Nordamerikas hat sich in einem Krater des Vulkans Mount Mazama gebildet und liegt in einer traumhaften Gebirgslandschaft mit vielen Wanderwegen (s. S. 273).

## Empfehlenswerte Routen

**Highway 101 von Astoria im Norden bis San Francisco:** Die abwechslungsreiche Strecke umfasst ca. 1160 km, man sollte daher mindestens 4–5 Tage einplanen und sich in Ruhe Orte wie Cannon Beach, die Steilküste von Newport oder die Altstadt von Bandon-on-Sea ansehen (s. S. 228).

**Rim Drive um den Crater Lake:** Nur im Sommer geöffnet ist diese Straße rund um den tiefblauen See; die ca. 50 km lange, kurvige Strecke bietet eindrucksvolle Aussichten auf die umliegenden Berge (s. S. 274).

**Rogue-Umpqua Scenic Byway:** Von Gold Hill über den Diamond Lake bis nach Roseburg gibt es auf dieser Strecke 270 km Natur pur. Die Route führt durch die Sky Lakes Wilderness, vorbei am kleinen Lake Diamond mit seinen vielen Möglichkeiten für sportliche Aktivitäten und zum Umpqua River mit Was-

## Richtig Reisen-Tipps

**Windsurfen auf dem Columbia River bei Hood River:** Die Columbia River Gorge bei Hood River hat sich zum Windsurfer-Paradies entwickelt, weil die Winde über der Ausbuchtung des Flusses optimale Bedingungen bieten (s. S. 218).

**Hausbootfahren auf dem Shasta Lake:** Das riesige Seengebiet des Stausees ist ein Dorado für Fahrten mit den bequem zu steuernden Hausbooten (s. S. 246).

**Oregon Caves National Monument:** Die Tropfsteinhöhlen in den südlichen Siskiyou-Bergen bieten mit der *Candle Light Tour* ein echtes Höhlenerlebnis (s. S. 278).

serfällen und erkalteten Lavaströmen (s. S. 276).

## Reise- und Zeitplanung

Allein für den Highway 101 entlang der Küste empfehlen sich vier bis fünf Tage Reisezeit und in San Francisco kann man sich leicht mindestens eine Woche aufhalten. Nur durch das Willamette Valley durchzubrausen hieße, sich die prosperierende Weinkultur dort und interessante Städte wie Eugene und Portland entgehen zu lassen. Auch das nordöstliche Oregon hat seine Reize: Allein für die Felsformationen des John Day Monument und die Geisterstädte des Wilden Westens sollte man einen zusätzlichen Tag einplanen.

An der Küste wird es erst gegen Mitte Juni angenehm warm, in den Bergen der Coastal Range und der Cascades Range können die Temperaturen schon im Frühjahr richtig steigen. Manchmal bleibt der Schnee allerdings lange liegen, dann sind kleinere Straßen in höheren Lagen bis in den Mai hinein gesperrt (www.tripcheck.com).

**Manchmal haben jahrzehntelange wirtschaftlich schwache Zeiten auch ihre positiven Auswirkungen: Portland hat sich aus diesem Grund seinen Stadtkern aus dem 19. Jh. bewahrt und inzwischen mit gewachsenem historischem Bewusstsein restauriert. Im Willamette Valley fanden die ersten Siedler eine neue Heimat und bauten den Staat auf, heute sind die Weine aus diesem Gebiet bekannt und prämiert.**

Die Deutschen haben zwar weltweit den Ruf, gutes Bier herzustellen, aber die an der Mündung des Willamette River in den Columbia River gelegene Hafenstadt ist ein echtes Dorado für Bierliebhaber. Seit 1987 findet jedes Jahr im Juli ein dreitägiges Brauereifest statt, zu dem Vertreter aus den ganzen USA mit ihren Produkten kommen. Es sind die kleinen *Microbreweries*, die den Ruf Portlands als Bierhauptstadt der USA begründet haben, allein in der City gibt es über 30 dieser lokalen Bierbrauer. Verschiedenste Sorten Hopfen aus dem Willamette Valley südlich der Metropole, Gerste und reines Wasser haben seit einer Gesetzesänderung in den 1980er-Jahren dazu beigetragen, an eine alte Tradition aus den Anfangsjahren der Stadt anzuknüpfen und die unterschiedlichsten Biersorten herzustellen. Meist sind an die Brauereien Pubs angeschlossen, und die Kellner erklären gern, welches Bier der Braumeister für den jeweiligen Tag oder das gewählte Essen empfiehlt.

Aber es ist nicht das Bier allein. Portland wirbt mit dem Slogan *City of Beer, Bridges, Books, Bikes and Blooms*, und von allem hat sie im Überfluss. Allein in der Innenstadt verbinden fünf sehr unterschiedliche Brücken die durch den Willamette River getrennten Stadtteile miteinander, insgesamt sind es in der Region zwölf. Für Bücherfreunde hat sich der riesige Laden »Powell's City of Books« zu einem Anziehungspunkt entwickelt, wo über 1 Mio. Bücher neu oder gebraucht in den Re-

galen stehen. Und es wird natürlich auch viel gelesen, in Cafés, auf Parkbänken oder den zahlreichen Grünflächen der Stadt sieht man immer wieder tief in Lesestoff versunkene Menschen.

Aber nicht nur deshalb hat Portland den Ruf einer Stadt der Lebenskünstler und der Liberalität. Die politischen Vertreter der Stadt sind seit Jahrzehnten Demokraten und in Portland wird Umweltschutz groß geschrieben. So ist die Nutzung von Bus und Bahn sowie die Mitnahme von Fahrrädern in der Innenstadt bzw. innerhalb des sogenannten *fareless square* kostenlos.

Zudem gibt es in der Innenstadt spezielle Parkplätze für Elektrofahrzeuge, die (im Gegensatz zu normalen Pkw-Parkplätzen) kostenlos sind und wo ebenso kostenloser Strom zum Aufladen der Fahrzeuge zur Verfügung steht. Parkscheinautomaten werden hier mit Solarzellen betrieben und die akribisch aufeinander abgestimmten Ampelanlagen sollen helfen, jährlich fast 4 Mio. l Benzin zu sparen.

400 km an Fahrradwegen sind ausgebaut und man ist stolz darauf, laut statistischem Büro der Regierung die US-Stadt mit dem höchsten Prozentsatz an Radfahrern zu sein. Falls jemand doch einmal ein Auto benötigt, in Portland wurde 1998 die erste »Car-sharing«- Organisation der USA auf die Beine gestellt, und die stetig wachsende Zahl an Mietstationen spricht dafür, dass dieser Service angenommen wird.

# Geschichte

Wie so viele Orte in der Region ist auch Portland von den Siedlern gegründet worden, die auf dem Oregon Trail nach Westen kamen. Seit 1851 gibt es die Ansiedlung, um deren Namensgebung sich eine nette Anekdote rankt: Zwei Siedler, Francis Pettygrove aus Portland im Bundesstaat Maine, und Asa Lovejoy aus Boston warfen angeblich eine Münze, und der aus Portland stammende Pettygrove gewann. Im Museum der Oregon Historical Society kann man übrigens den Penny bewundern, der der Stadt zu ihrem Namen verhalf.

Der Platz für die neue Stadt war perfekt gewählt, liegt sie doch an der Mündung des Willamette River in den Columbia River, und so entwickelte sich Portland zur führenden Hafenstadt der Region, speziell für die Holzwirtschaft. Man lieferte damals vorwiegend nach San Francisco und zu den Goldfeldern – und die Bevölkerung wuchs bis 1900 rasch auf ca. 90 000. Mit dem Ausbau der Häfen von Seattle und Vancouver geriet Portland Anfang des 20. Jh. ins Abseits und war landesweit mehr für die Korruption in der Stadtverwaltung bekannt als für ihre Prosperität.

Das bekannteste und älteste Festival der Stadt ist das »Portland Rose Festival« Ende Mai/Anfang Juni. Seit 1907 verwandelt sich insbesondere der Waterfront Park eine Woche lang in eine Bühne für Paraden, Konzerte, Feuerwerk und viele kleine und große Events. Rosen werden in Portland schon seit dem Ende des 19. Jh. gezüchtet. Der fruchtbare Boden und ein gemäßigtes Klima – insbesondere auch die milden Winter – ermöglichen eine große Vielfalt an Sorten. Offensichtlich war es eine gute Marketingidee der das Fest initiierenden Geschäftsleute vor über 100 Jahren, denn das Festival lockt alljährlich Hunderttausende Besucher an. Basis dieses Spektakels sind die International Rose Test Gardens im Washington Park. Dort werden seit mehreren Dekaden Rosen gezüchtet, inzwischen gibt es auch wieder Rückzüchtungen zu alten Sorten, die im benachbarten Shakespeare Garden bewundert werden können.

## Mit der Autorin unterwegs

### Moderne Kunst entdecken
Im **Pearl District** in Portland haben sich zahlreiche Kunstgalerien angesiedelt, die vorwiegend moderne Künstler vertreten (s. S. 208).

### Roseninspirationen
In den **International Rose Test Gardens** im Washington Park ist eine unglaubliche Vielfalt an Rosen zu finden, ein Vergnügen für jeden Liebhaber und Inspiration für den eigenen Garten (s. S. 208).

### Schnäppchen finden
Auf dem **Kunsthandwerkermarkt** kann man noch etwas Besonderes entdecken, Sa, So unter der Burnside Bridge (s. S. 207, 212).

### Tipp für Sparer
**Stadtpass für vergünstigten Eintritt:** Der Portland Attraction Pass – für 10 Highlights der Stadt (wie Zoo, Kunstmuseum, Japanischer Garten) kostet 35 $ für Erw., gültig 5 Tage, man spart insgesamt 50 $ an Eintrittsgeldern; alle Informationen unter www.travelportland.com/deals/attractions. Generell kann man in Portlands Zentrum *(fareless square)* umsonst Straßenbahn und Bus fahren.

### Uriges Einkaufserlebnis
Am südlichen Ortsrand von Hood River befindet sich der **Apple Valley Country Store,** der mit selbst gemachten Marmeladen und Saucen lockt (s. S. 217).

### Schlafen in handgeschnitzten Betten in einer Kinokulisse
Die **Timberline Lodge** am Fuß des Mount Hood ist einen Besuch wert, weil fast alles in diesem Hotel handgefertigt ist. Außerdem wurde der Film »Shining« mit Jack Nicholson hier gedreht. Schon das Äußere dieses in den Augen Stanley Kubricks thrillerträchtigen Hotelbaus ist imposant. Das Innere alllerdings überrascht den Besucher mit einer heimeligen Lodge-Atmosphäre (s. S. 220).

## Portland: Cityplan

### Sehenswürdigkeiten

1. Pioneer Courthouse Square
2. SW Broadway
3. South Park Blocks
4. Portland Art Museum
5. Portland Building
6. Ira Keller Memorial Fountain
7. Tom McCall Waterfront Park
8. Old Town
9. Chinatown
10. Pearl District
11. Pittock Mansion
12. Washington Park
13. Oregon Museum of Science and Industry (OMSI)

### Übernachten

1. Vintage Plaza
2. Heathman Hotel
3. The Benson Hotel
4. The Governor Hotel
5. Hotel Lucia
6. Paramount
7. B & B Heron Haus
8. Doubletree Hotel
9. The Jupiter Hotel
10. ACE
11. The Mark Spencer Hotel
12. McMenamins Kennedy School

### Essen und Trinken

13. Jake's Grill
14. Lucy's Table
15. Rheinlander – German Restaurant
16. Bar & Restaurant Pinocchio
17. Romano's Macaroni Grill
18. Rock Bottom Restaurant & Brewery
19. Higgins Restaurant
20. Stumptown Roasters
    Downtown

Bis in die 1980er-Jahren stagnierte der wirtschaftliche Aufschwung, was aus heutiger Sicht jedoch durchaus positive Auswirkungen hatte: Es zog viele Künstler und Freidenker aus San Francisco hierher, alte Häuser wurden nicht abgerissen und viele Straßenbaupläne konnten nicht realisiert werden. Inzwischen hat die Stadt einen guten

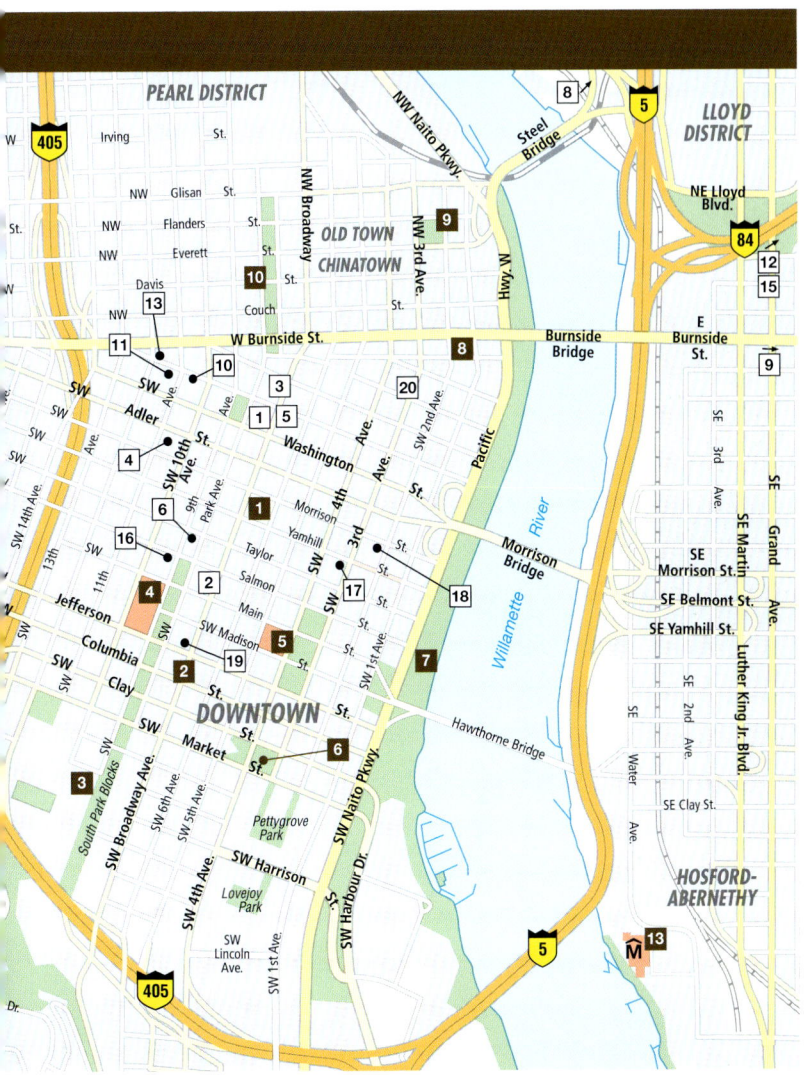

Ruf wegen ihrer *smart growth* (behutsamen Wachstumspolitik). Dies beinhaltet z. B. die Wiederbelebung der historischen Gebäude, strenge Auflagen für die Nutzung von Farmland sowie für die Aufstellung von Reklametafeln. Heute leben in Portland ca. 600 000 Menschen und im Großraum ca. 1,7 Mio. Der Hafen ist wieder wirtschaftlich bedeutend, werden doch hier die Im- und Exporte mit Asien abgewickelt. Zudem hat sich eine beachtliche Computerindustrie angesiedelt, die besonders durch die niedrigen Löhne in Oregon angelockt wurde. Sportartikelhersteller wie Nike und Adidas-USA, Textilfirmen wie Columbia Sportwear und Jantzen sowie die Handelskette Fred Meyer haben ihren Haupt-

sitz in Portland. Oregons größte Universität, die Portland State University, mit ca. 26 000 Studenten hat ihren Campus im Süden der Stadt, zudem gibt es drei weitere private Unis und zahlreiche Colleges.

# Downtown ▶ D 8

**Cityplan:** S. 202

## Pioneer Courthouse

Spätestens wenn wieder einmal eine Liveband auftritt, ist jedem klar, wo sich der Mittelpunkt von Downtown Portland befindet: am **Pioneer Courthouse Square** 1. Rund 300 öffentliche Events finden jährlich an diesem Platz statt und die Stufen am nordöstlichen Ende bieten dann ganz bequeme Sitzplätze. Bis in die 1950er-Jahre stand hier ein Hotel, dann wurde aus der freien Fläche ein großer Parkplatz. Vorausblickende Stadtplanung ließ 1984 den großzügig gestalteten Platz entstehen, wo man sich ausruhen, einen Kaffee mitnehmen oder an einem der Art-déco-Wasserspender etwas trinken kann. Auch das **Visitor Center** befindet sich dort. Der Bronze-Mann mit Regenschirm nimmt das durchschnittlich doch etwas regnerische Wetter auf die Schippe, noch besser kann das »The Weathervane« in der Mitte des Platzes. An warmen Tagen erscheint in der Wettermaschine eine mürrische Sonne, bei Sturm ein grollender Drache und bei Regen ein gelassener Graureiher. Man kann übrigens Fördermitglied des Platzes werden: Für 100 $ wird einer der Ziegelsteine am Boden mit dem Namen des Mitglieds versehen; es sind schon ca. 72 000, darunter auch Jesus Christus und William Shakespeare (www.pioneer courthousesquare.org/membership).

## SW Broadway

Der **SW Broadway** 2 ist ein schönes Beispiel für eine gelungene Verbindung historischer Bauten und moderner Architektur. Die

**Der Pioneer Courthouse Square ist Portlands zentraler Treffpunkt**

neuen Häuser fügen sich harmonisch in die Reihe der Ende des 19. Jh. erbauten Bürogebäude und Hotels ein. Viele kleine Geschäfte, Kinos, das Portland Center for the Performing Arts und jede Menge Restaurants und Coffeeshops tragen zur quirligen Atmosphäre dieses Boulevards bei.

## South Park Blocks

**University District** heißt das Viertel, das sich südwestlich vom Broadway erstreckt, dort ist die Portland State University zu Hause. Bis zu ihrem Campus zieht sich der **South Park Blocks** 3, eine mit vielen Ulmen bestückte Grünfläche, die sich über sechs Blocks als Oase der Ruhe inmitten der lebendigen Stadt anbietet. Mittwochs und samstags findet hier zwischen 10 und 14 Uhr ein Farmers Market statt, wo überwiegend Produkte aus dem Umland verkauft werden (www.portlandfar mersmarket.org). Bereits zum Campusgelände gehört das **Simon-Benson-Haus,** Sitz der Besucherinformation für die Universität. Dieses Queen-Anne-Gebäude des Holzbarons Benson von 1900 stand ursprünglich an der 11th Street und wurde 2000 an seinen neuen Standort versetzt (1803 SW Park, Mo–Fr 9–17 Uhr, www.pdx.edu/alumni/benson).

Das **Museum der Oregon Historical Society** liegt am Parkrand und ist einen Besuch wert wegen seiner Vielfalt an alltagsgeschichtlichen Exponaten zur Geschichte (1200 SW Park Ave., Tel. 503-222-1741, www. ohs.org, Di–Sa 10–17, So 12–17 Uhr, Erw. 11 $, Kin. 6–18 J. 5 $).

## Portland Art Museum und Portland Building

Auf der westlichen Seite des Parks befindet sich das **Portland Art Museum (PAM)** 4, das älteste seiner Art an der Westküste, gegründet 1892. Die Sammlung umfasst heute Werke europäischer Künstler wie van Gogh und Picasso, italienische Meister der Renaissance und französische Impressionisten sowie Arbeiten amerikanischer Maler und Bildhauer. Bemerkenswerter sind allerdings die Masken, der Schmuck und die Totempfähle indianischer Künstler, mehr als 5000 sowohl

# Portland und Umgebung

moderne Stücke als auch historische Artefakte sind im Museum gesammelt. Wechselausstellungen mit sehr unterschiedlichen Ausrichtungen ergänzen das breite Repertoire dieser Kulturinstitution. Der Altbau aus dem Jahr 1932 stammt von Pietro Belluschi, einem der renommiertesten Architekten der Stadt. 1991 wurde der benachbarte **Masonic Temple** dazugekauft; im nun **Mark Building** genannten Gebäude befinden sich neben der modernen Kunst auch eine Bibliothek und das Filmcenter (PAM, 1219 SW Park Ave., Tel. 503-226-2811, www.pam.org, Di, Mi, Sa 10–17, Do, Fr 10–20, So 12–17 Uhr, Erw. 10 $).

Eines der ersten postmodernen Gebäude der Stadt ist das 1982 von Michael Graves konstruierte **Portland Building**  5 (1120 S W 5th Ave.), ein Bürohaus der Stadtverwaltung. Bemerkenswert daran ist aber auch die über dem Eingang angebrachte Skulptur der **Portlandia.** Nach der Freiheitsgöttin in New York ist sie mit 11 m Höhe die zweitgrößte Kupferstatue in den USA. Im zweiten Stock befindet sich zudem das **Metropolitan Center for Public Art.** Hier erhält man Broschüren mit Vorschlägen zu Touren zu allen Kunstwerken der Stadt im öffentlichen Raum.

## Ira Keller Autitorium und Ira Keller Memorial Fountain

Für kulturelle Veranstaltungen aller Art steht das **Ira Keller Auditorium** zur Verfügung, auch die Portland Oper gastiert in diesem Teil des Portland Center for the Performing Arts mit immerhin 3000 Plätzen (222 SW Clay St.). Gegenüber befindet sich der ebenfalls nach Ira Keller benannte **Fountain** 6, eine an natürliche Wasserfälle erinnernde Landschaft, wo müde Füße an heißen Tagen Kühlung finden. Der 1970 fertiggestellte und von Landschaftsarchitekt Lawrence Halprin entworfene Brunnen ehrt den Unternehmer und Politiker Ira C. Keller (1899–1978). Heute ist der Brunnen ein Wahrzeichen von Portland und gilt international als gelungenes Beispiel für die Gestaltung öffentlicher Plätze.

## Tom McCall Waterfront Park

Nicht nur an schönen Tagen treffen sich viele Einheimische auf der mehr als 2 km langen Promenade (Westside Riverwalk) und im **Tom McCall Waterfront Park** 7 entlang des Willamette River. Mit Blick auf die fünf Brücken, die man bis zur Biegung des Flusses gen Westen sehen kann, erschließt sich auf die-

**Beim Ira Keller Fountain interagieren Wasser und Stein spielerisch miteinander**

sem Walkway viel vom spezifischen Charakter der Stadt. Zu Ehren des 30. Gouverneurs
von Oregon, Tom McCall (1913– 83), wurde
der Park 1984 umbenannt. McCall hat während seiner Amtszeit von 1967–75 viele Umweltschutzgesetze eingeführt, und er war
berühmt dafür, potenzielle Neubürger abzu-
schrecken, was nicht zuletzt folgende in einem Interview geäußerte Aufforderung zum
Ausdruck bringt: »Come visit us again and
again. This is a state of excitement. But for
heaven's sake, don't move here to live.«

Eine Kuriosität ist der **Mills End Park** an
der Ecke Naito Parkway und SW Taylor
Street. Er hat einen Durchmesser von lediglich 60 cm und befindet sich auf einer Ver-
kehrsinsel; die ›Größe‹ brachte ihn ins Guinness-Buch der Rekorde. Eigentlich hatte man
1946 geplant, dort eine Ampel zu errichten,
als aber nichts geschah und Unkraut den Flecken überwucherte, pflanzte der Journalist
Dick Fagan hier Blumen an, nannte das Beet
Mills End Park und schrieb bis zu seinem Tod
1969 regelmäßig eine Kolumne darüber. Seit
1976 ist das kleine Beet ein ›Stadtpark‹. Sehr
beliebt bei den Kindern sind die nahe gelegenen **Salmon Street Springs,** ein Brunnen,
unter dessen Fontänen man sich bei warmem
Wetter wunderbar abkühlen kann.

## Old Town

Zwischen der Morrison und der Burnside
Brücke erstreckt sich bis zur 6th Avenue das
Viertel **Old Town 8** , der Geburtsort Port-
lands im Jahr 1843. Dieses Gebiet wurde oft

überflutet, und als 1883 hier noch die Eisenbahn hindurch gebaut wurde, verlagerte sich
das Stadtzentrum mehr westwärts, für Old
Town begann der soziale Abstieg. Heute hat
sich eine lebendige Clubszene dort etabliert,
und manche dieser Clubs befinden sich in
den alten Häusern, die nicht der Abrissbirne
zum Opfer gefallen sind.

Für Freunde ausgefallenen Kunsthand-
werks lohnt sich am Wochenende der Besuch
des **Portland Saturday Market** (auch sonntags), der sich von der Burnside Bridge bis zur
2nd Avenue hinzieht. Mit über 300 Händlern
ist er einer der größten Freiluftmärkte der
USA; die Bandbreite von Holzarbeiten über
Schmuck und jeder Menge Kitsch ist schon
beeindruckend. An der Ecke 1st Avenue und
Ankeny Street stößt man unweigerlich auf
den **Skidmore Brunnen,** der 1888 europäische Eleganz nach Portland bringen sollte,
aber auch dem Zweck diente, *men, dogs and
horses* zu tränken, wie es bei der Eröff-
nungszeremonie hieß. Nördlich der Burnside
Bridge befindet sich der **Japanese-Ameri-
can Historical Plaza,** der den japanischen
Amerikanern gewidmet ist, die während des
Zweiten Weltkriegs in Sammelcamps inter-
niert worden waren (2 NW Naito Parkway).

## Chinatown

Ein paar Blocks weiter an der Ecke 4th Avenue steht das **Chinatown Gate** mit seinen 64
Drachen, dort beginnt das alte **Chinatown
9** . In den 1860er-Jahren lebten hier nur einige Hundert Menschen aus dem Reich der
Mitte, die Bevölkerung wuchs bis zur Jahrhundertwende aber auf bis zu 10 000. Wohl-
habendere chinesische Amerikaner leben
inzwischen überwiegend in den östlichen
Bezirken von Portland. Heute sind in den
Straßen bis zur Glisan Street im Norden zahlreiche preiswerte kleine Restaurants und
Bars zu finden. Nach dem Vorbild der als
klassisch geltenden Gärten der Ming-Dynas-
ty ist der **Classical Chinese Garden** angelegt, ein Kleinod von 37 000 m$^2$ mit einem See
und Pavillons (NW 3rd Ave./Ecke Everett St.,
www.portlandchinesegarden.org, tgl. April–
Okt. 9–18, Nov.– März 10–17 Uhr, Erw. 8,50 $).

# Pearl District ▶ D 8

**Cityplan:** S. 202

Zwischen 8th Avenue und NW Park Avenue liegt das Pendant zum Park im Süden, die North Park Blocks, ebenfalls eine Oase der Ruhe. Sie bilden die Grenze zum **Pearl District** **10**, einem Stadtteil, der sich, einst ziemlich heruntergekommen, inzwischen zum *modern village* entwickelt hat. Die überwiegend jungen Besserverdiener, die sich die neuen Apartments leisten können, sind offenbar eine gute Klientel für die vielen Galerien, die sich hier angesiedelt haben. Die Mischung aus urbanem Leben und Gemütlichkeit, gepaart mit einem offenen Geist für Neues und dem nötigen Kleingeld, ist der richtige Platz für anspruchsvolle moderne Kunst. Eine der größeren Galerien ist 2004 in diesen Stadtteil umgezogen. Die **Elizabeth Leach Gallery** vertritt viele bekannte Künstler der USA, u. a. Tom Lieber, Christopher Rauschenberg und Al Souza (417 NW 9th Ave., Tel. 503-224-0521, www.elizabethleach.com, Di–Sa 10.30–17.30 Uhr). Umweltbewusste Menschen werden nicht am Zentrum der Umweltorganisationen **Ecotrust** vorbeikommen, das sich im Jean Vollum Natural Capital Center befindet (721 NW 9th Ave., www.ecotrust.org/ncc). Das Gebäude von 1895 wurde komplett mit nachhaltig produzierten Baumaterialien saniert und mit einem ›grünen‹ Dach versehen. Neben Infos gibt es hier auch einen riesigen Laden für Outdoor-Kleidung.

# Westlich der Interstate 405 ▶ D 8

**Cityplan:** S. 202

## Pittock Mansion

Die Interstate 405 trennt den westlich des Willamette River gelegenen Teil der Stadt nochmals in zwei Teile. Am südlichen Rand des Nordwest District liegt das **Pittock Mansion** **11** von 1914, ein ehemaliges Privathaus des Zeitungsverlegers Henry Pittock, das die Stadt Portland heute als Museum und Ver-

anstaltungsort nutzt. Die Villa mit ihren 22 Zimmern zeigt den Erfolg des 1853 als junger Mann nach Portland gekommenen Henry, der 1860 die Zeitung Weekly Oregon übernahm und sie als Tagesblatt herausgab.

Türkisches, englisches und französisches Design bestimmt den Charakter der Innengestaltung, die Baumaterialien sollen allerdings komplett nur aus Oregon gekommen sein. Modernste Entwicklungen der damaligen Technik wurden berücksichtigt, so z. B. eine hausinterne Telefonanlage, Duschen mit mehreren Duschköpfen und ein zentrales Staubsaugsystem. Garagen fehlten ebenso wenig wie ein Gewächshaus und ein großer Garten mit fantastischem Blick auf die Stadt. Im Garten darf man picknicken (3229 NW Pittock Dr., Tel. 503-823-3623, www.pittockmansion.org, tgl. Juni–Aug. 11–16, Sept.–Dez. und Feb.–Mai 12–16 Uhr, Erw. 7 $, Kin. 6–18 J. 4 $).

## Washington Park

Der berühmteste unter den zahlreichen Parks der Stadt ist der **Washington Park** **12**, der sich auf 497 ha zwischen der West Burnside Road und dem Sunside Highway auf den Höhenzügen oberhalb von Portland erstreckt. Eine ganze Reihe interessanter Ziele befindet sich auf diesem Gelände, sodass sich ein Ausflug lohnt. Der **Oregon Zoo** (zu erreichen mit der MAX Light Rail nach Beaverton) ist dort angesiedelt, bekannt wegen seiner asiatischen Elefanten und einem Elefanten-Museum. Im Sommer gibt es im Zoo auch Konzerte (Tel. 503-226-1561 *ext.* 0, www.oregonzoo.org, April–Sept. tgl. 9–18, Okt.–März 9–16 Uhr, Erw. 9,75 $, Kin. 3–11 J. 6,75 $).

Das **World Forestry Center – Discovery Museum** ist eine Forschungsstation zum Thema Wald mit dazugehörendem Museum. Hier kann man alles Wissenswerte über das Biotop Wald, unterschiedliche Hölzer und deren Eigenschaften erfahren. So wird z. B. der Lebenszyklus eines Baums vom Samen bis zur Verarbeitung als Möbelstück dargestellt oder die Herstellung von Papier veranschaulicht (Tel. 503-228-1367, www.worldforestry. org, tgl. 10–17 Uhr, Erw. 8 $, Kin. 3–18 J. 5 $). Für Rosenfreunde ein Muss sind die **Inter-**

**national Rose Test Gardens** am Rose Garden Way (nördlich vom Zoo). Auf 2 ha stehen hier über 8000 Pflanzen und mehr als 500 Rosenarten. Auf dem Gelände werden auch Rosen gezüchtet. Die Portländer Rosengesellschaft gibt es seit den 1880er-Jahren, den Garten seit 1917 (www.rosegardenstore.org, tgl. 8–17 Uhr, Park tgl. 7.30–21 Uhr).

Der **Japanese Garden** besteht eigentlich aus fünf verschiedenen Gärten bzw. Landschaften. Auf mehr als 2 ha finden sich u. a. ein klassischer Steingarten mit einem traditionellen japanischen Teehaus. Portland und Sapporo sind Schwesterstädte, die Gärten, 1967 eröffnet, mithin Ausdruck davon (611 SW Kingston Ave., Tel. 503-223-1321, www.japanesegarden.com, April–Sept. Di–So 10–19, Mo 12–19, Okt.–März Di–So 10–16, Mo 12–16 Uhr, Erw. 8 $, Kin. 6–17 J. 5,25 $. Auf dem Gelände gibt es keine Restauration).

# Östlich vom Willamette River – Eastside ▶ D 8

**Cityplan:** S. 202

## Oregon Museum of Science

In den USA legt man großen Wert darauf, Kinder schon frühzeitig mit Naturwissenschaften und Technik vertraut zu machen, zahlreiche »Science Worlds« in vielen Städten zeugen davon. So ist auch das **Oregon Museum of Science and Industry (OMSI)** 13 ein Technikmuseum zum Anfassen, Ausprobieren und Erfahrungensammeln. Ein Planetarium findet sich hier, eine Weltraumkapsel und ein U-Boot, mit dem auch Touren gefahren werden. Dieses Boot – Blueback – wurde übrigens für den Film »Jagd auf Roter Oktober« mit Sean Connery verwendet (OMSI, 1945 SE Water Ave., Tel. 503-797-4000, www.omsi.edu, tgl. Juni–Aug. 9.30–19, Sept.–Mai 9.30–17.30 Uhr, Eintritt für alle Teile 19 $. Zu Fuß von Downtown über die Hawthorne Bridge zu erreichen, ca. 20 Min. vom Waterfront Park).

**i Visitor Center:** 701 SW 6th Ave., Eingang am Pioneer Square, Tel. 503-275-8355 oder 1-877-678-5263, www.visitportland.com, Mo–Fri 8.30–17.30, Sa 10–16, So 10–14 Uhr. Die offizielle Seite der Stadt mit weiteren Besucherinfos, z. B. zu den Parks, ist www.portlandonline.com.

Bei Großveranstaltungen im Convention Center kann es schwierig sein, ein Zimmer zu bekommen. Es ist stets sinnvoll, auch in den teureren Hotels nach Wochenendrabatten zu fragen. Portland hat im Sommer noch nicht so viele Touristen wie Seattle, dennoch ist eine Vorausbuchung ratsam.

**Portlands Lage am Willamette River verschaffte der Stadt wirtschaftlichen Erfolg**

# Portland und Umgebung

**Vintage Plaza** 1 : 422 SW Broadway, Tel. 503-228-1212 oder 1-800-263-2305, www. vintageplaza.com. Das zur Kimpton-Kette gehörende Boutique-Hotel hat 117 große Zimmer im Toskana-Stil. Kimpton betreibt Häuser in San Francisco, Seattle und Vancouver BC, günstige Paketpreise für mehrere Übernachtungen, Tiere erlaubt. Ab 250 $.

**Heathman Hotel** 2 : 1001 SW Broadway, Tel. 503-241-4100 oder 800-551-0011, www. heathmanhotel.com. 150-Zimmer-Luxushotel von 1927 im Art-déco-Stil, europäische Federbetten. Ab 230 $.

**The Benson Hotel** 3 : 309 SW Broadway, Tel. 503-228-2000 oder 1-888-523-6766, www. bensonhotel.com. 1912 von einem Holzbaron erbautes Luxushotel, an Holzschnitzereien wurde nicht gespart, Tiere erlaubt. Ab 200 $.

**The Governor Hotel** 4 : 611 SW 10th Ave., Tel. 503-224-3400 oder 1-800-554-3456, www.govhotel.com. Das älteste Hotel in Portland (1909) ist elegant und frisch renoviert mit modernen großen Zimmern. Im dazugehörenden Restaurant Jake's Grill befindet sich ein riesiges Wandgemälde über die Lewis-&-Clark-Expedition. DZ ab 200 $.

**Hotel Lucia** 5 : 400 SW Broadway, Tel. 503-225-1717, www.hotellucia.com, auch deutsche Website. Boutique-Hotel im modernen, minimalistischen Stil, viel Kunst, besonders auch Fotografien, manche Zimmer etwas klein, Tiere erlaubt. Ab 180 $.

**Paramount** 6 : 808 SW Taylor St., Tel. 503-223-9900 oder 1-800-426-0670, www.port landparamount.com. 15-stöckiges, neoklassizistisches Boutique-Hotel mit 154 Zimmern, modern eingerichtet. Ab 170 $.

**B & B Heron Haus** 7 : 2545 NW Westover Rd., Tel. 503-274-1846, www.heronhaus.com. Schön renoviertes Tudor-Haus von 1904 mit 6 Zimmern und einem wunderbaren Ausblick auf Downtown. Ab 135 $.

**Doubletree Hotel** 8 : 1000 NE Multnomah St., Tel. 503-281-6111, http://doubletree1.hil ton.com. Das Hotel in zwei Hochhaustürmen hat 476 großzügige, modern eingerichtete Zimmer mit Ausblick auf Downtown oder das Gebirge. DZ ab 120 $.

**The Jupiter Hotel** 9 : 800 E Burnside St., Tel. 503-230-9200 oder 877-800-0004, www. jupiterhotel.com. Ungewöhnliches, sehr modernistisches Hotel mit Innenterrasse, Bar & Lounge, oft Livebands, bei jungen Leuten angesagt. DZ ab 120 $.

**ACE** 10 : 1022 SW Stark St., Tel. 503-228-2277, www.acehotel.com. In Seattle ist das minimalistische Konzept von ACE gut angekommen, nun gibt es ein solches Hotel auch in Portland. Unterschiedlich gestaltete Zimmer, nicht alle haben ein eigenes Bad. Im Sommer DZ ab 115 $.

**The Mark Spencer Hotel** 11 : 409 SW 11th Ave., Tel. 503-224-3293 oder 1-800-548-3934, www.markspencer.com, 101 Zimmer mit Küche im Gebäude von 1907, stilvoll renoviert, alle verschieden eingerichtet. Besonderheit: Man kann ein Angebot online abgeben und mit Glück sehr viel preiswerter wohnen. Ab 100 $.

**McMenamins Kennedy School** 12 : 5736 NE 33rd Ave., Tel. 503-249-3983 oder 888-249-3983, www.mcmenamins.com. In einem Schulhaus von 1915 schlafen, dazu noch die originalen Kreidetafeln, das mag Erinnerungen wachrufen. Außerdem gibt es ein Kino auf dem Gelände; dort zeigt man Filme, die eher nicht im Cinemax laufen. Die 35 Zimmer sind einfach, aber geschmackvoll eingerichtet und haben Atmosphäre. Ab 100 $.

**Jake's Grill (im Governor Hotel)** 13 :
611 SW 10th Ave., Tel. 503-220-1850,
www. governorhotel.com/dining, Lunch Mo–
Fr 11–14, Dinner ab 17 Uhr. Sehr anspruchsvolle *West Coast Cuisine* im sorgfältig restaurierten älteren Teil des Hotels. Steak mit
Bohnenkraut um 32 $.

**Lucy's Table** 14 : 704 NW 21st Ave., Tel. 503-
226-6126, www.lucystable.com, Dinner Mo–
Sa ab 17 Uhr. Frische saisonale *West Coast
Cuisine* mit europäischem Einfluss, z. B. ge-
schmortes Kaninchen mit grünen Oliven, Fenchel, Polenta und Dijon-Senf-Soße. Um 32 $.

**Rheinlander – German Restaurant** 15 :
5035 NE Sandy Blvd., Tel. 503-288-5503,
www.rheinlander.com, Mo–Do 17–21, Fr 17–
22, Sa 16–22, So 15.30–21 Uhr. Wie sich
deutsche Küche in Oregon präsentiert, kann
man hier bewundern. Rheinischer Sauerbra-
ten fehlt ebenso wenig auf der Speisekarte
wie Königsberger Klopse oder Jägerschnit-
zel. Um 20 $.

**Bar & Restaurant Pinocchio** 16 : 1005 SW
Park Ave., Tel. 503-595-2227, www.pinocchio
barandrestaurant.com, Lunch Mo–Fr 11.30–
14.30 Uhr, Dinner So–Fr 17–22 Uhr, Happy
Hour Mo–Fr 16–17.30 Uhr. Die Mutter des
Kochs/Besitzers war Italienerin, er kocht
nach ihren Rezepten, beliebt bei Besuchern
der Arlene Schnitzer Concert Hall. Pasta um
20 $.

**Romano's Macaroni Grill** 17 : 300 SW Yamhill St., Tel. 503-546-3040, www.macaroni
grill.com, ab 11 Uhr geöffnet. Italienische Küche mit Pasta und Pizza, aber auch Fisch und
Steaks, moderate Preise und guter Service.
Pizza ab 10 $, Hauptgerichte ab 20 $.

**Rock Bottom Restaurant & Brewery** 18 :
206 SW Morrison St., Tel. 503-796-0723,
www.rockbottom.com, ab 11 Uhr geöffnet.
Eigene Brauerei mit fast 100 Sorten Bier,
Hamburgern und Steaks, bei gutem Wetter
auch Tische an der Straße, guter Service, ggf.
wartet man kurze Zeit auf einen Tisch, zur Be-
nachrichtigung bekommt man einen Pager.
Hamburger um 10 $, Steaks um 15 $.

**Higgins Restaurant** 19 : 1239 SW Broadway,
Tel. 503-222-9070, http://higgins.ypguides.
net, tgl. 17–22.30 Uhr Dinner im Restaurant,

Bistro Mo–Fri 11.30–24, Sa 16–2.30, So 16–
24 Uhr. Restaurant und großes Bistro auf drei
Ebenen, französische Küche, vorwiegend lokale und ganz frische Zutaten, wechselnde
Menüs. Sandwich mit hausgemachter Pas-
trami 12 $.

**Stumptown Roasters Downtown** 20 : 128
SW 3rd Ave., Tel. 503-295-6144, http://stump
towncoffee.com. Eine wachsende lokale Kaffeerösterei mit sieben Standorten (einer ist im
ACE-Hotel) in Portland und in Seattle. Die
Kaffeeauswahl ist ebenso beeindruckend wie
die verschiedenen Zubereitungsarten, besonders schön immer wieder die Muster im
Milchschaum. Einige Läden sind schon ab
6 Uhr geöffnet, sonst ab 7 Uhr fürs kleine
Frühstück mit Gebäck. Um 8 $.

 **MacTarnahan's Brewing Company:**
2730 NW 31st Ave., Tel. 503-226-
7623, www.macsbeer.com, Mo–Fr 11–22, Sa
12–23, So 12–21 Uhr. Portlands älteste Klein-
brauerei, mit ungewöhnlichen Sorten wie
Oregon Honey Beer oder Black Watch Cream
Porter. Kleinigkeiten zum Essen gibt's auch,
Salate, Sandwiches, Burger zum Lunch oder
Dinner. Um 10 $.

**Fernando's Hideaway:** 824 SW 1st Ave., Tel.
503-248-4709, Mo–Fr ab 11, Happy Hour
16.30–19, Sa, So ab 16.30 Uhr. Beliebte mexikanische Tapas-Bar mit Tanzfläche. Für
Salsa–Freunde.

**Musik-Clubs und Diskotheken** finden sich
im Stadtteil Old Town, zwischen 2nd, 3rd
Avenue und Burnside.

 **Voodoo Doughnut:** 22 SW 3rd, Tel.
503-241-4704, www.voodoodoughnut.
com. Mit Doughnuts hat das Gebäck dieser
Portlander Institution eigentlich nicht mehr
viel zu tun, vielleicht noch der Grundteig und
das Loch. Ansonsten toben sich die Bäcker
nach Lust und Laune aus, dabei kommen
dann »rote Tränen weinende Rundlinge« oder
eine »schokoladige Voodoo-Puppe« heraus.
Manchmal wird dort auch ›geheiratet‹, denn
die Besitzer sind ordinierte Kirchenmitglieder
*(Universal Life Minister)*, allerdings wird diese
Heirat staatlich nicht anerkannt, auch wenn

# Portland und Umgebung

die Website etwas anderes behauptet. Sieben Tage, 24 Std. geöffnet.

**The Real Mother Goose** und **Changes – design to wear,** 901 SW Yamhill und 927 SW Yamhill Street, Tel. 503-223-3737, www.therealmothergoose.com, Mo–Do 10–17.30, Fr–Sa 10–18 Uhr. Kunsthandwerk sowie überwiegend handgearbeitete Kleidungsstücke von Designern aus dem Nordwesten, nicht billig, aber sehr originelle Teile.

**Powell's City of Books:** 1005 W Burnside St., Tel. 503-228-4651, www.powells.com. Dieser Buchladen wartet mit einem ungewöhnlichen Konzept auf: Neue und gebrauchte Bücher, Paperback und Hardcover stehen im gleichen Regal, man hat also alles von einem Autor oder zu einem Thema zusammen. Im Angebot sollen über 1 Mio. Bücher sein, jedenfalls nimmt die »City« inzwischen einen ganzen Häuserblock ein.

**Portland Saturday Market:** Unter der Burnside Bridge, Ecke 1st Avenue bis Chinatown, findet auch So statt, 9–17 Uhr. Mehr als 300 Stände mit viel echtem Kunsthandwerk, aber auch touristischem Kitsch und Billigtextilien aus Asien. Witzig: ein Spritzgebäck mit Namen »Elefantenohr«, riesig und süß.

**Macy's:** 621 SW 5th Ave., www.macys. com. Und **Saks,** 850 5th Ave., www.saks. com. Die berühmten New Yorker Kaufhäuser sind ganz zentral in der Nähe des Pioneer Courthouse Square zu finden.

**Nike Factory Outlet Store:** 2650 NE Martin Luther King Jr. Blvd., Tel. 503-281-5901, www.nike.com. Neben den beiden Nike-Geschäften in der Innenstadt und am Flughafen werden im Factory Outlet Kollektionen der vergangenen Saison günstig verkauft.

**Columbia Sportswear Factory Outlet Store:** 1323 SE Tacoma St., Tel. 503-238-0118, www.columbia.com. Columbia hat ebenfalls je einen Laden in der Innenstadt und am Flughafen, im Outlet ist es preiswerter.

 **Antoinette Hartfield Hall – Portland Center for the Performing Arts:** 1111 S W Broadway, www.pcpa.com. Hier befinden sich das Newmark Theatre und das Do-

lores Winningstad Theatre. Im Newmark tritt die Gruppe »Do Jump! – extremely physical theatre« regelmäßig mit akrobatischen Inszenierungen auf, www.dojump.org.

**Arlene Schnitzer Concert Hall:** 1037 SW Broadway, Tel. 503-248-4335, www.pcpa. com, Konzerte der Oregon Symphony, www. oregonsymphony.com.

### Feste und Veranstaltungen

**Portland Rose Festival:** Mitte Mai–Anfang Juni. Parade in der Burnside Street, jedes Wochenende die Starlight Parade Downtown, Fun Center am Waterfront Park mit viel Musik und zahlreichen Ess- und Verkaufsständen. Im Lloyd Center Ice Rink werden Tausende von Rosen präsentiert, die besten werden prämiert, www.rosefestival.org.

**Waterfront Blues Festival:** Anfang Juli, www.waterfrontbluesfest.com. Zugunsten hungernder Menschen wird seit 1987 im Waterfront Park das Blues Festival veranstaltet, 2009 waren Etta James, Johnny Winter und die Band Big Sam's Funky Nation dabei, das Event lockt Zehntausende in die Stadt. Tickets 10 $.

**Oregon Brewers Festival:** Juli, www.oregonbrewfest.com. Seit 1987 findet ein dreitägiges Brauereifest statt, zu dem Vertreter aus den ganzen USA mit Bieren kommen.

**Art in the Pearl – Fine Arts & Crafts Festival:** Aug., www.artinthepearl.com. 2 Tage Kunsthandwerk und Musik, überwiegend lokaler Produzenten und Kulturschaffender.

**Time Based Art Festival:** Sept., www.pica. org/tba, Studierende des Portland Institute for Contemporary Arts zeigen ihre Künste in der ganzen Stadt: alle Arten von Tanz, Musik sowie Installationen und Performances.

**Portland Marathon:** Okt., www.portlandmarathon.org. Großes Sportevent mit internationaler Beteiligung und Rahmenprogramm.

 **Geführte Spaziergänge:** Portland Walking Tours, 6534 SE 60th Place, Tel. 503-774-4522, www.portlandwalkingtours.com. Verschiedene Themen wie das unterirdische Portland und die Unsitte des »Shanghaiens«: Männer wurden gekidnappt, um sie als Seeleute zu verdingen, tgl., Erw. 17 $.

**Eco Shuttle:** 1540 SE Clinton, Tel. 503-548-4480, www.ecoshuttle.net. Bietet Touren mit Bussen, die mit Biodiesel fahren, sowohl in der Stadt als auch in die Umgebung. Die Preise variieren je nach Gruppengröße, es gibt unterschiedliche Fahrzeuge, ingesamt 5, von 9 bis 48 Plätzen.

**First Thursday Art Gallery Walk:** Jeden 1. Do im Monat sind die Galerien abends zusätzlich von 18–21 Uhr geöffnet, www.first thursdayportland.com. Anhand einer Karte, die es im Visitor Center oder in jeder Galerie gibt, lässt sich die Besichtigung planen. Oft gibt es neben der Kunst auch Wein und Musik.

**Ausflüge auf dem Willamette River:** Portland Spirit River Cruises, Tel. 503-224-3900 oder 800-224-3901, www.portlandspirit.com. Dinner tgl. ab 18.30 Uhr. Nicht nur Dinner Cruises auf dem Willamette River, sondern auch zum Lunch und Brunch sowie 2-stündige Flussfahrten, Erw. 69 $.

**Weinproben-Tour:** Eco Tours of Oregon, 3127 SE 23rd Ave., Tel. 503-245-1428, www. ecotours-of-oregon.com. Geführte Weinproben-Tour, Tagestour mit 4 *Wineries* 60 $.

**Skifahren am Mont Hood:** Timberline Lodge (Liftstation), Timberline Hwy, Uninc Clackamas County, Tel. 503-272-3391, www.tim berlinelodge.com. Von der Innenstadt Portland ca. 1,5 Std. mit dem Auto. An der Lodge kann Ski-/Snowboard-Ausrüstung geliehen werden, 35 $/Tag.

**Golf spielen:** Heron Lakes Golf Course, 3500 N Victory Blvd, Tel. 503-289-1818, www.he ronlakesgolf.com. Nur ca. 20 Min. nördlich von der Innenstadt entfernt, liegt dieser Golfplatz neben der Smith & Bybee Lakes Wildlife Area.

### Fahrradfahren und -verleih

**Fat Tire Farm:** 2714 NW Thurman, Tel. 503-222-3276, www.fattirefarm.com. Portland ist ideal für Zweiräder, es gibt auch eine Straßenkarte. Keine Reservierungen, ganzer Tag ab 25 $.

**Waterfront Bicycles:** 10 SW Ash St., App. 100, Tel. 503-227-1719, www.waterfrontbi

kes.net. Online-Reservierungen 24 Std. vorher, ab 35 $/Tag.

**Bicycle Transportation Alliance:** 233 NW 5th Ave (zwischen NW Everett und NW Davis), Tel. 503-226-0676, www.bta4bikes.org. Man stellt u. a. online eine Liste diverser Verleihstellen zusammen und gibt Infos rund ums Radfahren in Portland und Umgebung.

**Flugzeug:** Portland International Airport, Tel. 503-460-4040, www.flypdx. com, liegt ca. 20 km nordöstlich von der Innenstadt. Lufthansa fliegt tgl. ab Frankfurt, Flugzeit ca. 10 Std. In die Stadt: Ab Terminal C die MAX Red Line (Metropolitan-Area-Express-Stadtbahn) in 40 Min. bis Downtown/1st St., Erw. 2 $, www.trimet.org/max. Taxis kosten ca. 35 $ bis in die Innenstadt.

**Bahn:** Amtrak, Bahnhof/Union Station, 800 NW 6th Ave., www.amtrak.com. Von hier aus fahren die Linien Amtrak Cascades nach Seattle und Vancouver, Coast Starlight nach Los Angeles und Empire Builder nach Chicago.

**Mietwagen:** Alle nationalen und internationalen Autovermietungen sind am Flughafen vertreten, besonders günstig sind Dollar und Alamo. Es kann preiswerter sein, bereits von Europa aus zu buchen. Für Informationen über die Straßenverhältnisse etc. lohnt sich www.tripcheck.com (mit Webcams).

**Car-sharing:** Zipcar, www.zipcar.com. Bietet stunden- und tageweise Autos, auch in San Francisco, Seattle und Vancouver (Kanada) für Mitglieder, 50 $ Gebühr.

### Fortbewegung in der Stadt

Parkplätze sind rar und teuer, deshalb sollte man das Auto lieber stehen lassen.

**Busse und Bahnen:** Das Bus- und Straßenbahnnetz in Portland ist bestens ausgebaut, auch in die Randgebiete, zumal in Downtown die Fahrt mit Bussen und Straßenbahnen kostenlos ist, www.trimet.org. Zudem gibt es noch Straßenbahnen *(streetcars)*, die selbst den letzten Winkel ansteuern, Tickets sind auf allen Linien gültig, www.portlandstreet car.org. Nach Süden bis Wilsonville fährt Mo–Fr die WES-Bahn, www.trimet.org/wes, Erw. 2,30 $, Tagespass 4,75 $.

# Am Columbia River entlang nach Osten

▶ D–E 7/8

Östlich von Portland beginnt die Interstate 84, sie verläuft am südlichen Ufer des **Columbia River** bis nach Boardman und führt weiter nach Ontario an die Grenze von Idaho. Parallel dazu gibt es noch zwei Teile des alten Highway von 1915, der eine von Troutdale bis hinter die Multnomah Falls und der zweite von Mosier bis The Dalles.

Die ziemlich enge und sehr kurvige Strecke erwies sich als zu unfallträchtig für den Durchgangsverkehr, deshalb wurde in den 1960er-Jahren die Interstate gebaut, und so ist der **Historic Columbia River Highway** heute die ideale Strecke, um die vielen Wasserfälle, Klippen, Aussichtspunkte und Wälder zu genießen.

Der Columbia River hat auf seinem Weg zum Pazifik von The Dalles an eine tiefe, lang gezogene Schlucht *(gorge)* durch das Basaltgestein gegraben. Manche Abschnitte des Flusses muten in ihrer Breite wie Seen an, zwei große Staudämme haben die einstigen Stromschnellen allerdings zum Verschwinden gebracht.

**ℹ️ Columbia River Gorge Visitors Association:** 404 W 2nd St., The Dalles, Tel. 800-98-46743, www.crgva.org.

## Crown Point und Vista House

Freistehend auf einem Felsen ca. 224 m über dem Fluss bei **Crown Point** überrascht ein ungewöhnliches Gebäude mitten in der bewaldeten Landschaft: das oktogonale **Vista House.** Der Bruder einer damals bekannten Dichterin – Emma Lazarus – ließ den Betonbau 1916 errichten, wie es heißt »als ein Denkmal für die ersten Siedler und einen Ruhepunkt für Reisende«.

Heute betreibt ein Freundeskreis *(Friends of Vista House)* das kleine Museum und manchmal kommt auch ein Oldsmobile vorbei und bereichert die Fotos der vielen Besucher (Vista House at Crown Point State Park, 40700 E Historic Columbia River Hwy, Cor-

bett, Tel. 503-695-2230, www.vistahouse. com, tgl. 9–18 Uhr).

## Multnomah Falls

Unter den zahlreichen Wasserfällen, die direkt auf die Straße hinabzustürzen scheinen und im Frühjahr mitunter den Einsatz der Scheibenwischer nötig machen, sind die zweistufigen **Multnomah Falls** die schönsten und spektakulärsten. Fast 190 m tief fällt das Wasser. Interessant ist dieser Wasserfall wegen eines natürlichen Beckens nach 100 m und der darüberführenden Brücke. Nach einer Indianersage wurden die Fälle so gestaltet, damit eine Prinzessin ungestört baden konnte. Im Winter gefriert das herabstürzende Wasser manchmal, sodass sich bizarre Formationen bilden. Die Falls trocknen nicht aus, denn Regen- und Schmelzwasser und eine unterirdische Quelle sorgen für stetige Wasserzufuhr.

**ℹ️ Visitor Center:** Exit 31 von der Interstate 84, Columbia Gorge Historic Hwy, Tel. 503-695-2372, tgl. 9–17 Uhr, www. oregon.com/trips/multnomah_falls.cfm.

**🍴 Multnomah Falls Lodge:** Exit 31 von der Interstate 84, Columbia Gorge Historic Hwy, Tel. 503-695-2376, tgl. 8–21 Uhr, www.multnomahfallslodge.com, Lunch 11–16 Uhr. Reichhaltige Salate. Um 17 $.

## Bonneville Dam und Cascade Locks

Als einer der ersten großen Staudämme des Columbia River (1937 gebaut) hat der **Bonneville Dam** dazu beigetragen, die Strom- und Energieversorgung der Region südlich des Flusses zu gewährleisten. Im Visitor Center gibt es viele Informationen zum Bau und zur Energiegewinnung sowie eine *fish ladder*. Durch Glasscheiben kann man Lachse beobachten, die nun diesen Weg stromaufwärts schwimmen müssen, um zu ihren Laichplätzen zu gelangen.

**Fast 190 m stürzen die Multnomah Falls in die Tiefe**

# Portland und Umgebung

Vom kleinen Ort **Cascade Locks** aus werden Schifffahrten auf dem Columbia River angeboten. Mit dem alten Schaufelraddampfer »Columbia Gorge Sternwheeler« kann man auf einer 2-stündigen Tour einmal diesen mächtigen Strom vom Wasser aus genießen.

**Bonneville Dam, Visitor Center:** Exit 40 von der Interstate 84, Tel. 541-374-8820, www.nwp.usace.army.mil oder www.traveloregon.com, tgl. 9–17 Uhr.

**Bootsausfüge:** Portland Spirit, Visitors Center in Marine Park in Cascade Locks, Tel. 503-224-3900 oder 800-224-3901, www.portlandspirit.com, Mai–Okt. tgl. außer Mi ab 12.30 Uhr, Erw. 26 $. Es gibt auch ganztägige Fahrten sowie Lunch-, Brunch- oder Dinner Cruises. Mit dem Schaufelraddampfer werden 2-stündige Ausflugsfahrten mit Erläuterungen für 28 $ (Erw.) angeboten. Die Touren sind auch in Portland buchbar.

## Hood River

Die kleine Stadt **Hood River** direkt am Fluss hat sich einen Ruf als einer der besten Orte fürs Windsurfing aufgebaut, wozu ein ungewöhnliches Phänomen mit beigetragen hat: Im Sommer zieht die Hitze der östlichen Steppen kalte Luft aus dem Westen an, die in den engen Schluchten der Columbia Gorge nicht absorbiert werden kann. Bis mittags hat sich der Druck dann derart erhöht, dass er sich in starken Windböen ›entladen‹ muss: Dann heißt es bei den Windsurfern *catch the blow*. Seit den 1980er-Jahren kommen vorwiegend junge Leute hierher und geben der kleinen Kommune am hügeligen Ufer ein ganz eigenes Flair. Zahlreiche Cafés und Kneipen schaffen eine entspannte Atmosphäre. Außerdem gibt es eine große Auswahl an Geschäften für alle Arten von Sportkleidung und Equipment.

In unmittelbarer Nachbarschaft von Hood River liegt das **Columbia Gorge Hotel,** ein denkmalgeschütztes Gebäude von 1921, das ein wenig wie ein italienisches Landhaus anmutet. Der Holzbaron Simon Benson ließ das Hotel auf einer Klippe über dem Strom er-

richten, damals galt es als das »Waldorf of the West«. Stars der Kinowelt und Politiker sind hier abgestiegen. Das modernisierte Haus hat sich ein Stück dieser Vergangenheit bewahrt und den Garten mit einem Wasserfall kann man jederzeit besichtigen (s. S. 217).

## Die Mount-Hood-Eisenbahn

Ursprünglich brachte die 1906 gebaute **Eisenbahn** Obst und Gemüse aus den südlich von Hood River gelegenen Tälern an den Columbia River. Heute fährt die kleine Bahn Touristen eine ca. 32 km lange Strecke durch eine wunderschöne Landschaft, fast immer mit Blick auf den schneebedeckten **Mount Hood,** einen 3424 m hohen Vulkankegel. Es gibt auch Dinnerfahrten mit einem viergängi-

**Grasende Wildpferde vor der Kulisse des imposanten Mount Hood**

gen Menü in restaurierten Waggons (Mount Hood Railroad, 110 Railroad Ave. (auch Abfahrtstation), Hood River, Tel. 541-386-3556 oder 1-800-872-4661, www.mthoodrr.com, 2,5 Std. *(Odell Excursion)* Erw. 25 $.

## Fruit Loop

Wer das Auto bevorzugt und günstig Obst und Gemüse einkaufen möchte, dem sei der **Fruit Loop,** ein insgesamt 56 km langer Rundweg empfohlen (www.hoodriverfruit loop.com). Von Hood River führt die Strecke auf dem Highway 35 nach Parkdale und von dort zurück auf dem Dee Highway 281 in die Kleinstadt. Je nach Jahreszeit werden Kirschen, Blaubeeren, Aprikosen, Pfirsiche, Äpfel und Birnen angeboten, meist frisch am Morgen gepflückt. Zudem bieten die Mitglieder eines Zusammenschlusses von Farmern auch selbst gebackene Kuchen an, Fruchtwein und Honig aus eigener Herstellung, selbst Lavendelseife ist zu finden. Manche Bauern geben die Möglichkeit, selbst zu pflücken, und vielleicht sind auf McCurdys Plantage an der Tucker Road auch wieder Birnen, die im Glas wachsen, zu erwerben. Sogar ein kleines BBQ bietet der **Apple Valley Country Store,** ein traditionsreiches Geschäft, dessen nostalgisches Interieur Gemütlichkeit ausströmt und wo nach Großmutters Rezepten hergestellte Marmeladen, Säfte, Gelees, Soßen und Kuchen verkauft werden (S. 218). Nicht alle Stände und Geschäfte entlang der Strecke sind ganzjährig geöffnet, meist aber von April bis Oktober.

## Richtig Reisen-Tipp: Windsurfen auf dem Columbia River bei Hood River

Schon beim Zusehen kann einem schwindlig werden, denn die Loops der Windsurfer auf dem breiten Strom sind atemberaubend. Die Gegend um **Hood River** an der Columbia River Gorge ist ein Starkwindrevier und zieht Cracks aus der ganzen Welt an. Ihre *nuclear winds* sind ebenso berühmt wie berüchtigt.

Wenn es nicht ganz so schwierig sein soll, fällt unter den Experten meist die Entscheidung für die **Event Site,** ein Spot, an dem alles perfekt zu sein scheint: eine große Wiese zum Aufriggen, Tribünen für Zuschauer sowie Toiletten und ein Imbiss. Der Wind kommt meist aus Westen, und es gibt nur wenig Wellen, dafür aber jede Menge Surfer, sodass es mitunter recht eng werden kann (Exit 63 der I 84, dann nördlich). Anfänger werden von den Surf-Schulen am Spot in der **Marina** ausgebildet, aber ebenso viele Surfer, die nicht das ganze Jahr auf dem Bretter stehen, versuchen lieber hier ihr Glück. Das hat auch den Vorteil, dass stets Leute in der Nähe sind, die notfalls helfen können. Natürlich muss man hier auf die Segelboote achten.

Ein guter und extrem herausfordernder Spot für den Nachmittag und Abend ist **Doug** mit harten Westwinden und großen Wellen. Hier finden sich die Könner ein, die auch nach Stunden auf dem Wasser immer noch den optimalen Loop drehen wollen (Hwy 14 östlich nach Lyle). Um den richtigen Experten beim Surfen zuzusehen, lohnt es sich, zum Spot **The Wall** hinauszufahren.

**Östlich von Maryhill** und nach ca. 2,5 km auf unbefestigter Straße befindet sich ein Abschnitt auf dem Gorge, der die extremsten Winde bringt und damit enorm hohe Sprungrampen.

**Wind- und Kitesurfing:** Brian's Windsurfing & Kitesurfing, 100 Marina Way, Tel. 541-386-1423, www.brianswindsurfing. com. Ausbildung Kitesurfing 90 $/Std., Windsurfen 80 $/Std., Equipment leihen 60 $/Tag.
**Hood River Water Play:** 100 Marina Way, Tel. 541-386-9463, www.hoodriverwaterplay.com. Ausbildung Windsurfing 199 $/3 Std., Kitesurfing 99 $/1,5 Std. Equipment leihen 60 $/Tag.

**Visitor Center, Chamber of Commerce:** 720 E Port Marina Dr., Tel. 541-386-2000 oder 800-366-3530, www.hoodriver. org. Mo–Fr 9–17 Uhr.

**Columbia Gorge Hotel:** 4000 Westcliff Dr., Hood River, Tel. 541-386-5566 oder 800-345-1921, www.columbiagorgehotel.com. 39 unterschiedliche Zimmer, teils mit Antiquitäten. DZ ab 210 $.
**Comfort Suites:** 2625 Cascade Ave., Tel. 541-308-1000, www.comfortsuites.com. Kettenhotel mit 62 DZ, guter Standard, manche mit Küche, Indoor-Pool. Ab 180 $.
**B & B Inn at the Gorge:** 1113 Eugene St., Tel. 541-386-4429 oder 1-877-852-2385, www. innatthegorge.com. Das im Queen-Anne-Stil 1908 erbaute Haus hat 4 Suiten, 2 Zimmer, eine große Terrasse, freies Internet. Ab 119 $.

**Hood River Hotel:** 102 Oak Ave., Tel. 541-386-1900 oder 800-386-1859, www.hoodriverhotel.com. Ein schönes altes Haus von 1913 mit 32 teilweise recht großen Zimmern und 9 Suiten. Dazu gehört auch ein italienisches Restaurant. Ab 90 $.

**The Sixth Street Bistro & Loft:** 509 Cascade Ave., Tel. 541-386-5737, www. sixthstreetbistro.com, tgl. 11.30–21.30 Uhr. Terrasse, gute Burger, Pasta. Dinner ab 18 $.
**Riverside Grill im Best Western Hotel:** 1108 East Marina Way, Tel. 800-828-7873, www. hoodriverinn.com, 11–16.30 Uhr. Restaurant direkt am Wasser, schöne Terrasse. Sandwiches zum Lunch 8–10 $.
**Holstein's Coffee Company:** 12 Oak St., Tel. 541-386-4115, ab 8 Uhr. Beliebter Coffeeshop mit Gebäck und Sandwiches. Muffins 3 $.

**Apple Valley Country Store:** 2363 Tucker Road, Hood River, Tel. 541-386-1971, ab Mitte Juni Fr–So 11–20 Uhr geöffnet, www.applevaleystore.com.

# Nach The Dalles ▶ E 7/8

Auf der Strecke von Hood River nach **The Dalles** über Mosier verändert sich die Landschaft allmählich. Hier verläuft die Trennungslinie zwischen den beiden verschiedenen klimatischen Teilen Oregons, nun beginnt das trockene Buschland des Columbia-Plateaus. Ein zweiter, aber nur für Fußgänger zugänglicher Teil des alten Historic Columbia Gorge Highway kann von der Rock Creek Road in Mosier aus betreten werden.

## The Dalles

Die Kleinstadt **The Dalles** ist nicht sonderlich attraktiv, bietet aber mit ihren Malls viele Einkaufsmöglichkeiten. Seit der Internetkonzern Google 2007 hier sein Datenzentrum eröffnet hat, boomt die Stadt. Lohnend ist ein Besuch des **Columbia Gorge Discovery Center,** wo die Geschichte der langen Schlucht ebenso erlebnisreich dokumentiert ist wie die des Oregon Trail, der sich in dieser Gegend aufteilte. Die Ausstellungen umfassen eine breite Palette an Themen, von den vulkanischen Erschütterungen über das Leben und die Kultur der *Native Americans* bis hin zur modernen Erschließung der Region durch Staudämme, sodass man hier leicht einen halben Tag verbringen kann (5000 Discovery Dr., Tel. 541-296-8600, www.gorgediscovery.org, tgl. 9–17 Uhr, Erw. 8 $, Kin. 6–16 J. 4 $).

## The Maryhill Museum of Art

Exzentriker mit viel Geld hat der boomende Wilde Westen einige hervorgebracht. Ein Beispiel für die weitreichenden Ideen des durch Aktien reich gewordenen Samuel Hill ist das ca. 37 km östlich von The Dalles gelegene **Maryhill Museum of Art** (über die Brücke auf der US 97). Eigentlich wollte der aus North Carolina stammende Tycoon eine Quäker-Siedlung bauen, dann wurde 1907 ein Wohn-

haus im Stil einer französischen Villa daraus. In den 1920er-Jahren überredete Königin Marie von Rumänien Hill, das oberhalb des Flusses liegende Gebäude in ein Museum umzuwandeln und mit Kunstwerken der Jahrhundertwende, insbesondere Sklupturen von Auguste Rodin zu bestücken.

Nicht minder bemerkenswert ist allerdings eine originalgetreue **Kopie von Stonehenge** aus Beton, die ca. 6,5 km vom Haus entfernt errichtet wurde. Die der mystischen Stätte aus Englands Süden nachgebaute Version ist kleiner als das Original und ein Denkmal für die Gefallenen des Ersten Weltkriegs. Der Blick von dort auf die Ebenen des Columbia-Plateaus ist jedenfalls spektakulär (35 Maryhill Museum Dr., Goldendale, Tel. 509-773-3733, www.maryhillmuseum.org, Mitte März–Nov. tgl. 9–17 Uhr, Erw. 7 $, Kin. 6–16 J. 2 $.)

# Der Mount Hood ▶ E 8

Ein Foto von Portland ohne den schneebedeckten Kegel des **Mount Hood** im Hintergrund dürfte schwer zu finden sein. Der 3420 m hohe Vulkan ist der höchste Berg Oregons und dominiert den Norden des Bundesstaats. Mount Hood wird als potenziell aktiver Vulkan angesehen; allerdings wurden keine größeren Eruptionen aufgezeichnet, seit 1820 die systematische Überwachung begann. Die größeren Ausbrüche endeten kurz vor der Ankunft der Lewis-&-Clark-Expedition 1805. 1903 gab es kleinere Dampf- und Asche-Emissionen; der bislang letzte Ausbruch ereignete sich 1965.

Die **zwölf Gletscher** an den Hängen des Bergs stellen ebenfalls eine potenzielle Gefahr dar; im Fall eines Ausbruchs käme es zu Schlammlawinen. Die Gletscher bedecken ca. 80 % der Fläche des Bergkegels und reichen bis auf eine Höhe von etwa 2100 m herab. Der bekannteste ist der **Palmer Glacier,** vor allem deswegen, weil er zu einem beliebten Skigebiet gehört. Der Berg und der ihn umgebende riesige National Forest sind ein bevorzugtes Wochenendausflugsgebiet, weil dort auch im Sommer Skisport möglich ist.

## Portland und Umgebung

Von Portland aus führt der Highway 26 hierhin, von Hood River der Highway 35 zum Skiort Government Camp mit vielen kleineren Hotels.

### Timberline Lodge

Besonders eindrucksvoll ist aber die **Timberline Lodge,** ein wunderschönes Berghotel auf knapp 2000 m Höhe. In den 1930er-Jahren gebaut, wurde es restauriert und auf einen modernen Standard gebracht. Der rustikale Baustil mit Gesteinsblöcken aus der Umgebung und die massiven handgearbeiteten Holzmöbel erinnern an eine Burg, zumal die zahlreichen Kamine in den Aufenthaltsräumen auch zum Heizen genutzt werden und immer in Betrieb sind. Die Timberline Lodge ist ein National Landmark. Sie wurde 1937 im Rahmen von Präsident Roosevelts *New Deal* von Arbeitslosen in einer Rekordzeit von nur 15 Monaten gebaut.

Während die Errichtung des Hotels dazu diente, den Tourismus in der Region anzukurbeln, verbesserten andere Maßnahmen wie etwa der Bau von Staudämmen und Straßen die Infrastruktur. Eine Ausstellung im Lobbybereich dokumentiert den Bau und die Einrichtung des Hotels, hier steht sogar noch der Webstuhl, auf dem die Teppiche und Bettüberwürfe gewebt wurden. Übrigens: Das Gebäude diente u. a. als Kulisse für die Außenaufnahmen des 1980 gedrehten Films »Shining« von Stanley Kubrick nach dem gleichnamigen Roman von Stephen King.

**i** **Mt Hood Information Center:** 65000 E Highway 26, Tel. 503-622-4822 oder 1-888-622-4822, www.mthood.info, tgl. 8–18 Uhr, mit Souvenirshop.
**Clackamas County Tourism Development Council:** Oregon City, Tel. 503-655-8490, www.mthoodterritory.com. Umfangreiche Infos zum gesamten Mount-Hood-Gebiet.

**Mt. Hood Inn:** 87450 E Government Camp Loop, Government Camp, Tel. 800-443-7777 oder 503-272-3205, www.mthodinn.com. Zimmer mit Mikrowelle, Kühlschrank, Frühstück. Ab 159 $.

**Timberline Lodge:** Timberline, Tel. 503-272-3391 oder 800-547-1406, www.timberline lodge.com. 70 verschieden ausgestattete Zimmer, einige mit Etagenbetten. Preise auf Anfrage, unbedingt länger im Voraus buchen, das Hotel ist stark nachgefragt. DZ ab 110 $.

 **Ski-, Snowboardfahren und Mountainbiken:** Mt. Hood Skibowl Winter Resort & Summer Action Park, Government Camp, Tel. 503-222-2695, www.skibowl.com, Saison Nov.–April, Skier und Stiefel 35 $/Tag, Fahrradverleih 35 $/Tag, Lift 17 $ untere Ebene.

# Das Willamette Valley
▶ C–D 8–10

Als Wiege des Westens, so wird der schmale Streifen südlich von Portland gern beschrieben. Da sich nahezu jede Stadt westlich der Rockys auf die Pioniere des Oregon Trail bezieht, mag diese Referenz manchmal arg strapaziert scheinen. Flankiert von den Kaskaden (Cascade Range) und der Küstengebirgskette (Coastal Range) ist das Tal nach dem gleichnamigen Fluss, der es durchzieht, benannt.

Überall findet man hier kleine Orte, die von Einwanderern Mitte des 19. Jh. gegründet wurden. Am bekanntesten ist diese Region jedoch für ihre fruchtbaren Böden: Gemüse, Obst, Blumen und Kräuter, aber auch hervorragender Wein wird hier kultiviert. Mehr als 200 Weinbaubetriebe – wenn auch mitunter sehr weit voneinander entfernt – gibt es im Tal und insbesondere der Pinot Noir hat die Anerkennung der internationalen Weintester gefunden.

### Oregon City

Nicht direkt an der Interstate 5, aber nur ca. 21 km südlich von Portland liegt das historische Städtchen **Oregon City.** Schon 1829 hatte der Vertreter der Hudson Bay Company, John McLoughlin, hier ein Sägewerk errichtet und später kamen die ersten Siedler auf dem Oregon Trail an diesen Ort. Von 1848 bis

1851 fungierte die kleine Ansiedlung als Hauptstadt des Oregon-Gebiets, und sie ist besonders stolz darauf, die erste *incorporated city* westlich der Rocky Mountains zu sein. Dies bedeutet, Oregon City durfte eine eigene Verwaltung mit Bürgermeister und Sheriff aufbauen.

Neben zahlreichen historischen Gebäuden in der Innenstadt lohnt sich ein Besuch des ehemaligen Wohnhauses des Gründers und Bürgermeisters McLoughlin mit vielen originalen Möbeln (713 Center St., Tel. 503-656-5146, www.mcloughlinhouse.org. Mi–Sa 10–16, So 13–16 Uhr, Eintritt frei).

Da die Stadt am Fluss und teilweise auf den Basaltfelsen darüber errichtet wurde, hat man die Ortsteile zunächst mit Treppen, 1915 dann mit einem Fahrstuhl miteinander verbunden. Inzwischen ist der Personenaufzug restauriert worden und bietet auf dem oberen Aussichtsdeck einen guten Überblick über die Stadt und die Willamette-Wasserfälle (Ecke 7th St. und Railroad Ave., Mo–Sa 6.45–19, So 11–19 Uhr).

Das Flair der Welt der Pioniere vermittelt ein Besuch des in drei riesigen ›Planwagen‹ untergebrachten **Oregon Trail Interpretive Center** (1726 Washington St., Tel. 503-657-9336, www.endoftheoregontrail.org. März–Okt. Mo–Sa 9.30–17, So 10.30–17, Nov.–Feb. Di–Sa 11–16 Uhr, Eintritt 7 $).

**ℹ Visitor Information Center:** 1726 Washington St., Tel. 503-657-9336, www.historicoregoncity.com. Auft der Website findet man alle historischen Sehenswürdigkeiten der 30 000-Einw.-Stadt. März–Okt. Mo–Sa 9.30–17, So 10.30–17 Uhr.

**🛏 Best Western Rivershore Hotel:** 1900 Clackamette Dr., Tel. 503-655-7141, www.bestwestern.com. Das 114-Zimmer-Hotel liegt direkt am Willamette River, Mikrowelle, Kühlschrank. DZ ab 95 $.

**🍴 Oregon City Grille:** 220 Molalla Ave., Tel. 503-496-3642, www.oregoncitygrille.com. Dinner Di–Sa 16.30–21, So bis 20 Uhr. Sirloin Steak ab 15 $.

**Weathervane Coffee House:** 13001 Clackamas River Rd., Tel. 503-655-7200, tgl. 8–18 Uhr. Sandwiches um 8 $.

## Das Weinanbaugebiet zwischen Newberg und Salem ▶ C–D 8

Westlich der Interstate 5 bei Newberg beginnen die **Weinbaugebiete des Willamette Valley.** Am besten besorgt man sich eine Übersichtskarte im Visitor Center. Es gibt sechs größere Anbauregionen auf einem Gebiet von 241 km Länge und 96 km Breite bis nach Eugene. Da sie nicht nebeneinanderliegen wie im Napa Valley in Kalifornien, ist eine Auswahl nach Karte ratsam.

Das Klima des Willamette Valley ähnelt dem des Burgund in Frankreich mit sonnigen Sommern und kühlen Herbstnächten. Dazu gibt es vulkanischen Boden und engagierte Winzer – beste Voraussetzungen für einen edlen Tropfen, der auch europäische Gourmets verblüfft. Pinot Noir und Pinot Gris sind die beiden wichtigsten Rebsorten, aber auch Merlot, Syrah, Riesling und Rivaner werden seit den 1970er-Jahren mit Erfolg angebaut. Damals begaben sich kalifornische Weinbauern auf die Suche nach alternativen Anbaugebieten, nicht zuletzt wegen der hohen Boden- und Pflückkosten im Sonnenstaat.

**ℹ Visitor Center:** 415 E Sheridan, Newberg, Tel. 503-538-2014, www.chehalemvalley.org, tgl. 10–15 Uhr.

**Willamette Valley Wineries Association:** P. O. Box 25162, Portland, Tel. 503-646-2985, die fast 250 Weinbauern sind hier alphabetisch aufgelistet, zudem gibt es Empfehlungen für Übernachtungen, Restaurants und Aktivitäten, www.willamettewines.com.

**Oregon Wine Board:** Nur per Internet oder E-Mail erhält man hier einen guten Überblick über die Anbaugebiete in ganz Oregon, www.oregonwine.org.

**Willamette Valley Visitors Association:** Tel. 866-548-5018, hier finden sich Adressen aller Mitglieder in den verschiedenen Orten, Hinweise zu Routenplanungen, Listen aller Weinbauern im Tal sowie inspirierende Fotos, www.oregonwinecountry.org.

# Der Oregon Trail – die Besiedlung des Westens

**Nicht nur in Oregon City, sondern allerorten stößt man im Nordwesten der USA auf Hinweise zum legendären Oregon Trail, sei es in Form von Hinweistafeln oder in den zahlreichen Informationszentren. Oft wird im Zusammenhang mit der Besiedlungsgeschichte auch die Lewis-&-Clark-Expedition erwähnt, jene bedeutsame Forschungsreise in die damals unbekannten Territorien westlich der Rocky Mountains.**

Ohne die Lewis-&-Clark-Expedition gäbe es den Oregon Trail nicht, ebensowenig wie andere berühmte Wege in den Westen (Mormon, California und Applegate Trail), die die Besiedlung durch Emigranten oder von der wirtschaftlichen Depression betroffene Ostküstler ermöglichten. Präsident Thomas Jefferson beauftragte 1803 Meriwether Lewis (1774–1809), seinen Privatsekretär, und den Offizier William Clark (1770–1838) mit der Aufgabe, einen schiffbaren Weg zum Pazifik zu finden. Wichtigstes Ziel der Expedition war nach dem Kauf des Territoriums Louisiana von Frankreich die Gründung eines mächtigen Staats zwischen Atlantik und Pazifik. Von Saint Charles, einem der letzten besiedelten Orte in der Nähe der Mündung des Missouri in den Mississippi, bis zum von ihnen gegründeten Fort Mandan in der Nähe der heutigen Stadt Bismarck in North Dakota benötigte die 30-Mann-Truppe ca. sieben Monate. Im April 1805 wurde die Expedition fortgesetzt. Sie führte über Great Falls und Three Forks (Montana) den Missouri entlang, überquerte mithilfe ortskundiger Indianer die Rocky Mountains beim Lolo Pass und folgte dann dem Snake River und weiter dem Columbia River bis zum Pazifik beim heutigen Astoria. Bei ihrer Rückreise 1806 erforschten die beiden Leiter getrennt voneinander den Yellowstone und den Maria River.

Die erfolgreiche Expedition von Lewis und Clark ermutigte zu verschiedenen privaten und staatlichen Expeditionen in den Westen, die das Gebiet nach und nach zugänglich machten. Von der Expedition beeinflusst, gründete der New Yorker Pelzhändler John Jacob Astor bereits wenige Jahre später die Pacific Fur Company und rüstete mit der Unterstützung von Präsident Jefferson eine neue Überlandexpedition in den pazifischen Nordwesten aus. Die Männer der Pacific Fur Company gründeten die erste amerikanische Siedlung am Pazifik: Astoria. Mit diesen Expeditionen erlangten die Amerikaner umfassendes Wissen über die Geografie des Westens in Form von Landkarten großer Flüsse und Gebirgsketten. Allein bei der Reise von Lewis und Clark wurden mehrere Hundert bislang unbekannte Tier- und Pflanzenarten entdeckt und benannt; von vielen Pflanzen wurden Proben zur wissenschaftlichen Analyse mitgebracht.

Die Expedition fokussierte die Aufmerksamkeit der Bundesregierung in Washington und der Öffentlichkeit auf den Westen und stärkte den Anspruch auf die Gebiete im Westen des amerikanischen Kontinents, deren Aufteilung erst 1846 im Oregon-Kompromiss endgültig geklärt wurde. Die Berichte von Lewis und Clark ermutigten Pelzhändler zur weiteren Erschließung, ab 1810 wurden z. B. die ersten Handelsposten im heutigen Washington eingerichtet. Zwischen 1830 und 1870 zogen fast 350 000 Siedler von Independence am Missouri in die Gebiete west-

Thema

lich und nordwestlich des South Passes. Diese wurden bis zur jeweiligen Staatengründung allgemein als Oregon bezeichnet. In der Auseinandersetzung um die Gebietsansprüche zwischen Briten und Amerikanern schafften die Siedler Fakten, sodass 1849 der 49. Breitengrad als Staatsgrenze zum späteren Kanada festgelegt wurde.

Wie mühselig die meist sechsmonatige Reise mit Planwagen gewesen sein muss, vermag man sich heute kaum noch vorzustellen. Es galt Berge, Wälder, Halbwüsten, unzählige Flüsse und verschiedenste klimatische Zonen zu überwinden bzw. auszuhalten. Die Indianer ließen die Siedler durch ihr Land ziehen, solange sie sich nicht ansiedelten, und unterstützten sie beim Durchqueren der Flüsse oder als Fährtenleser. The Dalles am Columbia River im nördlichen Oregon war zunächst das Ziel der halbjährlichen Plackerei,

von dort ging es im nächsten Jahr entweder auf dem Fluss weiter oder Richtung Süden zum Mount Hood und von dort ins Willamette Valley. Oregon City (s. S. 220) war von 1848 bis 1851 die Hauptstadt dieses gigantischen Gebiets, dann nahm Salem diese Aufgabe wahr und wurde 1959 Regierungssitz des neuen Bundesstaates Oregon. Mit dem Bau der Eisenbahn endeten die Siedlertrecks, nun gelangten die neuen Bewohner und abenteuerlustigen Goldsucher mit der Bahn in den Wilden Westen.

**i** **Weitere Informationen:** National Headquarters Office, Lewis & Clark Trail Heritage Foundation, Great Falls, Montana, www.lewisandclark.org; National Park Service, 324 S. State St., Suite 200, Salt Lake City, UT 84111; Oregon National Historic Trail, www. nps.gov/oreg.

**Die Lewis-&-Clark-Expedition am Lower Columbia River, Druckgrafik von 1875**

Die Wandgemälde im State Capitol von Salem thematisieren Oregons Geschichte

**Weingutbesichtigung**
**Eco Tours of Oregon:** 3127 SE 23rd Ave., Portland, Tel. 503-245-1428, www.eco tours-of-oregon.com. Tagestour mit dem Besuch von 4 Weingütern 60 $.
**Torii Mor Winery:** 18325 NE Fairview Dr., Dundee, Tel. 503-538-2279, www.toriimorwi nery.com, tgl. 10–17 Uhr. Ein japanischer Garten neben dem Probier- und Verkaufsladen gibt diesem Weingut ein besonderes Flair.

## Salem ▶ C 8

Neben der Tatsache, dass **Salem** mit den umgebenden Orten mit ca. 390 000 Einwohner die zweitgrößte Metropole von Oregon ist und zudem auch die Hauptstadt des Bundesstaates, bedauern selbst die Einheimi-

schen, wie trist sich die Stadt durch den Ausbau von Motels und Fast-Food-Ketten entwickelt hat. Historische Gebäude sind in reicher Zahl vorhanden, schließlich wurde die Stadt schon 1842 gegründet und 1851 zur Hauptstadt erklärt. Einen Besuch lohnt in erster Linie der **National Historic District,** die Innenstadt mit ihren roten Backsteinhäusern aus dem 19. Jh. Im Mittelpunkt steht das 1869 errichtete **Reed Opera House** mit italienischen Stilelementen, früher einmal das kulturelle Zentrum der Kommune, heute allerdings nur eine kleine Shopping Mall mit Bistros und einem Theater (189 Liberty St. NE, www.reedoperahouse.com).

Als Hauptstadt weist Salem natürlich auch ein **State Capitol** auf, das weiße, aus Ver-

tens. Wer sich für Kunstsammlungen interessiert, könnte dort das **Hallie Ford Museum of the Art** aufsuchen, wo die Präsentation indianischer Körbe und Schnitzereien sowie griechischer Vasen, ägyptischer Totenmasken und einiger sehr schöner Zeichnungen von Auguste Rodin Kunsterzeugnisse aus mehreren Jahrtausenden umfasst (700 State St., Tel. 503-370-6855, www.willamette.edu/museum_of_art, Di–Sa 10–17, So 13–17 Uhr, Eintritt frei).

Ein Museum zur Geschichte fehlt auch in dieser Stadt nicht, das **Mission Mill Museum** steht auf der anderen Seite des Universitäts-Campus. Das Museum dokumentiert das Leben von Jason Lee, einem frühen Missionar und Farmer, und die schweren Anfangsjahre der Besiedlung.

Darüber hinaus ist die wasserbetriebene **Thomas Kay Woolen Mill** sehenswert, eine der ersten Industrieanlagen des Staates und von 1892 bis 1962 in Betrieb (1313 Mill St. S E, Tel. 503-585-7012, www.missionmill.org, Mo–Sa 10–17 Uhr, Erw. 8 $).

**Visitor Center:** Teil des Mission Mill Museum, 1313 Mill St. SE, Tel. 503-581-4325 oder 800-874-7012, www.travel salem.com. Mo–Sa 10–17 Uhr.

**Red Lion Salem:** 3301 Market St. NE, Tel. 503-370-7888 oder 800-248-6273, www.redlion.com. 149 gute Standardzimmer. Ab 100 $.

**Best Western Mill Creek Inn:** 3125 Ryan Dr. SE, Tel. 503-585-3332 oder 800-346-9659, www.bestwestern.com/millcreekinn. 109 Zimmer mit gutem Standard; es gibt in Salem noch zwei weitere Best Western (Best Western Pacific Highway Inn und Best Western Black Bear Inn). Ab 100 $.

**Wild Pear:** 372 State St., Tel. 503-378-7515, www.wildpearcatering.com, Mo–Sa 10–17.30, 1. Mi im Monat 10–21 Uhr. Ansprechend eingerichtetes Bistro fürs Mittagessen; es gibt nicht nur leckere Sandwiches, sondern auch eine Auswahl an Pasteten und Salaten. Ab 4 $.

monter Marmor gebaute Regierungsgebäude stammt aus dem Jahr 1938. Der Turm mit der **Golden-Pioneer–Statue** ist als Aussichtsturm geeignet, einen guten Überblick über die Stadt zu gewinnen. Man kann eine geführte Tour durch das Gebäude mitmachen oder es auf eigene Faust erkunden. Dabei fallen die großen Wandgemälde zu den Ursprüngen des Staats mit ihren heroisierenden Darstellungen der Pioniere besonders ins Auge (900 Court St. NE, Tel. 503-986-1388 für die Zeiten der Touren, www.leg.state. or.us, Mo–Fr 8–17, 12. Juli–Ende Aug. auch Sa 9–16 Uhr, Eintritt frei). Nicht weit vom Capitol entfernt befindet sich die ursprünglich aus einer Missionsschule entstandene **Willamette University;** sie ist die älteste des Wes-

## Portland und Umgebung

**Feste und Veranstaltungen**
**Oregon State Fair:** Ende Aug.–Sept. Großes Spektakel mit Verkaufsständen aller Art, Jahrmarkt, Konzerten, Shows und sportlichen Wettbewerben, Oregon State Fairgrounds, Tel. 503-947-3247, www.oregon statefair.org, Erw. 8 $, Kin. 6–12 J. 3 $.

**Weingutbesichtigung**
**Bethel Heights:** 6060 Bethel Heights Rd., Tel. 503-581-2262, www.bethelheights. com, Mai–Okt., Di–So 11–17 Uhr. Besonders schöner Blick über die Landschaft.
**St. Innocent Winery:** 5657 Zena Rd. N W, Salem, Tel. 503-378-1526, www.stinnocent wine.com, Mai–1.Okt. Di–So 11–16 Uhr.

## Eugene ▶ C 10

Liebenswert, gemütlich, aber auch anregend und ein Ort für Genießer: Die Universitätsstadt **Eugene** am südlichen Ende des Willamette Valley hat einen ganz eigenen Charakter. Sie besitzt zwar nicht so viele historische Gebäude wie Salem, hat aber eine besondere Atmosphäre. Zahlreiche Restaurants und Cafés mit Plätzen im Freien laden zum Verweilen ein; hier kann man stundenlang sitzen und den Passanten zuschauen.

Benannt wurde der rasch wachsende Ort nach dem Holzfäller Eugene Skinner, der im Jahr 1846 das erste Anwesen baute. Allerdings geht das Gerücht, dass die Siedlung zunächst als »Skinners Mudhole« (Schlammloch) bekannt war. Theatergruppen auf dem Weg zwischen Portland und San Francisco machten offenbar gern in dieser Stadt Rast, spielten für ihren Aufenthalt und trugen mit dazu bei, dass Eugene neben dem Image als Lieferant für landwirtschaftliche Geräte auch als Kulturstadt bekannt wurde.

Inzwischen leben am Zusammenfluss von Willamette und McKenzie River ca. 160 000 Menschen; die Nachbarstadt Springfield hat fast 60 000 Einwohner. Wie in Portland spielt hier das Fahrrad eine große Rolle, Wege zum Biken gibt es in Hülle und Fülle. Downtown lässt sich bequem zu Fuß erschließen, für 2,50 $ kann man aber auch einen Tagespass für die zahlreichen Busse erstehen.

Downtowns lebendigste Straße ist die Willamette Street, dort und um diese Nord-Süd-Achse herum sind die meisten Restaurants und Cafés angesiedelt. Lohnenswert ist ein Besuch im **Shelton-Mcmurphy-Johnson House,** das etwas weiter südlich im Skinner Butte Park liegt. Es ist eines der wenigen zu besichtigenden Zeugnisse aus der Frühzeit der Stadt (303 Willamette St., Tel. 541-484-0808, www.smj house.org, Di–Fr 10–13, Sa, So 13–16 Uhr, Eintritt 5 $).

Empfehlenswert ist ein Besuch des Campus der **University of Oregon.** Beispielsweise befindet sich dort die größte Bibliothek des Bundesstaates: Über 1,85 Mio. Bücher stehen in den Regalen der **Philip Knight Library,** die übrigens nach dem Mitgründer und langjährigen Vorstandsvorsitzenden von Nike benannt ist. Er sponserte seine Alma Mater mit großzügigen Spenden, sodass die öffentliche Bibliothek von 1937 nach modernstem Standard ausgebaut werden konnte.

Aus dem Jahr 1932 stammt das rote Backsteingebäude des **Jordan Schnitzer Museum of Art,** dessen Kollektion an Kunstwerken aus der ganzen Welt fast 13 000 Exponate umfasst. Besonders interessant ist die Sammlung amerikanischer Kunst mit dem Schwerpunkt Pazifischer Nordwesten – die meisten Bilder des Expressionisten Morris Graves (1910–2001) befinden sich hier (Tel. 541-346-3027, http://uoma.uoregon.edu. Di, Do–So 11–17, Mi bis 20 Uhr, Erw. 5 $, Kin. unter 18 J. frei).

Auf dem Gelände der Universität gibt es auch zwei ältere Gebäude im viktorianischen Baustil, **Deady Hall** und **Villard Hall.** Viele Bäume umschatten das großzügige, parkartige Gelände, und so kann es einfach Spaß machen, am PLC Tower in der Mitte zu sitzen und den jungen Leuten beim Frisbeewerfen oder dem derzeit beliebten Hacky-Sack-Spiel zuzusehen (University of Oregon, East Thirteenth Ave., Informationsschalter, www. uoregon.edu).

**Convention & Visitor Center:** 754 Olive St., Tel. 541-484-5307, www.visitlane county.org, Mo–Fr 9–17, Sa 10–16 Uhr.

**Valley River Inn:** 1000 Valley River Way, Tel. 800-543-8266 oder 541-743-1000, www.valleyriverinn.com. Direkt am Willamette gelegenes 257-Zimmer-Hotel mit gutem Standard, Pool, Restaurant. Ab 160 $.

**Campbell House Inn:** 252 Pearl St., Tel. 541-343-1119 oder 800-264-2519, www.campbellhouse.com. 19 in verschiedenen Stilen eingerichtete Zimmer in einer Villa und dem Kutscherhaus von 1892, in einem wunderbaren Park gelegen. Ab 130 $.

**Secret Garden B & B:** 1910 University St., Tel. 541-484-6755, www.secretgardenbbinn.com. 10 individuell eingerichtete Zimmer, teils mit schönen Antiquitäten, reizvoller Garten. Ab 115 $.

**Red Lion Hotel Eugene:** 205 Coburg Rd., Tel. 541-342-5201, www.redlion.com. 137 Zimmer. Ab 100 $.

**Econo Lodge:** 1190 W 6th Ave., Tel. 541-342-7273, www.econolodge.com. Standard-Hotel-Kette, 56 frisch renovierte Zimmer. Ab 80 $.

**Chanterelle:** 207 E 5th Ave., Tel. 541-484-4065, http://chanterellerestauranteugene.com, Di–Sa ab 17 Uhr. Französisches Restaurant mit ambitionierter Küche, gilt als eines der besten und auch teuersten der Stadt. Lachs ab 30 $.

**Oregon Electric Station:** 27 E 5th Ave., Tel. 541-485-4444, www.oesrestaurant.com. In diesem renovierten Bahnhof kann man auch draußen sitzen. Am Wochenende oft Livemusik. Viele Gäste der Oper essen hier vor der Vorstellung eine Kleinigkeit. Besonders zu empfehlen ist das Rindfleisch *(Prime Rib)*. Um 25 $.

**Ambrosia:** 174 E Broadway, Tel. 541-342-4141, www.ambrosiarestaurant.com, Mo–Fr 11.30–22, Sa 16.30–23, So 16.30–21.30 Uhr. Italienisch inspiriert, aber auch asiatische Elemente, etwa mit Krebsfleisch gefüllte Pilze. Lunch ab ca. 10 $, Dinner um 20 $.

**Marche:** 296 E 5th Ave., Tel. 541-342-3612, www.marcherestaurant.com. Mo–Sa 11.30–23, So 11.30–22 Uhr. Im Erdgeschoss des Farmers Market, gute *Northwest Cuisine,* sehr frisch sowie unter Verwendung von Bioprodukten. Sandwiches zum Lunch um 10 $, Spargelsalat mit Enteneiern 11 $.

**Lane County Farmers Market:** 8th und Oak St., Park Blocks jeweils Di 10–15, Do 14–17, Sa 9–16 Uhr. Seit 1915 gibt es den Zusammenschluss der Farmer des Landkreises, es darf nur Mitglied werden, wer die Produkte selbst anbaut oder züchtet.

**5th Street Market:** 296 E 5th Ave., www.5stmarket.com. Mo–Sa 10–19, So 10–18 Uhr. Eine kleine Mall mit viel Kunsthandwerk und zahlreichen Bistros und Boutiquen.

**Feste und Veranstaltungen**

**Bach Festival:** 17 Tage im Juni/Juli. Johann Sebastian Bachs Kompositionen und seine Einflüsse auf andere Komponisten sind seit 1970 Schwerpunkt dieses beliebten Festivals, Karten ab 15 $, www.oregonbachfestival.com.

**Oregon Festival of American Music:** Juli/Aug. Ein bunter Überblick zu Folk, Jazz und und älteren Musikbewegungen; Veranstalter ist das John G. Shedd Institute, www.ofam.org.

**Lane County Fair:** Aug. Das Highlight des Sommers ist der sechstägige Veranstaltungsreigen mit Konzerten, Shows, Wettbewerben und jeder Menge Verkaufsständen.

**First Friday Art Walk:** erster Fr im Monat. Kostenlose Führung durch Downtown und die Galerien. Veranstalter ist das Lane Arts Council, 1590 Willamette St., Ste 200, Tel. 541-485-2278, www.laneart.org.

**King Estate Winery:** 80854 Territorial Rd., ca. 15 km außerhalb der Stadt, www.kingestate.com, Visitor Center, Tel. 1-800-884-4441. Südlich von Eugene liegt ein ungewöhnliches Weingut. Im Stil eines italienischen Gutshofs mit Campanile thront das gelbe Gebäude auf einer Anhöhe. Man kann Wein probieren und kaufen sowie eine Führung durch die Kelterei machen. Neben dem *tasting room* gibt es ein sehr gutes Restaurant, Tel. 541-685-5189 oder 1-800-884-4441, tgl. 11–21 Uhr, schöne Terrasse mit wunderbarem Blick. *Beef Tenderloin* 34 $.

# Oregons Küste

Meistens neigen auch amerikanische Werbebroschüren etwas zur Übertreibung und die bunten Hefte der Touristeninformationen bilden da keine Ausnahme. Aber für die fast 600 km lange Pazifikküste von Oregon stimmen die Lobeshymnen: Es ist eine überwältigend abwechslungsreiche, grandiose Landschaft, die der Highway 101 wie eine Lebensader durchzieht.

## Die Nordküste

Im Sommer ist der nördliche Teil der Küste das beliebteste Reiseziel für Amerikaner; auch für einen Kurztripp von Portland oder Salem (ca. 2 Std.) ist der Abschnitt zwischen Astoria und Newport schnell zu erreichen. Viele kleinere Orte bieten zahlreiche Unterkünfte, auch Plätze für Camper gibt es in ausreichender Zahl und die langen, goldgelben Strände laden zum Wandern, Surfen und Muschelsuchen ein. Einzelne Felsbrocken geben der Sandlandschaft ein ganz eigenes Gepräge, den vielen Wasservögeln dienen sie oft als Refugium.

Bei Radfahrern ist der Teil zwischen Rockaway Beach und Lincoln City ausgesprochen beliebt, weil es schöne Routen abseits des Highway 101 gibt, die kaum von Autos und, besonders wichtig, nur von wenigen Lkws befahren werden. Im Sommer sollte man auf jeden Fall von Norden nach Süden fahren, dann hat man den Nordwestwind im Rücken.

### Astoria ► B/C 6/7

Dem in Deutschland geborenen Johann Jacob Astor verdankt die kleine Stadt an der Mündung des Columbia River ihren Namen. Der erfolgreiche Pelzhändler richtete schon 1811 das **Fort Astoria** ein, um von dort aus seinen Handel mit Asien zu betreiben. Später erhielt die Ansiedlung als Erste eine Poststation und kam wegen ihrer Lachs-Verarbeitungsfabriken und als Umschlagplatz für den

Holzhandel zu wirtschaftlicher Blüte. Manche der aus dieser Zeit Ende des 19. Jh. stammenden viktorianischen Holzhäuser haben die beiden großen Brände von 1883 und 1922 überstanden, und die wirtschaftliche Bedeutungslosigkeit, in die Astoria bis in die 1980er-Jahre versank, hat das Ihrige dazu beigetragen, dass an manchen Ecken der an einem steilen Hang gelegenen Stadt noch etwas vom Charme der Vergangenheit zu finden ist.

Heute ist Astoria häufig Ziel der großen Kreuzfahrtschiffe, die immer noch unter dem hoch gebauten Teil der 1961 errichteten Brücke hindurchpassen. Der Film »Free Willy« wurde übrigens in Astoria gedreht, in der Hammond Marina gelang dem Wal der Sprung in die Freiheit. Auch »Kindergarten Cop« und »Die Goonies« sind hier entstanden. Im Visitor Center erhält man eine Broschüre zu den Drehorten und kann sie besichtigen.

Hauptattraktion ist die 38 m hohe **Astoria Column** auf dem Stadthügel Coxcomb Hill. Von dort hat man eine spektakuläre Aussicht über die Mündung des Columbia River und die Küste. Die Säule wurde 1926 aufgestellt und dokumentiert mit Bildern die Geschichte der Region. Auch die Entdecker Lewis und Clark waren hier und überwinterten 1805/06 in **Fort Clatsop** (tgl. von Sonnenauf- bis Sonnenuntergang geöffnet). Es gibt keine Promenade am Fluss entlang und der Marine Drive ist gleichzeitig der Highway 30, eine stark befahrene Durchgangsstraße.

Dennoch lohnt sich ein Besuch des **Columbia River Maritime Museum** im Maritime Park, wo man nahezu alles über die Geschichte der hiesigen Schifffahrt lernen kann. Schiffsmodelle, Boote in Originalgröße und das ehemalige Feuerschiff, jede Menge Fotografien und Skulpturen der Inuit aus Walrosszähnen werden in einem lichtdurchfluteten neuen Gebäude didaktisch durchdacht präsentiert (1792 Marine Dr., Tel. 503-325-2323, www.crmm.org, tgl. 9.30–17 Uhr, Erw. 10 $, Kin. 6–17 J. 5 $).

**Visitor Center:** 111 W Marine Dr., Tel. 503-325-6311, www.oldoregon.com, im Sommer tgl. 8–18, übrige Zeit Mo–Fr 9–17 Uhr.

**Cannery Pier Hotel:** 10 Basin St., Tel. 503-325-4996 oder 1-888-325-4996, www.cannerypierhotel.com. Boutiquehotel direkt am Wasser, jedes Zimmer mit Balkon, Kamin und Internetzugang. Ab 150 $.

**Hotel Elliott:** 357 12th St., Tel. 877-378-1924, www.hotelelliott.com. Frisch restauriertes Haus von 1924, 32 unterschiedliche Zimmer, manche mit Kamin, Dachgarten mit schöner Aussicht. DZ um 150 $.

**B & B The Franklin Station:** 1400 Franklin St., Tel. 503-325-4314, www.franklin-st-station-bb.com. 6 Zimmer in einem viktorianischen Haus, das einst ein Schiffsbauer errichtete, viele alte Möbel und Dekorationen. Ab 120 $.

**B & B The Rosebriar Inn:** 636 14th St., Tel. 1-800-487-0224, www.rosebriar.net. Die Villa von 1902 bietet 12 gut eingerichtete Zimmer/Suiten, z. T. mit Blick auf den Fluss. Ab 95 $.

**Silver Salmon Grille:** 1105 Commercial St., Tel. 503-338-6640, www.silversalmongrille.com, tgl. ab 11 Uhr. Den Lachs serviert man auf einem edlen Erlenholzbrett mit *Dungeness Crab*. Um 29 $.

**Clemente's Fresh Seafood Restaurant:** 1198 Commercial St., Tel. 503-325-1067. Lunch Mo–Fr 11–13, Dinner ab 17 Uhr. Angesagtes italienisch orientiertes Restaurant

## Mit der Autorin unterwegs

### Grandioser Überblick

Vom oberhalb von Astoria gelegenen **Coxcomb Hill** mit seiner berühmten **Column** hat man einen wunderbaren Ausblick auf die Mündung des Columbia River in den Pazifik (s. S. 228). Auch vom höchsten Punkt an der Küste, am **Cape Perpetua** bei **Yachats,** ist die Aussicht auf die Strände, Klippen und bewaldeten Felshänge grandios (s. S. 234).

### Wie wird »Monterey Jack« hergestellt?

In der **Käsefabrik von Tillamook** kann man zusehen, wie Cheddar, Mozzarella oder die drei verschiedenen »Jacks« hergestellt werden, und auch gleich welchen kaufen. Auch das Eis wird frisch mit Milch aus der Umgebung produziert (s. S. 231).

### Seelöwen beobachten

In der **Marina von Newport** haben Seelöwen einige Piers erobert. Ihr Gebell ist schon von Weitem zu hören, wenn sie um die besten Plätze rangeln (s. S. 233).

### Tipp für Sparer: Mehrtagespässe für die National Parks

In der Regel kostet der Besuch eines National Park oder Forest eine Eintrittsgebühr (5–10 $). Plant man, mehrere Parks anzufahren, lohnt sich der Kauf eines 5-Tages-Passes für 10 $. Camper benötigen keinen Pass, sie bezahlen die Gebühr mit dem Preis für den Platz (www.fs.fed.us/r6/siuslaw/passes/oregoncoast/index.shtml oder www.oregon.gov/OPRD/PARKS/docs/Pass_summary.pdf).

### Infos zur Küste

**www.oregoncoast101.com:** Informative Website zu allen Orten, mit Veranstaltungskalendern, Hinweisen auf Sehenswürdigkeiten sowie zahlreichen Hotel- und Restaurantempfehlungen. Des Weiteren gibt es aktuelle Wetterberichte zu den Küstenorten und einige Webcams.

mit ambitioniertem Koch. *Dungeness Crab Cake* (Lunch) 14 $.

**Pig 'n' Pancake:** 146 W Bond St., Tel. 503-325-3144, www.pignpancake.com, tgl. 6–22 Uhr. Frische, hausgemachte Pfannkuchen und Waffeln zum Frühstück. Um 5 $.

**Sightseeing-Tour:** Der rote Straßenbahnwagon des Riverfront Trolley fährt tagsüber den Marine Drive entlang, zwischen Basin St. und 36th St., zusteigen kann man überall, er hält auf Zuwinken. Hin- und Rücktour mit Erklärungen zu Sehenswertem dauern 40 Min. und kosten lediglich 1 $.

**Wet Dog Café:** 144 11th St., Tel. 503-325-6975, www.wetdogcafe.com, tgl. ab 17 Uhr. Mehr ein Pub als ein Restaurant, aber es gibt Burger und Sandwiches zum Bier. Am Wochenende oft Livemusik, dann ist es meist recht voll, Terrasse mit Blick auf die Brücke über den Columbia River.

## Cannon Beach ▶ B 7

Wie Perlen auf einer Schnur reihen sich südlich von Astoria die Ferienorte aneinander. Durch das Familienbad Seaside führt der Highway 101 hindurch, im Sommer braucht man hier viel Geduld. Besonders Mitte Juni wird es in **Cannon Beach** eng, weil sich dann die Sandkünstler zu einem »Sand Castle Contest« treffen und erstaunliche Figuren und Gebilde aus Sand formen (s. S. 231).

Ein Blickfang und beliebtes Fotomotiv ist der **Haystack Rock,** ein alleinstehender Felsen von immerhin 71 m Höhe. Er ist bevorzugter Nistplatz für Gelbschopflunde *(tufted puffin)* und am Fuß des Monoliths sind Seesterne in allen Farben zu finden. Cannon Beach hat sich noch etwas vom ursprünglichen Charme eines alten Seebades erhalten: Die Häuser direkt an der Düne passen zur Landschaft und der kilometerlange Sandstrand lädt besonders bei Ebbe zum Wandern ein.

Dabei trifft man auch Muschelsucher, die mit einer Röhre in den Sand bohren, einen Unterdruck erzeugen und so Muscheln herausholen. Viel Erfahrung und aufmerksames Beobachten der winzigen Atemlöcher seien eine Grundvoraussetzung, um bei dieser Beschaffungsform der delikaten Meeresfrüchte erfolgreich zu sein, versichern die Einheimischen.

**Visitor Center Seaside:** 7 N Roosevelt (direkt am Hwy 101), Tel. 503-738-3097 oder 1-888-306-2326, www.seasideor.com, tgl. 9–17 Uhr (im Sommer), hier bekommt man auch Material über die gesamte Küste.

**Information Center Cannon Beach:** Spruce St. Ecke 2nd St., Tel. 503-436-2623, www.cannonbeach.org. Mo–Fr 9–17 Uhr.

**Schooners Cove Inn:** 188 N Larch, etwas außerhalb der Stadt, Tel. 503-436-2300 oder 1-800-843-0128, www.schooners cove.com. Mit Zederschindeln gedecktes größeres Hotel und Spa, gehobener Standard, direkt am Strand, Zimmer und Suiten mit Mikrowelle, Kühlschrank. Ab 180 $.

**Einer der beliebtesten Strände in Oregon: Cannon Beach mit dem Haystack Rock**

**Wayfarer:** 1190 Pacific Dr., Tel. 503-436-1108, www.wayfarer-restaurant.com, tgl. ab 8 Uhr Frühstück. Gehobene Küche. *Crab Cake* (Lunch) 18 $.
**Lazy Susan Café:** 126 N Hemlock, Tel. 503-436-2816. Uriges Café in einem Holzhaus, in dem gut frühstücken oder zu Mittag essen kann. Waffeln um 5 $.

**Sandburgen-Wettbewerb:** Mitte Juni. Nur einen Tag dauert der Wettbewerb, aber das Zuschauen bei der Entstehung der teilweise bizarren Figuren, Gebäude und Landschaften kann reizvoll sein, www.cannonbeach.org/sandcastlepage.htm.

**Surfen (Wellenreiten):** Cannon Beach Surf, 1088 S. Hemlock, Tel. 503-436-0475, www.cannonbeachsurf.com. Anfängerunterricht 75 $/1 Std., Equipment zum Ausleihen 40 $/Tag.

**Radfahren:** Mike's Bike Shop, 248 N Spruce St., Tel. 1-800-492-1266, www.mikesbike.com. Gute Auswahl an Rädern, es gibt auch auch »Beach Cruiser«, Verleih ab 8 $/Std., 30 $/24 Std.

## Von Tillamook Bay nach Lincoln City ▶ B 8

Kurz vor der kleinen Ortschaft **Garibaldi** verlässt der Highway 101 die Küste und schlängelt sich am Einschnitt der **Tillamook Bay** vorbei zur gleichnamigen Kleinstadt. In einem sanften grünen Tal liegt der Ort und ist umgeben von Viehweiden, die die Milch für die Käsefabrik dort liefern. Sie ist zu besichtigen und man kann den Käsern direkt bei der Herstellung zusehen und anschließend frischen Käse kaufen (Tillamook Cheese Factory, 4175 Hwy 101 N, Tel. 503-815-1300, www.tillamookcheese.com, tgl. 8–18, in der Ferienzeit bis 20 Uhr, Farmhousecafé).

## Oregons Küste

Von hier aus lohnt sich ein Schlenker auf dem **Three Capes Scenic Loop,** ca. 61 km nach Cape Meares, Cape Lookout und Cape Kiwanda. Die Strecke ist hügelig und nicht immer asphaltiert, zudem gehört sie zu den bevorzugten Routen der vielen Radwanderer. Aber die wunderschöne Landschaft und die spektakulären Ausblicke auf den Pazifik bieten viele Fotomotive.

Zum Ansehen bieten sich an: das **Cape Meares Lighthouse,** der *Octopus tree* dort, eine mindestens 2000 Jahre alte Sitka-Fichte in ungewöhnlicher Form, Lummen und Kormorane im **Oregon Islands National Wildlife Refuge** oder im **Clay Myers Natural Area** und noch einen Haystock Rock am Cape Kiwanda. Kurz hinter Pacific City mündet der Loop wieder auf den Highway 101 und führt in das touristische **Lincoln City** mit seinen sehenswerten Kite-Wettbewerben im Sommer. Da von hier aus Verbindungen nach Portland und Salem existieren, fahren die Großstädter schnell einmal ans Meer, die Vielzahl von Motels und Apartmentblocks haben das lang gezogene Straßendorf allerdings nicht schöner gemacht.

**Visitor Center:** 540 NE Hwy 101, Lincoln City, Tel. 541-996-2152, www.oregoncoast.org, Mo–Fr 9–17 Uhr.

**Salishan Spa & Golf Resort:** 7760 Hwy 101 N, Tel. 1-800-452-2300, www.alishan.com, etwas außerhalb am Gleneden Beach. Das 200-Zimmer-Hotel der gehobenen Klasse liegt direkt am Pazifik und inmitten des von Peter Jacobson entworfenen Golfplatzes. Ab 250 $.

**Angler in der Tillamook Bay**

**Inn at Spanish Head:** 4009 SW Hwy 101, Tel. 1-800-452-8127, www.spanishhead.com. Alle 120 Zimmer dieses direkt am Strand gelegenen Hotels haben Meerblick, Restaurant auf dem Dach. Ab 200 $.
**The Odysius Hotel:** 120 NW Inlet Ct., Tel. 1-800-869-8069, www.odysius.com. Neues Hotel direkt am Strand, guter Standard, alle Zimmer mit stimmungsvollem Gaskamin. Ab 160 $.

**Feste und Veranstaltungen**
**Kite Festivals:** Ende Juni und Mitte Okt. Ausgesprochen fantasievolle Segel und Drachen kommen während dieser Vorführungen von Kite-Surfern aus aller Welt zum Einsatz, Austragungsort ist die D-River State Wayside, www.oregoncoast.org/kite-festival/kites-summer.php.

# Central Coast

Lincoln City gilt als nördlichster Ort der Central Coast. Die Landschaft wird etwas rauer und felsiger, die Ausläufer der Coastal Range befinden sich näher am Pazifik und die Zahl der Ortschaften nimmt deutlich ab.

**i** **Central Oregon Coast Association:** P. O. Box 2094, Newport, OR 97365, Tel. 800-767-2064, www.coastvisitor.com.

## Von Depoe Bay nach Newport
▶ B 9

Die kleine Ortschaft **Depoe Bay** mit 1100 Einwohnern zieht sich am Highway 101 entlang und hat außer dem **Whale Watching Center** nördlich der Brücke nicht viel zu bieten. 1846 Grauwale wurden 2007 insgesamt gesichtet, fast 60 Tiere sollen sich ständig dort vor der Küste aufhalten. Im Center lässt sich viel über die gefährdeten Meeressäuger lernen; die Ranger sind ausgesprochen hilfsbereit und haben auf (fast) alle Fragen eine Antwort (Oregon Parks and Recreation Whale Watching Center, 119 SW Highway 101, Tel. 541-765-3407, www.whalespoken.org, im Sommer tgl. 10–17 Uhr). Am Cape Foul Weather kurz vor Otter Rock soll der Entdecker James Cook 1778 geankert haben, weil ein Sturm aufzog. Sturmbeobachtung wird übrigens in vielen Broschüren als eine beliebte Aktivität für den Herbst und Winter angepriesen.

## Newport ▶ B 9
Nicht nur auf der berühmten Pier in San Francisco lassen sich Seelöwen häuslich nieder, auch in **Newports** kleinem Hafen an der Yaquina Bay braucht man nur dem lauten Gebell zu folgen, bis man die bevorzugte Lagerstätte findet. Die Fischfabriken dort locken die Tiere an, allerdings sind es bei Weitem nicht so viele wie in Kalifornien.

Newport hat sich von einer Hafenstadt zu einem liebenswerten Anziehungspunkt für Touristen entwickelt. Die **Historic Bayfront** am Hafen wartet mit einer Vielfalt an Geschäften, Restaurants und Bars auf. Von anspruchsvoller Galerie bis zum eher schmuddelig wirkenden Souvenirgeschäft mit viel Kitsch ist alles vertreten. An der Nye Bay wird die 9500-Einwohner-Stadt aufgehübscht, ältere Gebäude werden restauriert und kleine Boutiquen und Galerien ziehen ein.

Das **Oregon Coast Aquarium** beherbergt Seeotter, Robben, Pinguine und interessante Quallen. Zudem lassen sich Haie durch einen Unterwassertunnel beobachten (2820 SE Ferry Slip Rd., Tel. 541-867-3474, www.aquarium.org. Tgl. im Sommer 9–18, sonst 10–17 Uhr, Erw. ab 13 J. 14,25 $, Kin. 8,75 $, Senioren 12,25 $).

Im **Hatfield Marine Science Center** widmen sich Meeresbiologen, Vulkanforscher und Umweltschützer gemeinsam der Erforschung des Meeres. Die Ausstellungen im dortigen Visitor Center beschreiben die Flora und Fauna sowie die Geologie unter Wasser ( 2030 SE Marine Science Dr., Tel. 541-867-0100, http://hmsc.oregonstate.edu, im Sommer tgl. von 10–17, im Winter Do–Mo 10–16 Uhr, Eintritt frei).

Die meisten Orte müssen sich mit einem Leuchtturm begnügen, Newport hat gleich zwei, wobei der im Süden gelegene einen gebührenfreien Parkplatz bietet.

**Visitor Center:** 555 SW Coast Hwy, Tel. 541-265-8801, Mo–Fr 9–17 Uhr, www.newportchamber.org oder http://discovernewport.com.

**Starfish Point:** 140 NW 48th St., Tel. 541-265-3751, www.starfishpoint.com, sehr schöne Anlage oben auf der Felsküste, Apartments mit Küche und Balkon. Ab Juni ca. 190 $.

**The Sylvia Beach Hotel:** 267 NW Cliff, Tel. 541-265-5428 oder 888-795-8422, www.sylviabeachhotel.com. 19 Zimmer am Nye Beach in einem renovierten älteren Haus, individuell für Literaturliebhaber eingerichtet. Kein TV, kein Radio oder Telefon. Ab 150 $.

**Little Creek Cove:** 3641 NW Oceanview Dr., Tel. 1-800-294-8025 oder 541-265-8587, www.littlecreekcove.com. 30 funktionale Condos, alle mit Meerblick, Küche, Gas-Kamin, Internet, mind. 2 Nächte. Ab 140 $.

**Panache:** 614 W Olive St., Tel. 541-265-2929, www.PanacheNewport.com, tgl. ab 17 Uhr *Northwest Cuisine* an der Nye Bay. Lachs um 22 $.

**Whale's Tale:** 452 Bay Blvd., Tel. 541-265-8660, tgl. 11–14, 17–21 Uhr. Legeres Familienrestaurant an der Historic Bayfront, gute Fischgerichte. Um 15 $.

**Cafe Stephanie:** 411 NW Coast St., Tel. 541-265-8082, ab 9 Uhr. Gut für Frühstück und Lunch. Blaubeer-Pfannkuchen 4,50 $.

**Bootstour mit Walbeobachtung:** Marine Discovery Tours, 345 SW Bay Blvd., Tel. 541-265-6200, www.MarineDiscovery.com. In Zusammenarbeit mit dem Oregon Coast Aquarium werden tgl. Touren zur Beobachtung großer und kleiner Meereslebewesen angeboten. 2 Std./35 $.

**Tiefseefischen:** Newport Tradewinds, 653 SW Bay Blvd., Tel. 541-265-2101, www.newporttradewinds.com. 5 Std./70 $.

**Radfahren:** Bike Newport, 150 NW 6th, Tel. 541-265-9917, Mo–Sa 10–18 Uhr, www.bikenewport.net, Leihgebühr pro Tag 25 $ inkl. Helm.

## Cape Perpetua und das Heceta Head Lighthouse ▶ B 10

Die höchste Erhebung an der Oregon-Küste ist das inmitten des Siuslaw National Forest gelegene **Cape Perpetua.** In 244 m Höhe hat man einen wunderbaren Blick über die Küstenlinie, bei klarer Sicht soll man bis zu 100 km weit sehen können. Auch hier sind zahlreiche Wanderwege ausgewiesen, die durch Wald mit Sitkafichten führen.

Ein besonders schöner ist der ca. 5 km lange, beim Visitor Interpretive Center beginnende Rundweg **Saint Perpetua Trail.** Er führt u. a. zum höchsten Punkt des Cape, meist durch dichten Wald, wobei er aber immer wieder Ausblicke auf den Pazifik freigibt. Die Nutzung des Parks kostet eine Gebühr von 5 $ pro Tag. Wer die Fahrt mit dem Auto bevorzugt, kann die gut ausgebaute Forest Road 5553 zum Aussichtspunkt nehmen (Cape Perpetua Visitor Center, ca. 4 km südlich von Yachats, 2400 Hwy 101, Tel. 541-

547-3289, www.fs.fed.us/r6/Siuslaw, tgl. 10–17.30 Uhr).

Auf dem Abschnitt bis Florence erreicht der Highway 101 selten direkt die Küste, oft ist er umrahmt von dichtem Wald und steilen Felsen. Ein schöner Punkt zum Anhalten und Fotografieren ist das **Heceta Head Lighthouse** auf einer Felsnase, im gleichnamigen State Park gelegen (www.hecetalighthouse.com, Mai–Sept. 11–17 Uhr, Erw. 3 $).

 **B & B Heceta Lighthouse:** 92072 Hwy 101 South Yachats, Reservierungen Tel. 866-547-3696, www.hecetalighthouse.com. Das ehemalige Leuchtturmwärterhaus von 1894 befindet sich in unmittelbarer Nähe zum Leuchtturm und ist heute ein ansprechendes B & B mit 6 Zimmern. Ab 150 $.

## Sea Lion Caves ▶ B 10

Mit einem Fahrstuhl fährt man die 63 m hinunter zu den Grotten in den steilen Felsen und kann dort mit etwas Glück große Kolonien von Seelöwen beobachten. Um die Tiere in ihrem natürlichen Umfeld nicht zu stören, gibt es im Innern allerdings keine Lampen und Blitzlicht ist verboten, sodass die Eindrücke nicht ganz so spektakulär sein können wie an den Piers in Newport oder San Francisco. Die Basaltsteinhöhlen werden das ganze Jahr über von den »Steller«-Seelöwen (einer Seelöwenart, die nur im Nord-Pazifik vorkommt) aufgesucht, im Sommer liegen sie mit ihren Jungen allerdings meist außerhalb auf den Felsen davor (91560 Hwy 101 N, Tel. 541-547-3111, http://sealioncaves.com/home, tgl. 9–17.30 Uhr, Erw. 10 $, Kin. 3–12 J. 6 $).

# Die Südküste

Je weiter man nach Süden kommt, desto menschenleerer wird die Küste, dafür reihen sich die National Forests fast nahtlos aneinander. Eine gigantische Dünenlandschaft und riesige mythenumrankte Felsbrocken an den Stränden bilden die markanten Kennzeichen dieses Küstenteils von Florence bis hi-nunter zur kalifornischen Grenze bei Brookings.

## Florence ▶ B 10

Ende Mai präsentiert sich das kleine Städtchen **Florence** in einer ganz speziellen Pracht: Die Rhododendrenblüte beginnt und mit einem Fest am 3. Wochenende im Wonnemonat feiern die Bewohner den Beginn des Sommers. Old Town mit ihren vielen Geschäften, Boutiquen und Restaurants ist klein und übersichtlich, die Architektur der meisten Gebäude stammt aus dem frühen 20. Jh. Weil die **Oregon Dunes** südlich vom Ort beginnen, hat sich eine Reihe von Kettenmotels entlang des Highway 101 angesiedelt, was den Reiz des Ortes leider nicht gerade erhöht.

**ℹ️** **Visitor Center:** 290 Hwy 101, Tel. 541-997-3128, www.florencechamber.com, Mo–Fr 9–17, im Sommer Sa 10–14 Uhr. Dort gibt es u. a. Karten für die Oregon Dunes.

**🛏️** **River House Motel:** 1202 Bay St., Tel. 1-888-824-2750, www.riverhousemotel.com. Am Rand der Old Town und am Fluss gelegenes 40-Zimmer-Hotel, 22 davon mit Balkon zum Wasser. Diese ab 135 $.

**Landmark Inn:** 1551 4th St., am Rand der historischen Innenstadt auf einem Hügel, Tel. 1-800-822-7811, www.landmarkmotel.com. Freundlich geführtes Haus mit 12 geschmackvollen Zimmern, teilweise mit Kitchenette, gutes Preis-Leistungs-Verhältnis. DZ 65–125 $.

**Jesse M. Honeyman Memorial State Park:** ca. 6 km südl. von Florence, Tel. 1-800-452-5687, www.oregonstateparks.org/park_134.php. Es stehen Holzhütten und Yurten (Zelte) zur Verfügung. Im Sommer unbedingt vorher online reservieren.1-Raum-Cabin ab 35 $.

**🍴** **Traveler's Cove:** 1362 Bay St., Tel. 541-997-6845, ab 9 Uhr. Ein Café mit Terrasse zum Fluss, Sandwiches und Salate. Zum Frühstück Muffins um 2 $.

**🎭** **Feste und Veranstaltungen**
**Sommerfest in Florence:** 3. Wochenende im Mai. Wenn die Rhododendrenblüte

beginnt, feiert man in Florence den Beginn des Sommers.

## 6 Oregon Dunes National Recreation Area ▶ B 10–11

Sie sind vom Highway 101 aus fast nicht zu sehen, die riesigen Sanddünen entlang der Küste von Florence bis Coos Bay. Immer wieder verdecken Bäume den Blick und bieten gleichzeitig Schutz für die Sandberge und auch die Autofahrer, sonst würde der Sand die Straße bald verschwinden lassen. Man muss schon hineinfahren in das 50 km lange Gebiet, um die bis zu 150 m hohen Sandberge, die kleinen Teiche und Wäldchen dazwischen zu entdecken. Es gibt zahllose Wanderwege, die jeweils von den offiziellen Einfahrtswegen und ihren Parkplätzen abgehen. Für einen kurzen Eindruck empfiehlt sich der **Oregon Dunes Overlook** südlich von Dunes City.

Das Geräusch von ORVs (Off-Road-Vehicles) und ATVs (All-Terrain-Vehicles) kann durchaus als störend empfunden werden, aber für viele Besucher der Dünen ist das Rasen über die Sandberge der ultimative Kick. Dieses größte zusammenhängende Dünengebiet Nordamerikas soll vor fast 12 Mio. Jahren entstanden sein, weil hier die Küste wesentlich flacher und weniger felsig verläuft als an den anderen Abschnitten.

**i** **Oregon Dunes National Recreation Area Visitor Center**: 855 Highway Ave., Reedsport, Tel. 541-271-6000, www. fs.fed. us/r6/siuslaw. Im Sommer tgl. 8–16.30 Uhr (auch hilfreich: www.duneguide.com/ sand_dune_guide_oregon_dunes.htm). Die Einfahrt in das Dünengebiet erfordert einen Tagespass, einmalig 5 $.

**Campingplätze:** USDA Forest Service, Tel. 1-877-444-6777, www.recreation.gov, um 20 $/Tag. Es gibt 14 Plätze zwischen Florence und North Bend. Alle haben Toiletten und Trinkwasser, aber nicht alle bieten Möglichkeiten, den Müll zu entsorgen.

**Geführte Buggy-Touren:** Sandland Adventures, 85366 Hwy 101, SO, Flo-rence, Tel. 541-997-8087, www.sandland. com. 1-stündige Gruppentour 12 $.

**All-Terrain-Vehicle-Verleih:** Sand Dunes Frontier, 83960 Hwy 101 südlich von Florence. Tel. 541-997-5363, www.sanddunes frontier.com, ab 45 $/Std.

**Wissen sammeln:** Umpqua Discovery Center, 409 Riverfront Way, Reedsport, Tel. 541-271-4816, www.umpquadiscoverycenter. com. Bei den Vorträgen geht es um die Geschichte der Meere und viel Wissenswertes über Tiere und Pflanzen, im Sommer tgl. 9–17 Uhr, Erw. 8 $, Kin. 6–15 J. 4 $.

## Umpqua Lighthouse State Park ▶ B 10

Westlich von Reedsport an der Winchester Bay befinden sich der kleine Park mit einem Leuchtturm und das Coast Guard Museum. Auf der Landzunge am Leuchtturm ist einer der zehn Walbeobachtungspunkte (Informationen zum Park: Tel. 541-271-4118, www. Oregonstateparks.org/park_121.php. Zum Leuchtturm: Tel. 541-271-4631, www.ump qualighthouse.com, Besichtigungen im Sommer Mi–Sa 10–16, So 13–17 Uhr).

## Coos Bay–North Bend ▶ B 11

An der größten geschützten Bucht zwischen Seattle und San Francisco hat sich die Doppelstadt **Coos Bay–North Bend** zu einem industriellen Zentrum mit über 25 000 Einwohnern entwickelt. Der tiefe natürliche Hafen ist der wichtigste Holzumschlagplatz in Oregon; entsprechend viele mit gigantischen Stämmen beladene Trucks bevölkern die Straßen und insbesondere den mitten durch die Stadt führenden Highway 101. Zwar wird der Anschluss ans Tourismusgeschäft gesucht, aber die Küste ist felsig und es fehlt offenbar auch an Attraktionen. Ein kleiner Lichtblick ist für Kunstinteressierte das **Coos Art Museum** mit seinem Schwerpunkt Künstler des amerikanischen Nordwestens (235 Anderson Ave., Coos Bay, Tel. 541-267-3901, www. coosart.org, Di–Fr 10–16, Sa 13–16 Uhr, Ein-

**Die Sandberge der Oregon Dunes sind bis zu 150 m hoch**

tritt frei). Wenn man das Be- und Entladen der Schiffe beobachten möchte, gibt es darüber hinaus einen Harbor Boardwalk mit Informationstafeln.

Einen kleinen Umweg lohnt aber die **Golden and Silver Falls State Natural Area,** die man über den Coos River Highway erreicht (ca. 39 km nordöstlich). Hier gibt es einige beeindruckende Wasserfälle, die über 30 m tief über Basaltgestein in die Tiefe donnern (www.oregonstateparks.org/images/pdf/sunset_secrets.pdf oder www.stateparks.com/golden_and_silver_falls). Der Sunset Bay State Park dagegen wartet mit Sandstrand und Campingplätzen auf; er liegt abseits vom Highway 101 kurz hinter dem Fischerdorf Charleston (www.stateparks.com/sunset_bay).

## Bandon  ▶ B 11

Von Coos Bay nach **Bandon** entfernt sich der Highway 101 wieder von der Küste und führt durch einsame Wälder. Bandon-on-Sea als die erste Ansiedlung nach 40 km ist zwar auch nur ein größeres Straßendorf, weist aber eine kleine Old Town an der Mündung des Coquille River auf und hat vor allem einige Hotels direkt auf der Klippe über dem mit Felsbrocken gespickten Strand. Zudem hat sich der Ort einen Namen als »Cranberry-Hauptstadt« von Oregon gemacht, was seit 1946 mit einem dreitägigen Fest Mitte September gebührend gefeiert wird (s. u.).

Den neuen Golfplatz hat das Golf-Magazin 2007 als einen der zehn besten neuen Plätze gelobt. Das anspruchsvolle, vom ehemaligen Golfprofi Dan Hanson entworfene 18-Loch-Gelände liegt geschützt vom Küstenwind im **Dew Valley.** Nur 3100 Einwohner leben in Bandon, aber in der Urlaubszeit und an den Wochenenden kann es ziemlich voll werden. Vorausbuchungen für Unterkünfte sind daher vom Frühjahr bis Spätsommer auf jeden Fall zu empfehlen.

**ℹ Chamber of Commerce Visitor Center:** 300 Second St., Tel. 541-347-9616, www.bandon.com, Juni–Sept., tgl. 9–17 Uhr.

**🛏 Windermere by the Sea:** 3250 Beach Loop Rd., Tel. 541-347-3710, www.windermerebythesea.com. Das Motel außerhalb von Old Town auf der Klippe besteht aus kleinen Häusern, 8 gelten als *luxury* und 16 als *traditional*. Alle Zimmer bieten Blick aufs Meer. Ab 120 $.

**🍴 Alloro Wine Bar & Restaurant:** 375 Second St. SE, Tel. 541-347-1850, www.allorowinebar.com, ab 17 Uhr. Sehr gute *West Coast Cuisine* mit italienischen Akzenten. Neben dem Essen gibt es wechselnde Kunstausstellungen. Hauptgerichte um 20 $.

**Lord Bennett's Restaurant:** 1695 Beach Loop Dr., Tel. 541-347-3663, tgl. Lunch 11–15, Dinner 17–21 Uhr. Preiswerte Fischgerichte, toller Blick aufs Meer. Lachs ab 18 $.

**Wild Rose Bistro:** 130 Chicago Ave. SE, Tel. 541-347-4428, tgl. ab 11 Uhr. Selbstgemachtes Brot, Pasta, Fischgerichte. Um 12 $.

**🎭 Feste und Veranstaltungen
Cranberry-Fest:** Mitte Sept. In Bandon feiert man seit 1946 drei Tage lang mit entsprechenden kulinarischen Angeboten und Verkaufsständen das Fest der Moosbeere, www.bandoncranberryfest.com.

**🧢 Bandon Crossings Golf Course:** 87530 Dew Valley Ln., Tel. 541-347-3232, http://www.bandoncrossings.com. Im Sommer 75 $.

**Besichtigung einer Cranberry-Farm:** Faber Farms, 54980 Morrison Rd., Tel. 1-866-347-1166, www.faberfarms.com und www.oregoncranberry.net. Am besten im Frühherbst während der Ernte der Cranberrys (Moosbeeren). Dann werden die Felder geflutet und die roten Beeren treiben an der Wasseroberfläche, und können so leichter von den Zweigen abgelesen werden.

## Von Bandon nach Port Orford  ▶ B 12

Südlich von Bandon beginnt der wildeste, ursprünglichste Teil der Oregonküste. Die kleinen Städtchen liegen weit voneinander entfernt und dazwischen finden sich fast nur bewaldete Hügel. Der **Cape Blanco State Park** verfügt über schöne Campingplätze und Wanderwege.

Von den Klippen hat man eine großartige Aussicht auf den Ozean und der dortige Leuchtturm ist schon seit 1870 in Betrieb. **Port Orford** hat einen kleinen Hafen und einen *Battle Rock*. An diesem Felsen sollen sich die ersten weißen Siedler mit den einheimischen Indianern 1851 einen Kampf geliefert haben, weil die Indianer die Landung des Schiffs Sea Gull verhindern wollten.

**Visitor Center:** Nur Juni–Aug., Mo–Fr 10–17 Uhr, am südlichen Ende des Ortes am Hwy 101 neben dem Battle Rock zu finden, Tel. 541-332-8055, www.portorfordoregon.com.

**B & B Home by the Sea:** 444 Jackson St., Tel. 877-332-2855, www.homebythesea.com. Zwei geschmackvoll mit Kunsthandwerk dekorierte Zimmer mit Meerblick, Kühlschrank und Internetzugang. Den Gästen wird ein gemütliches Zuhause geboten, morgens gibt es ein opulentes warmes Frühstück. Im Sommer 105–115 $.
**Campingplätze und Cabins:** Cape Blanco State Park, Tel. 541-332-6774, Reservierung 800-452-5687, www.stateparks.com/cape_blanco.html. Platz 12–16 $, kleine Cabin 35 $.

**Crazy Norwegian's Fish & Chips:** 259 Hwy 101, Tel. 541-332-8601. Für eine Lunchpause bestens geeignet, *clam chowder,* eine sämige Muschelsuppe, lohnt sich und die Kuchen sind *homemade.* Um 8 $.

## Gold Beach und Brookings

▶ B 12–13

Den Namen **Gold Beach** hat das lang gezogene Straßendorf nicht etwa vom gelben Sand des Strands, sondern von den Goldfunden im Rogue River. Hier ist eine Aktivität angesagt, die mitunter die Trommelfelle arg strapaziert: Jet-Boat-Trips den Fluss hinauf. Früher haben *Mailboats* den Trappern und Holzfällern Post und Lebensmittel in die Wäl-

der gebracht, heute fahren diese landschaftlich wirklich schöne Strecke die schnellen Motorboote mit Touristen.

Über die höchste Brücke von Oregon, die **Thomas Creek Bridge** (105 m), gelangt man nach **Brookings,** der letzten Stadt vor der Grenze nach Kalifornien. Sie ist das Zentrum der amerikanischen Lilienzucht, außerdem wachsen dort besonders viele wilde Azaleen. Am Memorial-Day-Wochenende findet in Brookings das Azalea Festival statt. Die Region wird übrigens auch als Oregons *Banana Belt* bezeichnet, weil es im Verhältnis zur übrigen Küste etwas wärmer ist. Bananen sucht man allerdings vergeblich.

**Visitor Center am Hafen:** Tel. 541-469-3181, www.brookingsor.com, Mo–Fr 9–17 Uhr.

**Lowden's Beachfront B & B:** 14626 Wollam Rd., Tel. 541-469-7045, www.beachfrontbb.com. Direkt an der Mündung des Wincheck River gelegenes Holzhaus, alle Zimmer haben Mikrowelle, Kühlschrank und Kamin. Ab 100 $.
**Ocean Suites Motel:** 16045 Lower Harbor Rd., Tel. 541-468-4004, www.oceansuitesmotel.com. Kleines Motel mit einfachen Zimmern, alle mit Kitchenette. Ab 95 $.

**Wild River Brewing:** 16279 Hwy 101, Tel. 541-469-7454, www.wildriverbrewing.com. Lunch 11–15, Dinner ab 17 Uhr. Vorwiegend Pizza, Sandwiches und Hühnchen, eigenes Bier. Pizza um 13 $.

**Feste und Veranstaltungen**
**Azalea Festival:** Memorial Day, letzter Mo im Mai. In Brookings, dem Zentrum der Lilienzucht, feiert man alljährlich das sogenannte Azaleenfest, zahlreiche Verkaufs- und Imbissstände.

**Jet-Boot fahren:** Mail Boat Hydro-Jets, Rogue River Rd., Gold Beach, Tel. 800-458-3511, www.mailboat.com, 103-km-Tour, Mai–Juni ab 8.30, Juli bis Labour Day (1. Mo im Sept.) auch 14.30 Uhr, Erw. 45 $.

Die Felsküste im Norden des Sonnenstaats ist ein Paradies für Wasservögel, auf Menschen trifft man hier eher selten. Selbst im bevorzugten Touristenziel, den Redwood National and State Parks, sind viele einsame Wanderwege zu finden. Auch in der nördlichen Bergregion am Fuß des mächtigen Mount Shasta kommen Naturliebhaber auf ihre Kosten. Im Süden dagegen lockt das pulsierende San Francisco, vibrierender Großstadtkosmos an der wunderschönen Bay.

## Die nördliche Küste

### Crescent City  ▶ B 13

Die nördlichste Stadt Kaliforniens wurde 1964 von einer enormen Flutwelle schwer zerstört, glücklicherweise wurden die Bewohner rechtzeitig gewarnt und evakuiert. Der Tsunami war durch ein Erdbeben vor Anchorage in Alaska ausgelöst worden und traf die kleine Hafenstadt 4000 km südlich in ihrem Kern. Heute ist davon nichts mehr zu sehen, **Crescent City** präsentiert sich mit moderner Architektur und großzügigen Straßen; der Highway 101 führt am östlichen Stadtrand entlang.

Der Hafen spielt für die Fischerei eine gewisse Rolle, aber Tourismus hat sich hier noch nicht entwickelt. Unweit des Highway 101 befindet sich das Information Center für die **Redwood National and State Parks.** Hier erhält man Broschüren, Karten und jede Menge hilfreiche Tipps und Hinweise für den Besuch der vielen Parks mit den ältesten und höchsten Bäumen der Welt.

Einen kleinen Abstecher lohnt das auf einer winzigen Insel stehende **Battery Point Lighthouse** von 1856. Es kann allerdings nur bei Ebbe über eine schmale Brücke betreten werden, die am Ende des Pebble Beach Drive beginnt (Nautisches Museum, Anfang April–Ende Okt. Mi–So 9–16 Uhr, Erw. 3 $, Kin. 1 $).

ℹ **Crescent City Information Center:** 1111 Second St., Tel. 707-465-7306, www.nps.gov/redw, März–Okt. 9–17 Uhr. Informationen zum Redwood N. P.
**Visitor Center:** 1001 Front St., Tel. 1-800-343-8300, www.northerncalifornia.net. Informationen zur Stadt.

🛏 **Best Western Northwoods Inn:** 655 Hwy 101, Tel. 707-464-9771, www. bestwestern.com. Gutes Standardhotel, Innenpool. DZ ab 117 $, inkl. Frühstück.
**Curly Redwood Lodge:** 701 Hwy 101, Tel. 707-464-2137, www.curlyredwoodlodge.com. Einfaches Hotel, das Gebäude wurde 1957 aus dem Holz eines einzigen Redwoodbaums gefertigt. DZ im Sommer ab 65 $.

### Klamath  ▶ B 14

Bei dem kleinen Ort **Klamath** führt ein Abstecher zum **Klamath River Overlook,** einem auf 183 m gelegenen Aussichtspunkt an der steilen Küste, von wo aus man einen fantastischen Blick aufs Meer und die Bucht des einmündenden Flusses hat. Klamath selbst versucht mit vielen Campgrounds und RV-Parks, Jet-Boat-Touren, Angeltripps (Lachse) oder der Seilbahn-Tour »Trees of Mystery« Touristen anzulocken, die von dort aus auch die Redwood National and State Parks erkunden können. Der »Drive-Through-Tree« gehört zu den bekannteren Attraktionen in der Nähe von Klamath. Man kann mit dem Auto durch diesen Baum hindurch fahren. das ›Tor‹ ist allerdings in den Baum hineingesägt worden und die Passage kostet 2 $.

 **Klamath Chamber of Commerce:** Tel. 800-200-2335, www.klamathcc. org.

 **Steelhead Lodge:** 330 Terwer Riffle Rd. Klamath, Tel. 707-482-8145, www. steelheadlodgeklamath.com. Einfaches, aber uriges Motel, mit Kitchenette. DZ ab 65 $.
**HI-Redwood National Park Hostel:** 14480 Hwy 101 N (at Wilson Creek Road), Tel. 707-482-8265 oder 800-295-1905, www.norcal hostels.org/redwoods. Einfache, aber schön gelegene Herberge, für die man jedoch Einzelzimmer nicht online buchen kann, auch Mehrbett-Zimmer. DZ ab 52 $.

**Klamath River Jet Boat Tours:** 17635 Hwy 101, Tel. 707-482-7775, www.jet boattours.com. 2-Std.-Tour Erw. 38 $, Kin. 4–11 J. 19 $, Touren 3 x tgl., 10, 13, 16 Uhr.

**7 Redwood Empire**
▶ B/C 13–15

Nicht nur einen Park umfasst das sogenannte **Redwood Empire,** sondern insgesamt drei State Parks und einen National Park, die sich von der Grenze zu Oregon bis nördlich von Eureka erstrecken: den **Jedediah Smith Redwood,** daran anschließend den **Del Norte Coast Redwoods** und den **Prairie Greek Redwoods** sowie den **Redwood National Park.** Die ca. 320 km an Wander- und Kletterwegen darin durchziehen die vielfältige und abwechslungreichste Naturlandschaft, welche die Region zu bieten hat: uralte Redwood-Wälder, immergrüne Mischwälder, Busch- und Marschland an der Küste und sogar Grasebenen am östlichen Rand.

Am faszinierendsten sind natürlich die Riesen-Sequoias, die zu den ältesten Lebewesen der Welt gehören. Einst haben diese Bäume, von denen die Riesen-Sequoien bis zu 3200 Jahre und die Küsten-Redwoods bis zu 2000 Jahre alt werden können, den ge-

**Mit der Autorin unterwegs**

### Grandioser Aussichtspunkt
Atemberaubend schön und wild präsentiert sich der Pazifik von dem 183 m hoch gelegenen Parkplatz am **Klamath River Overlook** (links).

### Wohnen in viktorianischen Antiquitäten
Das **Eagle House in Eureka** ist komplett mit Antiquitäten ausgestattet und liebevoll restauriert, man fühlt sich in eine andere Zeit versetzt (s. S. 244).

### Spaziergang um den Manzanita Lake
Direkt neben dem nördlichen Parkeingang des **Lassen Volcanic National Park** liegt der zauberhafte kleine **Manzanita Lake,** der bequem in zwei Stunden zu umrunden ist und dabei fantastische Ausblicke auf den Vulkan bietet (s. S. 248).

samten Küstenbereich von Oregon bis Südkalifornien bedeckt.

Das enorm hohe Alter der Bäume wird auf ihre Widerstandsfähigkeit gegenüber Schädlingen zurückgeführt. Das rötliche Holz stößt Insekten ab; deshalb gibt es in diesen Wäldern auch nicht viele Vögel, es herrscht eine eigentümliche, geradezu feierliche Stille. Mit der Ankunft der weißen Siedler begann ein gigantischer Kahlschlag, der fast die gesamten Bestände vernichtet hätte. Um die vorige Jahrhundertwende wollte beispielsweise ein Holzbaron den Baum mit dem größten Umfang in dieser Gegend, den Big Tree, fällen lassen, weil er aus seinem Holz einen Tanzboden anzufertigen gedachte. Glücklicherweise waren einige engagierte Bürger von dieser Idee keineswegs begeistert und verhinderten die Aktion. Sie sorgten auch dafür, dass als Zugang zum Big Tree der Newton B. Drury Scenic Parkway angelegt wurde, der parallel zum Highway 101 durch die Prairie Greek Redwoods verläuft.

## Nordkalifornien

Erst 1968 wurde der **National Park** einge-richtet und das Holzfällen gestoppt, und so ist trotz der Größe dieser Wälder mit ca. 16 000 ha nur noch ein Bruchteil dessen vor-handen, was einst Heimat für Dinosaurier war. Die Wälder sind nicht sehr tierreich, da-her lohnt ein Stopp an den Elk Meadows süd-lich vom Prairie Greek Visitor Center (s. u.) umso mehr, da sich dort häufig große Herden von Roosevelt-Hirschen aufhalten. Die riesi-gen Geweihträger sind auch am **Gold Bluffs Beach** und an den **Bald Hills** anzutreffen; Vorsicht ist allerdings geboten, da sie unver-mittelt die Straße überqueren können.

**i** An jedem der Zugänge zu den Red-wood National and State Parks gibt es ein Visitor Center, www.nps.gov/redw:
**Hiouchi Information Center:** Hwy 199, Hiouchi, Tel. 707-458-3294, Mitte Juni–Mitte Sept. 9–17 Uhr.
**Jedediah Smith Visitor Center:** Hwy 101, Hiouchi, Tel. 707-458-3496, 20. Mai–30. Sept. 9–17 Uhr.
**Prairie Creek Visitor Center:** am südlichen Ende des Newton B. Drury Scenic Parkway, Tel. 707-465-7354, März–Okt. 9–17 Uhr.
**Thomas H. Kuchel Visitor Center:** Hwy 101, bei Orick, Tel. 707-465-7765, März–Okt. 9–17, Nov.–Feb. 9–16 Uhr.

### Arcata ▶ B 15

Manila und Samoa heißen die Strände bei Ar-cata und Eureka an der weit geschwungenen Humboldt Bay, aber ganz so tropisch ist das Klima an den schier endlosen Sandstränden dann doch nicht. Arcata ist eine kleine Uni-versitätsstadt, deren Kern allerdings von viel Gewerbe und Industrie umgeben ist. In Ar-cata wurde erstmals in den USA eine Mehr-heit von Vertretern der »Green Party« in den Stadtrat gewählt, die die Zahl der Kettenres-taurants in der Innenstadt einschränkte.

Samstags ist der zentrale Platz Downtown, die **Arcata Plaza,** von Marktständen ge-säumt: Hier werden neben Obst und Gemüse aus der Region auch Kunsthandwerk, psy-chedelische Malereien und Batikkleider feil-geboten. Immer noch alternativ angehaucht,

macht sich die Stadt für die Durchsetzung ei-nes bemerkenswerten $CO_2$–Reduktionspro-gramms stark und lässt etwa städtische Ge-bäude so umbauen, dass mit Ressourcen wie Wasser und Strom energiesparend umge-gangen wird. Außerdem hält man Veranstal-tungen in Schulen ab und stellt für alle Bür-ger, insbesondere natürlich die Gewerbetrei-benden, entsprechendes Infomaterial bereit.

### Eureka ▶ B 15

Ein Abstecher nach **Eureka** lohnt sich auf je-den Fall. Die kleine Stadt ist stolz darauf, die schönsten und aufwendigsten viktoriani-schen Holzhäuser der Westküste (natürlich

**Die nordkalifornische Küste ist extrem abwechslungsreich**

ausgenommen San Francisco) zu haben. In der denkmalgeschützten **Old Town** sind die Straßen gesäumt von Schmuckstücken viktorianischer Baukunst, die sich in verschiedensten Farben präsentieren. Galerien und Boutiquen sowie Restaurants und Hotels sind heute darin zu finden.

Das auffälligste Haus, das **Carson Mansion,** gehört allerdings einem privaten Club, sodass nur von außen zu bewundern ist, was Holzbaron William Carson 1886 von seinen Arbeitern bauen ließ. Das türmchenverzierte grüne Anwesen ist ebenso wie sein rosa Pendant gegenüber von keinem Prospekt Eurekas wegzudenken.

Eureka liegt nicht direkt am Pazifik, sondern ist durch die Humboldt Bay vor den Weststürmen im Winter geschützt. Eine lange Brücke führt über die Bay, die dort befindliche Marina und den Fischereihafen auf die lange, schmale **Halbinsel Samoa** (Dunes Recreation Area), wo kilometerlange Sandstrände zum Wandern einladen.

Die Humboldt Bay ist auch bekannt für ihre Austernzucht, eine der größten Kaliforniens. Der langen Siedlungsgeschichte der Ureinwohner wird mit einer Ausstellung im **Clarke County Historical Museum** gedacht, das in einer ehemaligen Bank aus dem Jahr 1912 untergebracht ist. Natürlich fehlt auch

# Nordkalifornien

die Dokumentation der Besiedlungsge-schichte Mitte des 19. Jh. nicht, Fotos und Möbel aus viktorianischer Zeit vermitteln an-schauliche Eindrücke (3rd St./E St., Tel. 707-443-1947, www.clarkemuseum.org, Di–Sa 11–16 Uhr, Eintritt frei).

Das kleine, aus einer Privatinitiative ent-standene **Humboldt Bay Maritime Museum** dagegen konzentriert sich auf die Themen Holzhandel und Schiffsbau, zeigt alte Wracks und beleuchtet die Fischereigeschichte in der Region ebenso wie das Leben der dort ar-beitenden Menschen, beispielsweise auch jenes der Leuchtturmwärter (Samoa Rd., ne-ben dem Restaurant Samoa Cookhouse, Tel. 707-444-9440, www.humboldtbaymaritime museum.com. Mi–So 11–16 Uhr, Eintritt frei).

**Humboldt County Convention & Vi-sitors Bureau:** 1034 Second St., Tel. 800-346-3482, http://redwoods.info.

**Carter House Inns:** 301 L St., Tel. 707-444-8062 oder 800-404-1390, www.carterhouse.com. Vier verschiedene kleine Häuser umfasst dieses luxuriöse Hotel im nachgebauten viktorianischen Stil. Auf-wendig eingerichtete Suiten, es gibt ein Spa und ein Restaurant im Haus. DZ ab 200 $.

**Old Town B & B:** 1521 Third St., Tel. 707-443-5235, www.bnblist.com/ca/old_town_bnb. Vier romantische Zimmer in einem Haus von 1871. DZ 130–150 $.

**Eagle House Inn:** 139 Second St., Tel. 707-444-3344, www.eaglehouseinn.com. Dieses prachtvolle Gebäude von 1886 war schon im-mer ein Hotel oder Gästehaus mit dazu ge-hörendem Restaurant und einem großen Theatersaal. Auch heute sind die 24 Zimmer noch individuell mit teilweise wertvollen An-tiquitäten ausgestattet, dazu moderne Bäder mit *hot tub*. DZ ab 110 $.

**Red Lion Hotel:** 1929 Fourth St., Tel. 707-445-0844, www.redlln.com. 175 geräumige Zimmer, gute Standardkette, Restaurant, Outdoor-Pool. Ab 110 $.

**Avalon Restaurant & Bar:** Ecke 3rd St. und G St., Tel. 707-445-0500, www. avaloneureka.com. Di–Sa ab 17.30 Uhr, Sa abends Jazz. Die Besitzer kamen aus San Francisco und brachten frische *West Coast Cuisine* in die Kleinstadt. Verwendet werden überwiegend regionale Produkte, u. a. Aus-tern, Heilbutt, *Dungeness Crab* und Lachs, aber auch Lamm- und Hirschfleisch sowie viel Gemüse. Lachs auf Zeder gebeizt um 18 $.

**Samoa Cookhouse:** 78 Cookhouse Ln., Tel. 707-442-1659, www.samoacookhouse.net. Die letzte Verpflegungsstation für Holzfäller bietet große, deftige Mahlzeiten, tgl. Früh-stück, Lunch, Dinner. Burger um 12 $.

**Old Town Coffee & Chocolates:** 211 F St., Tel. 707-445-8600. Nettes Internet-Café für eine Pause beim Seightseeing. Gebäck und Sandwiches um 5 $.

**North Coast-Co-op:** 4th Ecke B St., Tel. 707-443-6027, www.northcoast co-op.com, tgl. 6–21 Uhr. Supermarkt für ökologische Produkte aus der Region.

**Kajak- und Paddeltouren:** Humboat Kayak Adventures, Dock A, Woodley Island Marina, Tel. 707-443-5157, www.hum boats.com. Geführte Kajak-Angel-Tripps, 6 Std. 100 $. Romantisch: Paddeln bei Son-nenuntergang *(Sunset-Paddle)* jeweils Fr 19–20.30 Uhr, mit Käse und Wein, 40 $. Kajak-verleih 15 $/1 Std., 40 $/4 Std.

**Ausflüge mit Fährschiff:** Humboldt Bay Har-bor Cruise, 75 Min. Geschichtstour mit dem letzten Fährschiff Madaket von 1910, 3 x tgl. außer Mo, Erw. 20 $, Kin. 5–12 J. 10 $. Ab-fahrt F St./Boardwalk, www.humboldtbayma ritimemuseum.com/madaketcruises.

# Rund um den Mount Shasta

Von Eureka aus ist man in ca. fünf Stunden auf dem Highway 101 in San Francisco. Eine Alternative ist die Erkundung der beeindru-ckenden Regionen um den **Mount Shasta** und den **Lassen Volcanic National Park**. Die Vulkane haben wilde und abwechslungs-reiche Berglandschaften geprägt, durchzogen von zahlreichen Flüssen und Seen, und der Mensch schuf mit dem Shasta-Lake-Stausee das größte künstliche Gewässer Kaliforniens. Eine der wenigen Querverbindungen von der Küste ins Landesinnere ist der zwar gut ausgebaute, aber extrem kurvige Highway 299 von Arcata über Weaverville nach Redding, dem nördlichsten Zentrum des Sonnenstaates an der Interstate 5.

Auf dem Weg liegt auch der kleine Ort **Willow Creek**. Hier stößt man im Zentrum auf jemanden, dessen Existenz immer wieder behauptet, aber noch nie bewiesen wurde: Bigfoot. Es handelt sich um einen stark behaarten Waldmenschen, der riesige Fußspuren hinterlässt und meist dann auftaucht, wenn gerade kein Fotoapparat zur Hand ist. Rund um Willow Creek gab es schon viele Bigfoot-Sichtungen, und der Ort lebt nicht schlecht davon, wie ein Museum und Rafting-Touren auf »Bigfoots Spuren« zeigen.

## Whiskeytown Lake  ▶ D 15

Auf dem Weg nach Redding über den Hwy 299 fährt man an **Whiskeytown Lake** entlang, einem Stausee in den Klamath Mountains. Über 58 km erstrecken sich die Ufer dieses lang gestreckten Sees, der aus dem Trinity River gespeist wird. 1963 unter J. F. Kennedy entstanden, erinnert die Straße, an der sich das Visitor Center befindet, der JFK Memorial Drive, an den US-Präsidenten.

Im Sommer ist der See ein beliebtes Ziel für Angler und Camper und die Zahl der Motorboote, Segler und Kajaks ist Legion. Mit etwas Glück lässt sich sogar noch Gold in den kleinen Bächen und Flüssen finden, an denen entlang sich abwechslungsreiche Wanderwege schlängeln. Zum Goldwaschen benötigt man allerdings eine Genehmigung, erhältlich im Visitor Center.

Der **James K. Carr Trail,** ausgehend von der Crystal Creek Road, führt zu den **Whiskeytown Falls** – einem fast 70 m hohen Wasserfall, der jahrzehntelang in Vergessenheit geraten war und erst seit 2005 wieder leicht zugänglich ist. Aufgespürt wurde er im Übrigen seinerzeit durch die Auswertung von Luftaufnahmen.

**i Whiskeytown Lake Visitor Center:** 14412 Kennedy Memorial Dr., Tel. 530-246–1225, www.nps.gov/whis.

## Redding  ▶ D 15

Auf der Fahrt vom erfrischenden Küstenklima ins Landesinnere wird eins ziemlich schnell deutlich: Die Temperaturen steigen kontinuierlich. **Redding** gilt als einer der sonnigsten Orte der USA; mit durchschnittlich 32 °C im Sommer und 321 Sonnentagen wird die Stadt in diesem Punkt nur noch von Yuma in Arizona getoppt. Als Businessstadt hat Redding wenig Touristisches zu bieten, aber als Standort zur Erkundung der Region findet sich hier eine große Auswahl an Hotels.

Gesehen haben sollte man den **Turtle Bay Exploration Park** und die direkt daneben liegende Sundial Bridge über den **Sacramento River.** Zum Park gehören ein Amphitheater und eine Konzerthalle sowie ein Museum, das sich mit den Wintu-Indianern beschäftigt, die vor der Ankunft der weißen Siedler im Sacramento Valley lebten (840 Auditorium Dr., Tel. 1-800-887-8352, www.turtlebay.org, März–Okt. tgl. 9–17 Uhr, Erw. 13 $ für den ganzen Park mit Museum). Anschaulich präsentiert man in den **Mc- Connell Arboretum & Botanical Gardens** die unterschiedliche Flora verschiedener Kontinente, etwa in einem südafrikanischen oder einem australischen Garten, die Parkwege laden zum Spaziergang ein (nur Park 4 $).

Die **Sundial Bridge** (Sonnenuhr–Brücke, am Parkeingang) verdankt ihren Namen dem 66 m hohen, elegant geschwungenen Pylon, an dem die 213 m lange Stahl- und Glaskonstruktion verankert ist, denn mit seinem Schatten bildet er die größte Sonnenuhr der Welt. Der spanische Stararchitekt **Santiago Calatrava** sieht in seiner Brücke allerdings mehr einen fliegenden Vogel, der das Überwinden von Unglück symbolisiert. Jedenfalls ist die futuristische Brücke von 2004 ein beliebter Treffpunkt. Abends finden sich Jung und Alt zum Plausch dort ein und für Hochzeitspaare ist die Brücke eine feste Fotolocation. Dort beginnen auch einige Wander- und Radwege am Ufer des Sacramento River.

## Richtig Reisen-Tipp: Hausbootfahren auf dem Shasta Lake

Vom Riesenboot mit 16 Schlafplätzen bis zum kleineren Crownship für sechs Personen wird in den zehn Marinas alles angeboten, worauf man schippern und wohnen kann. Die fast rechteckigen schwimmenden Häuser tuckern eher gemütlich über die von sanften Hügeln umgebene Wasserfläche, man kann sich auf dem Sonnendeck aalen oder im Schatten liegen oder von der Leiter aus bequem zur Abkühlung ins Wasser springen. Eine kurze Einweisung in die Bedienung wird bei der Übergabe in der Marina erteilt, einen Bootsführerschein braucht man hier nicht. Einzige Bedingung: Der/die Bootsführer/in muss über 22 Jahre alt sein.

Obwohl das Angebot sehr groß ist, sollte man für die Hochsaison unbedingt im Voraus buchen. Bei allen Marinas ist das online möglich. Minimum sind meistens drei Tage bzw. zwei Nächte, in der Shasta Marina bei Lakehead im Norden ist das Ausleihen nur ab drei Nächten möglich.

Aber es lohnt sich auch, sich einmal etwas länger auf diese riesige Seenlandschaft einzulassen, die Ruhe am Squaw-Creek-Arm oder am McCloud-River-Arm zu genießen und beispielsweise die dort ansässigen Weißkopfseeadler bei ihren majestätischen Flügen zu beobachten. Die Boote sind wie ein Apartment ausgestattet, nur Handtücher, Bettzeug und natürlich Lebensmittel muss man mitbringen.

  **Seven Crowns Resort Houseboat Vacation:** 10300 Bridge Bay Road, Redding, Tel. 1-800-752-9669, www.sevencrown.com/lakes/lake_shasta. Das Boot Cascade bietet Platz für 8 Pers., 65 $/Pers. und Tag.

**Shasta Marina Resort:** 18390 O'Brien Inlet Rd., Lakehead, Tel. 1-800-959-3359 oder 530-238-2284, www.shastalake.net. Das Boot Mirage bietet Platz für 14 Pers., luxuriös ausgestattet, 85 $/pro Pers. und Tag.

---

**Convention & Visitor's Bureau:** 777 Auditorium Dr., Tel. 530-225-4100, www.visitredding.com, Mo–Fr 9–17 Uhr.

 Zahlreiche Kettenhotels liegen entlang der Interstate 5 bzw. am Hilltop Drive.
**Tiffany House B & B:** 1510 Barbara Rd., Tel. 530-244-3225, www.tiffanyhousebb.com. Verspielt bis romantisch eingerichtete 4 Zimmer in einer viktorianischen Villa, Pool. Ab 110 $.
**… in Anderson:**
**Gaia Shasta Hotel:** 4125 Riverside Place, ca. 20 km südlich, direkt am Sacramento River, Tel. 877-778-3977 oder 530-365-7077, http://gaiashasta.com. Ökologie ist Prinzip in diesem neuen Komplex mit insgesamt 122 Zimmern, Restaurant, Pool und Internet. DZ ab 100 $.
**River Inn Motor Hotel:** 1835 Park Marina Dr., Tel. 530-241-9500, www.reddingriverinn.com. Funktionales Motel am Fluss, unweit der Sundial Bridge, Pool. Ab 60 $.

 **Maritime Seafood & Grill:** 1600 California St., Tel. 530-229-07000, www.maritimeredding.com. Mo–Sa 17–21 Uhr. Von der italienischen Küche inspirierte *West Coast Cuisine,* viel frischer Fisch. Um 20 $.

 **Feste und Veranstaltungen**
**Redding Rodeo:** Mitte Mai. Großes Spektakel am Auditorium Drive, ganz Redding besteht dann nur noch aus Cowboys und -girls, www.reddingrodeo.com.

 **Mt. Shasta Mall:** Dana Dr., www.mtshastamall.com, Mo–Sa 10–21, So 11–18 Uhr. Bekannte Kaufhäuser wie Macy's, Sears, Old Navy und JC Penney sowie über 80 Einzelhändler sind hier vertreten.

**Win-River Casino:** Indianisches Spielcasino 10 km südlich von Redding am Hwy 273, 2100 Redding Rancheria Rd., Tel. 530-243-3377, www.win-river.com.

# Rund um den Mount Shasta

## Shasta Lake ▶ D 15

Der größte künstliche See Kaliforniens ist der nördlich von Redding gelegene **Shasta Lake,** fast 600 km lang ist seine Uferlinie. Dabei ist er so verzweigt mit vielen Seitenarmen, die wie Fjorde wirken, dass die Fläche von 12 000 ha gar nicht so gewaltig wirkt. Begrenzt wird der Shasta Lake durch den gleichnamigen Staudamm unweit Shasta Lake City.

In der vorletzten Kurve der Zufahrt (US 151) befindet sich ein Parkplatz, von dort aus hat man einem großartigen Blick auf die gewaltige Mauer und den dahinterliegenden Vulkankegel des Mount Shasta. Die hervorragende Infrastruktur der Region, zahlreiche Campgrounds, Motels, Bootsanlege- und Badestellen, Wasserskibasen und Wanderwege machen diese Seelandschaft zu einem sehr beliebten Ausflugsziel.

## Lake Shasta Caverns ▶ D 15

Bei der Ausfahrt 695 (von der Interstate 5) weisen Schilder den Weg zu jener Stelle, an der eine Fähre Besucher über den See bringt. Dann geht es weiter mit einem Bus bergauf bis zu den Tropfsteinhöhlen der **Lake Shasta Caverns.** Die das ganze Jahr über 15 °C kühle Unterwelt ist durch Pfade ausgezeichnet erschlossen und ausgeleuchtet, sodass man die prächtigen, etwa 1 Mio. Jahre alten Tropfsteinformationen beispielsweise im *Cathedral Room* und in den anderen sieben Höhlen ausgiebig betrachten kann (20359 Shasta Caverns Road, Tel. 530-238-2341, www.lakeshastacaverns.com. Ende Mai–Anfang Sept. alle 30 Min. 9–16, April, Mai, Sept. stdl. 9–15, Okt.–1. März 10, 12, 14 Uhr, Erw. 20 $, Kin. 3–15 J. 12 $).

**Shasta Lake Visitor Information:** 14225 Holiday Rd. (Ausfahrt 687 von der Interstate 5), Redding, Tel. 530-275-1589, www.shastalake.com/visitorcentrers, Mi–So 8–16.30 Uhr im Sommer.
**Shasta Dam Visitor Information Center:** 16349 Shasta Dam Blvd., Tel. 530-275-1554, www.usbr.gov/mp/ncao. Von hier werden kostenlose, 1-stündige Führungen angeboten, Tel. 530-275-4463, 4 x tgl. ab 9 Uhr.

**Bridge Bay Resort:** 10300 Bridge Bay Road, Ausfahrt 690 von der Interstate 5, Tel. 1-800-752-9669, www.sevencrown.com/lakes/lake_shasta. Einfaches Haus an der Marina, Restaurant. DZ ab 115 $.

## Mount Shasta ▶ D 14

Er ist einfach nicht zu übersehen, der immer schneebedeckte Kegel des **Mount Shasta** nördlich von Redding. Der 4316 m hohe Vulkankegel ist von fünf Gletschern bedeckt. Das ewige Eis suggeriert aber nur, dass er erloschen sei, im Kraterinnern gibt es immer noch heiße Schwefelquellen. Wie um alle Vulkane ranken sich auch um den Mount Shasta Legenden, die meist ihren Ursprung bei den Indianern haben.

Aber bei diesem Berg hat die moderne Fantasie noch einiges hinzugefügt, nachzulesen beispielsweise im Roman »A Dweller on two Planets« (Ein Bewohner zweier Planeten) von Frederick Oliver. Darin beherbergt der Vulkan riesige Hallen in seinem Inneren, die von Nachfahren der Überlebenden des legendären Atlantis geschaffen wurden. Mount Shasta scheint zur Mythenbildung zu inspirieren, jedenfalls zieht er seit Jahrzehnten Mystiker, Esoteriker und New-Age Anhänger geradezu magisch an.

Die Zufahrt ist über den Everitt Memorial Highway, ausgehend vom kleinen Ort Mount Shasta an der Interstate 5, recht bequem und führt zu einem Parkplatz auf halber Höhe. Von dort gehen mehrere Wanderwege ab, z. B. der **Avalanche Gulch,** der beliebteste Pfad zur Südseite.

**Mt. Shasta Avalanche Center and Wilderness Dept.:** 204 W Alma St., Mount Shasta, Tel. 530-926-4511, www.shastaavalanche.org, Mo–Sa 8–16.30 Uhr im Sommer.

**Bergsteigen:** Shasta Mountain Guides, P. O. Box 1543, Mount Shasta, CA 96067, Tel. 530-926-3117, www.shastaguides.com. Die geführte 3-Tages-Tour zum Gipfel kostet ca. 550 $, 1 Tag Klettern ab 2 Pers. 150 $/Pers.

## Nordkalifornien

**Wintersport:** Im Skipark an der Südflanke werden 32 Pisten angeboten, die längste ist 2,8 km lang. Downtown Office: 104 Siskiyou Ave., Mt. Shasta, Tel. 530-926-8600, www.ski park.com.

**Panoramazug:** Shasta Sunset Dinner Train, 328 Main St., McCloud, Tel. 1-800-733-2141 oder 530-964-2142, www.shastasunset.com. Abfahrt tgl. 18 Uhr (Reservierung erforderlich). Die Teilnehmer reisen in einem historischen Zug von 1916, speisen festlich und genießen dabei die spektakuläre Landschaft; ca. 3 Std., 97,50 $/Person.

**Kurztrip mit Diesellok:** Kürzer und preiswerter sind die einstündigen *excursions* mit alten Dieselloks, die im Juli und Aug. Fr, Juni und Sept. Sa 15.45 Uhr ab St. Cloud beginnen, Erw. 12 $, Kin. unter 12 J. 8 $.

### Lassen Volcanic National Park

▶ E 15

Östlich von Redding beginnt der **Volcanic Legacy Scenic Byway,** eine Panoramastraße, die mehrere Vulkane im Nordwesten der USA miteinander verbindet (www.volca niclegacybyway.org). Am Beginn liegt der **Lassen Volcanic National Park** mit dem 3187 m hohen Lassen Peak.

Zwischen 1914 und 1921 war der Vulkan 300 Mal aktiv, der größte Ausbruch mit einem Aschepilz von 11 km Höhe fand 1915 statt. Fotos davon finden sich in einem kleinen Museum am Nordausgang des Parks. 1916 wurde das Gebiet um den Vulkan zum Nationalpark erklärt; aber ganz ruhig ist es immer noch nicht, heiße Quellen und blubbernde Schlammlöcher zeugen von einem aktiven Innenleben. Man kann den Park bequem auf dem Highway 89 durchfahren, allerdings ist diese Straße von Ende Oktober bis Ende Mai gesperrt. Bis zum Parkplatz gegenüber dem Lassen Peak und der *Devastation Area* gelangt man bei gutem Wetter von Redding aus aber auch schon im Mai. Besonders abwechslungsreich ist ein Rundgang um den **Manzanita Lake** am nördlichen Eingang; der ca. 2-stündige Wanderweg bietet üppige Vegetation, viele Wasservögel und eine traumhafte Perspektive auf den Vulkan.

**i** **Headquarter:** P. O. Box 100, Mineral, CA 96063, Tel. 530-595-4444, www. nps.gov/lavo. Zufahrten über Hwy 89 von Süden und über Hwy 44 von Osten, Gebühr 10 $/Pkw.

**Drakesbad Guest Ranch:** Tel. 530-529-1512, www.drakesbad.com, Anfang Juni–Mitte Okt. Die über 100 Jahre alte Ranch liegt abseits der Parkstraße im Warner Valley auf ca. 1700 m Höhe, einfache Cabins ohne Strom, organisierte Reitausflüge, Massageangebote. Ab 160 $/Pers., inkl. drei Mahlzeiten.

**Blubbernde Schlammkesel sind eine der Attraktionen des Lassen Volcanic N. P.**

## Lava Beds National Monument and Wilderness ▶ E 13/14

Unmittelbar vor der Grenze nach Oregon (in der Nähe des kleinen Ortes **Tulelake** am Highway 139) finden sich in diesem 180 km² großen Naturpark an die 700 Lavatunnel, Aschekegel, Geröllwüsten und erstarrte Lavaflüsse. Nach kleineren vulkanischen Ausbrüchen des **Medicine-Lake-Vulkans** und des **Mammoth Crater** im Süden des Monuments entstand eine sehr bizarre Landschaft. Manche Eruptionen liegen erst 1100 Jahre zurück. Viele der Tunnel kann man auf eigene Faust erkunden, Taschenlampen und warme Jacken so-

wie rutschfeste Schuhe sind allerdings nötig. Im Visitor Center im Park erhält man Karten und Hinweise, von dort werden auch geführte Touren angeboten. Camping ist möglich (s. u.).

**Visitor Center:** Hill Road, Tel. 530-667-8100, www.nps.gov/labe, tgl. 8–18 Uhr im Sommer.

**Indian Well Campground:** Nähe Visitor Center, www.nps.gov/labe. Sehr einfach, nur Toiletten, Trinkwasser. 43 Plätze werden nach dem Prinzip »First come, first served« verteilt. 10 $/Nacht.

**Keine Großstadt im amerikanischen Westen kann sich der ungeteilten Gunst ihrer Besucher so sicher sein wie San Francisco. Ein Hauptgrund dafür ist die fantastische Lage am sogenannten Golden Gate, wo die Bucht von San Francisco von der weltberühmten Golden Gate Bridge überspannt wird. Zu den Reizen der Metropole gehört aber auch ihr eher unamerikanischer Charakter mit fast europäisch wirkenden Stadtteilen und Cable Cars wie aus dem Museum.**

Wo die Golden Gate Bridge im Norden endet, windet sich eine Serpentinenstraße eine fast baumlose Bergflanke hinauf. Der Blick vom obersten Aussichtspunkt auf das Goldene Tor ist atemberaubend. Vom Pazifik drücken graugrüne Wellenberge unter dem zerbrechlich wirkenden Brückengeflecht aus Trossen und Trägern in die San Francisco Bay. Im Südosten säumt die hellgraue Skyline der Stadt die Bucht, die hinter den beiden Inseln Angel Island und Alcatraz im Dunst verschwindet. Vom Wind zerzauste Nebelbänke treiben plötzlich vom Meer herein und lassen innerhalb von Minuten von der Golden Gate Bridge nur noch die Spitzen der lachsrot getünchten Pontons erkennen. Augenblicke später reißt der Himmel wieder auf und präsentiert die Stadt als in glasklares Sonnenlicht getauchtes Postkartenpanorama.

San Francisco ist kein homogenes urbanes Konglomerat, sondern setzt sich aus zum Teil sehr unterschiedlichen Stadtteilen zusammen. Chinatown etwa präsentiert sich mit fernöstlichen Attributen als Schaufenster ins Reich der Mitte; im benachbarten Financial District brach sich mit Wolkenkratzern aus Stahl, Glas und Beton die ›Manhattanisierung‹ Bahn, während die Straßen in North Beach oder in Marina mit erkergeschmückten Fassaden eher an großstadtferne Villenvororte erinnern. Aus der Unterschiedlichkeit ihrer Neighborhoods bezieht die Stadt viel von ihrer Attraktivität – ganz zu schweigen von liberalem Flair und

Weltoffenheit, mit der die pazifische Traumstadt ihre Besucher empfängt.

## Geschichte

»The City«, wie die Stadt von ihren Einwohnern genannt wird, wurde 1776 mit dem Aufbau der Missionsstation San Francisco de Asis durch spanische Franziskaner und mit der Errichtung einer kleinen Garnison durch den spanischen Leutnant José Joaquin Moraga gegründet. Dem Flecken wäre wahrscheinlich ein normales Wachstum beschieden gewesen, hätte nicht die Entdeckung von Gold am American River 1848 die Weichen in eine hektische Zukunft gestellt. Der Goldrausch spülte 1849 Zehntausende von Glücksritter an die Gestade der Bucht von San Francisco. Auch die hohe Politik zeigte sich beeindruckt. Ohne längere Wartezeit nahm der US-Kongress den *Golden State* als Bundesstaat 1850 in die Amerikanische Union auf. Die Auswirkungen auf die Demografie der Stadt waren phänomenal. Von gut 800 Einwohnern im Jahr 1848 stieg die Bevölkerung bis Anfang des 20. Jh. auf 400 000.

Am 18. April 1906 ließ morgens um 5.12 Uhr ein Erdbeben der Stärke 8,2 auf der Richterskala die Halbinsel von San Francisco erzittern. Zwei Minuten lang schwankte die Erde wie ein Schiffsdeck und ließ ganze Häuserzeilen einstürzen. Aus zerfetzten Leitun-

## Mit dem Autor unterwegs

### Ein besonderes Erlebnis
Am durch blauweiße Schilder mit einer See-
möwe gekennzeichneten **49 Mile Drive** liegen 49 Sehenswürdigkeiten. Die Route beginnt beim Civic Center. Fahrtzeit mit dem
Auto ca. 4 Std.

### Klassischer Spaziergang
Die **Golden Gate Bridge** kann man sowohl
mit dem Rad als auch zu Fuß kostenlos überqueren – an schönen Tagen ein überwälti-
gendes Erlebnis (s. S. 262).

### Highlight für Stadtflaneure
Vom Marina Green im Stadtteil Marina führt
der **Coastal Trail für Radfahrer und Wanderer** an der San Francisco Bay entlang bis
unter die Golden Gate Bridge und weiter
Richtung Cliff House (s. S. 262).

### Tipps für Sparer
Im **TIX Bay Area Kiosk** bekommt man **Thea-
ter- und Konzerttickets** für Veranstaltungen
am jeweiligen Tag zum halben Preis. Auch

Stadt- und Busfahrpläne werden dort ausge-
geben (Union Square, Tel. 415-430-1140,
www.theatrebayarea.org). Der 9 aufeinander
folgende Tage gültige **San Francisco City
Pass** beinhaltet nicht nur den Eintritt in zahlreiche Museen, sondern schließt auch an 7
Tagen unbegrenzte Fahrten mit dem Cable
Car und einen Schiffsausflug in der Bucht ein
(www.citypass.com, Erw. 59 $, Kin. 5–17 J.
39 $).

### Gratistag in Museen
Zahlreiche Museen können **jeden ersten
Dienstag** im Monat kostenlos besichtigt wer-
den.

### Thema Sicherheit
Im Zentrum von San Francisco gibt es für
Touristen im Allgemeinen keine Sicherheits-
probleme. Die Stadtviertel Tenderloin südwestlich des Union Square und Western Addition zwischen Van Ness Avenue und Fill-
more Street sollte man abends allerdings
besser meiden.

---

gen entweichendes Gas entzündete sich und
fraß sich in rasender Geschwindigkeit durch
die größtenteils aus Holz erbauten Viertel.
Über die Hälfte aller Einwohner waren über
Nacht ohne Dach über dem Kopf. Die Asche
war noch warm, als sich die Menschen an
den Wiederaufbau machten. Nach dem Ersten Weltkrieg veränderte ein Bauboom die
Skyline der Stadt, ehe in den Jahren der Welt-
wirtschaftskrise mit der Oakland Bay Bridge
und der Golden Gate Bridge zwei Projekte
verwirklicht wurden, mit denen das auf einer
Halbinsel liegende San Francisco seine bis
dahin entwicklungshemmende geografische
Abgeschlossenheit aufbrach.

In den 1960er- und 1970er-Jahren verwandelte die Hippie-Bewegung die Stadt
in ein Heerlager von exotisch gewandeten
Jugendlichen, ehe in der Stadt sich aus-
breitende Immunkrankheit Aids einige Jahre

später das Thema Homosexualität in den Mittelpunkt der öffentlichen Diskussion rückte.
Aids, Erdbebengefahr, wirtschaftliche Probleme und wachsende Kriminalität verursachten im ausgehenden 20. Jh. den stärks-
ten Bevölkerungsschwund, den die Stadt je
erlebte. Trotzdem entstanden etwa mit South
of Market Street und dem umgebauten Embarcadero attraktive Stadtteile mit neuem
Gesicht.

## Das Stadtzentrum ▶ D 20

**Cityplan:** S. 252
Downtown San Francisco erstreckt sich
westlich der Van Ness Avenue bis zum Embarcadero und in der Nord-Süd-Ausdehnung
von Fisherman's Wharf bis in den Stadtteil
South of Market Street. Kern dieses Stadt-

## San Francisco Downtown: Cityplan

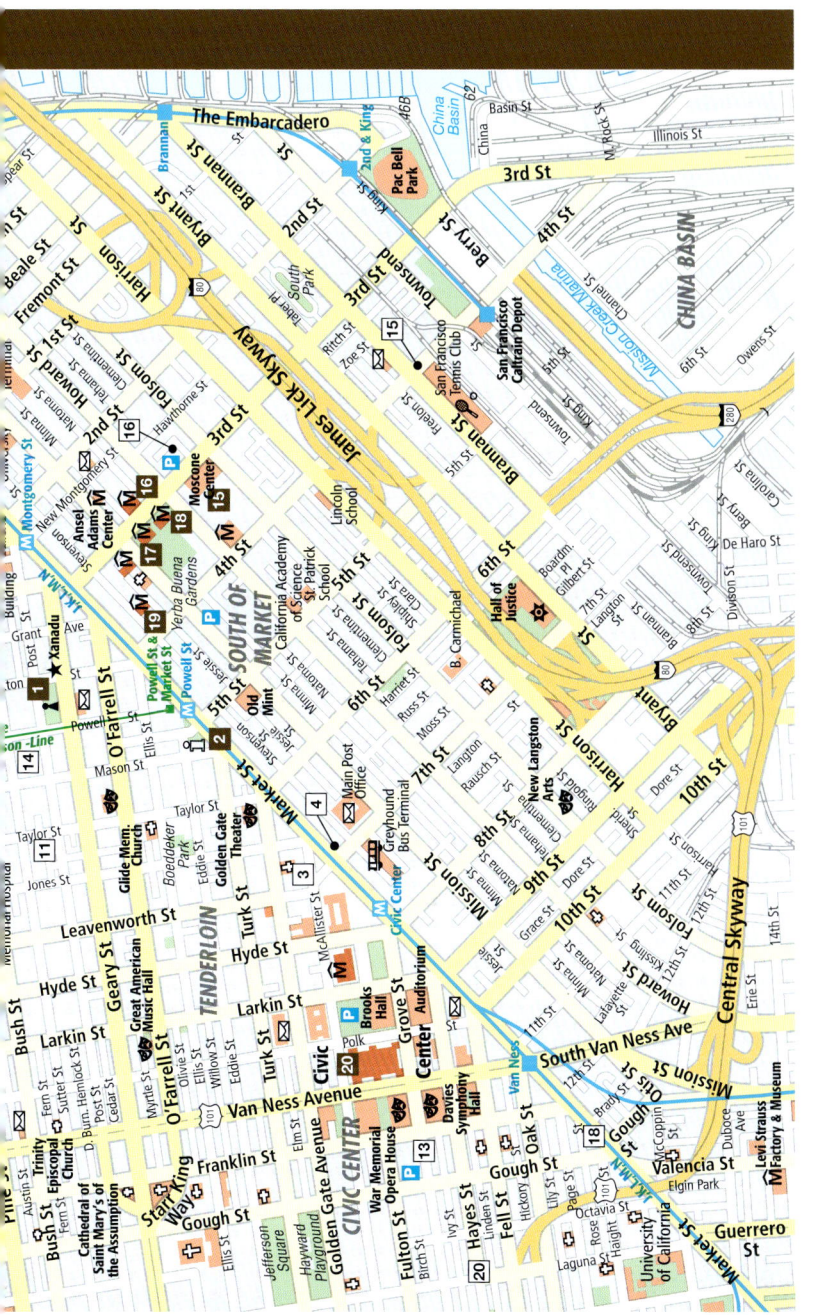

## San Francisco Downtown: Cityplan

### Sehenswürdigkeiten

**1** Union Square
**2** Hallidie Plaza
**3** Nob Hill
**4** Chinatown
**5** North Beach
**6** Telegraph Hill
**7** Lombard Street
**8** Ghirardelli Square
**9** San Francisco Maritime
National Historical Park
**10** Fisherman's Wharf
**11** The Cannery
**12** Pier 39
**13** Financial District
**14** Ferry Building
**15** SoMa
**16** San Francisco Museum of Modern Art
**17** Cartoon Art Museum
**18** Museum of the African Diaspora
**19** Contemporary Jewish Museum
**20** Civic Center
**21** – **31** s. Cityplan S. 262

### Übernachten

**1** Orchard Hotel
**2** Best Western Tuscan Inn
**3** Renoir Hotel
**4** s. Cityplan S. 262
**5** Golden Gate Hotel
**6** – **9** s. Cityplan S. 262
**10** San Remo Hotel
**11** Taylor Hotel
**12** Green Tortoise Guest House

### Essen und Trinken

**13** Jardinière
**14** Farallon
**15** CoCo500
**16** Ame
**17** s. Cityplan S. 262
**18** Zuni Café
**19** Piperade
**20** Suppenküche
**21** House of Nanking
**22** s. Cityplan S. 262

zentrums ist die Gegend um den **Union Square** **1** mit mehreren Theatern, großen Einkaufszentren, renommierten Hotels und lebhaften Straßenzeilen. Während des Bürgerkriegs 1861 bis 1865 versammelten sich auf dem Platz häufig für die Nordstaaten eintretende Demonstranten, wovon der Union Square seinen Namen ableitete.

Mit dem **Dewey Monument** erinnert eine 30 m hohe Säule an den Sieg der amerikanischen Pazifikflotte unter Admiral Dewey 1898 in der Schlacht bei Manila während des Spanisch-Amerikanischen Kriegs. Der von Palmen bestandene, terrassenförmig angelegte Platz mit einem Café bildet inmitten des Geschäftszentrums eine kleine Oase zum Verschnaufen nach einer kräftezehrenden Besichtigungs- und Shoppingtour durch die benachbarten Filialen von Macy's, Neiman Marcus, Saks 5th Avenue, Tiffanys, Armani, Cartier und Gucci.

Wo die Powell Street auf die Market Street trifft, liegt mit der **Hallidie Plaza** **2** ein lebhafter Platz, unter dem sich mehrere Etagen u. a. mit einer U-Bahn-Haltestelle und dem Visitor Information Center befinden. Auf Straßenebene ist die Wendeplattform der Cable Cars hauptsächlich dann eine Besucherattraktion, wenn die Wagen von Schaffner und Bremser mit vereinten Kräften umgedreht und für die Fahrt zum Nob Hill bzw. nach Fisherman's Wharf bereit gemacht werden.

### Nob Hill

Am leichtesten ist der Aufstieg zum **Nob Hill** **3** mit dem Cable Car ab Hallidie Plaza. Der Platz ist nach dem englischen Ingenieur Andrew Hallidie benannt, der 1873 das erste von Stahltrossen gezogene Cable Car vorstellte, das die Voraussetzung für die Umwandlung des 103 m hohen Nob Hill in einen Millionärshügel bildete. In diesem Stadtteil ließen sich Ende des 19. Jh. zeitweise die vier Eisenbahnmagnaten Leland Stanford, Mark Hopkins, Collis P. Huntington und Charles Crocker noble Residenzen erbauen, die dem Erdbeben von 1906 zum Opfer fielen. Das 1907 eröffnete **Fairmont Hotel** war 1945 Schauplatz der Gründung der Vereinten Nationen. Mit Marmor und korinthischen Säulen ist die Lobby prächtig ausgestaltet. Vom 24 Etagen hohen Turm des Hotels hat man einen überwältigenden Blick auf die Stadt.

## Chinatown

Am Fuß des Nob Hill dehnt sich gewissermaßen das Gegenstück zum vornehmen Hügelviertel aus. **Chinatown** 4 , das sich hinter dem Löwentor an der Grant Street auf Höhe der Bush Street öffnet, bildet eine Stadt in der Stadt – ein zum Teil sympathisch unaufgeräumt wirkendes, exotisches Viertel, in dem wahrscheinlich weit über 100 000 Menschen aus dem Reich der Mitte und anderen Ländern des Fernen Ostens leben. Straßenschilder geben in Englisch und chinesischen Schriftzeichen Auskunft. Straßenlaternen und Telefonzellen verzichten auf den China-Look ebenso wenig wie viele Hausfassaden unter geschwungenen Pagodendächern. Windspiele bimmeln vor Läden voller bemalter Fächer, bronzefarbener Buddhas und Taschen mit gestickten Drachenmustern monotone Melodien. In von Küchendunst beschlagenen Schaufenstern von Restaurants und Imbissen warten in Reih und Glied aufgehängte lackierte Enten auf hungrige Gäste.

Kein anderer Teil von San Francisco ist so dicht bevölkert wie die Straßenzüge um die von Transparenten und flatternden Fähnchen überspannte **Grant Street.** Früher einmal rein chinesisch, ist das Viertel durch die Zuwanderung von Vietnamesen, Thais, Filipinos, Koreanern und Laoten in den vergangenen Jahrzehnten so stark angewachsen, dass sich sozialer Zündstoff anzuhäufen begann. Entlang der zentralen Grant Street locken dicht aneinander gedrängte Andenkenläden und Restaurants mit farbenfrohen Fassaden. Der Blick in Innenhöfe und versteckte Seitengassen zeigt aber, wie eingepfercht die Einwohner von Chinatown in zum Teil heruntergekommenen Blocks leben. Aus Kräuterläden dringt der fremde Atem Asiens, vermischt mit dem Duft von Räucherstäbchen und den Geruchswolken benachbarter Fischgeschäfte.

Erste Einwanderer aus China erreichten die amerikanische Westküste in den späten 1840er-Jahren. Viele flohen vor Hungersnöten und Opiumkriegen im eigenen Land und hofften auf eine bessere Zukunft in den Goldfeldern von Kalifornien. Eine zweite Einwanderungswelle schwappte in den 1870er-Jahren nach Amerika, als Eisenbahngesellschaften Arbeiter für den Bau der Gleise durch den Kontinent benötigten. Als die Schienenwege fertiggestellt waren, ließen sich viele von ihnen in San Francisco nieder, zum Leidwesen der Einheimischen, die ihre Jobs durch die ›billigeren‹ Asiaten gefährdet sahen. Rassistische Ausschreitungen und ein gesetzlich verhängter Einwandererstopp waren die Folge. Die Chinesen ihrerseits, traditionell in unterschiedliche und nicht selten verfeindete *Tongs* (Geheimgesellschaften) aufgeteilt, begannen ihren Widerstand gegen Diskriminierung und Übergriffe zu organisieren. Aus diesen Bündnissen entwickelten sich auch zahlreiche von Erpressung und Schutzgeldern lebende Gangs.

Anschaulich dokumentiert ist die Geschichte von Chinatown bzw. der chinesischen Einwanderung in die USA in der **Chinese Historical Society of America** mit historischen Fotos, Werkzeug vom Eisenbahnbau und etwa einer von einem chinesischen Restaurantpionier erfundenen Maschine zur Reinigung von Shrimps (965 Clay St., Tel. 415-391-1188, www.chsa.org, Di–Fr 12–17 Uhr).

Weniger um Geschichte als vielmehr um Kunst und Kultur geht es in den Ausstellungen im **Chinese Cultural Center** (750 Kearny St., 2. Stock, Tel. 415-986-1822, www.c-c-c.org, Di–Sa 10–16 Uhr). Vor dem Gebäude auf dem Portmouth Square treffen sich alte und junge Menschen am frühen Morgen zur traditionellen Tai-Chi-Frühgymnastik. Später am Tag brüten Männer im Schatten der Bäume über Schachbrettern.

# San Francisco und Umgebung

## North Beach

Am östlichen Broadway, wo neonbunte Sex-shops und Stripteasebars das Straßenbild bestimmen, beginnt mit **North Beach** **5** einer der ältesten Stadtteile von San Francisco. Ursprünglich eine der besten Wohngegenden, verlor er seine Attraktivität schon in den 1870er-Jahren, als die Cable-Car-Linien andere Viertel zu erschließen begannen. Neben mittel- und südamerikanischen Einwanderern siedelten um den Telegraph Hill in den folgenden Jahrzehnten viele Südeuropäer und ließen allein die italienische Bevölkerung bis 1939 auf 60 000 Menschen anwachsen. Als nach dem Zweiten Weltkrieg viele aus dem eng gewordenen Viertel weggezogen waren, verwandelte sich North Beach in eine Bohème-Kolonie um die sogenannte *Beat Generation.*

Exponenten dieser literarischen Richtung waren Jack Kerouac und Allen Ginsberg – der erste ein moderner amerikanischer Hobo, der die Rastlosigkeit zum Lebensprinzip erhoben hatte, der zweite ein respektloser Poet, der den im Besitz des Verlegers Lawrence Ferlinghetti befindlichen Buchladen **City Lights** (261 Columbus Ave., Tel. 415-362-8193, www.citylights.com, tgl. 10–24 Uhr) nach 1953 zum Literatentreff umfunktionierte. North Beach entwickelte sich damals zur Bühne der literarischen Avantgarde Amerikas, deren Hauptphilosophie aus einem Amalgam aus Anti-Bürgerlichkeit, Selbstmitleid und Hoffnungslosigkeit bestand. Im **Vesuvio Café** (255 Columbus Ave., Tel. 415-362-3370, http://vesuvio.com) saßen Dichter und Denker über Manuskripten und diskutierten neue literarische Entwürfe. Wer heute den Besuch dort stilecht gestalten will, bestellt entweder einen mit Brandy, Amaretto und Limonensaft verfeinerten *Bohemian Coffee* oder einen aus Rum, Tequila, Orangen- und Limonensaft gemixten *Jack Kerouac.* Nach dem namengebenden Verfasser des Kultromans »On the Road« (Unterwegs) wurde auch eine Gasse zwischen dem Café und dem benachbarten City Lights benannt.

Hauptverbindung quer durch North Beach ist die im Schachbrettmuster der Straßen schräg verlaufende **Columbus Avenue.** Sie beginnt im Stadtzentrum vor der Transamerica Pyramide. In der Nachbarschaft erhebt sich die patinagrüne Fassade des zu Anfang des 20. Jh. errichteten **Columbus Tower,** der auch **Flatiron Building** genannt wird. Columbus Avenue ist nicht nur eine pulsierende Verkehrsader, sondern auch eine Gourmetmeile mit Restaurants und Spezialitätengeschäften wie der **Liguria Bakery**, in der Nachfahren genuesischer Einwanderer immer noch das Fladenbrot *focaccia* in einem originalen Ziegelofen aus dem Jahr 1911 backen (Ecke Stockton und Filbert St., Tel. 415-421-3786, Mo–Fr 8–16, Sa 7–16, So 7–12 Uhr). Um die Mittagszeit bilden sich Warteschlangen vor dem über 100 Jahre alten **Molinari Deli**, wo flinke Hände zwischen von der Decke baumelnden Schinken und Vitrinen voller Köstlichkeiten himmlische Sandwiches zubereiten (373 Columbus Ave., Tel. 415-421-2337, www.molinarideli.com, Mo–Fr 8–18, Sa 7.30–17.30 Uhr). Mit einer delikaten Knoblauchwolke macht das Traditionsrestaurant **The Stinking Rose** auf sich aufmerksam, was z. T. auf die Hausspezialität *Forty Clove Garlic Chicken* (18,95 $) zurückgeht, die ihren unnachahmlichen Geschmack 40 Knoblauchzehen verdankt (325 Columbus Ave., Tel. 415-781-7673, http://thestinkingrose.com, So–Do 11.30–22, Fr–Sa 11.30–23 Uhr).

Auf dem Washington Square im Mittelpunkt von North Beach finden vor der neogotischen Fassade der **Church of St. Peter and St. Paul** häufig Feste und Kulturveranstaltungen statt. Ein Massenaufgebot an Presseleuten stürmte die Kirche, als der legendäre Baseballstar Joe DiMaggio in den 1950er-Jahren Marilyn Monroe heiratete. Unter der auf dem Rasen errichteten Statue von Benjamin Franklin wurde 1979 eine Kapsel mit einem Gedicht von Lawrence Ferlinghetti, einem Paar Jeans und einer Flasche Wein als Symbole der damaligen Zeit in den Sockel gemauert. Erst nach Ablauf von 100 Jahren soll der ›Schatz‹ gehoben werden.

## Telegraph Hill

Auf dem Washington Square erinnert ein Denkmal an die Feuerwehr von San Fran-

**Lombard Street: eine der schönsten, aber auch steilsten Straßen in San Francisco**

cisco, die beim Erdbeben 1906 viele Menschenleben rettete und seither hohes Ansehen genießt. Dieser Reputation zollte auch Lillie Hitchcock Coit Tribut. Als Kind war sie von Feuerwehrmännern aus einem brennenden Haus gerettet und als 15-jähriges Mädchen zum Maskottchen einer Feuerwehrbrigade erwählt geworden. Im Jahre 1929 stellte sie einen Teil ihres Vermögens für den Bau des runden, 64 m hohen Coit Tower auf dem **Telegraph Hill** 6 zur Verfügung. Von der Aussichtsplattform blickt man auf den Financial District, Russian Hill und Fisherman's Wharf. Die wie von riesigen Maulwürfen zerwühlte östliche Flanke des Hügels lieferte früher mächtige Felsbrocken, als leere Segelschiffe noch mit Ballast auf dem Weg in alle vier Winde beschwert werden mussten (1 Telegraph Hill Blvd., Tel. 415-362-0808, tgl. 10–17 Uhr, Erw. 4,50 $, Sen. ab 65 J. 3,50 $, Kin. 6–12 J. 2 $).

Vom Coit Tower stellt in westlicher Richtung die **Lombard Street** 7 die Straßenverbindung zum Russian Hill her. Sie ist die berühmteste, aber mit 21,3 % bei Weitem nicht steilste Straße im Stadtgebiet von San Francisco. Den Rekord hält die Filbert Street zwischen Leavenworth und Hyde Street mit 31,5 % Steigung. Die Lombard Street ist nur bergab befahrbar und schlängelt sich in sehr engen, mit Ziegeln gepflasterten Kurven durch Vorgärten mit Hecken und Hortensienbüschen. Seitliche Treppen machen sie auch für Fußgänger zugänglich. Vom oberen Ende an der Hyde Street bietet sich ein wunderschöner Blick hinunter nach Fisherman's Wharf und auf die Insel Alcatraz im Hintergrund.

## Rund um Fisherman's Wharf

Am unteren Ende der Hyde Street liegt eine Wendeplattform für die Cable Cars nur wenige Schritte vom **Ghirardelli Square** 8 entfernt. Zwischen 1962 und 1967 verwandelten die Stadtplaner die ehemalige Schokoladenfabrik in ein von Innenhöfen und Passagen

257

**Die Transamerica Pyramid ist ein Blickfang in San Franciscos Zentrum**

durchzogenes Einkaufs-, Restaurant- und Unterhaltungszentrum (900 N. Point St., www.ghirardellisq.com).

In der Nachbarschaft liegen im **San Francisco Maritime National Historical Park** 9 mehrere schwimmende Oldtimer vor Anker. Die »Balclutha« lief 1883 in Schottland vom Stapel und umsegelte das Kap Horn mehr als einmal, ehe sie in Alaska zur schwimmenden Konservenfabrik umfunktioniert wurde. Aus dem aktiven Verkehr gezogen, spielte sie im Abenteuerfilm »Meuterei auf der Bounty« mit. Die etwas jüngere »C. A. Thayer« von 1895 war das letzte kommerzielle Segelschiff an der Pazifikküste. Als der Schaufelraddampfer »Eureka« 1890 vom Stapel lief, war er das größte Fährschiff der Welt (am Ende der Hyde St., Tel. 415-447-5000, www.nps. gov/safr, tgl. 9.30–17.30 Uhr, 5 $).

**Fisherman's Wharf** 10 ist eine der bekanntesten Touristenattraktionen der Stadt – typisch ist diese in Kitsch und Tand beinahe versinkende Schaumeile nicht. Millionen Besucher flanieren Jahr für Jahr an den Hafen-

anlagen vorbei, die größtenteils erst in den 1960er-Jahren entstanden. Bevor das große Touristengeschäft begann, befand sich vor Ort ein reger Fischereihafen, von dem heute nur Teile übrig sind. Statt Fischkutter zerpflügen Ausflugsboote nach Alcatraz die Bucht von San Francisco und statt zünftiger Seemannskneipen haben sich auf Massentourismus eingestellte Restaurants zwischen Kirmesattraktionen etabliert (Embarcadero & Powell St., Tel. 415-674-7503, www.fisher manswharf.org).

Ähnlich wie Ghirardelli Square besitzt auch **The Cannery** 11 eine industrielle Vergangenheit als Pfirsichkonservenfabrik. Auf mehreren Etagen verteilen sich heute Kunstgalerien, Restaurants, ein Kino und viele kleine Geschäfte. Im Sommer vergeht kein Tag, an dem nicht im Innenhof eine Band oder ein Solist die Gäste unterhält.

## Pier 39

Nirgendwo sonst stellt sich die Kombination von Kitsch und Kommerz so ausgeprägt zur

Schau wie auf **Pier 39** 🔢. Um ein Kinderkarussell und eine Bühne für Straßenkünstler haben sich in aus groben Balken gezimmerten Geschäften Schnellimbisse, Billig-Pizzerien, Eissalons, Souvenirläden und T-Shirt-Verkäufer sowie überteuerte Gourmettempel angesiedelt. Dem 1978 umgebauten Pier hauchte erst ein Zufall maritime Atmosphäre ein. Schon vor Jahren ließ sich auf den Bootsstegen nebenan eine Seelöwenkolonie nieder, die längst zu den populärsten Besucherattraktionen der Stadt zählt.

Zwei über 100 m lange Acryltunnel führen im **Aquarium of the Bay** in einem 2,7 Mio. l fassenden Becken durch die Unterwasserwelt der San Francisco Bay und machen Besucher mit den dort lebenden Lebewesen vertraut. An mehreren Touch Tanks darf man kleine Rochen und Haifische streicheln (Pier 39, Tel. 415-623-5300, www.aquariumofthe bay.com, im Sommer tgl. 9–20 Uhr, sonst kürzer, Erwachsene 15,95 $, Sen. ab 65 J. und Kin. 3–11 J. 8 $).

## Alcatraz

Im Sommer bilden sich neben Pier 39 an den Anlegestellen der Ausflugsschiffe lange Warteschlangen, weil sich viele Stadtbesucher eine Fahrt auf die **Insel Alcatraz** nicht entgehen lassen wollen. »The Rock«, wie der prägnante Felsen in der Bucht auch genannt wird, wurde von den Spaniern nach den dort lebenden Pelikanen auf den heutigen Namen getauft. 1934 entstand die erste offizielle zivile Haftanstalt – vom ersten Tag an kein Knast wie jeder andere. Einzelhaft war die Regel, was manche Kritiker als barbarisch anprangerten. Der offiziellen Version zufolge gelang es keinem einzigen Ausbrecher, von der Insel auf das zwei Kilometer entfernte Festland zu fliehen. Das verhinderten nicht nur ausgeklügelte Sicherheitssysteme, sondern auch das eiskalte, von gefährlichen Strömungen durchzogene Wasser in der Bucht.

Auf Alcatraz saßen Amerikas berüchtigtste Kriminelle hinter Schloss und Riegel. Zur Unterweltprominenz gehörte Gangsterboss Al Capone, der während der Prohibition in Chicago sein Unwesen getrieben hatte. Neben

ihm zählte Robert Stroud zu den bekanntesten Insassen. Wegen zweifachen Mordes zu lebenslänglicher Einzelhaft verurteilt, züchtete er zum Zeitvertreib Vögel, schrieb ornithologische Fachbücher und widmete sich der Geschichte des Strafvollzugs. Bis heute hält das US-Justizministerium Strouds Manuskript unter Verschluss. Im Alter von 76 Jahren starb der Häftling 1963 hinter Gittern. Ein Happy End findet die Geschichte nur im Kinofilm mit Burt Lancaster in der Hauptrolle.

Die Geschichte von Alcatraz als dem berühmtesten Gefängnis Amerikas endete 1963 mit der Schließung, z. T. wegen der zu hohen Unterhaltskosten. Seit 1972 verwaltet der National Park Service *The Rock* und leitet bis zu 4000 Besucher täglich durch Gefangenenzellen und Hochsicherheitstrakte (www. nps.gov/alca – Alcatraz Cruises bieten mehrere Touren nach Alcatraz an. Informationen unter www.alcatrazcruises.com, Tel. 415-981-7625, Abfahrten ab Pier 33).

## Financial District

Als Wall Street des Westens apostrophiert, dehnt sich der **Financial District** 🔢 zu Füßen der höchsten Gebäude der Stadt aus. In der Montgomery Street entstanden schon Mitte des 19. Jh. erste Banken, als der Goldrausch die Stadt mit Edelmetall versorgte. Den Durchbruch als Finanzzentrum schaffte San Francisco aber erst mit der Entdeckung riesiger Silberlagerstätten in Virginia City (Nevada) einige Jahre später. Das erste größere Bürogebäude stand lange Zeit dort, wo sich seit 1972 mit dem pyramidenförmigen **Transamerica Building** eines der modernen Wahrzeichen der Stadt erhebt. Die hitzigen Diskussionen über das 260 m hohe, mit 3678 Fenstern ausgestattete, futuristisch anmutende Bauwerk sind längst verebbt. Heute ist die Pyramide aus der Skyline von San Francisco nicht mehr wegzudenken.

## Embarcadero

Der Grund und Boden des Finanzdistrikts wurde im 19. Jh. größtenteils durch Aufschüttung der Bucht gewonnen. Das gilt auch für den Untergrund des weiter östlich

## San Francisco und Umgebung

liegenden Embarcadero Center, ein Beton-komplex aus Geschäfts- und Büroräumen, zu dem ein Hotel und die Justin Herman Plaza mit einer brunnenähnlichen Skulptur des frankokanadischen Bildhauers Armand Vaillancourt gehören. Am **Ferry Building** 14 gegenüber kamen vor der Fertigstellung der Oakland Bay Bridge in den 1930er-Jahren täglich 50 000 Pendler per Fähre von der östlichen Bucht an. In späteren Jahrzehnten verlor der Terminal mit einem der Kathedrale im spanischen Sevilla nachempfundenen Campanile seine ursprüngliche Funktion und wurde schließlich in einen exquisiten Gourmettempel verwandelt. Den Platz im Erdgeschoss teilen sich vietnamesische, provenzalische und amerikanische Spezialitätenrestaurants mit Ständen, an denen Käseberge aus dem Marin County, unterschiedliche Kaffeesorten, nach Rezepten aus der alten Welt hergestellte Backwaren, Kräuter und Feinschmeckerzutaten wie Olivenöl und Bio-Gemüse verkauft werden.

Vor dem **Ferry Building** bieten Bauern des Umlands und Händler auf einem Farmers Market frisches Obst und Gemüse an. An Wochenenden verwandelt sich das Areal entlang der Wasserkante hinter dem Gebäude in einen populären Food Market, auf dem einfallsreiche Köche Demonstrationen ihres Könnens geben und San Franciscos Bevölkerung schon am frühen Vormittag zum Probieren anrückt (Ferry Building Mo–Fr 10–18, Sa 9–18, So 11–17 Uhr, **Bauernmarkt Di und Sa** 7–13 Uhr, www.ferrybuildingmarketplace.com).

Bis in die 1990er-Jahre gab die Wasserkante nördlich und südlich des Ferry Building ein ödes Bild ab. Leere Lagerhallen und verlassene Piers reihten sich aneinander und warteten nur darauf, wiederbelebt zu werden. Als das Erdbeben von 1989 eine dort verlaufende Hochstraße teilweise zum Einsturz brachte, entschloss sich die Baubehörde endlich, den auf Betonstelzen stehenden Schandfleck abzureißen und das südliche Embarcadero mit neuen Hotels und Wohngebieten in eine prächtige Palmenallee zu verwandeln.

## SoMa und Umgebung

Eine ähnlich erfolgreiche kosmetische Operation wie beim Embarcadero machte den sich weiter westlich anschließenden Stadtteil South of Market Street, von den Einheimischen **SoMa** 15 genannt, zum Trend- und Avantgardeviertel mit Kunst- und Kulturangeboten sowie Cafés, schicken Weinbars und exquisiten Restaurants der gepflegten Lebensart. Wo vor Jahren noch der Putz von altersschwachen Lagerhäusern bröckelte, eröffnete in den 1990er-Jahren mit den Yerba Buena Gardens ein 87 Mio. $ teurer Komplex, welcher der ethnischen und kulturellen Vielfalt der Bay-Metropole gerecht werden sollte. Grünanlagen mit einem künstlichen Wasserfall, Rasenflächen, einem Martin Luther King Memorial und Pflanzen aus allen Partnerstädten von Abidjan (Elfenbeinküste) bis Schanghai sind nur ein Teil der Naturoase. Dazu gehören auch das vom japanischen Architekten Fumihiko Maki entworfene Kunst- und Kulturzentrum **Yerba Buena Center for the Arts** mit einem 750 Plätze großen Theater (701 Mission St., Tel. 415-978-2700, www.ybca.org) und das z. T. unter der Straßenebene liegende Messe- und Kongresszentrum **Moscone Convention Center** (www.moscone.com).

Herzstück der Kunstszene in SoMa ist das vom Schweizer Architekten Mario Botta entworfene **San Francisco Museum of Modern Art** 16, ein gewaltiger Ziegelbau mit einem abgeschrägten zylindrischen Dachaufsatz und rötlich-weißen Streifenmuster. Die Qualität des Hauses mit seinen abstrakten, expressionistischen und postmodernen Sammlungen auf knapp 21 000 m$^2$ Ausstellungsfläche hat sich längst herumgesprochen und sorgte schon unmittelbar nach der Eröffnung für einen Besucheransturm. Zu den über 15 000 Kunstwerken der ständigen Ausstellungen gehören Gemälde, Skizzen, Skulpturen und Kollagen, Fotografien, Architekturentwürfe, Modelle und Designstudien. Der Reigen der Künstler reicht von Henri Matisse über Paul Klee, Frank Gehry und Anselm Adams bis zu den amerikanischen Malern Clyfford Still und Jackson Pollock (151 Third St., Tel. 415-357-4000, www.sfmoma.org, Mo–Di und Fr–So

11–17.45, Do 11–20.45, Mi Ruhetag, Erw. 12,50 $, Sen. ab 62 J. 8 $).

Häufig wechselnde Ausstellungen im **Cartoon Art Museum** 17 beschäftigen sich mit bekannten Cartoon-Künstlern und deren Werken bzw. mit der Geschichte dieser aus einer Kombination von Bildern und Texten bestehenden Kunstrichtung. Wer schon immer wissen wollte, wie ein Zeichentrickfilm entsteht, ist an diesem einzigen Cartoon-Museum der Westküste an der richtigen Stelle (655 Mission St., Tel. 415-227-8666, www.cartoonart.org, tgl. außer Mo 11–17 Uhr, Erw. 6 $, Sen. ab 65 J. 4 $, Kin. 6–12 J. 2 $).

Mit dem Beitrag der Nachfahren schwarzer Sklaven zur Kultur in Nord- und Südamerika setzt sich das **Museum of the African Diaspora** 18 auseinander. Dabei gehen die Ausstellungen auf die afrikanischen Wurzeln des Jazz ebenso ein wie etwa auf die Einflüsse des Sklavenhandels auf die brasilianische Küche. Der Museum Store verkauft hübsches Kunsthandwerk (685 Mission St., Teil. 415-358-7200, www.moadsf.org, Mi–Sa 11–18, So 12–17 Uhr, Erw. 10 $, Sen. ab 65 J. 5 $, Kin. unter 12 J. freier Eintritt).

Zu den neueren Einrichtungen in SoMa zählt das **Contemporary Jewish Museum** 19, das sich in einem umgebauten ehemaligen Umspannwerk befindet. Stararchitekt Daniel Libeskind hinterließ seine unverkennbare Handschrift an für ihn typischen Schrägen, die das Gebäude mit mutigen Akzenten ausstatteten. Zu sehen sind Werke von der Antike bis zur Moderne z. T. von Berühmtheiten wie Chagall und Rodin (736 Mission St., Tel. 415-655-7800, www.thecjm.org, Fr–Di 11–17, Do 13–20 Uhr, Mi Ruhetag, Erw. 10 $, Sen. ab 65 J. 8 $, Kin. unter 18 J. Eintritt frei, Do ab 17 Uhr 5 $ für alle Besucher).

## Civic Center

Der im Zentrum des **Civic Center** 20 stehende Kuppelbau der 1915 erbauten City Hall ist dem Petersdom in Rom nachempfunden. Lobby und Korridore spiegeln sich in Marmor, während die barock gestalteten Treppen genauso gut in die Geschosse eines französischen Prunkbaus führen könnten. An der östlichen Flanke widmet sich das **Asian Art Museum** mit umfangreichen Ausstellungen ausschließlich asiatischer Kunst aus den zurückliegenden 6000 Jahren (200 Larkin St., Tel. 415-581-3500, www.asianart.org, Di–Mi und Fr–So 10–17, Do bis 21 Uhr, Mo Ruhetag, Erw. 12 $, Sen. ab 65 J. 8 $, Kin. 13–17 J. 7 $).

# Außerhalb des Zentrums
▶ D 20

**Cityplan:** S. 262

## Stadtteil Marina

Die vom Russian Hill westwärts führende Lombard Street ist in San Francisco wegen der zahlreichen preiswerteren Unterkünfte auch unter dem Namen *Motel Row* bekannt. Sie zieht sich mitten durch den vornehmen Stadtteil **Marina** 21 mit hübschen viktorianischen, von Erkern und Türmchen geschmückten Häusern und gepflegten Villen im mediterranen Stil. Neben der Lombard Street ist die parallel verlaufende Chestnut Street die Hauptader des Viertels mit einer großen Auswahl von Restaurants und Cafés, Supermärkten und Spezialitätenläden, in denen viele Gerichte auch zum Mitnehmen verkauft werden. Im Nordosten des Stadtteils entwickelt sich das ehemalige Militärgelände **Fort Mason** seit Jahren zu einem Kulturzentrum mit mehreren Theatern und kleineren Museen sowie dem Hauptquartier der Golden Gate National Recreation Area (www.fortmason.org).

Am westlichen Rand von Marina steht in einer kleinen Parkanlage der neoklassische **Palace of Fine Arts** 22, ein mit Säulen, Kolonnaden, Halbreliefs und Statuen reich geschmücktes Überbleibsel der »Panama-Pacific«-Ausstellung von 1915. Hochzeitsgesellschaften wählen den künstlich angelegten Teich vor dem Gebäude gerne für Fotos aus. Im Palace selbst ist mit dem Exploratorium ein Wissenschaftsmuseum mit 650 interaktiven Einrichtungen etwa aus Biologie, Physik und Akustik untergebracht (3601 Lyon St., Tel. 415-561-0360, www.exploratorium.edu,

## San Francisco und Umgebung

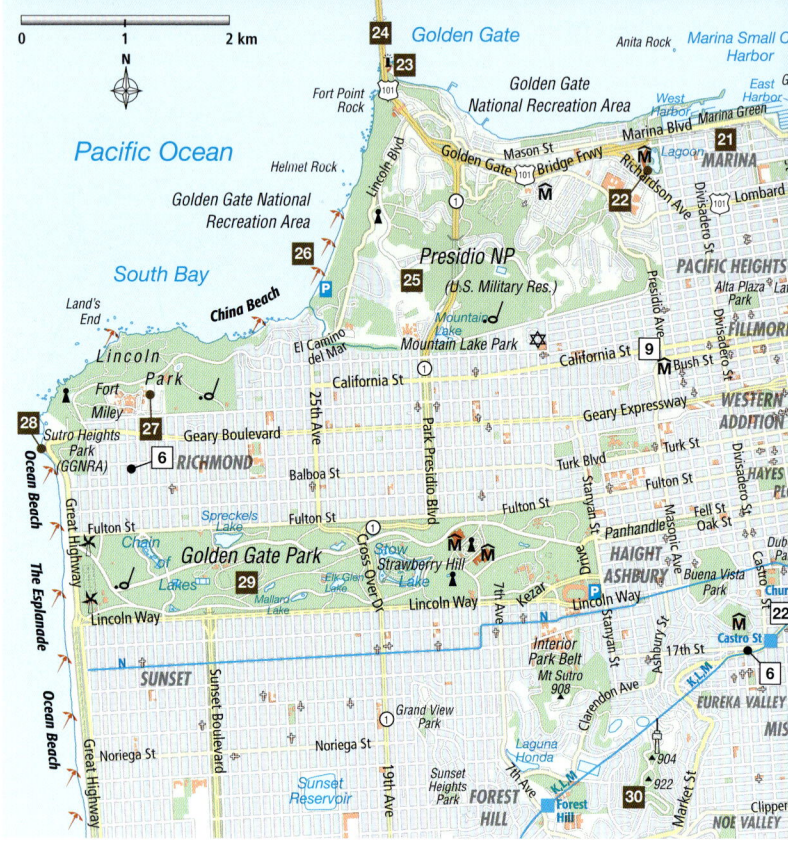

Großraum San Francisco: Cityplan

Di–So 10–17 Uhr, Erw. 14 $, Sen. ab 65 J. und Kin. 13–17 J. 11 $).

### Fort Point

Vom Jachthafen führt der knapp 6 km lange Coastal Trail als asphaltierter Fußgänger-, Rad- und Joggerpfad direkt am Ufer der Bucht entlang durch die Golden Gate National Recreation Area bis zum zwischen 1853 und 1861 erbauten **Fort Point 23** direkt unter der Golden Gate Bridge, wo James Stewart im Hitchcock-Thriller »Vertigo« 1958 seine Filmpartnerin Kim Novak aus dem Wasser rettete. Die ursprünglich mit über 120 Ka-

nonen ausgestattete Militäranlage diente früher einmal dem Schutz der Einfahrt in die Bucht, doch wurde von ihr nie ein Schuss abgefeuert. Heute bietet die meist windige und von hohen Wellen umspülte Stelle einen Blick aus dramatischer Perspektive auf die Golden-Gate-Brücke und das Goldene Tor (Fort Point, Tel. 415-556-1693, www.nps.gov/fopo, Fr–So 10–17 Uhr, Eintritt frei).

### Golden Gate Bridge

Macht die lachsrote **Golden Gate Bridge 24** mit ihren gewaltigen Stahlverstrebungen von Fort Point aus einen fast unheimlichen Ein-

262

San Francisco Bay

North Point

Details siehe S. 252
Cityplan San Francisco

## Sehenswürdigkeiten

**1** – **20** s. Cityplan S. 252
**21** Marina
**22** Palace of Fine Arts
**23** Fort Point
**24** Golden Gate Bridge
**25** Presidio
**26** Baker Beach
**27** California Palace of the
Legion of Honor
**28** Cliff House
**29** Golden Gate Park
**30** Twin Peaks
**31** Mission Dolores

## Übernachten

**1** – **3** s. Cityplan S. 252
**4** B & B Ocean Beach
**5** s. Cityplan S. 252
**6** B & B Inn On Castro
**7** Country Cottage
**8** Buena Vista Motor Inn
**9** B & B Monte Cristo
**10** – **12** s. Cityplan S. 252

## Essen und Trinken

**13** – **16** s. Cityplan S. 252
**17** Foreign Cinema
**18** – **21** s. Cityplan S. 252
**22** Cafe Flore

druck, so zeigt sich das Wahrzeichen von San Francisco vom Parkplatz kurz vor der südlichen Brückenauffahrt von ihrer Bilderbuchseite. In einer kleinen Grünanlage steht die Büste von Chefingenieur Joseph Strauss, nach dessen Plänen das Bauwerk nach viereinhalbjähriger Bauzeit am 28. Mai 1937 eingeweiht wurde. Am Tag zuvor waren über 200 000 Menschen über die Brücke marschiert. Am Tag nach der Einweihung riss die Karawane derer nicht ab, die das Goldene Tor erstmals auf vier Rädern überqueren wollten.

Nicht nur der optische Eindruck, sondern auch die technischen Maße sind beeindru-

ckend. Vom einen zum anderen Ende misst die Brücke 2,7 km, wobei sie auf 1280 m Länge zwischen den beiden 227 m hohen Pfeilern ohne Stützen auskommt. Die zusammen mit den Gehwegen 27,5 m breite und 67 m über dem Wasser hängende Fahrbahn wird von zwei 2,3 km langen Stahltrossen mit einem Durchmesser von fast 1 m gehalten.

Über 100 000 Fahrzeuge überqueren Tag für Tag das Goldene Tor, wobei die Fahrbahnen je nach Verkehrsaufkommen durch mobile Markierungen verändert werden. Bezahlen muss man nur auf dem Weg in die Stadt. Fußgängern steht der Gehweg auf der Ostseite der Brücke jeden Tag von 5 bis 21 Uhr gratis zur Verfügung. Radler dürfen diesen Weg nur montags bis freitags benutzen und müssen an Wochenenden auf die westliche Brückenseite ausweichen.

### Presidio

Die reizvolle Hügellandschaft mit Wäldchen und Wiesen des **Presidio** 25 südlich der Brü–cke markiert jene Stelle, wo San Francisco mit dem Bau einer militärischen Befestigung 1776 kurz nach der Gründung der Mission San Francisco de Asis seine Geburtsstunde erlebte. In späteren Jahren war die Anlage von Mexikanern, dann von Amerikanern be–setzt. 1994 zog sich das US-Militär von dem 600 ha großen Gelände mit Kavalleriebara–cken, einem Militärfriedhof sowie einem Golf–platz zurück und überließ es dem National Park Service. Viele der über 800 Gebäude sind von gewerblichen Unternehmen ange–mietet, wie etwa vom Filmemacher George Lucas, der dort sein Digital Arts Center ein–richtete (William Penn Mott Jr. Visitor Center, Tel. 415-561-4323, www.nps.gov/prsf, tgl. 9–17 Uhr, Eintritt frei).

### Baker Beach und Cliff House

An der Pazifikküste südlich der Golden Gate Bridge setzt sich die Golden Gate National Recreation Area als schmaler Streifen am Pa–zifiksaum fort. Über den Lincoln Boulevard ist der reizvolle **Baker Beach** 26 mit wunder–schöner Aussicht auf die Golden Gate Bridge zu erreichen, ein sehenswerter Sandstrand mit Platz zum Baden und Sonnen. Wanderer erreichen auf dem Coastal Trail in nördlicher Richtung Fort Point, in südwestlicher Rich–tung Lands End im Lincoln Park, wo der im Beaux-Arts-Stil errichtete **California Palace of the Legion of Honor** 27 eine der größten Sammlungen hauptsächlich europäischer Kunst außerhalb Europas beherbergt (34th Ave. & Clement St., Tel. 415-750-3600, www. famsf.org, Di–So 9.30–17.15 Uhr, Erw. 10 $, Sen. ab 65 J. 7 $, Kin. 13–17 J. 6 $, 1. Di im Monat gratis).

Weiter südlich liegen dicht vor der Küste die Seal Rocks, jahrelang Heimat einer See–löwenkolonie, ehe die Tiere nach Pier 39 um–zogen. Vor allem abends lohnt sich der Blick auf die schwarzen Felsen vom **Cliff House** 28, einem seit 1863 hoch über den Klippen stehenden Restaurantkomplex. Sonntags kann man einen Besuch mit einem Gang ans Champagne Buffet im Terrace Room verbin–den und bei Harfenmusik die angebotenen Köstlichkeiten genießen (1090 Point Lobos Ave., Tel. 415-395-9020, www.cliffhouse. com, 10–15.30 Uhr, 43 $).

### Golden Gate Park

Der über 400 ha große **Golden Gate Park** 29 mit Wiesen, Seen, Rosengärten, Baumschule, Rhododendron-Tal, Kinderspielplätzen, däni–scher Windmühle und Büffelkoppel ist eine städtische Institution und die beliebteste grüne Oase in San Francisco. Neben Ent–spannung in freier Natur bietet der lang ge–zogene Park auch reichlich Kultur. Nachdem das **M. H. de Young Memorial Museum** beim Erdbeben 1989 schwer beschädigt worden war, entschloss man sich für einen dreistöckigen Neubau nach einem Entwurf der Schweizer Architekten Herzog & de Meu–ron mit einem 44 m hohen (frei zugänglichen) Aussichtsturm und einem Skulpturengarten, um die unschätzbaren Kunstsammlungen von Masken aus Neuguinea über tibetischen Schmuck bis zu erlesenen Jadesammlungen unterzubringen (50 Hagiwara Tea Garden Dr., Tel. 415-750-3600, www.famsf.org/deyoung, Di–So 9.30–17.15, Fr bis 20.45 Uhr, Erwach–sene 10 $, Senioren ab 65 Jahren 7 $, Kin. 13–17 J. 6 $, 1. Di im Monat gratis).

In der Nachbarschaft residiert die **Califor–nia Academy of Science** im »grünsten« Mu–seum der USA, einem 2008 eröffneten Kom–plex des Architekten Renzo Piano. Unter ei–nem über 12 000 m² großen, mit 1,7 Mio. einheimischen Pflanzen bewachsenen und sieben kleinen Hügeln ausgestatteten Grün–dach, das quasi eine Miniaturtopografie von San Francisco darstellt, flanieren Besucher durch naturkundliche Ausstellungen, einen Regenwald sowie an einem Aquarium vorbei

**Golden Gate: schönste Brücke der Welt**

**Academy of Science – hervorragendes Museum zum Kosmos der Wissenschaften**

und können an Shows im Planetarium teilnehmen (55 Music Concourse Dr., Tel. 415-379-8000, www.calacademy.org, Mo–Sa 9.30–17, So 11–17 Uhr, Erw. 24,95 $, Sen. ab 65 J. und Kin. 12–17 J. 19,95 $).

Ein Paradies für Gartenfreunde ist der **San Francisco Botanical Garden** mit 7000 Pflanzenarten (9th Ave. & Lincoln Way, Tel. 415-753-7090, www.sfbotanicalgarden.org, Mo–Fr 8–16.30, Sa/So 10–17 Uhr, Eintritt frei). Beschaulichkeit und reizvolle Landschaftsgestaltung garantiert der 1894 angelegte **Japanese Tea Garden** mit Pagode, einer 1790 gegossenen Buddha-Statue, Wasserfällen, Koi-Teichen und natürlich einem Teehaus (7 Hagiwara Tea Garden Dr., Tel. 415-752-4227, www.holymtn.com, tgl. 8.30–18.30 Uhr, Erw. 3,50 $, Sen. ab 65 J. und Kin. 6–12 J. 1,25 $).

## Twin Peaks

Die früher auf der Halbinsel von San Francisco lebenden Küstenindianer hielten die **Twin Peaks** 30 für ein streitendes Paar, das vom Großen Manitou durch einen Blitzschlag getrennt wurde. Die im 18. Jh. anrückenden Spanier tauften die Anhöhen auf den Namen *Los Pechos de la Chola,* weil sie, vermutlich unter den Einwirkungen ihrer unfreiwilligen Abstinenz, einen Mädchenbusen zu entdecken glaubten. Mit 278 und 275 m sind die beiden Hügelkuppen fast gleich hoch. Der höhere Gipfel mit Parkplatz und fantastischer Aussicht auf die gesamte Stadt bis an die East Bay ist für die meisten Touristen ein Pflichtstopp im Besuchsprogramm. Gegen Abend herrscht auf dem Gipfel meist großes Gedränge, sodass hin und wieder keine Autos mehr zugelassen werden.

## Mission District

Im Osten der Twin Peaks breitet sich der **Mission District** aus, den die Spanier 1776 wegen seines sonnigen, meist nebelfreien Klimas als Standort für die **Mission Dolores** 31 auswählten. Das originale Missionsgebäude mit Säulenfassade und Holzbalkon besteht aus 1,30 m dicken Adobe-Mauern, die als Schutz gegen Niederschläge mit einer Gips-

Zement-Mischung überzogen wurden. Wahrscheinlich aufgrund des elastischen Baumaterials hat das Gebäude sämtliche Erdbeben seit 1776 überstanden. Auffällig ist die Decke mit dekorativen Mustern, wie sie von den alten Costanoan-Indianern bei Korbflechtereien verwendet wurden. Ein kleines Museum zeigt historische Artefakte und Manuskripte.

Nebenan wurde 1918 eine Basilika mit üppigem Stuckdekor um Portal und Türme erbaut. Auf dem Friedhof neben der Kirche fanden 5000 Indianer, spanische Soldaten, mexikanische Geistliche und amerikanische Pioniere ihre letzte Ruhestätte (3321 16th St., Tel. 415-621-8203, www.missiondolores.org, tgl. 9–16 Uhr, Eintritt Spende).

Der Mission District ist nicht nur wegen der Missionsstation ein lohnendes Besichtigungsziel. In den Straßen um die zentrale Mission Street herrscht wegen des hohen Latinoanteils eine Atmosphäre wie in einer südamerikanischen Stadt. Supermärkte kündigen ihre Angebote ebenso auf Spanisch an wie Restaurants und Imbissstände. Kulturell gehört der Stadtteil seit Jahren zu den kreativsten Teilen von San Francisco, hat aber auch unter steigender Kriminalität zu leiden. Zum Teil riesige Wandgemälde zeigen, dass viele Maler in der Tradition des bekannten mexikanischen Künstlers Diego Rivera (1886–1957) stehen, der in der ersten Hälfte der 1930er-Jahre auch in den USA arbeitete. In jüngster Zeit ließen sich im Mission District immer mehr fernöstliche Geschäftsleute nieder – ein erneuter Beweis für die schnelle und in der Vergangenheit schon häufig bewiesene Wandlungsfähigkeit des Stadtteils.

**San Francisco Visitor Information Center**: 900 Market St., Ecke Powell St. (untere Ebene der Hallidie Plaza), Tel. 415-391-2000, Informationen über Band Tel. 415-391-2001, www.onlyinsanfrancisco.com.

Das Convention & Visitors Bureau betreibt ein Hotelreservierungssystem mit über 200 Hotels. Buchungen über Tel. 415-391-2000 oder online über www.sfvisitors.org.

**Orchard Hotel** [1]: 665 Bush St., Tel. 415-362-8878, Fax 415-362-8088, www.theorchardhotel.com. Zentral gelegenes Stadthotel unter deutscher Führung mit modern eingerichteten Nichtraucherzimmern mit großen Bädern, WLAN-Anschluss und Mobiliar aus balinesischem Holz. Ab 139 $.
**Best Western Tuscan Inn** [2]: 425 Northpoint St., Tel. 415-561-1100, Fax 415-561-1100, www.tuscaninn.com. Eines der besten Hotels um Fisherman's Wharf mit toskanischem Ambiente und über 220 adretten Zimmern und Suiten mit Minibar, Kühlschrank und Kaffeemaschine. DZ ab 139 $.
**Renoir Hotel** [3]: 45 McAllister St., Tel. 415-626-5200, www.renoirhotel.com. Der von 1909 stammende Ziegelbau weist in seinem Innern unterschiedliche Stilrichtungen auf, von der viktorianischen Lobby bis zum Café do Brasil in Gelb und Grün, den Nationalfarben Brasiliens. Geschmackvoll eingerichtete Zimmer. DZ ab 139 $.
**B & B Ocean Beach** [4]: 611 42nd Ave., Tel. 415-668-0193, www.oceanbeachbb.com. Sechs Querstraßen von der Küste entfernte Nichtraucherunterkunft nördlich des Golden Gate Park. Das Wohnviertel ist ausgesprochen ruhig. Von der Suite blickt man aufs Meer. Minimumaufenthalt 2 Nächte, Frühstück inklusive. DZ ab 125 $.
**Golden Gate Hotel** [5]: 775 Bush St., Tel. 415-392-3702, 415-392-6202, www.goldengatehotel.com. Hotel im Edwardian-Stil in bester Zentrumslage mit 25 charmanten Gästezimmern, 14 mit eigenem Bad, antikes Mobiliar, Internetanschluss, TV, Telefon und Satelliten-TV. Die Besitzerin spricht deutsch. DZ (mit Etagenbad) ab 105 $, (mit eigenem Bad) 165 $.
**Inn On Castro** [6]: 321 Castro St., Tel. 415-861-0321, www.innoncastro.com. Individuell und geschmackvoll mit Kunstwerken und exotischen Pflanzen dekoriertes viktorianisches Haus im Schwulenzentrum der Stadt mit 6 Zimmern, Frühstück inkl. DZ ab 120 $.
**B & B Country Cottage** [7]: Dolores & 17th St., Tel. 415-899-0060, Fax 415-899-9923, www.bbsf.com. B & B mit 4 putzig eingerichteten Gästezimmern in einem ruhigen Wohn-

viertel, Etagenbäder, Dielenböden und rustikales Holzmobiliar. DZ 89 $.

**Buena Vista Motor Inn** 8 : 1599 Lombard St., Tel. 415-923-9600, Fax 415-441-4775, www.buenavistamotorinn.com. Älteres, aber ordentliches Motel mit gutem Preis-Leistungs-Verhältnis und innenstadtnaher Lage. Geräumige Zimmer auf 3 Etagen, Fahrstuhl, Morgenkaffee und Gratis-Parkplatz. DZ ab 79 $.

**B & B Monte Cristo** 9 : 600 Presidio Ave., Tel. 415-931-1875, Fax 415-931-6005, www.montecristosf.com. Viktorianisches Anwesen von 1875 mit 18 Zimmern, einige lediglich mit Etagenbad. Inneneinrichtung wie etwa die Holz- und Messingbetten im Stil des 19. Jh., Frühstücksbuffet. DZ 78–118 $.

**San Remo Hotel** 10 : 2237 Mason St., Tel. 415-776-8688, www.sanremohotel.com. Das viktorianische Anwesen liegt nicht weit von Fisherman's Wharf entfernt. In den 62 kleinen, aber hübschen Zimmern gibt es weder TV noch Telefon. Bad/WC auf der Etage. Die schönsten Zimmer liegen auf dem obersten Stockwerk. DZ 75–100 $.

**Taylor Hotel** 11 : 615 Taylor St., Tel. 415-775-0780, www.sanfrancisco-budgethotel.com. Für den günstigen Preis dieses zentral gelegenen Hotels muss man mit einfachen Zimmern vorlieb nehmen, die aber mit eigenem Bad, Kabel-TV, Kühlschrank und WLAN ausgestattet sind. Zum Hotel gehört ein eigener Parkplatz nur für Pkw (21 $). DZ ab ca. 70 $.

**Green Tortoise Guest House** 12 : 494 Broadway, Tel. 415-834-1000, Fax 415-956-4900, www.greentortoise.com. Herberge vor allem für junge Leute mit Frühstück, Gratis-Inter-

**Im Restaurant des Hilton genießen Gäste einen großartigen Blick auf die Stadt**

netzugang, Sauna, Münzwaschmaschinen und dreimal wöchentlich Abendessen. Pro Schlafplatz ab 25 $.

**Jardinière** 13: 300 Grove St., Tel. 415-861-5555, www.jardiniere.com, Lunch Fr 11.30–14.30, Dinner So–Mo 17–22, Di–Sa 17–22.30 Uhr. Kalifornisch-französische Küche der preisgekrönten Köchin Traci Des Jardins wie Entenconfit mit Salat aus grünen Bohnen und Schokoladen-Brotpudding mit Bananen zum Nachtisch. Ab ca. 50 $.

**Farallon** 14: 450 Post St., Tel. 415-956-6969, www.farallonrestaurant.com, Mo–Do 17.30–21, Fr–Sa 17.30–22, So 17–21 Uhr. Gäste speisen in einem außergewöhnlichen Tiefseeambiente mit Glaslampen in Form von Quallen, das hie und da an ein Aquarium erinnert. Die durch und durch professionelle Küche ist auf Fisch und Meeresfrüchte spezialisiert. Hauptgerichte ca. 40 $.

**CoCo500** 15: 500 Brannan St., SoMa, Tel. 415-543-2222, www.coco500.com, Mo–Do 11.30–22, Fr bis 23, Sa 17.30–23 Uhr. Durch mediterrane Küche inspirierte Gerichte; raffinierte Drinks wie Lemongrass Bloody Mary und Hauscocktail CoCo500 aus thailändischem Basilikum, Kaffir Lime Wodka und frischem Limonensaft. Hauptgerichte ab 25 $.

**Ame** 16: 689 Mission St., Tel. 415-284-4040, www.amerestaurant.com, tgl. 11.30–14 und 17.30–22 Uhr. Auf Sashimi spezialisierte japanische Küche (Fisch und Meeresfrüchte roh, im Unterschied zu Sushi ohne Reis), aber auch französisch angehauchte Gerichte wie Schweinekotelett mit Senfsoße (34 $) oder Lamm mit Joghurtsoße (35 $). Hauptgerichte ab ca. 26 $.

**Foreign Cinema** 17: 2534 Mission St., Tel. 415-648-7600, www.foreigncinema.com, Mo–Do 18–22, Fr 18–23, Sa–So 11–22 Uhr. Zu Austern aus Neuschottland, Oregon, British Columbia oder Kalifornien (18–22 $/Dutzend) bzw. wechselnden Menüs werden im Innenhof des loftähnlichen Restaurants Filme gezeigt. 15–30 $.

**Zuni Café** 18: 1658 Market St., Tel. 415-552-2522, www.zunicafe.com, Di–Do 11.30–23, Fr–Sa bis 24, So 11–23 Uhr. Seit über 20 Jahren existierendes legendäres Lokal mit Top-Austernbar und Menüs nach italienischen Rezepten. Hauptgang 15–29 $.

**Piperade** 19: 1015 Battery St., Tel. 415-391-2555, www.piperade.com, Mo–Fr 11.30–15, Mo–Sa 17.30–22.30 Uhr. Gediegenes Lokal mit baskischen Fleisch- und Fischspezialitäten wie Krabbenfleisch in Crêpe. 18–23 $.

**Suppenküche** 20: 601 Hayes St., Tel. 415-252-9289, www.suppenkuche.com, tgl. 17–22, So Brunch 10–14.30 Uhr. Nicht nur für heimwehkranke Deutsche wird an groben Holztischen Bratwurst mit Rotkohl, Schnitzel, Frikadellen, Apfelstrudel und Kartoffelpuffer mit Apfelmus serviert. Die Auswahl an Bieren ist imponierend. 10–20 $.

**House of Nanking** 21: 919 Kearny St., Tel. 415-421-1429, Mo–Fr 11–22, Sa–So 12–22

# San Francisco und Umgebung

Uhr. Seit Jahren ein ›Geheimtipp‹ unter den fernöstlichen Lokalen der Stadt. Man sollte sich vom Imbissambiente nicht täuschen lassen. Die Gerichte sind durchweg einfallsreich und hervorragend. Was der Ober empfiehlt, kommt meist auch auf den Tisch. 7–14 $.

**Cafe Flore** 22: 2298 Market St., Tel. 415-621-8579, http://cafeflore.com, tgl. 7–22 Uhr. Für Kaffeehausliebhaber ist das hübsch begrünte Lokal mit seiner freundlichen Atmosphäre ein zweites Wohnzimmer. Neben den guten Backwaren sind auch kleine Gerichte wie Sandwiches und vegetarische Teller empfehlenswert. 6–15 $.

 Um den Union Square liegen zahlreiche Kaufhäuser und Fachgeschäfte (www.unionsquareshop.com).

**Crocker Galleria:** One Montgomery St., www.shopatgalleria.com, Mo–Fr 10–18, Sa 10–17 Uhr. Architektonisch ansprechende Shopping Mall unter einem gewölbten Glasdach mitten im Finanzdistrikt mit allem, was das Herz begehrt. Gratis-WLAN.

**Levis Flagship Store:** 300 Post St., Tel. 415-501-0100, Mo–Fr 10–20, Sa 10–18 Uhr. Der Jeansträgerhimmel schlechthin mit viel Hightech auf vier Etagen. An 60 Internetterminals kann man E-Mails abrufen oder schreiben. In einer speziellen Umkleidekabine vermessen Spezialkameras Kunden und errechnen aus den Daten ein individuelles Schnittmuster.

**Westfield San Francisco Centre:** 865 Market St., http://westfield.com/sanfrancisco, Mo–Sa 9.30–21, So 10–19 Uhr. Größte Mall westlich des Mississippi in SoMa mit Supermärkten, Kinos, Restaurants, Läden und einem Spa, verteilt auf zwei Komplexe.

 Im Stadtteil North Beach liegen drei der besten Rythm & Blues Clubs:

**Grant & Green Blues Club:** 1371 Grant Ave., Tel. 415-693-9565, www.myspace.com/grantandgreensf, Mo–Do 17–2, Fr–Sa 12–2 Uhr,

**The Lost & Found Saloon:** 1353 Grant Ave., Tel. 415-981-9557, www.thelostandfoundsaloon.com, Mo–Fr 16–2, Sa/So 12–2 Uhr, und

**The Saloon:** 1232 Grant Ave., Tel. 415-989-7666, www.sfblues.net/Saloon.html, tgl. 12–

2 Uhr, der in der Goldrauschära entstand und Stammgäste hat, die seit damals den Tresen zu polieren scheinen.

**Pearl's:** 256 Columbus Ave., Tel. 415-291-8255, www.jazzatpearls.com, tgl. ab 19.30 Uhr. Für Jazzfreunde.

**Enrico's:** 504 Broadway, Tel. 415-982-6223, www.enricossf.com, Livemusik tgl. ab 19.30 Uhr). Das Lokal ist auch ein Restaurant.

**Moose's:** 1652 Stockton St., Tel. 415-989-7800, www.mooses.com, tgl. ab 17.30 Uhr. Bei Jazzmusik speisen oder an der Bar einen Drink nehmen.

**Mezzanine:** 444 Jessie St., SoMa, Tel. 415-625-8880, www.mezzaninesf.com, So–Do unterschiedlich, Fr 10–4, Sa 10–7 Uhr. Club mit mehreren Theken und vom Mainstream eher abgewandter Musik von Hip-Hop, Soul und World Beat bis Jazz. Eintritt 15–25 $.

Schon seit Ende des 19. Jh. gilt die Theater- und Musikszene als besonders kreativ und besitzt einen Ruf als avantgardistischer Hort geistigen Schaffens.

Die **War Memorial Opera** ist die Hausbühne der **San Francisco Opera** (301 Van Ness Ave., Tickets Tel. 415-864-3330, www.sfopera.com, Saison Sept.–Jan. und Juni–Juli) und des **San Francisco Ballet** (gleiche Adresse, Tel. 415-865-2000, www.sfballet.org, Saison Feb.–Mai und Dez.). Bekannteste Schauspielbühne ist das **Herbst Theatre**.

### Feste und Veranstaltungen

**San Francisco Carnaval:** Ende Mai. Das größte und bunteste Multi-Kulti-Fest der Stadt mit großer Parade im Mission District, www.carnavalsf.com.

**Chinese New Year:** Feb. Chinesisches Neujahrsfest mit riesiger Parade in Chinatown, www.chineseparade.com.

**North Beach Festival:** Mitte Juni. Kunst- und Kulturfest im Washington Square Park im Stadtteil North Beach mit Musikgruppen, Kunst- und Kunstgewerbeausstellungen und großem kulinarischem Angebot, www.sfnorthbeach.org/NBFestival.

**San Francisco Pride:** Ende Juni. Schwulen- und Lesbenfest mit großem Musikprogramm und Parade auf der Market Street, www.sfpride.org.

 **Stadtrundfahrten:** San Francisco Sight Seeing, Fisherman's Wharf, Pier 43 ½, Tel. 415-434-8687, Reservierungen Tel. 888-428-6937, http://sanfranciscosightseeing.com. Tages-, Halbtages- und Abendtouren sowie Ausflüge in die Umgebung. Eine tgl. Luxus-Stadttour mit Bootsfahrt wird deutsch kommentiert.

**Radfahren:** Bay City Bike, 2661 Taylor St., Fisherman's Wharf, Tel. 415-346-2453, www.baycitybike.com. Blazing Saddles, 1095 Columbus & Francisco St., Tel. 415-202-8888, www.blazingsaddles.com. Verleih von Fahrrädern ab ca. 5 $/Std. bzw. 25 $/Tag.

**Wassersport:** City Kayak, Pier 38, The Embarcadero, Tel. 415-357-1010, http://citykayak.web.aplus.net/rental.htm. Kajakverleih für Touren in der Bucht von San Francisco.

 **Flüge:** San Francisco International Airport (SFO), Tel. 650-821-8211, www.flysfo.com, ca. 22 km südlich von Downtown an der US 101, von Frankfurt/Main 12 Flugstunden entfernt, wird von vielen US- und internationalen Gesellschaften angeflogen. Jeder Terminal ist über die automatisierte Bahn AirTrain mit der Flughafenstation der BART (s. u.) verbunden. Die Fahrt in die Stadt kostet 5,35 $. Taxis kosten ca. 32 $, der Super-Shuttle (Tel. 415-558-8500) je nach Fahrtziel zwischen 30 und 40 $. Am billigsten kommt man mit dem SamTrans Bus 292 (Fahrtzeit 55 Min., 1,50 $) und dem KX (35 Min., 4 $, nur Kleingepäck erlaubt) in die Stadt.

**Züge:** Amtrak, Tel. 800-872-7245. Fernzüge halten in Emeryville am östlichen Ende der Bay Bridge. Von dort fahren Gratisbusse zum Ferry Building in San Francisco. Bahnfahrkarten bekommt man im Ferry Building am Beginn der Market Street. Fahrzeiten: nach Los Angeles je nach Zug 8,5–12 Std., San Diego 12 Std., Las Vegas 12 Std.

**Busse:** Greyhound Transbay Terminal, 155 Fremont St., Tel. 415-495-1555 oder 1-800-231-2222, www.greyhound.com. Fahrzeiten: nach Los Angeles 10 Std., San Diego 12 Std.

### Fortbewegung in der Stadt

Für Busse, Straßenbahnen, U-Bahn und Cable Cars ist **Muni** zuständig (Municipal Railway System, Tel. 415-701-4500, www.sfmuni.com). Außer Einzelfahrscheinen für Busse, Metro und Straßenbahnen (1,50 $) gibt es verbilligte Fahrscheine für mehrere Tage. Cable Car 5 $, Ganztagespässe für unbegrenzte Fahrten 11 $. Das Metro-Bahnnetz BART besteht aus mehreren Linien und verbindet San Francisco z. T. mit Oakland, Fremont und Berkeley. Züge Mo–Fr von 4 bis 23.45, Sa ab 6 und So ab 8 Uhr. Fahrscheine an Automaten an jeder Haltestelle, je nach Entfernung ab 1,50 $ (*Bay Area Rapid Transit*, Tel. 510-465-2278, www.bart.gov).

Die **Muni-Busse** fahren in der ganzen Stadt und haben ihren Namen, den Zielort und die Liniennummer vorne angegeben. Haltestellen sind durch Schilder, Bordstein- und Straßenmarkierungen gekennzeichnet. Die Muni Metro Streetcars (Schnellbahn-Linien J, K, L, M und N) fahren in der Innenstadt unterirdisch, in den weiter außerhalb liegenden Gegenden aber auf der Straße. Mit historischen Waggons ist die Muni F-Line von der Market Street am Embarcadero entlang zur Fisherman's Wharf ausgestattet (1,25 $).

Mit **Muni Passports** kann man unbegrenzt öffentliche Verkehrsmittel benutzen. Gültigkeit 1 Tag (11 $), 3 Tage (18 $) oder 7 Tage (24 $), erhältlich an den Verkaufsstellen der Cable-Car-Wendepunkte (www.sfmuni.com).

**Fähren** der San Francisco Bay Area Water Transit Authority und privater Anbieter verbinden die Stadt mit vielen Zielen an der San Francisco Bay. Abfahrten Pier 1 neben dem Ferry Building (www.watertransit.org).

Fast parallel zur Küste ziehen sich die Höhenzüge der Cascade Range durch Oregon. Sie sind geprägt von den 17 großen Vulkankegeln, die noch weit bis ins Frühjahr mit ihren Schneekuppen wie Perlen an einer Schnur aufgereiht wirken. Nordwestlich der Kleinstadt Klamath Falls und südlich von Eugene liegt ein Gebiet mit besonders spektakulären, bizarren Vulkanlandschaften und einem der schönsten Kraterseen der USA, dem tiefblauen Crater Lake.

## Klamath Falls ▶ E 13

Vogelliebhaber sollten in der Gegend um die kleine Ortschaft **Klamath Falls** ein wenig Zeit einplanen: Die im Klamath Basin gelegene Seenlandschaft ist Heimat für unzählige Vögel und auch Zwischenstopp für Hunderttausende von Zugvögeln wie Enten, Gänsen und Schwänen. Das Gebiet ist sehr groß, schon der noch in Kalifornien liegende Tule Lake und das Lower Klamath National Wildlife Refuge gehören dazu. Mit seinen 365 km² ist der **Klamath Lake** einer der größten Seen des Bundesstaats und bietet mit seiner riesigen Wasserfläche u. a. Kranichen und Pelikanen Nahrung und Nistplätze.

Einen ersten Eindruck verschafft der nur 2,5 km lange Link River Trail, ein Verbindungsweg zwischen dem Lake Ewauna und dem Upper Klamath Lake (Einstieg vom Lakeshore Drive gegenüber Putnam's Point Park). Die hübschen Kappensäger sind dort ebenso in Mengen anzutreffen wie viele verschiedene Arten von Reihern oder Tyrannen *(kingbirds)*. Klamath Falls hat sich zum wirtschaftlichen Zentrum entwickelt, Sägewerke, eine große Klinik und eine kleine Universität sorgen hier für Arbeitsplätze. Es gibt trotz der Namensbezeichnung keine Wasserfälle. Die Stadt mit ihren 20 000 Einwohnern ist eine eher ruhige Etappe auf dem Weg zum berühmten Crater Lake National Park.

Für an indianischer Kunst Interessierte ist ein Besuch des **Favell Museum** lohnenswert. Eine private Sammlung indianischer Artefakte bildete den Grundstock dieses Hauses, heute werden Gegenstände und Werke der Modoc- und der Klamath-Indianer dort gezeigt (125 W Main St., Tel. 541-882-9996, www.favellmuseum.org, Mo–Sa 9.30–17.30 Uhr, Erw. 6 $).

Über die Geschichte des Ortes und der Region kann man sich im stilvoll renovierten **Baldwin Hotel Museum** informieren, einem ehemaligen Kaufhaus. Auf seinen vier Etagen werden neben historischen Fotos auch Antiquitäten gezeigt. Der 4. Stock ist der Fotografin Maud Baldwin gwidmet und präsentiert zahlreiche ihrer Landschaftsaufnahmen aus dem späten 19. und frühen 20. Jh. (31 Main St., Tel. 541-883-4207, Besichtigung nur im Rahmen von Führungen, Juni–Sept. Di–Sa 10–14.30 Uhr, Erw. 6 $).

**ℹ** **Visitor Center:** 205 Riverside Dr., Tel. 541-882-1501, www.travelklamath. com, Mo–Fr 9–17 Uhr.

**🛏** **Running Y Ranch:** 5500 Running Y Road, Tel. 1-888-850-0275, www.runningy.com. Eigentlich keine Ranch, sondern eine anspruchsvolle Lodge mit 82 Zimmern am Golfplatz, Spa, Fitnesscenter, Ranch Corrals, DZ ab 160 $.

**Crystal Wood Lodge:** 38625 Westside Road, Klamath Falls, Tel. 541-381-2322, www.crystalwoodlodge.com. Am nördlichen Ende des Upper Klamath Lake (an der US 62) liegt dieses B&B inmitten eines Waldgebiets, nur 9 Zimmer in einem Gebäude von 1892, im Sommer mind. 2 Nächte. DZ ab 140 $.

**Best Western Olympic Inn:** 2627 S 6th St., Tel. 541-882-9665, www.bestwestern.com. Gute Standardkette, große Zimmer, Pool, Fitnesscenter, ab 110 $.

**Thompson's B&B:** 1420 Wild Plum Court, etwas außerhalb von Klamath Falls, Tel. 541-882-7938, www.thompsonsbandb.com. Das gemütliche B&B bietet 4 Zimmer und wunderbare Ausblicke auf den See, freies Internet, keine Kreditkarten. DZ ab 95 $.

 **Mr. B's Steakhouse:** 3927 South 6th St., Tel. 541-883-8719. Dinner ab 17 Uhr. Sehr gutes *Prime Rib.* Ab 22 $.

**Daily Bagel:** 636 Main St., Tel. 541-850-0744. Nettes Café mit Kuchen, Sandwiches und natürlich Bagels, stets frisch. Um 8 $.

 **Feste und Veranstaltungen**
**Klamath Tribes Restoration Celebration:** 4. Wochenende im Aug. In Chiloquin, ca. 44 km nördlich von Klamath Falls. Das Pow Wow ist ein Fest zur Besinnung auf die ursprüngliche Kultur der Indianer; Tänze, Gesang und gemeinsames Trommeln bewahren die uralten Traditionen. Gäste sind willkommen, die die ›Etikette‹ des Pow Wow respektieren. Dazu gehört beispielsweise, den Anweisungen zu folgen und keinen Alkohol zu trinken. www.klamathtribes.org.

 **Vogelbeobachtung:** Klamath Wildlife Area Office, 1850 Miller Island Rd., West Klamath Falls, Tel. 541-883-5732, www.klamathbirdingtrails.com oder www.fws.gov/klamathbasinrefuges.

**Wandern auf dem OC&E Woods Line State Trail:** Die ehemalige Eisenbahnstrecke ist in einen fast 37 km langen Trail umgewandelt worden, der im Süden der Stadt an der Kreuzung Washburne Way und Hwy 140 beginnt (www.u-r-here.com/OCE).

## Mit der Autorin unterwegs

### Vögel beobachten am Upper Klamath Lake
Wie ein Tanz sieht das Balzritual der Lappentaucher *(grebes)* aus, sie laufen sogar rückwärts und steuern mit den Schwanzfedern. Dieses ungewöhnliche Schauspiel lässt sich am besten von **Putnam's Point** am Ende des Link River Trail beobachten (s. links).

### Shakespeare in Ashland
Klassisches und modernes Theater wird in der Kleinstadt **Ashland** beim Oregon Shakespeare Festival von Februar bis Oktober geboten, zudem stehen alle Arten von Konzerten auf dem Veranstaltungsprogramm. Das Städtchen hat sich zur Kulturhochburg entwickelt (s. S. 275).

### Picknicken auf Pilot Butte, dem Stadtvulkan von Bend
Eine grandiose Aussicht hat man von diesem in der Stadt gelegenen Vulkankegel, auf dessen Aussichtsplateau Bänke zum Ausruhen und Picknicken einladen (s. S. 279).

 # Crater Lake National Park ▶ D 12

**Karte:** S. 277

Auch wenn die Zufahrt zum **Crater Lake** über den Highway 97 die schnellste von Klamath Falls aus ist, einen kleinen Umweg lohnt der **Volcanic Legacy Scenic Byway,** der auf den US 140 und 62 am westlichen Ufer des Upper Klamath Lake entlangführt. Die Landschaft ist abwechslungsreich, hügelig und recht menschenleer, immer wieder verlocken Aussichtspunkte zum Fotografieren.

Die südliche Route ist die meistgenutzte Anfahrt zum See in den Bergen und das ganze Jahr über offen. Der nördliche Eingang am US 38 ist in der Regel von Mitte Oktober bis in den Juni hinein wegen Schnee gesperrt. Die Naturattraktion ist auch für durchreisende Touristen ein beliebter Zwischen-

**Tipps für einen kurzen Aufenthalt am Crater Lake**
Im Parkgebiet und den kleinen Orten am Fuß des National Park gibt es keine Tankstellen, unbedingt jede Möglichkeit zum Tanken vorher nutzen. Auch Verpflegung ist in den Supermärkten von Klamath Falls oder anderer größerer Orte entschieden preiswerter als das Café im Rim Village oder der Crater Lake Lodge, für ein Picknick also vorher einkaufen.

stopp und so muss man sich im Sommer auf längere Kolonnen von Campern auf der kurvigen Strecke hinauf nach Rim Village gefasst machen. Aber der Anblick des fast kreisrunden, tiefblauen Gewässers entschädigt für die Mühen, und die 50 km lange Rundfahrt um diese ca. 7700 Jahre »junge« Caldera ist ein einmaliges Erlebnis, das man allerdings mit zahlreichen Bikern teilen muss.

Der Crater Lake entstand durch den Ausbruch des **Mount Mazama.** Eine Eruption, die 62-mal so stark wie die des Mount St. Helen im Jahr 1980 gewesen sein soll, sprengte die gesamte Spitze weg und ließ den Krater zurück. Ausschließlich Schmelz- und Regenwasser füllt den im Durchmesser 9 km großen See, der zu den saubersten Nordamerikas gehört. Das kleine **Wizard Island** am Rand des Sees ist ein mit Bäumen bedeckter Vulkankegel, der allerdings erst lange nach der Eruption des Mazama gebildet wurde; eine Bootsfahrt dorthin beginnt vom Cleetwood-Cove-Steg aus (s. u.).

**Steel Visitor Center/Park Headquarters:** Hwy 62, 5 km südlich vom See, Tel. 541-594-3100, www.crater.lake.nationalpark.com oder www.nps.gov/crla, April–Okt. 9–17 Uhr, sonst 10–16 Uhr. Gebühr 10 $.

**Crater Lake Lodge:** Rim Village, Tel. 541-830-8700, www.craterlakelodges.com, Mitte/Ende Mai–Mitte Okt. Das alte, schön restaurierte Berghotel von 1915 liegt einmalig oberhalb des blauen Crater Lake auf 2100 m Höhe. Da es nur im Sommer geöff-

net ist, sollte man unbedingt vorher buchen oder von unterwegs aus kurzfristig anrufen, manchmal sind Gäste abgesprungen. Bemerkenswert ist die Eingangshalle mit einem riesigen Kamin und gemütlichen Sitzecken. Funktionale, teilweise recht große Räume. DZ mit Seeblick ab 190 $.

**Cabins at Mazama Village:** 10 km südlich von der Lodge, Tel. 888-774-2728, www.craterlake lodges/mazama-village-motor-inn.805.html. Einfache ausgestattete Holzhäuser mit 40 DZ. Ab 125 $.

**Vulkan-Bootstour:** Volcano Boat Cruises, www.craterlakelodges.com/activities. Vom Cleetwood-Cove-Steg am

**Der Crater Lake ist das Ergebnis eines gewaltigen Vulkanausbruchs**

Nordostabschnitt des Sees gibt es 5 x tgl. (10, 11, 12, 14, 15 Uhr) eine Bootstour mit Skipper, ab 26 $. Zudem wird eine Fahrt zur Wizard Island angeboten, dort kann man auch aussteigen, ab 36 $.

# Ashland ► D 13

Die kleine Stadt an der Interstate 5 ist in ganz Oregon wegen ihres Shakespeare-Festivals bekannt, das jährlich von Februar bis Ende Oktober Tausende von Besuchern anzieht. In diesem langen Zeitraum werden auf drei Bühnen verschiedenste Inszenierungen dargeboten, die zwar einen Schwerpunkt mit Shakespeare-Stücken haben, aber auch moderne Autoren wie Arthur Miller, Wole Soyinka oder Sarah Ruhl zur Aufführung bringen. In einer Region, die von Holzfabriken und Farmen geprägt ist, hat sich in Ashland eine ganz eigene, spezifische Atmosphäre von Kultur und Spiritualität entwickelt, die sich auch in den Angeboten der vielen Buchhandlungen und kleinen Kunstläden niedergeschlagen hat.

Neben Theater spielt Musik in dieser Stadt eine herausragende Rolle und auf Livekonzerten lokaler Talente kann man hier alle Arten von Jazz, Blues und Bluegrass hören, natürlich auch klassische Kammermusik und Opern.

## Oregon Cascade Range

**ℹ** **Visitor Center:** 110 E Main St., Tel. 541-482-3486, www.ashlandchamber. com, Mo–Fr 9–17 Uhr.

**🛏** **Winchester Inn:** 35 S 2nd St., Tel. 541-488-1113, www.winchesterinn. com. Verteilt auf 4 viktorianische Häuser ist hier viel Romantik zu finden, wunderschöne Gärten fast mitten in der Stadt. Ab 150 $.
**The Palm Motel:** 1065 Siskiyou Blvd., Tel. 541-482-2636, www.palmcottages.com. Einen schönen großen Garten und 13 individuell eingerichtete Räume bietet dieses Boutique-Hotel im Osten der Stadt. Ab 135 $.

**🍴** **Greenleaf:** 49 N Main St., Tel. 541-482-2808, tgl. 8–21 Uhr. Ein preiswertes Bistro mit Salaten, Pasta, Burgern und Kuchen, es gibt eine Terrasse. Burger um 8 $.

**🎭** **Feste und Veranstaltungen**
**Oregon Shakespeare Festival:** Feb. bis Ende Okt. Gut acht Monate lang dreht sich in Ashland alles um Theater. Nicht nur Shakespeare, sondern auch moderne Dramatiker finden ihren Weg auf die verschiedenen Bühnen der Stadt, www.osfashland.org, Karten Tel. 541-482-4331, 30–75 $.

## Rogue-Umpqua Scenic Byway ▶ C–D 11–12

**Karte:** S. 277
Oregon hat sechs National Scenic Byways ausgewiesen, besonders schöne und landschaftlich reizvolle Routen, die meist durch ziemlich unberührte Gegenden führen. Eine der abseits liegenden und nicht sehr stark frequentierten ist der halbe Loop entlang der beiden Flüsse **Rogue und Umpqua River.** Die Strecke auf den Highways 234, 62 und 138 (von Süden aus) umfasst insgesamt 266 km und berührt dabei nur wenige kleine Dörfer, zeigt aber atemberaubende Wasserfälle und immer wieder wunderschöne Ausblicke auf die Flüsse. Im Sommer sind jede Menge Wildwasser-Rafter bei **Gold Hill** **1** auf dem Rogue River unterwegs und kämpfen mit den

Stromschnellen und Felsen. Ungefähr auf der Hälfte der Strecke kann man im Sommer kurz hinter **Union Creek** **2** auch zum südlichen Eingang des Crater Lake weiterfahren. Nur ca. 45 km weiter nördlich an der US 230 liegt der **Diamond Lake** **3**, ein kleinerer See in einem ruhigen, naturbelassenen Erholungsgebiet mit Campgrounds, einer Lodge und Bootsverleihern am Fuß der Vulkankegel von Mount Thielsen und Mount Bailey. Vom See geht die Straße (Hwy 138) weiter am Umpqua River entlang, durch dichte Wälder mit Felsformationen rechts und links. Fast 83 m hoch sind die **Watson Falls** **4**, sie sind mit dieser Höhe die dritthöchsten in Oregon. Vom Parkplatz davor aus hat man einen guten Blick auf das tosende Wasser. Die **Toketee Falls** **5** sind besonders spektakulär: Das Wasser fällt zunächst in ein Becken und stürzt dann nochmals 20 m in die Tiefe. In der Umgebung von **Steamboat Creek** **6** lassen sich immer wieder Angler bei ihrem Sport beobachten, hier ist Fliegenfischen die beliebteste Art, um Regenbogenforellen *(steelhead)* zu angeln.

Die **Mott Bridge** **7** kurz vor dem Örtchen Glide ist ein »Historic Civil Engineering Landmark«, eine Eisenbahnbrücke von 1936, die einzige, die aus dieser Zeit noch erhalten geblieben ist. **Roseburg** **8** am Ende dieser Strecke ist eine recht verschlafene Kleinstadt mit einigen Holzhäusern aus dem 19. Jh.

**ℹ** **Visitors & Convention Bureau Roseburg:** 410 SE Spruce St., Tel. 541-672-9731, www.visitroseburg.com, Mo–Fr 9–17, im Sommer Sa, So 10–16 Uhr.
**Rogue River National Forest Office:** 333 W 8th St., Medford, Tel. 541-858-2200, www.fs. fed.us/r6/rogue-siskiyou, Mo–Fr 8–16.30 Uhr.
**Umpqua National Forest Service:** 2900 NW Stewart Pkwy, Roseburg, Tel. 541-672-6601, www.fs.fed.us/r6/umpqua, Mo–Fr 8–16.30 Uhr.

**🛏** **Best Western Grants Pass Inn:** 111 NE Agness Ave, Grants Pass, 10 km nördlich von Merlin, Tel. 541-476-1117, www. bestwestern.com. 80 großzügige Standardzimmer mit Kühlschrank, Mikrowelle, Internet, Außenpool. DZ mit Frühstück ab 115 $.

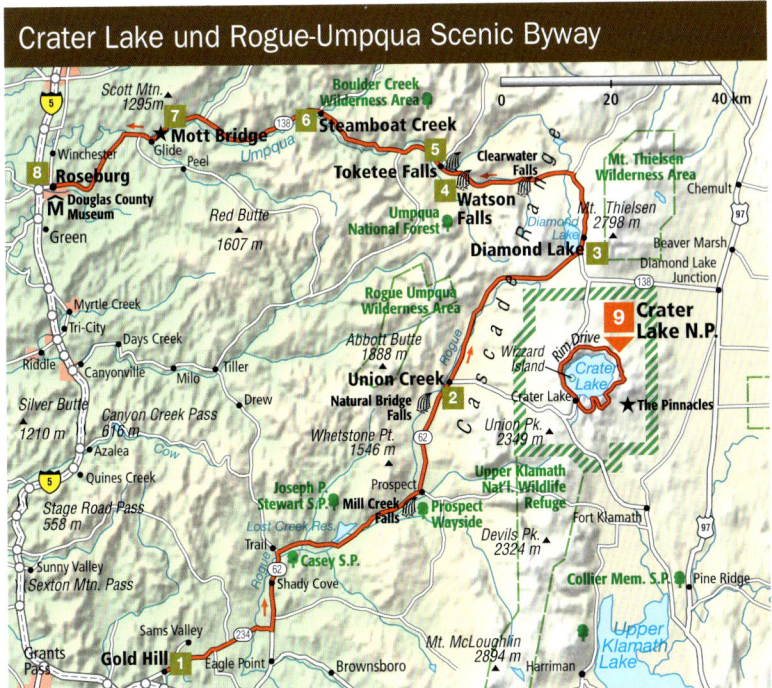

## Crater Lake und Rogue-Umpqua Scenic Byway

**Best Western Garden Villa Inn:** 760 NW Garden Valley Boulevard, Roseburg, Tel. 541-672-1601 oder 800-547-3446, www.best western.com. Standardzimmer mit Kühlschrank, Mikrowelle, Außenpool. DZ ab 90 $.

**River Rafting:** Rogue Wilderness Adventures, 325 Galice Rd., Merlin, Tel. 541-479-9554 oder 800-336-1647, www.wild rogue.com. Tripps, halbe Tage ab 70 $/Pers.

# Central Oregon

Eingebettet zwischen den westlich liegenden Vulkankegeln der Cascades und dem sich östlich anschließenden Halbwüstengebiet ist die Region durch ihre starken Gegensätze geprägt. Im Winter sind Mount Bachelor und die **Three Sisters** beliebte und schneereiche Skigebiete, aber Frühjahr und Sommer weisen wenig Niederschläge auf

und es werden Durchschnittstemperaturen von 26 °C erreicht. Während sich in den Bergen noch große zusammenhängende Waldgebiete und alpine Wiesen finden, ist üppige Vegetation in der Region von Bend, Redmond und Madras nur noch mit viel Bewässerung zu erreichen. Für Kletterer ist das Gebiet um Redmond ein beliebtes Ziel, dort finden sich im **Smith Rock State Park** interessante Basaltfelsen für geübte und ungeübte Sportler.

## Newberry National Volcanic Monument  ▶ E 10

Als eines der jüngsten National Monuments wurde erst im Jahr 1990 das 20 000 ha große Gebiet um den **Mount Newberry** ausgewiesen. Dieser ist mit ca. 40 km Durchmesser ein besonders großer Schildvulkan, der als noch nicht erloschen gilt. Der Mount Newberry wurde im Zuge mehrerer Ausbrüche abgetragen, seine letzte Eruption ereignete sich

## Richtig Reisen-Tipp: Oregon Caves National Monument

In der sehr einsamen Gegend in den **Siskiyou Mountains** fast an der kalifornischen Grenze liegt das **Oregon Caves National Monument**. Für bekennende Höhlenfans lohnt sich die Fahrt in das ursprünglich belassene Höhlensystem. Es gibt nur zwei Zufahrtswege dorthin: entweder von der Küste aus bei Crescent City über den Highway 199 Richtung Grant Pass oder beim Erkunden der südlichen Cascades ebenfalls über den Highway 199 nach Südwesten.

Die 1874 entdeckten Höhlen sind durch den Dichter Joaquin Miller berühmt geworden, der ihnen 1909 als den »Marmor-Hallen von Oregon« ein literarisches Denkmal setzte. Die Tropfsteinhöhlen sind nur auf einer 90-minütigen geführten Tour zu besichtigen und Kinder müssen mindestens 1,07 m groß sein und dürfen nicht getragen werden. Die Wege sind nicht ganz einfach, zudem sind über 500 Stufen und ein Anstieg von 70 m zu bewältigen.

Als Erinnerung an die frühen Entdecker der Höhlen ist die letzte Tour des Tages jeweils eine *Candlelight Tour,* sodass man die Felsen und ihre bizarren Formen ganz anders als sonst erlebt. Es ist auch im Sommer recht kühl, nur ca. 7 °C, das Tragen warmer Bekleidung ist also zu empfehlen. Die Caves erfreuen sich großer Beliebtheit, im Hochsommer sind Wartezeiten unbedingt einzukalkulieren. Aber man kann sich die Zeit mit schönen Spaziergängen oder der Besichtigung des unter Denkmalschutz stehenden Oregon Caves Chateau vertreiben, wo man auch übernachten kann.

ℹ️ **Illinois Valley Visitor Center:** 201 Caves Hwy, Cave Junction, Tel. 541-592-4076 www.nps.gov/orca. Touren Mitte März-Ende Nov., ab 9 Uhr stdl., Erw. 8,50 $, Kin. unter 16 J. 6 $.

🛏️ **Oregon Caves Chateau:** 20 000 Caves Hwy, Cave Junction, Tel. 877-245-9022, www.oregoncaves.com, Anfang Mai– Mitte Okt., Reservierung ist zu empfehlen. DZ ab 90 $.

**Bizarre Tropfsteingebilde: Die Kerzenscheintour ist ein unvergessliches Erlebnis**

vor ca. 1300 Jahren. Dabei entstand der **Big Obsidian Flow,** große Hügel von vulkanischem Glas, das einst die Indianer benutzten, um daraus Pfeilspitzen herzustellen. In der durch den Vulkanausbruch entstandenen Caldera haben sich gleich zwei Seen gebildet, der Paulina und der East Lake.

Eine kleine Schotterpiste *(gravel road)* führt hinauf zum 1920 m hohen Paulina Peak, von dem aus sich schöne Ausblicke auf die Seen eröffnen. Zahreiche Trails durchziehen das Gebiet, besonders spektakulär ist der Weg rund um die 18 m hohen **Paulina-Wasserfälle,** die in einem Halbkreis von Felsen in die Tiefe stürzen.

**Lava Lands Visitor Center:** 58201 South Hwy 97, Tel. 541-593-2421, www.fs.fed.us/r6/centraloregon/newberry nvm, 3. Juni–14. Sept. Mi–So 9–17 Uhr, Eintritt zum Monument 5 $. Es gibt sieben Campgrounds und zwei einfache kleine Resorts im Park.

## High Desert Museum ▶ E 10
Kurz vor Bend befindet sich an der US 97 das sehr informative **High Desert Museum,** wo man alles über die Flora und Fauna der Halbwüste erfährt. Ebenso finden sich interessante Ausstellungen über die Indianer und die ersten Siedler, die Holzfäller und Goldsucher. Noch anschaulicher wird das harte Leben der Pioniere durch das original rekonstruierte Gehöft mit Sägemühle oder eine einfache Holzhütte und Indianerzelte, natürlich mit Mitarbeitern in Originalkostümen, die jederzeit auf Fragen reagieren und mehrmals täglich kleine Vorführungen darbieten (59800 US 97, Tel. 541-382-4754, www.highdesert-museum.org, tgl. 9–17 Uhr, Erw. 15 $, Kin. unter 12 J. 9 $, 10 % Rabatt für Gäste einiger Hotelketten).

## Bend und Umgebung ▶ E 10
Wie aus dem Nichts taucht **Bend** nach langer Fahrt auf der US 97 (von Süden) auf, der Ortsrand dicht bestückt mit vielen Einkaufszentren. Die kleine Stadt entwickelt sich immer mehr zum wirtschaftlichen Mittelpunkt von Central Oregon, wobei niedrige Kosten für Bauland und auch für Gehälter eine wichtige Rolle spielen. Fast 80 000 Einwohner wurden bei der Volkszählung 2006 ermittelt und die Ausweitung von Gewerbegebieten wird weiteren Zuzug sichern. Ein weiterer Vorzug der jungen Stadt (gegründet 1905) ist ihre Lage am Fuß des **Mount Bachelor,** des **Broken Top** und der drei Vulkankegel der **Sisters.** 3157 m ist die South Sister hoch, der Schnee auf den Gipfeln aller Vulkane bleibt meist bis weit in den Sommer liegen und bietet einen wunderbaren Ausblick.

Mount Bachelor hält eines der größten Skigebiete der Cascades bereit: Von November bis in den Mai sind 70 Abfahrten und 12 Lifte für Abfahrten der Skifahrer und Snowboarder offen. Im Sommer locken zahlreiche Wanderwege in der Umgebung und für Bergsteiger sind die Sisters eine nicht zu anstrengende Herausforderung. Die Stadt selbst lohnt sich für Einkäufe und ein wenig Relaxen im Drake Park am Deschutes River.

In jüngster Zeit hat sich eine ganze Reihe von Galerien und Kunstgewerbeläden etabliert, die vorwiegend moderne Kunst aus Oregon präsentieren (www.bendgalleries.com). Ein besonderer Spaß ist ein Picknick auf dem Hausberg der Stadt, dem **Pilot Butte** östlich des die Stadt durchziehenden US 97 (oder Bend Parkway). Er ist zwar nur 150 m hoch, aber die schmale Zugangsstraße windet sich spiralförmig um den Berg und muss mit ambitionierten Joggern und Hundebesitzern geteilt werden.

Da Bend ansonsten sehr flach ist, bietet der Vulkan eine wunderbare Rundumsicht weit hinein in die Cascades und das östliche Oregon. Außer ein paar Bänken gibt es auf dem Pilot Butte allerdings nichts.

**Central Oregon Welcome Center:** 661 SW Powerhouse Drive, Suite 1301, Tel. 541-389-8799 oder 800-800-8334, www.covisitors.com, Mo–Fr 8.30–17.30, Sa 10–16, So 11–16 Uhr.
**Visitor Center:** 917 NW Harriman, Suite 101, Tel. 541-382-8048 oder 877-245-8484, www.visitbend.com, Mo–Fr 9–17 Uhr.

**Auf dem Gipfel des Broken Top ist der Rundumblick einmalig**

**The Riverhouse Hotel & Resort:** 3075 N Business 97, Tel. 541-389-3111 oder 866-453-4480, www.riverhouse.com. Das anspruchsvolle Hotel mit 220 großzügigen Zimmern liegt am Fluss und an einem Golfplatz (River's Edge Golf Course), drei Restaurants, Spa mit Pool, Tennisplätze, auch Zimmer mit Mikrowelle und Kühlschrank. DZ ab 190 $.

**Bend Riverside Motel:** 1565 NW Wall St., Tel. 541-388-4000 oder 800-284-2363, www.bendriversidemotel.com. Direkt am Ufer des Deschutes River gelegen, bietet dieses kleinere Haus moderne Standardzimmer, z. T. mit Kitchenette. DZ ab 100 $.

**Best Western Inn & Suites:** 721 NE 3rd St., Tel. 541-382-1515, www.bestwestern.com. 97 Standardzimmer, Kühlschrank, Mikrowelle, Internetzugang, Außenpool. Ab 90 $.

**The Blacksmith Restaurant, Bar & Lounge:** 211 NW Greenwood Ave., Tel. 541-318-0588, www.bendblacksmith.com, tgl. ab 16.30 Uhr. Ambitionierte *New Ranch Cuisine*, sehr dekorativ angerichtet. Heilbutt mit Ratatouille um 30 $.

**The Decoy Bar and Grill:** 1051 Bond St., Suite 100, Tel. 541-318-4833, www.decoybarandgrill.com. Beliebtes Restaurant für Lunch, amerikanische Küche, tgl. außer So 11–24 Uhr. *Prime Rib* um 25 $.

**West Side Café & Bakery:** 1005 NW Galveston Ave., Tel. 541-382-3426. Sehr reichhaltiges Frühstück den ganzen Tag. Ab 10 $.

## Sisters ▶ E 10

Unweit von Bend am Hwy 20, der in die Bergwelt führt, liegt die kleine Westernstadt **Sisters,** eine Art lebendiges Museum mit Holzhäusern aus dem frühen 19. Jh. Einige Guest Ranches und kleinere Hotels mit Cabins haben dazu beigetragen, dass der kleine Ort vom Tourismus leben kann. Von hier aus lassen sich gut Ausflüge in den **Deschutes National Forest** mit den vielen Seen westlich des Mount Bachelor oder der Sisters unternehmen. Nur im Sommer geöffnet ist der **Cascade Lakes Scenic Byway,** ein halber Loop von Bend bis nach Sunriver nahe der US 97. Mitte Juni findet das jährliche Rodeo in Sisters statt, dann ist meist kein Bett mehr zu bekommen und die ›mutigen‹ Cowboys auf imposanten Stieren lassen das Publikum manchmal den Atem anhalten. Passend zum historischen Ambiente setzt Sisters seit einigen Jahren auf Folkmusik und veranstaltet Anfang September ein Folk Festival nicht nur mit amerikanischen, sondern auch kanadischen und australischen Künstlern (s. u.).

**ℹ Sisters Chamber of Commerce:** P. O. Box 430, Sisters, OR 97759, Tel. 541-549-0251, www.sisterschamber.com.

**🛏 Long Hollow Ranch:** 71105 Holmes Rd., Tel. 877-923-1901 oder 541-923-5540, www.lhranch.com. Mahlzeiten, Ausritte, Angeltouren und geführte Wanderungen sind im Preis inbegriffen, kein TV. 6 Nächte DZ 1100 $/Pers., im dazugehörigen B & B kostet es 100 $/Nacht.

**🎭 Feste und Veranstaltungen**
**Rodeo:** Mitte Juni. Ticket-Hotline 541-549-0121 oder 1-800-827-7522, www.sisters rodeo.com, Erw. ab 12 $, Kin. unter 12 J. frei.
**Folk Festival:** Anfang Sept. Seit 1995 wird auf verschiedenen Bühnen in Kneipen Altes und Neues an nordamerikanischem Folk vorgetragen, ganz im Sinne des Westernimage des Örtchens. Sisters Folk Festival Office, 204 W Adams Ave., Suite 112, Tel. 541-549-4979, www.sistersfolkfestival.com, Tickets für alle Konzerte 85 $.

**🧢 Wandern mit Gepäcklamas:** Halligan Ranch Llama Adventures, 9020 S Hwy 97, Redmond, Tel. 541-420-1334, www.halli ganranch.com. Geführte Tagestour in der Mt. Jefferson Wilderness mit Lamas für das Gepäck, ab 2 Pers., 75 $ mit Verpflegung.
**Kanufahren:** Wanderlust Tours, Tel. 800-962-2862 oder 541-389-8359, www.wanderlust tours.com. Halbtagestouren auf einem der High-Cascades-Seen, Erw. 47 $.
**Ski- und Snowboardfahren:** Mt. Bachelor Ski Resort, Rental Shop, Tel. 541-382-2442, www.mtbachelor.com. Für 32 $ ist hier Skiausrüstung zu leihen; Snowboard-Schnupperkurs für Anfänger 2 Std./58 $.
**Wandern:** Auf dem Mt. Bachelor, im Sommer kostet der Lift 40 $, tgl. 11–16 Uhr.

# Das östliche Oregon

**Östlich der Cascade Range beginnen die Temperaturen deutlich zu steigen und das sanfte Weideland weicht struppigem Gebüsch, wildem Salbei, nackten Hügeln und bizarren Felsformationen. Der größte Teil des Ostens wird vom Columbia-Plateau geprägt. Das Gebiet ist fast so groß wie Frankreich, wurde vor 14–17 Mio. Jahren durch flüssige Lava geschaffen und ist bis heute trockene Halbwüste geblieben.**

## Journey Through Time Scenic Byway

Von Biggs (Nähe The Dalles) am Columbia River über Shaniko, Fossil, Kimberly, John Day und Prairie City bis nach Baker City kurz vor der Grenze nach Idaho verläuft der 460 km lange **Journey Through Time Scenic Byway.** Er ist als »Oregon State Scenic Byway« ausgewiesen, lässt sich doch hier die frühe Geschichte des Bundesstaats hautnah nacherleben und eine Reise durch die Zeit unternehmen. *Ghost towns* und kleine Dörfer versetzen den Besucher in die Zeit des Wilden Westens zurück. Ein kleiner Abstecher führt zum berühmten John Day Fossil Beds National Monument, wo man auf zahlreichen Wanderwegen ungewöhnliche Felsformationen und paläontologische Kuriositäten bewundern kann.

### Shaniko ▶ F 8

Es leben noch ein paar Familien in diesem Ort, aber eigentlich ist **Shaniko** bekannt als Oregons berühmteste *ghost town.* Viele Gebäude wie der Wasserturm, das Rathaus, das Schulhaus oder die Bank sind hergerichtet, daneben stehen alte Autos oder der vergitterte Planwagen für Sträflinge. In Betrieb sind noch die Post, das Shaniko Hotel mit 18 Zimmern (Tel. 541-489-3441) und einige Geschäfte, in denen man urige Souvenirs wie künstlerisch bearbeitete Hufeisen oder Blechtassen kaufen kann (www.ghosttowns.com/states/or/shaniko).

### Fossil ▶ G 8

Auf dem Weg von Antelope nach **Fossil** auf dem US 218 taucht nach ca. 32 km die sogenannte **Clarno Unit** der **John Day Fossil Beds** auf. Die schroffen Felsen der Palisades sind die Kennzeichen dieses Teils des National Monument, vor fast 44 Mio. Jahren durch vulkanische Lavaflüsse entstanden. Ein Picknickplatz und der 1,2 km lange »Trail of the Fossils« laden zu einer Pause ein.

Nach weiteren 24 km erreicht man das Städtchen Fossil, wo man in den *public fossil beds* gegen eine Gebühr von 3 $ selbst zum Paläontologen werden und nach Knochen und Versteinerungen graben kann (hinter der Wheeler High School, Ecke Main und B Street, www.wheelercounty-oregon.com/fossils). Seinen Namen verdankt der Ort übrigens dem Fund eines Mammut-Knochens. Es gibt auch ein sehr kleines Museum auf der Main St. Um sich etwas intensiver mit den Ausgrabungen und den Funden zu beschäftigen, ist ein Besuch des ebenfalls recht kleinen **Paleo Lands Institute** zu empfehlen. Dort bekommt man zudem Hinweise für Ausflüge, Workshops und Exkursionen auf den Spuren der Millionen Jahre alten Geschichte dieser Region (401 Fourth Street, Wheeler County Family Service Building, Tel. 541-763-4480, www.oregonpaleoproject.org).

**Bridge Creek Flora Inn and Fossil Lodge:** 828 & 808 Main St., Tel. 541-763-2355, www.fossilinn.com. 12 Räume in 2 Häusern von 1905, liebevoll hergerichtet. DZ 75–95 $.

**Hotel Condon:** 202 S Main St., Tel. 541-384-4624, ca. 32 km nördlich von Fossil (Hwy 19), www.hotelcondon.com. Das beste Hotel der Gegend in einem Gebäude von 1920, das komplett renoviert wurde, die modernen Zimmer haben alle Internetzugang. Ein gutes Restaurant mit *Northwest Cuisine* gehört zum Hotel. DZ ab 100 $.

## John Day Fossil Beds National Monument ▶ F 8/9

Insgesamt 5665 ha umfasst das Gelände dieses geschützten Gebiets. Besonders lohnenswert ist der Besuch der **Painted Hills.** Diese Felsformationen leuchten in ungewöhnlichen Farben wie Hellblau oder in Schichten von Gelb und Rot. Wie sanft gefaltete Tücher wirken die Hügel, die am besten in der Nachmittagssonne zur Geltung kommen. Es sind übrigens eine ganze Reihe von Faktoren, die dafür sorgen, dass die Hills nicht zuwachsen. Zum einen die Trockenheit in der Gegend, vor allem aber die Bodenbeschaffenheit. Die Hügel enthalten einen speziellen Lehm, das Bentonit. Dieser Lehm kann sehr viel Wasser aufnehmen und bindet dieses so stark, dass Pflanzenwurzeln es nicht mehr absorbieren können. Daher bläht sich der Boden auf, und wenn der Lehm wieder trocknet, bildet sich eine Struktur, die an Popcorn denken lässt. Diese Struktur fördert die Erosion, was wiederum den Pflanzenbewuchs erschwert und den Painted Hills ihr geradezu samtiges Aussehen verschafft.

Die Zufahrt in dieses Gebiet ist nur über die County Road nördlich von **Michell** möglich (von Fossil Hwy 19, dann Hwy 207, an manchen Stellen stehen auch Schilder zum Painted Hills State Park). Vom Parkplatz aus hat man schon einen guten Ausblick auf die farbigen Felsen, dort startet auch der kurze Overlook Trail. Einen ganz anderen Eindruck machen die roten Lavahügel etwas nördlich. Der Painted Cove Trail führt auf Holzplanken

## Mit der Autorin unterwegs

### Die Painted Hills

Die ungewöhnlich leuchtenden Farben der **Painted Hills** lohnen einen kleinen Umweg in ein Gebiet, das vor 65–40 Mio. Jahren entstanden ist. Landschaftsfotografen wird das Herz aufgehen (s. S. 283).

### Lebendige Pionierzeit

Der chinesischen Medizin und Alltagsgegenständen aus dem späten 19. Jh. widmet sich das **Kam Wah Chung Museum** in **John Day,** ein originelles Museum zu den Einflüssen der frühen Einwanderer (s. S. 284).

### Die Unterwelt von Pendleton

Einst als Schutz vor dem eiskalten Winter angelegt, sind die **vielen Tunnel** unter der Stadt heute prickelnder Höhepunkt der Stadtführung. Zur Zeit der Prohibition gab es in **Pendleton** etliche geheime Salons (s. S. 288).

### Bei jeder Gelegenheit tanken

In den *ghost towns* gibt es keine Tankstellen, auch um das **John Day Fossil Beds National Monument** wird man nicht fündig. Deshalb unbedingt jede Gelegenheit nutzen und den Tank auffüllen, selbst wenn er noch nicht ganz leer ist.

### Zugang zum Hells Canyon

Washington, Oregon und Idaho werben für einen Besuch des spektakulären **Hells Canyon,** des tiefsten Canyons Nordamerikas. Die Schlucht ist nur mit Booten befahrbar, die von Clarkston in Washington, von Lewiston in Idaho oder vom Hells Canyon Dam aus starten. Für Autofahrer bietet sich die Snake River Road (Hwy 12) von Clarkston bis zum State Park Lewis & Clark Discovery Center als reizvolle Alternative an, ca. 50 km, zum Teil nicht geteert. In Oregon kann man den **Hells Canyon Scenic Byway** befahren, der zum Teil durch die Hells Canyon National Recreation Area führt. Ausführlich beschrieben wird das Gebiet auf S. 308.

## Das östliche Oregon

ganz nah an diesen einzigartigen Gesteinen entlang.

Einen Überblick sozusagen aus der Vogelperspektive verschafft der 2,5 km lange Carroll Rim Trail, der auf eine Erhöhung führt. Ein Visitor Center findet sich erst im dritten zugänglichen Teil, der **Sheep Rock Unit** zwischen den Orten Kimberly und Dayville. In Sheep Rock ist der Island in Time Trail interessant: Er führt zu einer Art Amphitheater aus Stein in der Blue Basin Area. Hier hat man entlang des nur 1,6 km langen Wegs zahlreiche Nachbildungen von Fossilien angebracht. Vorher sollte man unbedingt das **Thomas Condon Paleontology Center** neben dem Visitor Center aufsuchen, denn dort haben die Archäologen ihre Funde auch für Laien verständlich aufbereitet und dekorativ platziert.

**Parkverwaltung und Visitor Center:** 32651 Hwy 19, Tel. 541-987-2333, www.nps.gov/joda, tgl. 9–17.30 Uhr im Sommer, Eintritt frei.

### John Day ▶ H 9

Wer war eigentlich John Day? Ein Fluss, ein National Monument und zwei Kleinstädte tragen den Namen eines Mannes, der um 1810 an der Mündung des damaligen Mah-Ha River (heute John Day River) in den Columbia River von Indianern überfallen und aller Habseligkeiten, einschließlich der Kleidung, beraubt worden sein soll. Er wurde gerettet und lebte später in Astoria. Ihm zu Ehren erhielten der Fluss und verschiedene neue Siedlungen seinen Namen. John Day soll aber selbst niemals in der Gegend gewesen sein.

Goldfunde im Canyon Creek lockten 1862 die ersten Siedler nach John Day und mit ihnen kamen mehrere Tausend chinesische Immigranten. Einer brachte es als kundiger Heiler und Pflanzenkenner zu einem gewissen Ruhm. Das **Kam Wah Chung Museum** ist seit 1973 ein geschützter Historic Place und hat seit 2005 den Status einer National Historic Landmark, um die Erinnerung an die kulturellen Einflüsse aus dem asiatischen Raum wachzuhalten. Das Museum präsentiert eine

der umfangreichsten Sammlungen von chinesischen Alltagsgegenständen und medizinischen Geräten aus dem späten 19. Jh. Auffällig sind die kleinen Fenster des restaurierten Gebäudes. Der Besitzer Ing Hay ließ diese sowie dicke Stahltüren einbauen, um sich vor den nicht so toleranten Nachbarn zu schützen (Hwy 26, 1. Mai–31. tgl. Okt. 9–17 Uhr, Tel. 541-575-2800, www.oregonstateparks.org/park_8.php).

**Best Western John Day Inn:** 315 W Main St., Tel. 541-575-1700 oder 800-243-2628, www.bestwestern.com. Das gute Kettenhotel mit Pool und Fitnesscenter bie-

**John Day Fossil Beds: natürliches Farbenspiel auf rot-gelben Lavahügeln**

tet großzügige Räume mit Kühlschrank, Mikrowelle und Internetzugang. DZ ab 95 $.

## Von Prairie City nach Baker City ▶ H–J 9

Das kleine Örtchen **Prairie City** ist keine *ghost town,* immerhin 1100 Menschen leben dort in einer Idylle, die die Westerntradition an jeder Ecke erkennen lässt. Kurz hinter dem Ortsausgang gibt es den Conestoga-Wagon-Aussichtspunkt direkt am Highway 26, von dem sich ein herrlicher Ausblick auf die Strawberry Mountains bietet.

Der Journey Through Time Scenic Byway verläuft dann durch die **Blue Mountains** und nach dem Dixie Pass geht er weiter auf dem Highway 7 Richtung Baker City. Auf diesem Abschnitt finden sich wieder einige *ghost towns,* weil in den Bergen Gold gefunden wurde und die Menschen weiterzogen, nachdem die Pfründe erschöpft waren.

Das Ende dieses Scenic Byway wird in **Baker City** erreicht, einer Kleinstadt mit ca. 10 000 Einwohnern, die sich seit einigen Jahren um die Restaurierung des historischen Stadtkerns aus den 1860er-Jahren kümmert. Es gibt eine Reihe von Hotels dort und im Sommer viele Tagesveranstaltungen mit Bezug zum Oregon Trail und den Zeiten der ersten Siedler.

# Bhagwan Shree Rajneesh und The Big Muddy Ranch | Thema

**Mit ungewöhnlichen Lebensformen sahen sich die Bewohner des Dörfchens Antelope Anfang der 1980er-Jahre konfrontiert, als Sannyasins aus aller Welt in ihrer Nähe die Stadt Rajneeshpuram gründeten und zum Anziehungsort tausender orange gekleideter Aussteiger ausbauten.**

Unweit von Shaniko, in der Nähe des Dörfchens Antelope, kauften 1981 Anhänger des indischen Guru Bhagwan Shree Rajneesh die Big Muddy Ranch (früherer Drehort einiger Westernfilme mit John Wayne) und errichteten einen Ashram namens Rajneeshpuram. Die orange gekleideten Sannyasins kamen aus aller Welt in die entlegene Region, um sich am Aufbau der nötigen Infrastruktur für die Gemeinschaft zu beteiligen und ihrer Lebensphilosophie nachgehen zu können.

Ein Problem war, dass die Ranch als landwirtschaftliches Land klassifiziert war und nach den geltenden Landnutzungsbestimmungen nur eine kleine Anzahl Häuser enthalten durfte. Dennoch hatte die Stadt bald eine eigene Post, Schule, Feuerwehr, Einkaufszentren, Restaurants und ein öffentliches Transportsystem mit 85 Bussen für ca. 7000 Menschen. Ein Flugplatz (Big Muddy Ranch Airport) mit stadteigenen Flugzeugen stand zur Verfügung und ein riesiger Mandir diente als Meditations- und Versammlungshalle. Außerdem hatten die Sannyasins leer stehende Häuser in der nächstgelegenen Ortschaft Antelope (etwa 50 Einw.) aufgekauft und dort die Mehrheit im Stadtrat gewonnen. Es kam bald zu Streitigkeiten mit den Behörden über Bauvorschriften sowie zu Anfeindungen seitens der ansässigen Bevölkerung, die auch Morddrohungen gegen den Guru einschlossen. Kommentare der Sprecherin und Sekretärin Bhagwans, Ma Anand Sheela, verstärkten die Spannungen. Rajneesh selbst äußerte sich während dieser Zeit, die in eine ›Phase des Schweigens‹ fiel nicht. Aufsehen und Kontroversen erregte auch eine Flotte von zeitweise bis zu 93 Rolls-Royce. Die Luxuswagen symbolisierten Bhagwans enthusiastische Befürwortung von innerem wie auch äußerem Reichtum; zudem sollen sie zumindest aus der Perspektive seiner Anhänger auch eine bewusste Spiegelung der amerikanischen Automobil-Besessenheit gewesen sein.

Als die Kommune später Obdachlose aus den ganzen USA in Rajneeshpuram ansiedeln wollte, sah die Bevölkerung darin den Versuch, im Wasco County die politische Mehrheit (über zusätzliche Wählerstimmen) zu erringen. Nach einer schnellen Änderung der Wahlbestimmungen durch die Behörden, die die Registrierung der Obdachlosen als Wähler erschwerte, wurden viele von den Sannyasin einfach in die nächste größere Stadt gefahren und dort abgesetzt.

Nach der Verhaftung und Ausweisung ihres geistigen Führers 1985 (offiziell wegen Einwanderungsdelikten) verließen die meisten Anhänger den Ashram, zumal die jahrelangen Kontroversen mit den Behörden und die Konflikte innerhalb des Führungskreises die Bewohner belastet hatten. 1986 wurde das Gelände wieder verkauft, heute betreibt die Organisation Youth Life ein christliches Jugendcamp dort (Young Life Wildhorse Canyon, 1 Muddy Rd., Antelope, http://sites.younglife.org/camps/Wildhorse).

**Klischee oder Wirklichkeit? Im Nordwesten gibt es noch echte Cowboys**

**i** **Baker City Visitor Center:** 490 Campbell St., Tel. 541-523-3356, www.visitbaker.com, Mo–Fr 8–17 Uhr.

**Geiser Grand Hotel:** Ecke Main St. und Washington St., Tel. 541-523-1889 oder 888-434-7374, www.geisergrand.com. Das restaurierte Nobelhotel von 1889 wartet mit unterschiedlich dekorierten, meist großen Räumen auf, es gibt ein Restaurant im Haus (s. u.). DZ ab 80 $.
**Best Western Sunridge Inn:** 1 Sunridge Ln., Tel. 541-523-6444 oder 800-233-2368, www.bestwestern.com. Gutes Kettenhotel mit geräumigen Zimmern, Kühlschrank und Mikrowelle. DZ ab 75 $.

**Geiser Grill Restaurant:** Im Geiser Grand Hotel (s. o.). Lunch 11–14, Dinner 16.30–21 Uhr. *Prime Rib* um 19 $.
**Baker City Cafe:** 1840 Main St., Tel. 541-523-6099, tgl. ab 8 Uhr, gute Pizzen, Sandwiches und Pasta. Um 9 $.

# Der Nordosten ▶ H/K 7–8

Die schnellste Verbindung von Portland nach Ontario an der Grenze zu Idaho ist die Interstate 84, die zum Teil auf der Route des Oregon Trail verläuft. Zahlreiche Hinweisschilder erzählen von den beschwerlichen Reisen der frühen Siedler. Ein empfehlenswerter Umweg ist der **Hells Canyon Scenic Byway** (www.hellscanyonbyway.com), der in La Grande beginnt und 335 km durch die Wallowa Mountains und die Eagle Cap Wilderness nach Baker City führt.

Dieser Byway berührt die Ausläufer der Hells Canyon National Recreation Area. Dort hat der Snake River den tiefsten Canyon der USA gebildet. Die Zufahrt zum Aussichtspunkt **Heavens Gate,** um den tiefsten Teil des Snake River mit einer Steilkante von 2400 m sehen zu können, sollte von Riggins in Idaho erfolgen. Der **Hells Canyon Overlook** dagegen ist besser von Baker City aus zu erreichen (s. S. 285).

## Pendleton  ▶ H 7

Um sich cowboygerecht einzukleiden, ist **Pendleton** genau die richtige Adresse. Hier findet jedes Jahr Mitte September das **Pendleton Round-Up** statt, eine der größten Rodeo-Veranstaltungen der Region. Sich auf wilden Pferden *(broncos)* zu halten oder acht Sekunden auf einem Stier sitzen zu bleiben gehört ebenso zu den Herausforderungen wie das Melken einer nicht gezähmten Kuh oder das Niederringen eines Kalbs aus dem Galopp. Fotos dieser Wettbewerbe, Pokale und sogar ein ausgestopftes Pferd sind in der **Hall of Fame** zu bewundern (Round-up Hall of Fame, 1114 SW Court Ave., Mo–Sa 10–16 Uhr, Erw. 5 $, Kin. unter 10 J. 2 $).

Die andere Seite des Wilden Westens ist in Pendleton ebenso zu erleben: Die Stadt rühmt sich, einst die Hochburg des Vergnügens im östlichen Oregon gewesen zu sein. Dazu gehörten 32 Bars, 18 Bordelle und diverse Spielhöllen ebenso wie das Gefängnis und die chinesische Wäscherei. In Pendleton befanden sich die meisten dieser Einrichtungen unter der Erde.

Ursprünglich waren die Tunnel wegen des rauen Klimas im Winter als Verbindungen der diversen Geschäfte angelegt worden, aber während der Prohibition waren sie ganz vorzüglich geeignet, Vergnügungen aller Art möglichst unbeobachtet nachgehen zu können. Heute gibt es durch das weitläufige Tunnelsystem geführte Touren und die Geschichten zu den wilden Ereignissen unter der Erde sind noch heute spannendes Highlight der Besichtigung.

**Chamber of Commerce Visitor Center:** 501 S Main St., Tel. 541-276-7411, www.pendleton-oregon.org. Mo–Fr 9–17 Uhr.

**B & B Pendleton House:** 311 N Main St., Tel. 541-276-8581 oder 800-700-8581, www.pendletonhousebnb.com. 5 individuell eingerichtete DZ in einer schön restaurierten alten Villa. Ab 100 $.
**Oxford Suites:** 2400 SW Court Place, Tel. 877-545-7848, www.oxfordsuitespendleton.com. Einige Zimmer mit Kühlschrank und Mi-krowelle, moderne Einrichtung, sauber und funktional. DZ ab 70 $.

**Raphael's:** 233 SE 4th St., Tel. 541-276-8500. Ein etwas anspruchsvolleres kleines Restaurant mit *Northwest-Cuisine*-Ambitionen, z. B. auch karamelisierte Klapperschlange, Dinner ab 17 Uhr. Hauptgerichte um 20 $.
**Rainbow Café & Lounge:** 209 S Main St., 541-276-4120. Einer der Treffpunkte beim Round-Up, gepflastert mit Andenken an frühere Wettbewerbe. Frühstück ab 8 Uhr. Gute Burger, Sandwiches und Steaks. Um 10 $.

**Stadtführung durch das Tunnelsystem:** Pendleton Underground, Ecke SW 1st St. und Emigrant Ave., Tel. 1-800-226-6398, www.pendletonundergroundtours.org. Touren März–Okt. Mo–Sa ab 9.30 Uhr, ca. 90 Min., 15 $.

**Red's Clothes:** 233 S Main St., Tel. 541-278-1404. Große Auswahl an Cowboyhüten.
**Hamley & Co:** 30 SE Court Ave., Tel. 541-278-1100, www.hamleyco.com/home. In dieser ehemaligen Sattlerei gibt es gute Stiefel.

**Feste und Veranstaltungen**
**Rodeo – Pendleton Round-Up:** Mitte Sept. 1114 SW Court Ave., in der neuen Hall of Fame, Tel. 541-276-2553, www.pendletonroundup.com. Ab 14 $ pro Abend.

## Joseph  ▶ K 8

Die Kleinstadt **Joseph** ist durch den Bildhauer David Manuel bekannt geworden, dessen heroische Bronzegestalten von heldenhaften Siedlern und noblen Indianern die Hauptstraße schmücken. Sie vermitteln einen recht anschaulichen Eindruck von jener Weltsicht, die heute die Verklärung des Wilden Westens betreibt. Originale Gegenstände aus dem Leben der dort früher beheimateten Nez-Perce-Indianer sind im **Manuel Museum** zu finden (400 N Main St., März–Nov. Mo–Sa 9–20, Dez.–Feb. 10–15 Uhr, Eintritt 6 $). Das Highlight im Veranstaltungskalender

**Abenteuer: Bootstour auf dem Snake River im Hells Canyon**

der Kleinstadt ist das 5-tägige **Chief Joseph Days Rodeo** Ende Juli: Dann füllt sich der Ort mit den *broncos,* den buckelnden Western-pferden, und begeisterten Anhängern der Cowboy-Paraden und des Western-Dancing (s. a. S. 346).

**Visitor Center:** 102 E 1st St., Tel. 541-432-1015, www.josephoregon.com. Mo–Fr 9–16.30 Uhr.

**Bronze Antler B & B:** 309 S Main St., Tel. 541-432-0230 oder 866-520-9769, www.bronzeantler.com. 4 sehr unterschiedliche Gästezimmer, z. T. mit europäischen Möbeln, der größte Raum mit Blick auf die Berge. Ab 160 $ im Sommer.
**Belle Pepper's B & B:** 101 S Mill St., Tel. 541-432-0490, www.bellepeppersbnb.com. Sehr schön gelegenes altes Herrenhaus mit 3 modernen Zimmern, eins mit offenem Kamin. Im Sommer ab 150 $.
**Chandlers' Inn B & B:** 700 S Main St., Tel. 541-432-9765, www.josephbedandbreakfast.com. Traditionelles, im Loghausstil er-

bautes, einfacheres Haus mit 7 Zimmern, einer Suite und einer Hütte. Ab 100 $.

**Embers Brewhouse:** 204 N Main St., Tel. 541-432-2739. Eine der vielen regionalen Micro-Brauereien; hier gibt es Pizzen und Sandwiches. Calzone-Pizza 6 $.
**Old Town Café:** 8 S Main St., Tel. 541-432-9898. Gute Sandwiches, Kuchen, Waffeln und Suppen zum Frühstück und Lunch, tgl. 7–14 Uhr. Pfannkuchen ab 4 $.

**Pendleton Wooden Mills:** 1307 SE Court Place, Tel. 541-276-6911, www.pendleton-usa.com. Hier findet man die berühmten Decken mit indianischen Motiven, aber auch Kleidung, Schuhe und Dekoratives; überwiegend original amerikanisch.

**Feste und Veranstaltungen**
**Rodeo – Chief Joseph Days:** Ende Juli. Harley Tucker Memorial Arena, Tickets über Tel. 541-432-4363 oder 541-432-1015, Erw. pro Abend ab 10 $, www.chiefjosephdays.com.

City of Rocks im Süden Idahos – Dorado für Kletterer

# Idaho

Pazifischer Ozean

Bitterroot Range

• Boise

• Twin Falls

## Einsamkeit, Fliegenfischen und Skifahren

Viele Amerikaner assoziieren mit Idaho, dem Bundesstaat mit der ungewöhnlichen Form, zuallererst Kartoffeln, Ernest Hemingway und das Sun Valley, eines der ältesten Skigebiete der USA. Aber auch Aktivitäten wie Fliegenfischen, der nationale Volkssport, Kanufahren, Bergsteigen, Abfahrtski und seit einiger Zeit Skidofahren werden mit Idaho verknüpft und kennzeichnen die Outdoor-Leidenschaft der knapp 1,5 Mio. Einwohner.

Der schmale Stiel im Norden mit seinen vielen großen und kleinen Seen, Wäldern und alten Bergwerken liegt an der kanadischen Grenze und wird im Westen von Washington und im Osten von Montana begrenzt. Im Norden fanden sich Ende des 19. Jh. reichhaltige Minen. Insbesondere Silber, Gold und Zink wurden dort abgebaut, z. T. wird heute noch gefördert.

Unzählige Flüsse haben tiefe Schluchten und breite Hochebenen in die Höhenzüge der 3000er-Berge gefräst, die die Mitte des erst 1890 gegründeten Staates dominieren. Der breite Süden wird von Oregon, Nevada, Utah und Wyoming umrahmt. Hier herrscht ein meist trockenes Halbwüstenklima. Vom **Snake River** und einem gigantischen unterirdischen Wasserreservoir versorgt, sind im südlichen Idaho die riesigen Kartoffel- und Getreidefelder zu finden, die das Rückgrat der Wirtschaft dieser dünn besiedelten Region des Nordwestens bilden.

Der Tourismus gewinnt eine immer größere Bedeutung: Idaho verzeichnet mit Stolz die zweithöchsten Übernachtungszahlen im Westen. Dazu beigetragen haben auch die 18 Skigebiete, darunter so bekannte wie **Sun Valley**, **Bogus** bei Boise und **Schweitzer** im Norden.

## Highlights

**10** **Hells Canyon:** Der vom Snake River gegrabene Canyon in Idahos Nordwesten ist zwar nicht so bekannt wie der Grand Canyon, aber mit 2400 m toppt er die Schlucht in Arizona als tiefstes Flussbett der USA. Whitewater Rafting und geführte Bootsausflüge ermöglichen ein spektakuläres Naturerlebnis (s. S. 308).

**11** **Craters of the Moon National Monument:** Hier sind schon die Astronauten spazieren gegangen und haben ihr schweres Gerät zu Testzwecken durch die unwirtliche, aus tiefschwarzem Vulkangestein geformte Landschaft geschoben (s. S. 340).

## Empfehlenswerte Routen

**Von Coeur d'Alene nach Cataldo:** Die Route führt von Coeur d'Alene am See entlang und über die Hochebene auf dem Parkway State Park Scenic Byway und dem Old Mission State Park Scenic Byway (s. S. 300).

**Von Boise nach McCall:** Als Payette River Scenic Byway wird der Highway 55 zwischen der Hauptstadt Boise und dem Ferienort McCall bezeichnet; es ist eine abwechslungsreiche Strecke durch beinahe menschenleere Landschaften entlang des Flusses (s. S. 315).

**Von Boise nach Ketchum:** Die Höhenzüge der nahezu unberührten Sawtooth Wilderness sind auf zwei Scenic Byways zu erreichen: von Boise aus der Ponderosa Pine bis Stanley, von dort der Sawtooth nach Ketchum/Sun Valley (s. S. 329).

**Von Hagerman nach Twin Falls:** Nicht zu Unrecht trägt der Scenic Byway (Hwy 30) den Namen »Thousand Springs«: Die wasserreiche Landschaft ist unbedingt einen Abstecher von der Interstate 84 wert (s. S. 338).

## Reise- und Zeitplanung

Es wäre schade, Idaho nur mal schnell auf den Interstates 84 und 86 zu durchqueren, was von Ontario im Westen bis nach Idaho Falls im Osten in ca. fünf Stunden zu bewältigen ist. Aber dann ließe man sich die Naturschönheiten speziell im Norden entgehen; deshalb sind für jede Region mindestens zwei bis drei Tage empfehlenswert. Die Hauptstadt Boise und die angrenzenden Städte Meridian, Eagle und Star bilden die Boomregion in Idaho. Die Volkszählung 2007 ergab eine Bevölkerung von mehr als 600 000; über ein Drittel aller Einwohner von Idaho leben hier. Eine Reihe von Sehenswürdigkeiten lädt zum Verweilen ein und viele Malls bieten Gelegenheit zu günstigen Einkäufen.

In Idaho sind zahlreiche Strecken als Scenic Byways ausgewiesen, auch wenn die Entfernungsangaben auf den ersten Blick nur kurz

### Richtig Reisen-Tipps

**Fliegenfischen:** Den nationalen Volkssport im Nordwesten können in Idaho auch Anfänger sehr gut ausprobieren, denn die zahllosen Flüsse sind fischreich und flach genug, um im Wasser stehend die Angelrute auszuwerfen (s. S. 312).

**Im baskischen Viertel essen:** Ungefähr 15 000 Menschen mit baskischen Wurzeln leben in Boise, Idahos Hauptstadt. Sie haben ein ganzes Viertel mit stilvollen Häusern geprägt, und einige gute Restaurants vermitteln die Esskultur ihrer Vorfahren (s. S. 327).

**Die Seele baumeln lassen in der Redfish Lodge am Redfish Lake:** Scheinbar mitten im Nichts gibt es ein Feriendorf an einem Gletschersee mit vielen schönen Wanderwegen (s. S. 332).

erscheinen, sollte man doch mehr Zeit als für eine Interstate einplanen, denn immer wieder gibt es Aussichtspunkte, Hinweistafeln auf historisch bedeutsame Ereignisse oder extrem kurvige Abschnitte.

In den Bergen kann es schon im Oktober schneien und in der südlichen Halbwüste lässt sich noch im November mittags draußen picknicken, nur nachts wird es dann empfindlich kalt. Das Klima ist so abwechslungsreich wie seine Landschaften. Von Juni bis Anfang September kann es im Süden sehr heiß werden, 30 °C sind keine Ausnahme. In Coeur d'Alene liegt der sommerliche Durchschnitt bei ca. 28 °C, aber wegen des Sees und der Wälder ist das Klima nicht so trocken. Mai und September sind für ganz Idaho angenehme Reisemonate, allerdings muss man in kleineren Orten dann darauf achten, ob die Unterkünfte oder die Campingplätze offen sind.

**Sanft dahingleitende Segelschiffe auf dem Lake Coeur d'Alene oder dem Lake Pend Oreille, Männer, die beim Fliegenfischen bis zum Bauch im Fluss stehen, grasende schwarze Rinder auf riesigen Weideflächen und hügelige, bewaldete Höhenzüge: Der Norden Idahos ist mit seiner harmonischen Landschaft die grüne Krone des Landes.**

Im Sommer vergnügen sich in Idahos Norden nicht nur die Einheimischen und Nachbarn aus Spokane (in Washington). Die Nummernschilder aus Arizona, Nevada oder Utah zeigen, wie attraktiv die eher gemäßigte Klimazone und die vielen sportlichen Möglichkeiten sind. Die Hochzeit der Bergwerke im Silver Valley ist zwar vorbei, aber auf den Spuren der Minenarbeiter zu wandern kann historisch sehr interessant sein.

## Coeur d'Alene ▶ K 4

Direkt am gleichnamigen See liegt **Coeur d'Alene,** das Wirtschaftszentrum des Nordens; es gilt aufgrund dieser Lage, nicht zuletzt durch entsprechende Tourismuskampagnen unterstützt, vielen als eine der attraktivsten Städte im Nordwesten. Das National Geographic Magazine etwa hat den großen See als einen der fünf schönsten der Welt ausgezeichnet. Von Mitte Juni bis Ende September tummeln sich an manchen Wochenenden Tausende Freizeitsportler und Sonnenhungrige im und auf dem 40 km langen und 4 km breiten See. Den französischen Namen verdankt die heute über 40 000 Einwohner zählende Ortschaft kanadischen Trappern, die in dieser Gegend mit den Indianern Handel trieben.

Die Indianer galten als harte Feilscher und so nannten die frankophonen Trapper sie ›Coeur d'Alene‹ – die Hartherzigen. Der Name blieb und die seit 1878 als Stadt anerkannte

Ansiedlung profitierte von den reichen Silber-, Gold- und Zinkfunden im östlich angrenzenden Minendistrikt des Silver Valley um Wallace herum. Zwar sind die einstmals ergiebigen Minen heute zum größten Teil erschöpft, aber die Umweltbelastungen durch Blei-, Cadmium- und Zinkrückstände blieben dem See erhalten. Der Coeur d'Alene River hat die Schwermetalle mitgebracht und das Erbe der Bergbauvergangenheit führte schon wiederholt zu Massenfischsterben. So richtig abschrecken lassen sich Angler und Badende davon aber offenkundig nicht und in den offiziellen Prospekten findet man derlei Hinweise natürlich auch nicht.

Coeur d'Alene ist eine großflächige Stadt, die an der Interstate 90 (Ost-West-Verbindung) und dem Highway 95 (Nord-Süd-Achse) liegt. Die Lage als Verkehrsknotenpunkt und Warenumschlagplatz führte zur Ansiedlung vieler Hotelketten, die überwiegend im Norden an der Auffahrt zur Interstate liegen. Das eigentliche Stadtzentrum befindet sich am Seeufer. Dort gibt es lauschige Parks, verkehrsberuhigte Straßen und direkt oberhalb der Marina das Hochhaus des Coeur d'Alene Resort. Besonders attraktiv ist die Stadt für Golfer, finden sie doch hier gleich 8 Plätze. Kein Prospekt vergisst ein Unikum zu zeigen: Zum Coeur d'Alene Resort Golf Course gehört ein Stück Green auf dem Wasser, es wird von den Spielern in einem kleinen Boot angefahren.

Auf der Sherman Avenue befinden sich weitere Unterkünfte. In dieser Gegend östlich von der City liegen auch die alten Residenzen, Restaurants und etliche Geschäfte. Schön angelegt wurde ein Boardwalk um die Marina herum, ein breiter Holzweg mit Bänken fast auf dem See, wo sich am Abend die Leute zu einem Plausch treffen.

Mit seiner guten Infrastruktur ist Coeur d'Alene geeignet als Ausgangspunk für Touren im Norden oder auch nach Süden zum Hells Canyon. Ende Juni sollte man den Ort aber besser meiden, denn dann findet der Ironman-Wettbewerb statt, was zur Überfüllung beiträgt und die Hotelpreise nochmals steigen lässt (www.ironmancda.com).

## Fort Sherman Museum und Museum of North Idaho

Um die Geschichte der Ansiedlung nachzuvollziehen, lohnt sich ein Besuch des **Fort Sherman Museum,** das allerdings nur von Mai bis Ende September geöffnet ist. Das nach dem Bürgerkriegsgeneral William Sherman benannte Fort sollte dabei helfen, die Konflikte zwischen den Holzfällern und Bergwerksarbeitern und den Indianern zu schlichten; allerdings lief dies meist auf die Vertreibung der Ureinwohner hinaus. Ein Schaufelraddampfer verhalf 1880 den Soldaten des Forts zu mehr Beweglichkeit und den Minenbesitzern zu sinkenden Transportkosten.

Mit großen Modellen aus Kunststoff sind im **Museum von Nord-Idaho** die Bergwerke nachgebaut; den oft harten Alltag der Pioniere verdeutlichen detailgetreu rekonstruierte Wohnräume sowie die Nachbildung eines General Store. Das Fort liegt heute inmitten des North Idaho College, wo man gut spazieren gehen kann (115 Northwest Blvd., Tel. 208-664-3448, www.museumni.org, nur 1. April–31. Okt. Di–Sa 11–17 Uhr, Erw. 4 $).

**i** **Coeur d'Alene Visitor's Bureau:** 105 N 1st St., Tel. 877-782-9232 oder 208-664-3194, www.coeurdalene.org.

**The Coeur d'Alene Golf and Spa Resort:** 115 S 2nd St., Tel. 208-765-4000 oder 800-688-5253, www.cdaresort.com. Das teuerste Hotel am Ort überragt mit 20

Stockwerken die Innenstadt und die Marina und bietet so auf der Seeseite wunderbare Ausblicke. Der Fitnessbereich wartet mit Außen- und Innenpool, Sauna, Kneippanlage, Squashhalle und einer Bowlingbahn auf, der Golfplatz liegt ca. 3 km entfernt. Drei verschiedene Restaurants mit unterschiedlichem Preisniveau bieten internationale Küche und *Northwest Cuisine,* vor allem viel frischen Fisch. Die Zimmer sind sehr unterschiedlich in der Größe, die als »Standard« bezeichneten sind eng. Ab 250 $ im Sommer.

**Best Western Coeur d'Alene Inn:** 506 W Appleway, Tel. 208-765-3200 oder 800-251-7829, www.bestwestern.com/prop_13056. Dieses Mittelklasse-Kettenhotel in der Nähe der Interstate bietet 122 gut ausgestattete Zimmer mit Kühlschrank, Mikrowelle, Kaffeemaschine und Bügeleisen; auch Fitnesscenter, Schwimmbad und ein Restaurant sind vorhanden. Im Sommer DZ ab 170 $.

**American Country B & B:** 705 S Zircon Ln., Tel. 1-877-664-9650 oder 208-664-9650, www.americancountrybedandbreakfast.com. Südlich der Stadt in einem Waldgebiet liegt das großzügige Holzhaus mit 4 hübsch de-

# Idahos Norden

**Direkt am See liegt das Coeur d'Alene Resort, auf dem davor angelegten Board-walk kann man einen Spaziergang über dem Wasser machen**

korierten Zimmern; in der offenen Wohnküche gibt es ein opulentes Frühstück. Ab 150 $.
**Flamingo Motel:** 718 Sherman Ave., Tel. 208-664-2159 oder 800-955-2159, www.fla mingomotelidaho.com. Nur 13 Zimmer hat dieses einstöckige Motel, doch sind alle unterschiedlich nach Themen wie »Toskanischer Garten« oder »Paradies für Golfer« eingerichtet. Kühlschrank, Kaffeemaschine und freies Internet in kleinen Zimmern, bei Veranstaltungen ab 2 Nächten. Im Sommer ab 110 $.

**Bonsai Bistro:** 101 Sherman Ave., Tel. 208-765-4321, www.cdaresort.com, tgl. 11–22 Uhr. Das Bistro gehört zum gegenüberliegenden Resort und bietet gehobene asiatisch inspirierte Küche. Kleine Gerichte wie Huhn-Satay um 10 $.
**Café Carambola:** 610 W Hubbard St., Tel. 208 676-8784, tgl. ab 10 Uhr. Das kleine Lokal ist wegen seiner guten südamerikanischen Küche mittags schnell überfüllt, aber für die Maistaschen *(tamale)* lohnt sich das Warten. Um 8 $.

**Tito Macaroni's:** 210 Sherman Ave. #107, Tel. 208-667-2782, www.cdaresort.com, das Lokal gehört ebenfalls zum Resort, tgl. 11–21 Uhr. Gute Pizzen und eine reiche Auswahl an Weinen (auch aus Idaho!). Lunch ab 7 $.

**Stadtspaziergang:** Im **Tubbs Hill Park** direkt oberhalb des Sees lässt es sich gut spazieren gehen, die Bäume spenden im Sommer Schatten und einige Aussichtspunkte bieten einen schönen Blick auf den See. Start am großen Parkplatz an der Fond Street.
**Wandern:** Der **North Idaho Centennial Trail** ist ein 37 km langer, gut ausgebauter Wanderweg, der am City Park entlang nordwestlich bis nach Post Falls führt. Man teilt sich den Weg zwar mit Bikern und Skatern, aber er ist breit genug, damit man sich nicht ins Gehege kommt.
**Räder ausleihen:** Vertical Earth, 308 E Coeur d'Alene Ave., Tel. 208-667-5503, www. verticalearth.com/index_triclub.php. Ab 25 $ für halbe Tage, inkl. Helm.

**Bootsrundfahrten:** Lake Coeur d'Alene Cruises, Inc., Tel. 800-365-8338, www.cdaresort.com. Von der Marina am Independence Point starten Schiffe mehrmals tgl. zu 90-minütigen Touren auf dem See, Erw. 20 $.

**Speedbootfahren:** Vacation Sports Rentals, 622 E Sherman Ave., Tel. 208-665-0686 oder 888-665-0686, www.vacationsportsrental.com. Aufregend sind Fahrten mit den Speedboats, 4 Std. für ein 8-Pers.-Boot ca. 300 $.

**Geführte Kajaktouren:** Kayak Coeur d' Alene, 307 E Locust Ave., Tel. 208-676-1533 oder 877-676-1533, www.kayakcoeurdalene.com. Ein halber Tag kostet 60 $; dort werden auch Kajaks verliehen.

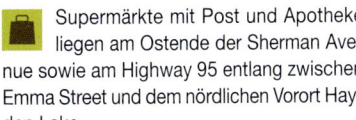 Supermärkte mit Post und Apotheke liegen am Ostende der Sherman Avenue sowie am Highway 95 entlang zwischen Emma Street und dem nördlichen Vorort Hayden Lake.

# Sandpoint und Lake Pend Oreille ► K/L 3/4

Von Coeur d'Alene aus bietet sich ein Abstecher in den Nordzipfel von Idaho an, der Highway 95 führt über Sandpoint bis zur kanadischen Grenze. Riesige Nadelwälder, große und kleine Seen, schöne Camping- und Angelplätze und einige wenige verschlafene Provinznester kennzeichnen diese Gegend, die überwiegend vom Tourismus und der Holzwirtschaft lebt.

## Sandpoint

Leider darf man auf der Brücke (Long Bridge Hwy 95) nicht anhalten, die im Süden von Sandpoint den **Lake Pend Oreille** überquert. Der Blick auf die umliegenden Berge und die im Sonnenlicht schimmernde Wasserfläche des riesigen Sees ist bei der Zufahrt ziemlich spektakulär. Mit einer Länge von 69 km und einer Breite von 9,5 km ist der kristallklare Bergsee der größte See Idahos und einer der tiefsten Nordamerikas. Die Natur als Inspirationsquelle nutzend, haben sich viele Künstler in der Gegend niedergelassen. Maler, Bild-

hauer und Schmuckdesigner leben in der 6000 Einwohner zählenden Kleinstadt **Sandpoint** am Lake Pend Oreille und beleben die Innenstadt mit zahlreichen Galerien; die meisten sind in der **Cedar Bridge Mall** (auch Cedar Street Bridge Public Market genannt) zu finden. Die über den Sand Creek führende Holzbrücke ist 1987 restauriert und dabei in eine Einkaufspassage umgewandelt worden. Mehr für die leiblichen Genüsse bietet der Farmers' Market, ein Zusammenschluss lokaler Bauern, die mittwochs und samstags ihre Produke im Farmin Park Downtown verkaufen (s. S. 298).

Wer sich für Oldtimer interessiert, dessen Herz dürfte im **Vintage Wheel Museum** höher schlagen. Das Museum zeigt eine Sammlung von fast 50 Klassikern aus der Zeit von 1905 bis 1958. Neben den alten Fords, Cadillacs und Buicks sind auch dampfgetriebene Stanley Beamer ausgestellt, die in den 1930er-Jahren im Nordwesten weit verbreitet waren. Statt Benzin wird Holz verfeuert, damit Wasser erhitzt und durch den Dampf eine Turbine angetrieben (218 Cedar St., Tel. 208-263-7173, Mo–Sa, 9.30–17.30, So 11–17 Uhr).

**i** **Greater Sandpoint Visitor Center:** 900 N 5th Ave., Tel. 208-263-0887 oder 800-800-2106, www.visitsandpoint.org oder www.sandpoint.com. Zu den Galerien auch www.artinsandpoint.org.

**Best Western Edgewater Resort:** 56 Bridge St., Tel. 800-635-2534 oder 208 263-3194, www.sandpointhotels.com/edgewater. Neben dem City Beach und der Marina liegt das 54-Zimmer-Hotel der Mittelklasse. Fitnessraum, Schwimmbad und Restaurant sind vorhanden, DZ ab 170 $.

**B & B Coit House:** 502 N 4th Ave., Tel. 208-265-4035, www.coithouse.com. Das viktorianische Holzhaus bietet 6 verschieden gestaltete Zimmer, alle mit eigenem Bad; im Preis inbegriffen ist ein opulentes Frühstück mit selbst gebackenem Brot. Zum Haus gehört das »K2 Inn«, Zimmer können über die oben angeführte Website gebucht werden. DZ ab 130 $.

# Idahos Norden

**Quality Inn:** 807 N 5th Ave., Tel. 208-263-2111. 62 Zimmer hat das einfache Hotel am Rand der Innenstadt mit »Fifth Avenue Restaurant« und »Mitzy's Lounge« sowie einem Schwimmbad. DZ ab 80 $.

 **Café Trinity:** 116 First Ave., Tel. 208-255-7558, www.cafetrinitysandpoint. com, tgl. ab 11 Uhr. Moderne amerikanische *Fusion*-Küche, z. B. Thunfisch mit glasierter Ananas. Hauptgericht um 24 $.
**Hydra Restaurant and Steakhouse:** 115 Lake St., Tel. 208-263-7123, http://hydrasteak house.com. Mo ab 16, Di–So ab 11 Uhr. Großes Restaurant unweit des Sees, So Brunch, am Wochenende Livemusik. Bekannt für gute Steaks und Burger. *Prime Rib* ca. 20 $.

**Bonner Mall:** Bonner Mall Way, Tel. 208-263-4272. Typisch amerikanische Einkaufswelt mit etwas anspruchsvolleren Geschäften, auch Outdoor-Ausstatter, Supermarkt (So geöffnet) und Kinocenter. Abfahrt vom Hwy 95 Richtung Schweizer Mountain Resort oder Hope.
**Farmers Market:** Auf dem Farmin Park, Mi 15–17.30, Sa 9–13 Uhr.
**Cedar Street Bridge Public Market:** Hier finden sich zahlreiche kleine Galerien und Kunsthandwerker.

**Theater:** Panida Theater, 300 N 1st Ave., Tel. 208-263-9191, www.panida. org. Seit 1927 wird in diesem Haus im Stil einer spanischen Mission Unterhaltung angeboten, die Palette reicht von Filmfestivals über Livemusik bis zu Theateraufführungen der Highschool; 2009 gastierten hier z. B. Leo Kottke und Joan Baez.

### Feste und Veranstaltungen

**Festival at Sandpoint:** Ende Juli/Anf. Aug. Seit 1983 findet das 10-tägige Festival statt, dann ist die Stadt voll mit Freunden von Livemusik aller Art. Die Bandbreite reicht von Klassik bis Rock, Folk fehlt natürlich nicht. Viele Events finden im Freien statt, die Zuhörer sitzen auf dem Rasen und bringen ihr Picknick mit, www.festivalatsandpoint.com.

**Idaho Draft Horse & Mule International:** Ende Sept. Die 2-tägige Show auf den Bonner County Fairgrounds mit diversen Pferde- und Maultierdarbietungen lockt zahlreiche Pferdeliebhaber an, www.IdahoDraftHorse Show.com.

**Wassersport**
**Dampferausflug:** Lake Pend Oreille Cruises: c/o Tamarack Knoll Enterprises, 303 Pine St., Tel. 208-255-5253, www.lakepend oreillecruises.com. Von Ende Juni bis Mitte September legt der Dampfer Shawnodese

Der Lake Coeur d'Alene lockt mit zahlreichen Wassersportvergnügungen

Mo–Sa um 14.30 Uhr für eine 2,5-stündige *History Lake Cruise* über den See vom City Beach Dock ab, Erw. 18 $. Das Anmieten eines Jetboots kostet 85 $/Std. plus Benzin.
**Kajakfahren und -verleih:** Full Spectrum Kayak Tours, 321 N 2nd Ave., Tel. 208-263-5975, www.kayaking.net. Eine geführte Halbtagestour mit Verpflegung kostet 80 $/Pers., ein Kajak kann man für 2 Std. zum Preis von 25 $ leihen.
**Segeln:** Windbag Marina, City Beach, Tel. 208-263-7811. Hier werden Segelboote vermietet, 20–60 $, je nach Bootstyp.

## Schweitzer Mountain Resort ▶ K 3

Nur 26 km nordwestlich von Sandpoint liegt das Wintersportgebiet **Schweitzer Mountain Resort,** das sich im Sommer für Wanderungen mit Ausblicken auf den See anbietet. Der Name soll bewusst Assoziationen an die Alpen wecken – eine Maßnahme, die der Förderung des Tourismus dient und als offensive Marketingstrategie bei vielen Nordamerikanern auf positive Resonanz stößt. Im Skidorf sind nicht alle Unterkünfte im Sommer geöffnet, aber die Lifte fahren für die Mountainbiker auch dann.

Die Skisaison dauert von November bis Ende April, dann sind 92 Trails offen. Für Langlauf stehen 32 km an Wegen zur Verfügung, Rampen für Snowboarder natürlich auch. Auch auf dem Pferderücken lässt sich die Gegend gut erkunden, sieht man doch hier wesentlich mehr als zu Fuß und mit dem Auto lassen sich insbesondere die einsamen Wege nicht befahren.

**Reiten:** Mountain Horse Adventures, 10000 Schweitzer Mountain Rd., Tel. 208-263-8768, www.mountainhorseadventures.com, tgl. um 9 und 13 Uhr geführte Ausritte durch die wunderschöne Waldlandschaft um das Resort herum, 3 Std. kosten 55 $, Helm wird gestellt, man sollte lange Hosen tragen.

# Bonners Ferry ► L 3

Ganz im Norden von Idaho liegt der südliche Teil des Kootenai-Indianer-Reservats, der Highway 95 führt hindurch zur kanadischen Grenze. **Bonners Ferry** ist eine Kleinstadt am Highway, in der allerdings nach dem offiziellen Zensus nur 2,2 % der knapp 2700 Einwohner Indianer sind.

**Visitor Center der Chamber of Commerce:** Am Hwy 95, Parkplatz gegenüber vom Kootenai River Inn, Tel. 208-267-5922 (nur im Sommer geöffnet), www.bonnersferrychamber.org.

**Kootenai River Inn Casino & Spa:** 7169 Plaza St., Tel. 800-346-5668 oder 208-267-8511, www.kootenairiverinn.com. Ein anspruchsvolles Hotel mit 65 Zimmern und Restaurant direkt am Kootenai River. Im Sommer ab 132 $.

**Spielcasino:** Das Casino des Kootenai River Inn (s. o.) wird gern von Kanadiern besucht, speziell an Wochenenden kommen ganze Familien.

## Ferien auf der Ranch

Mit einer Abfahrt vom Highway 97 kurz vor dem Dorf **Harrison** gelangt man in einer menschenleeren Landschaft auf der Blue Lake Road (ca. 8 km) zur **Red Horse Mountain Ranch** (bis 2005 hieß sie Hidden Creek Ranch). Es handelt sich hier um eine reine Gäste-Ranch, d. h., es gibt keinerlei Viehbetrieb mehr und es fallen auch keine anderen Farmarbeiten an, vielmehr ist alles auf die Besucher abgestellt.

Reiten steht im Vordergrund auf dieser einsam gelegenen Ranch, es gibt geführte Touren, kleine Rodeos und Gelegenheit zu Ausritten. Die Angebotspalette für sportliche Freizeitgestaltung umfasst aber auch Bogenschießen, Jagen, Bootfahren, Angeln und Mountainbiking. Den Gästen stehen rustikal ausgestattete Holzhütten (cabins) in verschiedenen Größen zur Verfügung sowie vier Zimmer im Haupthaus. Gern wird die Ranch von Familien mit Kindern aufgesucht.

  **Red Horse Mountain Ranch:** 11077 E Blue Lake Rd., Tel. 888-689-9680, www.redhorsemountain.com, mind. 3 Tage Aufenthalt, 400 $/Pers. und Tag, im Preis sind drei Mahlzeiten enthalten.

# Auf dem Weg ins Silver Valley nach Wallace
► K – L 4

Die Interstate 90 führt direkt von Coeur d'Alene nach Kellogg und Wallace und dann über die Grenze nach Montana. Ein 2- bis 3-stündiger Abstecher auf den Scenic Byways Parkway State Park (Hwy 97) und Old Mission State Park lohnt sich wegen der abwechslungsreichen Fahrt am See entlang und anschließend durch die Hochebene bis zur alten Missionskirche der Ortschaft Cataldo, die wieder direkt neben der Interstate liegt.

Der **Parkway State Park Scenic Byway** zeigt die vielen kleinen Buchten des Lake Coeur d'Alene. Oft liegen winzige Marinas

**Geführte Ausritte während eines Ranchaufenthalts sind ein Reisehighlight**

darin, denn der erste Teil auf dem Highway 97 ist direkt oberhalb des Seeufers angelegt. Ein paar Scheunen und Gehöfte sind auf dem durch Indianerland (www.cdatribe-nsn.gov/default.shtml) führenden Highway 3 zu sehen, dem **Old Mission State Park Scenic Byway,** der jede Menge kleiner Seen und Tümpel passiert, die von Scharen von Wasservögeln bewohnt werden.

In der **Wolf Lodge Bay** am Ostufer des Sees überwintert das Wappentier der USA, der Weißkopfseeadler *(bald eagle)*. Dort finden die großen Vögel genügend Nahrung, weil in der Bucht die Kokanee-Lachse laichen. Mehrere Beobachtungspunkte für Wildlife Viewing entlang der Bucht (Ausfahrt auf dem Hwy 97) laden zum Verweilen ein, ein wenig Geduld ist allerdings mitzubringen.

Im Sommer ist die Gegend ein guter Spot, um Fischadler zu sehen. Gut 1 km weiter liegt links der Beginn *(trailhead)* des **Mineral Ridge Trail,** ein etwas mehr als 3 km langer Wanderweg den Berg hinauf. Vom Scenic Viewpoint oben hat man einen fantastischen Blick über die Bucht und gute Chancen, die majestätischen Vögel zu beobachten; ein Fernglas ist empfehlenswert.

## Cataldo Mission  ▶ L 4

Einsam überragt die Kirche **Cataldo Mission of the Sacred Heart** die sanft geschwungene Hügellandschaft und die Interstate 90, an deren Ausfahrt 39 die kurze Zufahrt liegt. Die Jesuiten haben gemeinsam mit Indianern

1853 dieses Holzgebäude errichtet. Bei dem Bau wurde kein einziger Nagel verwendet, sondern alles ineinandergesteckt und mit Holz verdübelt. Nach griechischem Vorbild umrahmen Säulen den Eingang des Gotteshauses, und das Innere beeindruckt durch die dekorativen Elemente, die noch aus der Ursprungszeit stammen. Selbst der Altar ist aus Holz, wirkt aber wie aus Marmor. Das Wohnhaus und die Kirche sind Kernstücke des State Historic Park – sie sind die ältesten Gebäude in Idaho. Die Mission und das dazugehörende Interpretive Center sind tgl. geöffnet von 8 bis 18 Uhr, man bezahlt eine Gebühr fürs Auto von 5 $ (http://idptv.state.id.us/buildingbig/domes/cataldo).

## Das Silver Valley ▶ L 4

### Sunshine Mine

Die **Sunshine Mine** im Silver Valley kann als amerikanische Legende bezeichnet werden. Zwischen 1884 und der Schließung 2001 förderte die Mine über 360 Millionen Unzen Silber und ist damit unerreicht. Seit den 1880er-Jahren wird in den Bergen um Kellogg, Murray und Wallace gegraben, gesprengt und gehackt, um dem Boden seine Schätze zu entreißen. Gold, Silber, Blei und Zink machten die Minenbesitzer reich und verhalfen den Orten jahrzehntelang zu einer Blüte. Inzwischen ist die Förderung stark rückgängig, doch haben die Menschen mit den verseuchten Böden und dem nicht minder verunreinigten Wasser noch heute das Erbe dieser wirtschaftlichen Entwicklung zu tragen. Klagen gegen die Minengesellschaften zur Beseitigung dieser Schäden sind noch anhängig.

### Kellogg

**Kellogg** hat ein kleines Minenmuseum zu bieten, das **Staff House Museum** (820 W McKinley Avenue, tgl. 10–18 Uhr, www.staffhousemuseum.com), und versucht darüber hinaus, mit einer Art Alpenromantik für Touristen ganzjährig attraktiv zu werden. Am Kellogg Peak und am Silver Mountain ist ein neues Skigebiet entstanden, zu dem eine der längsten Seilbahnen der Welt (fast 5 km) die Gäste in 20 Minuten bringt. Im Sommer sind sehr viele Mountainbiker auf den Pisten unterwegs, was das Wandern mitunter etwas anstrengend machen kann, denn sie nehmen nicht immer gebührend Rücksicht.

 **Silver Mountain Resort:** Morning Star Lodge, 610 Bunker Ave., Tel. 877-230-2193, www.silvermt.com. Studio ab 153 $.

 **Sweet's Cafe & Lounge:** 310 6th St., Tel. 208-556-4661, tgl. 8–21 Uhr. Einfaches Restaurant, zum Lunch Sandwiches und Burger. Um 8 $.

**Wandern am Silver Mountain:** Die Gondelfahrt kostet für Erw. 16 $, Jugendl. 12 $, im Sommer fährt sie nur am Wochenende, Fr 14–20, Sa 9.30–17, So 9.30–16 Uhr.

**Ski- oder Snowboardfahren:** Silver Mountain Sports im Gondola Village verleiht Equipment für Erwachsene, Tel. 208-783-1517, www.silvermt.com, 29 $/Tag.

### Wallace und Umgebung

Stolz verkünden die Prospekte, dass **Wallace** komplett unter Denkmalschutz und auf der Liste des National Historic Register steht. Um die Interstate nicht durch das Tal führen und damit die alten Häuser abreißen lassen zu müssen, setzte sich in den 1970er-Jahren eine Initiative für deren Schutz ein. Allerdings scheint das Geld zu fehlen, um das nun teilweise unter der Schnellstraße liegende Städtchen auch entsprechend herzurichten. Alles wirkt ein wenig vernachlässigt, es fehlt an frischer Farbe und an einladenden Cafés oder Restaurants.

Würden Kutschen statt der Autos durch die Straßen fahren, wäre der Eindruck vom Westen der 1880er-Jahre beinahe perfekt. Allerdings hatte im August 1910 ein gigantischer Waldbrand die meisten Gebäude zerstört oder stark beschädigt, sodass man heute die wiederhergestellten Häuser aus dieser Zeit vor sich hat. In diesem von dichten Wäldern umgebenen Tal wurde 1860

Gold gefunden, was die Ansiedlung rasch wachsen ließ. Als sich die Goldvorkommen erschöpften, avancierte Wallace als Ort mit Eisenbahnanschluss zum Warenumschlagplatz für die anderen Minendörfer. Heute versucht Wallace ebenso wie Kellogg mithilfe von Touristen zu überleben.

Drei kleine Museen bieten den Besuchern Anschauungsmaterial aus vergangenen Zeiten: Dazu gehört das **Northern Pacific Depot Railroad Museum.** Ursprünglich stand das Ziegelgebäude von 1902 auf der Nordseite des Flusses und war der Bahnhof der Stadt. Die Eisenbahnszenen des Films »Heavens Gate« (1980) wurden hier gedreht, Fotos der Filmaufnahmen sind ausgestellt. Zudem finden sich eine Wartehalle und ein Kartenschalter im Stil der vorigen Jahrhundertwende in dem kleinen Museum (219 6th St., Tel. 208-752-0111, April–Mai Mo–Sa 10–15, Juni–Aug. tgl. 9–15, Sept–15. Okt. Mo–Sa 10–15 Uhr, Erw. 2 $).

Illegales Glücksspiel und Prostitution waren in Wallace mehr als 100 Jahre lang üblich; im horizontalen Gewerbe wurde viel Geld verdient und einiges davon soll in die Unterstützung der Schule geflossen sein. Dieser Vergangenheit huldigt das winzige **Oasis Bordello Museum,** zumindest die Dekorationen sind noch originalgetreu (605 Cedar St., Tel. 208-753-0801, April–30. Okt. tgl. 9.30–17.30 Uhr, Erw. 5 $).

Das **Wallace District Mining Museum** wiederum mutet zwar mehr wie ein Sammellager alter Werkzeuge an, aber man kann wirklich alte und im Alltag der Minenarbeiter benutzte Werkzeuge entdecken. Ein Film über die damaligen Arbeitsbedingungen rundet diese Ausstellung ab, empfohlen für geduldige, an Details interessierte Besucher (509 Bank St., Tel. 208-556-1592, April–Sept. tgl. 9–17, Okt.–April 12–17 Uhr, Erw. 2 $).

Während des Sommers werden zahlreiche Besichtigungstouren in die umliegenden Minen angeboten (s. u.), ein alter Trolleywagen fährt nun auf Rädern durch die Gegend und das Ski- und Wandergebiet des benachbarten Lookout-Passes zieht viele Ausflügler an. Etwas ganz Besonderes ist der **Hiawatha**

**Bike Trail,** der dem ehemaligen Verlauf der Milwaukee-Eisenbahn durch die Bitterroot Mountains folgt. Gut 24 km sind zwischen den winzigen Ansiedlungen Roland und Pearson fahrradgerecht ausgebaut worden, dabei führt die Strecke über sieben die tiefen Täler überspannende hölzerne Brücken und durch zehn Tunnel.

Vom höher gelegenen **Pearson** aus ist es eine angenehme Abfahrt mit spektakulären Ausblicken, die den Ausflug auf diesem Trail lohnenswert machen. Die Zufahrt nach Roland erfolgt über die Raney Creek Road, Exit 5 von der Interstate 90 in Montana; von beiden Orten aus gibt es einen Shuttlebus zum Trails (www.skilookout.com/hiawatha oder http://wallace-id.com/skilookout/tprices.html, Gebühr für die Nutzung des Trails, Erw. 10 $).

**i** **Historic Wallace Chamber of Commerce:** 10 River St., Tel. 208-753-7151 oder 800-434-4204, www.wallaceidahocham ber.com.

**Wallace Inn:** 100 Front St., Tel. 208-752-1252, www.wallaceinn.net. 59 Zimmer hat das mit zwei Sternen bewertete Hotel; es bietet Indoor-Pool, Fitnessraum und ein einfaches Restaurant. DZ um 100 $.

**Minenbesichtigung:** Sierra Silver Mine Tour, 420 5th St., Tel. 208-752-5151, www.silverminetour.org, Mai und Sept. 10–14, Juni–Aug. 10–16 Uhr, alle 30 Min., Erw. 13 $, Kin. 4–16 J. 9 $, die geführte Tour dauert 75 Min. Das Tragen einer Jacke ist sehr zu empfehlen, in der Mine ist es kühl.

**Ski- und Snowboardfahren:** Lookout Pass Ski and Recreation, Mullan (an der Interstate 90), Tel. 208-744-1301, www.skilookout.com, Lifttickets 20 $, nur bis Mitte April (je nach Schneebedingungen). Verleih über Ski School Sporst Desk, Tel. 208-744-1301 *ext.* 15, Skiequipment für Erw. 24 $/Tag.

**Mountainbiking:** Fahrradverleih über Ski-Haus-Wallace, 416 6th St., Tel. 208-556-7211. Ca. 30 $/Tag; evtl. ist auch die Ski School am Lookout Pass geöffnet und verleiht Räder, Tel. 208-744-1301, *ext.* 15.

**Wilde Flüsse wie Snake, Salmon, Clearwater und Payette River haben tiefe Schluchten in die Ausläufer der Rocky Mountains gegraben, heute bieten sie die abenteuerlichsten Touren für Whitewater Rafting. Besonders herausfordernd ist der Hells Canyon: Über 2000 m ragen seine steilen Felsen in die Höhe. Die ruhigeren Abschnitte sind Paradiese fürs Fliegenfischen, sanfter eingebettet liegt der malerische Lake Payette.**

Nur sehr wenige Straßen führen von Osten nach Westen durch die Mitte Idahos. Die Gebirge der Rocky Mountains sind nach wie vor unzugänglich und damit weitgehend unberührt von jeglicher Zivilisation. Mit den vier ausgewiesenen Wildnisgebieten Hells Canyon, Selway–Bitterroot, Frank Church–River of no Return und Gospel Hump Wilderness bieten die Regionen in der Mitte Idahos über 40 000 km² an unverfälschter Natur mit einer unvergleichlichen Vielfalt an Flora und Fauna.

Die im Auftrag von Präsident Jefferson das Land erkundenden Offiziere Meriwether Lewis und William Clark waren 1806/07 in dieser Wildnis unterwegs und mussten auf ihrer Suche nach einer Nordwest-Passage an den Pazifik immer wieder den gewaltigen Strömen Respekt zollen.

Dem sogenannten River of no Return, dem Salmon River, wurde mit dem gleichnamigen Film ein Denkmal gesetzt. Seine Stromschnellen sind heute eine Herausforderung für diejenigen, die sich im Schlauchboot aufs Wasser wagen.

Die tiefste Schlucht Nordamerikas, der Hells Canyon, bildet gleichzeitig die Grenze zwischen den Bundesstaaten Washington, Oregon und Idaho. Touristisch ist er allerdings besser von Idaho aus erschlossen, Zufahrten auf dem Snake River erfolgen von Lewiston und Pittsburg Landing in Idaho; man kann aber auch aus dem benachbarten Clarkston auf der Washingtoner Seite des Flusses anreisen.

## Von Coeur d'Alene nach Moscow und Lewiston
► K 4–6

Die schnellste Verbindung nach Lewiston und zum Hells Canyon ist der Highway 95, der durch das Palouse-Land nach Süden führt. Die hügelige Landschaft wird intensiv bebaut, Getreide, Erbsen und Linsen sind hier die wichtigsten Produkte. Landschaftlich anspruchsvoller ist der Weg über den Highway 97 am Lake Coeur d'Alene entlang (s. S. 300), dann den Highway 3 nach St. Maries und anschließend die Strecke Highway 3 und Highway 6; Letzterer mündet kurz vor Moscow auf den Highway 95. Diese Strecke wird als White Pine Scenic Byway bezeichnet (www.idahobyways.gov/byways/white-pine.aspx). Die Giant White Pine, eine mehr als 400 Jahre alte und 59 m hohe Kiefer, steht am White Pine Recreation Trail vor Harvard ein Stück vom Highway 6 entfernt. Sie gehört zu den lichten Kiefernwäldern, die hier als Namensgeber wirkten.

### Moscow

Inmitten der nahezu menschenleeren Landschaft wurde 1889 die staatliche Universität von Idaho, die **University of Idaho,** gegründet, inzwischen sind mehr als 40 % der 23 000 Einwohner Studenten. So ist **Moscow** eine lebendige Mischung aus Farmern und Agrarhändlern, Studierenden und Lehrenden. Insgesamt wirkt sie recht umtriebig, zahlreiche Coffeeshops, Brauereien, Buchhandlungen und kleine Geschäfte zeugen von den Interessen insbesondere auch der vielen Studenten. Außerdem ist die Universität der größte Arbeitgeber des Orts.

Der **Campus** liegt auf einem Hügel im Westen der Stadt und bietet mit seinen vielen verschiedenen architektonischen Stilen – von viktorianisch über neugotisch bis modern – einen interessanten Anblick. Neben Gebäuden gibt es auch Bäume zu bewundern, das Arboretum und der Botanical Garden gehören ebenfalls zur Universität. Am North Campus Center kann man Parkscheine bekommen, sonst zahlt man an den Parkuhren, um auf das Unigelände zu gelangen (645 W Pullman Hwy, www.uidaho.edu). Von Studenten organisiert, werden während der Vorlesungszeit zweimal täglich Führungen über den Campus angeboten, um 9.30 und um 13 Uhr, Tel. 208-885-6111.

Der **Fort Russel Historic District** befindet sich im Osten der Stadt, eine Ansammlung von beeindruckenden Villen aus dem späten 19. Jh. 1871 kamen die ersten Siedler in die Gegend und nannten ihre neue Heimat Hog Heaven, weil hier ihre Hausschweine *(hogs)* mit der Jochblume eine beliebte Nahrung fanden. Schon im Jahr darauf tauschte man diesen wenig ansprechenden Namen gegen Paradise Valley aus, aber der Fama nach soll ein aus Moscow in Pennsylvania stammender Postbote, der auch in Moscow in Iowa gelebt hatte, 1875 den Namen einfach in die offiziellen Unterlagen zur Stadtgründung eingetragen haben. Jedenfalls gibt es in den Annalen der Stadt keinerlei Bezug zur russischen Hauptstadt, doch Witze werden über das Moskau des Westens allerorten in der Stadt gerne gerissen.

Das imposante **McConnel Mansion** in diesem Stadtteil ist ein schönes Beispiel für die Fantasie der damaligen Architekten. 1886 ließ sich der spätere dritte Gouverneur von Idaho William McConnel dieses viktorianisch-neugotische Gebäude errichten, heute ist es ein Museum (110 S Adams St., Tel. 208-882-1004, http://users.moscow.com/lchs, Di–Sa 13–17 Uhr, Spenden willkommen). Die ehe-

## Mit der Autorin unterwegs

### Geschichte der Indianer

In **Spalding** am Highway 12 befindet sich das Visitor Center des **Nez Perce National Historical Park** und die erste Mission der Weißen. Die Ausstellung zur Geschichte dieses einst über Washington, Oregon, Idaho und Montana verteilt lebenden Indianerstammes ist sehenswert (s. S. 313).

### Wassersport-Thrill

Wenigstens einmal sollte man sich das Vergnügen einer **Whitewater-Rafting-Tour** gönnen. In **Riggins** am Salmon River gibt es zahlreiche Anbieter des nassen und aufregenden Sports. Für eine dreistündige Tour kann man seine Fahrt unterbrechen und den Thrill genießen, wenn das tosende Wasser das Boot über die Granitfelsen jagt (s. S. 315).

maligen Wohnräume sind in den unterschiedlichen Stilen der Zeit seit der Erbauung eingerichtet, interessant ist u. a. die Küche aus den 1930er-Jahren.

In den warmen Jahreszeiten laden die vielen City Parks zum Spazierengehen und zu sportlichen Aktivitäten ein, Picknickplätze sind auch reichlich vorhanden, sodass man mit seinem Lunchpaket z. B. im **Mountain View Park** (Mountain View Road) den Soft- oder den Volleyballspielern zusehen kann. Die wenigen Hotels der Stadt sind auf zwei Gebiete verteilt: Die älteren finden sich entlang der Main Street in der Nähe der Stadtmitte, die neueren Kettenhotels wurden in der Umgebung der Universität entlang der Pullman Road (Hwy 8) errichtet.

Reservierungen sind hier in jedem Fall empfehlenswert, denn Veranstaltungen an der Idaho University oder der benachbarten Washington State University in Pullman lassen freie Zimmer rasch schwinden (vorlesungsfreie Zeit Juli–Anfang Sept.).

Ende Februar ist es besonders voll in der Stadt, dann findet seit 1967 das **Lionel Hampton International Jazz Festival** statt

(s. u.). Mit Künstlern wie Bobby McFerrin, Joe Locke oder dem Trio da Paz (2009) sowie Aufführungen der Studenten zieht das Festival viele Besucher auch von weither an.

**Moscow Chamber of Commerce:** 411 S Main St., Suite 1, Tel. 208-882-1800 oder 800-380-1801, www.moscowchamber.com, Mo–Fr 9–17 Uhr.

**Best Western University Inn:** 1516 W Pullman Rd., Tel. 208-882-0550 oder 800-766-2473, www.uinnmoscow.com. Das Mittelklassehotel hat 173 geräumige Zimmer mit Mikrowelle, Kühlschrank, Internetzugang sowie zwei Restaurants. DZ um 110 $.

**Paradise Ridge B & B:** 2455 Blaine Rd., Tel. 208-882-5292. Das gemütliche Haus bietet 3 Zimmer, 2 davon teilen ein Bad. Angenehm ist der *hot tub* im Garten. Der Mountain View Room bietet einen tollen Blick auf die Berge. Im Sommer um 100 $, inkl. opulentem Frühstück.

**La Quinta Inn:** 185 Warbonnet Dr., Tel. 208-882-5365, www.LQ.com. Dieses einfache Kettenhotel hat 84 Zimmer, Internetzugang, ein Schwimmbad, einen Fitnessraum und eine Waschmaschine. DZ ab 90 $.

**West of Paris:** Restaurant Francais, 403 S Main St., Tel. 208-882-4279, www.westofparis.com, Di–Sa ab 17 Uhr. Das anspruchsvolle französische Restaurant bietet zwar auch À-la-carte-Gerichte, aber es lohnt sich, eines der Menüs auszuwählen, 3-Gänge-Menü 35 $.

**Red Door Restaurant:** 215 S Main St., Tel. 208-882-7830, www.red-door-restaurant.com, Di–Sa 17–23 Uhr. Beliebt bei den Einheimischen, bietet das Red Door eine breite Palette an Gerichten aus aller Welt, auch Bären- und Bisonfleisch. *Bison Short Ribs* 23 $.

**Basilio's Italian Ristorante:** 100 W 4th St., (im Moscow Hotel), Tel. 208-892-3848, tgl. 11–13, 17–21 Uhr. Gute italienische Küche, zum Lunch lohnen sich die Sandwiches. Um 6 $.

**The Breakfast Club:** 501 S Main St., Tel. 208-882-6481, tgl. 7–14 Uhr, an Wochenenden kann es Warteschlangen geben. Opulentes Frühstück, u. a. mit *stuffed huckleberry French toast*. Um 5 $.

**The Alehouse:** 226 W 6th St., Tel. 208-882-2739, tgl. ab 17 Uhr. Hier gibt es neben einer großen Auswahl an Bieren auch Hamburger und Sandwiches. Um 8 $.

**Bookpeople of Moscow:** 521 S Main St., Tel. 208-882-7957, www.bookpeople.net, tgl. 9–20 Uhr. Eine ganz individuelle kleine Buchhandlung, schön zum Stöbern, auf jeden Fall wird man angesprochen und nach seinen Wünschen/Interessen gefragt.

**Feste und Veranstaltungen**
**Lionel Hampton International Jazz Festival:** Ende Feb. Idaho Ticket Office Tel. 208-885-7212, Tickets 20–30 $, der Vorverkauf beginnt im November, www.uiweb.uidaho.edu/jazzfest/the_festival.

# Abstecher nach Osten

► K–L 6

Von Moscow führt der Highway 8 über die Ansiedlungen Troy, Deary, Bovill nach **Elk River** (ca. 82 km). Die kleine Ortschaft beheimatete einst das größte elektrisch betriebene Holzsägewerk, deshalb wurde auch die Eisenbahn dorthin ausgebaut. Heute leben noch knapp 200 Menschen hier, die sich vorwiegend der Jagd und dem Fischfang widmen. Die Gegend ist übrigens bekannt wegen ihrer wild wachsenden Blaubeeren, die von dort in die Städte verkauft werden.

Entlang der aufgegebenen Eisenbahntrasse ist der **Elk River Backcountry Byway** eine sehr kurvige, nicht immer asphaltierte Straße bis nach Orofino (72 km). Ab und an begegnet man einem anderen Auto, ansonsten sind die Chancen größer, Hirsche, Bergziegen, Bären oder wild lebende Rinder zu treffen. Es ist eine Strecke abseits von jeglichen Touristenpfaden, über weite Teile so ursprünglich und naturbelassen wie in der Zeit, als die ersten Siedler in dieser Gegend auftauchten (www.idahobyways.gov/byways/elk-river.aspx).

In der Nähe der **Elk Creek Falls** lebten um 1900 einige Siedler. Heute führt ein Wanderweg auf der ehemaligen Planwagenstraße zu den pittoresken Wasserfällen, die sich dreistufig ihren Weg durch das Lavagestein gesucht haben. Am North Fork Clearwater River gibt es einen einfachen Campingplatz und in **Elk River** eine kleine Lodge.

 **Elk River Lodge:** 201 S Main St., Elk River, Tel. 208-826-3299, www.elkriver lodge.net. 7 einfache Zimmer ohne eigenes Bad, Gemeinschaftsküche mit Kühlschrank und Mikrowelle, ab 60 $. Daneben gibt es auch Plätze für RVs, ca. 20 $/Tag.

# Lewiston ▶ K 6

**Karte:** S. 310

Wenn man sich von Norden auf dem Highway 95 der Stadt **Lewiston**  nähert und der vielen Kurven auf dem letzten Stück müde ist, sollte unbedingt ein Stopp kurz vor der Abfahrt ins Tal eingelegt werden. Von dem Nebenweg aus hat man einen spektakulären Blick auf die Stadt und die Einmündung des Clearwater in den Snake River und ganz in der Ferne lässt sich der Einschnitt in die Berge des Hells Canyon erahnen. Lewiston ist eine Industriestadt mit einem wichtigen Binnenhafen, von dem aus Getreide und Holz über den Snake und den Columbia River nach Portland verschifft werden. Die einzige touristische Attraktion der Stadt sind die Jet-Boot-Fahrten auf dem Snake River in den Hells Canyon hinein, die vom Lewiston Seaport aus starten. Selbst das kleine Zentrum der Stadt ist nicht sehr einladend und zudem wehen oft die nicht gut riechenden Abgase der Holzfabrik über die Stadt. Lewiston liegt nur 224 m über dem Meeresspiegel und ist damit die tiefste Stelle in ganz Idaho, was zu milden Wintern beiträgt.

 **Lewiston Chamber of Commerce:** 111 Main St., Tel. 208-743-3531, www.

lewistonchamber.org oder www.cityoflewiston.org.

 Für einen kurzen Aufenthalt kann es sich lohnen, ins benachbarte Clarkston (WA) auf der westlichen Seite des Flusses auszuweichen; dort finden sich ein Best Western und ein Quality Inn & Suites Hotel. Ebenfalls eine Alternative zu den wenigen Unterkünften in Lewiston ist das Clearwater River Casino und Resort wenige Kilometer östlich von Lewiston im Reservat der Nez-Perce-Indianer (s. u.).

**Red Lion Hotel:** 621 21st St., Tel. 208-799-1000 oder 800-232-6730, www. redlionlewiston.com. Das Kettenhotel der Mittelklasse mit Restaurant, Pub, Pool und Fitnessstudio hat 181 geräumige Zimmer. DZ ab 110 $.

**… in Clarkston (WA):**

**Quality Inn & Suites Conference Center:** 700 Port Dr., Tel. 509-758-9500, www.quality innclarkston.com, nur für Erw. ab 19 J. Gepflegte Standardzimmer mit Mikrowelle, Kühlschrank, Internetzugang, Restaurant im Haus, Außenpool und Fitnesscenter. DZ ab 110 $.

**Holiday Inn Express:** 2425 Nez Perce Dr., Tel. 208-750-1600, www.hiexpress.com. In der Nähe des einzigen großen und überdachten Einkaufszentrums der Stadt (Lewiston Center Mall, 1810 19th Ave.) liegt das Hotel ein Stück oberhalb der Stadtmitte. 104 Zimmer; Fitnessraum, Innenpool, Waschmaschinen und Internetzugang. DZ ab 95 $.

**Best Western River Tree Inn:** 1257 Bridge Street, Tel. 509-758-9551, www.bestwestern washington.com. Geräumige Zimmer mit Kühlschrank, Mikrowelle, Internetzugang und Außenpool, DZ ab 85 $.

**Clearwater River Casino und Resort:** 17500 Nez Perce Road/Hwy 12, östlich von Lewiston, Tel. 1-866-719-3885, www.crca sino.com, DZ um 80 $. Neben dem 50-Zimmer-Hotel gibt es auch einen Camping- und einen RV-Platz.

 **Bojack's Broiler Pit:** 311 Main St., Tel. 208-746-9532, Mo–Sa ab 17 Uhr. Einheimische essen hier gern Steaks. Um 15 $.

**Lewiston Round-Up:** Anf. Sept. 5-tägiges Rodeo mit Pferde- und Bullenzuritten, Kälbereinfang, Rinder- und Pferdeschau sowie diversen Tanzvorführungen. Lewiston Round-Up Association, 2100 Tammany Creek Rd., Tel. 208-746-6324, www.lewistonroundup.org, Tickets 15–21 $.

**Bootstouren in den Hells Canyon**
**Bentz River Exploration:** 1309 Powers Ave., Tel. 877-707-6253 oder 208-790-2709, www.bentzriverexploration.com. Die Touren starten tgl. 8.30 Uhr ab Beamers Heller Bar (am Ende der County Rd. 209 auf der westlichen Seite des Snake River) und dauern ca. 8 Std. Sie führen auch ein Stück den Salmon River hinauf, insgesamt 129 km, 180 $/Pers. inkl. eines BBQ-Lunch.
**Riverquest Excursions:** 4203 Snake River Ave., Tel. 800-589-1129, www.riverquestexcursions.com. Tagestour ab 10 Uhr, Erw. 125 $ inkl. Verpflegung. Tagesausflug zum Barsch- und Stör-Angeln pro Boot 900 $, mind. 4 Pers.
**Snake River Adventures:** 227 Snake River Ave., Tel. 208-746-6276, www.snakeriveradventures.com. Die 11-stündige Tour startet in Lewiston im Seaport, bei Beamers Heller Bar wird umgestiegen in andere Boote, 245 $/Pers. inkl. Verpflegung. Preiswerter sind Touren ab Pittsburg Landing, 170 $/5 Std. Von dort gibt es auch eine Jet-Boot-Tour nach Hat Creek mit anschl. Rafting über 32 km in die Schlucht und zurück, Tagestour mit Verpflegung 226 $ (keine Kin. unter 12 J.). Die Familie betreibt auch die Kirby Creek Lodge, 127 km südlich von Lewiston und die Sheep Creek Ranch, beide am Snake River gelegen.
**… in Clarkston (WA):**
**Beamers Hells Canyon Tours:** 1451 Bridge St., Tel. 800-522-6966 oder 509-758-4800, www.hellscanyontours.com. Eine Tagestour von 8 bis 18 Uhr kostet inkl. Verpflegung und Getränken pro Person 150 $. In Beamers Heller Bar Lodge werden auch Übernachtungen angeboten, einfache Cabin für 150 $. Von Beamers Heller Bar starten Bootstouren, außerdem gibt es einen Kajakverleih, ab 43 $/Pers., Ermäßigungen für ADAC-Mitglieder auf alle Touren.

**10 Hells Canyon** ▶ K 7–8

**Karte:** S. 310

Immer steiler und enger werden die Felsen rechts und links vom Snake River, je näher man dem **Hells Canyon** von Lewiston oder Clarkston aus kommt. Kaum bewachsen, schimmert das Gestein je nach Tageszeit in unterschiedlichen gelben, roten oder braunen Farben, nur im Frühjahr setzen Blumen und kleine Sträucher farbige Akzente in die zerklüfteten Felsen. Am Dreiländereck Idaho, Oregon und Washington hat der Snake River die tiefste Schlucht der USA gegraben: Der Hells Canyon ist mit 2436 m tiefer als der berühmte Grand Canyon. Das ganze Gebiet von der Cache Creek Ranch im Norden bis zum Oxbow Dam im Süden ist als **Hells Canyon National Recreation Area** ausgewiesen und umfasst 2640 km$^2$ Fläche, davon 870 km$^2$ ursprüngliche und zum Teil raue Natur, die als *wilderness* noch mal besonders geschützt sind. Es ist ein Paradies für jeden, der in Ruhe wandern oder reiten möchte, und eine Hochburg für Liebhaber des Wildwasser-Raftings: auf fast allen Zuflüssen des Snake River sind im Sommer Touren möglich. Insgesamt 63 kleinere und größere Campingplätze sind auf beiden Seiten der Schlucht ausgewiesen, sowie eine noch größere Zahl von Picknickstellen und Aussichtspunkten. Insgesamt ist die Gegend zwar touristisch erschlossen, aber doch nicht so perfekt ausgebaut wie z. B. der Yellowstone Park. Alles wirkt noch ursprünglicher, manche Wege sind nicht asphaltiert, Schilder sind oft nicht da, wo man sie erwarten würde.

Drei Staudämme am Snake River werden zur Energiegewinnung genutzt. Der **Hells Canyon Dam** liegt als dritter flussabwärts am südlichen Rand des Schutzgebietes, ab dort fließt der Strom als Wildwasser stark mäandernd bis nach Lewiston. Die **Seven Devil Mountains** stehen östlich von der 16 km langen Schlucht, dem eigentlichen Hells Canyon, und prägen das Gebiet mit ihren bis zu

**Rafting auf dem Snake River**

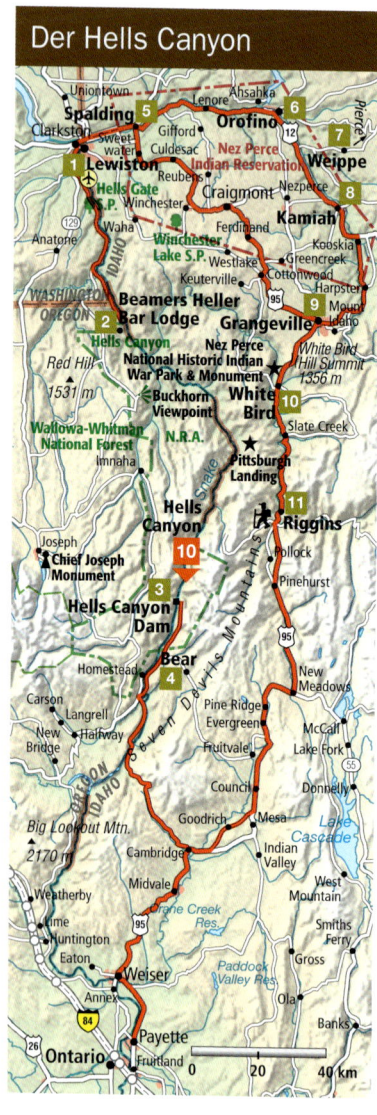

## Der Hells Canyon

Stunden und es sind 274 km zurückzulegen. Kürzer sind die Fahrten vom Dam ab, sie dauern nur drei Stunden und werden um die Mittagszeit angeboten, weil dann die tiefe Schlucht am meisten Licht bekommt.

Der Snake River ist ein sehr wildes Gewässer. Nach den Rafting-Schwierigkeitskategorien gehört das Stück zwischen dem Damm und Pittsburg Landing zur Klasse IV. Aber auch Angler können hier auf ihre Kosten kommen, denn der Snake oder der in ihn mündende Imnaha River sind fischreiche Gewässer. Zahlreiche Anbieter offerieren kürzere oder längere Ausflüge. Fliegenfischen ist auch hier eine sehr beliebte Sportart; daher lassen sich immer wieder bis zum Bauch im Wasser stehende Männer (selten Frauen) beobachten, die nur ab und an die Angelrute oder die im Wasser liegende Schnur bewegen.

Für Reisende mit wenig Zeit ist eine Fahrt am Ufer des Snake River empfehlenswert. Von Clarkston führt der Highway 129 nach Asotin, wo die County Road 209 (oder Snake River Road) beginnt. Sie ist direkt am Fluss entlang gebaut und bietet immer wieder Halteplätze und Aussichtspunkte bis zu **Beamers Heller Bar Lodge 2** (ca. 46 km). Allerdings ist sie nicht vollständig geteert und die lockeren Steine zwingen stellenweise zum langsamen Fahren.

## Hells Canyon Dam ► K 8

**Karte:** S. 310

Zum **Hells Canyon Dam 3** mit einem kleinen Visitor Center (nur im Sommer geöffnet) gelangt man von Lewiston auf folgendem Weg: Highway 95 nach Süden bis Cambridge, dann Highway 71 bis zum Oxbow Dam und dann die Snake River Road bis zum Staudamm, das sind insgesamt 420 km, für die auf zum Teil engen und kurvigen Straßen gut 5 Std. einkalkuliert werden sollten. Für einen Tagesausflug ist es empfehlenswerter, in Boise (s. S. 320) zu übernachten und von dort zu starten, dann sind es ca. 274 km. Die Snake River Road ist auf der östlichen Seite auch als **Hells Canyon Scenic Byway** aus-

3000 m hohen Gipfeln, die bis weit in den Sommer schneebedeckt bleiben.

Das eindrucksvollste Erlebnis für die Besucher sind die Touren mit den flachen Jet-Booten in und durch den Canyon. Man kann von Lewiston aus starten, dann dauert die Fahrt bis zum Hells Canyon Dam gut sechs

gewiesen, eine schmale, zweispurige Straße am Fluss entlang, auf der man immer wieder anhalten und z. B. die Piktogramme und Petroglyphen der Indianer studieren kann. Auf dem Weg nach Cambridge gibt es einige schöne Aussichtspunkte und Einstiege in die zahlreichen Wanderwege in der Recreation Area. Dazu gehört Pittsburg Landing am Ende der Forest Road 493 (geht bei White Bird vom Hwy 95 ab).

Hier beginnt der **Snake River National Recreation Trail,** der am Fluss entlang führt; man kann dort campen (28 Plätze, 8 $/ Nacht), reiten und fischen. Zur **Kirkwood Historic Ranch** mit einem kleinen Museum zur Geologie des Canyons gelangt man von Lucile am Highway 95 auf der Straße 242 bis zu einer Stelle, wo man das Auto abstellen kann, dann muss man noch ein Stück laufen, die Ranch liegt am Wasser. **Heavens Gate Overlook** ist ein Muss in dieser Gegend: Von hier gibt es einen fantastischen Blick auf die Seven Devil Mountains und in den Canyon hinein. Nur von Juli bis September ist der Zeltplatz dort geöffnet, die Straße 517 von Riggins (am Hwy 95) führt hinauf. Für RVs ist dieser Anstieg nicht geeignet, der Weg ist nach der Durchfahrt durch einige Ranchen nicht mehr geteert. Von **Council** (am Hwy 95) kann man im Sommer auch zum **Hells Canyon Park** fahren, die Forststraße 002 führt über Bear dorthin.

Bei **Bear** 4 geht die 105/112 als ungeteerte Waldstraße ab zum Black Lake mit einem kleinen Campingplatz. Dort kann man auch fischen und findet gekennzeichnete Wanderwege. So karg die Berge entlang des Snake River auch aussehen, sie sind doch auch Lebensraum für eine Vielzahl von Tieren. Vom Boot oder den Wegen aus lassen sich immer wieder die weißen Bergziegen oder die mächtigen Widder beim Klettern beobachten.

Man sollte auch mal auf den Boden schauen und möglichst feste Schuhe tragen, denn in dem Gebiet gibt es Klapperschlangen. Im Snake River wiederum sind schon häufiger fast 2 m lange Störe gefangen worden; von einem lauten Jet-Boot aus wird man sie allerdings kaum zu Gesicht bekommen.

**Hells Canyon Visitor Bureau:** 504 Bridge St., Clarkston (WA), Nachbarstadt von Lewiston, Tel. 877-774-7248 oder 509-758-7489, www.hellscanyonvisitor.com. **Hells Canyon National Recreation Area – Snake River Office:** 2535 Riverside Drive, Clarkston, WA, Tel. 509-758-0616, oder das Büro in Riggins, Tel. 208-628-3916, www.fs.fed.us/hellscanyon. Zu den Staudämmen und Campingplätzen in der Nähe: Idaho Power Company, www.idahopower.com/riversrec/parksrec.

**Bootstouren**
Siehe S. 308, die meisten Touren sind in Lewiston zu buchen.

**Hughes River Expeditions:** P. O. Box 217, Cambridge, ca. 322 km südlich von Lewiston, Tel. 208-257-3477, www.hugesriver.com. Das Büro ist im Frontier Hotel am Hwy 95 in Cambridge. Sie bieten 3–4 Tage dauernde Whitewater-Rafting-Touren im Hells Canyon an, Mitte Mai–Anf. Sept., ca. 200 $/Pers. und Tag.

**Angeln:** Alle Anbieter der Hells-Canyon-Touren haben auch Angler-Touren im Programm. Nicht nur der Snake, sondern auch der Salmon, der Imnaha und der Clearwater River sind sehr fischreiche Gewässer (s. S. 308).

**Whitewater-Rafting**
Noch aufregender als mit dem Jet-Boot sind Fahrten mit dem Schlauchboot über die Stromschnellen und Felsklippen in den Flüssen der Region. Beamers Hells Canyon Tours und Snake River Adventures (s. S. 308) bieten Rafting mit erfahrenen Kapitänen an.

**Rundflüge:** Kiwi Air Helicopter: 8031 Peola Rd., Clarkston (WA), Tel. 509-751-9000, www.kiwiairhelicopters.com. Zur Schlucht mit dem Hubschrauber zu fliegen ist eine atemberaubende Erfahrung, 2,5 Std. um 320 $ bei 3 Passagieren.

# Northwest Passage Scenic Byway ▶ L 6–7

**Karte:** S. 310
Anstatt etwas kürzer auf dem Highway 95 Richtung Süden nach Grangeville zu fahren

## Richtig Reisen-Tipp: Fliegenfischen

Mit seinem Film »Aus der Mitte entspringt ein Fluss« hat Robert Redford 1992 das im Nordwesten der USA überaus beliebte **Fliegenfischen** auch in Europa bekannter gemacht. Der Vater zeigt seinen beiden Söhnen schon als Kindern, wie man fest im Wasser steht, die lange Angelschnur auswirft und sie im Wasser bewegt. Das Fliegenfischen basiert **nicht auf dem Wurfprinzip** anderer Angeltechniken. Statt ein Bleigewicht mit Vorfach zu beschleunigen (wie beim Grundangeln) oder das Eigengewicht eines Blinkers zu nutzen (wie beim Spinnfischen), wird hier das **Gewicht der Schnur** genutzt – eine Technik, die am besten schon im Kindesalter erlernt wird und meist zu einer lebenslangen Begeisterung für diesen Sport führt.

Immer wieder sieht man auf der Fahrt an jedem Gewässer Menschen zuweilen bis zum Bauch im Wasser stehen, die mit ruhigen Bewegungen ab und an die lange Angelrute in Bewegung setzen und, wenn man lange genug wartet, auch einen Fisch herausholen. Die Flüsse sind voll mit Barschen *(bass, perch),* Forellen *(steelhead, rainbow, cutthroat),* Lachsen *(salmon)* und Welsen *(sturgeon),* wobei Letztere nach den Gesetzen von Idaho wieder ins Wasser gesetzt werden müssen.

**Lachse** werden vorwiegend von **Mai bis Juni** gefangen, für die **anderen Fischarten** läuft die Saison von **April bis Oktober**. Zum Angeln braucht man in allen Bundesstaaten eine entsprechende **Lizenz,** die es bei den Park Rangern, im Visitor Center oder in Outfitter-Geschäften zu kaufen gibt. Einfacher ist es, sich einer geführten Tour anzuschließen. Die Veranstalter sorgen für die Ausstattung und die Genehmigungen und meist auch für das Vergnügen, selbst als Anfänger einmal eine Forelle an den Haken zu bekommen.

**Idaho Angler Shop:** 1682 S Vista Ave., Boise, Tel. 800-787-9957 oder 208-389-9957, www.idahoangler.com. Die Website verschafft einen guten Überblick über die schier unzähligen Möglichkeiten in ganz Idaho. Die erfahrenen Angler stellen aktuelle Nachrichten zum Fischen ins Netz, bieten Kurse für Anfänger und organisieren Begleiter für die verschiedenen Flüsse in Idaho.

**In Idaho ist das Fliegenfischen für viele die schönste Nebensache der Welt**

(120 km), lohnt sich ein kleiner Umweg auf dem Highway 12 am wunderschönen **Clearwater River** entlang bis Kooskia, um dann auf dem Highway 13 nach Grangeville zu gelangen (161 km). Im zum Teil sehr flachen Gewässer haben sich immer wieder Sandbänke angelagert, die den Reiz dieses mächtigen Stroms erhöhen. Diese Strecke ist ein Teil des **Northwest Passage Scenic Byway** (auch als All American Road bezeichnet, www.idahobyways.gov/byways/northwest-passage.aspx), der sich bei Kooskia aufteilt und dessen einer Strang entlang des Lochsa River quer durch die Berge nach Nordosten zum Lolo Pass an der Grenze zu Montana führt (und weiter nach Missoula, nicht für RVs geeignet, es ist nur eine sehr einfache Straße). Der Byway firmiert ebenso unter dem Namen **Lewis & Clark Highway,** weil er Teil der Geschichte des Landes ist, kennzeichnet er doch jenen Weg, den die Entdecker des Westens – Meriwether Lewis und William Clark – 1805/06 genommen haben.

Die gesamte Region gehörte ebenso wie Teile in Oregon, Washington und Montana zum **Stammland der Nez-Perce-Indianer.** Hier fischten sie in den vielen Flüssen, jagten in den Clearwater Mountains Hirsche und Rehe, bauten in der Prärie bei Grangeville Früchte an und gingen über den Lolo Pass zur Büffeljagd (s. a. S. 166). Die Indianer halfen den ersten Weißen bei deren Erkundung des Landes; ohne die Kanus der Einheimischen, ihr Wissen um Nahrung und verborgene Pfade wäre die Expedition nicht weit gekommen. Auf Lewis und Clark folgten später die ersten Missionare sowie Trapper und Händler, die noch freundschaftlich aufgenommen wurden. Aber die großen Siedlertrecks und Tausende von Gold- und Silbersuchern sorgten für Konflikte, u. a. weil sie den Lebensraum der Indianer für sich beanspruchten. Heute umfasst das Reservat der Nez-Perce-Indianer nur noch einen Bruchteil ihres früheren Lebensraums: Es reicht vom Clearwater River im Norden bis kurz vor Grangeville im Süden, der Highway 12 ist die östliche Grenze und westlich vom Highway 95 ist das Reservatgebiet beendet.

## Spalding

Ungefähr 18 km östlich von Lewiston befindet sich am Highway 95 in **Spalding** 5 die Hauptverwaltung des **Nez Perce National Historical Park,** die im Visitor Center eine Ausstellung zur Geschichte dieses Stammes beherbergt. Es gibt auch ein Forschungszentrum mit Bibliothek, das aber nur nach vorheriger Absprache und mit entsprechender Voranmeldung zu besuchen ist (Spalding Visitor Center, Tel. 208-843-7001, www.nps.gov/nepe, tgl. 8–17 Uhr).

Der Name Spalding leitet sich von einem frühen presbyterianischen Missionar, Henry Harmon Spalding ab, der ab 1836 die Nez Perce missionierte und ihnen den Anbau von Kartoffeln und die nötigen Bewässerungsmethoden beibrachte. Die ehemalige Mission von Father Spalding ist nicht weit vom Visitor Center entfernt, sie kann aber nur von außen besichtigt werden. Daneben befindet sich der Friedhof, u. a. mit den Gräbern von Spalding und seiner Frau.

## Orofino

Auf dem Weg nach Orofino liegt das als Historical Site ausgewiesene **Canoe Camp.** Lewis & Clark sollen hier 10 Tage gerastet und dann ihre Expedition mit Kanus auf dem Clearwater River fortgesetzt haben. Gut 3000 Menschen leben heute in **Orofino** 6, dem Sitz der Bezirksverwaltung für das Clearwater County. Im Sommer kommen recht viele Angler mit ihren Booten hierher, die sowohl im Clearwater River als auch im nördlich des Dworshak-Staudamms aufgestauten North Fork Clearwater River ihren sportlichen Betätigungen nachgehen.

Unterhalb des Staudamms wurde eine Fischzucht angelegt, um ökologischen Schäden der Gewässer und insbesondere der Dezimierung der Fischbestände entgegenzuwirken. Dort züchtet man auch Lachse, denn ihr Weg wurde durch die Mauer unterbrochen. Ein Teil dieser Chinook-Lachse wird hinter dem Bonneville-Damm am Columbia River ausgesetzt, damit die Fische von dort in den Pazifik wandern können (www.fws.gov/dworshak).

## Idahos Mitte

**i** **Chamber of Commerce:** 217 First St., Tel. 208-476-4335, www.orofino.com. **Visitor Center Dworshak Dam & Reservoir:** Ahsahka, Tel. 208-476-1255, http://corpsla kes.usace.army.mil/visitors/projects.cfm?Id= G405090. Hier können auch Campingplätze gebucht werden.

**Best Western Lodge at River's Edge:** 615 Main St., Tel. 208-476-9999 oder 800-538-9797, www.bestwestern.com. Das Mittelklassehotel liegt direkt am Clearwater River und hat eine Terrasse am Fluss sowie ein Restaurant, Fitnessraum, Indoorpool, Internetzugang, geräumige Zimmer mit Mikrowelle und Kühlschrank. DZ ab 110 $.

**Helgeson Place Hotel Suites:** 125 Johnson Ave., Tel. 208-476-5729 oder 800-404-5729, www.helgesonhotel.com. Das Backsteinhaus von 1925 ist renoviert und bietet 20 geräumige Zimmer mit Küchenzeile, Internetzugang und Außenpool. DZ um 70 $.

**High Country Inn:** 3232 Old Ahsahka Grade, Tel 208-476-7570, www.thehigh countrinn.com. Rustikales Hotel mit gutem Restaurant, z. B. deftige Rouladen. Um 20 $.

# Abstecher zum Gold Rush Historic Byway ▶ L 6

**Karte:** S. 310

Wenn man noch weiter in die Einsamkeit Zentral-Idahos eintauchen möchte, bietet sich ein Abstecher bei Greer auf den **Gold Rush Historic Byway** an (Hwy 11, www.idahoby ways.gov/byways/gold-rush.aspx). **Weippe** **7** in einer offenen Hochebene und **Pierce** am Fuß des Clearwater National Forest sind kleine Orte, die überwiegend von den Anglern und Wanderern und im Winter von den Snowmobilfahrern leben.

1860 wurde bei Pierce Gold gefunden, das erste in Idaho. Bis zum Ende der Strecke bei Headquarters sind es zum Teil kurvige 68 km, man sollte gut drei Stunden hin und zurück einkalkulieren (www.pierce-weippechamber. com).

## Kamiah

Einst war **Kamiah** **8** das Winterquartier der Nez-Perce-Indianer. Auch die Expedition von Lewis und Clark gelangte 1806 an diesen Ort und wartete hier auf den Frühling bzw. auf zur Fortsetzung ihrer Reise geeignetere Wetterverhältnisse. Heute finden sich in Kamiah einige kleine Motels, die vor allem von Jägern und Anglern genutzt werden. Mitte August werden hier die **Chief Lookingglass Days** veranstaltet, ein großes **Pow Wow** mit Tänzen, Trommeln und Gesang (s. u.).

Hinter Kamiah bei Kooskia teilt sich die Straße und der Highway 12 führt von hier durch das Tal des Lochsa River zum Lolo Pass und nach Montana. Es ist zwar eine Strecke mit atemberaubenden Aussichten, aber sie ist nicht für RVs oder Autos mit Anhängern geeignet. Offiziell wird sie als Forest Road geführt, auch wenn sie den hochtrabenden Namen Lolo Motorway trägt. Einige sehr einfache Campgrounds liegen an diesem Byway, sonst ist die Gegend ab Lowell menschenleer (http://www.fs.fed.us/r1/clearwater).

**Lewis-Clark Resort & RV-Park:** 4243 Hwy 12, Kamiah, Tel. 208-935-2556, www.lewisclarkresort.com. Sehr rustikale 21 Motelzimmer, 7 Cabins mit Bad und Kitchenette und 165 RV-Plätze stehen hier zur Verfügung, außerdem ein Bistro und Waschmaschinen. DZ ab 50 $.

**Chief Lookingglass Days – Pow Wow:** Mitte Aug. Informationen zu allen Aktivitäten und zum Programm über Tel. 208-935-2290 sowie auf der Website www. kamiahchamber.com.

## Grangeville

Bei der Kleinstadt **Grangeville** **9** vereint sich der Highway 13 mit dem Highway 95. Das Versorgungszentrum für die Farmer der Region bietet mehrere einfache und kleine Motels und Campgrounds. Von hier aus starten Urlauber zur Fish Creek Recreation Area und in die **Gospel Hump Wilderness,** deren höchster Berg, der **Buffalo Hump,** fast 3000 m misst. Unweit der Ortschaft am Tolo

Lake ist vor einigen Jahren ein Mammut-Knochen gefunden worden, jetzt wird mit dem Bild eines solchen Tiers kräftig Werbung gemacht. Am Ortsrand wurde dafür der **Mammoth Exhibit Eimers Park** aufgebaut. Dort steht die Rekonstruktion eines 4 m hohen und 5 m langen Kolumbianischen Mammuts *(Mammuthus columbi),* des größten Vertreters dieser Art.

Zu empfehlen ist aber insbesondere ein Besuch des **Bicentennial Historical Museum** mit Kunsthandwerk der Nez-Perce-Indianer, Werkzeugen aus der Minenära und Gebrauchsgegenständen der frühen Siedler (www.grangevilleidaho.com, das Museum ist nur Juni–Sept. tgl. 13–17 Uhr geöffnet, 305 N College Ave., Tel. 208-983-2104).

## White Bird und Riggins

Ungefähr auf der Höhe von Grangeville beginnt weiter westwärts die **Hells Canyon Recreation Area** (s. a. S. 308). Deshalb werden schon von hier aus Touren im Canyon vermittelt, die meist in Pittsburg Landing beginnen. Auch von **White Bird** 10 und **Riggins** 11 aus sind Touren bzw. Buchun-gen möglich, dort findet man eine ganze Reihe von Anbietern. In beiden Orten wird auch Whitewater-Rafting auf dem Salmon River angeboten; hier lohnt eine Unterbrechung der Autofahrt, um vielleicht einmal in ein Schlauchboot umzusteigen. Generell wird das Rafting in vier Schwierigkeitsklassen unterteilt. Der Salmon River gehört zu den Klassen II und IV und das ist entsprechend aufregend, nass wird man auf jeden Fall. Alle Anbieter empfehlen die Teilnahme an einer mehrtägigen Tour, bei der man im Zelt auf den Sandbänken schläft. Erst dann erlebe man die Schönheiten der Natur in einer Art und Weise, die auch Erholung einschließe.

**White Bird Chamber of Commerce:** Canyon House, Tel. 208-839-2777, www.whitebirdidaho.com.
**Riggins Salmon River Chamber of Commerce:** Der Visitor-Information-Stand ist in der Ortsmitte am Hwy 95/Main St., Tel. 208-628-3778.

**Catlemens Restaurant:** 601 Main St., Riggins, Tel. 208-628-3195, ab 8 Uhr. Ein Familienrestaurant mit Burgern, Salat und gutem Kuchen, um 10 $.

### Whitewater-Rafting
**Mountain River Outfitters:** 411 N Main St., Riggins, www.idahoriver.com, Tel. 888-547-4837, 3-stündige Tour, jeweils 9 und 13 Uhr, Erw. 58 $.
**Exodus Wilderness Adventures Inc.:** Main St., Riggins, Tel. 800-992-3484 oder 208-628-3484, www.riverescape.com, 3-stündige Tour, jeweils 9.30 und 13.30 Uhr, Erw. 66 $.
**Wapiti River Guides:** 128 N Main St., Tel. 208-628-3523 oder 800-488-9872, www.doryfun.com. 3-stündige Tour Erw. 59 $. Keine verbindlichen Abfahrtszeiten, die Tour beginnt, wenn genug Leute da sind, am besten vorher anrufen.

**Killgore Adventures (Hells Canyon Jet Boat Trips and Lodging):** Tel. 800-469-8757 oder 208-839-2255, www.killgoreadventures.com. Die Firma hat ihren Sitz in White Bird am Hwy 95, startet die Touren in den Hells Canyon aber ab Pittsburg Landing. Die 6-stündige Tour kostet 155 $/Pers. und beginnt tgl. März–Okt. um 9 Uhr (Wochenende 10 Uhr), inkl. Verpflegung. Killgore-Boote fahren auch auf dem Salmon River, an dem White Bird liegt.

# Payette River Scenic Byway ▶ L 9

## McCall und der Payette Lake

Bei New Meadows gabelt sich die Straße. Man kann nun auf dem Highway 95 über Council, Cambridge (Zufahrten in die Hells Canyon Recreation Area und zum Hells Canyon Dam, s. S. 310), Weiser und Payette zur Interstate 84 und dann nach Boise fahren oder nochmal einen Schlenker einbauen und den grandiosen **Payette River Scenic Byway** (Hwy 55, www.idahobyways.gov/byways/payette-river.aspx) für ein längeres Genießen der abwechslungsreichen Landschaft nutzen. Bei Meadows beginnt eine riesige

Talebene, die sich bis Smith's Ferry zieht und auf beiden Seiten von hohen Bergen begrenzt ist. Der Payette Lake und der Lake Cascade sowie zahlreiche kleinere Flüsse durchziehen dieses fruchtbare Land, das auch als Heartland von Idaho bezeichnet wird.

**McCall** ist die größte Ortschaft in dieser Region und durch ihre Lage direkt am **Payette Lake** auch eine der schönsten. In den See hinein ragt eine lang gestreckte Landzunge, der Ponderosa State Park; er ist schon eine Idylle für sich und bietet zwei Campgrounds und einen RV-Park. Zwar hat McCall nur ca. 2300 Einw., aber im Sommer füllen sich die vielen Ferienhäuser, Apartments, Zeltplätze und der RV-Park, sodass es ein wenig quirliger wird und auf der Hauptstraße am See mitunter zu Stop-and-Go-Situationen kommt.

Sportliche Aktivitäten stehen hier hoch im Kurs, und so verwundert es nicht, wie viele Anbieter fürs Angeln, Kajaken, Wasserski- und Skidofahren sowie Mountainbiking es in diesem kleinen Ort gibt. Das wichtigste Ereignis von McCall findet allerdings im Winter statt: Der jährliche »Carnival« mit Skulpturen aus Eis und Schnee, heißer Mardi-Grass-Musik und jeder Menge Aktivitäten auf Skiern oder Schlittschuhen lockt Tausende von Besuchern an den See. Mit dem Ski- und Wandergebiet **Brundage Mountain** und den vielen Loipen für Skilanglauf (und Snowshoeing) findet Tourismus in McCall ganzjährig statt.

## Ponderosa State Park

Den **Ponderosa State Park** kann man bis zur Spitze mit dem **Osprey Overlook Point** mit dem Auto befahren, er umfasst immerhin 4 km$^2$, die dicht mit Ponderosa Pines bepflanzt sind, einer im gesamten Westen Nordamerikas weit verbreiteten Kiefernart. Der Blick vom hoch gelegenen Endpunkt der Landzunge ist fantastisch. Am besten sind die Lichtverhältnisse vormittags, dann bescheint die Sonne das westliche Ufer. Sehr schön liegt der Peninsula Campground direkt am Seeufer, unweit des Visitor Information Center am Scenic Drive.

**McCall Visitor Center:** 102 N 3rd Street, Tel. 208-634-7631 oder 800-260-5130, www.mccall-idchamber.org oder www.mccall.id.us.
**Accomodation Services:** 1008 N 3rd St., Tel. 208-634-7766 oder 800-551-8234, www.accommodationservices.com. Hier hilft man bei der Suche nach einer Unterkunft.

**Mill Park Condos:** Mill Rd., Brown Park, Tel. 208-634-4151 oder 800-888-7544, www.inidaho.com/Official.asp?ID=15. Für eine Gruppe oder längere Aufenthalte sind die am See gelegenen Apartments sehr geeignet, 8 Condos mit 3 Schlafzimmern, Wohnraum, Küche, Bädern und Seeblick sind zu mieten, mind. 2 Nächte. Ab 250 $/Nacht.
**Hotel McCall:** 1101 N 3rd St., Tel. 208-634-8105, www.hotelmccall.com. Das älteste Hotel im Ort wurde renoviert und nett hergerichtet, seine 13 Zimmer und 5 Condos sind funktional eingerichtet; es liegt direkt an der Hauptstraße, nur wenige Schritte vom See entfernt – deshalb unbedingt ein Zimmer nach hinten verlangen. Innenpool, Internet und Frühstück. DZ 135 $.
**Brundage Inn:** 1005 W Lake St., Tel. 208-634-2344, www.brundagevacations.com. Rustikale Holzmöbel, Küche in fast jedem Zimmer, einige auch mit Kamin, sonst Kühlschrank und Mikrowelle. Zimmer um 80 $. Dazu gehört Brundage Bungalows, 308 W Lake St., das kleinste Haus kostet um 80 $. Die 8 unterschiedlich großen Cabins eignen sich für einen längeren Aufenthalt; sie sind aufwendig eingerichtet. Ab 200 $/Nacht.

**Lardo's Grill & Saloon:** 600 Lake St., Tel. 208-643-8191. Ab 17 Uhr gibt es hier gute Burger, Salate, Pasta und frischen Fisch. An der Bar kann man auch nur ein Bier trinken. Gerichte um 20 $.

**Feste und Veranstaltungen**
**McCall Winter Carnival:** Ende Jan.–Anf. Feb. Heiße Mardi-Grass-Musik, das Er-

**Wandern am White Bird Battlefield**

**Jachthafen in McCall am schönen Payette Lake**

stellen fantasievoller Eisskulpturen und Golfspielen auf Schneeschuhen sind einige der Attraktionen, mit denen man auch im Winter Tausende anlockt, www.maccall wintercarnival.com.

**Kanu- und Kajakverleih:** Gravity Sports, 503 Pine St., Tel. 208-634-8530, www.gravitysportsidaho.com. Hier kann man Kanus und Kajaks mieten, aber auch Mountainbikes, und im Shop kann man sich auch zu den vielen Wanderwegen rund um McCall beraten lassen.

**Wasserskifahren und Bootsverleih:** Mile High Marina, 1300 E Lake St., Tel. 208-634-8605, www.milehighmarina.com. Hier können Boote für Wasserski, zum Fischen oder zum Sonnenbaden *(pontoon boats)* gemietet werden.

Mitte Aug. und Anf. Sept. finden im ›Amphi-theater‹ an der unteren Liftstation Konzerte statt, dann bringen die Gäste ihr Picknick mit und lagern im Gras um die Bühne.

**Fahrradverleih:** Räder kann man sich an der Liftstation leihen, ab 45 $/Tag.

## Cascade Lake und Cascade

Gut 27 km misst der Bergsee **Cascade Lake** in der Mitte der Hochebene in seiner Länge, leider führt der Highway 55 nicht an seinem Ufer entlang. Eine Straße gibt es an seinem westlichen Ufer, bei Donelly geht die US 422 ab. Die Wege ans Wasser sind vom Highway aus nicht leicht zu finden, denn sie führen zu-nächst meist in Wohngebiete, wo das Ufer nicht ausgeschildert wird. Am besten Einhei-mische fragen.

Die Main Street durch **Cascade** bietet einige Möglichkeiten, etwas zu essen, hier liegen auch die Motels, ansonsten sind die Häuser dieser Ortschaft weit verstreut, man-che am See gut im Wald versteckt. Der Lakeshore Drive führt durch das Golfgelände kurz am See entlang und mündet südlich von Cascade wieder auf den Highway 55.

## Den Payette River entlang

Einige Kilometer südlich von Cascade än-dert sich die Landschaft vollkommen: Der **Payette River** hat sich durch die hier nun wieder geschlossene Bergregion ein Bett gegraben und windet sich in engen Kehren durch schmale Schluchten.

Neben das Gewässer wurden die Straße und eine Trasse für die Eisenbahn gesetzt; vor dem Geschick der Ingenieure muss man noch heute den Hut ziehen. Die Fahrt auf diesem Teilstück des Payette River Scenic Byway erfordert Geduld, doch wird man im-mer wieder mit spektakulären Szenerien be-lohnt, die einen Fotostopp oder eine kleine Pause empfehlenswert machen.

Ab **Horseshoe Bend** werden die Berge dann wieder flacher, dort erstreckt sich noch das **Skigebiet Bogus** (s. S. 327). Dann be-ginnt die Halbwüste, wo sich um die Haupt-stadt Boise eine großflächige Wachstums-region entwickelt hat.

**Ski- und Fahrradfahren, Wandern**
**Brundage Ski Resort:** Zwischen Meadows und McCall (Hwy 55), Tel. 208-634-4151, www.brundage.com. Im Sommer fährt der Lift am Wochenende (10–17 Uhr) und bringt vorwiegend Mountainbiker auf den 2300 m hohen Gipfel. Aber auch für Wanderer lohnt sich die Auffahrt, um die wunderbare Aus-sicht zu genießen (25 $ Auf- und Abfahrt).

**Im Sommer nahezu kahl und trocken, präsentiert die Landschaft im Südwesten von Idaho nur zögerlich ihre Reize. Um die Hauptstadt Boise hat sich eine Wachstumsregion entwickelt. Zur Erholung und zum Skilaufen fahren die Einheimischen aus dem südlichen Idaho gern nach Ketchum ins Sun Valley, wo schon Ernest Hemingway seine Leidenschaft für die Entenjagd entdeckte.**

Ruhe und Gelassenheit kennzeichnen die größte Stadt in Idaho. Freundliche Menschen auf den Straßen und in den Cafés, die den Fremden mitunter sogar grüßen – ganz so, wie es der Grundauffassung der Mormonen entspricht. Angehörige dieser Religion machen nach Angaben der örtlichen Mission ungefähr 20 % der Bevölkerung aus, ihre Vertreter haben im Stadtrat seit Jahrzehnten das Sagen.

Es darf angenommen werden, dass die niedrige Kriminalitätsrate in der ca. 215 000 Einwohner zählenden Stadt mit dazu beigetragen hat, namhafte amerikanische Konzerne wie Hewlett Packard (eine Niederlassung), WinCo Foods, Micron Technology und mehr als 20 Callcenter (darunter auch T-Mobile) nach Boise zu holen. Der größte Arbeitgeber ist die staatliche Verwaltung, gleich danach rangieren die zahlreichen Schulen, die Boise State University sowie Ableger der University of Idaho (Moscow) und der Idaho State University (Pocatello).

Rund um Boise wachsen weitere Städte, die Grenzen sind inzwischen fließend. Meridian, Nampa und Caldwell entlang der Interstate 84, Middleton, Star, Eagle und Garden City am Boise River bilden ein dicht zusammenhängendes städtisches Ballungsgebiet mit inzwischen fast 600 000 Einwohnern. Dabei wirkt die Stadt selbst in Downtown nicht großstädtisch: Die breiten Straßen bieten auch den vielen Fahrradfahrern Platz, die Grundstücke sind verhältnismäßig groß und Hochhäuser sind eher Mangelware. Kein Wunder, dass die Idahoans ihre Hauptstadt beinahe liebevoll »unser größtes Dorf« nennen.

## Stadtgeschichte

*Le Bois* (der Wald) oder *la rivière boisée* (der bewaldete Fluss) haben frankokanadische Trapper der Hudson Bay Company das Tal genannt, nachdem sie die karge Fels-, Lava- und Salbeibuschlandschaft der Snake River Plains östlich der heutigen Hauptstadt durchquert hatten. Der Name blieb, auch als 1863 ein Fort der amerikanischen Armee am seichten Flussufer errichtet wurde, um Ordnung zu schaffen in einer Ansiedlung, die rapide wuchs, um den Material- und Lebensmittelbedarf der Goldgräber und Minenarbeiter im ca. 64 km entfernten Idaho City zu bedienen. 1864 wurde Boise Hauptstadt des Idaho Territory und blieb es, als 1890 Idaho zum Bundesstaat avancierte.

Nachdem der Goldrausch vorbei war, blieb Boise lange Zeit ein verschlafenes Nest; erst seit den 1980er-Jahren entwickelte sich die Region und boomte mit der Ansiedlung wichtiger Firmen. Niedrige Steuern und Grundstückspreise, die gute Verkehrsanbindung (der Betrieb der Eisenbahn wurde allerdings im Jahr 1997 aus Kostengründen eingestellt), das ausgeglichene soziale Klima und der hohe Freizeitwert machten die Stadt attraktiv für Investoren.

# Downtown ▶ L 10/11

**Cityplan:** S. 324

Die Innenstadt von Boise ist am einfachsten von der Interstate 84 aus zu erreichen (Ausfahrt 53, Exit Airport). Die Vista Avenue führt nach Norden direkt auf den Central Boulevard und damit auf das Capitol zu. Ein Auto braucht man nicht unbedingt, die Entfernung zwischen dem Capitol und den Parks am Fluss lässt sich bequem zu Fuß zurücklegen, zumal auf den Wegen immer wieder Coffeeshops und kleine Restaurants zum Ausruhen einladen. Zudem ist Autofahren durch die vielen Einbahnstraßen recht umständlich. Busse der Boise Urban Stages fahren in andere Stadtgebiete und die Valley Ride Busse sogar bis Garden City (Tageskarte 6 $).

## The Grove

Südlich der Main St. zwischen 8th und 9th Street liegt eine große Plaza, **The Grove** **1** genannt, wo sich Touristen und Studenten entspannen, Büromenschen ihren Lunch einnehmen und Kinder im Brunnen planschen. Hier gibt es in einem kleinen Laden auch ein Visitor Center, wo man Prospekte, Informationen und Hilfe bei der Quartiersuche erhält. Im Sommer füllt sich jeden Mittwochabend ab 17 Uhr der mit roten Ziegeln gepflasterte Platz mit Musikliebhabern: **Alive After Five** sorgt mit kleinen Konzerten regionaler Künstler für reges Treiben. Frisches Gemüse und Obst aus der Umgebung sowie Kunsthandwerkliches wird jeden Samstagvormittag beim Capital City Public Market verkauft (s. S. 329). Wie in Portland gibt es auf dem Platz Namenssteine, auf denen sich Förderer verewigen lassen können.

## Capitol District

Im Mittelpunkt der Stadt steht das **State Capitol** **2**, das Parlamentsgebäude, ein imposanter Bau des aus Connecticut stammenden Architekten John Tourtelloutte und seines deutschstämmigen Partners Charles Hummel. 15 Jahre, von 1905 bis 1920, hat es gedauert, den Kuppelbau mit den weit ausladenden Seitenflügeln in einem der Renais-

## Mit der Autorin unterwegs

### Besonderes Wasservergnügen

Auf einem **Reifenschlauch** den **Boise River** hinuntertreiben: Ein Vergnügen von Tausenden ist im Sommer ein Trip vom Baker bis zum Ann Morrison Park, ca. 1,5 Std. auf den klaren Fluten des Flusses (s. S. 323).

### Auf den Spuren der Geschichte

Die amerikanische Unabhängigkeitserklärung nachlesen kann man im **Idaho Anne Frank Human Rights Memorial** in Boise. Dort steht auch eine lebensgroße Statue der deutschen Jüdin, deren Tagebuch ein bedeutendes historisches Dokument aus der Zeit des Holocaust ist (s. S. 323).

### Unbedingt besichtigen

In Sun Valley sollte man die **traditionsreiche Sun Valley Lodge** und die Bildergalerie berühmter Gäste ansehen. In Suite 206 nächtigte einst **Ernest Hemingway** und arbeitete an »Wem die Stunde schlägt« (s. S. 335).

### Nervenkitzel

Von der **Perrine Bridge** vor Twin Falls springen sogenannte **BASE-Jumper** 150 m tief in den Canyon des Snake River – ein Sport, den man dort auch lernen kann und der einem schon beim Zusehen die Nackenhaare aufstellt (s. S. 338).

sance nachempfundenen Stil aufzubauen. Am Material hat man damals nicht gespart, Tonnen von Marmor wurden herangeschafft, um in dem Sandsteinbau Wände, Fußböden und Säulen zu verkleiden. Der aus Alaska ist grau, der aus Georgia rot, aus Vermont kommt der grüne Marmor und aus Italien importierte man schwarzen. Die Kuppel ragt 63 m hoch in den Himmel über Boise und wird von einem goldenen Adler, dem amerikanischen Wappentier, gekrönt. Nach zweijähriger Restaurierung wurde das Capitol 2010 wieder eröffnet und kann auch besichtigt werden (Mo–Fr 8–17, Sa 9–17 Uhr).

# Boise und der Südwesten Idahos

In unmittelbarer Nähe des Parlaments findet sich das **Joe R. Williams Office Building** mit einer Fensterfront, in der sich das Capitol spiegelt. Im Gebäude hat das Wirtschaftsministerium seinen Sitz und ein Tourismusbüro händigt Informationsbroschüren für den Staat Idaho aus (700 W State St.).

Nur wenige Schritte weiter westlich ist eine ganze Reihe von Kirchen zu entdecken, die entlang der State Route und der angrenzenden Straßen stehen, fast wie Perlen an einer Kette. Eine der imposantesten ist die **First United Methodist Church** (Ecke 11th St. und W Franklin St.), die auch Cathedral of the Rockies genannt wird. 1960 wurde der neugotische Bau eingeweiht, das Besondere im Inneren sind die in Mosaiktechnik gefertigten Glasfenster.

## Historic District

Die Bezeichnung **Old Boise Historic District** **3** ist etwas euphemistisch gewählt. So richtig schöne alte Häuser sind in den Blocks zwischen Main St. und 6th St. eigentlich nicht zu finden, dafür jede Menge Geschäfte, Restaurants und Coffeeshops. Es soll aber an Restaurierungen gearbeitet werden, denn einige Gebäude stammen tatsächlich noch aus den 1860er-Jahren, als die erste Blüte der Stadt zu verzeichnen war.

## Basque Museum und Center

Das älteste Ziegelgebäude von Boise aus dem Jahr 1864 ist ein Teil des **Basque Museum** **4** und spiegelt ein Stück Stadtgeschichte wider. Erbaut hat es Cyrus Jacobs, ein Kaufmann, der später Bürgermeister wurde. Jose Uberuaga verwandelte es nach seinem Kauf in eine Art Pension für baskische Schafhirten und legte damit den Grundstein für den **Basque Block** an der Grove Street. Eine der größten baskischen Gemeinschaften der USA lebt in Boise. Viele haben dem harten Leben in Nordspanien und Südfrankreich schon Ende des 19. Jh. den Rücken gekehrt; heute zählen sich ca. 15 000 Bewohner der Stadt zu den Basken.

Im Museum ist ein Archiv für **Oral History** angelegt worden, zudem gibt es eine umfangreiche Fotosammlung, Musikinstrumente und wechselnde Ausstellungen, die sich mit den Besonderheiten der baskischen Geschichte und Kultur befassen. Im dazugehörenden **Cultural Center** sowie im **Basque Center** beweisen dies nicht zuletzt die vielen dort gezeigten Tanz- und Musikaufführungen. Man kann dort auch die Sprache und traditionelle baskische Gerichte kochen lernen (611 Grove St., Tel. 208-343-2671, www.basquemuseum.com. Di–Fr 10–16, Sa 11–15 Uhr, Erw. 5 $).

## Boise River Greenbelt

Am Fluss entlang wurde bis zum Americana Boulevard beidseitig und von dort nur auf der Südseite ein schmaler Streifen als Park aus-

**Das State Capitol von Boise steht im Mittelpunkt der prosperierenden Stadt**

gewiesen. Die Wanderwege des **Boise River Greenbelt** 5 sind ein beliebtes Ziel von Spaziergängern, Joggern und Radfahrern. Am Ende der 8th St., zwischen Central Blvd. und 9th St., ist das **Idaho Anne Frank Human Rights Memorial** angelegt worden. Nicht nur eine lebensgroße Statue von Anne Frank, sondern auch Figuren von César Chávez (Gewerkschaftsführer, 1927–93) und Polly Bemis (chinesische Pionierin, 1853–1933) sind in diesem Park nebst einem Education Center zu sehen (www.idaho-humanrights. org/Memorial/memorial.html).

Beim Spaziergengehen entlang des Flusses wird man im Sommer jede Menge jauchzender Kinder und Erwachsener beobachten können, die auf Reifenschläuchen oder kleinen Flößen den Fluss hinuntertreiben. Vom Ann Morrison Park geht ab 13 Uhr stündlich ein Bus ab, der zum Barber Park im Osten fährt. Dort kann man Schläuche und Flöße mieten (Mi–Fr 11–17, Sa, So 11–18 Uhr) und sich dem nassen Spaß der gut 1,5-stündigen Tour widmen. Allerdings muss es mehr als 26 °C (80 F) warm sein, sonst fährt der Shuttle-Bus nicht und der Verleihstand ist geschlossen.

## Julia Davis Park

Klein und überschaubar und dabei recht abwechslungsreich angelegt ist der **Julia Davis Park** 6 direkt am Boise River südlich der Innenstadt. Eine der ersten Siedlerfamilien hat hier Gemüse angebaut, um damit die Minenstädte im Osten zu versorgen. 1907 schenk-

# Boise und der Südwesten Idahos

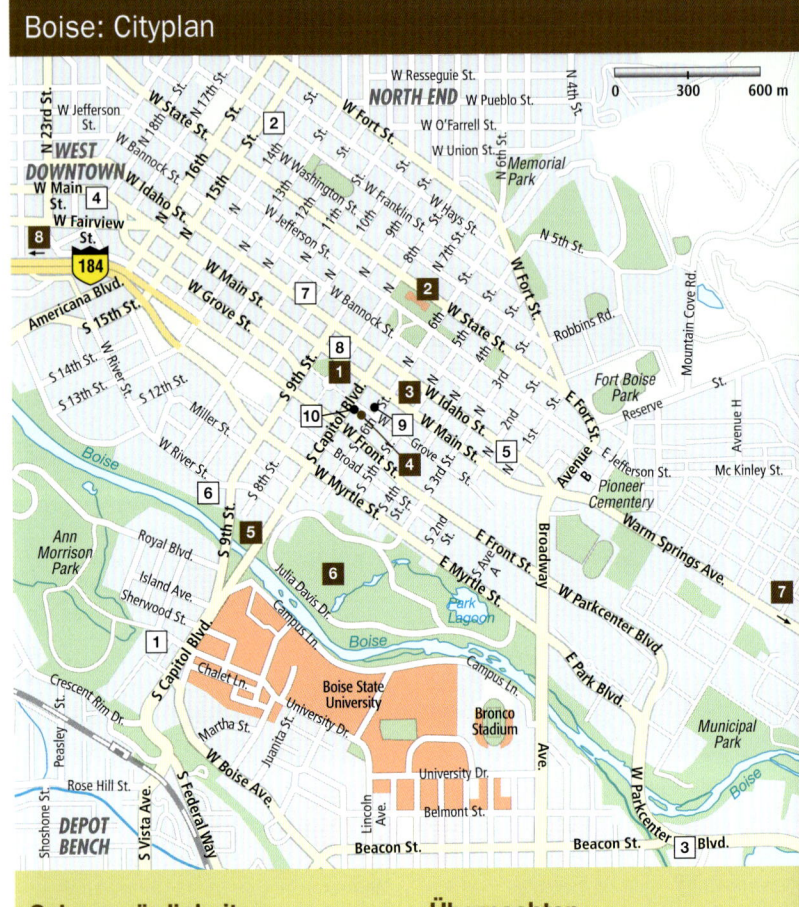

## Boise: Cityplan

## Sehenswürdigkeiten

1. The Grove
2. State Capitol
3. Old Boise Historic District
4. Basque Museum
5. Boise River Greenbelt
6. Julia Davis Park
7. Old Idaho Penitentiary
8. The Church of Jesus Christ of Latter-day Saint

## Übernachten

1. Residence Inn Boise Central by Marriott
2. J. J. Shaw House
3. Doubletree Club Hotel
4. Red Lion Hotel
5. Idaho Heritage Inn

## Essen und Trinken

6. Cottonwood Grille
7. Milky Way
8. Brick Oven Bistro
9. Leku Ona
10. Gernika Basque Pub & Eatery

ten Tom und Julia Davis das Gelände der Stadt. Heute finden sich hier Idahos Historisches Museum, das Boise Art Museum, das Idaho Black History Museum und der kleine Zoo.

Das **Idaho Historical Museum** lockt am Eingang des Neubaus mit einer Karikatur der Freiheitsstatue. Die Ausstellungen befassen sich mit der Geschichte Idahos seit prähistorischen Zeiten, interessant ist dabei u. a. die Phase des Goldrauschs. Ein nachgebauter Wildwest-Saloon gibt dem Ganzen ebenso einen authentischen Touch wie das Pioneer Village mit einigen Hütten und zwei Häusern aus den Anfangszeiten der Stadt (610 N Julia Davis Drive, Tel. 208-334-2120, www.idahohistory.net/museum, Di–Sa 9–17, So 13–17 Uhr, Erw. 4 $).

Das **Boise Art Museum** arbeitet an seiner Reputation und versucht mit Ausstellungen zu moderner Kunst attraktiver zu werden. Es konzentriert sich dabei auf die amerikanische Kunst des 20. Jh. und hat eine umfangreiche Sammlung an Fotografien angelegt. Wechselausstellungen unterstützen diese Schwerpunkte (670 S Julia Davis Dr., Tel. 208-345-8330, www.boiseartmuseum.org, Di–Sa 10–17, Do bis 20, So 12–17 Uhr, Erw. 5 $).

Es ist winzig klein und in der ehemaligen St. Paul Baptist Church untergebracht, das **Black History Museum.** Vielleicht entspricht es dem Bevölkerungsanteil der Afro-Amerikaner von 0,8 % in der Stadt, auch in ganz Idaho leben laut offizieller Statistik nur 0,7 % Schwarze. Überwiegend Fotos dokumentieren die Geschichte der hier lebenden Afro-Amerikaner (508 N Julia Davis Dr., Tel. 208-433-0017, www.ibhm.org, im Sommer Di–Sa 11–16, Sept.–Mai Mi–Sa 11–16 Uhr).

## Old Pen und Botanischer Garten

Das ehemalige Staatsgefängnis **Old Idaho Penitentiary** 7 liegt etwas außerhalb, lohnt aber einen Besuch, denn es vermittelt eindrucksvoll, wie das harte Leben der einstigen Gefangenen aussah. Zellen, Küche, Appellplatz und der Galgen können besichtigt werden. 1870 erbaut, waren beispielsweise die sanitären Verhältnisse nie auf den neuesten

Stand gebracht worden, was u. a. 1973 zu Aufständen der Insassen führte und danach zur Schließung des Gefängnisses.

In den USA ist Old Pen eines von noch drei Gefängnissen aus dieser Zeit und steht unter Denkmalschutz. Berühmte Gefangene beendeten dort ihr Leben, z. B. Lady Bluebeard (Lydia Southard), eine Frau, die ihren vierten Ehemann umbrachte und wegen ihres Bartes und ihrer Kartenspielertricks im Idaho Territory bekannt war. Im Museum des Old Pen wird ein kurzer Film über die Geschichte des Gefängnisses und über die wechselnden Vorstellungen von den Aufgaben der Strafjustiz gezeigt (2445 Old Penitentiary Rd., Tel. 208-334-2844, www.idahohistory.net/oldpen, Mai–Anf. Sept. 10–17, sonst 12–17 Uhr, Erw. 5 $).

Der **Idaho Botanical Garden** liegt einen Block westlich vom Gefängnis. Er gehört zur Boise State University und dient vor allem der Forschung. Im Sommer ist für Besucher der **Butterfly/Hummingbird Garden** interessant, ein Freigelände mit Rosen und Orchideen, an denen sich zahllose Schmetterlinge und Kolibris delektieren. Donnerstagabends werden im Sommer häufig Konzerte veranstaltet (ganzjährig geöffnet, Erw. 4 $).

## Boise Idaho Temple

Das außerhalb der Innenstadt liegende Gelände ist zwar weiträumig umzäunt und abgesperrt, aber von der Straße aus lässt sich der gigantische Gebäudekomplex der Mormonenkirche **The Church of Jesus Christ of Latter-day Saints** 8 durchaus betrachten. Den Engel auf der Spitze kann man schon von der Interstate aus sehen (1211 S Cole Road, www.lds.org/temples).

---

**i** **Boise Convention & Visitors Bureau:** 312 S 9th St., Tel. 208-344-7777, www.boise.org oder www.downtownboise.org, Mo–Fr 8.30–17 Uhr.

**Visitor Center:** 850 W Front St. (am The Grove Place), Tel. 208-344-5338, Mo–Fr 10–17, Sa 10–14 Uhr.

**Idaho Department of Commerce:** 700 W State St., Tel. 208-334-2470, www.visitid.org, Mo–Fr 8–17 Uhr.

## Boise und der Südwesten Idahos

Die meisten Motels befinden sich in der Nähe des Flughafens und sind relativ preiswert, allerdings braucht man dann ein Auto bis zur Innenstadt. Stadtnäher sind:
**Residence Inn Boise Central by Marriott** 1 : 1401 Lusk Ave., Tel. 208-344-1200, www.marriott.com. Das moderne Haus liegt direkt am Ann Morrison Park südlich von Downtown und bietet sich mit seinen 104 Apartments mit Küchen für einen längeren Aufenthalt an, Außenpool. Ab 150 $.
**J. J. Shaw House** 2 : 1411 W Franklin St., Tel. 208-344-8899 oder 1-877-344-8899, www.jjshaw.com. Die viktorianische Villa im Norden der Stadt hat 5 Zimmer und ein separates Cottage, alle mit Antiquitäten eingerichtet. Shaws Retreat im 3. Stock hat am meisten Platz sowie eine Dusche für zwei. Es kostet 120 $, Muriel's Room 79 $.
**Doubletree Club Hotel** 3 : 475 W Parkcenter Blvd., Tel. 208-345-2002, www.doubletree.com. Das zur Hilton-Gruppe gehörende Hotel ist ein wenig veraltet, hat z. B. keinen Fahrstuhl, liegt aber schön an einem Park im Osten der Stadt. Die 158 Zimmer sind groß, mit Mikrowelle und Kühlschrank, Internetzugang; Fitnesscenter, Außenpool, Restaurant. Um 100 $, am Wochenende oft preiswerter.
**Red Lion Hotel** 4 : 1800 Fairview Ave., Tel. 208-344-7691, www.redlion.com. Das Mittelklasse-Kettenhotel hat 182 geräumige Zimmer mit Internetzugang, Fitnessbereich, Außenpool und Restaurant. Um 100 $.
**Idaho Heritage Inn** 5 : 109 W Idaho St., Tel. 208-342-8066 oder 800-342-8445, www.idheritageinn.com. Einst gehörte die denkmalgeschützte Villa (1904) dem Gouverneur Chase Clark, heute werden dort 5 Zimmer sowie das Kutschenhaus vermietet. Ältere Möbel sollen an die vergangene Zeit erinnern, es wirkt ein wenig plüschig. In der Nähe befindet sich das Krankenhaus, Alarmsirenen sind zu hören. DZ mit eigenem Bad ab 80 $.

Bei warmem Wetter lohnt es sich, einfach die 8th St. zwischen Main St. und Jefferson St. entlangzugehen. Ein Lokal neben dem anderen bietet verschiedenste ethnische Küchen und man kann draußen sitzen.

**Cottonwood Grille** 6 : 913 W River St., Tel. 208-333-9800, www.cottonwoodgrille.com, tgl. ab 11 geöffnet (Lunch), Dinner ab 17 Uhr, So Brunch. Passanten kommen nicht zufällig in dieses moderne Restaurant, denn es befindet sich in einem Bürogebäude. Die wunderbare, selbst an heißen Tagen kühle Terrasse bietet einen schönen Blick auf den Boise River. Von der *Northwest Cuisine* sich der Küchenchef zu Kreationen wie zart gekochter Lammhaxe mit süßen Zwiebeln oder *Prime Rib* vom Schwein mit Cognac-Apfel-Soße inspirieren lassen. Um 20 $.
**Milky Way** 7 : 205 N 10th St., Tel. 208-343-4334, www.milkywayboise.com, tgl. ab 11 (Lunch), Dinner ab 17 Uhr. Für ein Abendessen sollte man hier einen Tag vorher reservieren, denn das beliebte Lokal ist schnell ausgebucht. Italienische Einflüsse sind beim Koch nicht zu leugnen, aber auch Ideen aus anderen Ländern wie Japan, Mexiko oder Thailand sind in den Gerichten zu finden. Hauptgerichte 15–24 $. Es lohnt sich, Mo–Do das *Fixed-price*-Menü zu nehmen. 3 Gänge 30 $.
**Brick Oven Bistro** 8 : 801 Main St., Tel. 208-342-3456, www.brickovenbistro.com, tgl. von 11–21, Mi–Sa bis 22 Uhr. Das beliebte Bistro gibt es seit 1984, die gute Qualität der meist selbst gemachten Zutaten der Gerichte trägt zur Zufriedenheit der Gäste bei. Zudem kommen das Gemüse und das Fleisch aus der Region. Hauptgerichte wie Hackbraten um 10 $, Suppen mit reichhaltiger Einlage um 6 $.

**Mosaic Gallery Bar:** 500 W Main St., Tel. 208-338-5006, Mo–Fr 11–14.30 und 16–22.30 Uhr. Hier gibt's Tapas und eine große Auswahl an amerikanischen Weinen.
**Pengilly's Saloon:** 513 W Main St., Tel. 208-345-6344, Mo–Sa 15 bis 2 Uhr morgens. Eine Institution in Boise ist dieser große Saloon mit Holztäfelung und kupfernen Kronleuchtern. An Wochenenden oft Livemusik.

### Stadtrundfahrten
**Boise Trolley Tours:** 602 Julia Davis Dr., Tel. 208-342-4796, tgl. 11 und 13 Uhr (April–Okt.). Gut eine Stunde dauert die Tour mit Erläuterungen durch die Innenstadt von

## Richtig Reisen-Tipp: Im baskischen Viertel essen

Mit *ongi etorri* wird der Gast im **baskischen Viertel** von Boise begrüßt, was so viel wie herzlich willkommen heißt. **Leku Ona** (s. u.) ist eines der Restaurants dort, »guter Platz« bedeutet der baskische Begriff auf Deutsch. Das **Gernika Basque Pub & Eatery** (s. u.) serviert original baskische Gerichte, und die Stammgäste beider Lokale gehören zu den fast 15 000 Einwohnern von Boise, die stolz sind auf ihre nordspanischen bzw. südfranzösischen Wurzeln. Natürlich gibt es in Idahos Hauptstadt auch die in allen Städten der USA üblichen gastronomischen Angebote wie chinesische, italienische, mexikanische und japanische Küche, aber die baskische Küche unterscheidet sich doch in entscheidenden Punkten selbst von der spanischen.

Hier kann man beispielsweise *makailao bizkaitar erara* probieren, gesalzenen Kabeljau, der gedünstet in einer Fleischsauce zusammen mit Paprika, Zwiebeln und Knoblauch gereicht wird. Ungewöhnlich schmeckt auch *txipirioak bere tintan,* ganze kleine Tintenfische, die in ihrer Tinte gekocht mit grünem Paprika und Kräutern auf weißem Reis ein hübsches Bild abgeben. Der Gernika Basque Pub ist winzig klein, aber gut besucht. Besonders die Rinderzunge in Rotwein und die scharfe Chorizo-Wurst werden hier gern gegessen.

Nebenan ist der **Basque Market,** wo man Gewürze, Schokolade, Wein, Öle u. a. einkaufen und anschließend lunchen kann, empfehlenswert sind die Sandwiches mit Idiazabal-Käse. Die Speisekarten haben natürlich eine Erläuterung der Gerichte in Englisch, aber am besten lässt man sich das von der Kellnerin erklären, dann läuft einem nämlich schon bei der Beschreibung das Wasser im Mund zusammen.

Sobald es warm wird, sitzen die Gäste draußen unter Bäumen und neben niedrigen Abgrenzungen aus Blumenkästen, voll mit Geranien, genauso wie in San Sebastian oder Irun. Zum Leku Ona gehört auch ein kleines Hotel mit 5 Zimmern, ganz im Stil der »alten Heimat«.

**Leku Ona** 9: 117 S 6th St., Tel. 208-345-6665, www.iparagon.com/lekuona, Lunch 11–14, Dinner ab 17 Uhr. *Makailao* um 20 $. Zimmer ab 65 $.
**Gernika Basque Pub & Eatery** 10: 202 S Capitol Blvd., Tel. 208-344-2175, tgl. ab 11 Uhr. Spanische Tapas 5–8 $.

**The Basque Market:** 608 W Grove St., Tel. 208-433-1208, www.thebasquemarket.com, Mo–Sa 10–18 Uhr.

Boise. Start ist am Julia Davis Dr., Erw. 16 $. Man kann aber auch an anderen Haltepunkten ein- und aussteigen, einen Plan gibt's im Visitor Center.
**Golf:** Neben etlichen Golfclubs in der Region hat Boise auch noch 6 öffentliche Plätze zu bieten. Pierce Park Greens ist nur 6 km außerhalb von Boise sehr schön am Fuß der Hügelkette nördlich von Garden City gelegen (5812 Pierce Park Lane, Tel. 208-853-3302, www.pierceparkgreens.com, 9-Loch-Platz, Gebühr 11 $).
**Wintersport:** Sogar abends sind die Pisten geöffnet, *night skiing* mit Blick auf die beleuchteten Städte ist im Bogus Basin Ski Re-

sort möglich. Nur 26 km nördlich erreichen die Berge schon 2300 m, ideale Bedingungen für ein zwar klein wirkendes, aber über drei Berge verteiltes Skigebiet. Bogus Basin weist 67 Abfahrten auf, die längste davon ist 2,5 km. Für Snowboarder gibt es einen eigenen Park mit Half- und Quarterpipes.

**Bogus** wird von allen Städten mit dem Bus angefahren, allerdings nicht im Sommer. Die Wintersaison dauert in der Regel von Dezember bis Ende März, ein Tagespass kostet 50 $ (www.bogusbasin.com). Ganz in der Nähe der Basisstation Pioneer Lodge bietet das Pioneer Inn kleine Apartments, recht einfach in der Ausstattung, aber alle mit Kamin

# Mormonentempel im südlichen Idaho
## Thema

**Der Bundesstaat Utah gilt gemeinhin als Mormonenstaat, aber auch im benachbarten Idaho finden sich die riesigen Tempelanlagen der »Kirche Jesu Christi der Heiligen der Letzten Tage«, imposante Zeichen einer Konfessionsgruppe mit wachsendem Einfluss auf die Gesellschaft.**

In Idaho Falls wurde 1941 der erste Mormonentempel in Idaho eingeweiht. Der 44 m hohe Turm mit der goldenen Statue des Engels Moroni überragt alle größeren Gebäude der Stadt. 1984 kam der Tempel in Idahos Hauptstadt Boise hinzu, 2008 der in Twin Falls und die Kirche in Rexburg befand sich 2009 im Bau. In Washington gibt es drei, in Oregon zwei und in Kalifornien sieben Tempel. Nach eigenen Angaben hat die Kirche weltweit über 13 Mio. getaufte Mitglieder, davon ca. 50 % in den USA, und aufgrund ihrer regen Missionstätigkeit ist sie auch weiterhin im Wachstum begriffen.

Davon konnten die Gründer nur träumen. Als der Farmerssohn Joseph Smith (1805–44) 1830 in Fayette (New York) die Glaubensgemeinschaft ins Leben rief, fanden die neuen Ideen zwar rasch zahlreiche Anhänger, aber insbesondere die Polygamie war den christlichen Kirchen ein Dorn im Auge und führte zu heftigen Auseinandersetzungen und Anfeindungen. Das noch relativ menschenleere Land bot Ausweichmöglichkeiten und so kam es zu Tempelbauten in Ohio, Missouri und Illinois. Nach dem gewaltsamen Tod von Joseph Smith 1844 führte das neue Oberhaupt Brigham Young (1801–77) viele Mitglieder auf dem großen Mormonenzug nach Westen: Fast 12 000 Menschen sollen sich im Winter 1846 auf den Weg über die Rocky Mountains gemacht haben. Das Gebiet am Great Salt Lake hatte Young als Zufluchtsstätte bestimmt, eine unwirtliche Wüstenlandschaft, die die Mormonen mit großem Arbeitseinsatz durch Bewässerungsgräben in fruchtbares Land verwandelten. Als Motivation diente die Auffassung, dass durch Fleiß erreichter Wohlstand als göttliche Belohnung für Rechtschaffenheit anzusehen sei.

Die Lehre von Joseph Smith ist wesentlich von urchristlichen Grundsätzen geprägt. Sie wird einer »Wiederherstellungsbewegung« innerhalb des Christentums zugerechnet, derer es Anfang des 19. Jh. viele in den Neu-England-Staaten gab. Smith berief sich auf göttliche Offenbarungen, die er direkt von Jesus Christus erhalten habe. Seit seinem Tod wird die Glaubensgemeinschaft angeblich durch fortlaufende Weisungen an Propheten, Apostel und andere Kirchenführer weiterhin von Christus direkt angeleitet. Während die offizielle Mormonenkirche die Polygamie 1890 abgeschafft hat, halten extreme Fundamentalisten an der Vielehe fest. Um in die höchsten Sphären des Himmels zu kommen, muss ein Mann ihrer Vorstellung nach mindestens drei Ehefrauen haben. Immer wieder gibt es bis heute Auseinandersetzungen mit den Justizbehörden darüber. Weltweit bekannt sind die genealogischen Forschungen der Mormonen, deren Archive von vielen Ahnenforschern genutzt werden. Hintergrund dafür ist die Überzeugung, dass Gläubige ihren nicht mormonisch getauften Vorfahren durch die Taufe für Verstorbene die Möglichkeit der Errettung verschaffen können, wenn sie deren Namen und Lebensdaten kennen. Die Tempel können nicht von innen besichtigt werden, in Idaho Falls (s. S. 343) gibt es ein Visitor Center.

und einige mit *hot tub*. Sie werden auch im Sommer vermietet, dann sind dort viele Mountainbiker unterwegs; allerdings muss man mind. 2–3 Tage bleiben. Pioneer Condominiums, Pioneer Rd., Tel. 208-332-5200 oder 1-800-367-4397, www.pioneercondos.com.

**Feste und Veranstaltungen**
**Idaho Shakespeare Festival:** Mitte Juni–Ende Sept. Die Theatersaison dauert in Boise nur von September bis April, im Sommer steht die Stadt ganz im Zeichen von Shakespeare; dann gibt es zahlreiche Aufführungen im Amphitheater (5657 Warm Springs Ave.) außerhalb der Stadt. Festival Office, 520 S 9th St., Tel. 208-429-9908 oder 208-336-9221, www.idahoshakespeare.org, Karten 18–26 $ für Events unter der Woche.
**Snake River Stampede (Rodeo):** Mitte Juli. Das mehrtägige Rodeo-Spektakel findet im benachbarten Nampa statt, www.snakeriverstampede.com.
**Western Idaho Fair:** 10 Tage Ende Aug. Die Stadt ähnelt in dieser Zeit einer Zirkusarena, es gibt jede Menge Shows, Paraden, Kirmes und Wettbewerbe wie Traktorfahren, Lamas scheren oder »Wer hat das schönste Schaf?«, www.idahofair.com.

**Capitol City Public Market** auf der Plaza The Grove, Sa 9.30–13.30 Uhr. Frische Erzeugnisse aus der Umgebung und Kunsthandwerkliches bilden eine bunte Mischung auf diesem Markt.
**Taters:** 249 S 8th St., Tel. 208-338-1062 oder 1-888-482-8377, www.idahotaters.com. Mo–Fr 10–18, Sa 10–16, So 11–15 Uhr. Hier gibt es jede Menge Souvenirs aus dem Kartoffelstaat Idaho, zum Teil sehr kitschig wie eine Kartoffel als Christbaumkugel, aber auch eine große Auswahl an regional hergestellten Lebensmitteln.
Etwa eine halbe Stunde zu Fuß weiter nach Norden liegt der **Hyde Park** (1500- und 1600-Block auf der N 13th St.), ein kleines Viertel unter Denkmalschutz, wo sich zahlreiche Bistros, Geschäfte und Boutiquen angesammelt haben (www.northend.org).
**Boise Factory Outlets:** 6806 S Eisenman Rd., Exit 57 von der Interstate 84, Tel. 208-331-5000, www.boisefactoryoutlets.com. Mo–Sa 10–20, So 11–18 Uhr. 25 Geschäfte bieten Sonderpreise auf Markenartikel, z. B. Adidas, Reebok, Samsonite, Levi's und Bass.
**Supermärkte und Malls:** Entlang des Chinden Blvd., der gleichzeitig auch als Hwy 20 und Hwy 26 ausgewiesen ist, finden sich zahlreiche Malls und die großen Supermärkte wie Fred Meyers, Safeway oder Grocery Outlet und Walmart.

**Flüge:** Boise Airport, 3201 Airport Way, Tel. 208-383-3110, www.boise-airport.com. Flüge z. B. nach San Francisco, Portland, Seattle und Spokane.
**Busse:** Greyhound Bus Lines, 1212 W Bannock, Tel. 208-343-3681, www.greyhound.com. Verbindungen z. B. nach Portland, Lewiston und McCall.

# Von Boise nach Ketchum im Sun Valley

### Idaho City    ▶ L 10

Nach dem Trubel der städtischen Ansiedlungen von Boise und Umgebung führt der Highway 21 nach Norden in die Einsamkeit der **Sawtooth Wilderness.** Einst sind auf dieser Strecke Tausende von Goldsuchern gen Westen gezogen und haben in den 1860er-Jahren **Idaho City** aufgebaut, damals die größte Stadt im Nordwesten. Heute sind nur noch Relikte zu sehen, an den meisten Häusern von damals nagt der Zahn der Zeit und es fehlt das Geld, sie angemessen zu restaurieren.

In Idaho City leben nur noch ca. 500 Menschen, aber die Vermarktung ihrer *ghost town* wie z. B. Virginia City in Montana haben sie (zumindest 2009) noch nicht organisiert. Dabei lohnt sich ein Rundgang durch die kleine Stadt durchaus, denn einige Saloons, das Zeitungsbüro, das Gefängnis und die Schmiede, der erste Masonic Temple (eine Loge) von Idaho, das Schulhaus und ein paar winzige Hütten der Minenarbeiter sind noch erhalten. Da sie nicht ›aufgehübscht‹ sind, geben sie einen authentischen Eindruck da-

**Die Bergregionen der Sawtooth Wilderness haben eine gute Infrastruktur für Wanderer und Mountainbiker**

von, wie die Bewohner vor mehr als 150 Jahren gelebt haben. Einige Gebäude haben sogar mehrere Brände überstanden und gehören nun zu den ältesten in ganz Idaho (www.idahocitychamber.com). Das kleine **Boise Basin Museum** zeigt anhand von Gemälden, Fotos, Werkzeugen etc. die Minenarbeit, wie das Gold gewonnen wurde und wie es damals in der Gegend aussah (Tel. 208-392-4550).

Eigentlich hat sich seitdem nicht viel geändert, nur die Straße nach Stanley ist neu aus den Bergen geschnitten worden, damit Autos und RVs darauf fahren können. Man

braucht Geduld, falls sich ein Fahrzeug vor einem befindet, denn die kurvenreiche Strecke bietet wenig Ausweichmöglichkeiten. Ab Lowman, einem winzigen Straßendorf mit RV-Campground und einigen kleinen Lodges mit Hütten, begleitet ein Arm des Payette River den Reisenden. In der Nähe von Grandjean, einem Ort abseits des Highway 21, hat er seinen Ursprung.

## Sawtooth Wilderness und Stanley ▶ M 10

Nun beginnt die **Sawtooth Wilderness**, eine unberührte Naturlandschaft mit Wald und vie-

Europa vorstellen. Stanleys ca. 100 Einwohner leben auf einer recht großen Fläche von etwa 2 km². Das Angebot an Unterkünften umfasst hauptsächlich Cabins und ein paar kleinere Motels (www.stanleycc.org), im Sommer sollte man für eine Unterkunft unbedingt vorher reservieren. Bei Stanley bietet es sich an, eine Wildwasserfahrt auf dem Salmon River zu machen, der unweit im Osten der Wilderness seine Quelle hat.

**i** **Sawtooth National Recreation Area Visitor Center:** Hwy. 75, ca. 14 km nördlich von Ketchum, Tel. 208-727-5013, Fax 208-727-5029, Mo–Sa 8.30–17 (Sommer), Mo–Fr 8.30–17 Uhr (Winter).

**Wildwasser/Whitewater-Rafting**
**The River Company:** Eva Falls Ave. (Hwy 21), Tel. 208-788-5775 oder 800-398-0346, www.therivercompany.com. Angeboten werden 3,5–4,5-stündige Trips zwischen Mitte Mai und Anfang Sept., tgl. 13.30 bzw. 14 Uhr, Erw. 71 $.
**Sawtooth Adventure Company:** Idaho Adventure Center, Hwy 75, Tel. 1-866-774-4644 oder im Sommer 208-774-4644, www.sawtoothadventure.com, 25. Mai–15. Juli. Der aufregende Halbtagestrip kostet 89 $, tgl. 9.30 und 11.30 Uhr. Außerdem hat man auch Flyfishing, Mountainbiking, Klettern und Ausritte sowie Rundflüge im Programm.
**Wandern und Bergsteigen**
Das ganze Jahr über stehen die Führer und Ratgeber der Sawtooth Mountains Guides zur Verfügung (Tel. 208-774-3324, www.sawtoothguides.com). Sie sind auf Bergsteigen und Klettern sowie im Winter auf Skiausflüge spezialisiert und kennen nach eigenem Bekunden jeden Zacken und jedes Geröll in den benachbarten Bergen.

len kleinen Seen, eines der kleineren Schutzgebiete und mit 878 km² nur so groß wie Berlin. Nach dem Banner Pass (kann bei Schnee gesperrt sein, Höhe 2000 m) eröffnen sich allmählich Ausblicke auf die schroffen Gipfel der Wilderness, bis sich die Hochebene um **Stanley** ausbreitet (Stanley Basin).

Dieser Ort hat sich zu einem Paradies für Naturfreunde und Sportler entwickelt. Von hier aus starten die Bergwanderer und Kletterer, Wanderer und Reiter und natürlich auch die Kajakfahrer und Wildwasser-Rafter auf dem Salmon River. Dennoch sollte man sich dies nicht wie einen vergleichbaren Ort in

# Salmon River Scenic Byway ► M 9/10–N 7

Bei Stanley treffen drei Scenic Byways aufeinander, der **Ponderosa Pine,** der **Salmon River** und der **Sawtooth.** Letzterer führt auf dem Highway 75 nach Süden über Ketchum und Hailey auf den Highway 20. Dem Flusslauf folgt der **Salmon River Scenic Byway** ab **Stanley** auf der Querverbindung nach Nordosten, dem Highway 93 nach **Salmon** und dem **Lost Trail Pass** auf der Grenze zu Montana (www.idahobyways.gov/byways/salmonriver.aspx).

Die 260 km dieser Strecke führen durch fast menschenleeres Land, das zwar einst von Minenarbeitern durchackert wurde, heute jedoch nur noch Spuren dieser Blütezeit aufweist. Wer besonders viel Zeit hat (und nicht mit einem Campmobil unterwegs ist, die Straße ist dafür streckenweise nicht geeignet), kann nochmal einen Abstecher vom Byway machen und die Custer Motor-way Adventure Road von Sunbeam bis Challis fahren, dort finden sich etliche Zeugnisse der Vergangenheit in Form von alten Gebäuden und Friedhöfen (www.fs.fed.us/r4/sc/yankeefork/custermotorway.shtml).

## Sawtooth Scenic Byway

**Redfish Lake**    ▶ M 10

Ein Kleinod unter den wahrlich nicht wenigen schönen Seen von Idaho ist der **Redfish Lake,** er liegt etwas abseits vom Highway 75 ca. 8 km südlich von Stanley. Das Gebiet um den See ist für Camper und Naturliebhaber sehr gut erschlossen: Allein 7 Campingplätze befinden sich an der Zugangsstraße zum

---

## Richtig Reisen-Tipp: Die Seele baumeln lassen in der Redfish Lodge am Redfish Lake

Amerikaner beschreiben so etwas als rustic, womit im Fall der **Redfish Lodge** gemeint ist, dass das Gebäude alt, kaum renoviert und ziemlich einfach ausgestattet ist. Tatsächlich wurde das Hotel schon 1929 direkt am Ufer des Sees gebaut und seitdem nur durch Hütten auf dem Gelände drumherum erweitert. Die Lage ist einfach traumhaft. Vor einer der 21 Hütten unter lauschigen Bäumen zu sitzen und auf den ruhigen See mit den Spiegelungen der Berge darin zu blicken, kann der Inbegriff von Urlaub sein.

Im Haupthaus werden 9 einfache Zimmer angeboten, außerdem gibt es noch 11 Zimmer im Motel. Der Standard ist einfach, die gesamte Ausstattung ist nicht zu vergleichen mit den Luxus-Resorts etwa in Montana (Big Sky) – aber dies ist gewollt. Hier zählt an erster Stelle die Natur und dann die vielen Möglichkeiten für sportliche Aktivitäten. Deshalb gibt es weder Fernsehen noch Telefon in den Zimmern und selbst die Handys funktionieren mangels Netz nicht. Die Lodge eröffnet erst am Memorial Day (letzter Mo im Mai) und schließt ihre Pforten wieder am letzten Samstag im September.

Ab Juni kommt dann jeden Sonntagnachmittag und Freitagabend **Kultur** an den See, Open-Air-Konzerte lokaler Musiker bringen Spaß und Unterhaltung an den Campleben. Es gibt natürlich auch ein Restaurant in der Lodge, man kann dort seine Mahlzeiten einnehmen. Wer selbst kochen oder die frisch gefangenen Fische selbst zubereiten möchte, sollte eine der größeren Hütten nehmen, in denen eine komplette Küche vorhanden ist.

**Redfish Lake** ist ein beliebtes Ferienziel und im Sommer für die Ferienzeit rasch ausgebucht, deshalb ist eine frühe Reservierung ratsam; ab Januar sind Buchungen online möglich. Relativ ruhig ist es Anfang Juni und im späten September, aber auf den vielen Wanderwegen kann man selbst im Hochsommer ziemlich einsam sein.

🛏 **Redfish Lake Lodge:** P. O. Box 9, 8 km südlich von Stanley rechts ab vom Hwy 75, Tel. im Sommer 208-774-3536, www.redfishlake.com. 21 Cabins, 11 Motelzimmer, 9 Zimmer in der Lodge, Restaurant. Einfache Hütten mit Bad ab 150 $/Nacht, größere Hütten ab 300 $/Nacht.

**Auf einsamen Pfaden oder einfach querfeldein sollte nur reiten, wer dies gut kann**

See. Die traumhafte Lage des Gletschersees, der direkt am Fuß der Sawtooth Range mit ihren 3000er-Gipfeln liegt, hat schon seit den 1930er-Jahren Erholungsuchende in die Gegend gelockt. Auf dem 8 km langen Gewässer fährt im Sommer sogar eine kleine Fähre ans andere Ufer, außerdem gibt es ein Pontonboot, mit dem Ausflugsfahrten unternommen werden können.

**Reiten:** Mystic Saddle Ranch, Redfish Lake Corrals, ca. 35 km nördlich von Ketchum auf dem Hwy 75, Tel. 1-888-722-5432, www.mysticsaddleranch.com. Hier werden nicht nur Pferde vermietet, sondern auch kurze und längere Ausritte organisiert, das beste Rezept gegen mögliche Langeweile. Eine der Ganztagestouren geht in die Berge zu anderen Seen, dafür sollte man aber eine gewisse Reiterfahrung mitbringen (45 $/ 1,5 Std., Halbtagestour Erw. 75 $).

**Ketchum und Sun Valley** ▶ N 10

Hätte Ernest Hemingway sich nicht in der letzten Phase seines Lebens ein Haus in **Ketchum** gekauft und sich dort erschossen, der Ort wäre wohl kaum so weit über die Grenzen Nordamerikas bekannt. Dabei waren es Österreicher, die gemeinsam mit einem skibegeisterten Eisenbahnchef damit begannen, das Wintersportgebiet neben der einstigen Minenstadt aufzubauen und noch heute wirbt **Sun Valley** mit seinem alpinen Flair. »Konditorei« steht ganz selbstverständlich am Café, und mit der »Kitzbühel Collection« weist eine Boutique darauf hin, das die zu verkaufende Kleidung ein gewisses (Preis-)Niveau hat. Von Anfang an haben die Verantwortlichen für eines

# Ernest Hemingway und das Sun Valley

## Thema

**Havanna, Key West oder Paris sind eher die Orte, die mit dem Namen des Schriftstellers verknüpft werden, als das kleine Ketchum/Sun Valley im südlichen Idaho. Aber dort ist Ernest Hemingway Ski gelaufen, hat im Restaurant Christiana französisch gegessen, ein Haus gekauft und 1961 seinem Leben ein Ende gesetzt. Heute ehrt die Gemeinde den Nobelpreisträger mit einem jährlichen Symposium im Oktober.**

In Ketchum und dem angrenzenden Skiort Sun Valley ist Hemingway durchaus noch präsent: auf Fotos in der Bildergalerie der altehrwürdigen Sun Valley Lodge, als Namensgeber der örtlichen Grundschule, sein letztes Wohnhaus wird von der Organisation Nature Conservancy verwaltet, seine Bronzebüste blickt auf den Trail Creek, und auch in Restaurants und Bars stößt man in den unterschiedlichen Zusammenhängen noch immer auf den Namen des Weltenbummlers, der hier sein Leben beendete. Sein Grab auf dem Friedhof von Ketchum ist allerdings nicht leicht zu finden, denn es gibt keine Hinweisschilder dorthin, aber die mannsgroßen liegenden Grabplatten von Ernest und seiner Frau Mary Walsh unterscheiden sich doch von den anderen, kleineren Gräbern.

1936 ist der 1899 in Oak Park (Illinois) geborene Weltenbummler zum ersten Mal zum Wintersport nach Sun Valley gereist: Er war als Berühmtheit Gast der gerade eröffneten Sun Valley Lodge. Alpiner Ski war seit dem Ende der 1920er-Jahre in Mode gekommen und Hemingways Name sollte, zusammen mit anderen wie Gary Cooper oder Clark Gable, als Zugpferd wohlhabende Wintersportler anlocken. Hemingway ist zwar oft auf Skiern fotografiert worden, aber er bevorzugte die Gegend am Silver Creek, um dort zu fischen und zu jagen, insbesondere die Entenjagd im Frühjahr wurde schnell zu seiner Passion.

Sesshaft wurde der Verfasser heute noch bekannter Romane wie »Der alte Mann und das Meer«, »Wem die Stunde schlägt« oder »Fiesta« aber erst 1959 in Ketchum. Seine vierte und letzte Ehefrau Mary Walsh hinterließ das Haus 1986 der Nature Conservancy, einer weltweit agierenden Umweltschutzorganisation. Normalerweise ist das Anwesen nicht zu besichtigen, aber anlässlich des Hemingway-Symposiums im Oktober wird es für eine exklusive Dinnerparty kurzzeitig geöffnet. Mit der ehemaligen Schauspielerin Mariel Hemingway ist die Kontinuität des Namens in Ketchum gewährt; sie führt dort ein Yoga-Studio und schreibt Ratgeber für gesundes Leben. Die Enkelin hat ihren Großvater zwar nie kennengelernt – sie wurde wenige Monate nach seinem Freitod geboren –, ist sich des großen Namens aber durchaus bewusst und hat nichts gegen die Vermarktung des Images für das Sun Valley, wie sie in einem Interview für den Sun Valley Guide 2008 darlegte.

Andererseits achten die Nachkommen sehr genau auf die Verwendung der ›Marke‹ Hemingway. Nicht jede Bar darf sich mit Hemingways Namen schmücken. Den Hemingway als Cocktail beurteilt man offenbar nicht so streng, schließlich ist Rum der Hauptbestandteil und ›Papa‹ war bekannt als Freund des Zuckerrohrschnapses. Lange nach seinem Tod im Jahr 1961 wirkt der Literaturnobelpreisträger noch als Stilikone eines von Abenteuerlust und Unkonventionalität geprägten Lebens.

# Sawtooth Scenic Byway

der ältesten Wintersportgebiete in den USA auf Exklusivität gesetzt und den Tourimus hier in ebendiese Bahnen zu lenken gewusst.

So ließ der frisch gebackene Hotelier Averell Harriman 1936 zur Eröffnung seines Hotels und der ersten Pisten Hollywoodprominenz einfliegen, darunter Gary Grant, Clark Gable und Errol Flynn sowie Ernest Hemingway, der sich schon einen Namen als Schriftsteller gemacht hatte. Sun Valley versuchte sich als das St. Moritz der USA zu positionieren und die Fotos von Politikern und Schauspielern im altehrwürdigen Sun Valley Lodge belegen den Erfolg.

Heute ist das Village Sun Valley am Fuß des Bald Mountain gewaltig gewachsen und viele Geschäfte, das Sun Valley Inn, ein Opera House und eine neue offene Konzertbühne zeugen davon, dass hier auch auf Sommergäste gesetzt wird. Der eigentliche Ort Ketchum mit seinen ca. 3500 Einwohnern hat sich ebenfalls ganz dem Tourismus verschrieben: Anspruchsvolle Geschäfte und Restaurants, viele Künstler und Kunsthandwerker prägen den Ort.

Auch wenn am Labour Day (1. Mo im Sept.) der Wilde Westen mit Wagenparaden, Schießübungen und Erinnerungen an die Zeit als Minenstadt hochgehalten wird oder im Oktober auf der Hauptstraße Schafe eingefangen werden, die meisten Aktivitäten zielen doch eher auf ein kulturbeflissenes Publikum. Auch in Ketchum gibt es ein Shakespeare-Festival (Aug.), ein jährliches Zusammentreffen von Autoren und ein Begleitprogramm mit Lesungen (Aug.) sowie Kammermusikkonzerte (Juli) und ein hochkarätiges Jazzfestival (Okt.) sind ebenfalls Beispiele dafür, wie sich Ketchum ein eigenes Profil schaffen will. Die Preise sind entspechend hoch.

**Sun Valley/Ketchum Chamber & Visitors Bureau:** 411 N Main St., Ketchum, Tel. 208-726-3423 oder 800-634-3347, www.visitsunvalley.com.

**Sawtooth National Recreation Area Visitor Center:** 5 N Fork Canyon Rd., 13 km nördlich von KetchumTel. 208-727-5000 oder 1-800-260-5970, www.fs.fed.us/r4/sawtooth.

**Ketchum Ranger District:** 206 Sun Valley Rd., Tel. 2208-622-5371, www.fs.fed.us/r4/sawtooth, Mo–Sa 8.30–17 (Sommer), Mo–Fr 8.30–17 Uhr (Winter).

**Sun Valley Lodge:** 1 Sun Valley Rd., Tel. 800-786-8259 oder 208-622-2151, www.sunvalley.com. Das große alte Hotel hat 500 Zimmer (Hemingway hat in Nr. 206 gewohnt), vier Restaurants, Innenpool und alle Annehmlichkeiten eines 4-Sterne-Hotels. Zumindest sollte man einmal zum Lunch hineingehen, allein der Luxus in der Lobby ist beeindruckend. DZ im Sommer ab 230 $.

**Best Western Kentwood Lodge:** 180 S Main St., Tel. 800-805-1001 oder 208-726-4114, www.bestwestern.com. Direkt an der Hauptstraße liegt das Mittelklassehotel mit 57 Zimmern, aber in den Zimmern nach hinten ist es ruhig. Mikrowelle, Kühlschrank. DZ ab 150 $.

**Best Western Tyrolean Lodge:** 260 Cottonwood, Tel. 800-333-7912 oder 208-726-5336, www.bestwestern.com. Dieses einfachere Haus der Kette mit Blick auf die Hausberge liegt am Ortsrand; das Dekor im Frühstückssaal soll noch vom früheren Besitzer, einem Tiroler, stammen. DZ ab 130 $.

**The Roosevelt Grille & Tavern:** 280 N Main St., Tel. 208-726-0051, www.therooseveltgrille.com, ab 17 Uhr. Besonders schön sitzt man auf der Dachterrasse, aber auch innen ist es gemütlich und das Essen ist zum Teil fantasievoll, z. B. halbes Hähnchen mit Honig gegrillt; es gibt auch sehr gute Sandwiches und Burger, Sa legt ein DJ Musik auf. Hauptgerichte 15–20 $.

**Christinas Restaurant & Bakery:** 520 2nd St. E, Tel. 208-726-4499, www.cristinasofsunvalley.com, ab 8 für Frühstück geöffnet, Lunch bis 18 Uhr. Hervorragendes Gebäck, zum Lunch Pasta, Salate. Um 20 $.

**Pioneer Saloon:** 308 N Main St., Tel. 208-726-3139, www.pioneersaloon.com, offen ab 17 Uhr. Es ist laut und meist überfüllt, aber das angesagteste Restaurant in Ketchum. Das *Prime Rib* (18 $) ist das Warten wert und die Atmosphäre in der auf *Old West* ge-

335

trimmten Bar ist locker fröhlich. Hauptgerichte ab 17 $.

 **Feste und Veranstaltungen**
**Kammermusikkonzerte – Ketch'em Alive:** Juli und Aug. Kostenlose Konzerte jeden Dienstagabend ab 18 Uhr im Forest Service Park.

**Shakespeare Festival:** Ende Aug., Sun Valley Festival Meadow, Karten um 20 $, es kommt jeweils ein Stück zur Aufführung, Tel. 208-726-9124, www.sunvalleytheater.org.

**Writers conference:** Ende Aug., verschiedene Orte im Sun Valley, Tel. 208-726-5454, http://svwc.com/map.htm, Tickets ab 25 $ pro Lesung, die z. T. von international renommierten Autoren bestritten werden. 2009 haben u. a. Frank McCourt, Ian McEwan und Dani Shapiro teilgenommen.

**Sun Valley Jazz Jamboree:** Mitte Okt. Verschiedene Spielorte in Sun Valley mit einer Menge an hochkarätigen Musikern wie Bill Allred's Classic Jazz Band oder Jim Fryer & The Usual Suspects, Tel. 1-877-478-5277, www.sunvalleyjazz.com. Tagespass ab 40 $.

**Hemingway-Symposium:** Mitte Okt. Veranstaltet von der kommunalen Bibliothek werden Werke und Wirkungen beleuchtet, Community Library, Tel. 1-866-549-5783.

**Trailing of the Sheep:** Wochenende Anfang Okt. Am Sonntag werden unzählige Schafe durch die Hauptstraße von Ketchum getrieben, außerdem gibt es Tanz und Musik. Am Samstag findet im benachbarten Hailey die Sheep Folklife Fair statt, mit vielen Ständen, Vorführungen und Lammbraten (Tel. 208-720-0585, www.trailingofthesheep.org).

**Sun Valley Ice Show:** Juli bis Anfang Sept. Eisarena hinter dem Sun Valley Lodge, Tel. 208-622-2231. Jeden Samstag treten in dieser Zeit Eiskunstläufer und -tänzer auf, die mindestens eine Silbermedaille in ihrer Disziplin gewonnen haben. Tickets 40–100 $.

 **Ketchum Farmers Market:** 4th St. zwischen Walnut und East Ave., Anfang Juni bis Anfang Okt. jeweils Di 14.30–18 Uhr. Lokale Anbieter mit viel frischem Obst und Gemüse.

**Wandern:** Die Wanderwege auf dem Bald Mountain sind auch im Sommer mit dem Lift von der River Run Plaza aus zu erreichen. Sun Valley Lift Ticketing, Tel. 208-622-6136, www.sunvalley.com, Erw. 20 $/Tag.

**Paragliding:** Fly Sun Valley, 160 W 4th St., Tel. 208-726-3332, www.flysunvalley.com. Man kann sein eigenes Equipment mitbringen, alles ausleihen oder einen Flug mit einem der erfahrenen Piloten im Tandem mitmachen. Auch Unterricht wird angeboten. Für Informationen über Preise anrufen oder mailen, ca. 150 $ für einen Tandemflug.

## Shoshone ▶ N 11

Der **Sawtooth Scenic Byway** (Hwy 75, www.idahobyways.gov/byways/sawtooth.aspx) ist noch bis Shoshone in der Hochebene der Snake River Plains ausgewiesen. Nach Süden schließt sich dann der Highway 93 nach Twin Falls an, dort gelangt man auch auf die Interstate 84 (nach Osten weiter als I 86), die auf dem schnellsten Weg nach Pocatello, Idaho Falls und zum Yellowstone National Park führt, oder auf die Interstate 84 südöstlich nach Salt Lake City (Utah). Twin Falls lohnt einen kurzen Besuch wegen des **Snake River Canyon** und der **Shoshone Falls,** wenn im Frühjahr das Wasser der Schneeschmelze die Fälle anschwellen lässt. Eine Alternative ist die Fahrt auf dem Highway 20, der bei Bellevue den Highway 75 kreuzt, um das berühmte National Monument Craters of the Moon zu besichtigen (s. S. 340).

Der kleine Ort **Shoshone** war einst ein einfacher Eisenbahnhaltepunkt, lange Zeit auch der einzige im Süden Idahos. Die Schienen teilen noch heute die Hauptstraße des Orts, nun aber leben die 1500 Einwohner überwiegend vom Ertrag ihrer Farmen. Interessant anzusehen sind etliche aus Lavagestein gebaute Häuser, eine Technik, die heute niemand mehr beherrscht.

## Shoshone Ice Caves ▶ N 11

Noch vor dem Ortseingang (ca. 27 km nördlich) befinden sich die **Shoshone Ice Caves,** höhlenartige, unterirdische Lavaröhren, die auch im Sommer vereist sind. Vor der Erfin-

**Die eindrucksvollen Shoshone Falls sind 65 m hoch, höher als die Niagara-Fälle**

dung des Kühlschranks sollen hier die Bars von Shoshone ihr Bier gelagert haben, sodass es schön kühl und frisch blieb und dann mit der Eisenbahn in den Ort gebracht wurde. Die Ice Caves sind in Privatbesitz und werden entsprechend mit schaurigen Geschichten, einem kleinen Museum mit Souvenirshop und einer geführten Tour vermarktet (Tel. 208-886-2058, April–Sept. 8–20 Uhr, Erw. 6 $, unbedingt warme Jacke mitbringen).

Weniger touristisch erschlossen sind die **T-Maze Caves,** die von der Bennett Hills Recreation Management Area verwaltet werden (BLM Shoshone District Office, 400 W F. St., Shoshone, Tel. 208-732-7200). Eine der 14 Lavaröhren ist zugänglich: Sie gilt als die längste Röhre in ganz Idaho. Allerdings benötigt man festes Schuhwerk und eine Taschenlampe.

## Twin Falls  ▶ N 12

Am südlichen Ufer des Snake River liegt die mittelgroße Stadt als Mittelpunkt des **Magic Valley.** Der Name erinnert daran, dass hier mithilfe der Bewässerung durch die unterirdischen Wasserreservoire des Snake River die einstige Halbwüste auf geradezu magische Weise zum Leben erweckt und zu fruchtbarem Farmland wurde. Fast 36 000 Menschen leben überwiegend von Land- und

## Boise und der Südwesten Idahos

Viehwirtschaft, nur wenig Industrie hat sich in der Gegend angesiedelt. Der Stuntman Evel Knievel (1938–2007) hat **Twin Falls** 1974 zu etwas Ruhm verholfen, als er versuchte, mit einem raketenbetriebenen Motorrad den 457 m breiten Canyon des Snake River zu ›überfliegen‹. Doch der zu früh geöffnete Fallschirm bremste den Flug und ließ ihn in die Schlucht stürzen. Knievel überlebte den Sturz mit nur leichten Verletzungen, aber das Fernsehen war dabei und so kam auch Twin Falls in die Schlagzeilen.

Die **Shoshone Falls** liegen 6 km östlich von der Stadt, sie sind mit 65 m sogar höher als die Niagara-Fälle. Die Idaho Power Company nutzt die Fälle zur Energiegewinnung, so beeinträchtigen einige Dämme das Naturschauspiel. Es gibt einen Aussichtspunkt südlich der Fälle. Besonders im Frühjahr lohnt sich der Abstecher. Eine besondere Attraktion ist die **Perrine Bridge** über den Snake River, die sich in 150 m Höhe über die Breite des Canyons spannt. Von dieser Brücke springen professionelle BASE-Jumper in die Tiefe (BASE: Building, Antenna, Span, Earth). Seit 1996 ist das erlaubt und zieht Springer aus der ganzen Welt an, an Wochenenden im Sommer sollen es Hunderte sein, die wegen der Brücke in der Stadt sind. Jedenfalls ist es spannend, einem solchen Sprung mit Fallschirm oder Fluganzug zuzusehen.

**i** **Buzz Langdon Visitor Center:** 3591 Blue Lakes Blvd., Tel. 208-733-9458, www.twinfallschamber.com oder www.twinfallsid.org.

🛏 **Red Lion Canyon Springs Hotel:** 1357 Blue Lakes Blvd., Tel. 208-734-5000, www.redlion.com. 112 geräumige Zimmer im Mittelklassehotel, Internetzugang, Außenpool, Restaurant. Ab 130 $.

**Best Western Twin Falls Hotel:** 1377 Blue Lakes Blvd., Tel. 208-736-8000, www.bestwestern.com. Das Mittelklassehotel bietet 100 geräumige Zimmer, Mikrowelle, Kühlschrank, Fitnesscenter, Indoorpool, Internetzugang, z. T. mit Kitchenette, DZ ab 100 $.

 **BASE-Jumping**
**Morpheus Technologies' First Jump B.A.S.E. Course:** Tel. 813-780-8961, www.baserigs.com/docs/main.html. Das Vorbereitungstraining findet im Super-8-Hotel statt, 1260 Blue Lakes Blvd., Tel. 208-734-5801. Kurs mit Leihgebühr für den Fallschirm um 1000 $.

**Apex BASE Moab:** 2710 South Hwy. 191, Moab, UT 84532, Tel. 435-259-1085, www.apexbase.com. 3-Tages-Kurs um 1000 $.

# Abstecher von der Interstate 84 ▶ M/N 11 – 12

Die Interstate 84 folgt bis **Pocatello** im Osten von Idaho dem historischen **Oregon Trail:** Hier sind einst die Pioniere am Snake River entlang nach Westen gezogen. Es ist der kürzeste Weg durch den Süden des Bundesstaates, aber auch hier lohnt ein Abstecher von der Schnellstraße, um einige Naturschauspiele zu erleben. Die Route führt durch karges, mit Salbei bedecktes Halbwüstengebiet, das nur dank intensiver Bewässerung fruchtbar gemacht werden kann.

## Bruneau Dunes State Park

Eine ungewöhnliche Formation an Sanddünen mitten im Land weist der **Bruneau Dunes State Park** auf, die höchste misst fast 150 m. Da der Wind zu beinahe gleichen Anteilen von Nord- bzw. Südwest weht, verändern sie ihre Form kaum. Man kann diese Dünen hinaufklettern und von oben in einen Krater blicken, aus dem die sandigen Formationen gewachsen zu sein scheinen. Am Fuß der Dünen sind verschiedene Wanderwege ausgebaut, die zu kleineren Seen und Teichen führen.

Der Parkeingang liegt ungefähr 35 km südlich von **Mountain Home** am Highway 51 neben dem kleinen Ort Bruneau. Auf dem 19 km$^2$ großen Gelände gibt es auch einen Campground und zwei Hütten (27608 Sand Dunes Rd., Tel. 208-366-7919, www.parksandrecreation.idaho.gov/parks/bruneadunesstatepark.aspx).

## Thousand Springs Scenic Byway

Bei **Bliss** (Exit 137) beginnt der **Highway 30,** der vor dem Bau der Interstate die Verkehrsachse von Twin Falls nach Westen war. Durch die Entlastung der Schnellstraße ist die Strecke wesentlich ruhiger geworden und man kann die Naturschönheiten der **Thousand Springs,** die aus der vom Snake River geschliffenen Canyonwand sprudeln, in Ruhe genießen. Der Abstecher zu den Tausend Quellen ist bis zur Wiederauffahrt auf die Interstate hinter Twin Falls 82 km lang, gute zwei Stunden Fahrt sollte man daher einkalkulieren (www.idahobyways.gov/byways/ thousandsprings.aspx). Kaum zu glauben, aber in dieser Region existiert sogar **Weinbau.** Eigentlich hat der Umgang mit Reben in Idaho schon seit dem späten 19. Jh. Tradition. Im nördlichen Lewiston bauten französische und deutsche Winzer damals erfolgreich Weinreben an, allerdings brachten die strengen Gesetze der Prohibition das Ganze dann vorerst wieder zum Erliegen. Von den seit den 1970er-Jahren wieder angelegten Weinbergen befinden sich 16 südlich und südöstlich von Boise im Snake River Valley.

An den Abfahrten 120–121 der Interstate 84 liegt Glenns Ferry, dort befindet sich **Carmela Vinyards,** ein großes Weingut mit der Möglichkeit zur Besichtigung. Der Winzer Roger Jones produziert preisgekrönte Weine und bietet auf dem Weingut auch einen Golfplatz und Cabins zum Übernachten.

 **Weinkellerei besichtigen:** Carmela Vinyards, 1289 W Madison St., Glenns Ferry, Tel. 208-366-2313, www.carmelavineyards.com, Weinstube im Sommer tgl. 9–21 Uhr, Kellerei Sa, So 13–17 Uhr.

## Hagerman Fossil Beds National Monument

Im Hagerman Valley ist seit 1988 ein National Monument ausgewiesen, das **Hagerman Fossil Beds.** Es handelt sich dabei um ein 17 km² großes Gelände, das als Ausgrabungsstätte von prähistorischen Skeletten bekannt geworden ist und unter Schutz gestellt wurde. Die ersten Ausgrabungen im Ge-

biet fanden 1929 statt, ein lokaler Rancher hatte Wissenschaftler auf alte Knochen auf seinem Land aufmerksam gemacht. Die Grabungen erbrachten Funde von 140 fossilen Arten, davon 44 Erstfunde und 8 Arten, die nur in diesem Gebiet gefunden wurden. Der berühmteste ist das kleine **Hagerman-Pferd,** ein Urpferd aus der Zeit von vor 3,5 Mio Jahren. Schutz ist in diesem Fall so ernst gemeint, dass Besucher das Gebiet nicht allein erwandern dürfen.

Es werden aber zwei Aussichtspunkte angeboten, der **Snake River Overlook** und der **Oregon Trail Overlook,** von denen aus man den Fluss, die Steilufer und das kleine Örtchen Hagerman überblicken kann. Fossilien lassen sich im Visitor Center bewundern, im Sommer bieten die Ranger (bei genügend Nachfrage) auch Wanderungen in das Areal an. Man benötigt ein wenig Fantasie, um sich die prähistorische Landschaft vorzustellen, aber die Bilder im Visitor Center helfen dabei.

**i** **Visitor Center:** 221 N State St., Hagerman, Tel. 208-837-4793, www.nps.gov/hafo, Ende Mai bis Anf. Sept. tgl. 9–17, sonst Do–So 10–16 Uhr.
**City of Rocks National Reserve:** Visitor Center, Tel. 208- 824-5519, www.nps.gov/ciro, tgl. 8–16.30 Uhr. Von Twin Falls ist der Zugang am Emery-Canyon-Eingang ca. 100 km südöstlich. Für Camping ist **Castle Rock State Park** zuständig: Tel. 208-824-5519, www.parksandrecreation.idaho.gov.

**Die Snake River Plains bilden ein grandioses Hochplateau, das im Norden von den Ausläufern der Bitterroot Range begrenzt wird. Nur wenige Straßen durchziehen die nahezu menschenleere Region. Vor nicht langer Zeit haben hier gigantische Lavaströme ein Meer aus schwarzen Felsen geschaffen, die bizarre Landschaft der Craters of the Moon. Ganz im Südosten gibt es im Bergland heiße Quellen zu entdecken.**

Idaho ist der Kartoffelstaat der USA: Hier werden die Kartoffeln für das ganze Land angebaut. Insbesondere im Südosten des Bundesstaats konzentrieren sich die Felder. Idaho Falls und Pocatello sind in dieser Region die größten Städte, beide leben überwiegend von der Landwirtschaft. Die nahezu menschenleere Gegend nördlich der Städte war lange Zeit dennoch eine der modernsten der USA, Atomic City steht für den Fortschrittsglauben einer Nation und ihrer dazugehörenden Atomreaktoren. Der von ihnen anfallende Müll wird in der Halbwüste zwischen Arco und Idaho Falls gelagert.

Die bizarre Vulkanlandschaft der Craters of the Moon ist das Ergebnis jahrtausendealter Lavaströme, die vor ca. 15 000 Jahren begannen und erst vor ungefähr 2000 Jahren versiegten. Die Beschaffenheit der Oberfläche ist der des Mondes so ähnlich, dass die ersten Astronauten für ihren Ausflug auf den Erdtrabanten dort trainierten. Auf den Interstates 84 bzw. 86 und 15 lässt sich Idaho schnell durchqueren, wenn man in den Yellowstone National Park oder nach Salt Lake City (Utah) gelangen will. Das hieße aber, eine der ungewöhnlichsten geologischen Formationen zu versäumen, die Idaho zu bieten hat.

Der Weg dorthin führt auf dem Highway 20 von Mountain Home (Ausfahrt 95 von der Interstate 84) im Westen oder von Idaho Falls ebenfalls auf dem Highway 20. Die Strecke ist zwar nicht als Scenic Byway ausgewiesen, aber sie ist dennoch interessant, weil sie sich am nördlichen Rand der Snake River Plains an den Ausläufern der Berge entlangzieht und zuweilen Tafelberge wie aus dem Nichts gewachsen in der Hochebene stehen.

## 11 ▼ Craters of the Moon National Monument
▶ O 11

Als man den Mond noch nicht betreten hatte, schilderte der Geologe Harold Stearns 1923 seinen Eindruck vom riesigen Lavafeld der Gegend folgendermaßen: »Es sieht aus wie die Oberfläche des Mondes, die ich durch mein Teleskop gesehen habe.« Kein Wunder, dass man bei der Namensgebung für das 1924 geschaffene National Monument diesen Eindruck aufgriff. Vor ca. 15 000 Jahren begannen die Lavaströme aus einem Bruch des Great Riff zu fließen. Insgesamt soll es bis vor 2000 Jahren achtmal zu Ausbrüchen gekommen sein.

Es ist kein ›richtiger‹ Vulkan in dieser Gegend zu finden, vielmehr brachen lange unterirdische Spalten quer durch die Hochebene des Snake River durch Eruptionen auf und ließen die Lavaströme entweichen. Insgesamt ist eine Fläche von 1000 km$^2$ als National Monument ausgewiesen. Basaltkegel mit scharfen Kanten erheben sich wie aus dem Nichts auf relativ ebenem Grund. Daneben sind Flächen zu sehen, deren Lava so fein poliert ist, dass sie aus der Entfernung wie schwarzer Samt wirkt. Ein interessantes Phänomen für die Biologen stellen die sogenannten Kipukas dar. Das sind Stellen, um die die Lava herumgeflossen ist, sodass man die ursprüngliche Vegetation der Gegend erkennen und mit der neuen auf den Lavafeldern entstandenen vergleichen kann.

## Vegetation

Die schönste Zeit, um das Monument zu erkunden, ist das späte Frühjahr ab Juni. Dann erfüllen Hunderte verschiedener Wildpflanzen die schwarze Landschaft mit Farben. *Yellow desert parsley,* die leuchtend gelb blühende Wüstenpetersilie, *Red Indian paintbrush* mit strahlend roten Blüten oder grüner Farn beispielsweise leuchten urplötzlich in dieser scheinbaren Einöde auf, bevor die Sommerhitze sie wieder zum Verschwinden bringt.

Schon im Oktober kann es in diesem Gebiet schneien; da es tagsüber aber oft noch recht warm wird, bleibt die weiße Pracht nur an wenigen Stellen liegen und verschafft durch die starken Kontraste auf dem dunklen Untergrund interessante Eindrücke. Das Sonnenlicht verändert die scheinbar eintönige Farbe der Lavalandschaft enorm. Besonders morgens und kurz vor Einbruch der Dunkelheit wird deutlich, wie viele Farben selbst die Lavagebilde in sich tragen. Große Teile der Steine sind tief dunkelbraun, aber auch Streifen von Rot durchziehen die Aschekegel. Die Farbe entstand, als die eisenhaltige Lava zu oxidieren begann. Auch die Flechten und Moose leuchten in der Morgen- oder Abendsonne und zusätzlich lassen sich zu diesen Zeiten eher Murmeltiere und die lediglich in Nordamerika vorkommenden Maultierhirsche *(mule deer)* beim Fressen beobachten.

## Befahrbare Wege

Für Besucher wurden Straßen und einige Wanderwege durch das unwegbare Gelände angelegt, diese darf man nicht verlassen, um das sensible ökologische Gleichgewicht nicht zu stören. Die insgesamt 11 km lange

## Mit der Autorin unterwegs

### Gigantomanie
Im Kartoffelstaat sollte man nicht versäumen, die größte Kartoffel und den imposantesten Kartoffelchip der Welt in **Blackfoot** im **Idaho Potato Museum** zu bewundern (s. S. 345).

### Indianische Kultur
Mitte August findet eines der größten Pow Wows Nordamerikas in **Fort Hall** im Reservat der Shoshonen- und Bannock-Stämme statt. Aus Kanada und den USA kommen die Besucher (s. S. 345).

### Übernachten im Regenwald
Das **Black Swan Inn** in **Pocatello** wartet mit äußerst ungewöhnlichen Hotelzimmern auf: Einmal eine Nacht in einem Regenwaldzimmer mit Maya-Masken oder im ägyptischen Ambiente mit Pharonen-Köpfen über der Badewanne hat einen besonderen Reiz (s. S. 348).

### Die Besten im Rodeo
Nach zwölf harten Vorausscheidungen treffen sich bei den **Dodge National Circuit Rodeo Finals** Mitte März oder Anfang April in Pocatello die besten Rodeo-Reiter des Westens und kämpfen um hohe Preisgelder (s. S. 348).

Strecke beginnt beim Visitor Center direkt unterhalb des Highway 20 und ist mit sieben Haltepunkten sowie Erläuterungen versehen. Zum Wandern sollte man unbedingt feste Schuhe dabei haben, denn das Lavagestein ist scharfkantig.

Von den Haltepunkten aus gehen die Trails ab, einer führt z. B. vom Punkt 6 zu den **Buffalo Caves** und umrundet den Broken Top, einen 1846 m hohen Aschekegel. Die Lavahöhlen dort können nicht betreten werden, aber vom Punkt 7 aus erreicht man ein kleines Gebiet mit mehreren Höhlen *(cave area),* die besichtigt werden können, man braucht aber eine Taschenlampe, um etwas zu sehen.

**Die dunkle Vulkanlandschaft an den Craters of the Moon ist atemberaubend**

1969 haben die Astronauten der NASA (Apollo 11) in diesem Gelände für ihre Mondbegehung geübt. Bei wochenlangen Märschen über das spitze Lavagestein wurde vor allem die Haltbarkeit der Raumanzüge getestet und die Kondition der Mondfahrer gesteigert. Die Kraterlandschaft liegt immerhin in einer Höhe von 1800 m und starker Wind ist ein ständiger Begleiter. Im Sommer kann es aber durchaus einmal 40 °C heiß werden, deshalb sind eine Kopfbedeckung und ein Sonnenschutz dringend zu empfehlen. Der Wind bläst winzige Steinpartikel durch die Gegend, dagegen sollte man sich mit langen Hosen und festen Jacken schützen.

**Achtung:** Zwischen Carey und Arco am Highway 20 (71 km) gibt es weder Tankstellen noch Möglichkeiten, Getränke und Proviant zu kaufen.

**i** **Visitor Center:** 29 km westlich von Arco, Tel. 208-527-1300, www.nps. gov/crmo, ganzjährig geöffnet, von Ende Mai bis 27. Sept. 8–18, sonst 8–16.30 Uhr, Ge-

bühr für das Auto 5 $. In der Nähe des Visitor Center befindet sich ein Campground mit 51 Plätzen, eine Reservierung ist dort nicht möglich, es gibt keine Anschlüsse für RVs und keine Duschen.

# Von Arco nach Idaho Falls

▶ O–Q 10

**Arco** liegt am Rand des **Idaho National Laboratory** (bis 2005 hieß es Idaho National Engineering and Environmental Laboratory), eine euphemistische Bezeichnung für ein Gelände, auf dem seit 1949 Atomreaktoren gebaut worden sind. So war Arco auch weltweit die erste Stadt, die ab 1955 durch Strom aus Atomkraft versorgt wurde. Vom Highway 20 aus sind einige Gebäude auf dem immerhin 2300 km² großen, abgesperrten Gebiet zu sehen. Für Besucher zugänglich ist EBR-1 *(Experimental Breeder Reactor)*. Die erste für die Erzeugung von Strom gebaute Atomkraftanlage der Welt war von 1951 bis 1964 in Betrieb und kann im Sommer besichtigt werden. Sie ist seit 1965 ein National Historic Landmark (Hwy 20, 29 km südöstlich von Arco, Tel. 208-526-0050, www.inl.gov/fact sheets/ebr-1.pdf, Besichtigungen Ende Mai bis Anfang Sept., 9–17 Uhr).

Die Konzentration von Atomreaktoren in der Halbwüste fernab von jeglicher Zivilisation war nach dem Zweiten Weltkrieg eine politische Entscheidung. Inzwischen gibt es eine Diskussion über die Wahl des Standorts, weil hier ebenfalls atomarer Müll gelagert wird und die geologische Struktur des Untergrunds Anlass zur Besorgnis gibt. Die Spalten, die für die Lavaströme in den Craters of the Moon verantwortlich sind, verlaufen auch in dieser Region, und es steht zu befürchten, dass erneute Eruptionen katastrophale Folgen hätten. Übrigens werden in den USA die Atommülltransporte aus anderen Landesteilen nicht bekannt gegeben, anders als in Deutschland, wo die Castor-Behälter öffentlich ihre Reise antreten.

# Idaho Falls  ▶ Q 10

Die viertgrößte Stadt von Idaho weist eine interessante Mischung der Arbeitsbevölkerung auf: Fast 8000 der insgesamt 53 000 Einwohner arbeiten in den Atomanlagen des Idaho National Laboratory, der Rest ist überwiegend mit Handel und der Aufbereitung von landwirtschaftlichen Produkten befasst. Offensichtlich eine lukrative Ergänzung, denn die Stadt und die angrenzenden Ortschaften wachsen und **Idaho Falls** kann sich Museen, Theater, Orchester und ein großes Baseball-Stadion leisten. Die natürlichen Wasserfälle des Snake River, der mitten durch die Stadt fließt, sind durch eingebaute Staustufen zur Energiegewinnung sehr sanft geworden, geben aber immer noch ein freundliches Gesamtbild ab, wenn die Graugänse in Reih und Glied auf der Stufenkante sitzen. Ein Grüngürtel entlang des Flusses bietet sich zur Erkundung an; auf seiner Rückseite befinden sich etliche Hotels der amerikanischen Ketten. Für einen Stopp auf dem Weg z. B. zum Yel-

lowstone National Park und zum Grand Teton stehen zahlreiche Unterkünfte bereit. Sie sind i. d. R. zudem preiswerter als die in den Parks (Idaho Falls – West Yellowstone 172 km, Idaho Falls – Jackson 142 km kurvige Strecke).

## Historischer Stadtkern

Auf der anderen Seite des Snake schließt sich der **älteste Teil der Stadt** mit einigen Häusern aus dem späten 19. und dem frühen 20. Jh. an. Die Ursprünge von Idaho Falls begannen mit einer Brücke, der Taylor Bridge, die ein findiger Händler 1865 bauen ließ, weil Goldsucher aus der Gegend von Salt Lake City hier über den Fluss und in die Minen von Zentral-Idaho wollten. Schon 1880 kam die Eisenbahn in die Ansiedlung, die entsprechend wuchs. Zuerst wurde sie übrigens Eagle Rock genannt, weil dort Seeadler nisteten. Aber Landprospektoren, die das Potenzial der Stadt mit dem fruchtbaren Umland und der guten Wasserversorgung erkannten, setzten den Namen Idaho Falls durch.

## LDS Temple

Schon von Weitem ist der riesige weiße Turm mit dem goldenen Engel auf der Spitze zu sehen, der zur **Mormonenkirche** gehört. In deren Besucherzentrum kann man nachvollziehen, wie die Ahnenforschung der Mormonen betrieben wird (Visitor Center des LDS Temple, 1000 Memorial Drive, Tel. 208-523-4504, tgl. 9–21 Uhr).

## Museum of Idaho

Da die Stadt für Touristen sonst nicht sonderlich viel zu bieten hat, wird versucht, das **Museum of Idaho** zu einem attraktiven Ziel aufzubauen. Es hat sich in den letzten Jahren erheblich vergrößert und versucht mit spektakulären Ausstellungen die Aufmerksamkeit der Region auf sich zu ziehen. Beispielsweise gab es 2008 eine Schau zur Welt der Pharaonen mit Mumien, Masken und Sarkophagen, und 2009 lockte man das Publikum mit Gegenständen aus der Titanic (200 N Eastern Ave., Tel. 208-522-1400, www.muse umofidaho.org, Mo, Di 9–20, Mi–Sa 9–17 Uhr, Erw. 7 $).

# Idahos Südosten

 **Eastern Idaho/Idaho Falls Convention and Visitors Bureau:** 630 W Broadway, Tel. 208-523-1010, 1-866-365-6943, www.visitidaho.com. Mo–Fr 9–17 Uhr.

Entlang des River Parkway/Lindsay Blvd. am Snake River gibt es eine ganze Reihe von Hotels:

**Le Ritz Hotel and Suites:** 720 Lindsay Blvd., Tel. 800-813-9266 oder 208-528-0880, www.leritzhotel.com. Das moderne Hotel mit 123 Zimmern hat mit dem Namensvetter in Paris nichts gemein, aber die Zimmer sind geräumig und unterschiedlich eingerichtet. Fitnesscenter, Innenpool, *hot tub,* Waschmaschinen, freier Internetzugang und freies (gutes) Frühstück. DZ ab 100 $.

**Best Western Cotton Tree Inn:** 900 Lindsay Blvd., Tel. 208-523-6000, www.bestwesternidaho.com. 94 große Zimmer. DZ ab 95 $.

**Red Lion Hotel on the Falls:** 475 River Parkway, Tel. 208-523-8000 oder 800-733-5466, www.redlion.com, 138 Zimmer, DZ ab 90 $.

**Shilo Inn Suites Hotel:** 780 Lindsay Blvd., Tel. 208-523-0088, www.shiloinns.com. 161 recht große Zimmer, Mikrowelle, Kühlschrank und Internet. DZ ab 90 $.

**Best Western Driftwood Inn:** 575 River Pkwy, Tel. 208-523-2242, www.bestwesternidaho.com. Viele der 74 Zimmer mit Kitchenette, Fahrradverleih. DZ einfach ab 80 $.

**Rutabaga's:** 415 River Pkwy, Tel. 208-529-3990, www.rutabagasidahofalls.com, Di–Sa 17–21.30 Uhr. Das anspruchsvolle Restaurant setzt auf gehobene französische Küche. Heilbutt in Papier gebacken mit Fenchel 28 $.

**The Sandpiper Restaurant:** 750 Lindsay Blvd., Tel. 208-524-3344, im Sommer tgl. ab 16 Uhr. Sandpiper ist eine kleine Kette in Idaho, spezialisiert auf Steaks, *Prime Rib* und Fisch; traditionelle amerikanische Küche, Außenterasse mit Ausblick auf den Snake River. Hauptgerichte 15–24 $.

**Snake Bite:** 425 River Pkwy, Tel. 208-525-2522. Mo–Sa 11–13 und ab 17 Uhr. Gute Burger und Salate zum Lunch, Dinner mit Steaks, Lamm und Lachs. Um 20 $.

 **Grand Teton Mall:** 2300 E 17th St., www.grandtetonmall.com. Mo–Sa 10–21, So 12–18 Uhr. Macy's, Sears und Old Navy sind in der größten Mall von Idaho Falls zu finden, auch vier Bistros zum Lunchen.

**Flohmarkt (Flea Market):** 3130 N Yellowstone Hwy, Fr 11–19, Sa 9–19 Uhr ganzjährig. Jede Menge Westernkleidung und Indianerschmuck, Handeln gehört dazu.

 **Feste und Veranstaltungen**
**Beer Fest:** 1. Wochenende im Juni. Meist sind ca. 80 Brauereien vertreten, dazu gibt's jede Menge zu essen, Sandy Downs Park, 6855 S 15th East.

**Stadtspaziergang** entlang der historischen Gebäude. Im Visitor Center erhält man einen Prospekt, mit dessen Hilfe sich das kleine Areal zwischen Broadway, Yellowstone Avenue und Memorial Drive leicht erlaufen lässt. 13 Gebäude sind ausgewiesen.

**Autokino:** Nur im Sommer ist das Autokino »Sky Vu Drive« In geöffnet, 3000 S Yellowstone Hwy, Tel. 208-523-1085. Platz für 400 Autos und ein Filmerlebnis der besonderen Art.

# Auf dem Highway 20 zum Yellowstone ▶ Q 10–R 8

Die direkteste Verbindung von **Idaho Falls** zum **Parkeingang in West Yellowstone** ist der Highway 20 (172 km). Ab Ashton wird die Gegend nahezu menschenleer, nur einige lang gezogene Straßendörfer wie Island Park oder Macks Inn säumen die Strecke. Ein gut einstündiger Abstecher (46 km) auf dem Highway 47 von Ashton aus bietet wunderschöne Aussichten auf die vielen **Wasserfälle** im **Caribou Targhee National Forest,** der höchste misst immerhin 35 m.

Deshalb trägt der Schlenker auch den Namen Mesa Falls Scenic Byway. Der höchste Wasserfall, der **Upper Mesa Fall,** ist durch Spazierwege gut erschlossen, ebenso gibt es ein Interpretive Center zur Geologie des Ca-

nyons, das in einem Holzhaus von 1916 untergebracht ist.

# Auf der Interstate 15
# nach Süden ▶ P–Q 11

## Blackfoot

Eigentlich könnte man am landwirtschaftlich
geprägten Städtchen **Blackfoot** vorbeirau-
schen, wäre es nicht die Hauptstadt der Kartoffel und würde es nicht diesen Ruf mit dem
sehenswerten **Idaho Potato Museum** unter
Beweis stellen. Neben den üblichen musea-
len Ausstellungsstücken zur Geschichte der
Kartoffel wie landwirtschaftliche Geräte und
Werkzeuge sowie 1600 Jahre alte Gefäße aus
Peru faszinieren der weltgrößte Kartoffelchip
(63 cm) und ein Foto von Marilyn Monroe im
Kartoffelsack. Jemand hatte behauptet, sie
würde selbst in so etwas gut aussehen, und
sie zeigte, dass es stimmt.

Es gibt jede Menge Anekdoten rund um
die Kartoffel dort zu entdecken, viel über die
Nutzung und den Nutzen zu erfahren und
vielleicht sogar ein passendes Souvenir wie
etwa Bodylotion mit Kartoffelaroma. Die üb-
licherweise süßen Buttertoffees *(fudge)* mit
Kartoffelgeschmack sind gewöhnungsbedürftig, probieren sollte man sie dennoch. Jeder Besucher von außerhalb Idahos erhält
eine Box mit *hash browns* (Bratkartoffel-
würfeln) als Geschenk (Idaho Potato Mu-
seum/World Potato Expo, 130 NW Main St.,
Tel. 208-785-2517, www. potatoexpo.com.
April–Sept. Mo–Sa 9.30–17, Okt.–März Mo–
Fr 9.30–15 Uhr, Erw 3 $).

## Fort Hall Indian Reservation

Die Schnellstraße führt bis kurz vor Pocatello
durch das Indianerreservat der Shoshonen-
und Bannock-Stämme. In **Fort Hall** ist ihr
Verwaltungssitz (www.shoshonebannocktri
bes.com), dort gibt es auch ein kleines Museum (April–Okt. tgl. 10–18, sonst bis 17 Uhr,
Erw. 2 $). Anfang oder Mitte August findet in
Fort Hall das 3- bis 4-tägige Shoshone-Bannock Indian Festival statt. Es ist eines der
größten Pow Wows in Nordamerika und zieht

viele Besucher und Teilnehmer von anderen
Stämmen an. Nicht nur traditionelle Tänze
und Trommelsessions werden vorgeführt,
sondern auch Ponyrennen und ein Rodeo,
und viele Kunsthandwerker beleben das Festival.

 **Shoshone-Bannock Indian Festival
and Rodeo:** Anfang/Mitte Aug. Fort
Hall Rodeo Grounds, Tel. 208-238-3700 oder
208-238-0680 *ext.* 108, www.shoshoneban
nocktribes.com/festival.

# Pocatello ▶ P 11

Einem Indianerhäuptling hat die Stadt **Pocatello** ihren Namen zu verdanken. Nach erbit-
terten Auseinandersetzungen mit weißen
Siedlern und der Armee wurden die Ban-
nock-Indianer 1865 schließlich in die Knie
und ins Reservat gezwungen. Chief Pocatello
soll sich nach der Niederlage für einen Aus-
gleich zwischen Indianern und Siedlern eingesetzt haben und gab auch sein Einver-
ständnis für den Bau der Eisenbahnlinie
durch das Reservat. 1880 wurde mit der *Utah
& Northern Railroad* der Startschuss für die
Entwicklung einer Stadt gegeben, die rasch
zum Umschlagplatz von Waren wurde.

Schon 1920 lebten hier über 15 000 Menschen, eine ungewöhnliche Größe für die damalige Zeit. Pocatello bot all denjenigen, die
nicht unter Mormonen leben wollten, eine
Alternative, denn die Ausbreitung der Latter-
day Saints machte nicht an den Grenzen von
Utah halt. Heute ist Pocatello eine Universitätsstadt (Idaho State University) mit 54 000
Einwohnern, hat ein Naturkundemuseum, einen Nachbau des Fort Hall aus den ersten
Siedlerzeiten und einen Zoo. Ansonsten wirbt
es damit, ein guter Ausgangsort für Erkun-
dungen der südöstlichen Region von Idaho
zu sein.

**i** **Pocatello Convention & Visitors Bureau:** 324 S Main St., Suite B, Tel. 1-
877-922-7659 oder 208-235-7659, www.po
catelloidaho.com.

# Rodeo und Cowboys

**Etwa 700 Veranstaltungen organisiert der Verband der professionellen Rodeoreiter jährlich in den USA. Die großen Rodeos im Westen der USA ziehen Tausende von Besuchern an, die Wettbewerbe sind ein Millionengeschäft mit Stars unter den Cowboys geworden. Sogar Colleges und Highschools veranstalten Rodeos. Überall wo die Tradition des Wilden Westens noch lebendig ist, finden sich Liebhaber des rauen Sports.**

Wild buckelnde Pferde und Bullen, Cowboys mit ihren Lassos beim Kälbereinfangen und Kutscher auf schwerfälligen Planwagen beim Rennen der Küchenwagen – Szenen, die in Amerika jeder kennt. Viele junge Leute aus den Viehzuchtregionen der USA und Kanadas wetteifern inzwischen darum, Bester in einer von sechs Disziplinen zu sein, und riskieren dabei oft Kopf und Kragen.

Beim Reiten ohne Sattel, dem *bareback riding,* muss der Reiter mindestens acht Sekunden auf einem bockenden Pferd ohne Sattel sitzen. Dabei darf er sich nur mit einer Hand an einem Gürtel festhalten, während die andere frei in die Luft gestreckt werden muss und weder seinen Körper noch den des Pferdes berühren darf. Bewertet werden die Haltung des Reiters, das Temperament des Pferds und die Zeit, die sich der Gebeutelte auf dem mit allen Vieren in die Höhe springenden Tier halten kann.

Das *saddle bronc riding* unterscheidet sich vom Bareback Riding dadurch, dass sich der Reiter so lange wie möglich auf einem gesattelten Pferd halten muss. Er hält sich an einem Halfterstrick fest, Kandare und Trense werden nicht verwendet. Die buckelnden Pferde *(broncos)* für das *bareback* oder das *saddle bronc riding* sind übrigens keine Wildtiere, sondern eigens für diesen Sport gezüchtet und trainiert. Broncos leben außerhalb der Rodeo-Zeit frei auf großen Weiden und gehören nach Meinung von Pferdeken-

nern zu den glücklicheren ihrer Art. Beim *steer wrestling,* beim Ringen mit dem Stier, wirft sich ein Mann auf einen etwa 400 Pfund schweren Jungstier und versucht ihn an den Hörnern zu Boden zu ringen.

Einer anderen Herausforderung stellen sich die Bullenreiter beim *bull riding.* Sie bekommen es mit aggressiven Brahmanbullen zu tun, auf denen sie ebenfalls acht Sekunden ausharren müssen, um in die Qualifikation zu kommen. Gefährlich wird es bei dieser Disziplin, wenn der Reiter abgeworfen wird, denn der Bulle greift den am Boden Liegenden sofort an. Dann schreiten bereitstehende Rodeo-Clowns ein, die das Tier von seinem Opfer ablenken sollen.

Das *calf roping* ist ein Geschicklichkeitswettbewerb für Pferd und Reiter. Der Teilnehmer versucht in Rekordzeit, ein fliehendes Kalb mit dem Lasso einzufangen, es niederzuwerfen und an drei Beinen zu fesseln. Die *chuckwagon races* (Küchenwagenrennen) sind das seltsamste Spektakel eines Rodeos. Es sind Wettrennen mit schwer lenkbaren Planwagen, die zu Viehtriebszeiten mitgeführt wurden, um die Cowboys auf ihren oft langen Wegen mit Essen zu versorgen. Die Anforderungen an die Geschicklichkeit von Kutscher und Pferden sind in diesem Wettbewerb extrem.

Rodeos gehören seit dem Ende des 19. Jh. zu den Vergnügungen der ländlichen Bevölkerung und haben somit eine angestammte

# Thema

Tradition im Nordwesten. Ursprünglich ist es ein aus Südamerika stammender Wettbewerb. Das Wort stammt vom spanischen *rodear* ab, was soviel wie ›umrunden‹ bedeutet, und bezeichnet die Tätigkeit, mit der man das Vieh auf einem bestimmten Raum zusammentreibt. Wer nun genau das erste Rodeo veranstaltet hat, darüber streiten sich bis heute die Staaten Texas und Wyoming. Zwischen 1890 und 1910 wurde Rodeo durch zahlreiche Wildwest-Shows bekannt, die durch das Land tourten. Der bekannteste Vertreter war wohl Buffalo Bill Cody, der Anfang des 20. Jh. sogar eine große Europatournee unternahm, mit Stationen in Köln, Hamburg, Wien, London, Rom und weiteren großen europäischen Städten. 1929 wurde dann die Rodeo Association of America gegründet, eine Vereinigung von Viehhändlern, beim Rodeo *(stock contractor),* um einen Rahmen für Regeln rund um das Rodeo, Marketing und Werbung zu schaffen.

Die Teilnehmer organisierten sich erstmals 1936 in der Cowboys Turtle Association, um einheitliche Regeln, bessere Preise und einen fairen, einheitlichen Wettkampf zu erreichen. 1945 wurde diese Organisation in die Rodeo Cowboys Association umbenannt und 1975 in Professional Rodeo Cowboys Association geändert, eine Organisation, die bis heute als PRCA die meisten Rodeos austrägt und ein strenges Regelwerk vorschreibt. Im Reisegebiet finden Rodeo Roundups in vielen Orten statt, die aktuellen Veranstaltungen findet man u. a. auf den Websites www.nwprorodeo.org und www.collegerodeo.com.

**Rodeos sind ein Millionengeschäft – aber auch beste Unterhaltung**

## Idahos Südosten

**Visitor Center:** An der Ausfahrt 67 von der Interstate 15, 2695 S 5th Ave., Tel. 208-234-7091, Mo–Sa 9–18, So 9–14 Uhr.

 Es gibt auch in Pocatello alle namhaften amerikanischen Hotelketten.

**The Black Swan Inn:** 746 E Center, Tel. 208-233-3051, www.blackswaninn.com. In diesem Hotel mit 15 Suiten lassen sich amerikanische Fantasiewelten erleben. Die Zimmer sind nach Themen wie »Tropical Paradise« oder »Sea Cave« oder »Jungle Falls« ausgestaltet und zwar mit allen Einzelheiten. In Sea Cave z. B. überragt eine gigantische Muschel das runde Bett und Seejungfrauen im Bikini lächeln huldvoll. Jeder Raum mit Kamin, Mikrowelle und Kühlschrank, Frühstück frei. DZ ab 130 $, am Wochenende teurer.

**Z Bed and Breakfast:** 620 S 8th Ave, Tel. 208-235-1095. Die stilvolle Villa von 1915 steht in der Nähe des Uni-Campus und bietet 3 liebevoll eingerichtete Gästezimmer sowie ein opulentes amerikanisches Frühstück. Preise auf Nachfrage. Um 80–100 $.

 **Continental Bistro:** 140 S Main St., Tel. 208-233-4433, Mo–Sa 11–20 Uhr. Sehr beliebtes Restaurant mit Außenterrasse. Jeden Monat steht das internationale Essen unter einem anderen Motto, außerdem gibt's eine riesige Auswahl an Bieren und Weinen. Hauptgerichte ab 15 $.

**College Market Books & Coffee:** 604 S 8th Ave., Tel. 208-232-3993, tgl. 7–19.30 Uhr. Hier kann man in aller Ruhe Kaffee trinken, lesen oder Leute beobachten.

 **Feste und Veranstaltungen**
**Dodge National Circuit Rodeo Finals:** Mitte März/Anfang April. Die hier gezeigten Wettkämpfe sind die Endausscheidungen nach 12 Vorrunden im ganzen Land. Die Besten kämpfen dabei um hohe Preisgelder und zahlreiche Pokale. ISU Holt Arena, 550 Memorial Dr., Tel. 208-233-1554, www.dncfr.org.

**Wintersport und Wandern**
**Pebble Creek Ski Area:** Abfahrt 57 von der Interstate 15 bei Inkom, Tel. 208-775-4452 oder 877-524-7669, www.pebblecreek skiarea.com. Am Mount Bonneville (Caribou Range) liegt das Skigebiet der Region mit 54 Abfahrten. Die meisten davon gelten als *advanced*. Mit dem Lift kommt man bis auf 2600 m hoch, Skisaison Dez.–April. Die Lifte fahren im Sommer nicht, aber man kann in der einsamen Gegend gut wandern.

# Nach Utah und Wyoming
▶ Q 11–12

Die Interstate 15 führt durch die Berge der **Bannock Range** und klettert gemächlich bis zum Pass auf 1700 m. Unterhalb der Brücke, die die Schnellstraße nutzt, gibt es einen kleinen Campground. Von dort gelangt man auf sehr wenig benutzten Trails in die **Elkhorn Mountains** und an das **Devil Creek Reservoir,** einen kleineren See, der beliebt bei den örtlichen Anglern ist. **Malad City** verdankt seinen Namen einem französischen Trapper, der das Biberfleisch nicht mochte und als *malade* bezeichnete. Inzwischen ist die Kleinstadt (ca. 2000 Einw.) Verwaltungssitz des Oneida County und hat Burger King und Subway im Angebot. Von Malad City bis nach Salt Lake City (Utah) sind es noch 172 km.

## Oregon Trail Bear Lake Scenic Byway

Bei **McCammon** mündet der Highway 30 auf die Interstate 15. Der Highway ist bis zum Bear Lake an der Grenze zu Utah als **Oregon Trail Bear Lake Scenic Byway** (www.idahoby ways.gov/byways/oregon-trail-bear-lake.aspx) ausgewiesen und führt durch hügeliges Gebirgsvorland, immer wieder durchbrochen von weiten Hochebenen, und von Soda Springs bis Montpelier durch den Caribou Targhee National Forest am Bear River entlang.

Der kleine Ort **Lava Hot Springs** lohnt einen Besuch wegen seiner heißen Quellen, die für die Schwimmbäder und *hot tubs* genutzt werden. Auf 43 °C bringt es eine der Quellen, sodass das Wasser sogar gekühlt werden muss. Die Quellen sind reich an Mineralien, allerdings ohne Schwefel, so fehlt der typi-

**Alljährlich fahren Planwagen zur Erinnerung an die Pioniere den sog. Mormon Trail**

sche Geruch anderer Geysire (ganzjährig geöffnet, www.lavahotsprings.com).

In **Soda Springs** hat es 1937 eine Bohrcrew auf der Suche nach Wasser geschafft, versehentlich einen Geysir zu öffnen, der nun kontrolliert durch Ventile jede Stunde eruptiert (www.sodachamber.com). In der Gegend gibt es sehr viele natürliche heiße Quellen, die die ersten Siedler, die damals, dem Flusslauf folgend, von Montpelier kamen, in Erstaunen versetzten. In Soda Springs kreuzt auch der Highway 34, der als **Pioneer Scenic Byway** nach Freedom am Highway 89 in Wyoming führt. Nach Süden ist dieser Highway die Verbindung nach Salt Lake City und zugleich die kürzeste Strecke zwischen der Mormonenstadt und dem Yellowstone National Park.

## Montpelier und Bear Lake

In **Montpelier** soll der legendäre Butch Cassidy 1896 eine Bank ausgeraubt und erfolgreich das Weite gesucht haben, heutzutage geht es in dem von Mormonen gegründeten Städtchen eher geruhsam zu. Seinen französischen Namen verdankt die Ansiedlung übrigens dem Mormonenführer Brigham Young, der aus Vermont stammte, Montpelier ist dort die Hauptstadt. *Park your oxen here* lautet ein Spruch am Eingang des National Oregon/California Trail Center am Rand von Montpelier. Dort sollen die Siedler des Oregon Trail Rast gemacht haben auf ihrem beschwerlichen Weg nach Westen. Das Center wartet mit einem computerbetriebenen Planwagen auf, in dem man die Schaukelei und die harten Stöße einer Fahrt auf unplanierten Straßen nachempfinden kann (NOCTC, 320 N 4th St., Tel. 208-847-3800, www.oregontrailcenter.org. Mai–Anf. Sept. tgl. 9–17 Uhr).

Bis nach St. Charles am **Bear Lake** sind es noch einmal 30 km auf dem Highway 89 nach Westen. Der 310 km$^2$ große See liegt gut zur Hälfte in Utah, aber auch in Idaho machen viele Campgrounds dieses Gebiet zu einem Ferienziel für naturverbundene Urlauber.

Von Montpelier aus führt der Highway 89 nach Norden direkt über Jackson (Wyoming) in den Grand Teton National Park.

**i** **The Greater Bear Lake Valley Chamber of Commerce:** 915 Washington St., Montpelier, Tel. 208-847-0067, www.bearlakechamber.org. Mo–Fr 9–17 Uhr. Zu Montpelier selbst: www.montpelieridaho.info.

Montanas Big Sky: unendliche Weite und immer wieder grandiose Wolkenbilder

# Montanas Westen

Pazifischer Ozean

Glacier
N. P.

Helena

Bozeman

## Big Sky Country

Herausragende Regionen im Westen Montanas sind der **Glacier National Park** und das **Yellowstone Country,** die nördliche Umgebung des weltberühmten Parks in Wyoming. Aber auch das **Gold West Country** mit den verlassenen Goldgräberstädten Virginia und Nevada City und der kleinen, aber pulsierenden Hauptstadt Helena bieten reizvolle Ziele in diesem fast menschenleeren Bundesstaat, der sich selbst als Big Sky Country bezeichnet. Montana ist ein im Verhältnis zu seiner Einwohnerzahl ungeheuer großes Land: Auf einer Fläche von 380 000 km$^2$ (etwas mehr als die Bundesrepublik) leben knapp eine Million Menschen, die meisten davon im Großraum Billings. Vieh- und Landwirtschaft sind die wichtigsten Wirtschaftszweige, gefolgt vom Bergbau. In jüngster Zeit spielt im Südosten die Erdölförderung eine bedeutendere Rolle.

Die abwechslungsreichen Landschaften mit ausgedehnten Wäldern, dem riesigen **Flathead Lake** und dem gemeinsam mit Kanada bewirtschafteten **Waterton-Glacier International Peace Park** im Norden haben sich zu touristischen Zielen entwickelt, wobei es abseits der Hauptroute selbst im Glacier Park noch einsame Gegenden gibt. Großstädtisches, hektisches *city life* sucht man hier vergebens, weil es keine Metropolen gibt. Erfolgreiche Menschen werden in dieser Gegend daran gemessen, wie viele Fische sie gefangen oder wie viele Berge sie bestiegen haben; die Natur bestimmt den Rhythmus.

Östlich der Rocky Mountains beginnen die **Plains,** die schier endlosen, leicht hügeligen Graslandflächen, die als das Kernland des Wilden Westens in den Gemälden von Charles Russell verewigt sind, des bekanntesten Cowboy- und Indianermalers im Nordwesten. Kaum zu zählende National Forests kennzeichnen den südlichen Teil des Reisegebiets, und es fällt schwer sich vorzustellen, dass sich hier vor mehr als hundert Jahren Tausende auf die Suche nach Gold und Silber begaben. Die meisten Gruben sind erschöpft, *ghost towns* wie **Nevada** und **Virginia City** locken mit dem morbiden Reiz des Vergangenen. Wie wenig erfreulich es ist, wenn eine Stadt ums Überleben kämpft, lässt sich in Butte erleben, einst eine Hochburg des Kupfer- und Edelmetallabbaus. Prosperierend präsentiert sich dagegen Bozeman mit seinem großartigen Museum of the Rockies: Darin befindet sich ein vollständiges Dinosaurierskelett aus Montana.

Es lohnt sich, in Montana einzukaufen, denn hier gibt es keine *sales tax,* was vieles preiswerter macht als in anderen Staaten.

## Highlights

**12** **Glacier National Park:** Er ist Teil eines gemeinsamen Parks mit Kanada, des Waterton-Glacier International Peace Park. Die namengebenden Gletscher haben sich weitgehend zurückgezogen. Über 200 kleine und acht große Seen und die ca. 3000 m hohen, schroffen Gipfel prägen den Charakter dieses 1910 gegründeten Nationalparks (s. S. 362).

**13** ▼ **Virginia und Nevada City:** In den ehemaligen Goldgräberstädten Virginia und Nevada City lässt sich erleben, wie sich das Leben vor mehr als hundert Jahren im Wilden Westen abspielte. Bei *living history events* schlüpfen die Bewohner in historische Kostüme und gestalten den Alltag im Goldrauschland (s. S. 381).

## Empfehlenswerte Routen

**Der Going-to-the-Sun Highway:** Die Strecke ist atemberaubend und die z. T. recht kurvige Straße verläuft genau durch die Mitte der geschützten Bergregion des Glacier National Park, ca. 83 km entlang tiefer Schluchten und vorbei an den schönsten Berghotels (s. S. 365).

**Von Bozeman nach West Yellowstone:** Der Highway 191 ist als Scenic-Route ausgewiesen und führt durch tief eingeschnittene Schluchten, vorbei am Skigebiet Big Sky, zum westlichen Eingang des Yellowstone Park (s. S. 383).

## Reise- und Zeitplanung

Wie in allen Gebieten des Nordwestens sind Juli und August die Hauptreisemonate der Amerikaner, entsprechend ausgebucht sind die Campingplätze und Hotels. Aber auch im Juni und September kann es angenehm warm sein, wobei dann oft ältere Reisende und Studenten auf den Wanderwegen unterwegs sind.

Eine gute Woche ist für diesen Teil Montanas nicht zu viel veranschlagt, genug Zeit für einige Hikes und die Besichtigung der kleinen Städte unterwegs. Für den Glacier Park ist mindestens eine Übernachtung in einer der historischen Lodges und ebenso eine Bootsfahrt auf dem Lake McDonald empfehlenswert.

## Richtig Reisen-Tipps

**Als Cowboy auf der Cheff Ranch:** Einmal wie ein Cowboy fühlen kann man sich auf der Pferde- und Rinderzuchtranch im Flathead Country am Fuß der Rocky Mountains. Zahlreiche Ranches bieten inzwischen Aktivferien an, ein unvergessliches Erlebnis für alle, die den Westen Amerikas naturnah und rau erleben möchten; einen Überblick gibt MT Dude Ranchers Association, www.montanadra. com oder www.duderanch.org (s. S. 358).

**Western Dining – Abendessen nach Montana-Art:** Frisches *Prime Rib* vom Grill, serviert im größten Tipi Montanas, gibt es für die Gäste auf der **Last Chance Ranch** bei Helena – ein Western-Feeling der besonderen Art (s. S. 375).

**Wandern im Gallatin National Forest:** Die Wanderwege sind anstrengend, aber sie führen durch eine wunderbar abwechslungsreiche Gebirgslandschaft am Fuß des Mount Blackmore nördlich vom Yellowstone National Park (s. S. 388).

Der Sommer ist kurz im Westen Montanas. Von Ende Juni bis Ende August steigen die Tagestemperaturen im Schnitt auf über 25 °C, nachts kann es allerdings auch im Sommer auf nur 10 °C abkühlen. Hier kennt man ebenfalls den *Indian Summer* Ende September/Anfang Oktober, wenn frostige Nächte das Laub bunt färben.

Bereits im Oktober kann Schnee fallen. Besonders in den Höhenlagen führt das häufig zu Straßensperrungen und ein Vorwärtskommen ohne Ketten ist kaum möglich. Die Rocky Mountains sind bekannt für sehr plötzliche Wetteränderungen: Auch im Spätsommer kann es mal schneien und kurze Zeit später wieder wunderbar warm werden.

**Der Glacier National Park in den Rocky Mountains ist sicherlich die spektakulärste Region im Nordwesten von Montana, aber auch das hügelige Vorland um den großen Flathead Lake und das im Osten angrenzende Grasland prägen den vielseitigen Charakter des Landes. Über allem spannt sich der berühmte Big Sky, ein Himmel, der unendlich weit zu sein scheint.**

»Forellen leben nicht an hässlichen Plätzen«, lautete ein Werbespruch in einer Broschüre über Montana. So sehr die bunten Bilder und flotten Marketingaussagen auch oft zu hinterfragen sind, in diesem fluss- und seenreichen Gebiet treffen sie zu. Die Region ist ganz im Westen leicht bewaldet. Darüber hinaus zeugen viele Obstplantagen mit Kirschen und Äpfeln von der Fruchtbarkeit des Bodens. Hier leben in den Feuchtgebieten auch Elche und nicht selten lassen sich Hirsche beim Äsen beobachten.

Am Fuß des Gebirges sind im Frühjahr und Sommer häufig Bären unterwegs: Insbesondere um Mütter mit ihren Jungen sollte immer ein großer Bogen gemacht werden. Das Reisegebiet wird vom staatlichen Tourismusbüro in zwei Gebiete unterteilt: Ganz im Westen liegt das **Glacier Country** und östlich der Rocky Mountains das **Russell Country** (www.glacier.visitmt.com und www.russell.visitmt.com). Beide Regionen weisen großflächige Reservate der *Native Americans* aus: Im Westen das der Flathead- und im Osten das der Blackfeet-Indianer.

In der größten Stadt des Gebiets, Missoula, gibt es eine Dependance der Montana State University und die ca. 14 000 Studenten verhelfen dem insgesamt ca. 64 000 Einwohner zählenden Ort zu einem urbanen Flair. Andere kleinere Ortschaften haben zum Teil hübsch restaurierte historische Gebäude, meist ein Museum zur Lewis-&-Clark-Expedition und sind ansonsten gut dafür geeignet, sich mit Utensilien für Outdoor-Aktivitäten wie Fliegenfischen, Reiten, Wandern, Rad- oder Kajakfahren auszustatten.

## Missoula ▶ N 5

Die Universitäts- und Einkaufsstadt **Missoula** liegt in einem fruchtbaren, von Bergen umrahmten Tal. Mitunter wird die vom Clark Fork River durchzogene Stadt auch *Garden City* genannt, eine Bezeichnung, die den mit Ahornbäumen bepflanzten Straßen Rechnung trägt. Missoula ist eine relative junge Ansiedlung. Erst ab 1860 kamen die ersten Siedler und Goldsucher, aber schon 1866 wurde der Ort Verwaltungssitz des Bezirks.

Der Name leitet sich übrigens aus der Sprache der Salish-Indianer ab und bedeutet »in der Nähe des kalten, abschreckenden Wassers«. Der Sommer ist mit durchschnittlich knapp 20 °C tatsächlich eher frisch, zudem kann es nachts empfindlich kühl werden. Im Mai und Juni regnet es beinahe täglich und die Temperatur bleibt mit nur 8 °C recht niedrig.

### Das Zentrum

Die lebendige Innenstadt mit vielen Boutiquen, Galerien und Cafés neben Geschäften für Angelausrüstungen lohnt einen Spaziergang, ebenso wie der **River Front Trail,** den man sich allerdings mit den zahlreichen Joggern und Radfahrern teilen muss. Offiziell heißt es, die Stadt habe mehr Fahrräder als Einwohner, zumal die Adventure Cycling Association hier ihren Hauptsitz hat. Jedenfalls gibt es gut ausgebaute Fahrradwege in der flach gelegenen Stadt und das Universitätsgelände ist sogar nur für Räder geöffnet, Autos sind verboten.

Einen Besuch lohnt das **Rocky Mountain Elk Foundation Wildlife Visitor Center** (5705 Grant Creek Rd., Tel. 406-523-4545, www.rmef.org/AboutUs/VisitorCenter, im Sommer tgl. 8.30–17 Uhr, Spenden willkommen). Ein gewaltiges Hirschgeweih ist dort zu bewundern, außerdem gibt es jede Menge Informationen zu den großen Geweihträgern. Die Stiftung hat schon in vielen Regionen Hirsche wieder angesiedelt, USA-weit hat sie über 155 000 Mitglieder.

Eine der umfangreichsten Sammlungen zeitgenössischer Kunst der *Native Americans* besitzt das **Missoula Art Museum** (335 N. Pattee St., Tel. 406-728-0447, www.missoulaartmuseum.org, Mi 12–10, Do–So 12–17 Uhr, Spenden erwünscht). Aktuelle künstlerische Aktivitäten in der gesamten Region sind ein weiterer Schwerpunkt. Das Museum präsentiert seine Bestände und dokumentiert sein Engagement insbesondere auch für jüngere Künstler in 20–25 Einzelausstellungen pro Jahr.

### Außerhalb der Stadt

Neben dem Flughafen liegt das **Smokejumper Visitor Center** (5765 Old Hwy 10 W, Tel. 406-329-4934, www.smokejumpers.com, Ende Mai–Anfang Sept. Mo–Sa 8.30–17 Uhr, Eintritt frei). Im Trainingscenter werden Feuerwehrleute ausgebildet, die mit Fallschirmen über abgelegenen brennenden Wäldern abspringen und dort gegen die Flammen kämpfen müssen. Das Museum zeigt neben Fotos von den Einsätzen der Feuerwehrleute aber auch, wie Waldbrände entstehen und warum sie nicht immer gelöscht werden.

**i** **Missoula Convention and Visitors Bureau:** 1121 E Broadway/St. 103, Tel. 406-532-3250 oder 800-526-3465, www.missoulacvb.com.

## Mit der Autorin unterwegs

### Typisches Souvenir kaufen

Die beste Marmelade aus wilden Blaubeeren wird in **Hungry Horse** angeboten, dort heißen die süßen Früchte »Huckleberries« und sind frisch gepflückt (s. S. 362).

### Zum Hidden Lake wandern

Der **Hidden Lake Overlook Trail** im Glacier National Park ist eine abwechslungsreiche Kurzstrecke vom Pass zum kristallklaren **Hidden Lake** (s. S. 366).

### Auf den Spuren der Blackfeet-Indianer

Bei **Browning** sollte man die **Lodgepole Gallery** und das Tipi-Dorf besuchen. Künstler der Blackfeet-Indianer werden durch diese von einer Deutschen geführten Galerie vertreten, und wer Fragen hat oder Informationen wünscht, wird hier gut beraten. Im **Tipi-Dorf** kann man übernachten, indianisch essen, an Workshops teilnehmen und Touren auf den **Spuren der Blackfeet** mitmachen (s. S. 367).

🛏 **Doubletree Hotel Missoula Edgewater:** 100 Madison, Tel. 406-728-3100 oder 800-222-8733, www.missoulaedgewater.doubletree.com. Das moderne Businesshotel hat eine Front zum Clark Fork River und zudem sehr geräumige Zimmer, Restaurant im Haus. Ab 180 $.

**Blossom's B & B:** 1114 Poplar St., Tel. 406-721-4690, http://blossomsbnb.com. Nördlich der Interstate 90 gelegen, bietet dieses Haus von 1910 4 individuelle Zimmer und einen schönen Garten. Ab 110 $.

**Gibson Mansion B & B:** 823 39th St., Tel. 406-251-1345, www.gibsonmansion.com. Die viktorianische Villa von 1903 im Süden der Stadt hat 4 romantisch gestaltete Zimmer und einen kleinen Garten. Ab 110 $.

**Goldsmith's B & B Inn:** 809 E Front St., Tel. 406-728-1585 oder 866-666-9945, www.goldsmithsinn.com. Direkt am Fluss in der Stadtmitte befindet sich das stilvolle Haus des ehemaligen Universitätspräsidenten aus dem Jahr 1911 mit 7 unterschiedlich großen Zimmern, einige mit Kamin. Ab 95 $.

**Gelandesprung Lodge at Snowbowl Resort:** 1700 Snowbowl Road, Tel. 406-549-9777 oder 800-728-2695, www.montana snowbowl.com/lodging.html. Eine große, außerhalb gelegene Skihütte mit 25 Zimmern, nicht alle mit eigenem Bad. Ab 40 $/Pers.

 **Pearl Café and Bakery:** 231 E Front St., Tel. 406-541-0231, Mo–Sa 17–24 Uhr. Ein großes Restaurant mit drei verschiedenen Essbereichen, dennoch ist Reservierung empfehlenswert. Spezialität Büffel-Short-Ribs mit Blaubeersauce *(huckleberries)* und geröstetem Kürbismus 25 $.

**The Bridge:** 515 S Higgins, Tel. 406-542-0638, tgl. 17–24 Uhr. Ein buntes Gemisch an Küchenstilen erfreut sich seit 1971 großer Beliebtheit bei den Einheimischen, direkt neben dem Crystal-Theater-Kino. Paëlla um 16 $.

**Iron Horse Brew Pub:** 501 N Higgins, Tel. 406-728-8866, Mo–Sa 9–23, So 11–19 Uhr. Die Burger sind beeindruckend groß und manche Biere bayerisch, z. B. aus der hauseigenen Brauerei. *Bayern Dancing Trout Ale.* Burger um 7 $.

**Bernice's Bakery:** 190 S 3rd St. W, Tel. 406-728-1358, tgl. 6–22 Uhr. Das kleine Café bietet selbst gemachtes Gebäck, insbesondere die mit Cream Cheese gefüllten Croissants sind sehr lecker. Um 4 $.

 **Kunsthandwerkermarkt** auf der Pine St., jeden Samstag 9–13 Uhr (Mai–Okt.), www.missouladowntown.com.

Die **Southgate Mall** im Südwesten der Stadt lohnt sich für größere Einkäufe, bevor man in menschenleerere Gebiete fährt, am Hwy 93, hier Brooks St. (www.shopsouthgate.com).

 **Bayern Brewing Inc.:** 1507 Montana St., Tel. 406-721-1482, www.bayern brewery.com, tgl. 10–20 Uhr für Probierraum und Coffeeshop. Bei gutem Wetter kann man auch draußen sitzen. Jürgen Knoller braut seit 1987 ›deutsches‹ Bier und behauptet, im Westen Montanas der Einzige zu sein.

**Radfahren:** Adventure Cycling Association, 150 E Pine St., Mo–Fr 9–17 Uhr, www.adventurecycling.org. Dort gibt es Karten, geführte Touren und jede Menge Tipps, allerdings keinen Radverleih.

**Wandern oder Biken:** im Snowball Skigebiet, 20 Min. nördlich von Missoula. Die Lifte sind im Sommer nur am Wochenende geöffnet, ebenso das Restaurant dort, www.mon tanasnowbowl.com.

**Stadtführung:** Missoula Historic Tours, 823 Waverly, Tel. 406-728-2351 oder 406-531-6572, www.missoulahistorictours.com. Nur im Sommer, Zeiten und Kosten auf Anfrage, Preis je nach Gruppengröße ca. 5 $/Pers.

# Abstecher nach Süden
▶ N 6–7

## Daly Mansion in Hamilton

In einer gut einstündigen Autofahrt auf dem Highway 93 erreicht man die Kleinstadt **Hamilton,** einen Wohnort von Rentnern und ›Gentleman Ranchern‹. Das Besondere hier ist die riesige Villa **Daly Mansion** mit 56 Räumen, die nach mehrmaligem Umbau 1910 ihr heutiges Aussehen im *Georgian-Revival*-Stil erhielt. Das zweigeschossige Anwesen gehörte einer schillernden Persönlichkeit, dem Kupferkönig Marcus Daly (s. S. 378), der es zunächst als Sommerresidenz ausbauen ließ.

Daly gehörte die Anaconda Copper Mine in Butte, er gründete auch die Kleinstadt Anaconda und betrieb eine politische Kampagne, um diese zur Hauptstadt Montanas zu machen. Nebenbei war der Millionär noch Besitzer eines erfolgreichen Rennstalls und unterhielt eine Pferdezucht auf seiner 89 km$^2$ großen Bitterroot Stock Farm. Daly Mansion ist heute in staatlichem Besitz und steht für Besichtigungen offen (Mai–Okt. tgl. 10–16 Uhr, Tel. 406-363-6004, 251 Eastside Hwy, www.dalymansion.org, Erw. 8 $).

Von Hamilton aus geht es weiter in die **Selway-Bitterroot Wilderness**, ein geschütztes, sehr raues Bergland, das sich bis Idaho erstreckt (www.wilderness.net).

### Triple Creek Ranch

Was Luxus im Westen Montanas bedeutet, lässt sich auf der **Triple Creek Ranch** südlich von **Darby** hautnah nachvollziehen. Mitten im Wald, abseits der wichtigen Verkehrsverbindungen liegt ein sehenswertes Resort für gehobene Ansprüche. Ganz aus Holz sind alle Hütten (die diesen Namen wirklich nicht verdienen), die innen mit gediegenen Möbeln, handgewebten Stoffen und modernsten Badezimmern sowie *hot tubs* auf Balkon oder Terrasse ausgestattet sind. Neben den üblichen Annehmlichkeiten für sportliche Betätigungen gehört auch ein exquisites Restaurant zur ehemaligen Ranch, die Mitglied in der Organisation Relais & Chateaux ist. (www.triplecreekranch.com.)

# Weiter nach Norden

▶ N 3–5

### Das Flathead-Gebiet und Pablo

Schon kurz hinter Missoula beginnt die **Flathead Indian Reservation,** ein Gebiet für drei Stämme: die Bitterroot Salish, die Upper Pend Oreille und die Kootenai *(Confederated Salish and Kootenai Tribes).* Der halbe **Flathead Lake** ist Bestandteil des Reservats, das 1855 eingerichtet wurde und eine Fläche von 5000 km$^2$ umfasst. Ungefähr 7000 Mitglieder sind bei den Stämmen registriert; sie haben eine gewählte Selbstverwaltung und ihre eigene Jurisdiktion.

Bei **Pablo** am Highway 93 haben die Stämme im Peoples Center und dem kleinen Museum gemeinsam eine Ausstellung zu ihrer Geschichte und ihren Visionen für die Zukunft aufgebaut, auch ein Souvenirshop mit Büchern, Musik und Schmuck oder den festlichen Kleidungsstücken mit Glasperlen gehört zu dem ungewöhnlichen grauen Gebäude (53253 Hwy 93 W, Tel. 406-675-0160, www.cskt.org) und lohnt mindestens einen kurzen Stopp.

### National Bison Range

Auf dem Weg nach Norden zum Glacier National Park über den Highway 93 lohnt sich kurz hinter Ravali ein Abstecher zur **National Bison Range** mit ihrem ca. 7500 ha großen Freigehege für Büffel (oder Bisons, die Bezeichnungen werden synonym verwendet). Durch das weite Grasland führt eine etwa 30 km lange Einbahnstraße, für die man mindestens anderthalb Stunden einplanen sollte. Das Personal im Visitor Center weiß, wo sich die Herden gerade befinden; zwischen 350 und 500 Tiere leben in diesem Gebiet und sie haben sich offenkundig an Autos und Fotografen gewöhnt. Dennoch, darauf weisen die Ranger immer wieder hin, sind diese Tiere unberechenbar und sie können schnell wie ein Pferd laufen: Kommt es tatsächlich einmal zu einer ›Konfrontation‹, zieht man als Mensch immer den Kürzeren.

Als 1873 der Indianer ›Walking Coyote‹ mit fünf Büffelkälbern in die Gegend kam, waren die einst gigantischen Herden der Prärien bis auf wenige Exemplare ausgerottet. Seine Herde wuchs, aber als immer mehr Siedler das Land bestellen wollten, drohten Konflikte, und so wurden die Tiere nach Kanada verkauft. Um die Jahrhundertwende war aber das Bewusstsein gewachsen, dass der Büffel zum amerikanischen Westen gehört, und so wurden mit Unterstützung des Kongresses 1907/08 drei *Bison Reserves* eingerichtet, das National Bison Range ist eines davon.

Inzwischen ist die Art nicht mehr bedroht, es gibt mehr als 350 000 Büffel in Nordamerika, inklusive der vielen gezüchteten Herden in Privatbesitz. Aber die Bison Range bietet mit dem Grasland, dem Bergwald und den Feuchtgebieten an den Creeks auch anderen Tieren einen geschützten Lebensraum. Dazu gehören die weißen Bergziegen, die Dickhornschafe, Hirsche, Gabelantilopen *(pronghorn),* Kojoten und natürlich auch Braunbären, von den zahlreichen Vogelarten und kleineren Tierarten wie Wiesel und Murmeltieren ganz abgesehen. Die Tiere werden nicht gefüttert. Manche ziehen im Winter in andere Regionen, aber die Büffel bleiben dort (Mai–Okt. 8–18, im Winter nur Mo–Sa 8–16 Uhr, Haupteingang bei Moiese am Highway 212, 132 Bison Range Road, ca. 19 km vom Hwy

## Richtig Reisen-Tipp: Als Cowboy auf der Cheff Ranch

Südlich von **Ronan** am Highway 93 führt rechts eine Straße zur **Cheff Ranch,** einer 40 km² großen Ranch, auf der Pferde und Rinder gezüchtet werden und auf der gern Jäger im Herbst Urlaub machen. Die sieben Zimmer im großen Holzhaus werden bevorzugt für eine Woche vermietet, erst dann erschließen sich auch die vielen Möglichkeiten, sich in dieser Wildnis und Einsamkeit die Zeit zu vertreiben und sich zu erholen. Zweimal am Tag gibt es Ausritte mit Pferden, im benachbarten See kann man schwimmen. Es gibt auch die Möglichkeit, mit dem Kanu zu fahren oder zu fischen.

Drei herzhafte Mahlzeiten täglich mit viel Fleisch sind im Wochenpreis inbegriffen. Es steht den Gästen frei, auch beim Melken, Heuabladen oder dem Treiben der Kühe auf eine andere Weide zu helfen. Abends lockt dann meist ein Lagerfeuer mit Barbecue und wilden Geschichten über Jagderlebnisse und Erfolge. Die Zimmer sind einfach und funktional eingerichtet, es gibt auch Zelte (speziell für die Jäger) und zwei Hütten mit Küche und Kamin. Auch für Anfänger auf dem Pferd macht ein kurzer Ausritt auf den extrem geduldigen und liebenswürdigen Tieren Spaß, die jugendlichen Guides nehmen auf *city slickers* Rücksicht. Nach ein paar Tagen Eingewöhnung im Sattel meint man sich dann unbedingt Cowboystiefel und einen Stetson kaufen zu müssen – das Cowboyleben hat einen gepackt.

  **Cheff Ranch:** 30888 Eagle Pass Trail, Charlo, Tel. 406-644-2557, www.cheffguestranch.com. DZ ohne Frühstück ab 80 $, Hütte ab 165 $/Nacht. Ausritte mit Pferden können auch separat gebucht werden, 2-stündiger Ausritt 40 $/Pers.

93, Tel. 406-644-2211, www.fws.gov/bison range/nbr, Gebühr nur im Sommer 4 $).

## St. Ignatius Mission

Die 1890 aus roten Ziegelsteinen erbaute **St. Ignatius Mission** nördlich von **Ravali** fällt nicht nur wegen ihrer Farbe und ihrer Größe auf; in der Kirche finden auch nach wie vor Gottesdienste statt, denn sie sind wichtiger Bestandteil des Gemeindelebens. Schon 1854 waren Jesuiten in der Region unterwegs und versuchten, die einheimischen Indianer mit dem Christentum vertraut zu machen. Für die Menschen der Umgebung bauten sie zunächst eine Schule, dann ein kleines Krankenhaus sowie später eine Säge- und eine Getreidemühle.

Ein uriges Mini-Museum in einer Holzhütte zeigt einige Exponate aus dieser Zeit. Bemerkenswert sind die noch erhaltenen Wandgemälde des Mönchs Joseph Carignano, der die 58 Bilder in der Kirche dazu nutzte, den Indianern die Bibel näherzubringen (1 Catholic Mission Dr., St. Ignatius, Tel. 406-745-2768, Mitte Mai–Mitte Okt. tgl. 9–11, im Winter bis 17 Uhr, Spenden willkommen).

Wer sich für indianisches Kunsthandwerk interessiert, sollte der **Flathead Indian Museum and Trading Post** einen Besuch abstatten (1 Museum Ln. am Hwy 93, St. Ignatius, Tel. 406-745-295). Zu sehen und zu kaufen sind jede Menge Kunsthandwerk wie Taschen, Mokassins, Schmuck und Masken, und auch Landkarten, Bücher und CDs.

## Flathead Lake und Kerr-Staudamm

In fast malerisch zu nennender Umgebung mit sanften Hügeln erstreckt sich der 45 km lange und 24 km breite **Flathead Lake,** einer der größten Seen westlich des Mississippi. An seiner Südspitze befindet sich das Dorf Polson, wo man einkaufen oder auch in einem der meist preiswerten Motels übernachten kann.

Die Campgrounds in den sechs zum See gehörenden State Parks sind auf der östlichen Seite zu finden, der KOA-Campingplatz liegt nördlich von Polson und unweit vom Highway 93.

Von Polson aus gelangt man auf der südlichen Seite des Flathead River zum **Kerr-Staudamm,** einem imponierenden halbrunden Betonmauerwerk von 62 m Höhe und 165 m Breite. Wie so viele Staudämme zur Energieerzeugung wurde auch dieser in der Phase der Depression gebaut, seit 1938 ist die Anlage in Betrieb. Da sie sich inmitten des Indianerreservats befindet, zahlt die Betreibergesellschaft Montana Power Company eine jährliche Pacht in Millionenhöhe an die Stämme, die den Mitgliedern beispielsweise in Form einer freien Ausbildung zugute kommt.

## Bigfork

Die »große Gabelung« **Bigfork** ist nur ein kleiner Ort am nordöstlichen Ende des Flathead Lake, erfreut sich aber großer Beliebtheit bei Wochenendausflüglern und künstlerisch angehauchten Menschen. Golf spielen steht ganz hoch auf der Aktivitätenliste, die 27-Loch-Anlage Eagle Bend gehört zu den besten in Montana.

Das **Summer Playhouse** wartet den Sommer über mit Theater, Konzerten und Musicals auf, Produktionen wie etwa »Cats«, »Grease« oder »Kiss me Kate« werden für einige Tage oder Wochen eingekauft und sorgen für Spaß und Unterhaltung während des Urlaubs (Tel. 406-837-4886, www.bigfork summerplayhouse.com). Etwas rustikaler geht es bei der Open-Air-Bühne Riverbend Stage zu. Dort bringen die Zuschauer ihre Decken und Kissen zum Sitzen selbst mit, wenn sonntagabends die Unterhaltungsshows starten.

**Chamber of Commerce & Visitor's Center:** 8155 Hwy 35, Old Town Center, Tel. 406-837-5888, www.bigfork.org. Geöffnet Juni–Anf. Sept. Mo–Fr 9–18, Sa 10–17, So 12–16 Uhr. Sonst Mo–Fr 10–14 Uhr.

**Timbers Motel:** 8540 Hwy 35, Tel. 406-837-6200, www.timbersmotel.com. 40 geräumige Zimmer, Mikrowelle,

Kühlschrank, Frühstück inkl. Ab 130 $ im Sommer.

**Woods Bay Resort:** 14847 Hwy 35, Tel. 406-837-3333, www.woodsbayresort.com. 12 Zimmer, davon 6 Cabins mit Kitchenette. DZ ab 100 $.

**La Provence:** 408 Bridge St., Tel. 406-837-2923, www.bigforklaprovence.com, tgl. ab 17 Uhr, So geschl. Der Koch aus Frankreich ist seinen Ursprüngen verpflichtet, im dazugehörenden La Petite Provence Deli (Di–Sa 10–15 Uhr) bekommt man üppige Sandwiches). Gute Lammgerichte um 25 $.

**Showthyme!:** 548 Electric Ave., Tel. 406-837-0707, www.showthyme.com, tgl. ab 17 Uhr. Im ehemaligen Bankgebäude von 1908 bietet dieses angesagte Restaurant fürs Abendessen fantasievolle und qualitätsbetonte *Northwest Cuisine*, z. B. Entenbrust mit Cranberry-Orangen-Sauce. Hauptgerichte ab 19 $.

**Golf:** Eagle Bend Golf Club, 279 Eagle Bend Dr., Tel. 406-837-7310, www.golfmt.com/eaglebend. Idyllisch gelegener 18- bzw. 9-Loch-Platz.

**Rafting:** Flathead Raft Co., 1503 Hwy 93 S, Tel. 406-883-5838 oder 800-654-4359, www.flatheadraftco.com. Halbtagestouren Erw. 45 $. Auch Kajaken, Boote zum Fischen sowie Ausflüge mit einem indianischen Guide zur Geschichte und Kultur.

**Segeltouren:** Averill's Flathead Lake Lodge/Ranch, Tel. 406-837-4391, www.flatheadlakelodge.com/recreation_lake.html, bietet Segelturns mit einem historischen Boot von 1928 an. Auf der Ranch kann man auch reiten und Ausritte mit Pferden buchen.

# Am Fuß des Glacier Park

▶ N 3

## Kalispell

**Kalispell** ist mit seinen inzwischen 20 000 Einwohnern das Business- und Verwaltungszentrum im Norden. Im historischen Innenstadtbereich an der Main Street gibt es einige

**Den riesigen Flathead Lake umgibt eine äußerst reizvolle Gebirgslandschaft**

Einkaufsmöglichkeiten und die gängigen Hotelketten sind hier auch vertreten.

Das **Conrad Mansion National Historic Site Museum** wird gern als besondere Attraktion empfohlen; diese 26-Zimmer-Villa wurde 1895 vom Gründer von Kalispell erbaut, einem erfolgreichen Frachtschiffbesitzer. Neben dem originalen Mobiliar aus der Zeit sind auch historische Kleidungsstücke und das alte Spielzeug ganz interessant

(Woodland Ave. zwischen 4th und 3th St., Tel. 406-755-2166, www.conradmansion. com, geführte Touren Mitte Mai–Mitte Okt. Di–So stdl. 10–16 Uhr, Erw. 8 $).

**Flathead Convention & Visitor Bureau:** Great Northern Depot, 15 Depot Park, Tel. 800-543-3105 oder 406-756-9091, Mo–Fr 8–17 Uhr, www.fcvb.org. Ebenfalls gute Seite für Infos zum aktuellen Wetter.

 **Bootstouren auf fünf Seen des Glacier National Park** (Lake McDonald, St. Mary Lake, Josephine und Swiftcurrent Lake, Two Medicine Lake). Glacier Park Boat Co., Kalispell, Tel. 406-257-2426, www.glacierparkboats.com. Vom Wasser aus die Bergwelt erleben: Touren mit Erläuterungen, ca. 1 Std. um 20 $. Die Firma verleiht auch Kajaks, Ruder- und kleine Motorboote, jeweils an den Lodges im Park.

### Whitefish

Aus dem ehemaligen Eisenbahnstützpunkt **Whitefish** ist inzwischen ein florierender Touristenort geworden. Sowohl der Glacier National Park als auch das Skigebiet Big Mountain locken im Sommer wie im Winter zahlreiche Gäste an. Wandern, Golf spielen, Rad- und Kanufahren oder auch *Folf* (Frisbee-Golf) stehen im Sommer auf dem Programm; und im späten Herbst verwandelt sich die 5000-Seelen-Gemeinde in ein Schnee-Paradies. Nicht nur Ski oder Snowboards, sondern Skidoos, Schneeschuhe und Hundeschlitten sind die neuen und alten Fortbewegungsmittel hier am Fuß des Glacier National Parks.

**ℹ** **Whitefish Visitor Bureau:** 500 Depot St., im Bahnhof, Tel. 1-877-862-3548, www.whitefishvisit.com. Mo–Fr 11–18, Sa 11–15, Juni–Sept. So 14–18 Uhr.

**Grouse Mountain Lodge:** 2 Fairview Dr., Tel. 406-862-3000 oder 877-862-1505, www.grousemountainlodge.com. Das große Hotel mit 145 Zimmern, 2 Restaurants, Swimmingpool, Fitnessbereich, Tennisplätzen und freiem Internetzugang ist sehr beliebt und im Sommer schnell ausgebucht. Frühjahr und Spätsommer ab 160 $.

**B & B Hidden Moose Lodge:** 1735 E Lake Shore Dr., Tel. 406-862-6516 oder 877-733-6667, www.hiddenmooselodge.com. Das 2-stöckige Holzhaus bietet 13 individuell eingerichtete Zimmer mit viel Holz und Eisen, jedes mit Zutritt zum Balkon, außerdem Kühlschrank, Internetzugang und Fahrradverleih. Lodge Rooms im Sommer um 140 $.

**Kalispell Grand Hotel:** 100 Main St., Tel. 1-800-858-7422 oder 406-755-8100, www.kalispellgrand.com. Auch wenn der Bau von außen eher schlicht wirkt, das historische Haus von 1912 überzeugt mit einer gründlichen Innenrenovierung und der gelungenen Ausstattung mit funktionalen, modernen Möbeln. Freies Internet, reichhaltiges Frühstück, nachmittags selbst gebackene Kuchen. Im Sommer ab 105 $.

## Der Norden bis nach Great Falls

 **Wandern und Skifahren im Big Mountain Ski und Summer Resort:** 3808 Big Mountain Rd., ca. 13 km nördlich von Whitefish, Tel. 406-862-2900, www.skiwhitefish.com oder www.big-mountain.com.

**Radfahren:** Räder können geliehen werden bei Glacier Cyclery, 326 E 2nd St., Whitefish, Tel. 406-862-6446, www.glaciercyclery.com, Tagespreis für Erw. 39 $. Im Resort verleiht Snow Ghost Outfitters, Tel. 406-862-1996, Räder ab 46 $.

### Columbia Falls und Hungry Horse

Mit seiner Lage am idyllischen Whitefish Lake und einem ansprechend gestalteten Innenbereich ist Whitefish um einiges attraktiver als das ›Straßendorf‹ **Columbia Falls.** Hier lohnt es sich aber, zu tanken oder in einem der Supermärkte noch einmal Proviant (insbesondere Wasser) einzukaufen, bevor es dann in den Nationalpark geht.

Anbesonders heißen Tagen machen Familien mit Kindern gern Halt im **Big Sky Waterpark:** Neben 10 Wasserrutschen gibt es auch einen Minigolfplatz und einen großen Picknickbereich (7211 Hwy 2 E, an der Einmündung des Hwy 206, Tel. 406-892-5025, www.bigskywp.com, tgl. 10–22 Uhr, Kin. unter 1,20 m 19 $, sonst 24 $).

Richtige Wasserfälle sucht man übrigens vergebens. Der Flathead River fließt eher gemächlich durch den Ort. Über das kleine Dorf **Hungry Horse** führt der Hwy 2 dann nach West Glacier, dem Eingang in den Nationalpark und auf die berühmte Straße durch den Park, dem **Going-to-the-Sun Highway.**

In Montana heißen wilde Blaubeeren *huckleberries* und die wachsen in der Region besonders gut. Seit den 1980er-Jahren werden die Früchte bei Hungry Horse gesammelt und zu Marmeladen und Soßen sowie zu Aromastoffen für Tees, Badezusätze und Kerzen verarbeitet und im **Huckleberry Patch Shop** oder online verkauft. Huckleberry Gummy Bears gehören zu den Favoriten bei Kindern, während Blaubeer-Kaffee doch eher gewöhnungsbedürftig ist (The Huckleberry Patch,

8868 Hwy 2, Hungry Horse, Tel. 406-387-5670 oder 800-527-7340, www.huckleberrypatch.com).

 **Red Bus Tour:** Glacier National Park Inc., P. O. Box 2025, Columbia Falls, Tel. 406-892-2525, www.glacierparkinc.com. Reservierung im Sommer online empfehlenswert, 8-Std.-Tour mit Erläuterungen Erw. 80–90 $.

##  Glacier National Park

► N–O 2–3

Unberührte Wälder, schroffe Berge und spektakuläre Seen sind die landschaftlichen Highlights des amerikanisch-kanadischen Doppelparks. Mit den Gletschern, denen das 1910 zum Nationalpark erhobene Gebiet seinen Namen verdankt, wird allerdings keine Reklame mehr gemacht, denn sie sind auf dem Rückzug. Es wird geschätzt, dass 2030 kein Gletscher mehr vorhanden sein wird. 1850 gab es auf dem Gebiet des heutigen Parks noch etwa 150 Gletscher, die Größe der heute noch existierenden Eiszungen beläuft sich auf nur noch etwa ein Drittel des damaligen Umfangs.

Aber die Parkverwaltungen des 1932 als Waterton-Glacier International Peace Park zu einem »Internationalen Friedenspark« ernannten und 1995 zum Welterbe erklärten Schutzgebiets machten aus der Not eine Tugend und unterstützen seit einigen Jahren Forschungen zum Klimawandel. Auch der heutige Reisende kann die Veränderungen wahrnehmen, beispielsweise anhand der Fotografien in den großen Lodges und den Besucherzentren entlang des **Going-to-the-Sun Highway** mitten durch den Park. Schon zu Beginn des 20. Jh. baute die Eisenbahngesellschaft *Great Northern Railway* Hotels und Skihütten in die Berge, als National Park war die Region ein Ziel für Reisende geworden. Fotos aus dieser Anfangszeit zeigen

**Die Bahnstrecke durch den Glacier N. P. ist ein wichtiger Versorgungsweg**

**Weltuntergangsszenario: Gewitter im Glacier National Park**

auch die vielen Gletscher, die es inzwischen nicht mehr gibt.

Die schmelzenden Gletscher sind nicht die einzigen Veränderungen, die die Landschaft nachhaltig prägen. Auch große Waldbrände schlagen immer wieder Schneisen in schier undurchdringlich wirkende Dickichte und lassen plötzlich freie Flächen und damit Durch- und Einblicke entstehen. Der gewaltige Brand von 2003 im Osten des Parks ist nicht eingedämmt worden, die Natur wurde sich selbst überlassen.

Für die Regeneration der Wälder sei Feuer unerlässlich, erläutern die Ranger: Manche Baumarten wie die Drehkiefer (Lodgepole Pine) benötigen zum Öffnen ihrer Zapfen Hitze von mehr als 45 °C, da kann ein Brand hilfreich sein.

Die Vegetation dieser Bergregion ist zweigeteilt; das eher feuchte, aber gemäßigte Klima auf der Westseite ermöglicht den riesigen Zedern und Hemlocktannen von der Pazifikküste, auch hier zu wachsen. Mitten durch die Rockys verläuft die Wasserscheide des Kontinents. Auf ihrer Ostseite fällt nur sehr wenig Regen, aber entscheidend für die Flora sind die ausdörrenden Chinook-Winde. Hier gedeihen Drehkiefern und Douglas-Tannen am besten, auch Espen und Alpenlärchen bereichern die Vielfalt von immerhin über 1000 Pflanzenarten. Ein National Park ist ein Schutzraum, das gilt auch für die Tier-

bei einem Bären kann das leicht zur Hysterie ausarten. Die Tiere haben immer ›Vorfahrt‹, Geduld ist unbedingt gefordert, denn ihr Tempo bestimmt das Vorwärtskommen.

## Going-to-the-Sun Highway

Die Zufahrt mit Autos oder Campern in die 4000 km$^2$ große Wildnis ist begrenzt: Der Highway 2 mündet in den westlichen Eingang und auf die Durchgangsstraße. Bei Polebridge nordwestlich gibt es einen 10 km langen Zufahrtsweg zum **Bowman Lake.** Auf der östlichen Seite liegt der **Two Medicine Lake** mit Campingplätzen, eine Stichstraße führt dorthin. Bei St. Mary befindet sich der Osteingang für die Durchfahrt und zum **Many-Gletscher** weiter nördlich kommt man über das Dorf Babb.

Der **Waterton Park** in Kanada ist über den Chief Mountain International Highway (SR 17) am besten zu erreichen, wenn man aus Montana anreist. Wichtig: Für Fahrzeuge über 6,4 m ist der mittlere Teil des **Going-to-the-Sun Highway** von Avalanche Creek bis Sun Point gesperrt. Es gibt aber geführte Bustouren mit den roten historischen 1940er-Jahre-Bussen und einen Linienbus (Einsteigemöglichkeiten: Apgar Visitor Center, Lake McDonald Lodge), der den Going-to-the-Sun Highway bis zum Ende in St. Mary fährt. Aussteigen kann man am Logan Pass (sonst gibt es unterwegs keine Haltestelle) und dann später mit einem anderen Bus wieder zurückfahren.

welt in diesem Gebiet. Hier darf nicht gejagt werden und mit einer geladenen Waffe darf man nicht durch den Park fahren. Nur Angeln ist erlaubt, die Genehmigung dafür erhält man im Visitor Center. Weiße Bergziegen, Dickhornschafe, Wapitihirsche und auch Elche sind hier zu Hause, ebenso wie Braun- und Schwarzbären, Pumas, Biber und Otter. Besonders an den 13 Campingplätzen im Park wird immer wieder darauf hingewiesen, niemals Tiere zu füttern, keine Essensreste liegen zu lassen und einen respektvollen Abstand zu den Tieren zu halten. Auf dem Durchgangshighway gibt es im Sommer sofort einen Stau, wenn sich ein Rudel Hirsche oder Schneeziegen am Straßenrand zeigt,

**i** **Glacier National Park,** P. O. Box 128, West Glacier, Montana 59936, Tel. (406) 888-7800, www.nps.gov/glac. Die Visitor Center befinden sich in Apgar (Westseite), am Logan Pass und in St. Mary (Ostseite). Sieben-Tages-Ticket für Autos 25 $.
**Parkjubiläum:** 2010 feiert der Park sein 100-jähriges Bestehen mit zahlreichen speziellen Aktivitäten. Dazu gehören eine Gala zu Beginn im Mai, Vorträge und Performances; das aktuelle Programm findet sich unter www.glaciercentennial.org.

 Innerhalb des Parks gibt es eine Reihe von Hotels und Lodges, die aber nur

# Der Norden bis nach Great Falls

## Aufregende Hikes

Mit fast 1100 km an Wanderwegen hat der Park für jeden Geschmack und jeden Fitnessgrad etwas zu bieten. Am jeweiligen Visitor Center gibt es Wanderkarten und aktuelle Auskünfte zum Wetter, das sich in den Bergen sehr rasch ändern kann. Besonders schön ist der **Hidden Lake Overlook Trail**, ein nur 2,4 km langer Weg vom Logan Pass Visitor Center zum Aussichtspunkt oberhalb des noch bis Juli teilweise mit Eis bedeckten Hidden Lake. Es ist eine relativ ebene Strecke mit einem angelegten Wanderweg, auf dem man sich im Sommer nicht allein bewegt.

Nur einen sachten Aufstieg von 150 m bringt der **Avalanche Lake Trail** mit sich, der vom Avalanche Creek am Going-to-the-Sun Highway über ca. 4 km zum gleichnamigen kleinen See führt. Von dort hat man einen guten Blick auf den Sperry Glacier am knapp 3000 m hohen »Gunsight Mountain«.

von Mai bis Mitte/Ende September geöffnet sind. Die nachfolgenden Unterkünfte sind fast alle über die Glacier Park Inc. zu reservieren, Tel. 406-892-2525 oder 403-236-3400, www.glacierparkinc.com.

**St. Mary Lodge and Resort at Glacier:** Tel. 406-732-4431 oder 888-778-6279, www.stmarylodgeandresort.com. Diese Anlage mit 122 Betten liegt vor den Toren des National Park in St. Mary (wird nicht von Glacier Park Inc. verwaltet) und ist von Mai bis Mitte Oktober sowie über Weihnachten geöffnet. Es gibt zudem Cottages mit Kamin auf dem Gelände und im Sommer werden auch Tipis aufgestellt, zu denen jeweils ein eigenes Badehaus gehört. Restaurants, Geschenkeladen, Tankstelle, Münzwäscherei und ein kleines Casino sind ebenfalls Bestandteil dieser Anlage im Territorium der Blackfeet-Indianer. Ab 150 $ für ein sehr kleines Zimmer.

**Many Glacier Hotel:** Das Hotel befindet sich nördlich vom Going-to-the-Sun Highway und ist nur über die Straße 464 von Babb auf der Ostseite des Parks zu erreichen. Das älteste

Haus des Parks von 1914 liegt am Lake Sherburne und bietet 214 Zimmer. Ab 150 $.

**Glacier Park Lodge & Resort:** Im Südosten am Hwy 2 liegt das anspruchsvolle Resort mit Golfplatz aus dem Jahr 1912. Mit 161 Zimmern, Restaurant und Swimmingpool liegt es am Fuß der Dancing Lady außerhalb des National Parks. Ab Mitte Juni DZ 140 $.

**Village Inn at Apgar:** 36 Zimmer in einem funktionalen Haus am Eingang des Parks, manche Zimmer haben eine Kitchenette. Ab 132 $.

**Lake McDonald Lodge:** Ursprünglich eine Jagdhütte am Lake McDonald, ist die Anlage heute mit dem großen Haupthaus, einem Motor Inn und 13 Hütten sowie Restaurants und einem *gift shop* eine erste Anlaufstelle auf dem Going-to-the-Sun Highway. Kleines Zimmer ab 125 $.

**Rising Sun Motor Inn:** Am Ufer des St. Mary Lake bietet das einfache Haus 72 Betten sowie ein Restaurant und ein kleines Geschäft. Von hier gehen Bootstouren ab und der rote Bus hat eine Haltestelle. Ab 120 $.

**Swiftcurrent Motor Inn:** Liegt unweit des Many Glacier Hotels (s. o.), es gibt noch ein einfacheres Haus für Wanderer, mit Hütten, davon manche ohne Bad, zusammen mit dem Motor Inn insgesamt 88 Betten. Cabin mit Bad 90 $.

 **Geführte Touren**

**Mit dem Bus:** Red Bus Tour, Büro in Columbia Falls (s. S. 362).

**Bootstouren:** Glacier Park Boat Company (Büro in Kalispell s. S. 361), Tickets jeweils an den Lodges.

**Glacier Wilderness Guides and Montana Raft Company:** 11970 Hwy 2 E, Tel. 406-387-5555, www.glacierguides.com. Diese Firma bietet alle Arten von Aktivitäten an, etwa Wandern, Fischen und Rafting auf dem Flathead River, Halbtagestour Erw. 53 $.

**Tour mit Pferden:** Swan Mountain Outfitters, Reservierung über 1-877-888-5557, www.swanmountainoutfitters.com/glacier. An drei Stellen im Park stehen Pferde für geführte Touren bereit (Apgar, Lake McDonald Lodge und Many Glacier Hotel), Vermietung auch stunden- oder tageweise. Geführte Touren ab 40 $, Tag 160 $.

# Russell Country

Nicht lange nach dem Verlassen des Glacier National Park in Richtung Osten wird die Landschaft flacher und karger. Es wachsen keine Bäume mehr, auch Sträucher werden selten, dafür bedecken riesige Flächen an Salbei die sanften Hügel unter dem berühmten *Big Sky* von Montana. Vielleicht wirkt er auch nur so groß, weil wirklich nichts ablenkt von einem Himmel, der sich von Horizont zu Horizont spannt. Da passt der Spruch »Hier kannst Du sehen, wer morgen zu Besuch kommt«, denn auf den beinahe schnurgeraden Straßen verstellt kein Hindernis den Blick. Von **East Glacier** bis **Choteau** gehört der Highway 89 zu einer von der Montana-Tourismusbehörde empfohlenen Route, dem **Montana Scenic Loop** (er umrundet die **Bob Marshall Wilderness** südlich vom Glacier National Park, insgesamt 645 km, www.mon tanascenicloop.com).

## Browning ▶ O 3

Nur 21 km von East Glacier Park oder 51 km von St. Mary liegt am Highway 89 (auf der Strecke von der kanadischen Grenze nach Great Falls) das Städtchen **Browning,** der Sitz der Selbstverwaltung der Blackfeet Indian Reservation. Dieses Reservat ist zwar ca. 600 000 ha groß, aber dort leben nur 8500 Menschen. Das ändert sich radikal am zweiten Wochenende im Juli, wenn in Browning ein lebhaftes Pow Wow stattfindet **(Blackfeet North American Indian Days)**, zu dem Hunderte von Stammesangehörigen aus ganz Nordamerika zusammenkommen.

Das Pow Wow wird seit Jahrhunderten gepflegt und ist auch heute noch von großer Bedeutung für die kulturelle Identität der amerikanischen Ureinwohner. Nach dem Verständnis der Indianer vereint sich der Rhythmus der Trommeln mit dem Herzschlag und ist gleichzeitig die Verbindung zu den Rhythmen der Natur. Er beschwört die Geister der

Ahnen und führt die Völker zusammen. Verschiedene Tänze von Männern und Frauen gehören ebenso zum mehrtägigen Fest wie Ehrungen, gemeinsames Essen, Lieder, Gebete sowie das Erzählen von Geschichten und Anekdoten.

Die meisten Teilnehmer kommen mit Campern/RVs oder übernachten in eigens dafür aufgestellten Tipis, das kleine Motel in Browning ist sehr einfach und rasch ausgebucht. Zu anderen Zeiten als dem Pow-Wow-Wochenende lohnt sich ein Besuch in der **Lodgepole Gallery** und dem Tipi-Feriendorf kurz vor der Ortseinfahrt. Die Galerie vertritt ausschließlich indianische Künstler und deckt die Bandbreite von kunsthandwerklichen Gegenständen vom Ölgemälde bis zum Glasperlenschmuck ab. Die Managerin und Mitbesitzerin Angelika Harden-Norman stammt übrigens aus Hamburg und kam 1999 nach Browning, deshalb ist die Website (s. u.) auch auf Deutsch verfügbar (Highway 89 und Durham Rd., Browning, Tel. 406-338-2787, Juni–Sept. tgl. 10–18 Uhr geöffnet).

**i** **Browning's Tribal Headquarters:** Public Sq., Tel. 406-338-7521, www. blackfeetnation.com. Hier bekommt man auch Genehmigungen fürs Fliegenfischen. Informationen zum Pow Wow auf der Website www.browningmontana.com/naid.html.

**Western Motel:** 121 Central Ave. E, Tel. 406-338-7572, 15 einfache Zimmer, Mikrowelle u. Kühlschrank. DZ 70–100 $.
**Lodgepole Gallery and Tipi Village:** 3,5 km westlich von Browning, am Hwy 89, Tel. 406-338-2787, www. blackfeetculturecamp.com. Tipi-Feriendorf, Schlafsack ist mitzubringen oder kann geliehen werden. Es werden auch Kunst-Workshops, Ausritte, geführte Wanderungen und Möglichkeiten zum Fischen angeboten. Im Tipi 50 $/Pers. (plus Verpflegung).

**Feste und Veranstaltungen:**
**Blackfeet North American Indian Days:** 2. Wochenende im Juli. Abwechslungsreiches Programm mit Musik, Tanz, kulinarischen Angeboten u. v. m. Zudem gibt's noch

# Der Norden bis nach Great Falls

**Im Great Falls Lewis Clark Interpretive Center sind jahrtausendealte Felszeichnungen der indianischen Urbevölkerung ausgestellt**

kleinere Pferderennen und einen Wettbewerb um den besten Hufschmied, www.browning-montana.com/naid.html.

## Great Falls ▶ Q 4

Den Stromschnellen des Missouri östlich der Stadt hat **Great Falls** seinen Namen zu verdanken. Heute ist der Fluss für die Energiegewinnung mehrfach durch Dämme gestaut und so sind die Fälle nur noch bedingt als Attraktion zu bezeichnen. Die Stadt ist mit inzwischen fast 58 000 Einwohnern die drittgrößte in Montana und am Knotenpunkt von der Interstate 15 und den Highways 89 und 87 ein wichtiges Verkehrs- und Handelszentrum östlich der Rocky Mountains. Klein- und mittelständische Industrie sowie ein Luftwaffenstützpunkt, der Flughafen, die Montana State University und das Wasserkraftwerk bilden die Stützpfeiler der Wirtschaft.

Besonders ins Auge fallen in der **Innenstadt** die vielen Kirchen. Jede der überaus zahlreichen Kirchengemeinden hat hier ein eigenes, oft beeindruckend hohes Gebäude vorzuweisen. Der Ort wurde 1883 aus wirtschaftlichen Erwägungen gegründet: Schon damals spielte die Energiegewinnung durch Wasserkraft eine wichtige Rolle und Great Falls wurde zur am schnellsten wachsenden Stadt des Westens.

Die alten Häuser im **Historic District** sind in dieser Stadt nicht so aufwendig gepflegt oder herausgeputzt wie in manchen anderen Orten, z. B. Portland (OR), Eureka (CA) oder

Boise (ID), aber beim Spaziergang durch die rechtwinklig angeordneten Straßen lässt sich manches Kleinod entdecken, besonders nördlich der Central Avenue.

Bekannt ist die Stadt aber wegen des dort eingerichteten **Charles M. Russell Museum** (s. a. S. 370). Diese Institution beherbergt die umfangreichste Sammlung der Gemälde, Zeichnungen und persönlichen Gegenstände des in Nordamerika berühmten Indianer- und Cowboy-Malers. Sein Studio und Blockhaus sind an das Museum angegliedert und können ebenfalls besichtigt werden. Nicht zuletzt die vielen Fotos aus seinem Leben vermitteln einen anschaulichen Eindruck von diesem malenden Chronisten einer damals schon untergehenden Welt. Wechselnde Ausstellungen junger Künstler, oft indianischer Abstammung, ergänzen die umfassende Sammlung. Etwas ungewöhnlich in diesem Zusammenhang mutet die Abteilung der Waffenkollektion mit Brownings an, aber die Kuratorin betont die Bedeutung der Gewehre und Pistolen für die Besiedlung des Westens, schließlich sei damals kein Mann unbewaffnet unterwegs gewesen (400 13th St. N, Tel. 406-727-8787, www.cmrussell.org, Mai– Sept. tgl. 9–18, Okt.– April Di–Sa 10–17, So 13–17 Uhr, Erw. 9 $, Schüler 4 $).

## River Edge Trail und das Lewis and Clark Center ▶ Q 4

Einen Ausflug wert ist die ungefähr 15 km lange Strecke des **River Edge Trail** am südlichen Ufer des Missouri vom **Elk Riverside Park** bis zum **Rainbow Dam.** Oberhalb der **Black Eagle Falls** befindet sich ein Aussichtspunkt, von dem aus man den Damm und das Kraftwerk sowie die menschenleere Landschaft am anderen Ufer sehr gut überblicken kann.

Das **Lewis and Clark Interpretive Center** wirkt von außen eher wie eine moderne Fabrik, beinhaltet aber eine höchst interessante und didaktisch gut aufbereitete Darstellung der Expeditionen der beiden berühmten Entdecker, die 1805/06 im Auftrag des amerikanischen Präsidenten den Westen erforschten und einen Monat im Gebiet von Great Falls

verbrachten. Die mühselige Reise der Offiziere und ihrer Gefährten wird in diesem Museum anhand von vielen Landkarten, Briefen und Gebrauchsgegenständen aus der Zeit lebendig in Szene gesetzt und auch die für die Pioniere überlebensnotwendige Hilfe der Indianer wird nicht verschwiegen (4201 Giant Springs Rd., Tel. 406-727-8733, www.fs.fed.us/r1/lewisclark/lcic, Mitte Mai–30. Sept. tgl. 9–18, Okt.–Mitte Mai Di–Sa 9–17, So 12–17 Uhr, Eintritt frei).

## Giant Springs Heritage State Park ▶ Q 4

Gleich nebenan beginnt der **Giant Springs Heritage State Park** mit Quellen und dem kürzesten Fluss der Welt, dem nur 61 m langen Roe River (1989 schaffte es der ›Fluss‹ sogar ins Guinness-Buch der Rekorde). Auf dem Parkgelände befinden sich auch ein Visitor Center und eine Fischzuchtanstalt und man hat einen schönen Ausblick über den Missouri. Noch ein Stück ostwärts gibt es den **Lewis and Clark Scenic Overlook,** von dort sieht man auf den Rainbow Dam und das herabstürzende Wasser der Crooked Falls.

**i** **Great Falls Visitor Information Center:** 15 Overlook Dr., Tel. 406-771-0885, www.visitgreatfalls.net/contact.

**Best Western Heritage Inn:** 1700 Fox Farm Road, Tel. 406-761-1900, www.bestwestern.com. Gutes Kettenhotel mit 231 Zimmern, Internetzugang, Indoor-Pool. Ab 110 $.

**Crystal Inn Hotel & Suites:** 3701 31st St. SW, Tel. 406-727-7788 oder 1-866-727-7788, www.crystalinngreatfalls.com. Modernes Hotel mit Indoor-Pool; große Zimmer, alle mit Mikrowelle, Kühlschrank und freiem Internetzugang, nahe der Interstate 15. Ab 100 $.

**Collins Mansion Inn B & B:** 1003 2nd Ave. NW (westl. vom Fluss), Tel. 1-866-939-4262 oder 406-576-5555, www.greatfallsbedbreakfast.com. Eine wunderschöne viktorianische Villa von 1891 mit 5 großzügigen Zimmern, alle mit Antiquitäten ausgestattet. Garden Room 90 $.

# Charles Marion Russell – Indianer- und Cowboymaler Thema

**Sein Name ist Legende in Montana und viele Amerikaner haben Drucke seiner Bilder an den Wänden. Er war aber nicht nur malender Chronist seiner Zeit, sondern auch Bildhauer, Schriftsteller und Fürsprecher der Indianer: Charles Marion Russell ist bis heute als vielseitiger Künstler mit profundem Wissen über das harte Leben der Cowboys und der Indianer im Bewusstsein der Menschen im Nordwesten der USA verankert.**

Der 1864 in St. Louis (Missouri) geborene Sohn einer wohlhabenden Familie wollte unbedingt Cowboy werden und im Wilden Westen leben. Er soll kein guter Schüler gewesen sein und seine Eltern schickten ihn auf die Ranch eines Freundes nach Montana, eigentlich um ihn an Disziplin und das raue Leben zu gewöhnen. Sie erfüllten damit aber seinen größten Traum. Nach einer Zeit des Schafehütens schloss er sich für zwei Jahre dem Jäger Jack Hoover an, anschließend fand er Arbeit als Cowboy.

Elf Jahre war er in diesem Beruf tätig und nutzte in dieser Zeit jede freie Minute zum Zeichnen und Malen. Bald war er unter den anderen Cowboys berühmt, aber nicht für seine Reit- oder Lassokünste, sondern vielmehr für seine detaillierten Zeichnungen und Gemälde. Als Künstler war er Autodidakt. Seine jahrelange Arbeit auf Ranches und als Jäger hat seinen Blick für das harte Leben der Viehtreiber geschärft.

Charles Marion Russell war aber auch fasziniert von den Indianern. Er wollte sie und ihr Leben in seinen Bildern festhalten, bevor alles verschwunden sein würde. 1888 verbrachte er einige Zeit in Kanada und lebte dort bei Indianern. Einfühlsam und respektvoll stellte er Alltagssituationen dar, zeichnete Frauen mit Kindern bei der Arbeit oder Krieger bei der Jagd. Russell war der erste Maler, der Indianer nicht als Wilde, sondern als würdige Edelmänner und -frauen der Prärie darstellte.

1896, im Alter von 32 Jahren, heiratete er die erst 18-jährige Nancy Cooper. Mit ihr zog er nach Great Falls und richtete sich dort ein Atelier ein. Sie unterstützte ihn in seiner Arbeit, kümmerte sich in geschickter Weise um die Finanzen und ermöglichte ihm, sich ganz auf die Kunst zu konzentrieren. So konnte er 1911 seine erste Einzelausstellung »The West That Has Passed« in New York eröffnen. Dies bedeutete den Eintritt in die nationale und internationale Kunstwelt. Vom Repräsentantenhaus des US-Bundesstaats Montana wurde er beauftragt, ein Gemälde für das State Capitol Building in Helena zu schaffen. 1914 zeigte er seine Werke sogar in London. Während eines Besuchs im kanadischen Calgary kaufte der Prinz von Wales ein Bild von Russell, das heute im Buckingham Palace hängt.

Das Gemälde wechselte für 10 000 $ seinen Besitzer. Zu dieser Zeit war dies der höchste Preis, der jemals für ein Gemälde eines lebenden amerikanischen Künstlers erzielt wurde. Von nun an zeigte Russell seine Werke im ganzen Land. 1925 wurde ihm zu Ehren eine Sonderausstellung in der Corcoran Gallery of Art in Washington D. C. veranstaltet. Seit 1923 litt dann Russell an Ischiasschmerzen, was ihn zunehmend bei seiner Arbeit behinderte. Er starb am 25. Oktober 1926 im Alter von 62 Jahren an einem Herzinfarkt in Great Falls. Das ihm gewidmete Museum wurde 1953 eröffnet.

**Eines von Ch. M. Russells bemerkenswerten Bildern zur Lewis-&-Clark-Expedition**

**Eddie's Super Club:** 3725 2nd Ave. N, Tel. 406-453-1616. Das Lokal erfreut sich reger Beliebtheit bei den Einheimischen; Steaks, *Prime Rib* und Burger sind die Favoriten in einem lässigen 1940er-Jahre-Ambiente. *Campfire Steak* ab 25 $.

**Bighorn Wilderness Equipment:** 600 Central Ave., Tel. 406-453-2841. In diesem Geschäft für Sportausstattung kann man **auch Fahrräder ausleihen.**

**Wandern auf dem River Edge Trail:** Die Wege werden von Recreation Trails, Inc., einer Organisation von Ehrenamtlichen betreut, P. O. Box 553, Tel. 406-788-3313, www.thetrail.org.

## First Peoples Buffalo Jump State Park ▶ Q 4

15 km westlich von Great Falls befindet sich ein 1,5 km langes Kliff, von dem die jahrhundertelang die Indianer bei ihrer Jagd die Büffel hinabstürzten. Der kleine **First Peoples Buf-**falo Jump State Park hat ein Visitor Center, wo es Beschreibungen der Jagd gibt und einige Wanderwege bis hin zum steilsten Abhang; von dort hat man einen wunderbaren Blick bis zu den Rocky Mountains (von Great Falls auf der Interstate 15 Richtung Süden, Ausfahrt Ulm, dann noch knapp 6 km nach Nordosten auf der Ulm-Vaughn Road. Gebühr nur für Autos von außerhalb Montanas 4 $, www.fwp.state.mt.us).

### Familienausflug ins Casino

In fast jedem Hotel gibt es ein Casino, entlang der 10th Avenue finden sich auch separate Glücksspielhallen. Glücksspiel ist in Montana erlaubt, es gibt neben den indianischen auch staatlich konzessionierte Casinos. Besonders an Wochenenden gehört es zum Familienspaß der Landbewohner, sich in einem Hotel einzumieten und mit Black Jack, Wetten oder am Einarmigen Banditen zu versuchen, die Haushaltskasse aufzubessern.

**Die von Hochebenen durchbrochenen Berglandschaften der Rocky Mountains verschaffen dem südwestlichen Teil von Montana ganz individuelle, abwechslungsreiche Regionen. Lediglich zwei große Verkehrsadern durchziehen dieses Gebiet: die Interstate 90 von Westen nach Osten und die Interstate 15 von Norden nach Süden. Die Vergangenheit bleibt lebendig in den Geisterstädten Virginia und Nevada City, deren historische Bauten im Sommer viele Touristen bestaunen.**

Die südwestliche Region Montanas wurde vom staatlichen Tourismusbüro zum **Gold West Country** gekürt, weil hier im 19. Jh. die meisten Goldfunde gemacht wurden (www. goldwest.visitmt.com). Mit ihrer aufwendig restaurierten historischen Innenstadt hat sich die kleine Hauptstadt Helena zu einem attraktiven touristischen Ziel gemausert. Noch spannender finden viele Besucher im Sommer aber das Nachspielen vergangener Siedlerzeiten in den Geisterstädten Virginia und Nevada City. Auf dem Weg zum Yellowstone Park lohnt sich auch ein Halt in Bozeman, einem wachsenden Zentrum mit einem interessanten Dinosauriermuseum. Aber das nachhaltigste Erlebnis für jeden Reisenden ist die Natur, die nahezu menschenleeren Landschaften und ihre schier unendliche Weite. Man sollte sich unbedingt Zeit nehmen, um ihre Vielfalt beim Wandern, Reiten, Fischen oder Kajakfahren zu erleben.

## Helena  ▶ P 6

Goldfunde haben 1864 zur Gründung der kleinen Stadt Helena zwischen dem Canyon Ferry Lake und den Big Belt Mountains geführt, Ende des 19. Jh. lebten dort die meisten Millionäre des Wilden Westens. Queen City of the Rockies wurde die Ansiedlung damals genannt, allerdings waren die Goldmi-

nen innerhalb von 20 Jahren ausgebeutet. Helena gewann 1889 im Streit um den Hauptstadtrang des neuen Bundesstaates Montana, den die Kupferkönige von Butte und Anaconda erbittert führten, und konnte sich so als Verwaltungs- und Bankenzentrum etablieren. Heute stehen noch zahlreiche ältere Gebäude im Zentrum der Stadt, dem berühmten **Last Chance Gulch.** Helena hat inzwischen ca. 27 000 Einwohner und ist Einkaufs- und Verwaltungszentrum für ein Einzugsgebiet von fast 70 000 Menschen, konnte sich dabei aber einen fast gemächlichen, ländlichen Charme bewahren. Eindrucksvoll thront auf einer kleinen Anhöhe die **Kathedrale St. Helena** aus dem Jahr 1924, eine im neogotischen Stil gebaute Kirche mit zwei 70 m hohen Türmen.

Die sich darunter anschließende **Innenstadt** mit vielen älteren Gebäuden aus den Anfängen ist liebevoll restauriert, teilweise sogar in eine Fußgängerzone umgewandelt und lockt im Sommer zahlreiche Flaneure an. Man kann sich im Visitor Center eine Broschüre für einen Spaziergang entlang der historischen Gebäude holen.

### Montana Governor's Mansion

Auf jeden Fall ist ein Besuch im ehemaligen **Wohnhaus der Gouverneure** von Montana empfehlenswert. Das viktorianische Haus war von 1913 bis 1959 deren Domizil (Montana Governor's Mansion, 304 N Ewing St., Tel. 406-444-4789, www.montanahistorical society.org, Touren Mai–Sept. Di, Sa ab 13 Uhr stdl., Okt.–April Sa ab 12 Uhr, Eintritt 5 $).

## Montana Historical Society

Mit großem Enthusiasmus und bemerkens- wertem Resultat haben die Freiwilligen der **Montana Historical Society** ein **Museum** aufgebaut: Die Sammlungen umfassen mehr als 50 000 Stücke, darunter Kleidung der In- dianer, der Goldsucher, der Gouverneure und eine großartige Kollektion von frühen Schwarz-Weiß-Fotos aus dem Yellowstone Park (Haynes Gallery). Ein ausgestopfter wei- ßer Bison aus dem Gebiet der Bison Range ziert eine Halle, die dem Leben auf dem Land gewidmet ist. Dem Bison wurden magische Kräfte nachgesagt (Montana Historical So- ciety Museum, 225 N Roberts St., Tel. 406- 444-2694, www.montanahistoricalsociety. org, Mo–Sa 9–17 Uhr, Erw. 5 $).

## Archie Bray Foundation und Spring Meadow Lake

Etwas außerhalb von Downtown befindet sich eine Töpferwerkstatt mit Galerie, zu der Künstler aus ganz Montana zu Workshops kommen und in der man auch Ausstellungen besuchen kann. Die **Archie Bray Foundation** ist seit 1951 ein Anziehungsort für Kreative, wo neben ›solidem‹ Kunsthandwerk auch un- gewöhnliche Formen und Figuren ihren Weg aus dem Ton finden. Ganzjährig bietet die Stiftung Workshops an, von denen manche nur 1 bis 2 Tage dauern, sodass auch inte- ressierte Reisende daran teilnehmen können (Archie Bray Foundation for the Ceramic Arts, 2915 Country Club Ave., Tel. 406-443-3502, www.archiebray.org).

Im Westen liegt der **Spring Meadow Lake State Park** mit einem kleinen See, an dem sich nachmittags Familien zum Sonnenbaden und Schwimmen treffen.

**Visitor Office Downtown:** 121 N Last Chance Gulch, Tel. 406-442-9869, www.downtownhelena.com.

## Mit der Autorin unterwegs

### Ländlicher Charme
Die Innenstadt der Hauptstadt Montanas be- sitzt einen fast ländlichen Charme, **Helenas** historische Gebäude wie die Gouverneurs- villa können z. T. besichtigt werden (links).

### Unbedingt ansehen
Ein Dorado für Fans von Oldtimern ist das **Montana Auto Museum** in **Deer Lodge** an der Interstate 90. Mehr als 150 Autos sind hier ausgestellt, das älteste ist ein Ford von 1903 (s. S. 375).

### Museum of the Rockies in Bozeman
Den ausgestorbenen Urbewohnern, den Di- nosauriern, ist im **Museum of the Rockies** eine große Ausstellung mit originalen Skelet- ten gewidmet. Darüber hinaus wird hier die Geschichte der Besiedlung lebendig. Mit nachgestellten Szenen, alten Hütten und his- torischem Werkzeug verschiedener Hand- werke präsentiert man sich als Museum zum Anfassen (s. S. 384).

**The Sanders Helena's B & B:** 328 N Ewing St., Tel. 406-442-30 09, www. sandersbb.com. Elegante Queen- Anne-Villa von 1875, 7 Zimmer mit Antiquitäten. DZ ab 130 $.

**Barrister B & B:** 416 N Ewing St., Ecke 9th Ave. und Ewing St., Tel. 406-443-7330, http:// thebarristermt.tripod.com. 5 individuell aus- gestattete Zimmer in einer Villa von 1874 in der Nähe der Kathedrale. Ab 115 $.

**Red Lion Colonial Hotel:** 2301 Colonial Dr., Tel. 406-443-2100, www.redlion.com. Gute Standardkette, 149 geräumige Zimmer, In- ternetzugang und Restaurant. Ab 110 $.

**Best Western Helena Great Northern Ho- tel:** 835 Great Northern Blvd., Tel. 406-457- 5500 oder 800-829-4047, www.bestwestern. com. Gutes Standardhotel mit 101 geräumi- gen Zimmern, Innenpool, Internetzugang und Restaurant, Frühstück inkl. Ab 100 $.

## Der Südwesten Montanas

 **Bistro Benny's:** 108 E 6th Ave., Tel. 406-443-0105, www.bennysbistro.com. Lunch Mo–Fr 11–15, Dinner Mi–Sa 17.30–11 Uhr, Livemusik. Spezialität Crêpes, mit verschiedenen Füllungen und frischen Zutaten aus biologischem Anbau. Um 18 $.
**Windbag Saloon & Grill:** 19 S Last Chance Gulch, Tel. 406-443-9669. Tgl. außer So ab 17 Uhr. Traditionsreiches Familienrestaurant, gute Burger, Sandwiches und reichhaltige Salate. Um 10 $.

 **Feste und Veranstaltungen**
**Montana Shakespeare Company:** Juni–Aug. Verschiedene Spielorte, meist Downtown, 6137 Moondance Rd., Tel. 406-459-4386 (Reservierungen), 406-431-1154 (Informationen), www.montanashakespeare.org.

**Stadtführungen:**
**Mit dem historischen Trolley:** Ab Last Chance Gulch, Tel. 406-447-1580, Mo–Fr 11–18 Uhr, Ticket 50 Cent oder 1,50 $ für den Tag, www.downtownhelena.com/trolley.
**Last Chance Tour Train:** Tel. 1-888-423-1023, www.lctours.com. Eine Stunde mit einer alten Eisenbahn zu den historischen Attraktionen. Start ist vor dem Gebäude der Historical Society, 225 N Roberts St., Ecke 6th St., Mo–Sa ab 11 Uhr, Erw. 8 $.
**Bootstour auf dem Missouri:** Gates of the Mountains, Tel. 1-406-458-5241, www.gatesofthemountains.com. Die Marina befindet

---

**Gary Cooper was here!**
Dem sicher bekanntesten Sohn von Helena, Gary Cooper (1901–61), hat man bislang noch kein Denkmal errichtet, auch kein Hinweis auf sein Geburtshaus ist zu finden. Vielleicht liegt es daran, dass seine englische Mutter ihn erst nach England zur Schule und bei Ausbruch des Ersten Weltkriegs nach Bozeman auf die High School schickte. 1924 verließ die Familie die Hauptstadt und zog nach Los Angeles, zum Glück, denn schon ein Jahr später wurde er Schauspieler und drehte im Lauf seiner Karriere über 100 Filme.

---

sich 32 km nördlich von Helena, I 15, Exit 209. Touren von Ende Mai bis Labour Day (1. Mo im Sept.), 2 Std., Erw. 12 $. Steil nach oben ragende Felsen prägen den Missouri in diesem Gebiet, dort lassen sich auch einmal Dickhornschafe beim Klettern beobachten. Den Namen **Gates of the Mountains** sollen die Forscher Lewis und Clark in ihren Notizen vermerkt haben. Beim heutigen Holter Dam ändert sich die Landschaft der Plains und beginnt hügelig zu werden.

 **The Made in Montana Store & Gallery:** 21 N Last Chance Gulch, Tel. 406-442-3136, www.madeinmontanastore.com. Hier gibt es jede Menge Souvenirs, angefangen vom T-Shirt über Marmeladen bis zu Gewürzen und Spielzeug, ein Sammelsurium, aber alles aus Montana.

**Flüge:** Helena Regional Airport, 2850 Skyway Dr., Tel. 406-442-2821, www. helenaairport.com. Flüge von Seattle, Salt Lake City, Denver.
**Busse:** Greyhound, 630 N Last Chance Gulch, Tel. 406-442-5860, www.greyhound.com.

# Deer Lodge ► P 6

Berühmt wurde **Deer Lodge** 1871 durch das staatliche Gefängnis, das erste seiner Art im Wilden Westen. 1979 wurde der ältere Teil geschlossen und in einen Museumskomplex umgewandelt (Old Prison Museums, 1106 Main St., Tel. 406-846-3111, www.pcmaf.org). Darin finden sich u. a. das **Frontier Montana Museum** mit Gegenständen aus dem Cowboyalltag, das **Powell County Museum** zur lokalen Geschichte, das **Montana Law Enforcement Museum** mit Dokumentationen zu Biografien der Gesetzeshüter und das **Yesterday's Playthings,** eine historische Spielzeug- und Puppensammlung aus Privatbesitz. Das neue Gefängnis liegt ca. 6 km westlich von der kleinen Rancher-Stadt.

## Montana Automobile Museum
Zumindest ungewöhnlich für den Ort ist das ebenfalls zum Museumskomplex gehörende

## Richtig Reisen-Tipp: Western Dining – Abendessen nach Montana-Art

Ungefähr 13 km außerhalb, südwestlich von Helena mitten im Wald befindet sich die **Last Chance Ranch.** Besitzer Bruce Anfinson hat sich etwas Besonderes einfallen lassen, um stadtmüden Touristen Natur und Western-Style näherzubringen, ein Abendessen in Montanas größtem Tipi, das Platz für 50 Personen bietet. Nach telefonischer oder übers Internet erfolgter Anmeldung beginnt die Fahrt am **Last Chance Gulch** in Helena. Ein Bus bringt die Teilnehmer in den Wald des **Helena National Forest.**

Auf einer Planwagenfahrt von etwa einer Stunde wird dann zunächst einmal die Gegend erkundet und der Appetit auf das rustikale Mahl geweckt. Im Indianerzelt Moose Meadow Tipi stehen Tische für jeweils 10 Personen bereit. Sobald alle Gäste sitzen, werden große Schüsseln mit frischen Salaten aus dem hauseigenen Garten, Kartoffeln, selbst gebackene Brötchen und natürlich *Prime Rib* frisch vom Grill serviert. Als Nachtisch ist der Blaubeer-Käsekuchen *(Huckleberry Cheesecake)* seit Jahren der Renner. Umrahmt wird das Abendessen von Gitarrenklängen und Gesang von Bruce, sodass richtiges Western-Feeling aufkommt.

Bruce gilt als Montanas Botschafter in Sachen Folkmusik und hat vier Alben veröffentlicht. Anfang der 1990er-Jahre ist er sogar einmal beim Deutsch-Amerikanischen Volksfest in Berlin aufgetreten. Zum Abschluss kann man noch am Lagerfeuer gebrauten *cowboy coffee* bekommen, dann bringt der Bus die Gäste zurück nach Helena. Wer bleiben möchte, kann im neuen, einfachen Holzhaus ein Zimmer buchen (ab 220 $).

**Last Chance Ranch:** 2884 Grizzly Gulch, Tel. 406-442-2884 oder 800-505-2884, www.lastchanceranch.biz. Insgesamt 79 $/Pers., nur Juni–Sept.

**Montana Automobile Museum.** Mehr als 150 alte Autos aus dem Zeitraum von 1903 bis in die 1970er-Jahre sind hier zu bewundern und lassen das Herz eines jedes Autofans unweigerlich höher schlagen.

Auch wenn sie in dem nicht sehr großen Gebäude ziemlich dicht gedrängt stehen und man zudem leider nicht einsteigen kann, beeindrucken die blank gewienerten Exemplare eines De Soto Airflow, eines Chevy Nomad oder eines Mustang Mach I dennoch ob ihrer Größe, und, im Vergleich zu den modernen Autos, durch die ungeheure Vielfalt an Formen, die sich Autohersteller einmal haben einfallen lassen.

Sogar das allererste Elektroauto aus dem Jahr 1971 ist dort zu bewundern. Und wer genügend Kleingeld in der Tasche hat, kann auch gleich ein Oldsmobile kaufen Das Automuseum ist ganzjährig 8–18 Uhr geöffnet, die anderen nur von Mai bis September (Eintritt für alle 10 $).

### Grant-Kohrs Ranch

Hauptattraktion des Orts ist inzwischen aber die **Grant-Kohrs Ranch,** eine unter Denkmalschutz stehende Riesen-Ranch von 1857. Damals kam der kanadische Trapper John Francis Grant in das fruchtbare und klimatisch ausgeglichene Tal und begann Rinder zu züchten. Bereits 1866 verkaufte er die auf die stattliche Größe von 12 000 ha angewachsene Ranch an den deutsch-dänischen Auswanderer Conrad Kohrs (1835–1920). Kohrs war bereits ein erfolgreicher Rinderhändler, der die Minengesellschaften bzw. deren Arbeiter mit Fleisch versorgte, und er wollte die Ranch für seine eigene Produktion nutzen.

Schwere Unwetter und Tiefsttemperaturen im Winter 1886/87 führten zum Verlust eines großen Teils seiner mehr als 50 000 Tiere umfassenden Herde, und Kohrs sah sich veranlasst, das *open ranching* (die Rinder ganzjährig auf den Weiden zu lassen) zu beenden

375

# Der Südwesten Montanas

und neue Formen der Viehwirtschaft zu entwickeln. 1972 wurde die Ranch unter Denkmalschutz gestellt und wird seitdem von der Nationalparkbehörde verwaltet und betrieben. Sie dient als lebendiges Beispiel für die Viehzucht in Montana, gleichzeitig als Museum für die früheren Formen des Ranching und der Lebensbedingungen der Cowboys und Siedler. Vorführungen wie Brandzeichen brennen, Hufeisen schmieden, Pferde einreiten und vieles andere mehr werden auf dem Gelände angeboten, zudem können viele der noch aus den Anfangszeiten erhaltenen Gebäude besichtigt werden. Allerdings gibt es keinen Pferdeverleih oder Pferdeausritte *(horsebackriding)*.

Auf der 6400 km² großen Ranch wird nach wie vor gearbeitet, aber es ist nicht vorgesehen, dass Besucher daran teilnehmen (Grant-Kohrs Ranch National Historic Site, 266 Warren Lane, Deer Lodge (Exit 184 von der Interstate 90), Visitor Center, Tel. 406-846-2070 *ext.* 250, www.nps.gov/grko, ganzjährig 9–16.30 Uhr, Eintritt frei).

**Scharf's Motor Inn:** 819 Main St., Tel. 406-846-2810, http://scharfsmontana.com. 42 preiswerte Zimmer, freier Internetzugang. Ab 60 $.

# Butte ▶ P 6/7

Ehemals bekannt als *the richest hill on earth,* wartet die 34 000 Einwohner zählende Stadt heute mit eher ambivalenten Eindrücken auf. Einst wurden hier Kupfer, Gold und Silber von Bergleuten aus aller Welt gefördert. Mehr als 100 000 Menschen lebten und arbeiteten in dieser rauen Bergregion. 1893 fiel der Preis für Silber ins Bodenlose, aber in Butte konnte auch Kupfer geschürft werden, und als man das Edelmetall für die Elektrifizierung der Städte benötigte, wurde der Ausbau vorangetrieben und die Minenbesitzer reich. Zeugen dieser Geschichte sind die noch produzierende Anselmo Mine Yard und das Mineral Museum. Viele Fördertürme stehen auf dem Hügel von Uptown Butte, umgeben von Fa-

brikgebäuden sowie heruntergekommenen und verlassenen Wohnhäusern.

Butte hatte in seinen guten Zeiten eine Unzahl an Bordellen, eines wie das **Dumas-Freudenhaus** wurde sogar fast 100 Jahre (1890–1982) lang betrieben. Heute ist es zu besichtigen, die Möbel sind noch original, in das Flair von damals muss man sich allerdings ein wenig hineindenken (Dumas Brothel Museum, 45 E Mercury, Tel. 406-494-6908, www.thedumasbrothel.com, Mai–Ende Aug. tgl. 10–17 Uhr, Erw. 6 $).

Andere Straßenzüge wiederum weisen auf den ehemaligen Reichtum hin, große Bank- und Verwaltungsgebäude zeugen von der vergangenen Pracht. Doch der Putz ist mehr als abgefallen. Butte war bis in die 1930er-Jahre die bestimmende Stadt in Montana, doch mit der Depression fielen auch die Kupferpreise in den Keller und die Produktion wurde binnen weniger Jahre auf ein Minimum heruntergefahren. 1955 versuchten Investoren es noch einmal mit der Förderung aus der gigantischen Berkeley-Grube, aber auch diese wurde 1983 geschlossen.

Die ganze Gegend ist als **National Historic Landmark** ausgewiesen, das Problem mit den Umweltbelastungen durch Arsen und Blei ist dadurch aber noch lange nicht gelöst. Da das Trinkwasser in den 1990er-Jahren stark verunreinigt war, wurden inzwischen Millionen Dollar in die Sanierung der maroden Wasserleitungen gesteckt. Doch Butte bleibt die fragwürdige Ehre, der Ort mit der größten verseuchten Grube im Land zu sein.

Die **Berkeley Open Pit Mine** umfasst fast 4 km² Fläche und ist 550 m tief. Heute ist sie mit giftigem Wasser gefüllt, man kann von einer Plattform aus direkt auf den ›See‹ blicken (Continental Dr./Park St., www.pitwatch.org). Kupfer wird heutzutage vorwiegend in Afrika und Südamerika abgebaut, selbst die in Butte gegründete Anaconda Compony ist vorwiegend in Chile aktiv und nicht mehr in ihrer Heimatstadt.

## Our Lady of the Rockies

Aber in Butte geben die Menschen nicht auf. Die Handelskammer hat ein neues Visitor

Center am Fuß der Stadt errichtet und ein Neubaugebiet um die technische Hochschule (Montana Tech), eine große Polysilizium-Fabrik und ein Gesundheitszentrum vermitteln einen Eindruck vom Überlebenswillen der Bewohner.

Noch deutlicher wird er durch eine Art Wahrzeichen von Butte, nämlich **Our Lady of the Rockies,** eine 27 m hohe, weiße Madonnenfigur im Osten der Stadt. Sechs Jahre haben Freiwillige ab 1979 eine Straße in die Berge gebaut, andere das Geld für die Herstellung der 80 t schweren Granitfigur gesammelt, sodass seit 1985 genau auf der Kontinentalen Wasserscheide 1000 m oberhalb der Stadt die Figur der Muttergottes zur Ehre aller Mütter steht. Sie wird nachts beleuchtet und wirkt dann wie eine Schutzheilige. Auf das in Privatbesitz befindliche Gelände und an den Sockel der Statue gelangt man nur im Rahmen einer geführten Bustour, aber auch von der Butte Plaza Mall aus ist die Lady gut zu sehen.

Eine kurzzeitige Belebung brachte das Filmteam um Wim Wenders mit sich, der 2004 den Film »Don't come knocking« mit Sam Shepard und Jessica Lange in der Stadt drehte. Allerdings diente dem berühmten deutschen Regisseur genau die eher triste Atmosphäre der Innenstadt (Uptown) von Butte als Hintergrund für seine Interpretation von Verlorenheit und vergebenen Chancen.

**Butte-Silver Bow Chamber of Commerce Visitor Center:** 1000 George St., Tel. 800-735-6814 oder 406-723-1377, www.buttemontana.com oder www.buttecvb.com, Mo–Fr 9–17 Uhr.

**Best Western Butte Plaza Inn:** 2900 Harrison Ave., Tel. 406-494-3500, www.bestwestern.com. Nahe des Einkaufszentrums am Stadtrand liegendes Kettenhotel mit freiem Internetzugang, Frühstück, Restaurant, Fitnessraum und Pool. Ab 145 $.

**Blick aus einem Fenster auf die ehemalige Minenstadt – seit Jahrzehnten ein eher trister Ort, der auf eine Wiederbelebung zu warten scheint**

# Mächtig durch Bodenschätze – die Kupferkönige von Butte

**Drei Männer haben im späten 19. Jh. das wirtschaftliche und politische Geschehen in Montana maßgeblich bestimmt: William Andrew Clark, Marcus Daly und Fritz Augustus Heinze. Ihr Konkurrenzkampf um Macht und politischen Einfluss wird in der Geschichte des Bundesstaats als »Krieg der Kupferkönige« bezeichnet und führte dazu, dass Helena Hauptstadt des riesigen Staats wurde.**

Die Aufbruchstimmung und die Möglichkeiten, die das neue Leben im Westen boten – wenn man zur richtigen Zeit am richtigen Ort war – lassen sich anhand der Biografien der drei Männer exemplarisch nachzeichnen. Sie hatten nichts gemeinsam, außer dem Willen, sich durchzusetzen, und eine gewisse Skrupellosigkeit im Umgang mit den gerade erst neu entstehenden Autoritäten und Gesetzen.

William Andrew Clark stammte aus Connellsville in Pennsylvania (geb. 1839), hatte eine Ausbildung zum Lehrer absolviert, danach Jura studiert und sich während des Bürgerkriegs in einem Regiment in Iowa verdingt. Verlockt durch die Möglichkeiten, die sich einem jungen Mann im Wilden Westen boten, zog er 1863 nach Bannack, der damaligen Hauptstadt des Montana Territory, und schaffte sich durch das Goldschürfen den Grundstock für sein späteres Vermögen. Als ein typischer Kleinunternehmer in der Pionierzeit suchte er im Sommer nach Gold, handelte im Winter mit Waren für die Siedler und Minenarbeiter, unterhielt eine Postlinie und gründete 1870 in Deer Lodge eine kleine Bank. Durch zahlungsunfähige Minenbesitzer kam er mit dem Bergbau in Berührung und erwarb seine ersten eigenen kleinen Minen.

1872 ging er nach Butte und kaufte dort ebenfalls mehrere Minen. Aber damit nicht genug: William Andrew Clark unterhielt dort eine Zeitung, investierte in die Holzwirtschaft und in Farmen und baute sogar eine Eisenbahnlinie von Missoula nach Walla Walla in Washington. Clark gehörte auch zu den Gründern von Las Vegas, weil eine weitere Eisenbahnroute von Salt Lake City nach Los Angeles dort Wasser tanken konnte und sich um dieses Depot nach 1905 eine Ansiedlung zu entwickeln begann. Seine Villa mit 34 Zimmern galt lange als die prächtigste weit und breit, die Baukosten von einer halben Mio. $ sollen der Fama nach gerade einmal einen halben Tagesgewinn aus seinen Geschäften ausgemacht haben. Das Firmenimperium zu managen reichte noch nicht, es zog den ehrgeizigen Entrepreneur bald in die Politik. 1884 wurde er Präsident des Vorbereitungsgremiums für den neuen Bundesstaat Montana. Als er dann auch noch als Senator nach Washington gehen wollte, funkte ihm Marcus Daly dazwischen.

Der Ire Marcus Daly kam im Alter von 15 Jahren 1856 nach New York. Nach den ersten Jahren, in denen er sich mit allen möglichen Jobs über Wasser gehalten hatte, ging er nach Kalifornien, wo er einiges über die Arbeit in den Minen lernte, und erhielt später eine Anstellung in den Silberminen von Virginia City in Nevada. Der junge Mann war offenbar begabt, denn seine nächste Stellung war die eines Vorarbeiters für das Minensyndikat in Salt Lake City. Als Prospektor wurde er 1876 nach Montana geschickt und erwarb eine Silbermine. Einen Teil davon nahm er in seinen eigenen Besitz und bei einem späteren Verkauf hatte er die Grundlagen, um, gemeinsam mit anderen, die Anaconda-Minen westlich von Butte zu erwerben.

Die Silbervorkommen in und um Butte waren nach intensivem Abbau im späten 19. Jh. nahezu erschöpft. Dann stieß man auf Kupfer und Daly erkannte das Potenzial dieses Metalls. Thomas Edison hatte gerade die Glühlampe erfunden und für ihre Produktion sowie für die der Telefonkabel brauchte man Kupferdrähte: Ein gigantischer Markt lag vor den Unternehmern. Auch die Kupferschmelze nahm Daly in die Hand und wurde binnen Kurzem zum Millionär, 1895 war die Anaconda-Mine die ergiebigste Kupfermine der Welt.

Viele der benötigten Arbeitskräfte ließ Daly aus Irland holen, so erklärt sich auch die heute noch große irische Gemeinde in Butte. Um die Schmelze herum entstand die Ansiedlung Anaconda (ca. 30 km westlich von Butte), und Daly hatte den Ehrgeiz, seine Stadt zur Hauptstadt des neuen Bundesstaats Montana zu machen. William Clark verfolgte hingegen das Ziel, Helena zum politischen Mittelpunkt zu machen. Dort war Gold gefunden worden und hatte zur Blüte der kleinen Stadt beigetragen.

In seiner Funktion als Präsident und mithilfe seiner Zeitung zog er gegen Daly in eine erbitterte Auseinandersetzung darüber, wem die politische Macht im welchem Ort zustehen sollte. Daly verlor gegen seinen starken Kontrahenten. Als Montana im Jahr 1889 endlich zum 41. Bundesstaat der USA erklärt wurde und man Helena zur Hauptstadt machte, bewarb sich Clark um einen Senatorensitz. Daly wiederum konnte Clark nachweisen, dass er die Mitglieder der Montana State Legislature für seine Wahl bestochen hatte, und so musste Clark seinen Traum erst einmal begraben. Erst 1901 war er dann erfolgreich und vertrat seinen Staat bis 1907 in Washington.

Nicht verhindern konnte er die juristischen Spitzfindigkeiten von Fritz Augustus Heinze. Heinze wurde 1869 als Sohn deutscher Emigranten in New York geboren, studierte zuerst an der Polytechnischen Hochschule in Brooklyn und anschließend Minenwesen an der Columbia School of Mines. Er kam 1889 nach Butte, als die Claims eigentlich schon verteilt waren, und kaufte kleine Gebiete an den Rändern der ergiebigen Minen. Der Minenfachmann konnte mithilfe findiger Juristen ein Gesetz auf den Weg bringen lassen, nach dem der Nachweis einer Edelmetallader auf einem Claim zum Besitz der gesamten Fläche der Ader führte *(law of the apex)*. Auf dieser Basis wurde er selbst schwer reich, gleichzeitig trugen die juristischen Auseinandersetzungen um die Claims dazu bei, dass viele kleinere Besitzer aufgaben und verkauften.

Auch die beiden Kupferkönige Clark und Daly waren von diesem Gesetz betroffen und sie trennten sich von ihren Minen. Zu guter Letzt gründete Heinze 1902 die United Copper Company. Daly war zu dieser Zeit schon tot, er hatte seine Aktien an der Anaconda bereits zuvor an die Standard Oil Company verkauft. William Clark war sein Senatorenposten wichtiger als die verseuchten Böden und die krank machende Luft in Butte, auch er hatte sein Kupferimperium an Standard Oil abgetreten. Und so trug Heinze mit seinen Ambitionen letztendlich zum Ende einer Ära bei. Bis zum Jahr 1907 amtierte Clark noch als Senator für Montana, dann zog er nach New York, wo er 1925 als einer der 50 reichsten Amerikaner starb. 1906 verkaufte auch Heinze und verließ Butte in Richtung Ostküste, um als Bankier sein Vermögen zu vermehren. Das misslang gründlich. Er kehrte zunächst nach Butte zurück und starb erst 45-jährig 1914 in Saratoga, New York.

## Der Südwesten Montanas

**B & B Toad Hall Manor:** 1 Green Ln., Tel. 406-494-2625, www.toadhallmanor.com. Das großzügige, rote Ziegelhaus von 1900 liegt in der Nähe des Flughafens von Butte in einem großen Park. 4 Zimmer, 3 davon ebenerdig, 1 mit Gartenzugang. Ab 140 $.

**B & B The Copper Kings Mansion:** 219 W Granite St., Tel. 406-782-7580, www.thecopperkingmansion.com. Das ehemalige Wohnhaus eines der drei Kupferkönige von Butte, William Andrew Clark (gebaut 1888, 34 Zimmer), ist tagsüber ein Museum und nachts ein B & B, die Besichtigung ist für Hausgäste frei. 5 Zimmer mit originalen Antiquitäten werden vermietet, 3 teilen ein Bad. Das Schlafzimmer von Clark mit Kamin und eigenem Bad kostet 115 $. DZ ab 65 $.

 **Acoma Restaurant & Lounge:** 60 E Broadway St., Tel. 406-782-7001, www.butteamerica.com/acoma.htm, Mo–Fr 11–13 Lunch, ab 17 Uhr Dinner. Restaurierte Art-déco-Inneneinrichtung, gute Steaks. Um 22 $.

 **M & M Cigar Store:** 9 N Main St., Tel. 406-723-7612, 24 Std. geöffnet. Es ist kein Restaurant, auch kein Coffeeshop oder Nachtclub, sondern eine Mischung aus allem; trotz des Namens darf nicht geraucht werden. Schon morgens trinken Einheimische hier ihr Bier oder spielen an den Einarmigen Banditen und abends treten besonders am Wochenende Livebands auf. Das Lokal gibt es schon seit 1890 und spiegelt wohl ein wenig den Geist der Pionierzeiten wider, als es noch deutlich weniger zivilisiert zuging.

**Feste und Veranstaltungen**
**National Folk Festival 2010:** Mitte Juli, www.nationalfolkfestival.com. Drei Tage Musik und Tanz in der ganzen Stadt, Eintritt frei.
**Evel Knievel Days:** Ende Juli. Spektakuläre Shows mit Motorrädern zu Ehren des in Butte geborenen berühmten Stuntman Robert Craig (1938–2007), mehr als 50 000 Fans pilgern jedes Jahr ihm zu Ehren in die Stadt.

**An Ri Ra – Montanas Irish Festival:** Anfang Aug. Auf der Park St., zwischen Main St. und Montana St., es gibt verschiedene Paraden und natürlich viel Guinness.

**Stadtführungen**
**Historische Spaziergänge:** Old Butte Historical Adventures, Historic Guide Center 117 N Main St., Tel. 406-498-3424, www.buttetours.info. Mai–Sept. tgl. 3 Touren, besonders interessant ist die »Underground Tour«, Erw. 10 $, Kin. 5 $. Im Winter auf Nachfrage.
**Our Lady of the Rockies Tour:** 3100 Harrison Ave. an der Butte Plaza Mall, Tel. 406-782-1221, www.ourladyoftherockies.com. Juni–Sept. tgl. 10 und 14 Uhr, 2,5-Std.-Bustour Erw. 12 $.

# Von Butte zum Big Hole National Battlefield ▶ P 7

Das **Schlachtfeld von Big Hole** erreicht man von Butte aus über die Interstate 15 nach Süden, dann geht es rechts ab auf den Highway 43 durch den **Beaverhead-Deerlodge National Forest.** Insgesamt ist es eine Fahrt von ca. 137 km, für die man gut 2 Stunden einplanen sollte. Die Besichtigung des Battlefields und der damit verbundene Umweg lohnt sich vor allem für Reisende mit etwas Zeit und entsprechendem Interesse an der Geschichte des Landes. Markiert doch die Schlacht im Jahr 1877, bei der sich die Nez-Perce-Indianer und amerikanische Soldaten unter General Howard gegenüberstanden, den Beginn des endgültigen Kriegs zwischen diesem verfolgten Stamm und der Armee.

Das Schlachtfeld ist einer der 38 Orte in vier Bundesstaaten, die zum **Nez Perce National Historic Park** gehören (www.nps.gov/nepe). Am Battlefield gibt es weder Tankstellen noch Einkaufsmöglichkeiten, beides kann man im kleinen Wisdom, ca. 18 km östlich des historischen Geländes, erledigen.

**Visitor Center des Big Hole National Battlefield:** 16425 Hwy 43 W, Tel. 406-689-3155, www.nps.gov/biho, tgl. 9–17 Uhr, kein Eintritt, kein Camping. Im Sommer tgl. 13.30 Uhr geführte Touren mit Rangern.

## Jackson Hot Springs

Gut eine Stunde Fahrt südöstlich von Butte im kleinen Ort **Jackson Hot Springs** (Hwy 278) befindet sich eine Lodge (s. u.) mit 20 großzügigen Cabins und einem zum Hotel gehörenden sehr großen Schwimmbad, das aus den heißen Quellen gespeist wird.

  **Jackson Hot Springs Lodge:** Main St., Jackson, Tel. 406-834-3151, www.jacksonhotsprings.com, ganzjährig geöffnet, Hütte mit Kamin 90 $. Das dazugehörende Restaurant hat einen guten Ruf, Gäste aus der Umgebung essen dort gern frische Forellen, Steaks oder auch Straußenfleisch. Hauptgerichte um 23 $.

## 13 Virginia City und Nevada City ▶ Q 8

Von Butte gelangt man auf der Interstate 90 östlich bis Three Forks und dann sehr bequem über den Highway 287 oder 191 nach West Yellowstone, dem Parkeingang zum Yellowstone National Park auf der westlichen Seite. Auch der nördliche Eingang bei Gardiner bzw. Mammoth Hot Springs ist von Livingston aus über den Highway 89 schnell zu erreichen. Aber der Umweg oder Abstecher zu den beiden berühmtesten Geisterstädten von Montana lohnt sich: Beide Orte sind komplett in Museen umgewandelt worden, in denen man aber alles anfassen darf und einen ziemlich guten Eindruck vom Leben der ersten Siedler und Goldsucher bekommt.

## Virginia City

Es ist heute schwer vorstellbar, aber kurz nach den ersten Goldfunden 1863 lebten im Tal von **Virginia City** bereits über 10 000 Menschen, alle beseelt und getrieben von dem Gedanken, ganz schnell reich zu werden. Der Goldrausch kam so plötzlich, dass es noch eine Weile dauern sollte, bis auch Recht und Ordnung einkehrten; mehr als 190 Morde wurden in der Anfangszeit gezählt und dann erst stellte sich heraus, dass der Sheriff der Anführer der Banditen gewesen war. Solche und ähnliche Geschichten werden heute noch gern erzählt im kleinen **Country Museum** oder im **Frontier House Museum,** das für die gleichnamige Fernsehserie als Kulisse diente. Die ergiebigen Goldfunde haben übrigens dazu beigetragen, dass sich der amerikanische Kongress ganz rasch zur Gründung des Montana Territory entschloss, also eines unabhängigen Gebiets; bis 1864 hatte Montana noch zu Idaho gehört.

Die neue Verwaltung verlegte ihre Hauptstadt erst nach Bannack, später nach Virginia City, aber 1875 wurde schließlich Helena die Ehre zuteil – und blieb es 1889 bei der Gründung des Bundesstaates Montana als 41. der USA (s. a. S. 378). Da 1864 auch in Helena Gold gefunden worden war, zogen viele Glücksritter in den Norden und die Bevölkerung von Virginia City sank binnen Kurzem auf wenige Hundert.

## Nevada City

In Virginia City leben heute nur noch ca. 150 Menschen, aber der Ort hat über 100 alte Gebäude aufzuweisen. In **Nevada City** endete einst die Eisenbahn. Dort sind nur 14 Häuser erhalten geblieben, die anderen wurden aus verschiedenen Teilen Montanas hierher gebracht und so ist Nevady City nur noch ein reines Museumsdorf. Doch die ca. 70 000 Besucher jährlich, die insbesondere im Sommer in die Stadt strömen, bringen genügend Trubel und auch Geld, damit die Mitglieder der Montana Heritage Commission die Vergangenheit am Leben erhalten können.

Im »lebenden Museum« von Nevada City bewohnen Menschen in originalen Kostümen die alten Häuser, arbeiten und gehen ihrem Vergnügen nach, möglichst genau wie in den Anfangszeiten. Staub wirbelt auf, wenn die Postkutsche ankommt, und der Hufschmied beschlägt die Pferde mit altem Werkzeug. Allerdings fehlen die Schießereien; Pistolenduelle gehören schließlich schon lange nicht mehr zum Alltag (Mitte Mai–Mitte Sept. 7 Uhr bis Sonnenuntergang, Erw. 10 $).

## Der Südwesten Montanas

**Virginia City Depot Visitors Information:** 300 W Wallace St., Tel. 406-843-5247, www.virginiacitymt.com. Mai–Sept. tgl. 10–17 Uhr. Auch die Website www.virginiacitychamber.com ist hilfreich für das Finden eines Übernachtungsplatzes.

**B & B Just an Experience:** Hütten mit Küche, 1570 Montana Highway 287, Tel. 406-843-5402 oder 866-664-0424, www.justanexperience.com. Einfacher Standard, Küche mit Kühlschrank, Mikrowelle; TV, Internetzugang und *hot tub*. Um 100 $.

**Nevada City Hotel and Cabins:** 305 W Wallace St., Tel. 406-843-5377, www.aldergulchaccommodations.com. Im Haupthaus gibt es 10 Zimmer, 2 Suiten, alle mit eigenem Bad. Ab 90 $, 17 einfache Hütten, kein Fernseher, ab 95 $.

**Fairweather Inn in Virginia City:** Gehört zum Nevada City Hotel (s. o.), Mitte Mai–Mitte Sept. 14 schlichte Zimmer, davon nur 6 mit eigenem Bad. Ab 75 $.

 **Restaurant & Bar Banditos:** 320 Wallace St., Tel. 406-843-5556, www.ban

**Nevada City – das Geisterstadtflair des verlassenen Städtchens ist ein Erlebnis**

ditosmontana.com. Familienrestaurant mit Anspruch auf echte, scharfe Western-Küche, an Wochenenden oft Livemusik. Hauptgerichte 18–26 $.

**Alder Steakhouse:** 14 km nördlich von Virginia City am Hwy 287, Tel. 406-842-5159, tgl. 16–12 Uhr. Rustikales Familienrestaurant, Billardtische, Spielautomaten. Deftige Burger um 10 $.

🛍 **Metropolitan Market:** 213 West Wallace, Tel. 406-843-5227, Mai–Okt. 9–16 Uhr. Im Markt befindet sich auch die City

Bakery (keine Sitzplätze) mit sehr leckerem Gebäck.

🎭 **Feste und Veranstaltungen**
Während der Saison ist beinahe täglich etwas los in den beiden Orten. Am beliebtesten sind die *Living-history*-Veranstaltungen an den Wochenenden, die meist unter einem speziellen Thema stehen. Infos über Montana Heritage Commission, Tel. 800-829-2969, www.virginiacitychamber.com/#events.

**Sommer-Theater im Opera House:** 338 W Wallace St., Tel. 406-843-5314 oder 800-829-2969. Seit 1949 wird in diesem historischen Gebäude gespielt, in den letzten Jahren meist vergnügliche Shows.

🧢 **Panoramatour mit Dampflok:** Baldwin Locomotive No 12. Montanas einzige Dampflok fährt an den Wochenenden von Mai bis September zwischen Nevada City und Virginia City hin und her. An Werktagen ist die kleinere, benzinbetriebene Alder Gulch Shortline Railroad unterwegs, Tel. 406-843-5812, www.virginiacitymt.com/rates. Der Rundtrip dauert ca. 2 Std., Erw. 15 $.

# Bozeman ▶ R 7

Das nördlich des Yellowstone Park gelegene Gebiet bezeichnet die Tourismusbehörde von Montana als **Yellowstone Country.** Es umfasst die Städte Bozeman und Livingston, das Skigebiet Big Sky, den westlichen und die beiden nördlichen Zugänge zum berühmten Nationalpark (www.yellowstone.visitmt.com).

Nicht nur die günstige Lage am Fuß des über 3000 m hohen Mount Blackmore macht **Bozeman** zu einem attraktiven Wohnort, sondern auch die boomende Wirtschaft mit vielen mittleren und kleinen Unternehmen. Die Montana State University hat in der mittlerweile 38 000 Einwohner zählenden großflächigen Stadt einen Campus, aber der größte Arbeitgeber ist das **Big Sky Ski & Summer Resort,** eine Stunde südlich gele-

## Der Südwesten Montanas

gen. Das ausgeprägte Bewusstsein für die Geschichte der 1864 gegründeten Ansiedlung hat die historische **Main Street** bewahrt, ihre roten Ziegelhäuser sind inzwischen mit anspruchsvollen Galerien, Boutiquen und Bistros bestückt. Lobenswert sind die Tafeln zur Geschichte, die an vielen Gebäuden angebracht sind und die sich bei einem Stadtbummel studieren lassen.

In Downtown gibt es sonst neben dem **Emerson Cultural Center** (111 S Grand Ave., www.theemerson.org) mit einer Unmenge kleiner Galerien und dem **Pioneer Museum** im ehemaligen Gefängnis der Stadt von 1911 (317 W Main St., Tel. 406-522-8122, www.pioneermuseum.org, Sommer Mo–Sa 10–17, Winter Di–Sa 10–16 Uhr, Erw. 3 $) nicht sehr viel zu besichtigen.

Noch ist man in dieser Kleinstadt außerhalb der Saison nicht so richtig auf Touristen eingestellt, die vielen Hotels unweit der Interstate 90 sind mehr an Businessleute und am Wochenende an Familien aus der Umgebung gewöhnt. Interessiere Fragen nach der Herkunft lassen immer wieder rege Gespräche entstehen, Überseetouristen sind noch eher selten und erregen Neugier.

### Museum of the Rockies

Um zum weit über die Grenzen Bozemans hinaus bekannten **Museum of the Rockies** zu gelangen, benötigt man das Auto. Eines der größten Tyrannosaurus-Rex-Skelette ist hier zu besichtigen, es wurde in den 1980er-Jahren in Montana ausgegraben. Ein Zufall hatte die Ehefrau eines Anglers über ein paar Knochen stolpern lassen. Aber die nachgebildeten ausgestorbenen Riesen und Echsen sind nicht das Einzige, was einen Besuch dieses Museums lohneswert macht. Die Räume von Siedlerhäusern, Planwagen und frühe Autos lassen die Vergangenheit lebendig werden, didaktisch gute Hinweistafeln füllen die Lücken des nicht Sichtbaren.

Im Sommer ist ein altes Farmhaus auf dem Museumsgelände der Mittelpunkt für *living history*. Ehrenamtliche Mitarbeiter führen in historischen Kostümen durch das Haus, backen im alten Herd Kuchen, waschen Wä-

sche auf dem Rubbelbrett oder arbeiten im Garten. Wechselausstellungen ergänzen das Konzept dieses großen Museums, das im Verbund mit anderen Museen preiswerte Eintrittskarten anbietet und das für manchen Reisenden einen Eckpfeiler bei der Erkundung des Westens darstellt (600 W Kagy Blvd., Tel. 406-994-3466, www.museumof therockies.org. Mo–Sa 9–17, So 12.30–17 Uhr, Eintritt Erw. 10 $, Kinder 5–18 J. 7 $).

**ℹ** **Bozeman Area Chamber of Commerce, Visitor Center:** 1003 N 7th Ave., Tel. 800-228-4224, www.bozemancvb. visitmt.com, Mai–Sept. tgl. 9–18 Uhr. Die Handelskammer hat ihr Büro 2000 Commerce Way, Tel. 406-586-5421, www.boze manchamber.com, Mo–Fr 8–17 Uhr.

**🛏** **Voss Inn B & B:** 319 S. Willson St., Tel. 406-587-0982, www.bozeman-voss inn.com. Nicht weit vom Museum of the Rockies liegt diese viktorianische Villa von 1883 mit 6 Gästezimmern, die teilweise sehr farbenfrohe Dekorationen und Wandbemalungen aufweisen. Witzig sind die alten Badewannen auf Füßen. Nur das dunkelgrüne Zimmer »Robert's Roost« hat einen Balkon; Internetzugang, hübscher Garten und großes Frühstück mit Omelett. DZ um 150 $.

**Best Western Grantree Inn:** 1325 N 7th Ave., Tel. 406-587-5261 oder 800-624-5865, www.bestwestern.com. Gutes Standardkettenhotel mit geräumigen Zimmern, Restaurant, Innenpool, Fitnessraum, Internetzugang und Waschmaschinen. Ab 115 $.

**🍴** **John Bozeman's Bistro:** 125 W Main St., Tel. 406-587-4100, www.johnbo zemansbistro.com, Lunch Mo–Fr 11.30–14.30, Dinner 17–23.30 Uhr, Reservierung dringend empfohlen. Das angesagte Lokal ist schnell ausgebucht, auch Familien gehen hier gern essen. Hervorragendes Bisonfleisch, Tournedos um 40 $, aber auch gebratene Shrimps in Kokossauce oder Fisch mit Kräutern der Provence; die Küche orientiert sich an der *Westcoast Cuisine*. Lunch um 14 $, Dinner um 25 $.

### Urige Möbel aus Montana

Charakteristisch für in Montana gefertigte Möbel sind die Wuchtigkeit des massiven Holzes und teilweise recht ungewöhnliche Formen. Sessel aus dicken Ästen oder Bettumrandungen mit in allen Richtungen gewachsenen und in unterschiedlichen Formen ausgeprägten Hölzern sind in den Holzhäusern oder Cabins oft zu finden. Im Geschäft der **Montana Furniture Traders** kann man sich über die Möbelkultur des Landes einen Überblick verschaffen; und auch auf Fragen zur Herstellung wird gern Auskunft gegeben: 80085 Galatin Rd., Suite B, Tel. 406-586-96 68, www.montanafurnituretraders.com.

**Bay Bar & Grille:** 2825 W Main St. (in der Mall), Tel. 406-587-0484, www.thebaybar andgrille.com, tgl. ab 10 Uhr. Gute Steaks und Burger, auch Fisch, Pasta, Sandwiches und Salate. Burger um 10 $.

**Ted's Montana Grill:** 105 W. Main St. im historischen Baxter Hotel, Tel. 406-587-6000, www.tedsmontanagrill.com/MTBozeman, tgl. 11–14 und ab 17 Uhr. Der Medienunternehmer Ted Turner hat diese Kette gegründet; sie bietet deftiges amerikanisches Standardessen wie Burger, Steaks und Hühnchen zu annehmbaren Preisen. Außerdem betont sie ihr Umweltbewusstsein, alles ist frisch. Zum Lunch Gerichte 8–12 $.

 Die **Gallatin Valley Mall,** 2800 W Main St., www.gallatinvalleymall.com, am westlichen Stadtrand lohnt mit ihren insgesamt 65 Geschäften eventuell den Besuch, gibt es doch in der Umgebung keine anderen Einkaufsmöglichkeiten mehr, es sei denn, man ist bereit, die Touristenpreise im und um den Yellowstone Park zu zahlen.

**Schnee's Boots & Shoes:** 121 W Main St., Tel. 406-587-0981, www.schnees.com. In diesem Geschäft werden z. T. handgemachte Jagd- und Wanderstiefel hergestellt und verkauft, sie sehen nicht immer ›hübsch‹ aus, halten aber ewig. Natürlich gibt es auch klassische Westernboots, z. B. aus Bisonleder,

um 500 $, preiswertere Schuhe und Stiefel schon um 200 $.

**Fischen:** Montana Troutfitters Shop, 1716 W Main St., Tel. 406-587-4707 oder 800-646-7847, www.troutfitters.com. Hier kann man einen Angler-Equipment ausleihen oder auch einen geführten Tagestrip zu einem der Flüsse in der Nähe buchen, z. B. 2 Pers. mit Verpflegung für 440 $.

**Wandern im Sommer, Skifahren im Winter:** Bridger Bowl, 26 km nördlich von Bozeman am Hwy 86, Tel. 406-556-5730, www.bridger bowl.com. Im Sommer fahren keine Lifte, aber rund um das **Deer Park Chalet** und die **Jim Bridger Base Lodge** liegt eine abwechslungsreiche, voralpine Landschaft mit schönen Wanderwegen. Lifttickets in der Skisaison (Nov.–April) Erw. 45 $/Tag, Kin. 6–12 J. 16 $. Im Bridger Bowl Rental Shop wird Equipment verliehen, 35 $ für Ski.

# Auf dem Highway 191 zum Yellowstone Park

▶ Q 7–8

Westlich von Bozeman führt der Highway 191 durch die hügelige Landschaft des **Gallatin National Forest** zu einer der Einfahrten in den berühmten Nationalpark. Die Strecke ist als **Scenic Route** ausgewiesen, und tatsächlich lohnt es sich, für die gut 145 km mehr als 2 Std. einzuplanen. Kurz hinter dem Gallatin Gateway beginnt das enge Tal des Gallatin River und schlängelt sich am Fuß der meist über 2000 m hohen Bergspitzen der Rockys bis nach Big Sky.

Danach wird es wieder flacher, und auf der Fahrt entlang dem mäandernden Fluss nur begrenzen nur sanfte Hügel den Blick. Die menschenleere Landschaft wird mitunter belebt von grasenden Rinderherden oder Hirschen – und wenn man Glück hat, sogar Elchen. Im Fluss stehen immer wieder einmal Angler bis zur Brust im Wasser und bewegen ihre Fliegen; in gehörigem Abstand akzeptieren sie Zuschauer.

# Der Südwesten Montanas

**Der Yellowstone Club in Big Sky ist eine von Montanas Luxusenklaven**

**Gallatin Gateway Inn:** Hwy 191, ca. 22 km südlich von Bozeman, Tel. 406-763-4672 oder 800-676-3522, www.gallatingatewayinn.com, Dinner 17.30–23.30 Uhr. Die schöne, historische Unterkunft wurde 1927 von der St.-Paul-Railway-Gesellschaft aus Chicago gebaut, um den Passagieren zum Yellowstone Park ein Quartier anbieten zu können. Das Ambiente des 33-Zimmer-Hauses ist gepflegt und nicht zuletzt das Restaurant »The Porter House« mit Gemüse aus dem eigenen Garten ist empfehlenswert, allerdings auch nicht ganz billig. *Bison Short Rib* 29 $. Zimmer ab 180 $, evtl. über www.hotel.com preiswerter.

## Big Sky

Eingebettet in Bergwiesen, umgeben von Waldland und am Fuß des fast 4000 m hohen Lone Mountain inmitten der Madison Range liegen das Dorf und das dazugehörende **Skigebiet Big Sky.** Erst in den 1970er-Jahren aufgebaut, hat sich dieses Areal zum Wintersportgebiet der Reichen entwickelt. Die 2008 wegen Insolvenz in die Schlagzeilen geratene Yellowstone Club World der Milliardäre wurde beispielsweise dort errichtet.

Big Sky besteht aus drei Dörfern: Eins befindet sich zwischen dem Highway 191 und dem Gallatin River, das andere Meadow Village umgibt den Golfplatz und das dritte ist das Ski-Resort Big Sky, 14 km westlich vom Highway 191.

In Big Sky leben ca. 1200 Menschen, im Winter wächst die Bevölkerung aber auf das zehnfache an, doch ist der Ort damit immer noch nicht überfüllt. Das 14 km$^2$ große Skigebiet bietet für jeden Schwierigkeitsgrad etwas, genügend Lifte sind auch vorhanden. Im Sommer finden zahlreiche Veranstaltungen statt, Live-musik-Gigs oder Golfwettbewerbe wechseln sich mit Brauereifesten und Kunstausstellungen ab.

**Big Sky Ski & Summer Resort:** 1 Lone Mountain Trail, Tel. 406-995-5900 Snow Phone, www.bigskyresort.com. Alle Hotels im Dorf sind über diese Website zu finden, weitere Informationen gibt es unter www.bigskychamber.com.

**Rainbow Ranch:** 42950 Gallatin Rd., 10 km südlich von der Abzweigung nach Big Sky, Tel. 406-995-4132 oder 800-937-4132, www.rainbowranch.com. 16 komfortable Zimmer sowie 3 sehr großzügige Hütten, zum Teich oder Fluss hin gelegen, alle mit Kamin, anspruchsvolles Restaurant. Im Sommer ab 280 $.

**River Rock Lodge:** 3080 Pine Dr., Tel. 800-995-9966 oder 406-995-4455, www.river rocklodging.com. 29 gute Standardzimmer mit Kühlschrank, *hot tub*. Ab 180 $, inkl. Frühstück.

**320 Guest Ranch:** Hwy 191 (MM 36), Tel. 800-243-0320 oder 406-995-4283, www. 320ranch.com. Angeboten werden den Gästen nicht nur Übernachtungsmöglichkeiten in Hütten, sondern auch alle Outdoor-Aktivitäten wie Reiten, Wandern und Fischen ebenso wie ein Billardraum, Lagerfeuerromantik und Western-Tänze (mit Unterricht), mind. 2 Tage Aufenthalt, ca. 50 unterschiedliche Hütten, 12 davon direkt am Fluss. Im Sommer ab 160 $, inkl. Frühstück.

**The Lodge at Big Sky:** Mitten im Dorf, Tel. für Reservierung 800-548-4486, www.big skyresort.com/lodging. 90 gute Standardzimmer mit Kühlschrank, Mikrowelle, Internet, Frühstück, Indoor-Pool, Spa. Ab 135 $.

**Horsebackriding:** Jake's Horses & Outfitting, Hwy 191, 5 km südlich vom Big Sky Resort, Tel. 406-995-4630, www.ja keshorses.com. 3 Tage auf dem Pferderücken, mit Zelt und Verpflegung, 750 $/Pers.; 1 Std. 40 $. Jake und Katie Grimm bieten ebenfalls Tagesausflüge zum Angeln und Jagen an.

**River Rafting:** Geyser Whitewater Expeditions, 46651 Gallatin Road, Gallatin Gateway, Tel. 1-800-914-9031, www.raftmontana.com. Schlauchboot-Touren auf dem Gallatin River, Halbtagesausflug Erw. 55 $.

**Skifahren:** Big Sky hat 150 ausgewiesene Abfahrten auf 3 Bergen, die Saison dauert i. d. R. Ende Nov.–Mitte April. Lifttickets Erw. 78 $/Tag, Kin. unter 10 J. frei. In der Snowcrest Lodge (Hauptstation) wird Ski- und Snowboard-Equipment ausgeliehen, ca. 50 $.

## West Yellowstone

Am westlichen Eingang zum Nationalpark findet sich eine Reihe Hotel- und Motelketten,

### »Rustic elegance« in exklusiven Ranches

Südwest-Montana hat sich zum Refugium für Betuchte entwickelt, die Mountain Sky Guest Ranch (Emigrant) oder die Triple Creek Ranch (bei Darby) stehen für einen Trend: Mal ein paar Tage weg von der Hektik der Städte und den Anforderungen des Business. Den Wohlhabenden bieten diese Luxus-Ranches erlesenes Interieur, hervorragende Restaurants und eine breite Palette an Aktivitäten. Reiten, Angeln, Kanufahrten und alle Arten von Wintersport – in diesen Herbergen wird jedem Wunsch entsprochen. Dafür sind dann auch Preise von 1000–3000 $ pro Woche und Person zu zahlen. Von außen wirken die Ranches auf den ersten Blick gar nicht so anspruchsvoll. In der Regel sind es Holzhäuser aus dicken Stämmen, manche schon verwittert. Erst beim Eintritt in die Eingangshalle oder ins Restaurant wird deutlich, was die Amerikaner unter *rustic elegance* verstehen: schwere Ledermöbel, Orientteppiche, Granitkamine und viele ausgestopfte Tiere schaffen eine ganz eigene »Western«-Atmosphäre. Nur auf einen Kaffee kann man meist nicht mal eben hineingehen, aber einen Blick auf das Gelände oder in den Eingang werfen und einfach nach einem guten Angebot fragen.

### Gehobenes Wildwest-Life – kleine Auswahl:

Die **Lone Mountain Ranch** ist 10 km vom Big Sky Resort entfernt (750 Ranch Rd., www.lmranch.com). Es gibt 23 Holzhäuser und 7 Zimmer im Hauptgebäude. Südöstlich von Livingston liegt die **63 Ranch** (Off Bruffey Lane, www.sixtythree.com). Auf dieser Arbeitsranch wurden 12 bequeme Hütten mit Möbeln aus Baumstämmen eingerichtet. Im Vergleich zur **Mountain Sky Guest Ranch** (Big Creek Road, Emigrant, www.mtnsky. com) ist sie recht einfach.

die einen Preisvergleich zu den Unterkünften im Park lohnen. Der Eintritt in den Yellowstone und in den Grand Teton Park kostet zusammen 25 $ und das Ticket ist für eine Woche gültig, sodass sich ein mehrtägiger Auf-

## Richtig Reisen-Tipp: Wandern im Gallatin National Forest

Dichter Wald wechselt sich mit offenen Lichtungen ab, dann sind felsige Vorsprünge zu überwinden und immer wieder gibt es atemberaubende Ausblicke auf die schneebedeckten Gipfel der Rocky Mountains. Auf den Wanderwegen im Gebiet zwischen dem Gallatin und dem Yellowstone River ist man selbst im Sommer ziemlich allein und kann die abwechslungsreiche Gebirgslandschaft am **Fuß des Mount Blackmore** in vollen Zügen genießen.

Nördlich vom Yellowstone National Park liegt das knapp 730 ha große Waldgebiet mit einer Unzahl an ausgewiesenen *hiking trails.* Das vom 3095 m hohen Mount Blackmore gekrönte westliche Teilstück des National Forest ist gut von der Zufahrt bei Emigrant am Highway 89 zu erreichen. Unbedingt viel Trinkwasser mitnehmen, lautet der erste Rat des Rangers im Büro in Livingston, und dann folgt die Frage, wie lange wir unterwegs sein wollen. Der Blick auf unsere Kleidung, die richtigen Wanderschuhe, Stöcke und eine Jacke auf dem Rucksack überzeugt schließlich und so empfiehlt Ron den **Hyalite Creek Trail** zum gleichnamigen See, eine Tagestour. Ausgerüstet mit einer Wanderkarte, Anti-Mückenspray und den zusätzlichen Hinweisen, auf keinen Fall Wasser aus einem der Bäche zu trinken und uns in respektvoller Entfernung von Hirschen oder womöglich Luchsen zu bewegen, machen wir uns auf den Weg. Am Ende der Hyalite Creek Road, 56 km südlich von Livingston, endet die Straße auf einem Parkplatz. Das Ziel ist der **Hyalite Lake,** die Strecke ist insgesamt 18 km lang. 610 Höhenmeter gilt es zu überwinden, aber der Weg ist gut ausgebaut und so schaffen wir die Tour in knapp 6 Std., dazwischen immer wieder Pausen, um die zahlreichen kleinen Wasserfälle und die grandiosen Ausblicke zu fotografieren. Und natürlich ein Picknick einzulegen, den Abfall nehmen wir wieder mit (keine Abfalleimer). Der kleine See liegt auf 2700 m Höhe und ist von schroffen, steilen Felskanten hufeisenförmig umschlossen, aber in der warmen Sonne Ende August lässt es sich gut rasten und Kraft für den Abstieg durch den kühleren Wald sammeln. Einen Luchs haben wir zwar nicht gesichtet, aber jede Menge possierliche *squirrels,* die grauen Eichhörnchen Nordamerikas.

**ℹ Hauptverwaltung Gallatin National Forest:** Bozeman Ranger District, 3710 Fallon St., Bozeman, Tel. 406-522-2520 oder 406-587-6701, www.fs.fed.us/r1/gallatin.
**Büro in Livingston:** Ranger Ron Archuleta, 5242 Hwy 89 S, Tel. 406-222-1892, Mo–Fr 8–17 Uhr.

**Die Berge im Gallatin National Forest sind ein Wanderparadies**

enthalt durchaus rechnen kann. In West Yellowstone bieten mehrere Hotels und kleinere Firmen organisierte Touren in die Parks an, im Winter auch Fahrten mit Snowmobiles.

**West Yellowstone Chamber of Commerce:** 30 Yellowstone Ave., Tel. 406-646-7701, www.destinationyellowstone.com. Reservierungen von Hotels, RV-Plätzen, Aktivitäten sowie gesamten Urlaubspaketen: West Yellowstone Central Reservations, P. O. Box 410-CR, West Yellowstone, MT 59758, Tel 1-888-646-7077 oder 406-646-7077, www.yellowstonereservation.com.

**Holiday Inn Sunspree Resort:** 315 Yellowstone Ave., Tel. 406-646-7365 oder 800-646-7365, www.doyellowstone.com. Das moderne Kettenhotel hat 123 Zimmer, z. T. sehr geräumig. Alle mit Mikrowelle, Kühlschrank, Internet und Sofaecke; Indoor-Pool, Restaurant. Ab 185 $ (Angebote für Snowmobile-Fahrten in den Yellowstone Park).

**Best Western Hotels:** Best Western Cross Winds Motor Inn mit 70 Zimmern, das Best Western Desert Inn mit 74 und das Best Western Weston Inn mit 66, www.bestwestern.com. Gute Standardhotelkette mit geräumigen Zimmern, Kühlschrank und Mikrowelle. DZ um 180 $, inkl. Frühstück.

**Bustour in den Yellowstone Park:** Buffalo Bus Tours, 415 Yellowstone Ave., Tel. 800-426-7669, www.yellowstonevacations.com. Um 8.15 Uhr fahren die gelben Busse tgl. zum Old Faithful und den Grand (Lower) Loop; Mo, Mi, Fr den kleinen Rundweg nach Mammoth Hot Springs, Erw. 60 $, Kin. unter 16 J. 45 $.

# Auf dem Highway 89 zum Yellowstone Park ▶ R 7–8

## Livingston

Nur 43 km weiter östlich von Bozeman an der Interstate 90 befindet sich die kleine Stadt **Livingston,** die sich zu einem touristischen und kulturellen Mittelpunkt entwickelt hat. Ursprünglich 1882 als Stützpunkt für die *Northern Pacific Railway* errichtet, hat Livingston heute immer noch über 400 intakte Gebäude aus dieser Zeit und steht als Ganzes im National Register of Historic Places.

Robert Redford verhalf Livingston 1991/92 kurz zu etwas Glanz, als sein Film »The River runs Through it« (Aus der Mitte entspringt ein Fluss) dort und in Bozeman gedreht wurde, obwohl die Geschichte von Norman McLean in Missoula spielt. John Bailey, der den von seinem Vater gegründeten **Dan Bailey's Fly Shop** führt, hat den Schauspielern, darunter Brad Pitt, Unterricht im richtigen Fliegenfischen gegeben, schließlich handelt es sich dabei um eine Sportart, die eigentlich jahrelange Übung erfordert.

In der ca. 7300 Einwohner zählenden Kleinstadt haben sich zahlreiche Künstler angesiedelt, die in den mehr als ein Dutzend Galerien ausstellen. Hier finden sich allerdings weniger typische Touristensouvenirs wie Gemälde mit Hirschen oder Büffeln, sondern eher individuelle Ausdrucksformen dessen, was die Kunstschaffenden in ihrer Beschäftigung mit der sie umgebenden Natur empfinden.

Die Grafikerin Lynn Weaver hat eine Website erstellt, auf der ein guter Überblick zur aktuellen Kunstszene von Livingston zu finden ist, www.artsmontana.com. Im Sommer gibt es monatlich sogenannte **Galerie-Spaziergänge,** die Termine sind auf www.livingstongalleries.com zu finden. Anfang August versammeln sich Musiker, überwiegend Banjo-, »Fiddler« und Gitarrespieler in Livingston, um an drei Tagen die Stadt mit ihrem musikalischen Können zu erfreuen. Zu diesem seit den 1970er-Jahren existierenden **Bluegrass und Country-Western Musikfestival** im traditionellen Stil kommen überwiegend Spieler aus Montana, das Publikum schätzt insbesondere auch die gemütlich-intime Atmosphäre des Festivals.

Die Bedeutung der Eisenbahn für die Entwicklung des Nationalparks lässt sich im **Livingston Depot Center in the Northern Pacific Depot** nachvollziehen. Das anspre-

Livingston wirkt zwar ein wenig verschlafen – im Sommer ist es aber Austragungsort für ein Rodeo und ein Musikfestival

chend restaurierte Gebäude von 1902 beherbergt heute eine Art **Eisenbahnmuseum** mit Fotos und Videos über die Eisenbahnen in den Rocky Mountains (200 W Park St., Tel. 406-222-2300, www.livingstondepot.org, Mitte Mai–Mitte Okt. Mo–Sa 9–17, So 13–17 Uhr, Erw. 5 $).

**Visitor Information Center:** 303 E Park St., Tel. 406-222-0850, www.livingston chamber.com. oder www.livingstonenterprise.

com/visitors. Dort bekommt man einen Prospekt zu den historischen Gebäuden.
**Reservierungen** von Hotels, RV-Plätzen, Aktivitäten und gesamten Urlaubspaketen: West Yellowstone Reservations, 312 E Park St., Tel. 1-800-561-0815 oder 406-222-4753, www. westyellowstone.com.

**Blue Winged Olive B & B:** Eine Unterkunft bevorzugt für Angler etwas außerhalb von Livingston, 5157 Hwy 89 S, Tel.

ist das 30-Zimmer-Hotel in Betrieb, z. T. antike Möbel geben jedem Raum einen eigenen Charakter; sogar der Fahrstuhl von damals funktioniert noch. Wird in fast allen Reiseführern empfohlen, deshalb rechtzeitig reservieren. DZ ab 95 $.

**Montanas Rib & Chop House:** 305 E. Park St., Tel. 406-222-9200, www.ribandchophouse.com, tgl. ab 17 Uhr. Im Heimatland der Rinderzucht sollte man eigentlich überall gutes Fleisch erwarten dürfen, aber bei dieser kleinen Kette ist die Qualität besonders hoch, das ausgezeichnete *Angus Beef* bringt sogar Feinschmecker aus Bozeman hierher. *Handcut Ribeye* 23 $.

**Northern Pacific Beanery:** 108 W Park St., Tel. 406-222-7288, www.thenpbeanery.com, ab 7–14 Frühstück und Lunch, Diner 17–22 Uhr. Gute Burger und hausgemachte Suppen. *Angus Beef Burger* 10 $.

**Feste und Veranstaltungen**
**Roundup Rodeo:** Wochenende um den 4. Juli *(Independence Day)*. An diesem Wochenende geht's in Livingston recht turbulent zu, denn das seit 1924 stattfindende Rodeo ist ein Highlight des Jahres, das die Stadt und ihre Infrastruktur, Straßen, Restaurants und Hotels, aus allen Nähten platzen lässt. Park County Fairgrounds, Tel. 406-222-0850 oder 406-222-3199, www.yellowstone-chamber.com. Eintritt ab 13 $.

**Fiddlers Picnic:** Anfang Aug. Bluegrass, Country und Western, 5230 Hwy 89 S, auf dem Privatgelände von Candice und David Payne, Tel. 406-442-5637. Keine Bühnenkonzerte, sondern ein Zusammentreffen vieler Musiker, die in immer wieder neuen Gruppierungen gemeinsam Musik machen. 2009 waren ca. 500 Teilnehmer und Gäste dabei.

800-471-1141, www.bluewingedolive.net. Schön gelegenes B & B mit 4 einfachen, modernen Zimmern, alle mit Zugang zur Terrasse. Im Sommer ab 150 $.
**Best Western Yellowstone Inn:** 1515 W Park St., Tel. 406-222-6110, www.bestwestern.com, 90 große Standardzimmer, Kühlschrank, Mikrowelle, Internetzugang, Pool und Restaurant. Ab 100 $.
**The Murray Hotel:** 201 W Park St., Tel. 406-222-1350, www.murrayhotel.com. Seit 1904

**Galerie-Spaziergänge:** Juni–Anfang Sept. An 4 oder 5 Freitagabenden sind alle Galerien (auch Schmuck und Kunsthandwerk) von 17.30 bis 22.30 Uhr zum Reinschnuppern und Stöbern geöffnet, Infos zu Terminen auf www.livingstongalleries.com.
**Fly-Fishing:** Bailey's Fly Shop, 209 West

## Der Südwesten Montanas

Park St., Tel. 406-222-1673, www.dan-bai
ley.com. Fliegenfischen kann man bei Dan
lernen und buchen. Tagestour für 2 Angler
inkl. Verpflegung und Lizenzen 425 $.
**George Anderson's Yellowstone Angler:**
5256 Hwy 89 S, Tel. 406-222-7130, www.yel
lowstoneangler.com. Tagestour für 2 Angler
mit Verpflegung und Lizenzen 425 $.

### Am Emigrant Peek

Am Fuß des über 3000 m hohen **Emigrant
Peek** und oberhalb des grandiosen Yellowstone River fanden Goldsucher vor mehr als
100 Jahren heiße Quellen. Schon um 1900
eröffnete in **Pray** das Chico Warm Springs
Hotel und bot Reisenden die Annehmlichkeiten des mineralischen heißen Wassers. Heute
ist das Chico Hot Springs and Day Spa ein
hochwertiges Hotel mit 86 Zimmern sowie 16
Cottages und einem Convention Center für
Tagungen und Familienfeiern.

**Chico Warm Springs Hotel:**
Old Chico Rd., Pray, Tel. 406-
333-4933 oder 800-468-9232, www.chicohot
springs.com. Zwei große Pools mit Temperaturen von fast 39 °C sind täglich von 7 bis
23 Uhr geöffnet, und selbst an kalten Tagen ist
es ein Vergnügen, sich in diesem warmen Wasser zu aalen. Im Haupthaus gibt es 48 Zimmer, davon aber nur 13 mit eigenem Bad. Zur
Lodge gehören ein Dining-Room, Percie's
Poolside Grille, wo man den Lunch einnehmen
kann, und der Chico Saloon mit Livemusik an
Wochenenden. DZ mit Bad ab 90 $.

### Gardiner

Am Nordeingang zum Yellowstone National
Park hat sich die kleine 850-Seelen-Ge-
meinde **Gardiner** darauf spezialisiert, Besuchern des Parks Quartiere, Ausstattungen
und Aktivitäten wie organisierte Touren anzubieten. Zudem befindet sich das große **Yellowstone National Park Museum/Heritage
& Research Center** in Gardiner. Eine Sammlung von mehr als 90 000 Fotografien, 20 000
Büchern und Manuskripten sowie über
35 000 archäologischen Artefakten lockt
nicht nur Touristen, sondern auch Wissenschaftler aus aller Welt an (HRC, 200 Old Yellowstone Trail, Tel. 307-344-2664, www.nps.
gov/yell/historyculture/collections.htm. Führungen für Touristen nur Ende Mai–Anfang
Sept. Mi 10 Uhr). Hotelketten gibt es allerdings nicht (wie in West Yellowstone), sondern vor allem B & Bs. In Gardiner steht als
Eingang zum Park jener Triumphbogen, dessen Grundstein Theodore Roosevelt, der 26.
Präsident der USA, 1903 selbst legte und der
nach ihm benannt ist: **Roosevelt Arch.** Die
Inschrift lautet: »For the Benefit and Enjoy-
ment of the People«.

**In der Region um Gardiner überwintern Büffel**

**Gardiner Chamber Of Commerce:** 222 Park Street, Tel. 406-848-7971, www.gardinerchamber.com. Mo–Fr 9–17 Uhr.

**Gardiner Guest House:** 112 Main St. E, Tel. 406-848-9414, www.gardiner guesthouse.com. In einem viktorianischen Holzhaus von 1903 werden 3 individuell eingerichtete Zimmer angeboten, 2 teilen sich ein Bad. Zudem gibt es 2 Cabins, das größere ist doppelstöckig. DZ ab 90 $, Cabin ab 145 $.
**Headwaters of the Yellowstone B & B:** 5 km nördlich von Gardiner, zwischen der Meilen-angabe 3 und 4 auf dem Hwy 89, Tel. 406-848-7073, www.headwatersbandb.com. Direkt am Yellowstone River gelegen, bietet dieses recht neue Haus (von 1997) 4 modern eingerichtete Zimmer und 2 Cabins. DZ 145 $, Cabin für 4 Pers. (ohne Frühstück) 165 $.

**Wildwasser-Rafting:** Flying Pig Adventure Company, 511 Scott St., Tel. 406-848-7510 oder 866-807-0744, www.fly ingpigrafting.com. 2–3 Std. Erw. 40 $, ganzer Tag 80 $. Sie bieten auch Reiten sowie Yellowstone-Touren an.

Blackpool im West Thumb Geyser Basin: Farbfantasmagorie in Türkis als Folge aufsteigenden, stark mineralischen Thermalwassers

# Wyomings
# Nordwesten

Pazifischer Ozean

Madison
• Yellowstone
N. P.

Grand Teton
N. P.

## Natur als Vergnügen und zum Wohl der Menschen

Die Landschaften im Nordwesten des Bundesstaats Wyoming werden vollkommen von den beiden Nationalparks Yellowstone und Grand Teton geprägt. Ziel der Gründung des **Yellowstone National Park** war allerdings zunächst nicht der Naturschutz, sondern das sozialpolitische Anliegen, »einen öffentlichen Park oder Vergnügungspark zur Wohltat und zum Vergnügen der Menschen« zu schaffen. Jedenfalls ist seitdem dieser Park und seit 1929 der südlich davon gelegene Grand Teton National Park vor Holzfällern und Bergarbeitern geschützt.

Dafür kommen die Besucher in Scharen, ca. 3–4 Mio. sind es jedes Jahr, und inzwischen wird bei den Rangern diskutiert, ob im Sommer der Zugang nicht reglementiert werden sollte. Die Belastung der empfindlichen Ökosysteme durch die Autoabgase und Besucher, die sich nicht an die Regeln im Umgang mit den Tieren und der Natur halten, lässt Umweltschützer Bedenken äußern. Aber gegen die Faszination Yellowstone werden sie es schwer haben. Gut 50 % sämtlicher weltweit existierenden heißen Quellen liegen im Yellowstone-Gebiet, es sind etwa 10 000.

Die Landschaft ist so einzigartig und abwechslungsreich, die Geysire und heißen Quellen liegen in einigen Regionen so dicht beieinander, die Schlammvulkane sind so ungewöhnlich und die Farbenpracht in der **Grand Prismatic Spring** ist immer wieder so spektakulär, dass der Besuch dieses Parks ein absolutes Muss ist.

Dabei gerät der kleinere **Grand Teton** leicht aus dem Blick, zu Unrecht, denn die Hochebene östlich der immer schneebe-

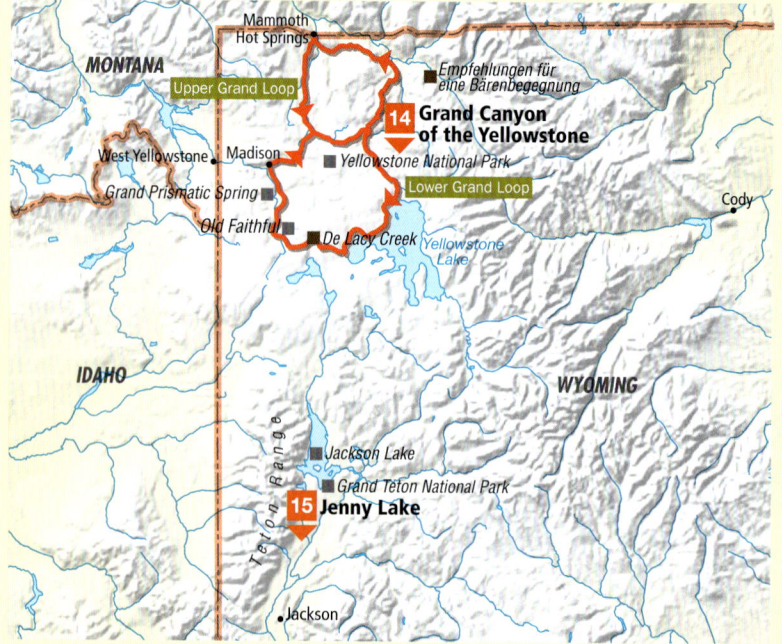

deckten Gipfel der **Teton Range** ist landschaftlich ebenfalls reizvoll. In den wunderschönen Seen **Jenny** und **Jackson Lake** spiegeln sich eindrucksvoll die 4000-er und im Moose Village hat man weitaus größere Chancen als im Yellowstone, Elche beim Äsen zu beobachten. Nicht nur Banker aus aller Welt zieht es im Sommer in die Touristenhochburg **Jackson** am Rand des Grand Teton, hier wird der Western-Life-Style hochgehalten, man trägt Stetson und Cowboystiefel anstatt Business-Anzug.

## Highlights

**14** **Grand Canyon of the Yellowstone:** Die bis zu 400 m tiefe Schlucht des Yellowstone River und dessen Wasserfälle bieten spektakuläre Anblicke und das Gestein des Canyons besticht durch rot- und ockerfarbene Felsschichten (s. S. 412).

**15** **Jenny Lake:** Die schneebedeckten Gipfel der Teton Range im Grand Teton National Park scheinen direkt aus dem glasklaren Bergsee aufzusteigen, die Spiegelungen im tiefblauen Wasser verdoppeln das Bild (s. S. 424).

## Empfehlenswerte Routen

**Der Lower Grand Loop von Madison nach Old Faithful:** Rechts und links von der Straße im Geyser Country dampft und blubbert es aus unzähligen heißen Quellen, zudem sind die farbenprächtigsten Geysire von hier zu erreichen (s. S. 403).

**Upper Grand Loop:** Der obere Teil des wie eine Acht geformten Grand Loop führt u. a. zu den spektakulären weißen Terrassen von Mammouth Hot Springs und zu den Roaring Mountains (s. S. 416).

## Reise- und Zeitplanung

Mindestens drei Tage werden für einen Besuch des Yellowstone Park und einer für den Grand Teton empfohlen, damit man wenigstens eine oder zwei Wanderungen machen

## Richtig Reisen-Tipps

**Picknicken im Freien und Besuch vom Picknick-Bird:** Obwohl sich im Sommer die Touristen an manchen Attraktionen drängen, sind einige Picknickplätze wie etwa der am De Lacy Creek Oasen der Ruhe, wenn da nicht gierige Eichelhäher gelernt hätten, wie man Sandwiches aus der Hand stibitzt (s. S. 406).

**Empfehlungen für eine Bärenbegegnung:** Mit eindrucksvollen Fotos wilder Bären wird intensiv geworben, aber was sollte man beachten, wenn man beim Wandern durch die Wildnis wirklich einmal auf einen Bären trifft; auf keinen Fall wegrennen! (s. S. 408).

und die wichtigsten Attraktionen zumindest kurz ansehen kann. Für die beiden Rundstrecken *(Loops)* von insgesamt 300 km braucht man im Sommer meist mehr als einen Tag, weil dies die Hauptbesuchszeit ist und sich die Autos überwiegend im *Stop and Go* vorwärts bewegen. Beide Parks sind ganzjährig geöffnet, wobei im Winter oft einzelne Strecken gesperrt sein können. Lässt es sich nicht anders einrichten, sollte man von Juni bis Mitte September den Yellowstone nur aufsuchen, wenn man viel Zeit und Geduld mitbringt. Der Winter kann von Anfang Oktober bis Mitte Mai dauern. Viele der Unterkünfte im Yellowstone Park sind dann auch geschlossen, manche öffnen wieder ab Weihnachten. Im Winter und Frühjahr schlafen zwar die Bären, aber Bisons, Hirsche, Wölfe oder Kojoten sind eher zu sehen als im Sommer und die heißen Dämpfe der Geysire und Fumarolen wirken bei Kälte doppelt eindrucksvoll. Wintersport gewinnt an Bedeutung, gesperrte Straßen können mit Skidoos befahren werden. Auch im Sommer sind warme Jacken ratsam, denn die Parks liegen auf über 2000 m Höhe.

**Der Yellowstone National Park im Nordwesten des Bundesstaats Wyoming ist das Symbol schlechthin für das amerikanische Verständnis von Naturverbundenheit. Schließlich ist das fast 9000 km² große Gebiet schon seit 1872 ein Nationalpark und der erste weltweit. Dieser Park lässt sich als eine Art Gesamtkunstwerk sehen: eine gelungene Mischung aus wilden, ursprünglichen Landschaften, einer großen Zahl selten gewordener Tiere und einer einmaligen Dichte heißer Quellen und Geysire.**

Der Park hat fünf Eingänge, an denen die Eintrittsgebühr von 25 $ entrichtet werden muss. Dieser Parkpass ist sieben Tage gültig und umfasst auch den Grand Teton National Park. Der Nordeingang befindet sich bei Gardiner am Highway 89 südlich von Livingston, westlich wird der Park durch West Yellowstone erreicht, dort münden der Highway 20 von Idaho Falls (Idaho) sowie der Highway 191 von Bozeman bzw. der Highway 287, der von Helena südwärts an Virginia City vorbeiführt. Von Süden kommend, durchquert man zuerst den Grand Teton Park und der Highway trägt ab Moran am Jackson Lake praktischerweise gleich alle drei Nummern: 89, 191 und 287. Von Cody in Wyoming führt der Highway 14 (auch 16 und 20) zum östlichen Eingang und der nordöstliche wird von Billings (Montana) über den Highway 212 angefahren.

Der Nationalpark lässt sich in fünf Zonen *(countries)* einteilen. Das **Mammoth Country** liegt im Nordwesten des Parks und ist vor allem von den thermalen Quellen und den Kalkterrassen bei Mammoth Hot Springs geprägt. Hier können oft Wapiti-Herden beobachtet werden. Das **Roosevelt Country** im Nordosten ist bekannt für die Pionier-Romantik, die beispielsweise auf einem alten Indianerpfad, dem Bannock Trail, erkundet werden kann. In dieser hügeligen Landschaft finden sich viele Wildtiere wie Hirsche und Bisons. Der Osten des Parks, das **Canyon Country,** wird durch den 360 m tiefen Grand Canyon of the Yellowstone mit seinen Wasserfällen und durch das Hayden Valley mit seinen großen Bisonherden bestimmt.

Das **Lake Country** im Südosten mit verschiedenen Seen wie dem Yellowstone Lake bietet Fischen, Greifvögeln, Elchen und Bären eine Heimat. Der Südwesten ist das Gebiet mit den meisten Geysiren und heißen Quellen des Parks, darunter dem Old Faithful und dem Steamboat-Geysir. Es wird entsprechend **Geyser Country** genannt.

## Heiße Quellen

Der Nationalpark besteht im Wesentlichen aus einem gigantischen vulkanischen Hochplateau, dessen tiefste Stelle das **Caldera Basin** bildet, das die Seen Yellowstone, Shoshone und Lewis Lake sowie die Hot Springs entlang dem Firehole River umfasst. In der Caldera befanden sich nach Erkenntnissen der Geologen mehrere große Vulkane, deren Kegel bei Eruptionen vor mehr als 100 000 Jahren weggesprengt wurden. In den heißen Quellen wie den Geysiren, Pools oder Schlammlöchern *(mud pot)* und den Fumarolen (Dampffontänen) zeigt sich die Hitze, die im Erdinneren herrscht. Durch das poröse Lavagestein kann Regenwasser schnell in größere Tiefen versickern, dann wird es in dem verzweigten System aus Rissen und Spalten durch die darunterliegende Magmakammer erhitzt und steigt dadurch wieder nach oben.

Über 300 aktive Geysire, etwa zwei Drittel aller weltweit existierenden, befinden sich im Yellowstone National Park. Der berühmteste ist der Old Faithful, der in beständiger Regelmäßigkeit eine bis zu 60 m hohe, kochend heiße Fontäne in die Luft bläst.

Anders funktioniert es bei den *mud pots:* Grundwasser speist eine Quelle, ein großer Teil davon verdampft, das restliche Wasser steigt zusammen mit überhitztem Wasserdampf und vulkanischen Gasen an einer Stelle zur Oberfläche auf, wo der Boden reich an vulkanischer Asche, Ton oder anderen feinen Partikeln ist, die sich mit Wasser zu Schlamm vermischen. Schlammtöpfe stellen somit besondere Erscheinungsformen der *Solfataren* dar und sind Anzeichen für eine geringe, abklingende vulkanische Tätigkeit (Postvulkanismus). Fumarolen entstehen, wenn sich in der Tiefe nur wenig Wasser befindet. Durch das fehlenden Druck wird das Wasser vor seinem Austritt vollständig in Dampf umgewandelt.

Fumarolen wiederum werden durch die Temperatur und Art der Gase, die aus ihnen austreten, klassifiziert. Die Temperaturen der Gase liegen zwischen 200 und 800 °C. Die meisten Fumarolen bestehen zwar aus reinem Wasserdampf, oft treten aber auch andere vulkanische Gase aus, die sich teilweise an der Austrittsstelle abscheiden. Durch Oxidation und wärmeliebende Bakterien entsteht so die für Fumarolen charakteristische bunte Färbung.

# Tierwelt

Der Park ist Rückzugsgebiet für selten gewordene Tierarten, zum Beispiel Gabelantilopen *(pronghorns)*. In den tiefer gelegenen Gebieten von Yellowstone sind Maultierhirsche *(mule deer)*, Pumas *(cougar)* und Rotluchse *(bobcat)* heimisch, in den höheren Lagen Dickhornschafe *(bighorn sheep)* und Schnee-

## Mit der Autorin unterwegs

### Auf keinen Fall versäumen
Die **Grand Prismatic Spring** ist der größte Geysir im Park und mit seinen Farben von Blau bis Orange auch einer der Schönsten (s. S. 403).

### Unbedingt besichtigen
Das gewaltige **Blockhaus des Old Faithful Inn** von 1903/04 ist eine Sehenswürdigkeit, besonders die gewagte Holzkonstruktion im Innern und den 6 m hohen Steinkamin sollte man gesehen haben (s. S. 407).

### Schöne Wanderung
Der **Storm Point Trail** am Yellowstone Lake ist ein nicht zu schwieriger, landschaftlich reizvoller Wanderweg, zumal es große Chancen gibt, Elche zu beobachten (s. S. 409).

### Großartige Aussicht
Vom **Mount Washburn** in gut 3000 m Höhe ist der Ausblick auf die gesamte Region fantastisch, der Wanderweg hin und zurück ist 10 km lang und nicht zu anstrengend (s. S. 419).

ziegen *(mountain goat)*. Wapitis finden sich vor allem in der Region um Mammoth Hot Springs. Weitere Säugetiere des Parks sind Elche *(moose)*, Schwarzbären *(black bear)*, mindestens acht Fledermaus-Arten *(bat)* und im Hinterland Grizzlybären, Wölfe und Kojoten, aber auch Streifenhörnchen *(chipmunk)*, Grauhörnchen *(squirrels)*, Silberdachse *(badger)*, Biber *(beaver)*, Murmeltiere *(marmot)*, Stachelschweine *(porcupine)* und Bisamratten *(muskrat)*.

Von den 18 Fischarten des Parks sind besonders die Yellowstone-Cutthroat-Forellen bei Anglern begehrt. Diese Fische werden allerdings allmählich von den eingeführten, nicht heimischen Seeforellen verdrängt.

Offiziell registriert wurden 318 Vogelarten. Zu den häufig vorkommenden Vögeln zählen hier unter anderem die Zimtente, die Breit-

# Der Yellowstone National Park

**Bisons in grünen Hayden Valley – die Wiederkäuer mögen Gras und Kräuter**

schwanzelfe (eine Kolibriart), der Rotnacken-
saftlecker (eine Spechtart), Meisen- und Dia-
demhäher, Elstern, Nashornpelikane, Ohren-
scharben, Spatelenten, Bartkäuze und Ka-
nadakraniche. Mit etwas Glück sieht man
Weißkopfseeadler, Habichte, Felsengebirgs-
hühner und Kiefernsaftlecker. Von den selte-
ner vorkommenden Vögeln sind Eistaucher,
Kragenente, Fischadler, Wanderfalken und
Trompeterschwäne zu erwähnen. In den vom
Feuer heimgesuchten Waldgebieten bieten
sich häufig gute Gelegenheiten, Fichten- und
Schwarzrückenspechte zu beobachten.

In den 1970er-Jahren gewöhnten sich **Bären** an die Touristen und fraßen Abfälle und
das, was ihnen Menschen zu fressen gaben.
Aufklärende Merkblätter und ein rigoroses
Fütterungsverbot halten die Bären inzwi-

schen erfolgreich von den Camping- und
Picknickplätzen fern und schützen sie so vor
Abhängigkeit von diesen Nahrungsquellen
und damit vor dem sicheren Tod, denn »a fed
bear is a dead bear«. Angriffe von Bären auf
Menschen sind eher selten, denn Bären meiden die Nähe des Menschen. Lediglich wenn
ein Tier bedrängt wird oder Junge bei sich
hat, kann es zu gefährlichen Begegnungen
kommen. 91 m (100 yd) Abstand sind vorge-
schrieben, damit sich Meister Petz nicht bedrängt fühlt. Über 500 Tiere umfasst inzwischen der Bestand an Braun- und Schwarzbären, deshalb sind sie von der Liste der
gefährdeten Arten gestrichen.

Die Wölfe wurden im Park jahrelang gejagt
und in den 1930er-Jahren ganz ausgerottet.
Als direkte Folge geriet das natürliche Gleich-

schätzen die Möglichkeiten dieser Riesen. Bisons sind unberechenbar und können sehr rasch auf über 50 km/h beschleunigen und diese Geschwindigkeit über einen längeren Zeitraum aufrechterhalten. Bei einer respektvollen Entfernung von mindestens 23 m (25 yd) aber lassen sich die gewaltigen Huftiere nicht aus der Ruhe bringen, sie sind die vielen Fotografen gewöhnt.

Einen Hinweis auf die Stimmung eines Bisons gibt sein Schwanz. Wenn er aufrecht steht oder wie ein Fragezeichen gekrümmt ist, sollte man das Weite suchen, dann ist das Tier aufgeregt. Die Zahl der Tiere schwankt von Jahr zu Jahr, bei der letzten Zählung waren es beispielsweise 3900. Erklärtes Ziel des Parks ist es, nicht weniger als 2300 Bisons Lebensraum zu bieten.

gewicht der Tierwelt durcheinander. Aus diesem Grund wurden 1995 14 kanadische Wölfe angesiedelt und unter Schutz gestellt. Mittlerweile haben sich die Yellowstone-Wölfe mit eingewanderten Wölfen aus Kanada vermischt und ihre Population hat sich auf ca. 170 Tiere Ende 2007 vermehrt. Im Jahr 2008 wurden die Yellowstone-Wölfe deshalb von der Liste der gefährdeten Arten gestrichen und die Verwaltung der Wolf-Population ging vom US Fish & Wildlife Service an die drei betroffenen US-Bundesstaaten Wyoming, Montana und Idaho über. In den drei Staaten gibt es nach offiziellen Zählungen inzwischen über 1500 der flinken Jäger.

Die meisten Unfälle mit Wildtieren passieren mit **Bisons.** Viele Besucher verkennen, dass auch dies Wildtiere sind, und unter-

**i** **Visitor Services des National Park Service:** P. O. Box 168, Yellowstone National Park, WY 82190-0168, Tel. 307-344-7381, www.nps.gov/yell.
**www.ohranger.com:** Die Website gibt einen vertiefenden Überblick zu allen Parks der USA, der Yellowstone N. P. ist mit Hunderten von Seiten sehr ausführlich erläutert.

Günstige Übernachtungen und organisierte Tourangebote für Sommer und Winter gibt es besonders in West Yellowstone, Montana, s. S. 387.
Alle Lodges und Cabins im Park werden von der **Xanterra Parks & Resorts** verwaltet und können direkt über deren website www.travelyellowstone.com gebucht werden, Tel. 866-439-7375. Auch für fünf der insgesamt

Yellowstone National Park

zwölf Campingplätze/RV-Parks ist die Xanterra Parks & Resorts zuständig. Die anderen Campingplätze werden nach der Reihenfolge der ankommenden Besucher vergeben und unterstehen der Parkverwaltung. Man kann auch mit einem Zelt im Freien übernachten, beispielsweise wenn man auf einem längeren Trail unterwegs ist. Dazu benötigt man allerdings vorab eine Genehmigung, die in den Ranger-Stationen oder in einem Visitor Center für 20 $ zu erwerben ist.

**Geführte Touren zu Fuß oder mit dem Bus:** Bevor man eine Reise zum Yellowstone Park antritt, sollte man sich über seine Ziele und die verfügbare Zeit im Klaren sein. Ganz praktisch und weniger stressvoll als mit dem eigenen Auto ist eine Fahrt mit einem Bus, es gibt mehrere Anbieter für **Yellowstone-in-a-Day-Touren,** deren Fahrer auf die Tiere und Besonderheiten aufmerksam machen. Natürlich wird auch immer wieder angehalten, um zu den Aussichtspunkten zu gehen. In die Vergangenheit zurückversetzt fühlen kann man sich mit dem **Historic Yellow Bus:** Mehrere Busse aus den 1940er-Jahren sind restauriert worden und bieten themenspezifische Touren wie etwa die beliebte »Picture Perfect Photo Safari« an (www.travelyellowstone.com und www.yellowstoneguides.com).

Eine andere vielversprechende Möglichkeit, die vielfältigen Attraktionen des Parks kennenzulernen, ist die Teilnahme an einer geführten **Tour der Parkranger**. Sie kennen sich am besten aus, wissen, wo welche Tiere gerade sind und können auf Pflanzen oder kleinere ungewöhnliche Tiere aufmerksam machen, die man als ›Laie‹ glatt übersehen würde. Die Anmeldung erfolgt am besten in einem der Visitor Center, die Programme stehen in der Parkzeitung.

Ebenso bieten die Mitglieder der **Yellowstone Association** Privatführungen an. Sie bringen die Gäste zu den schönsten Trails und zeigen Aussichtspunkte, von denen aus Tiere zu beobachten sind (www.yellowstone association.org).

# Der südliche Rundweg – Lower Grand Loop ▶ R 8–9

**Karte:** S. 402

Am Ortsausgang von **West Yellowstone** befindet sich der **westliche Eingang in den National Park** **1**. Dort bezahlt man die Parkgebühr und erhält die Parkzeitung sowie Hinweise zu den Straßenverhältnissen. Die Straße führt am **Madison River** **2** entlang, auf den Grasflächen dahinter äsen oft Bisons und Hirsche (diese Straße ist von Anfang November bis Ende April gesperrt).

Auffällig sind schon auf diesem Teilstück von 23 km bis zum Beginn der Rundstrecke bei Madison die großen Flächen junger Bäume. Dicht an dicht stehen sie in fast gleicher Höhe und wirken wie ein kürzlich aufgeforsteter Wald. Die Ranger belehren den Besucher aber eines Besseren: Der verheerende Brand von 1988 vernichtete hier im Westen einen Großteil des alten Baumbestandes, fast 10 000 Feuerwehrleute waren damals im Einsatz. Auf dem verbrannten Boden hat sich bereits nach kürzester Zeit neue Vegetation entwickelt, denn beispielsweise die Drehkiefer *(Lodgepole Pine)* braucht zum Öffnen einer ihrer beiden Zapfenarten Hitze von mehr als 45 °C, da kann ein Brand hilfreich sein. Die offizielle Haltung der staatlichen Parkbehörde zu Bränden ist seit den 1960er-Jahren dahingehend geändert worden, dass Feuer und Waldbrände als ein naturgegebener Prozess angesehen werden, den die Flora für ihre Regeneration benötigt. Deshalb gibt es in jedem Park einen Feuer-Management-Plan, um Schutzzonen zu legen, Übergriffe auf Häuser und Hotels zu verhindern und auch gezielt Feuer ins Unterholz zu legen, damit Tiere und Bäume genug Platz zum Leben haben (www.nps.gov/fire). Die *Pines* wachsen schnell, d. h., in wenigen Jahren werden die Wunden der großen Feuerbrunst geheilt und nicht mehr zu sehen sein.

In Madison teilt sich die Straße. Nach rechts geht es ins **Geyser Country** und nach links hoch zum **Canyon Village** und zum nördlichen Rundweg. Am Campingplatz an der Weggabelung gibt es einen Buch- und Informationsladen der Yellowstone Association und einen Picknickplatz.

## Von Madison nach Old Faithful

Gleich nach der Abzweigung kann man schon auf eine kleine Nebenstrecke fahren, den **Firehole Canyon Drive,** die Einbahnstraße tangiert die 26 m hohen »Firehole Falls« am inneren Rand der Vulkan-Caldera. Am Picknickplatz Nez Perce beginnt ein kurzer Wanderweg zur **Grand Prismatic Spring** **3**, der auch von Mountainbikern gern genutzt wird. An dieser heißen Quelle ist das **Midway Geyser Basin** erreicht. Sie ist mit 113 m Durchmesser und einer Tiefe von 37 m die größte im Park und wegen ihres Farbspektrums von Tiefblau über Grün und

# Der Yellowstone National Park

**Grand Prismatic Spring: ein Sinnenspektakel, hervorgerufen durch Bakterien**

Gelb bis hin zu Orange an den Rändern auch eine der schönsten.

Allerdings hat man auf dem Wanderweg dann die **Fountain Paint Pots** und den 4,8 km langen **Firehole Lake Drive** mit dem **Great Fountain Geyser** 4 verpasst. Besonders an kühleren Tagen wirkt es hier wie in einer Waschküche, es dampft und sprüht aus vielen Spalten und kleinen Löchern. 30 bis 60 m hohe Fontänen jagt Great Fountain zweimal am Tag in die Luft, Millionen Tropfen glitzern dann wie Diamanten im Son-

nenlicht. Die Fountain Paint Pots sind über einen hölzernen Steg begehbar und hier begegnet man wieder den ungewöhnlichen Farben, für die die Schlammlöcher und Quellen im Park berühmt sind: blau, türkis, pink oder rötlich schimmert das Wasser bzw. der blubbernde Schlamm.

Für Angler aus der Umgebung sind der Firehole und der Madison River die Paradiese der Region, denn sie sind nicht so überlaufen wie der Yellowstone River und ihre Bestände an verschiedenen Forellenarten (*brown,*

blau bis schwarz schimmert. Wenn sanfte Dampfschwaden über dem Wasser aufziehen, könnte man glatt in Versuchung geraten, zum Baden in einen der Pools zu steigen (was natürlich strengstens verboten ist).

## Old Faithful

Nach dem berühmtesten Geysir von Yellowstone ist das ganze kleine Village im **Upper Geyser Basin** benannt. Hier finden sich auch ein großes Visitor Center und zwei Übernachtungsmöglichkeiten. Zudem gibt es eine Tankstelle, eine Post, eine medizinische Ambulanz und zwei Cafeterias.

**Old Faithful** `6` (der alte Treue) eruptiert mit schöner Regelmäßigkeit alle 70–90 Min. Dann finden sich Unmengen von Besuchern rund um den Geysir ein, um das spektakuläre Schauspiel zu genießen. Nicht immer schießen seine Fontänen bis auf 60 m hoch, aber bei niedrigerem Wasserausstoß dauert die Eruption meist etwas länger. Old Faithful gehört zu den düsenartigen Geysiren, die einen schmalen Wasserstrahl haben; bei ihm hält er zwischen 1,5 und 5 Minuten an und verspritzt zwischen 14 000 und 32 000 l Wasser.

Zwischen 1983 und 1994 führten Forscher verschiedene Messungen im Schlot des Old Faithful durch: In 22 m Tiefe maßen sie eine Wassertemperatur von 118 °C. Die heißeste gemessene Temperatur betrug 129 °C, die Temperatur im Erdinneren unterhalb des Geysirs schwankt um bis zu 15 °C. Wenn man Glück hat, bricht sich das Sonnenlicht in den Wassertropfen und ein Regenbogen wird sichtbar, aber um die guten Plätze zum Fotografieren wird im Sommer gekämpft, da lohnt es sich, rechtzeitig an Ort und Stelle zu sein. Old Faithful kommt am besten in der Nachmittagssonne zur Geltung.

Die meisten Besucher fotografieren von der Südseite aus. Eine andere, nicht minder interessante Perspektive bietet sich östlich des Geysirs, insbesondere wenn bei Sonnenuntergang die Strahlen direkt hinter der Wassersäule eingefangen werden können. Wenn es rund um Old Faithful gar zu voll ist, sollte man einige Hundert Meter nach Nordosten wandern; der Wanderweg führt zum

*brook* und *rainbow*) sind noch recht üppig. Unmittelbar am Rand des Upper Geyser Basin mit Old Faithful liegt das **Biscuit Basin** `5`. Geysire, die schwefelhaltiges Wasser ausstoßen, und der jedes Jahr zur Schneeschmelze stark anschwellende Little Firehole River haben die hier aus Lava und Sandstein bestehenden Felsen so geformt, dass sie marmorierten Keksen ähneln.

Der **Black Opal Pool** oder der **Sapphire Pool** inmitten dieser »Kekse« sind ungewöhnlich tiefe Löcher, deren Wasser dunkel-

## Richtig Reisen-Tipp:
## Picknicken im Freien und Besuch vom Picknick-Bird

Trotz der Massen an Besuchern sind die meisten der **49 Picknickplätze** im Park relativ wenig frequentiert. Sie bieten Tische und Bänke, sodass man seine eigene Verpflegung mitbringen und dort gemütlich verzehren kann. Natürlich muss alles an Resten und Müll wieder eingepackt und mitgenommen werden, damit die Wildtiere nicht in Versuchung geführt werden.

Ein Parkbewohner hat allerdings gelernt, dass die Besucher interessantes Futter mitbringen: Der kleine Blauhäher *(blue jay)* macht sich völlig ungeniert auf dem Tisch breit und stibitzt, was immer er kriegen kann. Manchmal versuchen es diese Vögel sogar mit Mundraub und picken in das Sandwich, wenn man es sich gerade einverleiben will. Die Ranger kennen das Problem, sie nennen diese Vögel inzwischen *picknick birds.* Lautes Schimpfen und energisches Wedeln mit einem Tuch hilft zumindest eine Weile, die mitunter doch recht aufdringlichen Tiere zu vertreiben. Füttern ist allerdings verboten, damit nicht noch mehr dieser klugen Piepmatze angelockt werden.

Besonders schöne Picknickplätze sind diejenigen am **Firehole River,** knapp 5 km südlich von Madison. Dort gibt es 12 Tische, eine Toilette und die Chance, Hirsche am Flussufer zu beobachten. Häufig sind Gruppen von Bisons auf den Gibbon Meadows zu sehen; der Platz 5 km südlich von Norris hat neun Tische und auch eine Toilette. Aus weiterer Entfernung lassen sich Hirsche und Bisons auch von den drei Plätzen entlang des Graslands von **Fishing Bridge** nach **Canyon Village** gut sichten. Manchmal entscheidet sich ein Bison auch, über den Picknickplatz zu wandern. Dann ist es sicherer, das Essen stehen zu lassen und das Auto aufzusuchen. Es gibt keine Wasseranschlüsse an den Plätzen und Grillen mit Kohle ist nur an den Feuerstellen mit Rost erlaubt, an allen anderen mit dem selbst mitgebrachten Gas-Grill.

**i**   Die Parkverwaltung veröffentlicht jedes Jahr einen **»Bird-Report«,** zu finden unter www.nps.gov/yell/naturescience/birdreports.htm. Neben Statistiken gibt es auch Fotos und persönliche Beobachtungen.

Observation Point. Dieser Aussichtspunkt erhebt sich nochmals 76 m über das Gebiet und bietet einen guten Blick auf den Geysir. Insgesamt gibt es in diesem Upper Geyser Basin mit einem Umfang von 2,6 km$^2$ ca. 140 Geysire in allen Größen.

Lange Zeit war der **Morning Glory Pool** ein weiteres Highlight in der Nähe von Old Faithful, die wunderschönen Farben lockten zahlreiche Besucher an, die Tonnen von Münzen, Hölzern, Müll oder anderen Gegenständen in die heiße Quelle geworfen haben. Die Folgen waren Verstopfung der Öffnung, damit Beeinträchtigung der Wasserzirkulation und letztlich der thermalen Energie. In den letzten Jahren ist auch die Temperatur der Quelle gesunken, sodass sich die leuchtenden Farben bildenden Bakterien mehr ins

Innere zurückgezogen haben. Wohl auch zum Schutz des Pools ist er aus vielen Karten inzwischen verschwunden.

Der Weg dorthin führt von Old Faithful vorbei am **Grand Geyser.** Dieser verdient seinen Namen zu Recht, ungefähr alle 7–15 Std. schießt das heiße Wasser ca. 60 m hoch, die Eruptionen dauern bis zu 12 Min. Ein anderer, sehr eindrucksvoller Geysir ist **Castle Geyser,** der noch einen umfangreichen Kegel aufweist und alle 10–12 Std. seine Fontänen Richtung Himmel schickt. Zwar erreichen sie nur ca. 27 m, dafür dauern die Entladungen aber oft mehr als 20 Min. und anschließend gibt es noch eine lautstark rumorende Dampfphase.

Am westlichen Rand vom Old Faithful Village ist das **Black Sand Basin** **7** ausgewiesen, inmitten einer sanft hügeligen Landschaft befinden sich einige wunderschöne und farbenprächtige Pools wie der **Emerald** und der **Sunset Lake.**

Besonders bizarr wirkt der **Opalescent Pool,** der, umgeben von abgestorbenen Baumstümpfen, einen blauen Schimmer in der Landschaft bildet. Wie riesige weiße Zahnstocher ragen die toten Bäume aus dem rötlichen Untergrund und zeugen von der zerstörerischen Kraft der lebendigen Quellen.

**Old Faithful Visitor Education Center:** Tel. 307-545-2750, www.nps.gov/yell., Mitte April–Anfang Nov. tgl. 8–19 Uhr im Sommer.

**Old Faithful Snow Lodge and Cabins:** Tel. 307-344-7311 oder 866-439-7375, www.travelyellowstone.com/old-faithful-snow-lodge-cabins-98, 1. Mai–Mitte Okt., Mitte Dez.–Mitte März. Erst 1999 fertig gestellt, versucht man mit dem großen Haus dem wachsenden Bedarf an Hotelbetten gerecht zu werden. Lodge Room ab 210 $, Western Cabin ab 150 $.

**Old Faithful Inn:** Tel. 866-439-7375, www.travelyellowstone.com/old-faithful-inn-96, Anfang Mai–Mitte Okt. Das gewaltige Blockhaus von 1903/04 ist schon selbst eine Sehenswürdigkeit, deshalb werden auch geführte Touren durch das ehrwürdige Gebäude angeboten. Immerhin ist das Inn das erste Grandhotel in einem Nationalpark. Überwältigend ist der Anblick der gewagten Holzkonstruktion, die von Experten als architektonische Meisterleistung beurteilt wird. Treppenaufgänge führen fast bis zur Spitze der über 23 m hohen Decke und ein 6 m hoher Steinkamin beherrscht die Eingangshalle. Vom Außenbalkon des Hauses hat man außerdem einen guten Blick auf Old Faithful. Dort kann man auch einen Nachmittagstee einnehmen. Nebenan befinden sich einige schlichte Holzhütten, manche mit Blick auf den Geysir. Einfache DZ ab 130 $, Hütten ab 120 $.

 **Old Faithful Inn Dining Room:** s. o., Tel. 307-344-7311, Anf. Mai–Ende Okt.

**Verwunschene Welt im Nebel der West-Thumb-Geysire**

## Richtig Reisen-Tipp: Empfehlungen für eine Bärenbegegnung

Mit aufregenden Fotos von Bären wird intensiv geworben, aber was sollte man beachten, wenn man beim Wandern durch die Wildnis wirklich einmal auf einen trifft? Es sind Raubtiere, selbst wenn sie auf Bildern noch so niedlich dargestellt sind. Auch die alles fressenden **Schwarzbären** reagieren völlig unvorhersehbar, wenn ein **Muttertier** mit seinen Jungen unterwegs ist und sich oder den Nachwuchs bedroht fühlt. Gerade auf etwas einsameren Wegen kann es passieren, dass man unversehens auf einen Bären stößt, der im Unterholz sitzt und Beeren verzehrt oder auf Nahrungssuche über eine Lichtung streift. Folgende **Empfehlungen** geben die Ranger:

Machen Sie sich groß! Bären greifen selten ein größeres Tier an, deshalb sollte man stehen bleiben und die Arme über den Kopf erheben. Mehrere Personen stellen sich am besten dicht nebeneinander, dann wirken sie kompakter. Falls doch ein Angriff erfolgt, legt man sich flach auf den Boden mit dem Kopf nach unten und schützt den Nacken mit den Händen. Wenn sich der Bär nicht mehr belästigt fühlt, wird er sich zurückziehen. Mit dem Aufstehen wartet man am besten, bis er wirklich weg ist. Auf keinen Fall sollte man schreiend weglaufen, das kann das Tier provozieren; Bären können sehr schnell laufen.

Um eine direkte Begegnung zu vermeiden, wird geraten, während der Wanderung möglichst laut zu sein, zu singen oder sich zu unterhalten. Manche Wanderer befestigen Glöckchen an ihrer Kleidung, andere nehmen Pfeifen mit und benutzen sie ab und an.

Abendwanderungen werden nicht empfohlen. Dann sind die Tiere unterwegs und suchen sich Schlafstätten und der Wanderer hat den zusätzlichen Nachteil, sie nur schlecht sehen zu können. Man sollte mindestens zu zweit unterwegs sein. In den Parks abseits der großen Straßen gibt es keinen Handyempfang, sodass man auch keine Hilfe herbeitelefonieren kann. Besucher sollten **niemals Abfall** in der Natur liegen lassen und ein Picknick nicht zu lange ausdehnen, um keine Bären anzulocken. Falls ein Tier gesichtet wird, sollte man versuchen, einen Mindestabstand von 100 m einzuhalten, sich ggf. langsam zurückzuziehen und dann erst zu fotografieren.

Um auf den **Backcountry Trails** zu wandern, wo man die besten Chancen hat, Bären zu treffen, benötigt der Besucher eine **Genehmigung** aus dem Visitor Center oder von der Ranger Station. Die **Ranger informieren** die Hiker über verschiedene mögliche Routen im vorgesehenen Gebiet. Man sucht sich eine nicht zu überlaufene aus und vereinbart mit dem Ranger einen Zeitpunkt, zu dem man zurück sein will. Damit behalten die **Ranger die Übersicht,** wie viele Leute unterwegs sind, und kontrollieren, ob die Wanderer heil zurückgekehrt sind. Falls nicht, wird eine Suchaktion gestartet. Solche Genehmigungen braucht man auch, wenn man abseits der Campgrounds draußen übernachten will. Jede Begegnung mit einem Bären muss den Rangern gemeldet werden (mehr Infos unter www.ohranger.com/yellowstone/bears).

Zum Dinner ab 17 Uhr ist eine Reservierung erforderlich. Hauptgerichte 15–30 $.
**Old Faithful Snow Lodge Restaurant:** Tel. 307-344-7311, geschlossen Mitte Okt.–Mitte Dez. und Mitte März–Mitte Mai, keine Reservierung möglich. Hauptgerichte 15–30 $.
**Old Faithful Lodge Cafeteria:** Tel. 307-344-7311, Mitte Mai–Mitte Sept., Pizzas, Burger und Sandwiches. Um 10 $.

**Geyser Grill, in der Old Faithful Snow Lodge:** Tel. 307-344-7311, Ende Mai–Anfang Okt. Burger und Sandwiches. Um 10 $.

### Von Old Faithful nach Grant Village

Auf den 27 km von Old Faithful nach West Thumb am Yellowstone Lake überquert man gleich zweimal die **Continental Divide,** die nordamerikanische Hauptwasserscheide. Dabei handelt es sich um die Gratlinie, die den Wasserabfluss in den Pazifik und in den Atlantik trennt. Der Yellowstone und der Madison River fließen von hier aus in den Atlantik, während der Snake River von hier seinen 1674 km langen Weg zum Columbia River beginnt. Die kurvige Strecke ist von hohen Bäumen umgeben, so dass man selbst vom Picknickplatz am Craig Pass (2518 m) oder am Rastplatz De Lacy Creek keinen Ausblick auf den südlich gelegenen Shoshone Lake hat.

Am gleichnamigen Rastplatz kreuzt der **De Lacy Creek Trail** die Straße: Nach Norden führt er über knapp 10 km ohne große Steigungen zu den beiden kleinen **De Lacy Lakes.** Bergabwärts geht es südlich ungefähr 9 km immer am Creek entlang zum **Shoshone Lake,** dem zweitgrößten See im Park. Eine Wanderung vom Parkplatz zum See hinunter und um ihn herum ist auf dem dafür vorgesehenen Trail möglich. Es gibt auch einige Overnight-Campgrounds, also nur für eine Übernachtung zu nutzende. Die Strecke ist 35 km lang und führt meist durch dichten Wald.

Beim West Thumb Geyser Basin teilt sich die Grand Loop Road: Links geht der Rundweg weiter und nach rechts (Süden) führt die Strecke zum Grand Teton National Park.

Direkt am Ufer des Yellowstone-Sees liegt das überschaubare Gebiet der **West-Thumb-Geysire 8,** durch das man einen kurzen Spaziergang auf dem befestigten Holzweg machen kann. Der **Fishing Cone** hat lange Zeit einen besonderen Reiz auf Besucher ausgeübt: Angler holten sich frische Forellen aus dem See, hielten sie kurz am Haken in die heiße Quelle und hatten einen gut gekochten Fisch. Der Spaß ist allerdings schon seit Langem verboten, denn es ist zu gefährlich und außerdem ungesund. Von Juni bis Mitte September ist dort ein kleiner Informationskiosk geöffnet, der von der Yellowstone Association betrieben wird.

Das nächste Visitor Center befindet sich in **Grant Village.** Dort gibt es auch eine große Lodge sowie einen Campground mit 400 Plätzen. Im sogenannten Amphitheater am Seeufer halten Ranger jeden Abend gegen 19

Uhr Vorträge über Vulkanismus, Geysire oder die Flora und Fauna im Park (nur Mitte Juni–Mitte Sept.). In Grant Village gibt es eine Tankstelle, ein Post Office und einen General Store.

**Visitor Center in Grant Village:** Tel. 307-242-2650, www.nps.gov/yell/planyourvisit/grantvc.htm, Mitte Mai–Ende Sept. tgl. 8–19 Uhr. Hier gibt es Hinweise für Wanderungen; außerdem zeigt man regelmäßig einen Film über den Waldbrand von 1988.

**Grant Village Lodge:** Tel. für Reservierung 866-439-7375, 300 Betten, geöffnet Ende Mai–Ende Sept. DZ ab 150 $.

## Yellowstone Lake

Der **Yellowstone Lake** ist mit 354 km$^2$ der größte See des Nationalparks und der größte Bergsee Nordamerikas. In seiner Nord-Süd-Ausdehnung misst er maximal 32 km, in der

**Auf dem Storm Point Trail 9 oder dem Pelican Valley Trail wandern**

5 km östlich vom **Visitor Center Fishing Bridge** liegt der kleine **Indian Pond,** dort beginnt der einfache Wanderweg. Er führt zunächst durch Wiesen, dann durch Wald bis zum **Storm Point,** der seinem Namen besonders nachmittags alle Ehre macht, dann bläst der Wind besonders kräftig. Am Indian Pond besteht die Chance, Elche zu beobachten, und in den Felsen des Storm Point leben mehrere Kolonien von Murmeltieren. Da in dieser Gegend auch Bären zu Hause sind, ist der Weg mitunter gesperrt, um die Mütter mit ihren Jungen nicht zu stören, am besten vorher im Visitor Center erkundigen. Insgesamt läuft man einen Rundweg von 3,7 km.

Etwas anstrengender ist der **Pelican Valley Trail,** der ebenfalls am Indian Pond startet und als Rundweg 11 km umfasst. Auch hier kann es wegen der Bären zu Einschränkungen kommen. Wiesen, Wald, leichte Anhöhen und ein kleines Gebiet mit heißen Quellen bieten eine abwechslungsreiche Wanderung, für die man 4–5 Std. kalkulieren sollte.

# Der Yellowstone National Park

**Eine Institution: Die Old Faithfull Lodge muss man gesehen haben**

von Osten nach Westen 22 km. Der See ist ziemlich kalt. Selbst im August steigt die obere Wassertemperatur nur auf durchschnittlich 16 °C. Baden ist zwar nicht verboten, aber den meisten Menschen sind solche niedrigen Temperaturen doch zu frisch.

Die im See vorkommende Forellenart *cutthroat trout* hat den Wissenschaftlern Rätsel aufgegeben: Eigentlich stammt dieser Fisch aus dem Pazifik, der Yellowstone River mündet aber in den Atlantik. Wie gelangte er also in diesen See? Eine Hypothese besagt, dass ein Abfluss aus dem See einst über den Snake River erfolgte und so die Tiere die kontinentale Wasserscheide überwinden konnten. Die Seeforelle bedroht heute den Bestand an *cutthroat trout.* Diese wurde vor einigen Jahrzehnten im See angesiedelt und hat sich prächtig entwickelt. Im Winter ist der See komplett zugefroren. Allerdings ist das Betreten nicht erlaubt, weil die Eisdicke zu stark variiert.

## Bay Bridge, Lake Village und Fishing Bridge

Am nördlichen Ende des Yellowstone Lake reihen sich drei kleine ›Orte‹ aneinander, die zahlreiche Unterkünfte sowie Möglichkeiten für Bootsfahrten und Angeln bieten. In **Bridge Bay** befindet sich eine kleine Ranger Station und wieder ein Amphitheater, wo die Ranger abends im Sommer gegen 19 Uhr naturkundliche Vorträge halten. Rechts von der Straße wurde mit 425 Plätzen der größte Campground des Parks angelegt. Ungefähr 1,5 km davon entfernt gibt es eine durch Erosion des Felsens entstandene natürliche Brücke über den Creek (Natural Bridge). Man kann sie zwar nicht überqueren, aber vom höchsten Punkt der Gegend aus hat man einen schönen Blick über das kleine Tal.

**Lake Village** besteht eigentlich nur aus dem riesigen Lake Yellowstone Hotel, einem vierstöckigen Hotelkomplex nebst einer großen Anlage von Hütten sowie dem Lake Lodge und Cabins, einer Poststelle und dem Park Hospital. **Fishing Bridge** wartet mit einem Visitor Center, einer Tankstelle und einem weiteren Amphitheater auf, einem Platz mit Holzbänken, wo die Ranger im Sommer abends Vorträge halten.

**Fishing Bridge Visitor Center:** East Entrance Rd., Tel. 307-242-2450, Mitte Mai–Mitte Sept. tgl. 8–19 Uhr. Das alte Blockhaus von 1931 gilt als historisches Wahrzeichen. Im Innern finden sich didaktisch gut aufbereitete Ausstellungen zu den Vögeln der Umgebung und den Fischen im Yelllowstone Lake. Hier erhält man Hinweise und Karten für Wanderungen in der Umgebung.

**Lake Yellowstone Hotel:** Tel. für Reservierung 866-439-7375, www.travel yellowstone.com/lake-yellowstone-hotel-ca bins-94.html, Mitte Mai–Anfang Okt. Es ist das älteste Haus im Park und wurde bereits 1891 errichtet. Zum hundertjährigen Bestehen ist es komplett renoviert worden. Besonders schön sind die Zimmer zum See hin, weil sie Morgensonne bekommen. Die 102 gelben Cabins von 1920 sind einfach, aber geräumig, manche als Duplex, viele stehen aber allein. Abends kann es schon einmal passieren, dass ein paar Bisons vorbeikommen oder im ›Vorgarten‹ zu grasen beginnen. DZ im Hotel ab 160 $ im Anbau, Cabin ab 140 $.

**Lake Lodge:** Tel. für Reservierung 866-439-7375, Mitte Juni–Mitte Sept. Die Lodge liegt ein wenig näher am Waldrand und besteht aus einem Blockhaus mit Cafeteria (6.30–21.30 Uhr) und einfacheren Hütten. Cabins ab 80 $.

**Lake Yellowstone Hotel Restaurant:** (s. o.), Tel. 307-344-7311, Reservierungen sind für den Dining Room unbedingt erforderlich. Im eleganten Restaurant im Hotel hat man einen wunderbaren Blick über den See, während man ein Steak oder ein *Buffalo Prime Rib* verspeist. Um 30 $.

**Bootstouren:** Yellowstone Lake Scenic Cruises mit der Lake Queen II, ab Bridge Bay Marina, Tel. 307-344-7311, www. travelyel lowstone.com/yellowstone-lake-sce nicruises-1128.html, Juni–Sept. tgl., Erw. 15 $.

**Angeln:** Custom Guided Fishing and Sightseeing Tours, ab Bridge Bay Marina, Tel. 866-439-7375, www.travelyellowstone.com/gui ded-fishing-and-sightseeing-charters-1129. html, tgl. Juni–Sept., 2 Std./160 $ für das Boot (1–6 Pers., Preis wird aufgeteilt).

## Vom Yellowstone Lake nach Canyon Village

Zwischen Lake Village und Fishing Bridge gabelt sich die Straße erneut. Nach Osten führt sie zum dortigen Eingang (geschl. 1. Nov.–30. April) und weiter nach Cody. Nach Norden geht es weiter auf dem Grand Loop, immer am **Yellowstone River** entlang. Diese Strecke gehört zu den schönsten im Park. Es gibt weite, offene Wiesen, auf denen Bisons und Hirsche grasen. Etwas entfernt von der Straße erheben sich sanfte Hügel, die von Ponderosakiefern und Ahornbäumen bedeckt sind. Im Frühjahr schwillt der Fluss gewaltig an: Die Schmelzwasser aus den Bergen lassen ihn zu einem mächtigen Strom werden.

Drei kurz hintereinanderliegende Picknickplätze sind ein Zeichen dafür, dass hier schöne Ausblicke zu genießen sind und einige Wanderwege beginnen. Einer führt zum **Mud Vulcano** [10], einem Hügel mit einer Vielzahl von heißen Schlammquellen. Ein breiter Holzsteg ist durch das unwegsame Gelände angelegt, den man auf keinen Fall verlassen darf, weil der Boden trügerisch sicher zu sein scheint, oft aber nur eine dünne Kruste über thermalen Aktivitäten darunter verbirgt. **Dragon's Mouth** und die **Black Dragon's Caldron** sind hier die Attraktionen: Das Loch im Felsen mit seinen rhythmischen Bewegungen und Dampfausstößen macht seinem Namen Drachenmaul alle Ehre. Der Schlamm aus dem Black Dragon's Caldron hat 1948 die ganze Umgebung verwüstet, dabei sämtliche Bäume entwurzelt und den Boden bedeckt. 1978 gab es mehrere kleine Erdbeben und der Hügel veränderte erneut seine Form und Vegetation.

Die im Innern der Quellen gebildete Schwefelsäure ist übrigens verantwortlich für den Schlamm, denn beim Aufstieg des kochenden Wassers zersetzt sie das Gestein. Das Blubbern des Schlamms mag auf den ersten Blick recht harmlos aussehen, aber manchmal schießt eine Fontäne doch etwas höher, da sollte man besser Abstand halten.

Manche *mud pots* und die umliegende Vegetation warten mit bunten Farben auf. Diese

## Der Yellowstone National Park

entstehen durch Bakterien, die sich in dem warmen Klima durchaus wohl fühlen. Die thermophilen Mikroben werden seit einigen Jahren erforscht, sowohl von Medizinern als auch von Evolutionsbiologen. Direkt unterhalb der Straße stößt man auf die **Sulphur Caldron,** den Schwefelkessel. Der Geruch nach faulen Eiern ist hier sehr intensiv und weckt Erinnerungen an Geschichten vom Teufel. Anschließend beginnt das **Hayden Valley,** nach Angaben der Ranger das beste Gebiet, um Kojoten, große Bisonherden und im Frühjahr und Frühsommer auch Grizzlys beobachten zu können.

### 14 ▼ Grand Canyon of the Yellowstone

Den ockerfarbenen Felsen im **Grand Canyon of the Yellowstone** haben sowohl der Fluss als auch der National Park ihren Namen zu verdanken. Beinahe unvermittelt erhebt sich kurz vor Canyon Village ein Bergmassiv, durch das der Yellowstone River Richtung Nordosten eine fast 32 km lange und bis zu 360 m tiefe Schlucht gegraben hat, den Grand Canyon.

Über die geologischen Ursprünge dieses Einschnitts sind sich die Forscher nicht ganz einig, aber er soll nicht durch einen Gletscher entstanden sein, sondern durch Erosion. Manche Geologen vermuten, dass einst die ganze Caldera mit Wasser gefüllt war, bis die Fluten langsam diese Schneise in das Gestein erodiert haben. Die Mengen an Besuchern mögen diese Ursprünge weniger interessieren. Sie strömen auf dem South Rim Drive zum **Artist Point,** um – möglichst morgens – die wunderbaren Farbspiele auf dem Wasserfall **Lower Falls** zu fotografieren. Gut 94 m stürzt das Wasser tosend in die Tiefe und bietet mit den farbigen Felsen und dem lockeren Baumbestand an den Rändern immer wieder interessante Fotomotive.

Man kann auch zu Fuß die Schlucht erkunden, von der Chittenden Bridge am South Rim Drive beginnt der **South Rim Trail.** Er führt zunächst zu den **Upper Falls** (33 m hoch) und dann ca. 2,5 km weiter bis zum Artist Point. Der Weg ist nicht sehr steil, gut

ausgebaut und befindet sich ein Stück oberhalb des Wassers. Eine andere Möglichkeit ist es, das Auto am Parkplatz zum **Uncle Tom's Trail** stehen zu lassen und auf den South Rim Trail zu gehen. Der Uncle Tom's Trail ist sehr steil. Man steigt 700 zum Teil feuchte Stufen hinunter zum Fuß des Wasserfalls. Von der Hauptstraße, der Grand Loop Road, zweigt ein kurzer Weg zum Parkplatz oberhalb der Upper Falls ab. Der weitere Zugang zum Aussichtspunkt ist zwar kurz, aber ziemlich steil.

Auf der Nordseite des Canyons ist der **North Rim Drive** als Einbahnstraße von Süden nach Norden ausgewiesen. Es gibt direkt oberhalb der Lower Falls einen Aussichtspunkt, der vom ersten Parkplatz auf dem **Brink of Lower Falls Trail** zu erreichen ist. Vom zweiten Parkplatz aus gelangt man zum **Red Rock Point** und zum **Lookout Point,** der dritte schließlich bietet den Zugang zum **Grand View.**

Dieser Aussichtspunkt ist der Beginn für den **North Rim Trail,** der zum **Inspiration Point** führt, wo man ebenfalls einen großartigen Überblick über den Canyon genießt. Der Weg ist nur knapp 3 km lang und ziemlich eben. Da man auch mit dem Auto dorthin fahren kann, ist er allerdings im Sommer genauso überfüllt wie Artist Point. Der Yellowstone River ist übrigens der letzte große nicht regulierte Strom der USA außerhalb Alaskas. An der Gabelung zum nördlichen Rundweg kann man wieder übernachten, entweder im Yellowstone's Canyon Lodge & Cabins oder auf dem Campground von **Canyon Village** mit 250 Plätzen. Zudem finden sich im ›Dorf‹ ein neues Visitor Education Center, eine Tankstelle, ein General Store und ein Amphitheater für den abendlichen Naturkundevortrag der Ranger.

> ℹ️ **Visitor Education Center:** Tel. 307-344-2550, Anfang Mai–Mitte Okt., tgl. 8–20 Uhr. Ein Film über die geologischen Aktivitäten läuft permanent.

**Die Wasserfälle der Lower Falls im Grand Canyon of the Yellowstone**

# Geschichte des Yellowstone National Park

**Der älteste Nationalpark der Welt verdankt seine Existenz frühen Umweltschützern und den ersten Touristen, die, aus dem dicht besiedelten Osten der USA kommend, nach der Ursprünglichkeit des Wilden Westens suchten. Das Konzept ist aufgegangen und die Idee einer Schutzzone für Tiere und Pflanzen hat weltweit Nachahmer gefunden.**

Pfeilspitzenfunde in der Nähe der Mammoth Hot Springs im Norden sind Anhaltspunkte dafür, dass dort bereits vor 11 000 Jahren Menschen lebten. Vor ca. 5000 Jahren haben die Indianer mit dem Abbau von Obsidian begonnen und mit dem glasartigen, scharfkantige Gestein regen Handel getrieben. Kurz vor Mammoth Hot Springs liegt das Obsidian Cliff aus schwarzem Vulkangestein. Es war ein hervorragendes Material, um daraus Pfeilspitzen und Messer zu schnitzen.

Zur Zeit der Entdeckung der Gegend durch die Weißen zu Beginn des 19. Jahrhunderts lebten Shoshonen in dieser Region. Sie ernährten sich vorwiegend von Schaffleisch und wurden deshalb Sheepeaters genannt. Der erste Weiße, der belegtermaßen von den heißen Quellen im Yellowstone-Gebiet berichtete, war der Fallensteller und Kundschafter John Colter. 1807 war Colter, wie wahrscheinlich andere Trapper vor ihm, über den späteren Grand Teton National Park in das Yellowstone-Gebiet vorgedrungen. Seinen Schilderungen von den hydrothermalen Erscheinungen wurde wenig Glauben geschenkt. Ähnlich erging es in den darauffolgenden 50 Jahren allen Trappern, die von heißen Quellen erzählten.

Erst Anfang der 1860er-Jahre fand sich ein Landvermesser, der die Geschichten ernst nahm und gewillt war, sich von deren Wahrheit zu überzeugen. Es handelte sich um den General und ehemaligen Kongressabgeordneten Henry D. Washburn, der mit der Vermessung Montanas beauftragt worden war. Zusammen mit dem Schriftsteller Nathaniel P. Langford und dem Armee-Leutnant Gustavus C. Doane unternahm Washburn 1870 eine Expedition. Dieser Erkundungstrupp gab dem Tower Fall (bei Tower-Roosevelt), dem Mount Washburn und dem Old Faithful jeweils den Namen.

Ein Jahr später erkundete der Geologe Ferdinand V. Hayden mit seiner Forschergruppe, der auch ein Fotograf und ein Kunstmaler angehörten, das heutige Parkgebiet. Tief beeindruckt vom Erlebten, waren sich die Teilnehmer beider Gruppen einig, dass ein Gebiet von so außerordentlicher Schönheit und geologischer Besonderheit nicht durch wirtschaftliche Nutzung zerstört werden dürfe. Inzwischen waren die weißen Siedler weit nach Westen vorgerückt und hatten nicht nur die Indianer verdrängt, sondern auch viele Tiere und Pflanzen. Die Rocky Mountains waren das letzte Rückzugsgebiet und so forderten frühe Umweltschützer ein geschütztes Gebiet für Tiere und Pflanzen. Die Berichte und Bilder von den Expeditionen in die Yellowstone-Region mit ihren ungefähr 10 000 heißen Quellen, darunter 3000 Geysiren, beeindruckten die Parlamentarier in Washington D. C. so sehr, dass sie ein Gesetz erließen, um das Yellowstone-Gebiet für immer vor Goldsuchern, Siedlern und Trappern zu schützen.

Am 1. März 1872 unterschrieb Präsident Ulysses S. Grant das Gesetz und gründete

414

Thema

damit den ersten Nationalpark der Welt. Nicht unter Schutz gestellt wurden die Tiere des Parks, denn die Jagd spielte in der Frühzeit des Tourismus eine wichtige Rolle. Sie sicherte die Verpflegung der Reisenden und der später im Park stationierten Soldaten und bot zudem einige Abwechslung. Erst seit 1883 gilt für die meisten Tiere ein Jagdverbot.

Im gleichen Jahr erschloss die Northern Pacific Railroad den Yellowstone National Park durch Stationen in Livingston und Gardiner nördlich des Parks. Zur Eröffnung der neuen Linie lud die Eisenbahngesellschaft 365 Journalisten und Prominente, unter ihnen den ehemaligen US-Präsident und Parkgründer Ulysses S. Grant, zu einer kostenlosen Fahrt zum Yellowstone ein. NPR nannte die neue Linie The Wonderland Route und vermarktete den Park im Stil der damals berühmten Wildwest-Show von Buffalo Bill. 1955 wurde die Strecke stillgelegt.

Zunächst oblag die Verwaltung des Parks Zivilisten, u. a. Philetus Walter Norris, nach dem das Norris Basin benannt ist. Auf Norris folgten drei weitere Superintendenten, die jedoch der Zerstörung der natürlichen Ressourcen im Park nicht Einhalt gebieten konnten. Deshalb wurde die Leitung des Parks 1886 der US-Armee anvertraut und mit dem National Park Protective Act schuf man 1894 die gesetzliche Grundlage für den Schutz. Im Fort Yellowstone bei der heutigen Ortschaft Mammoth Hot Springs waren die Truppen stationiert. Die Armee erlaubte auch 1915 den Autoverkehr. Erst 1916 bzw. 1918 übernahm der neu gegründete National Park Service die Verantwortung. Bis heute gehört es zu dessen Aufgaben, eine Balance zwischen der Zufriedenheit der Besucher und dem Naturschutz herzustellen.

Bis zum Beginn des Zweiten Weltkriegs stieg die Besucherzahl kontinuierlich bis auf 581 000 Besucher pro Jahr (1941) an. Sie sank dann auf 85 000 (1944) und nahm nach dem Krieg erneut stark zu. Während 1946 bereits 815 000 Menschen den Park besuchten, waren es nur zwei Jahre später schon über eine Million. 1965 überschritt die Zahl erstmals die Zwei-Millionen-Grenze, heute sind es knapp 3 Mio. 1976 erhielt der Yellowstone National Park den Status eines Internationalen Biosphärenreservats und 1978 wurde er von der UNESCO zum Welterbe erhoben. Seit Kurzem wird das Thema Umweltschutz neu definiert: The Greening of the Yellowstone nennt die Parkverwaltung die neuesten Bemühungen um die Verbesserung der $CO_2$-Bilanz. Dabei spielen Aspekte wie Recycling und Müllvermeidung eine wichtige Rolle. Beispielsweise wird inzwischen zum Bau oder zur Reparatur der Wege künstliches Holz genutzt, das aus recyceltem Plastik hergestellt wird. Auch die vielen Tausend Behälter für Propangas, die die Besucher in den Campgrounds leeren, werden gesammelt und daraus neue Materialien produziert.

Ihre Autos tanken die Ranger seit einiger Zeit entweder mit Biodiesel oder einer Ethanol-Mischung, was wesentlich zur Reduzierung der Kohlendoixidmenge beiträgt. Natürlich werden die Häuser der Parkangestellten auch mit Ernergiesparlampen und möglichst auch ohne Aircondition ausgestattet, stattdessen soll durch Baumaßnahmen die Luft ungehindert zirkulieren. Das neue Old Faithful Visitor Center soll nach den Standards von LEED (Leadership in Energy and Environmental Design, www.usgbc.org/leed), einem auf Gebäude ausgerichteten Umweltprogramm, zertifiziert werden. Damit wäre es das Erste in den National Parks der USA.

## Der Yellowstone National Park

  **Canyon Lodge & Cabins:** 1 Grand Loop Rd., Tel. 307-344-7901, www.travelyellowstone.com/lodging-71.html. Die beiden Häuser sind von Ende Mai bis Mitte Sept. geöffnet, die Cabins nur bis Ende Aug. Die Canyon Lodge besteht aus zwei neuen Häusern mit je 40 Zimmern und 530 einfachen Hütten, alle mit neuem eigenem Bad. Zudem gibt es ein Restaurant, eine Cafeteria und einen Deli-Shop in der Lodge. DZ in der Cascade Lodge oder Dunraven Lodge 180 $, Cabin 80 $.

 **Ausritte mit Pferden:** Von Canyon Village bietet Xanterra 1- und 2-stündige geführte Ausritte am Cascade Creek entlang an. Dabei ist der Grand Canyon allerdings nicht zu sehen. Erw. 1 Std./40 $. In der Lodge kann man sich anmelden.

### Von Canyon Village nach Norris

Dieses 19 km lange Teilstück des Grand Loop hat außer der **Virginia Cascade,** einem 18 m hohen Wasserfall des Gibbon River, nicht viel zu bieten. Er ist über einen 5 km langen Seitenweg der Hauptstraße zu erreichen. Das **Norris Geyser Basin** `11` jedoch ist ein weiterer Höhepunkt eines Yellowstone-Park-Besuchs. Diese Region ist die älteste, heißeste und aktivste des Parks. Die geothermalen Aktivitäten dort verändern die Landschaft beständig, Geysire hören auf zu sprudeln und neue entstehen. Bei einer Bohrung sind in einer Tiefe von 326 m einmal 237 °C gemessen worden. Das kochende Wasser im Norris Basin ist stark säurehaltig. Dies ist ebenfalls eine Besonderheit dieses Gebiets, das nur auf den dafür vorgesehenen Holzstegen durchwandert werden darf. **Whirligig Geyser, Whale's Mountain** und **Emerald Spring** sind farbige Kleinode. Wegen zu gefährlicher Eruptionen wird der Weg durch das lebendig und gleichzeitig tot wirkende Norris Basin manchmal geschlossen. Es lohnt sich daher, vor einem Besuch dort in der Informationstation am Parkplatz nachzufragen.

Nicht versäumen sollte man den **Steamboat Geyser** am östlichen Rand des Beckens; seine Fontäne kann bis zu 90 m hoch

aufsteigen. Leider ist es nicht vorherzusagen, wann die Eruption so hoch wird. Oft sind es doch nur bis zu 12 m, dann aber gefolgt von lang anhaltenden Dampfschwaden.

Im Gebäude der **Informationsstation** am Parkplatz ist auch das **Norris Geyser Basin Museum** untergebracht. Dort lassen sich die verschiedenen Erscheinungsformen der heißen Quellen und ihre Ursprünge studieren (Ende Mai–Anf. Okt. tgl. 10–17 Uhr).

### Von Norris nach Madison

Unbedingt sehenswert ist der **Artist Paintpoint** `12` auf diesem 23 km langen Teilstück des Lower Grand Loop. Die verschiedenen Farben der Blasen werfenden oder kleine Fontänen bildenden Schlammlöcher, die Tümpel und die Dampf ablassenden heißen Quellen mit ihrem rot, gelb oder bräunlich schimmernden Wasser gaben diesem kleinen Areal seinen Namen. Je nach Tageslicht verändern sich die Farben und bieten immer wieder andere Fotomotive.

# Der nördliche Rundweg – Upper Grand Loop ▶ R 8

**Karte:** S. 402

Der nördliche Eingang in den Yellowstone National Park befindet sich bei **Gardiner** `13`. Dieser Ort liegt noch in Montana. Nach 8 km auf dem Highway 89 wird der 45. Breitengrad erreicht, der auch die Grenze zu Wyoming markiert. Ein Schild auf dem Parkplatz weist darauf hin. Unweit des Parkplatzes gibt es eine große heiße Quelle, den **Boiling River,** in der man tagsüber baden kann.

### Mammoth Hot Springs

Kurz hinter dem ganzjährig geöffneten Nordeingang liegt das Dorf der heißen Quellen, deren Wasser sich über terrassenförmige Felsen am Westrand des Orts ergießen. Hier befinden sich das Hauptquartier der Parkranger sowie das große **Albright Visitor Center** `14`. Auch der Campingplatz, der General Store und die medizinische Ambulanz sind ganzjährig geöffnet. Das Mammoth Hot

Springs Hotel nebst Restaurant ist von Mai bis Oktober und von Mitte Dezember bis Anfang März offen, aber das Bistro Terrace Grill und die Tankstelle werden nur von Anfang Mai bis Anfang Oktober betrieben.

Dauernde Veränderungen sind ein Merkmal dieser bizarren Terrassenlandschaft aus Wasser und Travertingestein. Die Farben wechseln ebenso wie die Richtungen, die sich das mineralhaltige Wasser sucht. Wie bei einer lebendigen Skulptur fasziniert der Wandel, man kann nie sicher sein, wie sich die Stufen am nächsten Tag präsentieren werden. Täglich bis zu 2 t Kalk werden hier abgelagert und man kann den Terrassen beim Wachsen beinahe zusehen. Oder sie verändern ihre Farbe, wie die New Blue Springs, die inzwischen auch weiß sind.

**Minerva Terrace** `15` ist zum Teil ausgetrocknet (2008), deshalb findet kaum noch eine Veränderung statt und das weiße Kalkgestein der Stufen leuchtet wie überirdisch in der Sonne. Über Holzstege und angelegte Wege lässt sich dieses Areal gut erkunden. Den besten Überblick hat man vom **Overlook** aus, für Fotos ist der Nachmittag am geeignetsten. Die Terrassen leuchten besonders intensiv, wenn die Sonne von Westen darauf scheint. Beachten sollte man unbedingt die Helligkeit, die die weißen Kalkfelsen schon von sich aus produzieren. (Ein Polarisationsfilter kann hilfreich sein, um die Reflexionen des Wassers zu reduzieren.)

32 Jahre lang waren die Kavallerie-Soldaten der Armee für die Verwaltung des Parks zuständig, **Fort Yellowstone** war ihr Quartier und Ausgangsposten. Heute befinden sich in den unter Denkmalschutz stehenden Gebäuden die verschiedenen Abteilungen der Parkaufsicht. Im Visitor Center erhält man eine Karte mit Erläuterungen und kann durch das Gelände wandern. Es gab sogar ein Gefängnis, allerdings nicht für die Soldaten, sondern für die Wilderer, die trotz des Jagdverbots Bisons und Hirsche schossen.

 **Albright Visitor Center:** Tel. 307-344-2263, www.yellowstone.net/visitcenters/albrightmammoth.htm, ganzjährig 9–17

Uhr, im Sommer länger. Es gibt eine Dauerausstellung zur Besiedlung des Parks und einen permanent laufenden informativen Film über die Aufgabe des Nationalparks.

  **Mammoth Hot Springs Hotel und Cabins:** Tel. 307-344-7456, www.travelyellowstone.com/mammoth-hot-springs-hotel-cabins-95.html. Im Haus gibt es ein Restaurant und eine Snack-Bar, außerdem können Aktivitäten wie Reiten und Skilaufen gebucht werden. Abends streifen oft riesige, meist friedliche Wapiti-Hirsche um die Hütten, in der Brunft (Herbst) sind sie aber unberechenbar. Es gibt 97 Zimmer sowie 115 Hütten, nicht alle mit eigenem Bad. Das 1937 gebaute Haus hat kleinere Zimmer als andere Hotels im Park, ist dafür etwas preisgünstiger. DZ mit Bad 130 $, Cabin (mit Dusche) 120 $.

**Wandern auf dem Bunsen Peak Trail:** Der Bunsen Peak ist 2610 m hoch und bietet einen wunderbaren Panoramablick bis ins Yellowstone Valley. Der Einstieg *(trailhead)* zu diesem Pfad ist 8 km südlich von Mammoth Hot Springs an der Straße nach Norris, gegenüber vom Glen-Creek-Einstieg. Die nur wenig anstrengende Wanderung ist ca. 7 km lang, Dauer ca. 2–3 Std. festes Schuhwerk ist zu empfehlen.

**Wintersport:** Geführte Touren mit dem Snowmobil, Reservierung Tel. 866-439-7375, www.travelyellowstone.com. Die fast ganztägigen Touren starten morgens um 8 Uhr, Sa, So, Di u. Do geht es zum Old Faithful und Mo u. Mi nach Canyon Village. 2 Pers. 275 $.

**Reiten:** Im Mammoth Hot Springs Hotel können geführte Ausritte gebucht werden, nur 1-stündige Ritte 37 $ (plus Aufschlag für Umweltschutz, derzeit 4%).

**Vorträge der Ranger:** Abends um 21.30 Uhr halten die Ranger im Amphitheater am Campground Vorträge zum Park und zu den Tieren (nur im Sommer ab 15. Juni).

## Von Mammoth Hot Springs nach Tower-Roosevelt

Diese Straße ist die einzige, die für Autos ganzjährig offen ist. Sie führt weiter zum

# Der Yellowstone National Park

**Minerva Terrace: stufenförmige Kaskaden aus Kalk**

nordöstlichen Eingang in den Park bei Silver Gate/Cooke City. Auf halbem Weg nach Tower-Roosevelt beginnt eine zusätzliche Einbahnstraße, der **Blacktail Plateau Drive 16**. Dieser Weg führt durch eine Hochebene mit alpinen Wiesen, auf denen sich viele Hirsche und Rehe, mitunter auch Bären aufhalten, also gut zur Tierbeobachtung vom Auto aus geeignet. **Tower-Roosevelt** verdankt seinen Namen dem 26. Präsidenten der USA Theodore Roosevelt (1858–1919), der bei einem seiner Besuche im Park im einstigen Feuerwachturm übernachtete. An der Ab-

zweigung nach Süden gibt es eine Ranger Station, einen General Store und eine Tankstelle.

**Roosevelt Lodge und Cabins:** Tel. 307-344-7901, www.travelyellowstone. com/roosevelt-lodge-cabins-133.htm. Die 89 Hütten von Roosevelt liegen mitten im Wald und sind sehr schlicht gehalten. Hier kann man ursprünglichen *Old West Spirit* erleben, wie es etwas euphemistisch auf der Buchungsseite von www.travelyellowstone.com heißt. Tatsächlich haben einige der Cabins

stößt man auf den **Tower Fall,** einen Wasserfall inmitten von spitz aufragenden vulkanischen Felsen. Dort ist auch ein kleiner Campground (nur 30 Plätze), der von der Parkverwaltung betrieben wird, also nicht im Voraus reserviert werden kann.

Den **Mount Washburn Trail** 17 wandern bedeutet, an der Spitze dieses 3122 m hohen Bergs einen fantastischen Blick über die gesamte Region zu bekommen. Deshalb ist er auch einer der beliebtesten Wanderwege, zumal der Aufstieg von der Chittenden Road Parking Area nur ca. 10 km lang (hin und zurück) und nicht sehr anstrengend ist (Parkplatz in der Mitte der Straße von Tower Fall nach **Canyon Village,** ca. 14 km von der Abzweigung entfernt). Es existiert noch ein zweiter Trail, der vom Dunraven-Pass-Parkplatz weiter südlich aus startet und genauso lang ist wie der nördliche. Im unteren Teil beider Wanderwege bekommt man häufig die flinken Dickhornschafe mit ihrem mächtigen Gehörn zu sehen.

## Von Norris nach Mammoth Hot Springs

Die 34 km lange Strecke führt am Fuß der Gallatin Range entlang, deren 3000er-Gipfel meist das ganze Jahr über schneebedeckt sind. Allerdings ist sie in der Zeit von Anfang November bis Ende April gesperrt. **Roaring Mountains** ist ein Areal nördlich von Norris genannt worden, das nur sehr wenig Vegetation aufweist, dafür aber umso mehr Dampfquellen (Fumarolen). Der Boden ist extrem sauer, deshalb wächst dort fast nichts. Man kann das Gelände lediglich von der Straße einsehen, und es ist verboten, hindurchzuwandern. Aber das Areal wird oft von Bären durchwandert. Hier gibt es also gute Chancen, einen vor die Linse zu bekommen. Gegenüber vom **Beaver Lake** befindet sich das **Obsidian Cliff** 18, dort haben die Ureinwohner schon vor 5000 Jahren das schwarze, glasartige Gestein ausgebrochen und daraus Pfeilspitzen und Messer gemacht. Am Indian Creek, gegenüber dem Sheepeater Cliff, gibt es einen weiteren Campground mit 75 Plätzen, der von der Parkverwaltung betrieben wird.

erst kürzlich eine Dusche bekommen, für die Gäste der anderen steht ein Badehaus bereit. Cabin ohne Dusche 70 $, mit 120 $.

**Horsebackriding:** Von der Roosevelt Lodge werden Ausritte angeboten, 37 $/Std. (plus Aufschlag für Umweltschutz, derzeit 4%).

## Von Tower-Roosevelt nach Canyon Village

Bergig und dicht bewaldet ist diese ca. 29 km Strecke Richtung Süden. Nach gut 3 km

**Vom großen Bruder Yellowstone Park dominiert, wird der kleine Grand Teton oft vernachlässigt. Zu Unrecht, denn die Hochebene östlich der Teton Range ist ein Kleinod mit ganz eigener Prägung. Die artenreiche alpine Flora, die tiefe Schlucht des Snake River, die riesigen Herden an Wapitihirschen im Elk Refuge und die lebhaften Wintersportorte Jackson und Teton Village bieten eine interessante Mischung.**

Er ist wesentlich kleiner und hat keine heißen Quellen zu bieten, dafür wartet der südlich vom Yellowstone National Park gelegene **Grand Teton National Park** mit spektakulären Landschaften auf. Die beiden wunderschönen Bergseen Jenny Lake und Jackson Lake am Fuß der schneebedeckten Gipfel sind allein schon eine Reise wert, auch wenn sie nur zwei der über 100 Seen in diesem Park sind. In großen Schleifen durchzieht der Snake River das **Hochplateau von Jackson Hole** und von dem großartigen Panorama der über 3000 m hohen Gipfel der Teton Range, dem südlichen Teil der Rocky Mountains, sind nicht nur Fotografen immer wieder tief beeindruckt. Der Namensgeber für den Park, der Grand Teton, ist sogar herausfordernde 4197 m hoch.

Drei Zugänge führen in das geschützte Gebiet: Von Norden gelangt man aus dem Yellowstone National Park über den Highway 89 hinein, von Osten über den Highway 26 aus Dubois und von Süden auf dem Highway 89 (auch als Hwy 191 aufgeführt) aus Jackson. Die Parkgebühr beträgt 25 $. Diese Eintrittskarte ist sieben Tage gültig und berechtigt auch zum Besuch des Yellowstone National Park. Das zentrale Visitor Center befindet sich bei Moose und ist ganzjährig geöffnet, die beiden anderen am Jenny Lake und am Jackson Lake schließen zum Ende der Saison im September. Die Teton Park Road an den Seen entlang ist im Winter geschlossen. Es gibt sechs Campgrounds im Park. Nicht alle sind für Camper/RVs geeignet, manche erlauben nur Zelte. Vier Lodges bieten im Sommer Zimmer in Cabins bzw. einem Hotel an. Sie sind allerdings frühzeitig ausgebucht, sodass sich die Quartiersuche in Jackson oder in Teton Village anbietet.

Auch wenn der Park mit ca. 1250 km² fast 7,5 mal in den berühmten Bruder passt, in der Hauptreisezeit im Juli und August kommen doch bis zu 2,5 Mio. Besucher in das Gebiet und bevölkern die zahlreichen Wander- und Reitwege. Grand Teton ist auch ein beliebtes Ziel für Bergwanderer und Kletterer und im Winter eine ideale Region zum Skilaufen und Snowboarden.

Bisons, Bären und Elche nehmen keine Grenzen zur Kenntnis, sie wandern dorthin, wo es für sie die beste Nahrung gibt. Die beiden Schutzgebiete bilden eine ökologische Einheit, die Tierwelt unterscheidet sich daher nicht. Am Südrand des Parks wurde ein 101 km² großes Gebiet als **National Elk Refuge** ausgewiesen. Dort lassen sich Tausende dieser mächtigen Geweihträger insbesondere im Herbst und Winter gut beobachten.

## Geschichte

Das wachsende Bewusstsein für die bedrohte Natur und Landschaft der Rocky Mountains machte nicht beim Yellowstone Park halt. Auf der Grundlage des Forest Reserve Act von 1891 errichtete Präsident Grover Cleveland 1897 die Teton Forest Reserve. Bereits 1908 entstand daraus der Teton National Forest und diese Waldgebiete schützten bereits einige Teile der Hochebene Jackson Hole. Das 1929 zum National Park deklarierte Gebiet umfasste zunächst aber nur die Bergkette der Teton Range und sechs Gletscherseen an deren Fuß. Der Unternehmer und Philanthrop John D. Rockefeller II (1884–1960) besuchte 1924 das Tal erstmals und entschied sich, private Grundstücke zum Zweck des Naturschutzes zu erwerben und darüber hinaus auch die Parkidee zu unterstützen. Er gründete die Snake River Land Company und kaufte im Lauf der nächsten 20 Jahre etwa 142 km$^2$ Land.

Unterschiedliche Interessengruppen verhinderten zunächst aber die Erweiterung des National Park, sodass Präsident Franklin Delano Roosevelt 1943 wenigstens das Jackson Hole National Monument einrichten ließ. Erst 1949 konnte Rockefeller fast 133 km$^2$ von seinem Besitz an die Bundesregierung der USA übergeben, und 1950 verabschiedete der Kongress das Gesetz, das den Park und das National Monument inklusive der Rockefeller-Schenkung zum heutigen Grand Teton National Park vereinigte. Zur Erinnerung an den Mäzen wurde der Highway 89 1972 in Rockefeller (Memorial) Parkway umbenannt.

**Grand Teton National Park:** P. O. Drawer 170, Moose, WY 83012-0170, Tel. 307-739-3300, www.nps.gov/grte. Speziell für die Rangerdienste im Park: www.ohranger.com. Über den Zustand der Straßen informiert man sich über Tel. 307-739-3682.

# Rundtour durch den Park

▶ R 9–10

**Karte:** S. 423

Von Norden (aus dem Yellowstone N.P., die Straße ist Anfang Nov. bis Mitte Mai gesperrt) kommend, stößt man nach kurzer Fahrt hinter dem Eingangstor auf die **Flagg Ranch**, eine kleine Ansammlung im Wald mit einer

## Mit der Autorin unterwegs

### Elche beobachten

Von der Nebenstraße am Rand des Parks lassen sich morgens oft die scheinbar behäbigen Riesen **am Ufer des Snake River** beobachten. Oberhalb der **Laurence S. Rockefeller Preserve** gibt es einen Parkplatz, von dem aus man die Auen mit den Elchen gut überblicken kann (s. S. 427).

### Fahrradfahren mit Panorama

Ringsherum ragen die hohen Berggipfel in den Himmel, aber **Jackson Hole** ist ziemlich eben, ein geeignetes Gebiet für ausgedehnte Fahrradtouren also. Wege für die Zweiräder werden derzeit neu angelegt; insbesondere im südlichen Teil benötigt man kein Mountainbike (s. S. 430).

privaten Informationsstelle, Tankstelle, Reitstall, Restaurant, Campingplatz mit 175 Plätzen sowie einem Resort mit 92 Cabins. Das Resort gehört noch nicht zum National Park, man kann dort aber Touren in beide Parks arrangieren.

  **Flagg Ranch Resort:** Tel. 307-543-2861 für Reservierungen im Sommer, sonst 1-800-443-2311, 15. Mai–15. Okt., 15. Dez.–15. März, www.flaggranch.com. Die Holzhütten sind schlicht und funktional ausgestattet, alle mit Bad, einer eigenen kleinen Terrasse *(patio)* und Kaffeemaschine. Ab 185 $/Nacht, Kin. unter 17 J. frei. Das Flagg Ranch Resort verwaltet auch den **Campingplatz,** deshalb kann man sich dort vorab einen Platz reservieren, RV-Platz für 2 Erw./50 $.

Zwischen dem 1. Juni und Anfang September werden dort auch zahlreiche Aktivitäten wie Paddeln, Kajakfahren, Whitewater Rafting oder Fischen auf dem Snake River angeboten. Darüber hinaus kann man Ausritte buchen und natürlich auch an geführten Touren in jedem der beiden Parks teilnehmen. Tel. 307-543-2861 für Reservierungen, nicht online möglich.

## Der Grand Teton National Park

**Campground am Lizard Creek:** Direkt am Ufer des Jackson Lake befindet sich der Campground mit 60 Plätzen, die meisten davon unter den Fichten des dicht bewaldeten Ufers. Der Platz wird von der Signal Mountain Lodge verwaltet, Online-Buchungen sind unter www.signalmountainlodge. com möglich. Anf. Juni–Anf. Sept., 18 $/ Platz.

### Colter Bay Village

Besonders morgens ist es schön, das Teilstück bis **Colter Bay** zu fahren, wenn die ersten Sonnenstrahlen das Wasser des 103 km$^2$ großen **Jackson Lake** erfassen und zum Glitzern bringen. Drei Picknickplätze sind dort ausgewiesen, von wo aus man viele Wasservögel und sogar Weißkopfseeadler *(bald eagle)* beobachten kann. Das Ufer des Jackson Lake ist in seiner Mitte wild zerklüftet. Viele kleine und kleinste Inseln und Buchten bilden eine eigene Landschaft und sind ein Dorado zum Kajaken, Bootfahren und sogar zum Windsurfen und Segeln.

Das **Colter Bay Village** `1` ist ein Feriendorf. Es ist großflächig unter Bäumen angelegt und besteht aus 166 Cabins, einer Tankstelle, dem Campground mit 350 Plätzen sowie dem RV-Park (112 Stellplätze), dem Reitstall, zwei Restaurants, einem General Store und einer idyllisch gelegenen Marina, wo auch Boote geliehen werden können.

Das Visitor Center beherbergt ein **Indian Arts Museum** `2`, eine kleine Sammlung von kunsthandwerklichen und Gebrauchsgegenständen. Besonders schön sind die Bänder, Schärpen und Taschen mit Glasperlen anzusehen, und es ist interessant, bei den Mokassins die Unterschiede der Verzierungen bei den verschiedenen Stämmen herauszufinden. Waffen, Kleidung, Spielzeug und Musikinstrumente ergänzen die kleine Sammlung. Indianische Kunsthandwerker zeigen den Besuchern mehrmals täglich ihr Können und fertigen beispielsweise Mokassins oder Körbe an.

Die Ranger des Centers halten im Sommer jeden Tag informative Vorträge über die Tiere, speziell über die Bären, den Umgang mit ihnen sowie die vielfältige Vegetation.

**Colter Bay Visitor Center & Indian Arts Museum:** Tel. 307-739-3594, www.nps.gov/grte/planyourvisit, tgl. 10. Mai –1. Juni 8–17, 2. Juni–2. Sept. 8–19, 3. Sept.–13. Okt. 8–17 Uhr.

**Feriendorf Colter Bay Village:** Buchbar über die Grand Teton Lodge Company, Tel. 800-628-9988 (Reservierungen) oder 307-543-2811, P. O. Box 250, Moran, WY 83013, www.gtlc.com/lodgeCBV.aspx. 166 Cabins, Campground mit 350 Plätzen RV-Park (112 Stellplätze). Falls jemand sein Zelt nicht dabei hat, gern aber wieder einmal das Campinggefühl erleben möchte, sollte er eine Tent Cabin mieten. Mit ihren Holzwänden und einem Dach aus Zelttuch ist sie ein witziges Mittelding zwischen Zelt und Hütte; keine Dusche, einige mit WC. 48 $.

Die anderen einfach ausgestatteten Hütten mit einem Raum (Cabins, fast alle mit WC und Dusche) sind in der Zeit von Mitte Mai bis Ende September zu mieten. 100–150 $.

**Kajakfahren, Angeln, Bootstouren:** Trips auf dem See und auf dem Snake River ebenso wie eine Jackson Lake Cruise können vor Ort im Visitor Center gebucht werden (s. o.). Mit dem kleinen Schiff hinauszufahren und dort zu frühstücken, vor sich die schneebedeckten Gipfel des Eagles Rest Peak (3431 m) oder des Rolling Thunder Mountain (3325 m) – das ist schon eindrucksvoll; ab 35 $.

### Jackson Lake Lodge

In einem Bogen führt die Straße ziemlich weit entfernt vom See zu einem Resort, das nicht nur Touristen bedient, sondern auch als Konferenz- bzw. Veranstaltungseinrichtung genutzt wird.

**Jackson Lake Lodge:** Tel. 800-628-9988 oder 307-543-3100 (für Reservierungen), www.gtlc.com, Mitte Mai–Anf. Okt. Im Haupthaus stehen 37 Zimmer zur Verfügung, in den benachbarten Häusern weitere 348. Die großzügigen Zimmer sind komfortabel eingerichtet. Ohne Seeblick ab 225 $.

## Grand Teton National Park

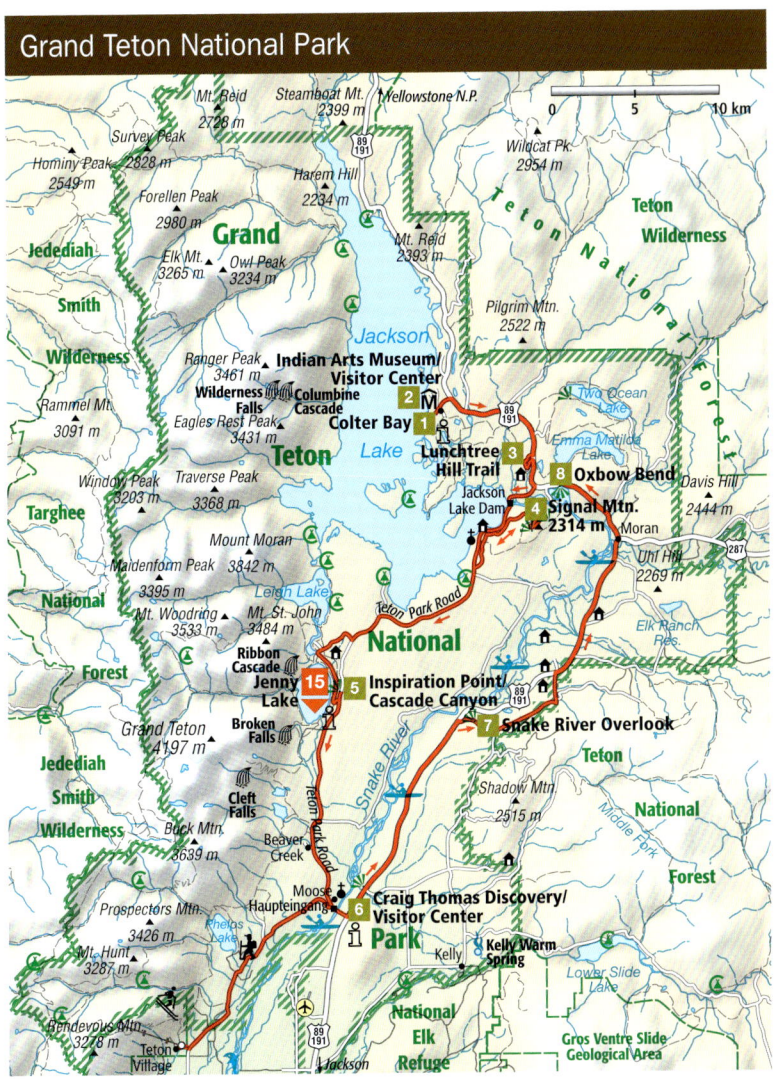

**Restaurant Mural Room in der Lodge:** Tel. 307-543-3463, Lunch 11.30–13.30, Dinner 17.30–21 Uhr. An den Wänden beeindrucken großflächige Gemälde des naiven indianischen Malers Carl Roter. Das Beste an diesem Raum ist allerdings der Ausblick: eine verglaste Wand erlaubt den Blick bis auf den See und das sich dahinter erhebende Gebirgspanorama. Hauptgerichte wie Bison, Lachs und Lamm 20–30 $.

**Pioneer Grill in der Lodge:** 6–22.30 Uhr, leichte Gerichte und Snacks 8–15 $.

**Reiten, Bootfahren, Angeln**
Diese Aktivitäten sind nur über die Lodge buchbar.

# Der Grand Teton National Park

**Wandern:** Einer der am wenigsten anstrengenden Wanderwege im Park ist der **Lunchtree Hill Trail 3**. Er beginnt an der Lodge und führt auf etwa 1 km zum **Willow Flat Overlook.** Dabei durchquert man feuchte Wiesen mit kleinen Teichen und kann Vögel und mit etwas Glück auch Elche beobachten.

## Teton Park Road

An der Jackson Lake Junction gabelt sich die Straße: Der Rockefeller Parkway führt östlich des Snake River durch das weite Hochplateau von Jackson Hole und die **Teton Park Road** bewegt sich weiter am Jackson und am Jenny Lake entlang zum **Haupteingang bei Moose** im Süden. Letztere ist allerdings im Winter gesperrt, ebenso sind die an den Seen liegenden Lodges geschlossen. Der Weg führt am Fuß des **Signal Mountain** durch eine Landschaft mit viel Laubwald, immer wieder durchbrochen von weiten, offenen Flächen mit Salbei, Ginster und allen Arten von alpinen Wildblumen. Zum Greifen nah wirken die schneebedeckten Gipfel der Tetons im Westen, sie sind das imposante Kennzeichen dieses Parks. Nochmals toppen lässt sich die Aussicht vom **Gipfel des Signal Mountain 4** (2314 m); eine Nebenstraße führt dort hinauf (nicht für RVs geeignet).

## 15 Jenny Lake

Der **Jenny Lake** selbst ist winzig im Vergleich zum Jackson Lake, aber der von dichten Bäumen umstandene See entfaltet als tiefblaues und kristallklares Gewässer, in dem sich die schneebedeckten Gipfel des Mount St. John (3484 m) und des Teewinot Mountain (3756 m ) spiegeln, seinen ganz eigenen Reiz. Seinen Namen bekam er zu Ehren der indianischen Ehefrau von Beaver Dick Leigh, der 1872 Landvermesser durch das Gebiet leitete. Der Nachbarsee ist nach ihm benannt. Eine kleine Fähre bringt Gäste im Sommer vom Visitor Center zum gegenüberliegenden **Inspiration Point** bzw. **Cascade Canyon 5**. Dort beginnt einer der beliebtesten Wanderwege des Grand Teton National Park, der **Cascade Canyon Trail.** Direkt oberhalb des Sees, auf dem Weg zum Visitor Center, befindet sich der **Jenny Lake Overlook.** Mindestens ein Fotostopp ist hier ein Muss, denn die Lücke zwischen den Bäumen bietet einen fantastischen Blick über den See und die Berge.

**Jenny Lake Visitor Center:** Tel. 307-739-3392, Ende Mai–Ende Sept., 2. Juni–1. Sept. 8–19, sonst bis 16.30 Uhr.

**Jenny Lake Lodge:** Tel. 800-628-9988 (Reservierungen oder 307-543-2811, www.gtlc.com/lodgeJen.aspx. Obwohl sie von außen eher schlicht und rustikal wirken, sind die Cabins die teuersten Unterkünfte des Parks, sie liegen aber nicht am See. Selbst die älteren der 37 Hütten haben ein gekacheltes Bad, alle sind mit bequemen Möbeln und Teppichen ausgestattet. Jugendliche unter 17 Jahren dürfen dort nicht wohnen. Zur Lodge gehört ein Restaurant. Zum Dinner dort sollte ›Mann‹ ein Jackett anziehen, die anspruchsvolle *Rocky Mountain Cuisine* des Chefkochs mit Bison und frischem Fasan wird in einem eleganten Western-Ambiente serviert. Ab 292 $/ Pers. inkl. Frühstück, 5-Gänge-Menü und Ausritten; es gibt auch einen Fahrradverleih.

**Signal Mountain Lodge:** Tel. für alle Reservierungen 307-543-2831, www.signalmountainlodge.com, Anf. Mai–Mitte Okt. Hotel und Cabins, insgesamt 79 Zimmer. Die Cabins bestehen aus drei bis vier getrennten ›Wohnungen‹, jeweils mit eigenem Bad, und liegen zum Teil unweit des Sees, zum Teil im beginnenden Wald. Es gibt auch einzeln stehende Bungalows mit Kitchenette, wahlweise mit einem oder zwei Zimmern. Cabin ab 140 $.

**Peaks Restaurant in Signal Mountain Lodge:** Tel. für Reservierungen 307-543-2831, ab 17 Uhr. Hauptgerichte wie Bison, Forelle und Biogeflügel 20–30 $.

**Trapper Grill in Signal Mountain Lodge:** 6–21 Uhr, Sandwiches, Burger, Salate und Pizza. 6–15 $.

**Grand Teton: grandiose Bergpanoramen und unberührte Natur**

## Der Grand Teton National Park

**Wandern:** Am Visitor Center beginnt ein wunderschöner Wanderweg. Der **Jenny Lake Trail** ist ca. 11 km lang und umrundet den See. Man hat kaum Steigungen zu überwinden, sollte aber feste Schuhe dabei haben wegen der teilweise lockeren Steine auf dem Pfad. Besonders morgens lohnt sich der Weg, wenn die Chance besteht, Elche auf ihrem Weg zur Tränke zu beobachten. Mehr durch offenes Gelände führt der **Taggart Lake Trail,** der 1,5 km südlich vom See direkt an der Straße beginnt. Nach 2,5 km erreicht man den gleichnamigen kleinen See, dessen Ufer begehbar ist. Auch hier äsen Elche und genießen die Ruhe, weil verhältnismäßig wenig los ist. Insgesamt ist es ein Weg von 6,5 km und wenig anstrengend.
**Bergsteigen**: Die vom National Geographic Adventure Magazine ausgezeichnete Bergsteigerschule **EXUM Mountain Guides** hat am südlichen Ende des Jenny Lake ein ›Büro‹. Von dort aus beginnen alle Arten von geführten Touren in die aufregende Bergwelt der Teton Range. Seit 1929 sind die Bergsteiger von EXUM mit Gästen unterwegs, keiner kennt die Aufstiege so gut wie sie. EXUM Mountain Guides, South Jenny Lake – P. O. Box 56, Moose, WY 83012, Tel. 307-733-2297, www.exumguides.com. Leichte Tagestour bei 4 Pers. pro Teilnehmer 160 $.

# Der Rockefeller Parkway von Moose nach Moran
▶ R 10

**Karte:** S. 423
In unmittelbarer Nähe des **Craig Thomas Discovery and Visitor Center** 6 führt der Highway 191/Rockefeller Parkway östlich vom Snake River nach Norden, sodass man auf diesem Weg den Loop durch den Grand Teton National Park vollenden und zurück in den Yellowstone National Park fahren kann. Nach Süden gelangt man in die pulsierende Western-Kleinstadt Jackson (s. S. 430).

Im Westen ragen die majestätischen Gipfel der Teton Range auf und vom mitten durch das Hochtal angelegten Parkway sind sie immer im Blick. Neben der Straße hat der Snake River sein tiefes Flussbett gegraben und windet sich in kleinen und großen Mäandern durch die Ebene. Vorwiegend Salbei und nur kleine Sträucher und Bäume lassen das Land karg erscheinen, lediglich im Frühjahr, wenn es viel regnet, wachsen Bergblumen und alpine Gräser. Einige Aussichtspunkte wie der **Blacktail Ponds Overlook** oder der Parkplatz am Ende der **Schwabacher Road** ebenso wie der **Snake River Overlook** 7 können zum Fotografieren genutzt werden.

Andere Erlebnisse als die Sport- und Wellnesshotels in Teton Village vermitteln die Ranches, die es im National Park gibt, zumal einige davon schon seit Generationen im Familienbesitz sind und sich hier eine ganz spezifische Art von Gastfreundschaft entwickelt hat, die auch Touristen von weit her den Zugang leicht macht. Kurz vor der Einmündung in die Jackson Lake Junction, wo der Loop durch den Grand Teton National Park vollendet wird, gibt es noch einen schönen Aussichtspunkt, den **Oxbow Bend** 8. An dieser Stelle hat sich der Snake River verbreitert, wirkt fast wie ein kleiner See, in dem

## Abstecher nach Teton Village

Zwischen der Moose Entrance Station und dem Craig Thomas Visitor Center geht eine schmale Straße nach Westen ab, die Moose Wilson Road. Bis zum Parkplatz oberhalb der **Laurence S. Rockefeller Preserve** hat man einen guten Blick auf den Snake River, der mit vielen kleinsten Inselchen gar nicht wie ein Fluss, sondern eher wie ein schmaler See wirkt und die Wiesen am Ufer immer wieder überflutet. Elche lassen sich hier gut beobachten. Sie finden sich besonders morgens und abends zum Äsen ein, allerdings braucht man wegen der Entfernung ein Fernglas.

Ein Wanderweg führt auf der anderen Seite zum **Phelps Lake,** der in 2,5 km leicht umrundet ist. Vogelliebhaber kommen hier auf ihre Kosten: Im lichten Mischwald aus Espen und Koniferen sind beispielsweise die nur in Nordamerika vorkommenden Kieferntangare zu sehen, und mit etwas Glück findet man auch Kolibris.

Ein Teilstück der Strecke bis zur Granite Canyon Entrance Station war 2008 nicht geteert und wies tiefe Schlaglöcher auf. Der Einstieg zum **Granite Canyon Trail** befindet sich ungefähr auf der Hälfte dieses ungeteerten Stücks und es gibt nur einen sehr kleinen Parkplatz. Der Wanderweg führt zum kleinen **Marion Lake** und ist insgesamt fast 34 km lang; dabei ist ein Höhenunterschied von 900 m zu überwinden. Für diesen Weg sollte man ca. 10–12 Std. einkalkulieren. Er ist zwar recht anstrengend, aber auch abwechslungsreich und der See liegt eindrucksvoll inmitten von subalpinen Wiesen.

# Teton Village ▶ R 10

Schnee fällt sicher ab Oktober, und so ist am Fuß des Skigebiets **Jackson Hole Mountain Resort** ein alpines ›Dorf‹ im Wachsen, das vorwiegend als Wintersportort genutzte **Teton Village.** Große Hotels im Blockhausstil und mit Wandmalereien wie in Österreich oder der Schweiz und einige Geschäfte bilden den Kern des Orts, der sich um die Liftstation entwickelt hat.

---

sich die umliegenden Berge spiegeln. Weiße Pelikane verbringen hier das Frühjahr und Graureiher nisten am malerischen Ufer. Vom Oxbow Bend Turnout aus startet ein Wanderweg, der zu den Seen **Emma Matilda** und **Two Ocean** führt. Der Emma Matilda Lake ist nach 14 km umrundet und der weiter nördlich liegende Two Ocean Lake nach 10 km. Der Trail ist nicht sehr anstrengend, und es lohnt sich auch, nur ein kurzes Stück zu gehen, weil durch den lichten Wald immer wieder schöne Ausblicke zu genießen sind.

 **Spur Ranch Cabins, Moose:** Tel. 307-733-2522, www.dornans.com. Eigentlich keine Ranch mehr, sondern ein Ferienbetrieb mit 8 Cabins für 2 und 4 für 4 Pers. Zudem gibt es eine Kajak- und Kanuschule am Snake River, einen Lebensmittelladen, zwei Restaurants und einen Weinkeller. Allerdings stammen die edlen Tropfen aus Kalifornien, die Familie hat seit den 1930er-Jahren Kontakte dorthin. Kleine Cabin 210 $.

**Moulton Ranch Cabins, Mormon Row:** Tel. 307-733-3749 oder 208-529-2354, www.moultonranchcabins.com. Nur von Mitte Mai–Anfang Sept. Die Betreiber dieser Farm sind Nachkommen der ursprünglichen Siedler, sie können auf Nachfrage viele Geschichten aus der Region erzählen. Die jetzt als Gästehäuser genutzten Gebäude dienten früher einmal als Kornspeicher oder Schlafstatt für die Ranchmitarbeiter, sind aber inzwischen komplett modernisiert und haben einen wunderbaren Blick auf die Berge. Insgesamt gibt es 5 Cabins auf der Ranch, unterschiedliche Größen, einige haben eine Kitchenette; die kleinste kostet für zwei Personen ab 90 $.

**Moose Chuckwagon:** Das Lokal befindet sich auf der Spur Ranch (s. o.), Anfang Juni–Anfang Sept., So–Do tgl. 6–21, Fr, Sa nur bis 15 Uhr. *Chuckwagon dinner* (mit viel Fleisch vom Grill, Salat, Brot, Kartoffeln und Bohnen) 14 $.

 **Radfahren:** Spur Ranch, Tel. 307-733-3307, www.dornans.com. Verleih Erw. 34 $/Tag, Kin. 22 $.

# Der Grand Teton National Park

Aber nicht nur im Winter ist ein Ausflug mit der Aerial Tramway auf den **Rendevous Mountain** (3185 m) lohnenswert: Die Aussicht auf Jackson Hole und die Bergwelt ist schwer zu toppen.

Das Skigebiet oberhalb von Teton Village gilt seit 40 Jahren als eines der besten in den USA. Fast 10 km$^2$ umfasst das Terrain zwischen Rendevous Mountain und dem Apres Vous Mountain und hat allein über 100 namentlich gekennzeichnete Abfahrten. Mehr als 50 % des Geländes sind als ›schwarze‹ Abfahrten ausgewiesen, hier sind Skifahrer und Snowboarder unterwegs, die die Herausforderung lieben.

Aber auch im Sommer kann man in den Bergen unterwegs sein, die Loipen haben sich dann in Wanderwege verwandelt. Abgesehen von den vielfältigen sportlichen Aktivitäten, denen man von Teton Village aus nachgehen kann, wird ab 1. Juli auch kulturell etwas geboten: das **Grand Teton Music Festival** (s. S. 429). Die vollständig aus Holz gebaute Festivalhalle bietet immerhin 685 Plätze für die vorwiegend klassischen Konzerte.

**Jackson Hole Mountain Resort:** 3395 W Village Dr., Tel. 307-733-2292, www.jacksonhole.com.
**Craig Thomas Discovery und Visitor Center:** 800 m westlich von der Kreuzung auf den Parkway, Tel. 307-739-3399. Ganzjährig offen, im Sommer 8–19, sonst 9–17 Uhr. Interessante Ausstellung zur Geschichte des Tals, des Parks und der Geologie der Berge. Zudem gibt es einen gut sortierten Buchladen und eine Post.

Im prosperierenden Wintersportort finden sich recht teure Hotels, die aber bei längeren Aufenthalten besonders im Frühjahr und Herbst preislich interessante Pakete anbieten.
**Alpenhof Lodge:** 3255 W McAllister Dr., Tel. 307-733-3242 oder 800-732-3244, www.alpenhoflodge.com. Einige der ländlich-stilvoll gestalteten 42 Zimmer haben einen Kamin oder einen Balkon, aber alle sind mit hand-

gearbeiteten bayerischen Möbeln ausgestattet. Im Sommer DZ ab 250 $.
**Snake River Lodge & Spa:** 7710 Granite Loop Rd., Tel. 866-975-7625, http://snakeriverlodge.rockresorts.com. Mit Western-Eleganz wird der Stil des 200-Zimmer-Hotels beschrieben, eine Mischung aus rustikalen Möbeln, Holzverkleidungen, gigantischen Steinkaminen und ausgestopften Tierköpfen an den Wänden. Dazu Marmorbäder und gemütliche Sessel in sehr unterschiedlich großen Zimmern. Badelandschaft, Spa-Bereich, gehobenes Restaurant, am besten in 2- bis 4-tägiges Paket buchen. DZ ab 250 $, Paket ab 130 $/Pers.

.

 **Mangy Moose Restaurant & Saloon:** 3295 W McCollister St., Tel. 307-733-

**Eines der besten Fortbewegungsmittel im Grand Teton N. P.: das Boot**

4913, www.mangymoose.net. Zum Mangy Moose gehören das Rocky Mountain Oyster, 7–20 Uhr, für Frühstück und Snacks, der Saloon für nachmittags bis Mitternacht und das Restaurant, geöffnet 17–22 Uhr. Angesagter Treffpunkt insbesondere auch der Sportler. Hauptgerichte wie Bison-Hackbraten oder Geflügelkuchen um 15 $.

**Grand Teton Music Festival**: Juli–Mitte Aug. Für dieses Festival wird jedes Jahr aus Musikern, die aus ganz Nordamerika stammen, ein Orchester zusammengestellt. Eingeladen werden nationale ebenso wie internationale Künstler. Programm und Besetzung der klassischen Konzerte spiegeln den hohen Anspruch der Festivalveranstalter wider – ein Genuss für alle Klassikfans, Tel. 307-733-3050, Tickets 307-733-1128, um 25 $, www.gtmf.org.

**Radfahren und -verleih**
**Wildernest Sports:** Mountainside Mall, Tel. 307-733-4297.
**Teton Village Sports:** in der Crystal Springs Lodge, 3285 West McCollister Dr., Tel. 307-733-2181. Erw. 40 $/Tag.
**Ski- und Snowboardfahren**
Im Skigebiet Jackson Hole Mountain Resort, Tel. 1-307-733-2292, www.jacksonhole.com. Verleih von Equipment im
**Jackson Hole Nordic Center:** Teton Village, Tel. 307-733-2292 oder 800-450-0477, Skier für Erw. für den halben Tag ab 25 $.

# Auf dem Highway 89 von Moose nach Jackson
▶ R 10

## National Elk Refuge

Direkt am südöstlichen Rand des Grand Teton National Park befindet sich das **National Elk Refuge,** ein Schutzgebiet für Wapitihirsche. Sie ziehen sich im Winter aus den Höhenlagen der Rocky Mountains auf die Hochebene von Jackson Hole zurück, wo sie selbst im tiefen Schnee noch Nahrung finden. Bis zu 7000 Tiere finden sich ab Oktober/November in diesem ca. 101 km$^2$ großen Gebiet ein. Vom Jackson Visitor Center aus werden Schlittenfahrten (s. u.) in das National Refuge angeboten, aber auch im Frühjahr und Herbst sind die mächtigen Geweihträger vom gegenüberliegenden Parkplatz des National Museum of Wildlife Art mit einem guten Fernglas auszumachen. Straßen gibt es in diesem Gelände nicht (www.nationalelkrefuge.fws.gov).

## National Museum of Wildlife Art

Schon das Gebäude ist ungewöhnlich: Aus Steinen mit der gleichen Farbe wie die umgebenden Felsen, ist das **Museum of Wildlife Art** oberhalb des Parkway fast nicht zu sehen, so tief ist es in den Hang eingebaut. Bronzefiguren von Hirschen und Kojoten markieren die Einfahrt zu dieser ungewöhnlichen Sammlung von Tiermalerei und Skulpturen. Über 5000 Kunstwerke sind hier seit 1987 zusammengetragen worden, darunter auch kleine Bilder von Ch. M. Russell und Georgia O'Keeffe.

Das in der Geschichte des Nordwesten der USA bedeutsame Verhältnis zwischen Mensch und Bison wird in einer kleinen Sammlung von 200 Arbeiten thematisiert. Schon diese Bilder und Figuren sind den Abstecher wert. Wechselnde Ausstellungen, oft auch mit Fotografien, ergänzen das moderne Museumskonzept (2820 Rungius Rd. (Stichstraße, geht vom Hwy 191 ab), Jackson Hole, Tel. 800-313-9553 oder 307-733-5771, www.

wildlifeart.org, ganzjährig Mitte Mai–Mitte Okt. 9–17, dann Mo–Sa 9–17, So 13–17 Uhr, Erw. 10 $, Kin. unter 18 J. frei).

## Jackson ▶ R 10

Vielleicht stimmt es ja, wenn die Einheimischen erzählen, dass es früher viel gemütlicher zuging in der Kleinstadt **Jackson.** Aber wenn ein Ort so ausschließlich auf Tourismus setzt wie die 9000-Einwohner-Gemeinde am südlichen Rand des Grand Teton National Park, dann muss man sich über dauernd verstopfte Straßen oder ausgebuchte Hotels nicht wundern. Jede Menge Anbieter für sommerliche Outdoor-Aktivitäten offerieren hier ihre Dienste und im Winter ist die **Snow King Mountain Ski Area** beliebtes Ziel für Wintersportler.

Seit John D. Rockefeller sich in Jackson Hole engagierte, haben sich etliche New Yorker Banker in diesem Nest ein Domizil zugelegt. Mit Stetson und Cowboystiefeln sind sie auf den ersten Blick dann kaum von den einheimischen Rancharbeitern zu unterscheiden. Wohl ihretwegen gibt es in der Nähe auch einen nationalen Flughafen.

Die Innenstadt bietet eine – für die Größe der Stadt – ungewöhnliche Dichte an recht hochpreisigen Boutiquen, Juwelieren, Galerien und anderen Geschäften an, die um den **Town Square** herum angesiedelt ist. Viele Restaurants und Bars sorgen für ein angeregtes Nachtleben, Livemusik spielt dabei eine wichtige Rolle. Für Geschichtsinteressierte ist im Sommer das **Jackson Hole Museum** ein Ziel. Die History Society sammelt seit 1958 Artefakte aus dem Leben der früheren Bewohner, auch der Indianer, und stellt sie höchst anschaulich mit lehrreichen Erläuterungen aus (105 N Glenwood St., Tel. 307-733-9605, www.jacksonholehistory.org/museum, Ende Mai–Anf. Sept. Mo–Sa 9.30–18, So 10–17 Uhr, Erw. 4 $).

**i** **Jackson Hole Chamber of Commerce:** 990 W Broadway, Tel. 307-733-3316, www.jacksonholechamber.com.

**Jackson Hole and Greater Yellowstone Visitor Center:** 532 North Cache, Tel. 307-733-5771, www.fws.gov/nationalelkrefuge. Ganzjährig geöffnet, tgl. 9–17, im Sommer 8–19 Uhr, viele Angebote zu Veranstaltungen und Programmen mit den Rangern, z. B. Schlittenfahrten ins National Elk Refuge oder Bustouren in die National Parks.

Es gibt drei Möglichkeiten, zentral ein Bett in Jackson und Umgebung zu reservieren: **Central Reservations,** Tel. 800-443-6931, **Jackson Hole Resort Lodging,** Tel. 800-443-8613, www.jacksonhole wy.com und **Mountain Property Management,** Tel. 800-992-9948, www.mpmjh.com.

**Wort Hotel:** 50 N Glenwood St., Tel. 307-733-2190 oder 800-322-2727, www.wortho tel. com. Sozusagen das ›Wahrzeichen‹ von Jackson ist dieses traditionelle Haus von 1941, inzwischen komplett renoviert und mit 60 komfortablen Zimmern ausgestattet. Möbel im regionalen *Western Style* sowie in warmen Farben gestrichene Wände und Decken schaffen eine gemütliche Atmosphäre. 2 Restaurants, die Silver Dollar Bar, Fitnessstudio, Internetzugang. Im Sommer DZ ab 380 $.

**Lodge at Jackson Hole (Best Western):** 80 Scott Lane, Tel. 800-458-3866, www.lodge atjh.com. Das dreistöckige Holzhaus bietet 154 Mini-Suiten mit gutem Standard, Kühlschrank, Mikrowelle, Internetzugang, manche Zimmer mit Gaskamin, Innen- und Außenpool, Restaurant, Sauna. DZ ab 220 $.

**Antler Inn (Motel):** 43 W Pearl St., 307-733-2535 oder 800-522-240, www.townsquare inns.com. Das 110-Zimmer-Haus ist eines von 4 Inns in Jackson und hat einen einfachen Standard. Manche Zimmer haben einen Kamin, alle mit Kühlschrank, Mikrowelle, Internet. Im Sommer DZ mit Kamin ab 150 $.

**Cowboy Village Resort**, 120 S Flat Creek Dr., Tel. 307-733-3121 oder 800-962-4988, www.townsquareinns.com. 82 einfache, aber funktionale Cabins in verschiedenen Größen, alle mit Bad. Als DZ ab 130 $ im Sommer.

**Snow King Resort Hotel:** E Snow King Ave., Tel. 307-733-5200 oder 800-522-5464, www. snowking.com. 204 komfortable Zimmer und einige Condos, zudem zwei Pools, Spa, Restaurants sowie Pakete für den Wintersport, ganzjährig geöffnet. DZ ab 120 $.

**Bubba's BBQ Restaurant:** 515 W Broadway, Tel. 307-733-2288, im Sommer tgl. 6.30–22 Uhr, Frühstück, Lunch und Dinner. Wie ein alter Westernsaloon eingerichtet ist dieses Restaurant in der Stadtmitte, die Steaks, *Spare* und *Prime Ribs* sind gigantisch, es gibt auch Sandwiches und Salate. Steak um 20 $.

**The Bunnery:** 130 N Cache St., Tel. 307-733-5474, www.bunnery.com, 7–21 Uhr. Üppiges Frühstück mit Omelette und selbst gebackenen Kuchen, gut besucht zur Lunchzeit. Dinner nur im Sommer, es gibt eine Terrasse. Sehr empfehlenswert für Frühstück und Lunch. Bunnery Burrito 8 $.

**Feste und Veranstaltungen**
**Shoot out:** Sommer. Jeden Abend (außer sonntags) wird gegen 18 Uhr auf dem Town Square eine amüsante Show gezeigt. Thema ist das Schießen, ohne Waffe geht schließlich ein echter Mann aus Wyoming gar nicht erst aus dem Haus. Ohrstöpsel können hilfreich sein.

**Old West Days**: Ende Mai. Ein dreitägiges Fest mit Markt, Ausstellungen, viel Musik, kleineren Rodeos und Darstellern in historischen Kostümen.

**Jackson Hole Fall Arts Festival:** Mitte Sept. Galeriebesichtigungen, Workshops, Lesungen, Livemusik und sogar ›künstlerische‹ Cowboy-Küche, ein buntes Potpourri an Veranstaltungen an 10 Tagen.

**Whitewater Rafting:** Jackson Hole Whitewater, 650 W Broadway Ave., Tel. 307-733-1007, www.jhww.com. Trips auf dem Snake River, 3–4 Std. Erw. 55 $.

**Snow King Mountain Ski Area:** E Snow King Ave., Tel. 307-733-5200 oder 800-522-5464, www.snowking.com. 3 Sessellifte bedienen das 1,6 $km^2$ große Skigebiet auf 2300 m Höhe. Überwiegend anspruchsvolle Abfahrten. Mit Beleuchtung auch abends zu nutzen, Tagespass Erw. 41 $.

# Register

**A**lder Gulch 36
Allen, Paul G. 107, 116, 117
American Indian Movement 37
Angeln 82, 316
Anreise und Verkehr 74
Ape Cave (WA) s. Mount
   St. Helens
Applegate, Jesse 34
Arapaho (Indianer) 34
Arcata (CA) 242
Arco (ID) 342
Ashland (OR) 273, **275**
Astor, John Jacob 222
Astoria (OR) 199, **228**, 229, 284
Astoria Column (OR) 228
Atomic City (ID) 340
Ausgehen 88

**B**ainbridge Island (WA) 126
Baker City (OR) 285
Bald Hills (CA) 242
Bandon (OR) 17, 199, 238
Bannock Range (ID) 348
Bären 13, 16, 22, 25, 139, 145,
   149, 306, 365, 399, 400, 408,
   420
Battery Point Lighthouse (CA)
   240
Beamers Heller Bar Lodge (ID)
   308, 310
Bear (ID) 311
Bear Lake (ID) 349
Beaverhead-Deerlodge National
   Forest (MT) 380
Bellingham (WA) 132, 133
Bemis, Polly 323
Bend (OR) 273, 279
Bertolucci, Bernardo 46
Bhagwan Shree Rajneesh 286
Big Hole National Battlefield
   (MT) 380
Big Muddy Ranch (OR) 286
Big Obsidian Flow (OR) 279
Big Sky (MT) 353, 386
Bigfork (MT) 359

Bisons 16, 22, 35, 401, 420
Bitterroot Mountains (ID) 303
Black Eagle Falls (MT) 369
Blackfeet/Blackfoot (Indianer)
   33, 55, 354, 355, 366, 367
Blackfoot (ID) 341, **345**
Blake Island (WA) 107
Bliss (ID) 339
Blue Mountains (OR) 285
Bob Marshall Wilderness (MT)
   367
Bogus (ID) 319
Boise (ID) 54, 293, 310, **320**
– Basque Museum 322
– Boise River Greenbelt 323
– Capitol District
– The Church of Jesus Christ of
   Latter-day Saint 325
– Julia Davis Park 323
– The Grove 321
– Old Boise Historic District 322
– Old Idaho Penitentiary 325
– State Capitol 321, 322

Bonners Ferry (ID) 300
Borofsky, Jonathan 110
Bowman Lake (MT) 365
Box, C. J. 47, 68
Boyle, T. C. 47, 68
Bozeman (MT) 353, 383
Bremerton (WA) 126
Broken Top (OR) 279, 280
Browning (MT) 367
Brundage Mountain (ID) 316
Bruneau (ID) 338
Bruneau Dunes State Park (ID)
   338
Bubble, Michael 53
Buffalo Bill 414
Buffalo Caves (ID) 341
Buffalo Hump (ID) 314
Büffel 12, 33, 57, 313, 357, 371,
   389, 393
Butte (MT) 46, 376, 378, 380,
   381

**C**alatrava, Santiago 245
California Cuisine 57
Cambridge (ID) 310, 311, 315
Camping 81
Cannon Beach (OR) 199,
   **230**
Canoe Camp (ID) 313
Cape Blanco State Park (OR)
   239
Cape Disappointment Light-
   house (WA) 150
Cape Meares Lighthouse (OR)
   232
Cape Perpetua (OR) 229, 234
Caribou Targhee National Forest
   (ID) 344
Carr, Emily 54
Cascade (ID) 319
Cascade Lake (ID) 319
Cascade Loop (WA) 105, **151,**
   152, 153
Cascade Range (OR) 18, 20, 29,
   104, 199, 220, 282
Cascade Lakes Scenic Byway
   (OR) 281
Castle Rock State Park (ID) 339
Cayuse (Indianer) 32, 166
Centennial Trail 159
Chateau Ste. Michelle 125
Chávez, César Estrada 38, 323
Chelan Dam 29
Cheyenne (Indianer) 33, 34
Chihuly, Dale 55, 136
Child, Julia 57
Chinook (Indianer) 21, 32
Choteau (MT) 367
City of Rocks 290, 339
Clark, William Andrew 34, 304,
   313, 378, 379
Clarkston (WA) 310
Clay Myers Natural Area (OR)
   232
Clearwater River (ID) 304, 307,
   311, 313
Cleveland, Grover 420

Der Haupteintrag ist **fett** hervorgehoben.

Coastal Range (OR) 12, 14, 17, 18, 199, 220
Cobain, Kurt 52, 53, 107
Cody, Bill 347
Coeur d'Alene (ID) 44, 293, 294, 300, 304
Colter, John 21
Columbia Basin siehe Columbia-Plateau
Columbia Falls (MT) 362
Columbia Gorge Discovery Center (OR) 219
Columbia Gorge Hotel (OR) 216
Columbia River (OR) 12, 29, 34, 157, 200, 214, 228, 307, 313
Columbia River Maritime Museum (OR) 229
Columbia-Plateau (OR/WA) 14, 25, 29, 104, 156, 158, **164,** 219, 282
Cook, James 233
Cooper, Gary 334, 374
Cooper, Nancy 370
Coos (Indianer) 32
Coos Bay (OR) 17, 236
Coos Bay–North Bend (OR) 236
Council (ID) 311, 315
Coupland, Douglas 47, 48
Cowboys 346, 353
Coxcomb Hill (OR) 229
Crater Lake National Park (OR) 18, 100, 199, **273**
Craters of the Moon National Monument (ID) 292, 336, **340**
Crazy Horse 34, 37
Crescent City (CA) 240
Crown Point (OR) 214
Custer, General George 37

Daly, Marcus 378, 379
Darby (MT) 357
Davenport, Louis 160
Deer Lodge (MT) **374,** 375
Del Norte Coast Redwoods (CA) 241

Depoe Bay (OR) 233
Deschutes National Forest (OR) 281
Dew Valley (OR) 238
Diamond Lake (OR) 199, 276
Doane, Gustavus C. 414
Donelly (ID) 319
Drake, Sir Francis 36
Dungeness Bay 146
Dungeness National Wildlife Refuge 146

Eagle (ID) 293, 320
Edison, Thomas 378
Einkaufen 87
Einreisebestimmungen 74
Elche 23, 365, 399, 420
Elk Creek Falls (ID) 307
Elk River (ID) 306, 307
Elk River Backcountry Byway (ID) 306
Elk Riverside Park (MT) 369
Elkhorn Mountains (ID) 348
Ellensburg 170
Emigrant Peek (MT) 392
Ephron, Nora 57
Erickson, Arthur 50, 52
Eugene (OR) 226
Eureka (CA) 242
Everett (WA) 119

Federal Way (WA) 126
Ferdinand V. Hayden 414
Firehole River (WY) 406
First Nations 24, 55, 72, 187, 193
First Peoples Buffalo Jump State Park (MT) 371
Fish Creek Recreation Area (ID) 314
Flathead Indian Reservation (MT) 357
Flathead Lake (MT) 352, 354, 357, 358
Fliegenfischen 293, **312**

Florence (OR) 17, 235, 236
Flynn, Errol 335
Ford, Harrison 46
Fort Astoria (OR) 228
Fort Clatsop (OR) 228
Fort Hall (ID) 341, 345
Fort Sherman Museum (ID) 295
Fort Simcoe (WA) 169
Fort Sutter (CA) 36
Fort Vancouver (WA) 34
Fortado, Nelly 53
Fossil (OR) 282
Fox, Terry 178
Frank, Anne 321
Friday Harbor (WA) 131
Fruit Loop (OR) 217
Fuca, Juan de (Seefahrer) 127

Gable, Clark 334, 335
Gallatin National Forest (MT) 353, 385, **388**
Garden City (ID) 320
Gardiner (MT) 381, 392, 414, 416
Garibaldi (OR) 231
Gates, Bill 116
Gehry, Frank 50, 117
George A. Custer 34
Gesundheit 95
Giant Springs Heritage State Park (MT) 369
Glacier Country (MT) 354
Glacier National Park (MT) 13, 19, 64, 352, 354, 357, 359, **362**
Going-to-the-Sun Highway (MT) 353, 362, 365
Gold Beach (OR) 239
Gold Bluffs Beach (CA) 242
Gold Hill (OR) 276
Gold Rush Historic Byway (ID) 314
Gold West Country (MT) 352, 372
Golden and Silver Falls State Natural Area (OR) 238
Golfen 82

# Register

Gorge Dam (WA) 151
Gospel Hump Wilderness (ID) 304, 314
Grand Coulee Dam 24, 29, 37, 156
Grand Teton National Park (WY) 349, 396, 397, 398, 409, 414, **420**
– Cascade Canyon 424
– Grand Teton (WY) 396, 420
– Indian Arts Museum 422
– Jenny Lake 397, **424**
– National Elk Refuge 420, **430**
– Oxbow Bend 426
– Snake River Overlook 426
– Teton Village 427
Grangeville (ID) 313, **314**
Grant, Gary 335
Grant, Ulysses S. 414
Gray, Robert 36
Great Falls (MT) 54, **368**
Green River 117
Groening, Matt 49
Group of Seven 55
Guterson, David 46, 47, 69

**H**agerman (ID) 293
Hagerman Fossil Beds National Monument (ID) 339
Halbinsel Samoa (CA) 243
Halprin, Lawrence 206
Hamilton (MT) 356
Harmon, Henry 313
Harris, Daniel Jefferson 133
Hatfield Marine Science Center (OR) 234
Haystack Rock (OR) 230, 231
Heavens Gate (OR) 287
Heceta Head Lighthouse (OR) 234, 235
Heinze, Fritz Augustus 378
Helena (MT) 54, 372
Helena National Forest (MT) 375
Hells Canyon (ID/OR/WA) 283,

287, 287, 289, 292, 304, 307, **308**
Hells Canyon Dam (ID) 308, 310
Hemingway, Ernest 292, 321, 333, 334, 335
Hendrix, Jimi 53, 105, 114, 118
Herbert, Frank 49, 69
Herzog & de Meuron 264
Hiawatha Bike Trail (ID) 303
Hidden Lake Overlook Trail (MT) 355, 366
High Desert Museum (OR) 279
Hill, Gary 111
Hirsche 23, 306
Hood River (OR) 216, **218**
Hoover, Jack 370
Horseshoe Bend (ID) 319
Hudson Bay Company 54, 320
Humboldt Bay (CA) 243, 244
Hungry Horse (MT) 355, **362**
Huston, Anjelica 47
Hyalite Creek Trail (MT) 388

**I**daho City (ID) 329
Idaho Falls (ID) 336, 340, 342, **343**
Indian Self-Determination and Education Assistance Act 33, 37
Informationsquellen 66, 68

**J**ackson (WY) 343, 349, 397, 420, **430**
Jackson Hot Springs (MT) 381
Jacobs, Cyrus 322
Jedediah Smith Redwood National Park (CA) 241
Jefferson, Thomas 34, 36
John Day (OR) 283, **284**
John Day Fossil Beds National Monument (OR) 198, 282, **283**
Joseph (OR) **288**, 289
Joseph (Chief) 156, **157**, 289
Journey Through Time Scenic Byway (OR) 282, 285

**K**alaloch (WA) 17, 105, 150
Kalispell (MT) 359
Kam Wah Chung Museum (OR) 284
Kamiah (ID) 314
Kane, Paul 54, 69
Karten und Stadtpläne 68
Keller, Ira C. 206
Kellogg (ID) 300, **302**
Kennedy, John F. 39
Kennewick (WA) 167
Kerr-Staudamm (MT) 358, **359**
Kesey, Ken 48
Ketchum (ID) 54, 293, **333**
Klamath (CA) 240
Klamath (Indianer) 32
Klamath Falls (OR) 272
Klamath River Overlook (CA) 241
Klima 92
Klondike River 35, 107
Knievel, Evel 338
Knight, Damon 49
Kohn Pederson Fox (Architekturbüro) 111
Kolumbus, Christoph 32, 36
Kommunikation 96
Koolhaas, Rem 50, 111, 123
Kootenai (Indianer) 12, 300
Kubrick, Stanley 201, 220
Kulinarisches Lexikon 62

**L**a Push 17
Lachse 24, 301, 313
Lochsa River 314
Lake Cascade (ID) 316
Lake Coeur d'Alene (ID) **294**, 304
Lake Pend Oreille (ID) 294, **297**
Lake Roosevelt National Recreation Area (WA) 156
Lake Shasta Caverns (CA) 247
Lakota-Sioux (Indianer) 34
Lange, Jessica 377
Langford, Nathaniel P. 414

Der Haupteintrag ist **fett** hervorgehoben.

Lassen Volcanic National Park (CA) 20, 241, 244, **248**
Lava Beds National Monument and Wilderness (CA) 249
Lava Hot Springs (ID) 348
Leary, Timothy 48
Leavenworth (WA) 151, **154**
Lesetipps 68
Lewis-&-Clark-Expedition 36, 54, 136, 166, **222**, 223, 313, 369, 371
Lewis & Clark Highway (ID) 313
Lewis, Meriwether 34, 304, 313
Lewiston (ID) 304, 313
Libeskind, Daniel 261
Lincoln Beach (OR) 73
Lincoln City (OR) 228, 232
Little Bighorn (MT) 37
Livingston (MT) 381, **389**, 414
Locke, Joe 306
Long Beach (WA) 150
Longmire (WA) 139
Looff, Charles I. D. 159
Lopez (WA) 107
Lopez Island (WA) 128
Lost Trail Pass (ID) 332

Madison River (WY) 403
Magic Valley (ID) 337
Makah (Indianer) 32
Malad City (ID) 348
Mammoth Crater (CA) 249
Mammoth Exhibit Eimers Park (ID) 315
Manzanita Lake (CA) 241, 248
Maryhill (OR) 218
Maury Island (WA) 126
McCall (ID) 293, 315, 316
McFerrin, Bobby 306
McKenzie River (OR) 226
Meadows (ID) 315
Medicine Lake (MT) 365
Medicine-Lake-Vulkan (CA) 249
Megakirchen 44

Meridian (ID) 293
Mesa Falls Scenic Byway (ID) 344
Michell (OR) 283
Microsoft 26, 116, 119
Middleton (ID) 320
Miller, Joaquin 278
Missoula (ID) 313
Missoula (MT) 354
Monroe, Marilyn 46, 345
Montana Scenic Loop (MT) 367
Montpelier (ID) 349
Moran State Park (WA) 131
Moscow (ID) 304, 306
Moses Lake (WA) 164
Mott Bridge (OR) 276
Mount Bachelor (OR) 279
Mount Baker (WA) 134
Mount Blackmore (MT) 388
Mount Bonneville (ID) 348
Mount Constitution (WA) 107, 131
Mount Hood (OR) 30, 216, **219**
Mount Mazama (OR) 18, 274
Mount Newberry (OR) 277
Mount Olympus (WA) 148
Mount Rainier (WA) 18, 20, 102, 107, **138**
Mount Saint Helens (WA) 12, 18, 20, 105, **140**
Mount Shasta (CA) 20, 240, **244**
Mountain Loop Highway (WA) 151, 153
Mudhoney 117
Multnomah Falls (OR) 214
Murray (ID) 302

Nakai, R. Carlos 53
Napa Valley (CA) 60, 164, 221
National Bison Range (MT) 357
Native Americans 12, 24, 40, 41
Nevada City (MT) 352, 353, 372, 381
Newberry National Volcanic Monument (OR) 277
Newport (OR) 228, 229, **233**

Nez Perce (Indianer) 12, 156, 157, 313, 380
Nez Perce National Historic Park (MT) 305, 313, 380
Niagara-Fälle 337, 338
Nicholson, Jack 201
Nirwana 107, 117
Nordwest-Passage 36, 304
Norris, Philetus Walter 414
North Cascades National Park (WA) 105, 119, **151**
North Fork Clearwater River (ID) 307, 313
Northern Pacific Railroad 37, 107
Northwest Passage Scenic Byway (ID) 311, 313

Oak Harbor (WA) 126
Oakland Bay Bridge (CA) 251
Obama, Barack 28, 37
Okanagan (Kanada) 60
Old Mission State Park Scenic Byway (ID) 293, 301
Oliver, Frederick 247
Olympia (WA) 137
Olympic Halbinsel (WA) 17, 127
Olympic National Park (WA) 17, 22, **148**
– Hoh Rain Forest 13, 149
– Hurrican Hill Trail 149
– Marymere-Wasserfällen 149
Omaha 33, 35
Orcas Island (WA) 107, 131
Oregon Caves National Monument (OR) 278
Oregon City (OR) 166, **220**, 221
Oregon Coast Aquarium (OR) 234
Oregon Dunes National Recreation Area (OR) 17, 198, 199, 235, **236**
Oregon Islands National Wildlife Refuge (OR) 232
Oregon Trail 15, 34, 84, 166, 198, 221, **222**, 338

435

Oregon Trail Bear Lake Scenic Byway (ID) 348
Orofino (ID) 306, **313**
Osprey Overlook Point (ID) 316
Oxbow Dam (ID) 308, 310

**P**ablo (MT) 357
Pacific Northwest Cuisine 56, 58, 107
Pacific Railroad 158
Painted Hills (OR) 283
Palahniuk, Chuck 47
Paleo Lands Institute (OR) 282
Palmer Glacier (OR) 219
Paradise (WA) 139
Parkway State Park Scenic Byway (ID) 293, 300
Pasco (WA) 47, 167
Paulina-Wasserfälle (OR) 279
Pawnee (Indianer) 33
Payette River (ID) 304, **319**
Payette River Scenic Byway (ID) 293, **315**
Pearl Jam 53
Pearson (ID) 303
Pellet, Jean-Francois 165
Pendleton (OR) 288
Perrine Bridge (ID) 321, 338
Piano, Renzo 264
Pierce (ID) 314
Pilot Butte (OR) 273, 279
Pioneer Scenic Byway (ID) 349
Pitt, Brad 47
Pittsburg Landing (ID) 311
Plains-Indianer 33
Pocatello (ID) 336, 338, 340, 345
Ponderosa State Park (ID) 316
Port Angeles (WA) 129, **147**
Port Orford (OR) 239
Port Townsend (WA) 129, **144**
Portland (OR) 15, 30, 34, 36, 38, 198, **200**, 307
– Chinatown 207
– Ira Keller Memorial Fountain 206

– Lloyd District 210
– Old Town 207
– Oregon Museum of Science and Industry 209
– Pearl District 201, 208
– Pioneer Courthouse Square 205
– Pittock Mansion 208
– Portland Art Museum 205
– Portland Building 206
– South Park Blocks 205
– SW Broadway 205
– Tom McCall Waterfront Park 206
– Washington Park 208
Prairie City (OR) 285
Prairie Greek Redwoods (CA) 241
Pray (MT) 392
Preminger, Oskar 46
Prosser (WA) 167
Proulx, Annie 46, 47, 69
Puget Sound (WA) 21, 46, 104, 107, **126**

**R**aid, Bill 55
Ranches 30, 79, 80, 353, 357, 358, 375, 387
Ravali (MT) 358
Redding (CA) 245
Redfish Lake (ID) 293, 332
Redford, Robert 312
Redmond (WA) 119
Redwood Empire (CA) 199, **241**
Redwood National and State Parks (CA) 13, 29, 240, 241
Reise- und Routenplanung 70
Reisekasse und Reisebudget 91
Reisezeit 92
Religion 44
Rexburg (ID) 328
Richland (WA) 167
Riggins (ID) 305, 311, 315
Rivera, Diego 267
Robbins, Tom 69

Rock Creek (MT) 27
Rockaway Beach (OR) 228
Rockefeller, John D. II 421
Rockwell, Sam 47
Rocky Mountains 12, 14, 19, 21, 22, 29, 32, 34, 304, 328, 354, 372, 414
Rocky Mountain Cuisine 424
Rodeo 12, 170, 171, 246, 288, 308, **346,** 348
Rogue River (OR) 239, 276
Rogue-Umpqua Scenic Byway (OR) 199, **276**
Ronan (MT) 358
Roseburg (OR) 276
Russell Country (MT) 354, **367**
Russell, Charles Marion 54, 352, 369, **370,** 371
Ryan, Meg 46

**S**acramento River (CA) 35, 245
Safdie, Moshe 50
Salem 14, 71, 77, 92, **224**
Salish (Indianer) 32
Salmon River Scenic Byway (ID) 304, 315, **331**
San Francisco (CA) 16, 29, 37, 38, 43, 50, 54, 199, 240, **250**
– 49 Mile Drive 251
– Alcatraz 259
– Baker Beach 264
– California Palace of the Legion of Honor 264
– The Cannery 258
– Cartoon Art Museum 261
– Chinatown 255
– Civic Center 261
– Cliff House 264
– Contemporary Jewish Museum 261
– Embarcadero **259**, 260
– Ferry Building 260
– Financial District 259
– Fisherman's Wharf 258
– Fort Point 262

Der Haupteintrag ist **fett** hervorgehoben.

– Ghirardelli Square 257
– Golden Gate Bridge 250, 251, **262**
– Golden Gate Park 264
– Hallidie Plaza 254
– Lombard Street 257
– Marina 261
– Mission Dolores 266
– Museum of the African Diaspora 261
– Nob Hill 254
– North Beach 256
– Palace of Fine Arts 261
– Pier 39 259
– Presidio 264
– San Francisco Maritime National Historical Park 258
– San Francisco Museum of Modern Art 260
– SoMa 260
– Telegraph Hill 257
– Twin Peaks 266
– Union Square 254
San Juan (WA) 107, 128
San Juan Island (WA) 127, 129, 131
San Juan National Historical Park (WA) 131
Sand-Creek-Massaker 34
Sandpoint (ID) 297
Sawtooth (ID) 293, 331
Sawtooth Wilderness (ID) 329, **330**
Schwarzenegger, Arnold 37
Schweitzer Mountain Resort (ID) 299
Sea Lion Caves (OR) 235
Seathl (Chief) 107
Seattle 15, 26, 28, 30, 35, 37, 38, 47, 48, 49, 50, 53, 60, 77, 94, 105, **106**
– Alki Beach 120
– Bellevue Arts Museum 119
– Belltown 117
– Boeing 15, 26, 119

– Burke Memorial Museum 118
– Capitol Hill 118
– Chinatown 112
– Columbia Center 111
– Experience Music Project 105, 107, 114
– Future of Flight Aviation Center 119
– Hausbootsiedlung 118
– Lake Union 118
– Museum of Flight 120
– Olympic Sculpture Park 117
– Piers 117
– Pike Place Market 59, 110, 113
– Pioneer Square 114
– Seattle Aquarium 117
– Seattle Art Museum 110, 117
– Seattle Center 114, 116
– Seattle Public Library 111
– Smith Tower 111
– Space Needle 107, 111, 117
– University District 118
– Washington Park Arboretum 119
– Washington University 118
– West-Seattle (WA) 120
Selway-Bitterroot Wilderness (MT) 304, 356
Sequim (WA) 105, 145
Seven Devil Mountains (ID) 308, 311
Shakespeare-Festivals 54, 88, 186, 275, 276, 329, 335, 336
Shaniko (OR) 282
Shasta Lake (CA) 246, 247
Sheep Rock Unit (OR) 284
Shepard, Sam 377
Shoshone (ID) 336
Shoshone Falls (ID) 336, 337, 338
Shoshone Ice Caves (ID) 336
Shoshonen (Indianer) 341
Sicherheit 95
Silicon Valley 28

Silver Creek (ID) 334
Silver Valley (ID) 37, 300, **302**
Siskiyou Mountains (OR) 278
Sitting Bull 34, 37, 157
Siuslaw (Indianer) 32
Skinner, Eugene 226
Smith Rock State Park (OR) 277
Smith, Joseph 328
Smith's Ferry (ID) 316
Snake Creek (WA) 157
Snake River 12, 289, 304, 308, 310, 320, 337, 343, 421
Snake River Canyon (ID) 336
Snoqualmie Falls (WA) 125
Soda Springs (ID) 349
Sonoma Valley 60, 164
Soundgarden 117
Spalding (ID) 305, **313**
Spalding, Henry H. 157
Spokane (WA) 37, 136, 158
– Centennial Trail 159
– County Court House 159
– Crosby Student Center 161
– Davenport Hotel 160
– Feuerwehrhalle 161
– Flour Mill 159
– Montgomery Wards House 159
– Northwest Museum of Arts & Culture 161
– Old City Hall 160
– Old National Bank Building 161
– Peyton Building 160
– Riverfront Park 158
– The Joy of Running Together 160
– Wasserfälle 159
Sport und Aktivurlaub 82
Sprachführer 98
Spring Meadow Lake State Park (MT) 373
Springfield (OR) 226
Stanley (ID) 293, **330**, 332
Star (ID) 293, 320

# Register

Steamboat Creek (OR) 276
Steinbeck, John 47
Strauss, Joseph 263
Streep, Meryl 57
Stroud, Robert 259
Sun Valley (ID) 292, 293, 321, **333**, 334, 335
Sundial Bridge (CA) 245
Sunshine Mine (ID) 302

**T**acoma (WA) 124, 125, 126, **136**
– Museum of Glass 52, 136
Telefonieren 96
The Dalles (OR) 219
The Herb Farm 125
Thomas Condon Paleontology Center (OR) 284
Thomas Creek Bridge (OR) 239
Thousand Springs (ID) 293, 339
Three Capes Scenic Loop (OR) 232
Three Forks (MT) 381
Three Sisters (OR) 277, 279, 281
Thurman, Uma 48
Tillamook (OR) 229
Tillamook Bay (OR) 231, 232
Timberline Lodge (OR) 220
T-Maze Caves (ID) 337
Toketee Falls (OR) 276
Toppenish (WA) 159, **169**
Tourtelloutte, John 321
Tri-Cities (WA) 167
Truman, Henry 141
Tsimshian (Indianer) 32
Tulelake (CA) 249
Turtle Bay Exploration Park (CA) 245
Twin Falls (ID) 293, 321, 328, 336, **337**

**U**beruaga, Jose 322
Ullman, Tracy 49
Umpqua Lighthouse State Park (OR) 236

Umpqua River (OR) 276
Umweltschutz 16, 24, 27, 28, 29, 84, 156, 157, 159, 187, 188, 192, 200, 207, 415, 426
Union Creek (OR) 276
Unterkunft 78
Upper Klamath Lake (OR) 273
Upper Mesa Fall (ID) 344

**V**an Sant, Gus 48
Vancouver (BC) 30, 31, 35, 37, 38, 46, 47, 54, 105, **172**
– Aquarium 182
– BC Place Stadium 178
– Britannia Heritage Shipyard 189
– Buddhist Temple 188
– Canada-Place-Gebäude 180
– Capilano Suspension Bridge 188
– Chinatown 179
– Coal Harbour 181
– Cypress Mountain 188
– Fort Langley 173, 191
– Gastown 176, 180
– George C. Reifel Bird Sanctuary 191
– Granville Island 54, 173, 177
– Grouse Mountain 188, 189
– Homer, Hamilton und Mainland Street 178
– Lonsdale Quai 188
– Museum of Anthropology 183
– North Vancouver 188
– Regional Park Boundary Bay 189
– Reifel-Park 189
– Richmond 26, 29, 188
– Robson Square 52, 176
– Robson Street 176
– Roundhouse Community Centre 178
– Seawalk 188
– Stanley Park 105, 172, 173, 181, 182

– Statue des Inukshuk 177
– Vancouver Art Gallery 172, 176
– Vancouver Library 178
– Waterfront Station 180
– West Vancouver 188
– Yaletown 178
Vancouver Island (BC) 24, 33, 54, 193
Vancouver, George 36, 133
Vashon Island (WA) 126
Victoria (BC) 129, **193**
Virginia City (MT) 36, 329, 352, 353, **381**
Vista House (OR) 214
Volcanic Legacy Scenic Byway (OR) 248, 273
Vulkane 12, 14, 18, 19, 20, 104, 105, 134, 138, 140, 141, 142, 156, 164, 198, 199, 216, 219, 244, 247, 248, 249, 274, 276, 277, 278, 279, 398, 403, 414

**W**ale 25, 128, 129, 230, 233
Walla Walla (WA) 54, 165, **166**
Wallace (ID) 300, **302**
Walsh, Mary 334
Wandern 83, 138, 139, 148, 151, 161, 234, 241, 296, 302, 303, 308, 316, 319, 331, 336, 366, 388, 417, 419, 424, 426
Wasco County (OR) 286
Washburn, Henry D. 414
Wassersport 85; s. a. Whitewater-Rafting
Waterton-Glacier International Peace Park (CA) 19, 352, **362**
Watson Falls (OR) 276
Wayne, John 286
Weinbau 56, 104, 156, 162, 165, 198, 220, 221, 339
Weippe (ID) 314
Weißkopfseeadler 16, 25, 139, 149, 189, 301, 400, 422
Wenatchee (WA) 29, **154**
Wenders, Wim 46, 377

Der Haupteintrag ist **fett** hervorgehoben.

Wesselmann, Tom 50
West Coast Cuisine 172, 176
West Yellowstone (MT) 343, 344, 353, 381, **387**
Whidbey Island (WA) 126
Whiskeytown Falls (CA) 245
Whiskeytown Lake (CA) 245
Whistler (BC) 37, 187, **192**
Whistler Mountain (BC) 194
White Bird (ID) 311, **315**
White Bird Battlefield (ID) 316
White Pine Scenic Byway (ID) 304
Whitefish (MT) 361
Whitewater-Rafting 155, 292, 304, 305, 308, 310, 311, 315, 387, 431
Whitman, Marcus 166
Wichita (Indianer) 33
Willamette River (OR) 200, 226
Willamette Valley (OR) 30, 56, 60, 198, **220**
Willapa Bay (WA) 17, 150
Williston Basin (MT) 27
Willow Creek (CA) 245
Wintersport 86, 139, 161, 163, 188, 192, 194, 213, 219, 220, 247, 277, 279, 281, 299, 302, 303, 316, 319, 327, 348, 361, 386, 387, 420, 427
Winthrop (WA) 151, **152**
Wizard Island (OR) 274
Woodland (WA) 142

**Y**achats (OR) 229
Yakama-Indianerreservat 169
Yakima (WA) 168
Yakima Valley (WA) 60, 104, 105, 158, 159, **167**

Yellowstone Country (MT) 352, 383
Yellowstone National Park (WY) 21, 25, 37, 70, 336, 381, 396, **398**
– Albright Visitor Center 416
– Artist Paintpoint 416
– Bay Bridge 410
– Biscuit Basin 405
– Black Dragon's Caldron 411
– Black Opal Pool 405
– Black Sand Basin 406
– Canyon Country 398
– Canyon Village 406, 411, 412, 419
– Castle Geyser 406
– Colter Bay 422
– Colter Bay Village 422
– De Lacy Creek 397
– De Lacy Lakes 409
– Dragon's Mouth 411
– Dubois 420
– Eingang 403
– Firehole Canyon Drive 403
– Fishing Bridge 406, 409, 410
– Fort Yellowstone 417
– Fountain Paint Pots 404
– Geyser Country 398
– Grand Canyon of the Yellowstone 397, 412
– Grand Geyser 406
– Grand Prismatic Spring 396, 399, 403
– Grant Village 409
– Great Fountain Geyser 404
– Hayden Valley 400, 412
– Lacy Creek Trail 409
– Lake Country 398
– Lake Village 410

– Lower Grand Loop 403
– Madison River 403
– Mammoth Hot Springs 399, 414, **416**
– Minerva Terrace 417
– Morning Glory Pool 406
– Mount Washburn 399
– Mount Washburn Trail 419
– Mud Vulcano 411
– Norris 419
– Norris Geyser Basin 416
– North Rim Drive 412
– Obsidian Cliff 419
– Old Faithful 397, **405**, 408, 414
– Pelican Valley Trail 409
– Roaring Mountains 419
– Roosevelt Country 398
– Sapphire Pool 405
– Shoshone Lake 409
– South Rim Trail 412
– Steamboat Geyser 416
– Storm Point Trail 399, 409
– Sulphur Caldron 412
– Tower Fall 419
– Tower-Roosevelt 414, **417**
– Umweltschutz 414
– Upper Geyser Basin 405
– -Upper Grand Loop 416
– Virginia Cascade 416
– Yellowstone Lake 411
– West-Thumb-Geysire 394, 407, 409
Young, Brigham 328, 349
Youngblood, Mary 53
Yukon Territory 35, 176

## Abbildungsnachweis

Bildagentur Huber, Garmisch-Partenkirchen:
S. 5 oben, 209 (Simeone)

dpa, picture-alliance, Frankfurt/M.: S. 52
(Photoshot); 223, 371

DuMont Bildarchiv, Ostfildern S. 1 Mitte,
3 oben, 4 oben, 73, 84/85, 127, 164/165,
168/169, 215, 224/225, 232/233 (Frisch-
muth); 5 Mitte, 8 unten, 102/103, 274/275
(Hackenberg); 2 oben, 9 Mitte u. unten,
242/243, 248/249, 258, 265 (Heeb);
3 unten, 4 unten, 23, 180/181, 194/195
(Hicker); 6 unten, 7 oben, 9 oben, 81, 289,
296, 301, 349, 382/383, 400/401, 413,
418/419 (Leue)

F1 online, Frankfurt/M.: S. 237 (Jean Carter/age)

Getty images, Hamburg: Titelbild (Alan Majch-
rowicz)

Laif, Köln: S. 266 (Falke); 1 rechts, 3 Mitte, 31,
111, 115, 120, 140/141, 216/217, 280/281,
330/331, 347, 360/361, 364/365, 368, 410,
428/429 (Heeb); 189 (Hirsch); 129 (Mal-
herbe); 64/65, 88, 112, 317, 386, 392/393
(The New York Times/Redux); 2 unten, 41
(Raach); 231 (Rapho); 177 (Roemers); 58,
61 (Rubenstein/Redux); 268/269 (Topho-
ven); 377 (VU)

Look, München: S. 196/197, 206, 390/391
(age/fotostock); 257 (Dressler); S.43
(TerraVista); 149 (Wothe)

Mauritius, Mittenwald: S. 7 Mitte, 7 unten, 135,
162, 333, 363, 404/405, 425 (age); Umschlagklappe vorn, 6 oben, 298/299, 312,
388 (Aurora Photos); 170/171 (Chromo-
sohm); 51, 278 (Cubo Images); 155, 204
(Delimont); 318/319, 322/323 (imagebro-
ker/Strigl); 394/395 (imagebroker/Sarti);
350/351 (Uppercut Independent); 8 oben,
10/11 (Pacific Stock); 132 (Römmelt); 309
(Warburton-Lee); 287 (Wothe); 290/291 (Zak);
92/93 (Zwerger-Schoner)

Reise- und Naturbilder Roland Gerth, Thal
(CH): S. 1 links, 5 unten, 13, 18/19,
100/101), 284/285, 337, 407

Susanne Satzer, Vancouver: S. 123, 143, 342

Daniel M. Schwab, Freiburg i. Br.: S. 179

## Kartografie

DuMont Reisekartografie, Fürstenfeldbruck
© DuMont Reiseverlag, Ostfildern

## Umschlagfotos

Titelbild: Sonnenaufgang am Mount Rainier (WA)
Umschlagklappe vorn: Wanderin in den Cascade Mountains (WA)

**Über die Autorin:** Das erste Reisebuch der Autorin entstand am Bodensee, seit 2006 lebt Susanne Satzer in Vancouver und bereist mit wachsender Begeisterung den Nordwesten Nordamerikas. Die Germanistin arbeitete lange Jahre als Journalistin und Pressesprecherin, in Kanada ist sie als Reiseleiterin für individuelle Touren tätig und betreibt ein Informationsportal über den Nordwesten Nordamerikas, www.go-west.com.

**Hinweis:** Autorin und Verlag haben alle Informationen mit größtmöglicher Sorgfalt geprüft. Gleichwohl sind Fehler nicht vollständig auszuschließen. Alle Angaben erfolgen ohne Gewähr. Bitte schreiben Sie uns! Über Ihre Rückmeldung zum Buch und über Verbesserungsvorschläge freuen sich Autorin und Verlag:
**DuMont Reiseverlag,** Postfach 3151, 73751 Ostfildern, E-Mail: info@dumontreise.de

1. Auflage 2010
© DuMont Reiseverlag, Ostfildern
Alle Rechte vorbehalten
Grafisches Konzept: Groschwitz, Hamburg
Printed in Germany